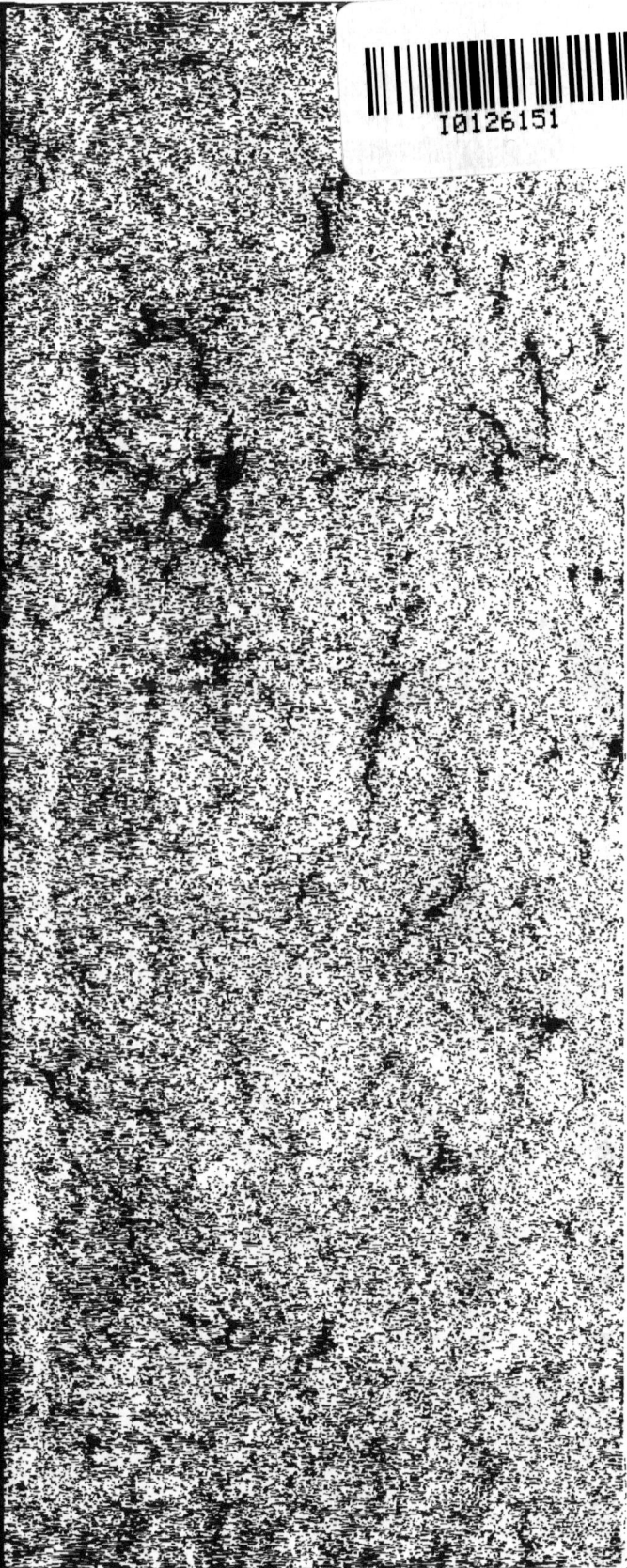

I0126151

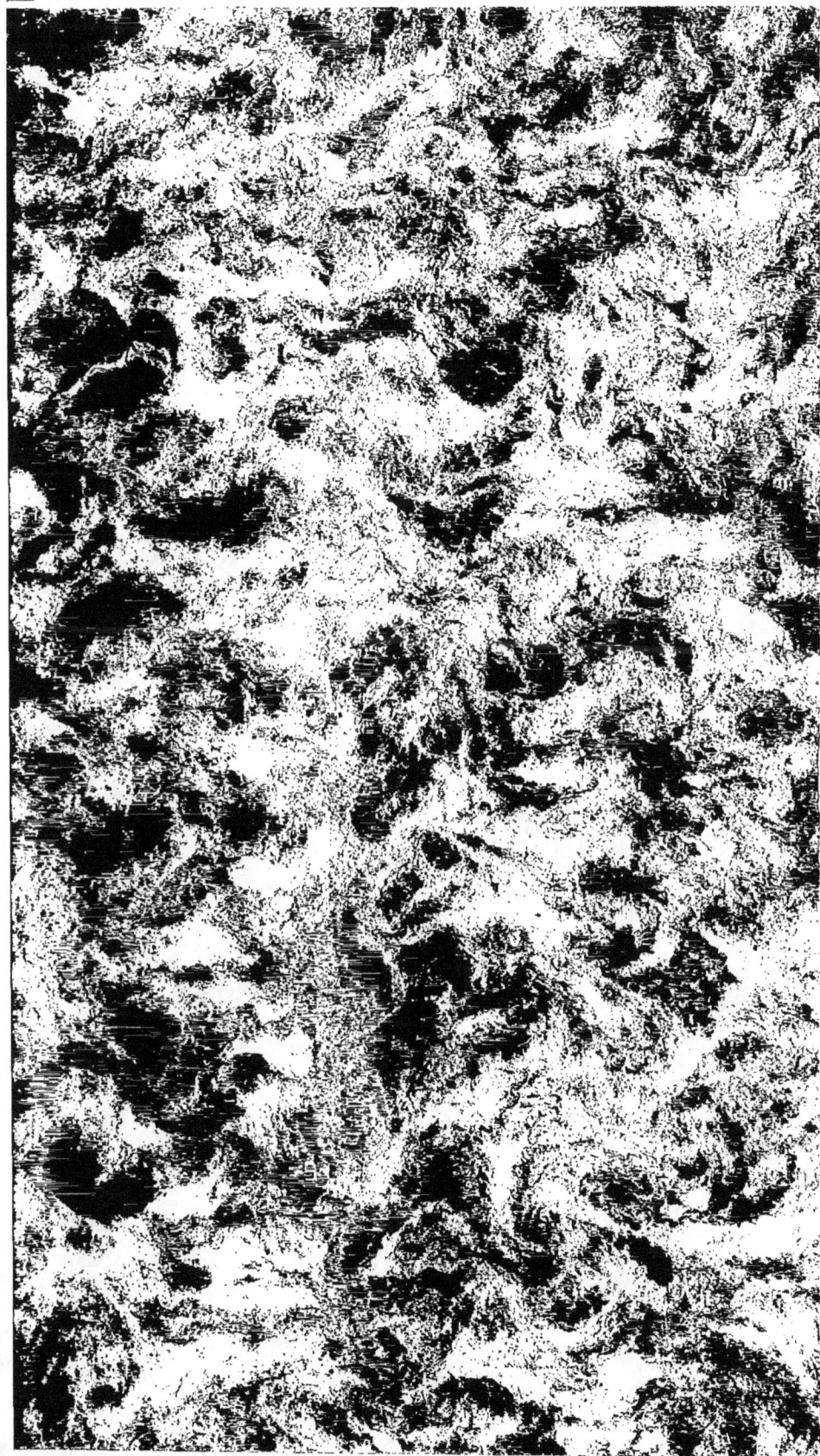

F EDOUARD 1987

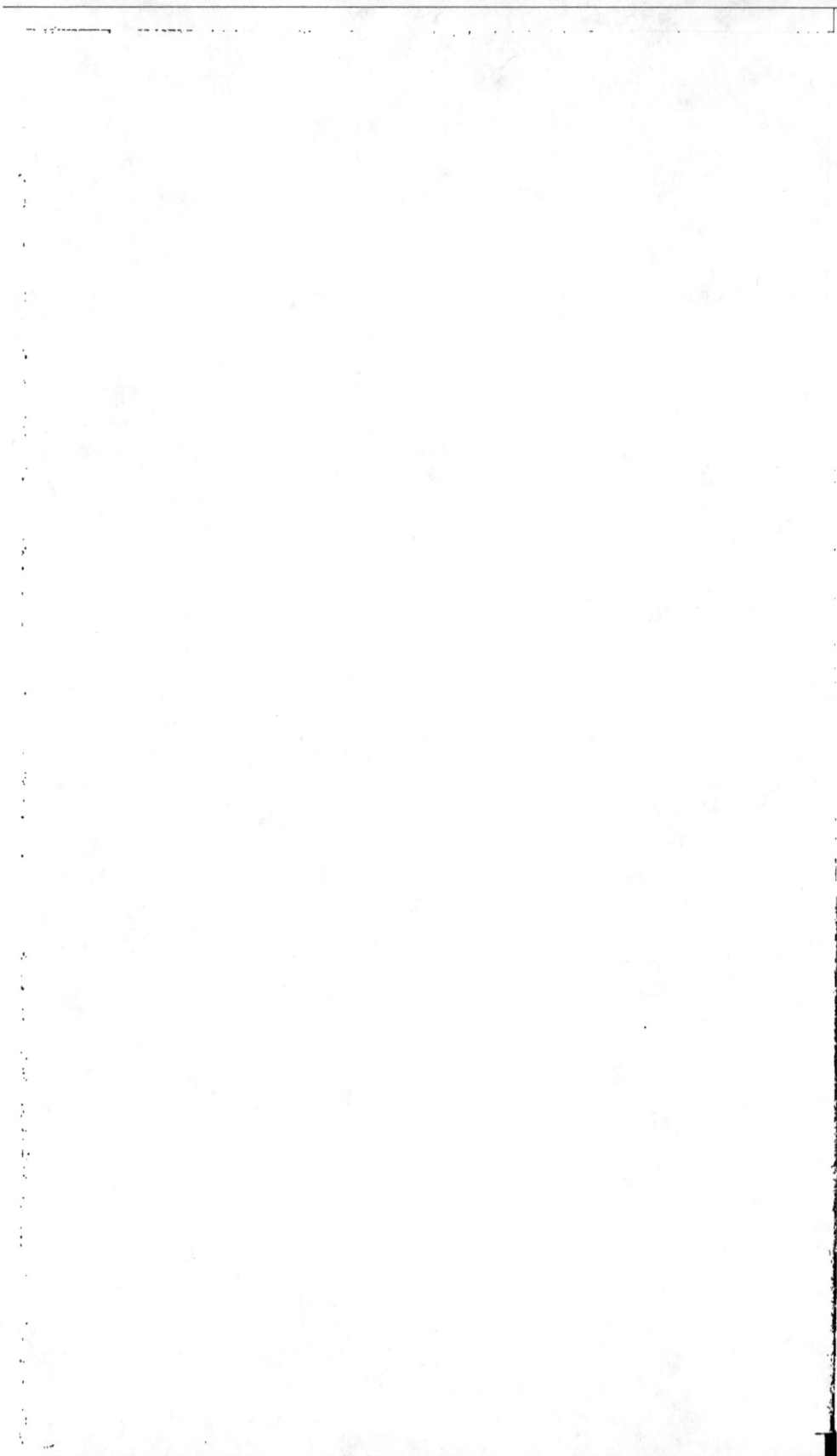

BATAILLES NAVALES

DE

LA FRANCE

Paris. — Imprimé par E. Thunot et Cᵉ, rue Racine, 26.

BATAILLES NAVALES

DE

LA FRANCE

PAR

O. TROUDE

ANCIEN OFFICIER DE MARINE

publié

Par P. LEVOT

CONSERVATEUR DE LA BIBLIOTHÈQUE DU PORT DE BREST

Correspondant du ministère de l'instruction publique pour les travaux historiques, etc.

TOME TROISIÈME

PARIS

CHALLAMEL AINÉ, ÉDITEUR

LIBRAIRE COMMISSIONNAIRE POUR LA MARINE, LES COLONIES ET L'ORIENT

27, rue de Bellechasse et 30, rue des Boulangers

1867

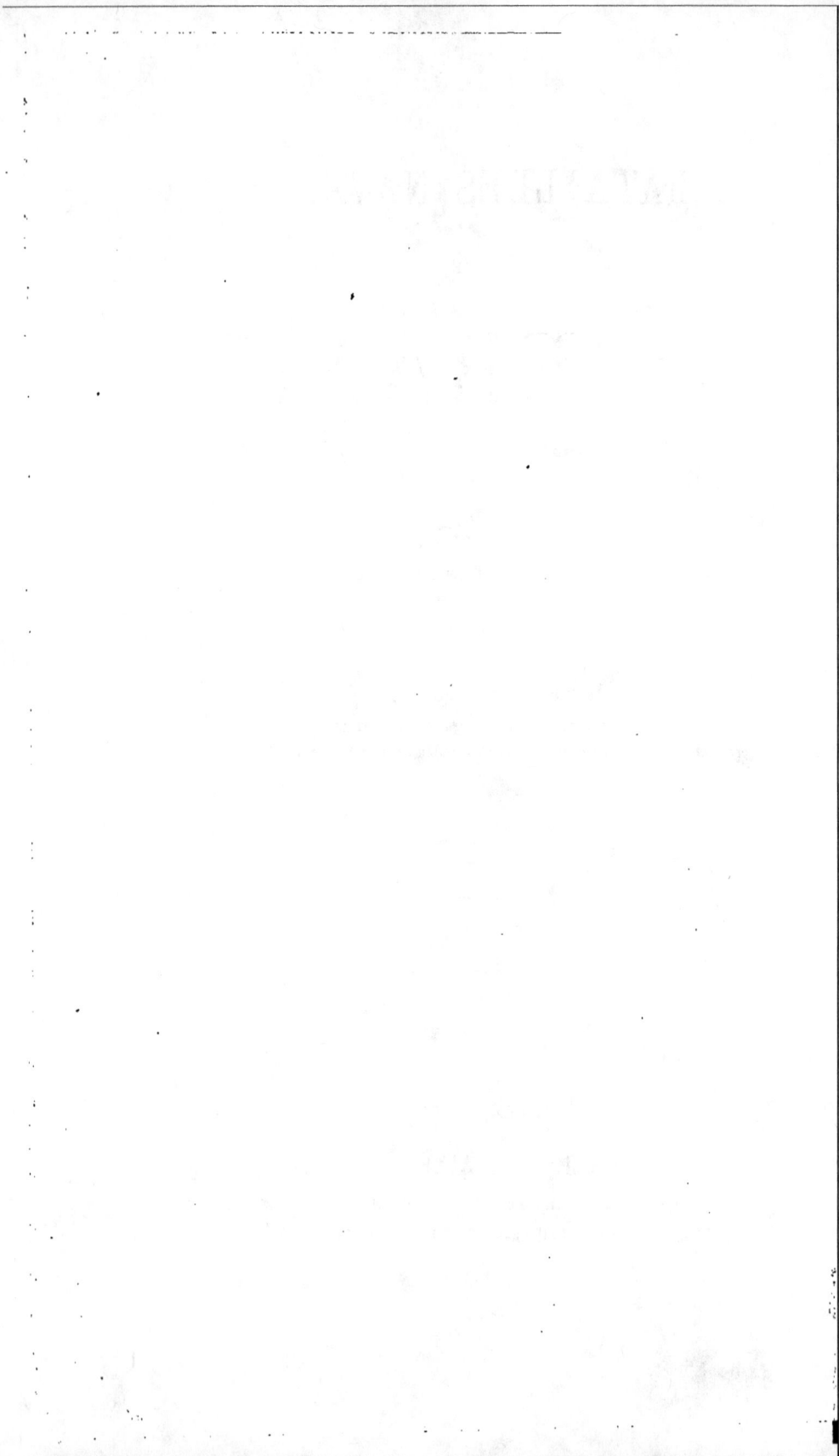

BATAILLES NAVALES

DE

LA FRANCE.

—•o>•<oo—

ANNÉE 1796.

—

Le 13 vendémiaire an IV, — 5 octobre 1775, — la majorité des sections de Paris s'était soulevée contre la Convention nationale. Une nouvelle forme de gouvernement avait été proclamée, et le pouvoir exécutif avait été confié à cinq directeurs. Les décrets relatifs à la marine, qui furent rendus dès le mois de brumaire de cette même année, prouvent qu'on se préoccupait grandement de la situation de l'armée de mer et que le Directoire comprenait mieux la marine que les législateurs des Assemblées qui venaient de gouverner la France. Il remédia, en partie, aux vices des règlements en vigueur; mais il était bien difficile de sortir tout d'un coup de la voie fâcheuse dans laquelle on était engagé depuis plusieurs années et de revenir brusquement aux saines traditions. Si d'heureuses modifications furent introduites dans l'organisation du personnel, ces

III.   1

réformes ne portèrent leurs fruits que lentement, et le matériel laissa, pendant longtemps encore, beaucoup à désirer. Les événements qu'il me reste à raconter le démon-
treront.

Les contrariétés et les embarras que le contre-amiral
Richery rencontrait depuis son arrivée à Cadix, au mois
d'octobre de l'année précédente, furent encore augmentés
par une insurrection générale des équipages de sa division.
La révolte prit le caractère le plus alarmant à bord des
vaisseaux le *Jupiter*, le *Barras*, la *Victoire* et de la frégate
la *Friponne*. Les menaces les plus violentes furent faites
aux capitaines et aux officiers de ces bâtiments. Le commandant de la division fut lui-même menacé d'être mis
aux fers. Le motif de ce mouvement insurrectionnel était
la lenteur avec laquelle avait lieu la vente des prises, dont
les matelots réclamaient immédiatement le produit. La
fermeté des chefs finit par imposer aux factieux, et tout
rentra dans l'ordre.

Les Anglais n'avaient pas tardé à avoir connaissance de
la relâche de la division française à Cadix, et 6 vaisseaux
et 3 frégates, commandés par le contre-amiral Mann, s'é-
taient établis en croisière devant ce port; cette division
avait été détachée de l'escadre de l'amiral Jervis, qui bloquait alors Toulon. Voulant mettre à l'épreuve la bonne
foi des protestations amicales de l'Espagne, et craignant
avec raison que la division anglaise qui croisait devant
Cadix ne fît partie d'une escadre qui attendait au large la
sortie des vaisseaux français, le Directoire demanda à sa
nouvelle alliée de faire accompagner le contre-amiral Richery, lorsqu'il mettrait sous voiles, par les deux escadres
espagnoles qui étaient sur la rade de Cadix. La Cour d'Espagne acquiesça à cette demande, et les lieutenants généraux don Juan de Langara et de Solano, marquis de So-
corro, reçurent l'ordre de naviguer de conserve avec la
division française, et de prendre fait et cause pour elle au
besoin.

Le 7 août, cette division, forte de 7 vaisseaux — le *Censeur* en faisait alors partie, — et 3 frégates, put enfin mettre à la voile; elle fut suivie par 8 frégates et 20 vaisseaux espagnols. Deux jours après, à la hauteur du cap Saint-Vincent, les Français et les Espagnols se séparèrent; ceux-ci entrèrent dans la Méditerranée, et les autres firent route pour leur destination. C'étaient les vaisseaux de

Canons.

86	*Victoire.*	capitaine	Lemancq.
82	*Censeur.*	—	Lecourt.
78	*Jupiter.*	—	Rochèt.
		Richery, contre-amiral.	
	Barras.	capitaine	Maureau.
	Berwick.	—	Dumanoir-Lepelley
	Révolution.	—	Faye.
	Duquesne.	—	Allemand (Zacharie).

et les frégates l'*Embuscade*, la *Félicité* et la *Friponne*.

Le contre-amiral Richery partait avec des instructions nouvelles, ou plutôt avec ses premières instructions modifiées. Il ne devait plus exécuter que ce qui se rapportait à Terre-Neuve : détruire les établissements des Anglais dans cette partie de l'Amérique du Nord. Les événements n'avaient pas permis au gouvernement de poursuivre l'exécution de son premier projet. La division du capitaine Thévenard (Alexandre), qui avait mission de rejoindre le contre-amiral Richery à Saint-Domingue, était rentrée en France après l'avoir vainement attendu au Cap Français. Les autres frégates et corvettes qui devaient faire partie de cette expédition avaient reçu de nouvelles missions. Une de ces frégates, la *Méduse*, eut une fin qui compromit un moment l'existence de son équipage. Malgré son état de vétusté qui, précédemment, avait déterminé le capitaine Thomas à passer sur l'*Uranie*, cette frégate fut renvoyée en France avec l'*Insurgente* à la fin du mois d'octobre 1795; le commandement en avait été donné au lieutenant de vaisseau Constantin (Jacques). Le 3 décembre, la *Méduse* fit des signaux de détresse. Ce fut inutilement que les ancres, les canons et tous les objets de grand poids furent jetés à la mer; l'eau gagnait avec une promptitude telle, qu'il fallut songer à évacuer immédiatement la frégate. Le temps était fort heureusement assez beau pour que le transbordement sur l'*Insurgente* pût se faire sans trop de difficultés. A 7ʰ du matin, la *Méduse*, complétement évacuée, fut livrée aux flammes; l'eau était arrivée à la hauteur du faux-pont.

Le 4 septembre, un mois après son appareillage, le contre-amiral Richery arriva à Terre-Neuve et mouilla dans la baie des Taureaux. La batterie qui défendait ce point fut démolie; les canons furent encloués et leurs tourillons cassés. Les établissements de pêche furent ensuite détruits. Le mauvais temps retint la division au mouillage jusqu'au 7. Ce jour-là, le capitaine de vaisseau Allemand (Zacharie) fut envoyé dans la baie des Châteaux, à l'entrée du détroit de Belle-Isle, avec le *Duquesne*, le *Censeur* et la *Friponne*. Le lendemain, le contre-amiral Richery mit à la voile. Ses instructions lui enjoignaient d'aller à Plaisance; mais les avaries que les vaisseaux avaient éprouvées, la rupture de leurs câbles et la perte de leurs ancres, le déterminèrent à modifier les ordres du gouvernement. Il se dirigea sur les îles Saint-Pierre et Miquelon, en brûla les établissements et fit route pour France. Le 5 novembre, il mouilla sur la rade de l'île d'Aix d'où, quelques jours après, il se rendit à Brest.

Contrarié par le vent et des brumes continuelles, le commandant Allemand n'arriva que le 22 à sa destination. Le commandant du fort répondit par une vive canonnade à la sommation qui lui fut faite de se rendre. Les deux vaisseaux surent la faire taire; mais, dans la crainte d'une surprise, car il était alors nuit, le débarquement fut remis au lendemain. Lorsqu'il eut lieu, tous les établissements étaient abandonnés et détruits. Les batteries furent renversées, les canons encloués et roulés dans la mer. Le lendemain, la division remit sous voiles et attendit le contre-amiral Richery sous Belle-Isle jusqu'au 7 octobre. Un mois après, le *Duquesne*, le *Censeur* et la *Friponne* mouillèrent à Groix, d'où il se rendirent aussi à Brest.

Dans le courant de l'année précédente, la paix avait été faite avec l'Espagne et la Prusse, et la coalition se trouvait réduite à l'Angleterre, à l'Autriche et à quelques princes de l'Allemagne et de l'Italie. Le gouvernement renouvelait avec l'Espagne le pacte de famille et projetait une quadruple alliance entre la France, l'Espagne, la Porte et Venise; la République n'était donc plus isolée et elle avait suscité à l'Angleterre une nouvelle ennemie. Tout annonçait en effet que la déclaration de guerre de l'Espagne à l'Angleterre allait bientôt suivre le traité d'alliance avec la France. La paix avait été signée avec Naples le 10 octobre, et le roi avait déclaré qu'il fermerait ses ports aux vaisseaux des puissances belligérantes. Un traité avait été conclu avec Gênes. Enfin la Bretagne et la Vendée venaient d'être soumises.

Dans ces circonstances, le Directoire se montra favorable au projet de Hoche. Ce général était à la tête de 100,000 hommes répandus sur les côtes de l'Océan et brûlait d'employer ces forces d'une manière plus digne de lui. Il suggéra au gouvernement un projet qu'il méditait depuis longtemps, celui d'une descente en Irlande. « Maintenant, disait-il, qu'on a repoussé la guerre civile des côtes de France, il faut reporter ce fléau sur les côtes d'Angleterre et lui rendre, en soulevant les catholiques d'Irlande, les maux qu'elle nous a faits en soulevant les Poitevins et les Bretons. » Le moment était favorable; les Irlandais étaient plus indisposés que jamais contre l'oppression du gouvernement anglais; le peuple des Trois-Royaumes souffrait horriblement de la guerre; les finances étaient chancelantes. L'entreprise dirigée par Hoche pouvait avoir les plus grandes conséquences. Le projet fut accueilli et Brest fut désigné pour point de réunion.

Le vice-amiral Truguet, alors ministre de la marine, seconda Hoche de toutes ses forces ; mais comme il sentait la nécessité d'envoyer de prompts secours dans l'Inde, il voulait que l'escadre de Brest mît à la voile sans attendre l'arrivée des vaisseaux espagnols dont la coopération avait été jugée nécessaire, et qu'après avoir jeté l'armée expéditionnaire en Irlande, 8 vaisseaux fissent de suite route pour l'île de France. Ce plan avait le grave inconvénient de ne faire porter en Irlande qu'une partie des troupes destinées à l'expédition et de les laisser exposées loin de tout appui et secours, en attendant l'arrivée très-éventuelle des divisions de Toulon et de Terre-Neuve que devaient amener les contre-amiraux Villeneuve et Richery, et celle de l'escadre espagnole, dispersée dans les ports d'Espagne. Le projet du ministre ne fut pas mis à exécution ; on fit des efforts extraordinaires pour hâter l'armement de tous les vaisseaux de Brest et le commandement en fut donné au vice-amiral Villaret Joyeuse.

Cette fois, comme en 1759, l'expédition projetée rencontra de nombreux adversaires ; l'un des plus marquants était le commandant en chef de l'escadre. Afin de faire cesser le découragement qui était la conséquence naturelle de cet état de choses, et éviter les malheurs qui pouvaient résulter d'un défaut de zèle et d'audace, le Directoire n'hésita pas à retirer la conduite d'une affaire si importante à un officier partagé entre son devoir et son opinion. Le vice-amiral Morard de Galle fut désigné pour le remplacer.

Ce changement ne fit pas disparaître toutes les entraves que le général Hoche rencontrait dans l'exécution de son projet. « Qu'est-ce que la marine? écrivait-il au ministre. « Le beau problème à résoudre. Dieu me garde de m'en « mêler jamais. Quel composé bizarre ! Un grand corps « dont les parties sont désunies et incohérentes ; des con- « tradictions de tous genres ; l'indiscipline organisée dans « un corps militaire. Ajoutez à cela l'orgueilleuse igno- « rance et la sotte vanité, vous aurez le complément.

« Pauvre Morard de Galle ! il est déjà vieilli de vingt ans ;
« que je le plains (1) ! »

Au mois de décembre, l'armée navale de Brest fut prête
à prendre la mer. Malgré le soin que l'on eut de répandre
le bruit, tantôt d'une expédition à Saint-Domingue, tantôt
d'une descente à Lisbonne, le Cabinet de Saint-James se
doutait du but de ces préparatifs et en concevait de sérieuses alarmes. Le ministre Pitt fit lever les milices et
donna l'ordre de tout évacuer dans l'intérieur si les Français tentaient un débarquement.

Cependant la saison avançait et la division du contre-
amiral Richery était seule arrivée. Le commandant en chef
ne crut pas pouvoir différer davantage son départ. Les
troupes furent embarquées et l'on se disposa pour l'appareillage. L'armée navale était forte de 17 vaisseaux, 14 frégates, 6 corvettes ou avisos, 6 gabares et 20 transports.
L'avant-garde était commandée par le contre-amiral Bouvet ;
l'arrière-garde, par le contre-amiral Nielly ; l'escadre légère obéissait au contre-amiral Richery.

Canons.		
86	Indomptable........	capitaine Bedout.
		Morard de Galle, vice-amiral.
		Bruix, contre-amiral, chef d'état-major.
	Droits-de-l'Homme....	capitaine Lacrosse.
		Bouvet (François), contre-amiral.
	Constitution........	capitaine Lhéritier.
		Nielly, contre-amiral.
	Pégase............	capitaine Clément Laroncière.
		Richery, contre-amiral.
	Nestor...........	capitaine Durand Linois.
	Révolution.........	— Dumanoir-Lepelley.
	Trojan...........	— Leray.
78	Fougueux.........	— Maistral (Esprit).
	Mucius..........	— Quérangal.
	Tourville........	— Henry (Jean-Baptiste).
	Pluton..........	— Lebrun.
	Éole..........	— Malin.
	Wattigny........	— Thévenard (Alexandre).
	Cassard (2)........	— Dufay.
	Redoutable.......	— Moncousu.
	Patriote.........	— Lafargue.
	Séduisant........	— Dufossey.

(1) Rousselin, Vie de Hoche.
(2) L'ancien Glorieux.

Frégates : *Scévola, Impatiente, Romaine, Immortalité, Bellone, Tartu, Bravoure, Coquille, Charente, Cocarde, Fraternité, Surveillante, Résolue, Sirène.*
Corvettes : *Atalante, Mutine.*
Brig : *Voltigeur.*
Lougres : *Affronteur, Renard, Vautour.*

Les troupes embarquées étaient :

La légion des Francs forte de 2,000 hommes, et commandée par le général Humbert. — La 24me demi-brigade d'infanterie légère, 3,800 hommes, général Watrin. — La 27me demi-brigade d'infanterie de bataille, 4,100 hommes, général Gratien. — La 81me, 4,310 hommes, général Geney. — La 94me, 4,000 hommes, général Spital. — Sept escadrons de cavalerie, 1,100 hommes, général Mermet. — Brigade étrangère, 900 hommes, général Harty. — Artillerie, 1,200 hommes, général Debelle.

Le débarquement devait avoir lieu dans la baie de Galway, dans le comté de ce nom, sur la côte occidentale d'Irlande ; et, si quelque chose y faisait obstacle, à l'embouchure de la rivière la Shannon, dans le comté de Limerick, sur la même côte ; ou enfin, dans la baie de Bantry, du comté de Cork, sur la côte Sud. Le vice-amiral Morard de Galle avait ordre de rentrer à Brest aussitôt que les troupes et les munitions seraient à terre, en laissant toutefois quelques frégates au général Hoche.

Le 15 décembre, l'armée navale sortit de Brest, et mouilla le soir à Bertheaume pour attendre le *Pégase* et la *Révolution* qui n'avaient pas pu mettre sous voiles. Ces vaisseaux rallièrent le lendemain, et l'armée, appareillée vers 2^h 15^m de l'après-midi, par une jolie brise d'Est, donna dans le raz de Sein, en ordre de convoi, conformément au signal fait au moment de l'appareillage et aux ordres verbaux donnés précédemment au capitaine du *Nestor* qui était le chef de file de la ligne.

Les officiers généraux, à l'exception du contre-amiral Richery, avaient mis leur pavillon sur des frégates. Le vice-amiral Morard de Galle et le général Hoche étaient sur la *Fraternité*, capitaine Fustel ; le contre-amiral Bouvet avait choisi l'*Immortalité*, capitaine Siméon ; le contre-amiral Nielly, la *Résolue*, capitaine Montalan.

Le vent augmentant beaucoup, à 5ʰ le commandant en chef fit signal de courir vent arrière, c'est à-dire de sortir par l'Iroise. Ce signal ne fut pas aperçu par tous les bâtiments ; 6 vaisseaux, 6 frégates, une corvette et un lougre continuèrent leur route. Ainsi, l'armée se trouva disloquée dès sa sortie du port. L'obscurité de la nuit n'en fut pas la seule cause. Des feux brûlés et des coups de canon tirés par la *Fraternité* pour indiquer le changement de route, furent répétés par une frégate anglaise qui avait aperçu les vaisseaux français, et en trompèrent quelques-uns sur la direction qu'ils devaient suivre. En outre, le *Séduisant* qui avait continué sa route par le raz, s'était jeté sur la roche nommée le Grand-Stévenec, et n'avait cessé de tirer du canon, mais sans pouvoir réussir à se faire porter des secours. La majeure partie de son équipage fut cependant sauvée ; le capitaine Dufossey perdit la vie.

Le 17 au jour, le contre-amiral Bouvet se trouva en dehors du raz, isolé, mais en vue d'un bon nombre de bâtiments dont il se rapprocha ; tous couraient bâbord amures. Persuadé que le commandant en chef se trouvait parmi eux, il vira de bord à 11ʰ ; mais lorsqu'on fut assez bien rallié pour pouvoir se reconnaître, il vit son erreur. Les bâtiments qui se trouvaient ainsi groupés autour de lui étaient : l'*Indomptable*, les *Droits-de-l'Homme*, la *Constitution*, le *Trajan*, le *Patriote*, le *Tourville*, l'*Éole*, le *Cassard*, la *Surveillante*, la *Scévola*, la *Tartu*, la *Coquille*, la *Bellone*, la *Sirène*, l'*Impatiente*, la *Charente*, et un transport. Il ouvrit ses dépêches, ainsi que le lui enjoignaient ses instructions dans le cas d'une séparation, et il vit qu'il devait se rendre au cap Mizen Head de la côte Sud d'Irlande, et y croiser pendant cinq jours. Le vent ayant passé au S.-O., le contre-amiral Bouvet fit route au O.-N.-O. afin d'éviter les croiseurs anglais, et

le 19 seulement il gouverna au Nord. Ce jour-là, il fut joint
par les contre-amiraux Nielly et Richery qui, ainsi que lui,
avaient perdu les traces du commandant en chef et avaient
rallié quelques-uns des bâtiments de l'armée. C'étaient : la
Révolution, le *Fougueux*, le *Mucius*, le *Pluton*, le *Wattigny*,
le *Redoutable*, la *Bravoure*, le *Voltigeur*, et les trois lougres.
Le *Nestor*, la *Fraternité*, la *Cocarde*, la *Romaine*, l'*A-
talante* et la *Mutine* manquaient seuls désormais. Les deux
contre-amiraux se rangèrent sous les ordres du contre-
amiral Bouvet qui se trouva ainsi commander la presque
totalité de l'armée. Le lendemain de la jonction, le temps
fut très-mauvais ; il venta grand frais de l'Est. Le 21, l'armée navale était à l'entrée de la baie de Bantry. Le mauvais temps continua pendant trois jours ; la neige tombait
en abondance. Dans ces circonstances, l'incapacité des
équipages rendant la manœuvre fort difficile, le contre-
amiral Bouvet mouilla au large de l'île Bear. Quelques bâtiments imitèrent sa manœuvre ; d'autres restèrent sous
voiles, et pour la seconde fois, l'armée se trouva di-
visée. Les instructions du contre-amiral Bouvet ne pré-
voyaient pas le cas qui se présentait. 6,000 hommes de
troupes environ, mais sans munitions, se trouvaient sur
les 8 vaisseaux, les 6 frégates et le transport qui avaient
jeté l'ancre. Le général Grouchy qui, en l'absence du commandant en chef de l'expédition, était le plus ancien officier
général, réunit en conseil tous les généraux présents, et il
fut décidé que les troupes seraient mises à terre ; la division appareilla pour se rapprocher de Bantry. Elle était à
peine au mouillage, que le vent qui soufflait médiocrement de l'E.-S.-E., augmenta au point de rendre impos-
sibles les communications avec la terre. Le signal d'appareiller fut fait, mais tous les bâtiments ne purent l'exécuter :
plusieurs cassèrent leurs câbles ; d'autres les coupèrent et
prirent le large avec les premiers. L'*Immortalité* fut du
nombre de ces derniers. Le vent ne diminua que le 29.
S'estimant alors à 180 milles dans le S.-E. de Bantry, et

n'ayant plus que dix-huit jours de vivres, le contre-amiral Bouvet fit route pour Brest, où il mouilla le 1ᵉʳ janvier 1797. Cet officier général fut de suite suspendu de ses fonctions.

Revenons maintenant sur nos pas et voyons ce qu'étaient devenus les autres bâtiments de l'armée navale.

Le 17 décembre au jour, lendemain de l'appareillage de Bertheaume, la *Fraternité* sur laquelle, on se le rappelle, le commandant en chef avait arboré son pavillon, la *Fraternité* s'était trouvée seule avec le *Nestor*. Le capitaine Linois, pressentant les intentions du commandant en chef, l'avait rallié assez à temps pour sortir avec lui par l'Iroise. Ils avaient été rejoints dans la journée par la *Cocarde* et la *Romaine* et avaient fait route ensemble pour la baie de Bantry. Le 23, la *Cocarde* fut perdue de vue dans un grain; déjà la veille, le *Nestor* s'était séparé. Le capitaine Linois se dirigea alors vers la baie de Bantry et y mouilla le 1ᵉʳ janvier. Trois vaisseaux, 4 frégates et un côtre y étaient au mouillage. Consultés sur ce qu'il convenait de faire, les officiers généraux de terre et les chefs de division présents décidèrent qu'il n'y avait pas lieu de tenter un débarquement; qu'il fallait croiser pendant deux jours et ensuite, vu la petite quantité de vivres qu'avait chaque bâtiment, retourner à Brest.

Isolée encore une fois et arrivée en vue des côtes d'Irlande, la *Fraternité* aperçut un vaisseau anglais qui la chassa et l'obligea de prendre le large. Il ventait grande brise. La batterie des gaillards fut jetée à la mer, et bientôt le vaisseau fut perdu de vue. Dès que le vent diminua, la *Fraternité* gouverna au N.-E. Elle faisait route pour se rapprocher du rendez-vous lorsque, le 8 janvier, elle rencontra la *Révolution* et la *Scévola*. Cette dernière coulait bas d'eau et l'on travaillait au transbordement de son équipage sur la *Révolution*. Le commandant en chef fit hâter l'opération, et ayant appris qu'il n'y avait plus un seul bâtiment à Bantry, il se dirigea sur Brest dans la crainte de manquer de vivres. Après avoir été chassées plusieurs fois par les croiseurs anglais et en dernier lieu par l'escadre de l'amiral Bridport, la *Révolution* et la *Fraternité* entrèrent à Rochefort, le 13 janvier. La ration de vivres était, depuis quelques jours, réduite au strict indispensable.

Si les bâtiments qui tinrent la mer eurent à souffrir, ceux qui restèrent au mouillage furent peut-être plus maltraités encore. L'*Impatiente*, capitaine Deniau, fut jetée à la côte pendant la nuit du 29 décembre. Une partie de son équipage fut faite prisonnière; le reste parvint à gagner les bâtiments qui étaient sur rade. La *Surveillante*, capitaine Bernard, faisait tant d'eau, qu'elle fut évacuée et coula dans la baie même. La *Résolue* qui, dans un abordage avec la *Révolution*, avait démâté de tous ses mâts, moins le grand, était allée mouiller, le 22 décembre, à l'entrée de la baie de Bantry. Là, apercevant une partie de l'armée, le contre-amiral Nielly avait demandé des secours qui ne lui avaient pas été envoyés. Il avait alors expédié un officier au contre-amiral Bouvet pour lui exposer sa position. Mais le temps, assez beau depuis vingt-quatre heures, étant devenu mauvais au commencement de la nuit, la *Résolue* avait coupé ses câbles et fait route au S.-O. sous un foc; il ventait grand frais du S.-E. Une partie de l'artillerie fut jetée à la mer et l'on parvint à établir deux voiles sur le grand mât, et sur un mât de hune installé en mât de misaine. Le 29, le vent passa au O.-N.-O. L'état-major fut consulté sur la question de savoir si la *Résolue* pouvait retourner sur les côtes d'Irlande dont on s'estimait alors à 150 milles. Il y eut unanimité dans la réponse. La frégate fit route pour Brest et, sous Ouessant, elle rencontra le *Pégase* qui la prit à la remorque. Contrariés par les calmes, ils ne purent entrer à Brest que le 11 janvier.

Le *Mucius*, l'*Indomptable*, le *Wattigny*, l'*Éole*, le *Patriote*, le *Cassard*, la *Bellone*, la *Coquille*, l'*Atalante*, le *Vautour*, l'*Affronteur* étaient rentrés le 1er janvier; le *Pluton* le 11. Le *Redoutable*, le *Nestor*, le *Fougueux*, le *Tour-*

ville mouillèrent le 13 ; la *Constitution* et le *Trajan* le 14.
Toutes les frégates et les corvettes rentrèrent aussi à Brest,
à l'exception de la *Fraternité* qui était allée à Rochefort,
de la *Bravoure*, qui mouilla à Lorient, et de la *Tartu*, qui
fut prise le 5 janvier par le vaisseau anglais de 72ᵉ POLY-
PHEMUS.

La République eut aussi à déplorer la perte des *Droits-
de-l'Homme*. Je dirai plus loin la fin malheureuse de ce
vaisseau.

Après de vives et pressantes sollicitations, le roi d'Espagne venait de consentir à ce que son armée de mer se
rendît sur les côtes d'Italie où elle devait agir de concert
avec l'escadre de Toulon, que commandait alors le contre-
amiral Brueys. Sortis de Cadix pendant le mois d'octobre,
les vaisseaux espagnols furent assaillis par un coup de vent
qui les dispersa ; quelques-uns relâchèrent à Mahon, d'autres tinrent la mer, le plus grand nombre entra à Toulon.
Le 9 novembre, le capitaine général de Cadix don Juan
de Langara était mouillé sur cette rade avec 24 vaisseaux,
12 frégates et 2 corvettes ; il y avait encore 5 vaisseaux à
Mahon.

L'époque avancée de la saison parut à la Cour d'Espagne
une raison suffisante pour ajourner les projets ; l'armée
navale espagnole fut rappelée à Carthagène et elle quitta
Toulon le 1ᵉʳ décembre, en compagnie de 5 vaisseaux
français et de 3 frégates, commandés par le contre-amiral
Villeneuve qui faisait route pour Brest, où il devait se
réunir à l'armée de l'Océan. Cette division franchit le détroit en plein jour avec un vent d'Est très-violent qui retint
l'amiral Jervis à Gibraltar. Lorsque, le 20, elle arriva devant Ouessant, elle trouva le port de Brest bloqué par
24 vaisseaux anglais qui la chassèrent et l'obligèrent à entrer à Lorient.

Aussitôt que les premiers vaisseaux espagnols avaient
paru devant Toulon, le commandant en chef de l'escadre

avait fait appareiller le brig de 14ᵉ le *Hasard*, capitaine
Bassière, pour aller les reconnaître. Ce brig se perdit sur
l'île Honorat du groupe Sainte-Marguerite.

Deux mois plus tard, l'armée navale d'Espagne sortit
de la Méditerranée sous le commandement du lieutenant
général de Cordova. Attaquée, le 14 février 1797, près du
cap Saint-Vincent, par l'escadre anglaise de l'amiral Jervis, elle perdit 4 vaisseaux et rentra à Cadix où, à partir
de ce moment, elle fut bloquée par des forces supérieures
qui l'empêchèrent de reprendre la mer.

Il n'est pas sans intérêt de rappeler l'opinion de Nelson
sur la marine espagnole de cette époque, et sur l'alliance
que la France venait de contracter avec cette puissance.
« Les Espagnols, écrivait ce grand capitaine, font de fort
« beaux navires, mais ils ne feront pas aussi facilement des
« hommes. Leur flotte n'a que de mauvais équipages et
« des officiers pires encore. D'ailleurs ils sont lents et
« manquent d'activité.

« On prétend que l'Espagne a consenti à fournir à la
« République française 14 vaisseaux de ligne prêts à pren-
« dre la mer (1). Je suppose qu'il s'agit de vaisseaux sans
« équipages ; car les prendre avec un pareil personnel se-
« rait pour la République le plus sûr moyen d'en être
« promptement débarrassée. Dans le cas où ce traité amè-
« nerait la guerre entre nous et les Espagnols, je suis cer-
« tain que l'affaire de leur flotte sera bientôt faite, si elle
« ne vaut pas mieux que celle qu'ils possédaient quand ils
« étaient nos alliés. »

Cette appréciation était exacte. Les Espagnols avaient
à peine soixante à quatre-vingts matelots par vaisseau. Le
reste des équipages se composait d'hommes entièrement
étrangers à la navigation, recrutés depuis quelques mois
dans la campagne ou les prisons et qui, de l'aveu même

---

(1) L'Espagne avait garanti à la France un secours de 15 vaisseaux de 74ᵉ,
6 frégates et 4 corvettes.

des historiens anglais, lorsqu'on voulait les faire monter dans la mâture, tombaient à genoux frappés de terreur panique, et s'écriaient qu'ils aimaient mieux être immolés sur place que de s'exposer à une mort certaine en essayant d'accomplir un service aussi périlleux. A bord de l'un des vaisseaux capturés au combat du 14 février, on trouva quatre ou cinq canons, du côté où le vaisseau avait combattu, qui n'avaient pas été détapés (1).

———

Les ressources de la France étaient tellement épuisées, qu'il avait fallu, jusqu'à ce jour, se borner à un système purement défensif dans l'Inde. Les forces navales de la République dans ces parages consistaient en deux frégates, la *Prudente* et la *Cybèle* et le brig le *Coureur*. Depuis la déclaration de guerre, les colonies des îles de France et de la Réunion (2) n'avaient reçu aucun secours de la métropole; et c'était avec cette faible division à laquelle s'adjoignaient un grand nombre de corsaires, que le gouverneur général était parvenu à les soutenir et à les alimenter. Quelques bâtiments isolés y avaient cependant été envoyés. L'importance de ces îles détermina le Comité de salut public à ordonner l'armement d'une division destinée à les protéger et à troubler le plus possible le commerce des ennemis dans cette partie du monde. Le contre-amiral Kerguelen dut d'abord partir avec 2 vaisseaux, 3 frégates et 2 corvettes; mais ce projet n'eut pas de suite. Au mois d'octobre 1795, le contre-amiral Sercey fut désigné pour prendre le commandement de la division de frégates et de corvettes ci-après que l'on armait à Rochefort.

Canons.

	Forte.	capitaine Beaulieu-Leloup.
42		Sercey, contre-amiral.
	Régénérée.	capitaine Willaumez (Jean-Baptiste).
40	*Cocarde-Nationale.* . . .	— L'hermitte (Jean).

———

(1) Jurien de la Gravière, *Études sur la dernière guerre maritime.*
(2) Nouveau nom de l'île Bourbon.

38	*Seine,* en flûte.	—	Bigot.
20	*Bonne-Citoyenne.*	—	Mahé de Labourdonnais.
12	*Mutine.*	—	Pomiès.

La corvette le *Moineau,* capitaine Tailleau, fut expédiée au commencement du mois de février, pour aller annoncer ce secours au gouverneur général de l'Inde. En lui donnant avis de la pacification de la presque totalité de la Hollande, la Convention nationale lui prescrivit de faire son possible pour empêcher les possessions de cette puissance de tomber au pouvoir des Anglais. Le défaut d'approvisionnements retarda d'abord le départ de cette expédition et plus tard, lorsque la division fut prête, un violent coup de vent qui eut lieu pendant la nuit du 3 février, vint augmenter les embarras. Tous les bâtiments firent des avaries, et celles de la *Cocarde* étaient telles, qu'on remplaça cette frégate par la *Vertu,* de même force : le capitaine L'hermitte en prit le commandement. Le contre-amiral Sercey put enfin faire embarquer les troupes destinées aux colonies de l'Inde et, le 4 mars 1796, il mit à la voile, laissant sur rade la *Vertu* qui n'était pas encore prête. La division se dirigea sur les Canaries et mouilla à Palma, où elle fut ralliée par la frégate du capitaine L'hermitte. Elle remit sous voiles le 31, et arriva à l'île de France le 18 juin avec plusieurs prises, mais elle comptait déjà deux bâtiments de moins. Dans la traversée de France aux Canaries, les deux corvettes avaient fait des avaries ; et plusieurs voiles ayant été aperçues avant qu'elles fussent réparées, deux représentants du peuple embarqués sur la *Forte* et qui se rendaient à l'île de France comme commissaires de la Convention, donnèrent l'ordre de ne pas les attendre. La *Mutine* avait craqué son mât de misaine. Lorsque le capitaine Pomiès se vit abandonné, il se dirigea sur le Ferrol. Ses avaries réparées, il fit route pour sa destination ; mais une forte voie d'eau le força à relâcher à Sainte-Croix de Ténériffe. Ne pouvant réussir à y aveugler cette voie d'eau, il retourna en France. La *Mutine* mouilla à Lorient le 28 juillet.

Le *Bonne Citoyenne*, à laquelle je reviendrai plus tard, se dirigea vers les côtes d'Espagne.

Après l'arrivée du contre-amiral Sercey dans l'Inde, la division navale que la France entretenait dans ces mers se trouva composée comme il suit :

Canons.			
42	*Forte.*	capitaine	Beaulieu Leloup.
			Sercey, contre-amiral.
	Régénérée.	capitaine	Willaumez (Jean-Baptiste).
	Preneuse.	—	Marquès.
40	*Vertu.*	—	L'hermitte (Jean).
	Cybèle.	—	Tréhoüart (Pierre).
56	*Prudente.*	—	Magon Médine.
22	*Brûle-Gueule.*	—	Fallouard.
16	*Moineau*	—	Tailleau.
14	*Coureur.*	—	Naugin.

Le conseil de l'île de France refusa de recevoir les deux commissaires de la Convention arrivés sur la *Forte* pour faire mettre à exécution le décret relatif à l'abolition de l'esclavage, et le capitaine du brig le *Moineau* reçut l'ordre de les conduire aux Philippines. Sur leur réquisition, le capitaine Tailleau fit route pour France.

Après un mois de séjour à l'île de France, le contre-amiral Sercey appareilla avec les frégates la *Forte*, la *Vertu*, la *Régénérée*, la *Prudente*, la *Cybèle* et la *Seine*, alors armée en guerre, et dont le commandement avait été donné au capitaine de vaisseau Latour, et la goëlette l'*Alerte*, capitaine Maller. Il se porta sur la côte de Malabar, ensuite sur celle de Coromandel; se présenta devant Pondichéry et se dirigea avec ses prises sur le port d'Achem, situé à l'extrémité occidentale de l'île de Sumatra. La goëlette fut prise par la frégate anglaise CARYSFORT en se rendant à Tranquebar. Le 8 septembre, à l'entrée du détroit de Malacca, deux bâtiments furent aperçus sous le vent; c'étaient l'ARROGANT et le VICTORIOUS, vaisseaux anglais de 82°, capitaines Richard Lucas et William Clark. Le contre-amiral Sercey ne crut pas ses 6 frégates capables de lutter avec avantage contre ces 2 vaisseaux. Mais, si sa manœuvre indi-

III. 2

qua qu'il ne recherchait pas le combat, elle prouva aussi qu'il ne le redoutait pas. Ses frégates ne changèrent en effet rien à leur voilure, et il continua sa route. Les deux vaisseaux se rapprochèrent beaucoup dans les vingt-quatre heures qui suivirent et, le lendemain matin, la route qu'ils faisaient à contre-bord de la division française, les portait sur la queue de la colonne. Le vent soufflait du O.-N.-O. Vers 7ʰ du matin, au moment où ils allaient se trouver sur le prolongement de la ligne, le contre-amiral Sercey fit signal de virer vent-arrière tout à la fois. Les deux capitaines anglais se méprenant probablement sur le but de cette manœuvre, et redoutant peut-être un abordage auquel ils n'étaient pas préparés, laissèrent arriver et ne ripostèrent pas d'abord à la canonnade que les frégates commencèrent dès qu'elles eurent viré. Mais lorsqu'ils eurent la certitude que la division française changeait simplement d'amures, ils tinrent le vent, et leur feu devint très-nourri. La brise, déjà très-faible, tomba entièrement aux premières bordées. La *Prudente* et la *Cybèle*, qui avaient été placées au vent des autres frégates, ne purent prendre qu'une part très-secondaire au combat. Bien que l'emploi des canots fût nécessaire pour conserver l'ennemi par le travers, l'ARROGANT réussit à se retirer, à 9ʰ, avec son grément haché et sa vergue de petit hunier coupée. Tout le feu des frégates fut alors concentré sur le VICTORIOUS; deux lui présentaient le travers à tribord; les autres étaient par sa hanche du vent. Le capitaine Clark, gravement blessé, avait été remplacé par le premier lieutenant. Malheureusement, les frégates ne purent se maintenir dans cette position, et leur feu, très-irrégulier, fut sans effet. Enfin, le VICTORIOUS parvint à se rapprocher de l'ARROGANT, et celui-ci ayant réparé ses avaries, le combat redevint général; il dura jusqu'à 11ʰ 30ᵐ. La brise qui s'éleva alors au N.-O. retira tout à fait le VICTORIOUS de la position critique dans laquelle l'avaient mis le calme et l'éloignement de son compagnon; l'ARROGANT le suivit, et le contre-amiral Sercey ne mit pas obstacle à leur retraite. Malgré l'avantage incontestable qu'il avait remporté, il ne voulut pas recommencer une lutte qu'il persistait à considérer comme très-disproportionnée, et que ses instructions lui enjoignaient d'éviter. Il se dirigea sur l'île du Roi de l'archipel de Merguy et y mouilla le 3 octobre. Toutes les frégates avaient reçu des avaries au combat du 9 septembre, mais la *Vertu* avait été plus maltraitée que les autres.

Après une relâche de quinze jours, le contre-amiral Sercey retourna sur la côte de Coromandel ; il y apprit que les Anglais projetaient une expédition contre Batavia. Cette nouvelle lui fit prendre la détermination de lever de suite sa croisière et de se diriger sur ce port où il arriva le 18 novembre.

Maintenant, comme à toutes les époques, nous voyons la division navale de l'Inde abandonnée à elle-même et obligée de s'industrier pour vivre et pour remplacer le matériel mis hors de service, tant par les boulets de l'ennemi que par suite d'une navigation presque continuelle. Dès en partant de France, elle était sans approvisionnements ; tout ce qu'on pouvait faire alors était de vivre au jour le jour ; on espérait en la Providence pour le reste, et c'était sans crainte sur l'avenir qu'on envoyait un bâtiment à l'autre bout du monde. On comptait sur le dévouement de tous. Cela n'empêchait pas les plaintes des chefs, dont la position était d'autant plus difficile qu'il leur était impossible de faire droit à des réclamations souvent fondées. En arrivant à Batavia, le contre-amiral Sercey prévint le ministre de la marine que sa division était dans le dénûment le plus complet, qu'elle était obligée de vivre d'industrie, qu'elle n'avait ni pain ni vin, et manquait de toutes les munitions : « *Faites-nous donner des effets d'habillement,* disait-il, *les matelots sont réduits à quitter le linge qu'ils ont sur le corps pour le laver* (1). »

---

(1) On lit dans le projet de dépenses de l'an VII, approuvé par le ministre

On a vu que la frégate la *Sensible*, capitaine Escoffier, et la corvette de 22ᵉ la *Sardine*, capitaine Icard, avaient quitté la rade de Smyrne, au mois de décembre 1795, et s'étaient dirigées sur Tunis avec l'ex-frégate anglaise de 28ᵉ la *Némésis*, capitaine Chautard. Le capitaine Escoffier ne fit qu'un court séjour sur cette rade ; il y laissa, en outre des deux bâtiments qui viennent d'être indiqués, la corvette le *Postillon*, capitaine Rapon, et le brig de 12ᵉ le *Gerfaut*, capitaine Cavalier. Ces navires étaient encore sur la rade de Tunis, le 9 mars, lorsque les vaisseaux anglais Barfleur, Egmont, Bombay Castle et Zealous, la frégate Tartar et un cutter, sous les ordres du vice-amiral honorable William Waldegrave, mouillèrent dans la baie. Sur l'invitation qui lui en fut faite, le capitaine Chautard se rendit à bord du Barfleur, où le vice-amiral Waldegrave lui apprit que l'agent consulaire de la Grande-Bretagne près le bey de Tunis avait pris ses passe-ports et que le gouvernement anglais ne pouvait tarder à déclarer la guerre à la Régence. Il ajouta que les bâtiments français ne devaient par conséquent pas se considérer comme en pays neutre et il déclara avoir l'intention de les couler si, tentant une défense inutile, leurs capitaines ne consentaient pas à amener de suite leur pavillon. La résistance n'était pas possible : les Anglais prirent possession de la *Némésis*, de la *Sardine* et du *Postillon*.

Le capitaine Cavalier seul refusa d'obtempérer à l'invitation du vice-amiral anglais ; il jeta le *Gerfaut* à la côte et, trois fois, il repoussa l'attaque des embarcations de la division ennemie. Le vice-amiral Waldegrave ne poussa pas plus loin l'agression ; il appareilla avec ses prises, après avoir mis à terre les capitaines, les officiers et les équipages des bâtiments qu'il emmenait. Le *Gerfaut* ne put être relevé.

---

de la marine, le curieux paragraphe que voici : « *Dans le nombre des frégates armées, on n'a pas compris les dépenses de celles qui sont dans l'Inde, parce que le gouvernement n'entretient pas de communications avec ces colonies.*

L'enseigne de vaisseau Chautard dut rendre compte de sa conduite. Prenant en considération l'énorme disproportion des forces qui s'étaient trouvées en présence, le jury déclara qu'il n'y avait pas lieu à accusation contre cet officier.

Le capitaine Jaslin du côtre l'*Aspic*, en croisière à l'entrée du canal Saint-Georges aperçut, le 10 mars dans l'après-midi, un fort navire sous le vent. La mer était grosse et couvrait le côtre de l'avant à l'arrière. Par un temps semblable, il lui était difficile d'échapper à la poursuite du bâtiment aperçu et, à 5ʰ 30ᵐ, il reçut ses premiers boulets. Le capitaine français essaya de tous les moyens possibles pour se faire perdre de vue ; ce fut en vain. A 6ʰ moins un quart, l'*Aspic* amena son pavillon et fut amariné par la frégate anglaise de 40ᶜ Quebec, capitaine John Cook.

Le capitaine Jaslin fut traduit devant un conseil martial qui, à l'unanimité, le déclara non coupable.

Comme je l'ai déjà dit (1), dans les premiers jours du mois de mars, et alors qu'il faisait route pour l'île de France, sur l'ordre des deux commissaires de la Convention nationale passagers sur la *Forte* pour se rendre dans cette colonie, le contre-amiral Sercey avait signalé liberté de manœuvre aux deux corvettes de sa division qui, ayant fait quelques avaries, retardaient sa marche. La *Mutine*, on doit se le rappeler, était entrée à Lorient. L'autre, la *Bonne Citoyenne*, avait démâté de son petit mât de hune et avait bientôt perdu la division de vue. Le capitaine Mahé de Labourdonnais se dirigea de suite sur l'Espagne. Le mauvais temps l'empêcha de songer d'abord à remplacer son mât de hune ; plus tard, il fut impossible de mettre le mât de rechange en clef, quelque

---

(1) Page 16.

effort qu'on fît pour y réussir. Chassé, le 10 mars, par 3 frégates anglaises sous les ordres de sir Robert Stopford et joint après douze heures de poursuite, le capitaine de Labourdonnais ne crut pas devoir exposer par une défense inutile la vie des hommes qu'il commandait. A 3ʰ de l'après-midi, il déchargea sa batterie par le travers de la frégate de 48° PHAETON et amena son pavillon.

Le jury qui examina la conduite du lieutenant de vaisseau Mahé de Labourdonnais le déchargea d'accusation.

Le 11 mars, lendemain de son départ de la Guadeloupe, la flûte le *Marsouin*, capitaine Gois, fut chassée par une frégate qui la gagna facilement. La brise était fraîche de l'E.-N.-E. Espérant pouvoir se dérober aux poursuites de l'ennemi pendant la nuit, le capitaine Gois changea de route à 7ʰ du soir. Une demi-heure plus tard, la frégate, à la corne de laquelle on put distinguer le pavillon de la Grande-Bretagne, était par la hanche de bâbord et hélait le *Marsouin* sans recevoir de réponse. La canonnade s'engagea alors avec vigueur et elle continua jusqu'à ce que le nombre des tués et des blessés eût rendu la défense impossible ; la flûte avait perdu sa vergue barrée, celle du perroquet de fougue, et le reste de sa mâture était criblé. A 10ʰ 15ᵐ, le capitaine Gois, blessé lui-même, ordonna d'amener le pavillon. Le *Marsouin* fut amariné par la frégate anglaise de 44° BEAULIEU, capitaine Skiner.

L'enseigne de vaisseau Gois fut déchargé d'accusation.

Chassé, le 17 mars, par une division anglaise, un convoi parti de Brest sous la protection de la corvette de 16° l'*Étourdie*, capitaine Dusaulchoy, des lougres le *Rayon* de 10° et le *Neptune Hardi* qui n'en avait qu'un, se réfugia dans la baie d'Erqui, à l'Est de la baie de Saint-Brieuc, où les bâtiments d'escorte s'embossèrent. La brise était faible du N.-E. Après avoir fait sonder le chenal, le capitaine sir Sidney Smith, de la frégate de 48ᶜ DIAMOND, donna dans la passe avec le brig de 22ᶜ LIBERTY, capitaine George M'Kinley, et le lougre ARISTOCRAT, capitaine Abraham Gassett, malgré le feu d'un canon de 12 qui faisait toute la défense de cette passe. A midi 15ᵐ, la division anglaise parut à l'ouvert de la baie, et la flottille joignit son feu à celui de la pièce de canon établie à terre ; celle-ci cessa de tirer presque de suite, faute de munitions. Les Anglais s'en emparèrent d'abord. A 1ʰ 30ᵐ, la frégate mouilla à une encablure par la hanche de l'*Étourdie ;* le brig et le lougre se placèrent derrière et l'attaque commença immédiatement. La défense fut vigoureuse, mais elle devait avoir un terme, et les Anglais pouvaient espérer que la lutte se terminerait par la capture de tous les bâtiments français ; ils se trompaient. Le capitaine Dusaulchoy venait d'être tué et le second de la corvette, grièvement blessé. L'enseigne de vaisseau Montfort (Gilles-François), qui prit le commandement, ordonna à tous les capitaines d'incendier leurs navires. Cet ordre fut ponctuellement exécuté. Les embarcations anglaises voulurent arrêter l'incendie à bord de l'*Étourdie ;* mais le feu de mousqueterie qu'on dirigea sur elles du rivage fut si vif qu'elles se virent obligées de se retirer. L'explosion de la corvette eut lieu vers 9ʰ. La division ennemie prit le large pendant la nuit.

———

Un convoi de 74 navires, parti de Brest pour Nantes et Rochefort, fut chassé, le 19 mars, par le travers de la baie d'Audierne, par la division du commodore anglais Sir Borlase Warren, en croisière sur la côte de Bretagne avec les frégates POMONE, ANSON de 48ᶜ, ARTOIS de 44 et GALATÆA de 40. La brise était fraîche de l'E.-S.-E. Le capitaine Pillet, de la corvette la *Cigogne*, était spécialement chargé de la conduite des convois dans cette partie du golfe ; mais l'importance de celui-ci ayant fait sentir la nécessité d'augmenter le nombre des convoyeurs, l'escorte se trouvait composée des frégates la *Proserpine* de 42ᵉ, capitaine Daugier, la *Tamise*, la *Variante* (1) et la *Coquille* de 40, capitaines Fradin, Durand et Chesneau; des corvettes la *Cigogne*, l'*Intrépide* et de l'aviso les *Trois Couleurs*. Le capitaine Daugier avait pris le commandement provisoire en vertu de son ancienneté. Signal fut fait au convoi d'entrer dans le raz de Sein. Pendant qu'il manœuvrait pour se conformer à cet ordre, les frégates qui protégeaient sa retraite engageaient la canonnade avec la division ennemie. Malheureusement les navires du commerce ne prirent pas tous la route qui leur avait été indiquée; quelques-uns se dirigèrent sur Audierne avec l'*Intrépide* et les *Trois Couleurs*; d'autres crurent trouver un abri derrière les Glenans. Les Anglais en prirent 6 et la flûte l'*Étoile*, capitaine Berthelin. Les frégates rentrèrent à Brest avec le reste.

L'enseigne de vaisseau Berthelin, traduit devant un conseil martial, fut acquitté à l'unanimité.

———

Le capitaine Letorzec, commandant la corvette de 20ᵉ la *Sagesse*, chargé de la protection des convois dans le Sud de la Loire, se rendant de la Rochelle à Nantes avec 4 navires et la flûte l'*Éclatant* qu'escortait aussi la corvette la *Volage*, capitaine Dubochet, eut connaissance, le 20 mars au matin, d'une division anglaise qu'il supposa être celle du commodore sir Edward Pellew. A 3ʰ de l'après-midi, la *Volage* qui était de l'arrière, recevant les boulets des frégates avancées, mouilla auprès du Croisic, sous la protection d'une batterie de deux canons. La division ennemie laissa également tomber l'ancre, mais elle ne fit aucune démonstration pendant la nuit. Le lendemain elle se rapprocha et canonna la corvette de 6ʰ à midi. Le capitaine Dubochet, qui s'était décidé à échouer la *Volage* aussi près

———

(1) L'ancienne *Unité*.

de terre que possible, riposta vigoureusement. Mais, malgré la précaution qu'il avait prise de faire couper le grand mât et le mât d'artimon, l'inclinaison de la corvette devint telle, qu'il fut bientôt impossible de continuer le feu ; il ordonna alors de l'évacuer. A 2ʰ les Anglais prirent le large. L'équipage de la *Volage* retourna à bord dès que la mer commença à monter ; la corvette fut remise à flot et, le lendemain, elle put faire route sous une voilure de fortune. Les frégates anglaises s'approchèrent de nouveau : elles n'arrivèrent que pour voir la *Volage* entrer dans la Loire où se trouvaient déjà sa compagne et le convoi.

Dans l'après-midi du 11 avril, le capitaine Durand, de la frégate de 40ᶜ la *Variante*, se rendant de Lorient à Rochefort avec une petite brise de N.-E., aperçut plusieurs bâtiments qu'à l'entre-deux des mâts il supposa être de guerre. Les signaux que ces bâtiments firent plus tard et leur manœuvre ne purent laisser de doutes à cet égard : c'était la division de 5 frégates du commodore anglais sir Edward Pellew. L'île d'Yeu restait alors à 21 milles dans l'Est. Lorsque la nuit fut close, le capitaine Durand gouverna au N.-O. L'obscurité n'était malheureusement pas assez complète pour que ce mouvement ne fût pas aperçu ; une des frégates ennemies l'imita. A 10ʰ 30ᵐ, le capitaine de la *Variante* ordonna de tirer en retraite pour essayer de lui faire quelque avarie capable d'arrêter sa marche ; on n'y réussit pas : trente minutes plus tard, la frégate de 48ᶜ RÉVOLUTIONNAIRE, capitaine Francis Cole, combattait la frégate française par la hanche de dessous le vent, à portée de voix. Moins d'une demi-heure après le commencement de la lutte, le feu de la *Variante* se ralentit d'une manière sensible : les hommes de la batterie abandonnaient leur poste ; une partie de ceux attachés à la manœuvre y furent envoyés. Malgré ce renfort, la *Variante* ne tirait plus que quelques rares coups de canon ; à 11ʰ 50ᵐ, le capitaine Durand fit amener le pavillon. Une seconde frégate, la CONCORDE, était alors à petite distance dans ses eaux.

La promptitude avec laquelle la *Variante* fut amarinée ne permit pas de constater par un appel quel était le chiffre des tués et des blessés. Le casernet du bord le porta à trente; le rapport du chirurgien en accusa un plus faible, mais il constata aussi qu'une trentaine d'hommes, au moins, s'étaient réfugiés dans l'entre-pont pendant le combat, prétextant des blessures qu'ils n'avaient pas, et qu'il n'avait pas été possible de les faire retourner à leur poste. Le capitaine Durand avait été trahi ou tout au moins fort mal secondé par son équipage. Le port de Rochefort lui avait donné des conscrits au lieu d'aide-canonniers et lui avait pris une partie de ses meilleurs matelots pour les mettre sur les frégates qui allaient dans l'Inde. A Lorient, on lui avait remplacé dix-huit malades par le même nombre de Vendéens qui avaient été embarqués de force; le capitaine Durand les accusa d'avoir quitté leur poste pendant le combat.

Cet officier fut jugé par un conseil martial qui déclara à l'unanimité qu'il était coupable de n'avoir pas prolongé sa résistance jusqu'à l'arrivée de la seconde frégate qui le chassait; mais excusable, à l'unanimité, vu la mauvaise composition de son équipage qui d'ailleurs n'était pas complet. Il fut en conséquence acquitté. Le capitaine Durand appela de ce jugement. Le conseil de révision confirma le jugement rendu par le conseil martial de Rochefort.

La *Variante* portait   26 canons de 12
                    10   —   de   6
             et 4 caronades de 36.
La RÉVOLUTIONNAIRE avait 28 canons de 18
                    10   —   de   9
             et 10 caronades de 32.

La corvette de 20° le *Robuste*, capitaine Arnous, effectuant son retour à Lorient après avoir escorté à Brest 6 navires chargés d'artillerie, se trouva, pendant la nuit très-obscure du 15 avril, au milieu d'une division anglaise qui l'avait déjà chassée trois fois depuis son départ de ce dernier port. Le capitaine Arnous, s'estimant alors à 2 milles dans le S.-E. des Penmarks, et n'espérant pas échapper à des bâtiments qui le canonnèrent bientôt, prit la bordée du Nord pour se jeter sur ces rochers ; le vent ayant passé au N.-E., il ne put mettre son projet à exécution. A 2ʰ 30ᵐ, un des chasseurs, qui était la frégate 40° Pomone, montée par le commodore anglais sir John Borlase Warren, héla au *Robuste* qu'il était tombé dans une division anglaise à laquelle il ne lui était pas possible d'échapper. Cela n'était malheureusement que trop vrai ; aussi le capitaine Arnous ne chercha-t-il pas à se défendre, et le pavillon de la corvette fut amené.

Le *Robuste* prit le nom de Scourge dans la marine anglaise.

———

Le nom du capitaine anglais sir Sidney Smith se rencontre trop souvent dans l'histoire contemporaine, pour que j'omette de raconter comment cet officier entreprenant devint le prisonnier de la France.

Le 17 avril au matin, le capitaine sir William Sidney Smith, de la frégate anglaise de 48° Diamond, jeta l'ancre sur la rade du Havre où se trouvait, fort près de terre et tout prêt à prendre la mer, le corsaire le *Vengeur*, lougre de 10° de 3, et de 40 hommes d'équipage. Le capitaine anglais résolut de l'enlever. Sir Sidney Smith voulut diriger lui-même cette expédition et, à 10ʰ du soir, il quitta la frégate avec cinq embarcations, y compris la chaloupe qui portait une caronade de 18, et en tout 53 hommes. Il gouverna le long de terre et parvint inaperçu, ou du moins sans élever de soupçons, jusqu'à une demi-portée de pistolet du lougre qui commença alors à tirer ;

il était trop tard : le *Vengeur* fut enlevé. Pendant la
lutte de courte durée qui eut lieu entre les Anglais et
les Français, ceux-ci avaient coupé le câble du lougre
qui fut entraîné dans la Seine par le courant, sans qu'il
fût possible de l'arrêter dans sa course, soit en mouillant, soit à l'aide des canots : il alla s'échouer près de
Honfleur. La distance à laquelle se trouvait la DIAMOND ne
permettait pas à son capitaine de rester plus longtemps
éloigné de sa frégate ; il se mit donc en route pour la rejoindre. Mais, lorsque le jour se fit, ayant aperçu plusieurs
embarcations qui se dirigeaient vers sa prise, et voulant
partager le sort de ceux qui l'avaient secondé, le capitaine anglais retourna à bord du lougre. Bientôt le *Vengeur* fut attaqué par plusieurs embarcations qui dirigèrent sur lui un feu de mousqueterie si bien nourri que
le capitaine Smith se rendit. Il fut envoyé à Rouen ainsi
que les autres Anglais de l'expédition et, de là, transféré
au Temple avec un jeune midshipman, nommé Wright,
que nous verrons figurer dans les affaires de la Vendée.
Ces deux officiers parvinrent à s'évader au mois de mai
1798.

La prise de la corvette de 24ᶜ l'*Unité* est un nouvel
exemple du peu de cas que faisaient les capitaines anglais
des lois qui régissent les nations, et de l'inviolabilité du
droit des neutres. On a vu que, presque immédiatement
après la déclaration de guerre, ils avaient enlevé la frégate la
Modeste à Gênes et la frégate l'*Impérieuse* à Livourne ; peu
de temps après, la frégate la *Sibylle* à Miconi et enfin, la
frégate la *Némésis*, les corvettes la *Sardine* et le *Postillon* à
Tunis. Le 20 avril, un acte semblable eut lieu sur la rade
de Bone où se trouvait l'*Unité*. A l'entrée de la nuit, la
frégate INCONSTANT mouilla à côté d'elle et somma le capitaine Ledrezennec, alors fort malade, de se rendre s'il ne
préférait être coulé. L'*Unité* n'opposa aucune résistance :
son pavillon fut amené. Cette corvette, alors de fait sous

le commandement de l'enseigne de vaisseau Lebreton, fut emmenée au large.

Traduit devant un conseil martial, le capitaine Ledrezennec fut déclaré non coupable. Mais l'instruction ayant démontré que l'enseigne de vaisseau Lebreton, promu lieutenant de vaisseau depuis la prise de l'*Unité*, s'était conduit avec faiblesse et impéritie, cet officier fut cassé et déclaré indigne de servir.

———————

Le capitaine Bergeret, de la frégate de 44ᶜ la *Virginie*, en croisière à l'entrée de la Manche, aperçut, le 20 avril avant le jour, plusieurs voiles dans l'E.-N.-E.; la frégate courait, en ce moment, tribord amures, sous les voiles majeures, avec une brise fraîche de S.-E. Bien que la route suivie la rapprochât de ces bâtiments, le capitaine Bergeret ne voulut pas la changer avant de les avoir bien reconnus; ce pouvaient être, en effet, des navires du commerce qu'il ne voulait pas s'exposer à avoir le regret de laisser échapper. A 8ʰ, il distingua parfaitement 6 bâtiments de guerre. C'était la division du commodore anglais sir Edward Pellew, composée des frégates Argo de 54ᶜ, Révolutionnaire de 48, Indefatigable de 46, Amazon et Concorde de 44; l'ex-frégate française la *Variante*, prise quelques jours auparavant, suivait la division anglaise. Le capitaine Bergeret vira alors de bord et courut largue avec toutes les voiles que la force du vent et l'agitation de la mer lui permirent de tenir dehors. Mais, malgré le grand sillage de sa frégate, un de ces bâtiments le rapprocha assez pour que, à 9ʰ 30ᵐ, il n'y eût plus de doutes possibles sur sa force et sa qualité : c'était l'Indefatigable, montée par le commodore lui-même. La chasse continua toute la journée sans que la frégate anglaise pût atteindre la *Virginie* et, lorsque la nuit fut faite, le capitaine Bergeret changea plusieurs fois de route dans l'espoir de faire perdre sa trace. Ce fut en vain qu'il laissa arriver successivement jusqu'au N. 1/4-N.-E.; la lune répandait une clarté trop vive pour qu'il ne fût pas possible de suivre un bâtiment qui n'avait pas une marche très-supérieure. Chacun se disposa au combat, et dès que la frégate anglaise fut par le travers de la *Virginie*, il s'engagea avec la plus grande ardeur à portée de pistolet. Aux houras des Anglais, les Français répondirent par le cri de *Vive la République!* Il était minuit et demi. Dès les premières volées, le mât de perroquet de fougue de l'INDEFATIGABLE fut abattu et, après une demi-heure, cette frégate mit en panne dans l'intention probable de réparer tranquillement cette avarie. Le capitaine Bergeret contraria ce projet; lançant de suite sur bâbord, il passa sur l'avant de son adversaire en lui envoyant une bordée d'enfilade et reprit sa première route. La *Virginie* avait à peine parcouru quelques encablures que la frégate anglaise, qui se trouvait alors à tribord revint à la charge et la *Virginie*, à son tour, perdit son mât d'artimon. Cette diminution subite de voilure l'ayant fait culer, le capitaine Bergeret voulut tirer parti de cette circonstance pour lancer dans le vent et canonner, cette fois, l'INDEFATIGABLE en poupe. Mais au moment où il faisait amurer la grande voile, le grand mât de hune tomba sur la grande vergue, l'apiqua sur tribord, couvrit le pont de voiles et de cordages, et masqua la batterie à l'exception de trois ou quatre canons. Cependant le feu avait cessé et la frégate anglaise, occupée à réparer ses avaries, laissait au capitaine de la *Virginie* la possibilité de travailler à déblayer son pont. Le capitaine Bergeret fit établir un mâtereau sur le tronçon du mât d'artimon, et il commençait à croire que son adversaire renonçait à continuer la lutte, lorsque deux bâtiments furent aperçus de l'arrière accourant sous toutes voiles : c'étaient la CONCORDE et l'AMAZON. La première se plaça par la hanche de bâbord de la *Virginie* et demanda si elle avait amené son pavillon. Le capitaine Bergeret s'informa du chiffre des bâtiments ennemis qu'il allait avoir à combattre : le nombre cinq ayant été prononcé, il répon-

dit qu'il se rendait. Il était 3ʰ du matin. Le cap Lizard
restait à 105 milles dans l'E.-N.-E. La *Virginie* avait perdu
son mât d'artimon et son grand mât de hune ; le mât de
misaine était fortement endommagé et sa grande vergue
était apiquée ; le grément et la voilure n'avaient pas été
plus épargnés que les mâts. Elle avait près de 2 mètres
d'eau dans la cale. L'INDEFATIGABLE, de son côté, avait perdu
son mât de perroquet de fougue, son grand mât de hune,
sa vergue de petit hunier et sa corne.

Le capitaine Bergeret comparut devant un conseil martial qui, à l'unanimité, le déclara non coupable.

La *Virginie* portait   28 canons de 18

12   —   de 8

et   4 caronades de 36.

L'INDEFATIGABLE était un vaisseau rasé qui avait :

26 canons de 24

2   —   de 12

et 18 caronades de 42.

Ce même jour 20 avril, à 10ʰ du matin, une division
anglaise ayant été signalée se dirigeant vers la baie d'Audierne, la canonnière l'*Arrogante*, capitaine Lebastard, et
le côtre le *Printemps* qui y étaient à l'ancre, appareillèrent
pour entrer dans le port. Tous deux s'échouèrent dans la
passe et furent canonnés par une frégate ; les autres bâtiments échangèrent quelques boulets avec la batterie qui
défend le mouillage. Peu de temps après, tous ayant repris
le large, l'*Arrogante* et le *Printemps* purent être remis
à flot.

Parti de Benodet, petit port à l'embouchure de la rivière l'Odet, avec 3 navires du commerce qu'il escortait à
Brest, et alors qu'il se trouvait par le travers d'Audierne,
le capitaine Rousseau (Augustin), du lougre l'*Écureuil*,
aperçut, le 24 avril, 5 frégates et un cutter qui entraient

dans le raz de Sein par le Nord. Il signala aux navires qu'il convoyait de se réfugier dans le port le plus à portée et reprit la route de Benodet. Cinq autres bâtiments qui apparurent à la pointe de Penmark le firent revirer, mais les boulets des frégates l'atteignirent bientôt, et il prit le parti d'aller jeter l'ancre en dedans des roches qui bordent la côte. Il était à peine mouillé, qu'on l'informa qu'il y avait près de là une petite anse dans laquelle l'*Écureuil* trouverait un meilleur abri ; le capitaine Rousseau n'hésita pas à remettre sous voiles, et il alla échouer le lougre au fond de l'anse de Quilvinet. La frégate anglaise de 40ᶜ NIGER, capitaine James Foot, profita de la marée haute pour passer en dedans des roches et elle s'embossa par le travers du lougre qu'elle canonna de 6 à 10ʰ du soir. La mer perdait alors et l'*Écureuil* commençait à tomber sur le côté. Les difficultés du tir augmentant avec l'inclinaison du navire, toute riposte devint impossible. Le capitaine Foot, qui vit bientôt la situation du lougre, détacha trois embarcations pour s'en emparer. L'ordre de l'évacuer avait déjà été donné ; cependant, avant de l'abandonner, le capitaine Rousseau fit envoyer une décharge de mousqueterie aux embarcations anglaises. Celles-ci purent ensuite accoster facilement l'*Écureuil* à bord duquel elles trouvèrent encore quelques hommes. Ayant reconnu que le lougre était trop bien échoué pour être relevé, les Anglais l'incendièrent.

Le capitaine Tourtelot, de la corvette de 26ᶜ la *Perçante*, se rendant de Cayenne et de la Guadeloupe au Cap Français de Saint-Domingue fut chassé, le 28 avril à 9ʰ du soir, par le travers de la baie de Samana, située dans la partie N.-E. de cette dernière île, par le vaisseau anglais de 72ᶜ INTREPID, et canonné de 11ʰ du soir à 4ʰ du matin. Les canons de la *Perçante* ne restèrent pas muets pendant ce temps, mais ils ne réussirent pas à arrêter la marche de l'ennemi. La brise, jusqu'alors très-faible de l'E.-N.-E., en fraîchis-

sant un peu avec le jour, donna à la corvette un avantage
de marche qui la mit hors de l'atteinte des boulets et fit
espérer à son capitaine qu'elle échapperait à son redoutable adversaire. Ses illusions eurent peu de durée, car si
en fraîchissant, la brise l'éloignait du vaisseau, elle lui
amenait de nouveaux ennemis : 2 corvettes furent aperçues
dans le Nord et bientôt une frégate apparut dans le Sud.
Le capitaine Tourtelot dirigea la *Perçante* sur la terre la
plus rapprochée et, à 11ʰ 30ᵐ, il la mit à la côte, à 6 milles
dans l'Est de Porto Plate. Le vaisseau, qui depuis quelque
temps lui envoyait des boulets, jeta l'ancre par son travers
et la canonna de telle sorte que l'évacuation devint une
nécessité. Toutefois, avant d'abandonner son bâtiment, le
capitaine Tourtelot fit engager les pompes et ouvrir les
robinets de la cale afin qu'il ne pût être rafloué.

Le capitaine Tourtelot fut déchargé de l'accusation dont
il fut l'objet pour la perte de la corvette la *Perçante*.

——————

Le 4 mai, après cinq quarts d'heure du combat le plus
acharné contre la corvette anglaise de 24ᶜ SPENCER, capitaine Andrew Fitzherbert Evan, le brig-canonnière de 12ᶜ
le *Volcan*, qui avait perdu ses deux mâts de hune, amena
son pavillon.

Le capitaine du *Volcan*, dont je n'ai pu me procurer le
nom, n'eut pas seulement à lutter contre un ennemi d'une
force plus que double de la sienne, puisque la corvette
anglaise portait des canons du calibre de 12, tandis que
le brig n'avait que du 4 ; un événement malheureux vint
rendre plus sensible encore cette différence de force.
Pendant le combat, le feu prit à un approvisionnement de
poudres que quelques matelots avaient imprudemment
monté sur le pont. Pour échapper aux dangers de l'explosion qui devait en résulter, beaucoup d'hommes cherchèrent un abri en dehors du bord ; les moins agiles furent
blessés. On comprend le désordre que dut occasionner un

III.   3

événement semblable; le feu de l'artillerie du brig cessa, ou du moins se ralentit au grand avantage de la corvette anglaise qui sut en profiter (1).

Le *Volcan*   avait   12 canons de 4

Le Spencer   —   22   —   de 12

et   2   —   de 4.

La présence des Français en Italie nécessita l'emploi d'un service spécial sur la côte et donna lieu à plusieurs engagements de flottille.

Le 17 mai, le capitaine Alibert, de la canonnière la *Dangereuse*, mouillé avec un convoi sur la rade de Loano, dans le golfe de Gênes, s'apercevant que le vaisseau anglais de 72ᵉ Agamemnon, capitaine Horatio Nelson, manœuvrait pour entrer en rade, demanda un détachement au commandant de la place et le répartit sur les navires du commerce. Cette sage mesure fut inutile; la *Dangereuse* seule fut attaquée par une frégate qui accompagnait le vaisseau et cette frégate, après une courte canonnade, s'éloigna ayant sa vergue de grand hunier coupée. Le capitaine Alibert mit sous voiles pendant la nuit et mouilla le lendemain, ainsi que son convoi, à Vado.

On lit dans l'histoire navale de la Grande Bretagne de M. William James : « Chassé, le 27 mai, à l'entrée de Brest, par la corvette de 14ᵉ Suffisante, capitaine Thominson, le capitaine Draveman, du brig de 12ᵉ la *Revanche*, donna dans le passage du Four où la corvette anglaise parvint à le joindre. Après un rude engagement d'une demi-heure, au milieu des roches, la *Revanche* amena son pavillon. » La *Revanche* n'était pas un bâtiment de l'État. Le sauf-conduit donné au lieutenant de vaisseau Draveman pour

---

(1) William James, *The naval history*, etc.

rentrer en France constate que le brig qu'il commandait
était un corsaire.

Dans la nuit du 31 mai, le capitaine Denis Lagarde, de la
corvette de 14ᵉ l'*Abeille*, appareillé de l'île de Bas, à quelques lieues au Nord de Brest, et se rendant dans la Manche,
aperçut quatre frégates sous le vent qui soufflait alors
grand frais du N.-E. L'obscurité de la nuit ne put dérober
la corvette à la vue de ces bâtiments et leurs boulets ne
tardèrent pas à l'atteindre. A 2ʰ du matin, la frégate anglaise de 44ᵉ Dʀʏᴀᴅ, capitaine Amelius Beauclerck, était
à portée de fusil; le pavillon de l'*Abeille* fut amené.

Le conseil martial qui fut appelé à juger le lieutenant
de vaisseau Denis Lagarde, déclara à l'unanimité qu'il n'é-
tait pas coupable.

Quatre navires français partis de Mentone, petit port de
la côte de Gênes, sous l'escorte de la canonnière le *Génie*,
capitaine Piosch, et de la chaloupe-canonnière nº 12, capitaine Ganivet, pour porter des troupes à Vado, distant
seulement de quelques lieues dans l'Est, furent chassés, le
31 mai, par 2 vaisseaux anglais, 2 frégates, une corvette et
un brig aux ordres du capitaine Horatio Nelson. Ils allèrent
chercher un abri sous les batteries de la rade dell' Arma,
auprès de Monaco. Les frégates et le brig ennemis qui connaissaient probablement l'état et la force de ces batteries,
mouillèrent à petite distance et ouvrirent sur les deux canonnières un feu de mitraille auquel le *Génie* seul riposta.
Une des batteries ne put tirer faute de munitions; l'officier
génois qui commandait l'autre refusa aux Français l'appui
qu'ils étaient venus lui demander. L'abandon de ces auxi-
liaires ne découragea pas le capitaine Piosch. Assailli par
une douzaine d'embarcations d'où partait un feu roulant
de mousqueterie, le capitaine français ne cessa d'encourager son équipage jusqu'au moment où, abordé de tous les

bords, il tomba frappé d'une balle sur le pont du bâtiment dont le commandement lui était confié et qui fut enlevé. Quinze hommes échappèrent aux Anglais en se jetant à la nage. Le capitaine Ganivet avait mis sa chaloupe-canonnière au plain et l'avait fait évacuer.

Le capitaine Moultson qui commandait la frégate de 40ᶜ la *Tribune*, en croisière à l'entrée de la Manche avec la frégate de même force la *Tamise*, capitaine Fradin, et la corvette de 18 la *Légère*, capitaine Carpentier, aperçut le 8 juin, à quelques milles au vent, les frégates anglaises Unicorn de 40ᶜ, capitaine Thomas Williams, et Santa Margaretta de 44, capitaine Thomas Byan Martin, qui laissèrent arriver sur elles. Le vent soufflait de l'Ouest, bon frais. Le capitaine Moultson donna la route à l'E.-N.-E. et, à la nuit, il signala liberté de manœuvre : la corvette tint le vent bâbord amures ; la *Tribune* et la *Tamise* continuèrent leur route et furent suivies par les deux frégates ennemies. Le lendemain, à 1ʰ de l'après-midi, les frégates françaises purent se servir de leurs canons de retraite et leurs coups destructeurs ralentirent un peu la marche des chasseurs qui, cependant, approchaient toujours. A 4ʰ, la *Tamise* vint en travers et envoya sa bordée entière à la Santa Margaretta. Le combat s'engagea alors vivement entre les deux frégates ; vingt minutes après, maltraitée dans toutes ses parties, la première amena son pavillon (1).

La *Tamise* portait	28	canons de 18
	10	— de 6
	et 2	caronades de 36.
La Sᵗᵃ Margaretta avait	26	canons de 12
	10	— de 9
	et 8	caronades de 32.

La *Tamise*, qui avait été prise aux Anglais vingt mois

----

(1) Je n'ai pas pu me procurer le rapport du capitaine Fradin.

auparavant, reprit le nom de THAMES dans la marine anglaise.

Pendant que sa compagne succombait, la *Tribune* continuait sa route vent arrière, poursuivie par l'UNICORN qui la chassa pendant dix heures encore avant de pouvoir l'atteindre; la canonnade de chasse et de retraite engagée pendant tout ce temps avait été sans résultats. Le vent ayant molli, la frégate anglaise commença à gagner, et le 10, à $10^h 30^m$ du matin, après une course de 210 milles, elle se trouva par le travers de la *Tribune*. Le combat s'engagea avec ardeur; mais la chute des trois mâts de hune de la frégate française qui eut lieu trente-cinq minutes après, le termina à l'avantage de l'UNICORN (1).

La *Tribune* avait   26   canons   de 12
                     10   —   de 6
               et 4 caronades de 36.
L'UNICORN portait 26   canons   de 18
                   6   —   de 9
               et 8 caronades de 32.

Après avoir perdu de vue les deux frégates dont l'apparition avait motivé sa séparation, la *Légère* avait continué sa croisière. Le 22 à 8^h du matin, le vent bon frais du O.-S.-O., le temps couvert et à grains, deux frégates anglaises furent aperçues dans le Sud ; c'étaient l'APOLLO et la DORIS, capitaines John Manley et honorable Charles Jones. La *Légère* tenait alors le plus près tribord amures ; ces frégates qui couraient à contre-bord virèrent dans ses eaux. Le vent passa au Nord dans l'après-midi et la chasse continua vent arrière. Malgré les efforts et les combinaisons de son capitaine ; malgré le jet à la mer de quatorze canons, la *Légère* était gagnée, et à 5^h l'APOLLO échangeait quelques boulets avec elle. Cette canonnade dura jusqu'à 7^h. La

---

(1) Je n'ai pas été plus heureux dans les recherches que j'ai faites pour me procurer le rapport du capitaine Moultson. J'ai emprunté les détails de ces deux combats à la relation anglaise de M. W. James.

frégate se trouvant alors à demi-portée de canon, le capitaine Carpentier fit amener le pavillon.

Le 9 juin, l'amiral Jervis qui commandait l'escadre anglaise de la Méditerranée détacha la frégate de 40° SOU-THAMPTON, capitaine James M'Nemara, pour attaquer la gabare de 10° l'*Utile*, capitaine Véru, au mouillage des îles d'Hyères. A 6ʰ du soir, cette frégate donna dans la grande passe sans être inquiétée par les batteries. Arrivé à portée de voix, le capitaine anglais engagea celui de la gabare à ne pas tenter une défense inutile et à amener son pavillon. Celui-ci répondit par une bordée. La frégate riposta et, lançant sur l'*Utile*, elle se mit en travers sous son beaupré; le pont de la gabare fut immédiatement envahi. Quoique surpris, l'équipage français opposa une vaillante résistance; mais après un quart d'heure de lutte corps à corps, pendant laquelle le capitaine Véru perdit la vie, il fut obligé de se rendre.

Les capitaines Nazereau et Kerimel, des corvettes les *Trois Couleurs* de 14° et la *Betzy* de 18, sortis de Brest pendant la nuit du 10 juin, aperçurent au point du jour 6 bâtiments qui leur firent prendre chasse au O.-N.-O. La brise, variable du Nord au N.-N.-O., soufflait inégalement et occasionnait des changements dans les positions relatives. Avant la nuit, ces bâtiments furent reconnus être des frégates. Le capitaine Nazereau, estimant qu'un combat avec de pareils adversaires offrait peu de chances de succès, et qu'en suivant des routes différentes, les corvettes pourraient plus facilement se soustraire à leur poursuite, donna liberté de manœuvre à sa conserve. La brise mollissait et une brume épaisse couvrait l'horizon. Le capitaine Kerimel fit jeter deux canons à la mer et laissa arriver au O.-S.-O. A 3ʰ du matin, un des chasseurs, placé dans les eaux de la corvette, hissa le pavillon anglais et commença à la canonner : au huitième boulet, le capitaine Kerimel fit amener le pavillon. Cette frégate était l'Amazon de 44ᵉ, capitaine Robert Reynolds.

Les bâtiments anglais se rallièrent tous dans la matinée ; ils formaient la division du commodore sir Edward Pelew que nous connaissons déjà, et dont une partie avait poursuivi la corvette les *Trois Couleurs* qui avait également été prise.

L'enseigne de vaisseau Kerimel fut déclaré non coupable. Je ne saurais dire si le jugement fut favorable au capitaine Nazereau.

———

Le 11 juin, dans l'après-midi, le capitaine Pevrieu de la frégate de 42ᵉ la *Proserpine*, séparé de la division du commandant Moultson dont il faisait partie, aperçut un bâtiment par son bossoir de bâbord ; c'était la frégate anglaise de 44ᵉ Dryad, capitaine lord Amelius Beauclerck. La *Proserpine* courait au plus près bâbord amures avec une bonne brise de O.-N.-O. Le cap Clear d'Irlande restait à environ 24 milles dans le N.-E. Les deux frégates virèrent de bord à l'entrée de la nuit et le lendemain, à 8ʰ 30ᵐ du matin, elles commencèrent à échanger leurs premiers boulets. Lorsque la Dryad se trouva à portée de pistolet, le capitaine Pevrieu fit une grande arrivée et lui envoya une bordée dont l'effet eût pu être destructif, si les canonniers eussent attendu le moment favorable pour tirer. Grâce à leur impatience, cette manœuvre n'eut d'autre résultat que de faire arriver la Dryad, dont le capitaine craignit d'être abordé, et le combat continua grand largue, bord à bord. Au moment où le capitaine Pevrieu exécutait l'arrivée sur laquelle il comptait pour désemparer son adversaire, il avait été renversé par un boulet qui l'avait atteint au coude, et il avait fallu le descendre au poste des chirurgiens. Le lieutenant Legros l'avait remplacé. Le feu de la *Proserpine* ne se soutint pas aussi vif que celui de la frégate anglaise et, à 10ʰ 30ᵐ, son pavillon fut amené.

Sa mâture, son grément et ses voiles étaient criblés.

La *Proserpine* prit le nom d'AMELIA dans la marine anglaise.

Le capitaine de vaisseau Pevrieu ne passa pas de jugement. La prise de la frégate qu'il commandait pouvant être attribuée à sa séparation de la division dont il faisait partie, laquelle, on se le rappelle, avait été capturée en entier, il fallut attendre le retour en France des témoins qu'il était nécessaire d'entendre. Sur ces entrefaites, le capitaine Pevrieu fut autorisé à aller prendre au Havre le commandement de la *Confiante*, qu'on y armait en course. Cette autorisation fut probablement considérée comme un acquittement, car il ne fut plus question de la prise de la *Proserpine*.

Cette frégate portait   26   canons   de 18,

                          12   —   de 8

          et   4 caronades de 36.

La *Dryad* avait   26   canons   de 18,

                          10   —   de 9

          et   8 caronades de 32.

Les capitaines Dehaye et Gravereau, des corvettes la *Cornélie* et la *Vedette*, escortant à Brest un petit convoi parti de Lorient aperçurent, le 1er juillet, 2 frégates et un lougre qui sortaient du raz de Sein; le vent était au Nord. Liberté de manœuvre fut donnée au convoi. Chassés par les frégates, les navires qui le composaient se réfugièrent dans la baie d'Audierne, et les deux corvettes qui protégeaient leur retraite engagèrent la canonnade avec les bâtiments ennemis, sur lesquels la batterie de terre ouvrit également son feu. Quarante-cinq minutes après, le convoi et son escorte étaient à l'abri et les frégates reprenaient le large.

Un seul bâtiment, la flûte l'*Éclatant*, capitaine Berniers, au lieu d'entrer dans la baie d'Audierne, se dirigea vers le

Sud. Chassée par l'ennemi, elle fut jetée à la côte, dans la baie de la Torche, par son capitaine qui y mit le feu.

———

Le capitaine Pitot, de la frégate de 36° la *Renommée*, en croisière devant l'île de Porto Rico, l'une des grandes Antilles, chassa, le 12 juillet, un bâtiment qu'il supposait être une Lettre de marque; à 6ʰ du soir, il reconnut en lui un vaisseau. Ce vaisseau qui se laissait ainsi poursuivre avait sa grande voile serrée et tous les ris pris dans son grand hunier. Peu après, il tira un coup de canon et hissa deux pavillons en berne, l'un au grand mât, l'autre au mât de misaine. Le capitaine de la *Renommée* fit alors arborer ses couleurs. Dès qu'elles purent être distinguées, le vaisseau hissa le pavillon anglais, largua ses ris, amura sa grande voile et, de chassé, devint chasseur à son tour. Ce fut en vain que le capitaine Pitot essaya diverses allures; qu'il fit jeter à la mer les ancres, les canons des gaillards et une partie de ceux de la batterie; l'anglais le gagna, et un peu avant 4ʰ, ce bâtiment qui était l'Alfred de 82°, capitaine Drury, lançant sur bâbord, lui envoya une bordée désastreuse. Plusieurs boulets frappèrent à la flottaison et l'eau entra dans la cale avec une rapidité telle, que dans un instant les poudres furent submergées. L'Alfred tira une seconde bordée et le pavillon fut amené. Conduit à bord du vaisseau anglais, le capitaine de la *Renommée* apprit que plusieurs bâtiments avaient déjà donné dans le piége auquel il venait lui-même de se laisser prendre.

Le capitaine de vaisseau Pitot fut traduit devant un conseil martial et acquitté, parce que les juges ne trouvèrent ni lâcheté, ni impéritie, ni intention criminelle dans sa conduite.

———

Les frégates de 34° l'*Incorruptible* et la *Rassurante*, les corvettes la *Républicaine* de 26, la *Malicieuse* et la *Torche* de 18, la *Cérès* et le *Festin* de 14, quittèrent Flessingue de l'île Walcheren, le 15 juillet, pour aller s'établir en croisière dans les mers du Nord. Le capitaine de vaisseau Bescond, qui commandait la première frégate, avait le commandement de cette division. Le vent soufflait de la partie de l'Est. Le soir même de l'appareillage, un vaisseau gouvernant à l'Ouest fut aperçu au vent : c'était le GLATTON, ancien vaisseau de la Compagnie des Indes, armé, sur la demande de son capitaine Henry Trollope, de 28 caronades de 68 et 28 de 32. Le commandant Bescond rallia sa petite division et la mit en travers sur le passage du vaisseau anglais. A 9ʰ, l'*Incorruptible* fut hélée par le GLATTON auquel elle répondit par une volée à triple projectile. La riposte ne se fit pas attendre. La frégate orienta alors et le combat continua vent arrière. La lutte ne pouvait avoir une longue durée entre deux bâtiments de force si différentes, et l'autre frégate et les corvettes ne paraissaient pas disposées à soutenir la frégate du commandant. Seule, la *Rassurante* avait envoyé une bordée en passant derrière le GLATTON, mais le capitaine Favre s'en était tenu là, et il avait continué sa route dans une direction perpendiculaire à celle que suivait le vaisseau anglais. Les dispositions de ses sous-ordres, auxquels il ne fit du reste aucun signal, bien reconnues, le capitaine Bescond se retira, et le vaisseau fut bientôt hors de vue. La division française rentra le lendemain dans l'Escaut pour donner à l'*Incorruptible* la possibilité de consolider son mât de misaine qui était assez gravement endommagé.

Le capitaine Valteau, de la frégate de 40ᶜ la *Pensée*, se trouvant, le 21 juillet, à 3 milles sous le vent de la Guadeloupe, avec une jolie brise d'Est, aperçut dans l'Ouest la frégate anglaise de 40ᶜ AIMABLE, capitaine Jemmet Mainwaring, sur laquelle il laissa arriver ; lorsqu'il en fut à portée de fusil, il revint sur tribord pour lui présenter le travers. Il était alors 7ʰ du soir. Les deux frégates se canonnèrent pendant un quart d'heure dans cette position ; la brise qui avait beaucoup molli passa alors au S.-O., mais elle reprit à l'Est quelque temps après. Les frégates avaient suivi ces variations, et la *Pensée*, qui courait au plus près tribord amures, se trouva par le bossoir du vent de l'Aimable. Le capitaine Valteau voulut mettre un hunier sur le mât pour sortir de cette position ; cela lui fut impossible : tous les bras étaient coupés. Il amura ses basses voiles pour s'éloigner et réparer ses avaries. Le feu cessa de part et d'autre à 9ʰ 30ᵐ. Les frégates firent le N.-O. et s'observèrent pendant le reste de la nuit. Le 22, impatients de recommencer la lutte, les deux capitaines carguèrent leurs basses voiles et, à 8ʰ du matin, placé à tribord de son adversaire, celui de la *Pensée* ouvrit son feu à portée de pistolet et le continua avec vigueur pendant une heure et demie, sans conséquences bien graves. Cependant la frégate française avait son grand mât et son grand mât de hune assez endommagés pour que son capitaine conçût quelques inquiétudes ; il se retira du feu et l'Aimable ne le suivit pas : la voilure et le grément de la frégate anglaise étaient en trop mauvais état pour qu'elle songeât à le faire.

La *Pensée* avait 26 canons de 12,
10 — de 6
et 6 caronades de 36.
L'Aimable portait 26 canons de 12
6 — de 6
et 8 caronades de 32.

La flûte l'*Élizabeth*, capitaine Massan, bâtiment sans aucune qualité, acheté au commerce, se rendant de Saint-Domingue aux États-Unis d'Amérique, fut chassée, le 28 août, par une forte division anglaise. A 3ʰ de l'après-midi, la frégate de 48ᶜ Topaze, capitaine Stephen Church, la canonnait par le travers et la Thetis, également de 48ᶜ, capitaine Alexander Cochrane, lui envoyait des boulets par la hanche de tribord. La lutte était trop inégale pour être prolongée ; l'*Élizabeth* amena son pavillon : elle fut amarinée par le vaisseau ASSISTANCE.

Un conseil martial déclara le capitaine Massan non coupable.

———

Une voie d'eau considérable ayant forcé le capitaine Morel (Dominique), de la frégate de 36ᵉ l'*Andromaque*, à quitter une division dont il faisait partie et qui était en croisière dans le golfe de Gascogne, cet officier se dirigea sur Rochefort. Il n'était plus qu'à quelques milles de ce port lorsque, le 30 août, il fut chassé par la division du commodore anglais sir John Borlase Warren et obligé de courir au Sud pour chercher une autre relâche. Bientôt il eut la certitude de ne pouvoir atteindre un abri avant d'être joint. Il prit alors un parti extrême : il jeta l'artillerie à la mer et mit l'*Andromaque* à la côte à Biscarosse, à quelques milles du bassin d'Arcachon, dans le département de la Gironde, et dès qu'elle fut échouée, il fit couper la mâture. La frégate, ainsi allégée, approcha très-près de terre. Il la fit alors évacuer et l'équipage put gagner le rivage, à l'exception d'une vingtaine d'hommes qui trouvèrent la mort dans les flots. Le capitaine Morel, par une sévérité de principes difficile à expliquer, resta à bord avec deux officiers et deux marins qui ne voulurent pas le quitter. Ils furent tous les cinq faits prisonniers par des canots anglais détachés pour incendier l'*Andromaque*.

Le lieutenant de vaisseau Morel fut déchargé d'accusation.

———

La corvette de 18ᵉ l'*Etna*, capitaine Coudre Lacoudrais, partie du Havre pendant la nuit, fut chassée, le 14 novembre au matin, par deux frégates anglaises. Quoique le capitaine Lacoudrais eût employé tous les moyens en son pouvoir pour se soustraire à leur poursuite, la frégate de 48ᵉ ME-

LAMPUS commença à le canonner vers 3h 30m de l'après-midi. L'*Etna* riposta pendant deux heures, mais sans succès, et son pavillon fut amené au moment où elle allait être atteinte par la seconde frégate.

Jugé pour ce fait, le capitaine Coudre Lacoudrais fut déclaré non coupable.

Le 26 novembre, la corvette de 18c le *Décius*, capitaine Senez, et le brig de 10 la *Vaillante* dirigèrent une attaque contre l'île anglaise l'Aiguille, l'une des Antilles, et en détruisirent la ville. Le capitaine Robert Barton, de la frégate de 34c LAPWING, alors à Saint-Christophe, mit sous voiles dès qu'il eut connaissance de cette agression. A sa vue, les Français appareillèrent; mais ils furent atteints à 10h du soir. Le brig se retira après un engagement d'une heure; trente minutes plus tard le *Décius* amena ses couleurs.

Le lendemain les frégates françaises la *Thétis* et la *Pensée* aperçurent la LAPWING remorquant le *Décius*. Cette corvette était tellement criblée qu'elle coulait bas. Le capitaine Barton y mit le feu et fit route pour Saint-Christophe où il put arriver avant d'être joint par les frégates françaises.

Le capitaine Brenton (1) prétend que la *Vaillante* alla se jeter à la côte sur l'île Saint-Martin et qu'elle fut détruite par la LAPWING. Le rapport du capitaine français n'en dit rien.

La frégate de 40c la *Vestale*, capitaine Foucaud, de la division sortie de Toulon avec le contre-amiral Villeneuve, ayant cassé son beaupré et craqué sa vergue de misaine dans le détroit de Gibraltar, le 11 décembre, reçut l'ordre de relâcher à Cadix. Le 12, vers 8h du matin, elle fut chassée par la frégate anglaise de 40c TERPSICHORE, capitaine

(1) *The naval history of Great Britain.*

Richard Bowen. Obligée de porter peu de voiles pour ne pas démâter de son grand mât de hune qui éclata en deux endroits pendant la journée, la *Vestale* fut gagnée par la frégate ennemie et, à la nuit, celle-ci était par son travers sous le vent, à une portée et demie de canon; la brise soufflait du S.-O. A 9^h 30^m, fatigué de la persistance de cette frégate, et ne voulant d'ailleurs pas s'engager de nuit dans la rade de Cadix, le capitaine Foucaud fit carguer ses basses voiles. Une demi-heure plus tard, la TERPSICHORE le hélait et recevait pour réponse une volée qui fut le signal d'un combat opiniâtre; le feu de mousqueterie que la frégate anglaise dirigea sur la *Vestale* fut surtout des plus meurtriers. A 11^h 15^m, le capitaine Foucaud tomba frappé à mort; l'enseigne de vaisseau Gaspard, qui l'avait momentanément remplacé, reçut peu de temps après une blessure grave, ainsi que l'enseigne de vaisseau Jacques, second de la frégate; ce dernier en prit cependant le commandement. Les pertes matérielles de la *Vestale* étaient aussi très-considérables : la barre du gouvernail était coupée, le mât d'artimon était abattu; les deux autres mâts, privés de haubans et d'étais, ne tenaient plus que par enchantement. A 11^h 45^m., le pavillon de la frégate fut amené : il fut salué par la chute immédiate des deux bas mâts.

La chaleur de l'action avait fait oublier aux deux capitaines qu'elle avait commencé fort près de terre, et que les frégates n'avaient cessé de courir dessus. A minuit, lorsque la *Vestale* fut amarinée, elle était presque sur les récifs qui bordent la côte entre le cap Trafalgar et Cadix, et elle n'avait plus que 7 mètres d'eau sous la quille. L'officier anglais qui en avait pris le commandement mouilla de suite; la frégate anglaise gouverna au large. Le lendemain, le capitaine Bowen travailla à retirer sa prise de cette position; mais la mer était fort grosse et il ne put y réussir; il s'éloigna de nouveau. Le 14, au matin, le vent passa au S.-E. et la mer tomba; la TERPSICHORE était fort loin.

L'enseigne de vaisseau Jacques, entrevoyant la possibilité d'entrer à Cadix avant son arrivée, reprit possession de la *Vestale* et, à l'aide de quelques voiles qui furent promptement installées et d'embarcations espagnoles venues de terre, il appareilla la frégate et entra à Cadix à la vue de la Terpsichore qui s'était mise à sa poursuite en la voyant prendre cette route.

S'appuyant sur les raisons d'humanité qui l'avaient, disait-il, empêché de mettre le feu à la *Vestale* lorsqu'elle était pour ainsi dire à la côte, et sur la nécessité dans laquelle il s'était trouvé de s'éloigner pour ne pas y être porté lui-même, le capitaine Bowen réclama cette frégate comme propriété anglaise. Il ne fut, bien entendu, pas fait droit à sa requête.

La *Vestale* portait   28   canons   de 12,
                  8   —   de 6
      et   4 caronades de 36.
La Terpsichore avait 26   canons   de 12,
                  6   —   de 6
     et   8 caronades de 32.

Le 23 décembre, à 15 milles de l'île de la Désirade, l'une des Antilles, le capitaine Papin (Jacques), de la frégate de 36ᶜ la *Médée*, canonna pendant deux heures le brig anglais de 18ᶜ Pelican, capitaine John Searle et l'abandonna ensuite sans motif apparent. Dans l'après-midi, le Pelican chassa l'ex-transport anglais Alcyon, pris quelques jours auparavant par la *Médée* et l'atteignit auprès de la Tête-à-l'Anglais de la Guadeloupe; ce navire amena de suite son pavillon. Le calme qui régna toute la nuit empêcha le brig anglais de s'éloigner avec sa prise; au jour, il était devant l'anse à la Barque où la *Médée* avait jeté l'ancre. Le Pelican profita de quelques risées pour s'éloigner, abandonnant le transport qui fut enlevé par les embarcations de la frégate.

M. William James (1), auquel j'emprunte le récit quelque peu suspect de cette affaire, prête au capitaine Papin d'avoir écrit que le PELICAN était une frégate démâtée de son mât d'artimon. Il ajoute que les commissaires du gouvernement à la Guadeloupe, croyant entrevoir dans cette assertion un moyen d'expliquer la non-continuation du combat, demandèrent au capitaine Searle la force réelle du bâtiment qu'il commandait. Je ne saurais dire jusqu'à quel point le récit de l'historien anglais est exact car, moins heureux que lui, il ne m'a pas été possible de me procurer le rapport de cette affaire. Tout ce que je puis dire, c'est que les commissaires du gouvernement écrivirent que la conduite du capitaine Papin avait été marquée au coin de la lâcheté, et que le conseil chargé, par ordre du ministre, d'examiner la conduite de cet officier, déclara qu'il avait fait son devoir dans cette circonstance.

La France perdit cette année deux de ses colonies des Antilles. Le 8 juin, les Anglais s'étaient emparés de l'île Saint-Vincent; quelques jours après ils avaient pris la Grenade. Le 2 décembre, ils s'étaient établis à Foulpointe de Madagascar.

BATIMENTS PRIS, DÉTRUITS OU NAUFRAGÉS
pendant l'année 1796.

ANGLAIS.

Canons.		
82	COURAGEUX.	Naufragé près de Livourne.
	BOMBAY CASTLE.	— dans le Tage.
80	ÇA-IRA *.	Brûlé en Corse.
60	SALISBURY.	Naufragé à Saint-Domingue.
56	MALABAR.	Sombré en mer.
48	UNDAUNTED.	Naufragée dans les mers des Antilles.
44	LEDA.	Sombrée en mer.
	RÉUNION *.	Naufragée.
40	ACTIVE.	— au Canada.
	AMPHION.	Brûlée par accident.
54	HUSSAR.	Naufragée à l'île de France.

---

(1) *The naval history of Great Britain.*

20	Narcissus	Naufragée sur la côte d'Amérique.
18 {	Cormorant	Brûlée par accident.
	Curlew	} Sombrées en mer.
	Scourge	
16	Sirène *.	Naufragée dans le golfe du Mexique.
	Trompeuse *.	— sur l'île d'Elbe.

FRANÇAIS.

78	Séduisant	Naufragé dans le raz de Sein.
	Scévola	Sombrée en mer.
44 {	Impatiente	Naufragée à Bantry.
	Virginie	Prise par une division.
42	Proserpine	} Prises chacune par une frégate.
	Tribune	
40 {	Tamise *.	
	Variante	Prise par une division.
	Andromaque	Détruite à la côte.
36 {	Renommée	Prise par un vaisseau.
	Méduse	Détruite en mer.
	Surveillante	Naufragée à Bantry.
28	Némésis *.	Prise à Tunis.
26	Perçante	— par un vaisseau.
24	Unité	Prise à Bone par une frégate.
	Marsouin	— par une frégate.
24 {	Étoile.... } flûtes	} Prises chacune par une division.
	Élizabeth	
	Sardine	Prise à Tunis.
22 {	Favorite	} — par un vaisseau.
	Légère	
20 {	Bonne Citoyenne	— par une frégate.
	Robuste	— par une escadre.
	Etna	— par deux frégates.
	Républicaine	— par une frégate.
18 {	Écureuil	Brûlée par les Anglais.
	Betzy	Prise par une escadre.
	Décius	Brûlée par les Anglais.
16 {	Étourdie	Détruite au mouillage.
	Postillon	— à Tunis.
	Alerte *.	— par un vaisseau.
	Abeille	} — par une frégate.
	Cygne	
14 {	Athénienne	— par une corvette.
	Trois-Couleurs	— par une escadre.
	Terrible	— par un brig.
	Hasard	Naufragée à Sainte-Marguerite.
12 {	Volcan	Pris par un brig.
	Gerfaut	Naufragé à Tunis.
10 {	Rayon	Détruit au mouillage.
	Utile	Pris par une frégate.

* L'astérisque indique un bâtiment pris à l'ennemi.

III.   7

RÉCAPITULATION.

		Pris.	Détruits ou naufragés.	Incendiés.	TOTAL.
ANGLAIS...	Vaisseaux.........	»	4	1	5
	Frégates.........	»	5	1	6
	Bâtiments de rangs inférieurs........	»	6	1	7
FRANÇAIS..	Vaisseaux.........	»	1	»	1
	Frégates.........	7	5	»	12
	Bâtiments de rangs inférieurs........	22	6	»	28

ANNÉE 1797.

—

Les préliminaires de paix signés à Leoben avaient arrêté Hoche au moment de ses plus beaux triomphes. Impatient de s'ouvrir une nouvelle carrière, le jeune général avait songé à tirer parti des forces dont le Directoire allait pouvoir disposer, et le projet d'une descente en Irlande était redevenu l'objet de ses méditations. Le moment lui paraissait propice pour l'exécuter. L'armée navale de Brest était prête à mettre à la voile. Les vaisseaux qu'on armait à Lorient et à Rochefort avaient ordre de se rendre dans ce port. Les Hollandais, nos nouveaux alliés, étaient parvenus à organiser une escadre. Enfin, et malgré le désastreux combat du 24 février, l'escadre espagnole, pour sortir de Cadix et venir combiner ses efforts avec ceux de la marine française, n'attendait qu'un coup de vent qui obligeât l'escadre anglaise à s'éloigner. L'amiral Jervis, qui commandait cette dernière, avait quitté la Méditerranée aussitôt après l'évacuation de la Corse et bloquait Cadix depuis sa rencontre avec D. Josef de Cordova. Hoche pouvait donc disposer de moyens immenses pour soulever l'Irlande. Il se proposait de détacher 20,000 hommes de l'armée de Sambre-et-Meuse qu'il commandait et de les acheminer sur Brest. 17,000 hommes de troupes hollandaises déjà embarqués devaient, au premier signal, se réunir à l'expédition préparée à Brest; si à ces moyens, venaient se joindre ceux des Espagnols, l'Angleterre était menacée de dangers incalculables. La situation de cette puissance était donc très-périlleuse; et pour qu'elle ne devînt pas tout à fait désastreuse, il fallait empêcher que les escadres française, hollandaise et espagnole ne vinssent allumer un incendie en Irlande. Le gouvernement anglais regardait dans le moment un répit comme indispensable; et, que la paix fût ou non définitive, il fallait un instant de repos. Pitt décida le Cabinet à entamer une négociation; lord Malmesbury fut choisi pour la conduire, et la ville de Lille, fixée comme le lieu où devaient se tenir les conférences. L'ultimatum que le Directoire fit signifier aux négociateurs les rompit, dans le mois de juillet, au moment où elles allaient s'achever au contentement des deux parties. L'idée de Hoche fut reprise; mais ce général ne put voir la suite qui lui fut donnée : on sait qu'il fut empoisonné au mois de septembre 1797.

Le jour même où la signature du traité de Campo-Formio fut connue à Paris, c'est-à-dire à la fin du mois d'octobre, le Directoire exécutif, voulant attirer les regards de l'autre côté de la Manche, créa une armée, dite d'Angleterre, et en donna le commandement au général Bonaparte. Le gouvernement songeait franchement et sincèrement à prendre la voie la plus courte pour atteindre son ennemie, et voulait faire une descente en Angleterre.

Ce fut dans ce but, et pour suppléer à l'insuffisance des moyens dont on pouvait disposer pour le transport des troupes, que le Directoire arrêta, le 25 décembre, que les ports de la Manche jusqu'à Saint-Brieuc construiraient 180 canonnières de 19^m,480 de longueur, sur 4^m,900 de largeur; ces embarcations devaient armer quinze avirons de chaque bord et porter un canon de 24 à coulisses. Dunkerque fut désigné comme port de réunion.

Les mesures prises par le Directoire ne s'arrêtèrent pas là; une commission fut chargée d'étudier les ressources des ports de la Manche. Par suite de ses observations, l'embargo fut mis sur tous les corsaires; il ne leur fut permis de sortir qu'autant qu'ils formeraient leurs équipages sans avoir recours aux marins de l'inscription maritime. Tous les bateaux et les navires au-dessus de dix tonneaux furent pris par le gouvernement, et l'on parvint à former ainsi une flottille capable de porter une trentaine de mille hommes. Le monde entier avait alors les yeux sur le Pas-de-Calais. Bonaparte semblait seconder ce grand mouvement et s'y prêter; mais, au fond, il l'approuvait peu. Il songeait à un projet, tout aussi gigantesque, mais plus vaste dans ses conséquences. L'idée que l'Égypte était une position intermédiaire que la France devait occuper entre l'Europe et l'Asie pour s'assurer le commerce du Levant et de l'Inde, avait envahi son imagination et le préoccupait beaucoup.

On verra plus loin comment ces immenses préparatifs eurent le résultat, en quelque sorte unique, d'avoir jeté l'alarme sur les rivages des îles Britanniques et d'avoir forcé le gouvernement anglais à tenir sur pied des forces navales considérables pour bloquer les ports de la République. Toutefois, ils nous firent perdre l'appui d'un de nos alliés. La marine hollandaise, qu'on se flattait de réunir à la nôtre, essuya un grave échec près du Texel : le 11 octobre de cette année, le vice-amiral hollandais Dewinter perdit 9 vaisseaux et 2 frégates dans un combat qu'il livra à l'amiral anglais Duncan.

———

La désastreuse campagne d'Irlande avait mis l'escadre de l'Océan hors d'état de sortir de quelques mois; aussi l'amiral anglais lord Bridport, qui commandait l'armée na-

vale du détroit, retenu d'abord par une insurrection qui
eut lieu à bord des vaisseaux, ne parut-il devant, ou plutôt
à la hauteur de l'île d'Ouessant, que vers le milieu du
mois de mai. Le capitaine sir Edward Pellew, de l'INDEFATI-
GABLE, était chargé de surveiller ce port avec deux ou trois
frégates. Ces croiseurs, qui allaient quequefois jusqu'à
Saint-Mathieu enlever les navires du commerce qui passaient par le raz de Sein ou par le Four, firent sentir la
nécessité de remplacer les petits bâtiments stationnés à
Camaret et à Douarnenez, par une division assez forte
pour protéger le commerce contre les agressions de ces
audacieux ennemis. A la fin du mois d'avril, le chef de division Ganteaume (Honoré) alla mouiller sur la rade de
Bertheaume avec le vaisseau le *Mont Blanc* qu'il commandait, le vaisseau rasé le *Brave*, les frégates l'*Immortalité*,
la *Coquille*, la *Précieuse*, la *Romaine*, la corvette la *Levrette*
et le lougre le *Renard*. Il avait ordre d'exercer la plus
grande surveillance à l'entrée de Brest, mais de ne pas se
laisser entraîner dans des poursuites au delà d'Ouessant,
afin de ne pas s'exposer à tomber dans l'escadre ennemie.

—————

Après un séjour de deux mois à Batavia pendant lesquels
aucune démonstration n'eut lieu contre cette possession
hollandaise, le contre-amiral Sercey appareilla avec sa division, composée toujours de la *Forte* sur laquelle il avait
son pavillon, de la *Seine*, la *Vertu*, la *Cybèle*, la *Régénérée*
et la *Prudente*. Il venait de sortir du détroit de Bali, qui
sépare les îles Java et Bali, lorsque, le 28 février, 5 navires de grande apparence furent signalés : c'était un
riche convoi de l'Inde. La contenance de l'officier qui le
commandait, lequel poussa la ruse jusqu'à arborer le pavillon de contre-amiral, trompa tout d'abord le commandant en chef de la division française ; et malgré le signal
fait par le capitaine Tréhoüart, de la *Cybèle*, envoyé pour
reconnaître ces navires, que l'ennemi était inférieur en

forces, le contre-amiral Sercey continua sa route. Le
7 mars, il était à l'île de France, où des renseignements
précis lui apprenaient l'erreur qu'il avait commise et la
belle proie qu'il avait laissé échapper.

La longue et pénible croisière que la division de l'Inde
venait de faire, nécessita des travaux que le manque d'approvisionnements fit traîner en longueur. Cependant, à
mesure que les frégates furent en état de reprendre la mer,
le contre-amiral Sercey les envoya en croisière, en leur
donnant rendez-vous aux îles Seychelles, où il avait l'intention de se rendre lui-même. La *Cybèle*, jugée incapable de
rendre aucun service, fut renvoyée en France. Pendant
l'absence du commandant en chef des forces navales, le
gouverneur général avait nommé le capitaine de port
Ravenel au commandement de la frégate la *Preneuse*, en
remplacement du capitaine Marquès qu'il avait démonté,
ainsi que le capitaine du *Coureur*, pour une distribution
non autorisée de parts de prises faites par ces deux officiers. A la demande du contre-amiral Sercey, le premier
prit le commandement de la *Brûle-Gueule*, à la place
de l'enseigne de vaisseau Fallouard ; chassé par la *Preneuse* et le *Coureur* qu'il prenait pour des bâtiments anglais, cet officier avait jeté ses canons à la mer sans avoir
fait aucun signal de reconnaissance.

L'île de France éprouvait, à cette époque, de graves
symptômes d'agitation et, dans la crainte de quelque con-
flit fâcheux entre la marine et la population, le Conseil
colonial pressait le contre-amiral Sercey d'éloigner ses bâtiments. Celui-ci alla, dans la limite du possible, au-devant de ce vœu, et sous prétexte de la nécessité d'une
augmentation de la garnison de Batavia, il consentit à
embarquer les troupes qui portaient ombrage aux autorités de la colonie ; le 8 août, il se rendit aux Seychelles
avec la *Forte* et la *Vertu*. De là, il envoya cette dernière
frégate et la *Seine* porter à Batavia les soldats pris à
l'île de France ; la *Régénérée* fut dirigée sur Madagascar,

et la *Brûle-Gueule* fut envoyée à la côte de Tranquebar. La *Forte* et la *Preneuse* rentrèrent à l'île de France, le 20 septembre; la *Régénérée* y était déjà.

Le départ du détachement qui avait été envoyé à Batavia ne rassura pas complétement le Conseil colonial de l'île de France; il demanda l'éloignement de toutes les troupes arrivées d'Europe avec les commissaires du gouvernement. La *Forte* et la *Prudente* eurent la mission de les conduire à Batavia. Mais, ne jugeant pas à propos de faire ce voyage, le contre-amiral Sercey donna le commandement de la *Forte* au capitaine Ravenel, et il nomma le capitaine L'hermitte à celui de la *Preneuse*. Les deux frégates rentrèrent dès que leur mission fut terminée.

L'île de France et la division navale étaient entièrement abandonnées à leurs ressources particulières : aucun secours ne leur était envoyé. La marine se soutenait par ses propres forces, et elle venait en aide à la colonie en lui abandonnant la moitié de ses prises. Néanmoins, celle-ci était dans une situation déplorable et, au mois de novembre, l'Assemblée coloniale déclara qu'elle ne fournirait plus ni vivres ni approvisionnements à la division; elle exigea même son départ immédiat. Ce fut en vain que le commandant en chef voulut résister aux volontés de l'Assemblée coloniale; elle avait usurpé tous les pouvoirs. Il lui fallut renvoyer la *Régénérée* et la *Vertu* en France. Le commandement de cette dernière frégate fut donné au capitaine Magon, qui fut remplacé par le capitaine Marquès sur la *Prudente*.

Après avoir passé quatre jours au mouillage dans la baie de Bantry et croisé pendant huit autres jours en vue du cap Loop d'Irlande, le capitaine Lacrosse, du vaisseau de 78° les *Droits-de-l'Homme* qui, on doit se le rappeler, avait été séparé de l'armée navale du vice-amiral Morard de Galle, avait fait route, le 7 janvier, pour revenir en France. Le 13 au matin, le vaisseau était à 75 milles des

Penmarks; il régnait une brume très-épaisse et le vent, variable du O.-N.-O. au O.-S.-O., soufflait bon frais. Le capitaine Lacrosse ne voulut pas attaquer la terre par un temps semblable, et il serra le vent tribord amures. Dans l'après-midi, une voile, puis bientôt une seconde furent aperçues au large; le capitaine Lacrosse fit arriver de quatre quarts et ensuite de deux autres, ce qui mettait la route à l'E.-S.-E. Deux heures plus tard, quatre nouveaux bâtiments furent signalés sous le vent; ils couraient bâbord amures, et leur route coupait celle du vaisseau; celui-ci avait alors une vitesse de onze nœuds. A 4^h et quart, les bras du grand hunier cassèrent et, presque en même temps, le grand et le petit mât de hune s'abattirent. Le plus rapproché des bâtiments aperçus était le vaisseau rasé anglais de 46^c INDEFATIGABLE, capitaine sir Èdward Pellew; une portée de canon à peine le séparait des *Droits-de-l'Homme*. Il rentra ses bonnettes, serra ses perroquets, cargua ses basses voiles et prit des ris, prouvant ainsi qu'il préférait se mettre en mesure de parer à toute éventualité, plutôt que de tirer avantage de l'encombrement occasionné par la chute des mâts du vaisseau français. Le capitaine Lacrosse profita de ce répit pour couper tout ce qui retenait les débris de sa mâture le long du bord. Un quart d'heure après, et avant que l'Anglais eut terminé sa manœuvre, il était débarrassé de ces entraves, et continuait sa route filant encore cinq nœuds sous les deux basses voiles et le perroquet de fougue. Le capitaine Pellew reprit sa poursuite dès qu'il eut fini son opération et, à $5^h 15^m$, il envoya une volée dans la hanche de tribord du vaisseau français en venant un peu sur ce bord. Celui-ci imita cette manœuvre et lui riposta par une bordée de sa batterie haute et de celle des gaillards. Un peu plus appuyé sous cette nouvelle allure, le capitaine Lacrosse voulut faire ouvrir la batterie basse que l'état de la mer obligeait de tenir fermée; il fallut y renoncer : la mer entrait à pleins sabords. L'INDEFATIGABLE

essaya alors de passer sur l'avant du vaisseau; mais,
prompt à prévoir les intentions de son ennemi, le capitaine
Lacrosse évita une bordée d'enfilade au moyen d'une légère arrivée; le capitaine anglais revint de suite au vent,
et il reçut de l'arrière la bordée qu'il projetait d'envoyer à
son adversaire. Le combat continua dans diverses positions et presque vent arrière jusqu'à 6ʰ 45ᵐ. Un nouvel
ennemi, la frégate de 44ᶜ AMAZON, capitaine Robert Reynolds, se présenta alors; celui-ci se plaça prudemment
derrière le vaisseau français et le canonna impunément
dans cette position jusqu'à ce que le capitaine Lacrosse
eût réussi à mettre ses deux adversaires par son travers.
Quoiqu'on ne pût faire usage des canons de la batterie
basse, le feu des *Droits-de-l'Homme* fut si bien nourri,
qu'à 7ʰ 30ᵐ les deux Anglais se retirèrent.

Quelque besoin de repos qu'eussent les équipages qui
combattaient depuis plus de deux heures, ils durent travailler à réparer les avaries de leurs bâtiments, et ils le
firent avec une activité qui témoignait de leur impatience
de terminer ce grand drame. Le feu recommença à 8ʰ 30ᵐ.
Libres de leurs mouvements, l'AMAZON et l'INDEFATIGABLE
se placèrent de l'avant et de l'arrière des *Droits-de-l'Homme*
et, passant alternativement d'un bord et de l'autre du
vaisseau français, ils lui envoyaient, chaque fois, des bordées désastreuses; celui-ci ne pouvait leur riposter qu'en
faisant des embardées très-grandes. L'étai de son mât
d'artimon ayant été coupé, les secousses que ce mât éprouvait dans les mouvements de tangage firent craindre sa
chute prochaine, chute qui, si elle avait lieu sur le pont,
pouvait avoir les conséquences les plus fâcheuses. Aussi
le capitaine Lacrosse n'hésita-t-il pas à en faire le sacrifice;
les haubans de bâbord furent coupés, et ce mât ne tarda
pas à s'abattre sur le bord opposé. Le vaisseau rasé et la
frégate changèrent alors de position et se tinrent par les
hanches des *Droits-de-l'Homme*. Le 14, à 2ʰ du matin, le
capitaine Lacrosse fut atteint au genou par un boulet mort

qui le renversa cependant sur le pont ; il fut descendu au
poste des chirurgiens et remplacé par le capitaine de frégate Prévost Lacroix. A 6ʰ 15ᵐ, la terre fut aperçue de
l'avant à petite distance ; le vaisseau les *Droits-de-l'Homme*
courait perpendiculairement à sa direction sous les lambeaux de ses basses voiles dont les amures et les écoutes
étaient coupées depuis longtemps. La vue de la côte mit
fin à la lutte : les bâtiments ennemis tinrent le vent. Leur
position, sans être en effet aussi critique que celle du
vaisseau français, n'était pourtant pas sans dangers, car
ils avaient de nombreuses avaries : celle des *Droits-de-
l'Homme* était désespérée ; ses deux bas mâts, hachés et
transpercés, étaient incapables de porter aucune voile. Le
capitaine Lacrosse, qui s'était fait monter sur le pont, ordonna de carguer et ramasser les morceaux qui existaient
encore car, bien que réduits à une surface très-minime,
ils fatiguaient beaucoup les deux bas mâts par leurs secousses prolongées. Malgré cette précaution, le mât de
misaine et le mât de beaupré ne purent supporter l'effort
combiné du vent et de la mer ; ils tombèrent tous les deux
en même temps. Déjà la route avait été donnée au S.-S.-O
afin d'élonger la terre ; mais, entraîné en dérive, le vaisseau
se trouva bientôt par douze brasses, et il mouilla sur un
grelin une des deux ancres qui lui restaient ; tous les câbles
avaient été hachés par les boulets ; l'autre ancre était engagée. Cette ancre ne tint pas ; le vaisseau cula, toucha et
vint de suite en travers. Le grelin fut coupé. Évitant alors
l'avant à terre, le vaisseau s'enfonça dans le sable. Au second coup de talon, le grand mât s'abattit. Les canons des
gaillards et ceux de la deuxième batterie furent jetés à
la mer.

Là ne devaient pas se terminer les fatigues de ces braves
qui venaient de soutenir l'honneur du pavillon pendant
douze heures ; ils allaient avoir à combattre désormais les
éléments. Il était 7ʰ du matin lorsque le vaisseau les *Droits-
de-l'Homme* échoua dans la baie d'Audierne, vis-à-vis du

village de Plouzevet. Les embarcations légères furent mises à l'eau ; mais, emportées immédiatement par la mer, elles allèrent se briser à la plage. Trois heures après son échouage, le vaisseau, couvert par les lames qui déferlaient avec violence contre son arrière, était plein d'eau. On voulut se servir de radeaux pour débarquer l'équipage ; ils étaient emportés aussitôt que jetés à la mer. Le 15, le temps se calma un peu ; quelques hommes purent atteindre le rivage dans le grand canot. Le lendemain, on parvint à mettre la chaloupe à la mer : soixante à quatre-vingts hommes s'y précipitèrent. Elle n'était pas encore débordée, qu'elle fut brisée par une forte lame contre le vaisseau et la majeure partie des hommes qu'elle contenait fut engloutie dans les flots. Les vents d'Ouest, qui ne cessèrent de régner jusqu'à la nuit du 16, rendirent l'envoi de tout secours de terre impossible ; ils passèrent fort heureusement alors à l'Est. Au point du jour, cinq embarcations arrivèrent d'Audierne sous la conduite d'un officier de l'*Arrogante*, canonnière commandée par l'enseigne de vaisseau Provost. Dans l'après-midi, le côtre l'*Aiguille* accosta les *Droits-de-l'Homme* et, avec l'aide des embarcations, il put mettre à terre une grande partie de l'équipage du vaisseau avant la nuit ; il fallut cinq jours pour que le reste pût être débarqué. Cette longue lutte contre la fatigue, la soif et la faim avait coûté la vie à soixante hommes.

Le capitaine Lacrosse paya un juste tribut d'éloges aux généraux Humbert, Régnier et Corbinet, ainsi qu'aux 580 soldats de la légion des Francs qui avaient été embarqués pour l'expédition d'Irlande. Le vaisseau les *Droits-de-l'Homme*, sur lequel se trouvaient cinquante prisonniers anglais, portait donc 1,280 hommes : 960 se sauvèrent. Au moment de son échouage, il en avait 260 hors de combat, dont 103 tués et 157 blessés : 217 perdirent par conséquent la vie dans le naufrage.

Sur la demande du ministre de la marine, le Directoire ordonna de renvoyer immédiatement en Angleterre les prisonniers des *Droits-de-l'Homme*, en récompense du courage et de l'humanité dont ils avaient fait preuve pendant le naufrage de ce vaisseau.

Cité à comparaître devant un conseil martial pour rendre compte de sa conduite pendant le combat et le malheureux événement qui en avait été la conséquence, le capitaine Lacrosse fut acquitté à l'unanimité.

L'Indefatigable fut assez heureux pour se relever de la côte, mais l'Amazon eut le même sort que le vaisseau français : elle ne perdit toutefois que six hommes.

Sur la côte de Plouzevet, on peut voir une de ces pierres druidiques nommées *menhirs*, si communes encore dans l'ancienne basse Bretagne. Sur une de ses faces, on lit l'inscription suivante : « Autour de cette pierre sont inhu- « més environ six cents naufragés du vaisseau les *Droits-* « *de-l'Homme*, brisé par la tempête, le 14 janvier 1797. « Le major Pipon, de Jersey, miraculeusement échappé à « ce désastre, est revenu sur cette plage en 1840 et, dû- « ment autorisé, a fait graver sur cette pierre ce durable « témoignage de sa reconnaissance. »

« A Deo vita »
« Spes in Deo. »

Le major Pipon, alors lieutenant, était un des prisonniers des *Droits-de-l'Homme*.

Ce vaisseau portait 28   canons   de 36,
30   —   de 24,
16   —   de 8
et 14 caronades de 36.
L'Indefatigable — 26   canons   de 24,
12   —   de 12,
et 18 caronades de 42.
L'Amazon avait   26   canons   de 18,
10   —   de 9,
et 8 caronades de 32

Le capitaine de Rennes, de la flûte de 24ᶜ la *Ville de Lorient*, séparé de l'armée navale qui se rendait en Irlande sous le commandement du vice-amiral Morard de Galle, avait quitté la baie de Bantry depuis trois jours, et faisait route pour revenir en France lorsque, le 7 janvier, dans l'après-midi, il aperçut de l'avant les 3 frégates anglaises UNICORN, DORIS et DRUID. Le capitaine de Rennes vira de bord et laissa arriver grand largue. Chassée dans cette nouvelle route, la *Ville de Lorient* amena son pavillon aux premiers boulets qui lui furent tirés.

Le conseil martial qui jugea le capitaine de Rennes le déclara non coupable.

La corvette de 14ᶜ l'*Atalante*, capitaine Dordelin (Louis), se trouvant à une trentaine de milles dans le N.-O. des îles Sorlingues, fut chassée, le 14 janvier, par la frégate anglaise de 44ᶜ PHŒBE, capitaine Barlow. Le capitaine Dordelin fit amener le pavillon dès qu'il eut acquis la certitude qu'il ne pourrait pas échapper à ce redoutable adversaire.

Un conseil martial déclara le lieutenant de vaisseau Dordelin non coupable.

Le capitaine Castagnier, de la frégate de 44ᶜ la *Vengeance*, parti de Brest, le 18 février, avec la frégate de même force la *Résistance*, capitaine Martagne, la corvette de 22ᶜ la *Constance*, capitaine Purchot, et le lougre le *Vautour*, capitaine Chosel, pour opérer un coup de main sur la côte d'Angleterre, débarqua, quatre jours après, la deuxième légion des Francs, à l'entrée du canal Saint-Georges. La division, qui était restée sous voiles, tomba le lendemain dans un convoi de navires anglais et les coula presque tous. L'encombrement d'hommes qui en résulta à bord des frégates fit prendre au commandant Castagnier la détermination de retourner à Brest. Pendant la nuit du 2 mars,

la *Résistance* perdit son gouvernail; la *Constance* reçut
l'ordre de l'accompagner, et le commandant de la division,
sans aucun signal préalable, prit une autre route; la *Vengeance* fut bientôt hors de vue. Le 9, au jour, le capitaine
Purchot s'aperçut que les ferrures du gouvernail de la *Constance* étaient cassées; il fit de suite travailler à consolider
ce gouvernail, mais il se vit dans l'obligation de serrer
toutes les voiles de l'arrière pour pouvoir gouverner. Bientôt l'île d'Ouessant fut signalée, et les deux capitaines con-
çurent l'espoir d'entrer à Brest à la faveur du flot. Mais,
lorsqu'à 9ʰ du matin, ils allaient donner dans l'Iroise, ils
aperçurent au vent les frégates anglaises San Fiorenzo et
Nymphe de 44ᶜ, capitaines sir Harry Neale et John Cooke
qui les chassèrent; trente minutes plus tard, ils recevaient
leurs premiers boulets. Le combat s'engagea bientôt avec
vigueur. Les capitaines anglais ne tardèrent pas à s'apercevoir que leurs adversaires gouvernaient avec difficulté.
Un d'eux se plaça par le bossoir, l'autre par la hanche du
vent de la *Résistance*, tous deux à portée de pistolet. Ainsi
attaqué, le capitaine Martagne fit amener le pavillon.

Les frégates anglaises dirigèrent alors leurs coups sur
la *Constance* qui était sous le vent de sa compagne; le capitaine Purchot avait voulu faire vent arrière; il n'avait
pu y réussir. Les frégates ennemies l'attaquèrent aussi du
côté du vent. Criblée dans toutes ses parties, la corvette
amena son pavillon après une demi-heure. Son mât d'artimon s'abattit de suite; elle démâta de son grand mât
quelques jours après.

La *Résistance* fut classée parmi les frégates anglaises
sous le nom de Fishgard.

La *Vengeance* mouilla à Brest le 9; le *Vautour* y était
déjà.

Le capitaine Delamare, de la corvette l'*Amaranthe*, fut
chassé, le 1ᵉʳ mars, auprès de Cherbourg, par une frégate

anglaise qui lui fit amener son pavillon après une canonnade d'une demi-heure.

Le capitaine Oreille, de la corvette de 16ᵉ la *Choquante*,
se rendant de Mellus à Brest avec quatre transports et le côtre
l'*Ami du Commerce*, aperçut sous le vent, le 21 mars, un
cutter anglais de 16ᵉ sur lequel il se dirigea et qu'il attaqua
à 6ʰ du matin ; l'île de Bas restait à 36 milles dans le S.-E.
Après une demi-heure de canonnade, le capitaine Oreille
fit une grande arrivée, envoya à son adversaire sa bordée
de bâbord en poupe et, prenant poste sous le vent, il
continua le combat à portée de pistolet. Un événement
malheureux vint ralentir l'ardeur de l'équipage de la corvette. A 7ʰ, un canon creva, tua et blessa plusieurs hommes,
cassa la grande vergue et défonça le pont. Le *Choquante*
cessa de tirer et s'éloigna pour réparer ses avaries ; mais
le cutter, dont le capitaine Oreille omet de donner le nom
dans son rapport, n'abandonna pas un adversaire qui ne
semblait pas devoir lui opposer désormais une grande résistance ; il le poursuivit et, à 8ʰ, il ouvrit son feu par la
hanche de bâbord de la corvette. Deux fois la drisse du
pavillon fut coupée : la chute du pavillon en fut la conséquence naturelle. A la seconde, le capitaine anglais demanda
si la corvette amenait ; une volée, envoyée à bout portant
au moment où les couleurs nationales étaient rehissées,
fut la seule réponse qu'il reçut. Le combat continua jusqu'à 9ʰ ; le cutter s'éloigna alors dans un état de délabrement aussi complet que celui de la *Choquante*. Le capitaine
Oreille rejoignit son convoi qui avait continué sa route
sous la conduite de l'*Ami du Commerce*, et le soir il mouilla
à Camaret.

La *Choquante* portait 16 canons de 8,
Le cutter anglais   14   —   de 12
                  et 2 caronades de 18.

Le 26 mars au matin, le capitaine de frégate Sibille, commandant la flottille de l'Adriatique et le lougre de 8ᵉ le *Bonaparte*, partit d'Ancône avec la corvette la *Brune*, capitaine Deniéport, le lougre le *Libérateur d'Italie*, capitaine Laugier, le chébec la *Corse*, capitaine Muron, et deux navires chargés de munitions de guerre. A la hauteur de Ravigno, il donna la chasse à 11 canonnières et 3 chebecs impériaux escortant un convoi de 50 voiles, qui se réfugièrent sur la rade de Quiéti, où se trouvait déjà un vaisseau vénitien. L'intention du commandant français n'était pas de porter atteinte à la neutralité du pavillon auquel la flottille impériale demandait protection ; il espérait toutefois obtenir du capitaine du vaisseau vénitien l'autorisation de s'emparer d'un convoi qu'il considérait comme propriété conquise. Il s'avançait plein de confiance dans les droits qu'il respectait et, pour envoyer sa requête, il attendait à être plus avancé dans la rade, lorsqu'il reçut une décharge de tous les bâtiments de la flottille ennemie ; d'après le dire des officiers français, le vaisseau tira lui-même sa bordée. Cette agression ne s'arrêta pas à une simple volée ; le feu des ennemis continua sans interruption ; la *Brune* et le *Libérateur d'Italie* reçurent quelques avaries. Ne sachant pas le rôle que jouerait le vaisseau dans cette circonstance, et certain que vengeance serait tirée de la participation ou du moins du consentement tacite donné par son capitaine à l'agression des Impériaux sur une rade neutre, le commandant Sibille fit riposter par une volée et il prit le large.

————

Dans le trajet du Cap Français de Saint-Domingue au Port-de-Paix et à Jean-Rabel où elle allait chercher plusieurs navires de commerce qui attendaient une escorte, la frégate de 36ᵉ l'*Harmonie* fut chassée, le 16 avril, par les vaisseaux anglais de 82ᵉ THUNDERER et VALIANT et jeta l'ancre devant le Marigot. Les deux vaisseaux se retirèrent après avoir canonné la frégate pendant plusieurs heures, mais ils l'attaquèrent de nouveau le lendemain : l'*Harmonie* fut mise à la côte et incendiée par son propre équipage. Ces deux vaisseaux faisaient partie de l'escadre du vice-amiral Parker alors au Môle Saint-Nicolas. Le 20 pendant la nuit, des embarcations anglaises se portèrent sur Jean-Rabel et enlevèrent presque tous les navires que l'*Harmonie* allait y prendre.

Pendant qu'avait lieu en Italie le déplorable événement auquel on a donné le nom de *Pâques Véronaises*, un fait non moins odieux se passait à Venise. Le 23 avril, le lougre de 4° le *Libérateur-d'Italie*, capitaine Laugier, qui faisait partie de la flottille de l'Adriatique, assailli par un coup de vent, chercha un abri sur la rade de Venise dont l'entrée lui fut refusée, parce qu'il était défendu de recevoir dans le Lido les bâtiments de guerre des puissances belligérantes. Le capitaine Laugier demanda l'autorisation de mouiller sous les batteries. Pressé par le mauvais temps, et sachant d'ailleurs que la flotille impériale se trouvait dans les environs, il laissa provisoirement tomber l'ancre en attendant une réponse. Sa demande fut rejetée ; et avant qu'il eût eu le temps de remettre sous voiles, les batteries firent une décharge sur le malheureux lougre. Le capitaine Laugier, se comportant avec un généreux dévouement, fit descendre l'équipage et prit un porte-voix pour faire savoir au commandant du fort qu'il allait se retirer ; une seconde décharge de mousqueterie l'étendit mort sur le pont, ainsi que quelques hommes qui étaient restés auprès de lui. Plusieurs chaloupes vénitiennes abordèrent presque en même temps le lougre, et fondant sur le pont, les Esclavons qui les montaient massacrèrent l'équipage, à l'exception de deux ou trois hommes qui furent conduits prisonniers à Venise.

En apprenant cet attentat, Bonaparte, qui revenait de

III.   5

Léoben, fit publier un manifeste de guerre contre Venise, et ordonna à deux divisions de se porter sur le bord des lagunes. Le Lion de Saint-Marc allait être abattu des bords de l'Izonzo à ceux du Mincio et partout remplacé par l'arbre de la liberté.

Placé au milieu des lagunes, Venise présentait des difficultés d'attaque presque insurmontables ; elle avait 37 galères, 168 canonnières et une forte garnison. Le général en chef de l'armée d'Italie n'était pas maître de la mer, et il n'avait même pas de bâtiments de flottille pour traverser les canaux. Le grand conseil recula cependant devant la terreur qu'inspirait le nom de Bonaparte ; un traité fut signé, portant, entre autres conditions, l'introduction d'une division française à titre de protection et la punition des trois inquisiteurs d'État et du commandant du Lido. Les articles secrets stipulaient en outre une contribution de 3 millions en munitions navales et l'abandon à la France de 3 vaisseaux et de 2 frégates en construction. Ils furent nommés le *Laharpe*, le *Stengel* et le *Béraud*, la *Muiron* et la *Carrère*.

Ces articles secrets étaient un moyen de mettre la main sur toute la marine vénitienne. Bonaparte, dont la vaste prévoyance se portait sur tous les objets à la fois, ne voulait pas que les officiers de la marine vénitienne, mécontents de la révolution qui venait de s'opérer, livrassent aux Anglais les vaisseaux et les îles qui étaient sous leur commandement. Il tenait beaucoup surtout aux îles de Corfou, de Zante, de Céphalonie, de Sainte-Maure et de Cérigo situées à l'entrée de l'Adriatique. Il donna sur-le-champ des ordres pour les faire occuper, et écrivit à Toulon pour qu'on lui envoyât par terre un certain nombre de marins. Il demanda aussi le contre-amiral Brueys avec 10 vaisseaux. Mais craignant que cette division n'arrivât trop tard, il réunit les bâtiments trouvés à Venise à la flottille de l'Adriatique et à ceux qui formaient la division que le capitaine de frégate Bourdé (Guillaume) commandait dans ces parages. Il mêla les équipages vénitiens aux équipages français, plaça à bord 2000 hommes de troupes et, le 13 juillet, il fit partir cette escadrille. Le 23, à son arrivée devant Corfou, le général Gentily qui commandait les troupes, reçut une députation des habitants à la tête desquels était le provéditeur; elle venait témoigner de leur soumission à la République française. La division entra de suite dans le port et, le jour même, les troupes prirent possession des forts. On trouva sur la rade de Corfou, 6 vaisseaux, 3 frégates et 2 brigs qui furent nommés le *Dubois*, le *Causse*, le *Robert*, le *Banel*, le *Sandos* et le *Frontin*; la *Mantoue*, la *Leoben*, la *Montenotte*, le *Lodi* et le *Rivoli*.

Le Directoire fut loin de trouver dans le port de Corfou les ressources qu'on lui avait fait entrevoir; elles étaient tellement épuisées, que l'on douta un moment de pouvoir achever les vaisseaux en construction. D'ailleurs, c'était là une triste acquisition que faisait la marine. Les vaisseaux, d'une construction défectueuse, — ils ne pouvaient pas se servir de leur batterie basse,—n'étaient pas susceptibles de combattre en ligne; la faiblesse de leur échantillon et l'infériorité de leur artillerie s'y opposaient : c'étaient au plus les anciens vaisseaux de 50 canons.

Le contre-amiral Brueys était sorti de Toulon le 14 mai, avec les vaisseaux le *Guillaume Tell*, le *Tonnant*, l'*Aquilon* et le *Mercure;* les frégates la *Diane*, la *Sérieuse* et le brig le *Turbulent;* et après avoir promené le pavillon de la République sur la côte d'Italie, il était rentré à Toulon le 1er juin. Il y avait trouvé l'ordre de se rendre dans l'Adriatique, mais avec les vaisseaux le *Généreux* et l'*Heureux* en plus, et la *Junon* à la place de la *Sérieuse*. Le 4 septembre, il arriva à Venise, d'où il se rendit à Corfou.

De tous les vaisseaux et frégates trouvés à Venise et à Corfou, le contre-amiral Brueys ne put emmener que le *Causse* de 74e, le *Dubois*, le *Banel*, le *Frontin* et le *Robert* de 64, la *Mantoue*, la *Leoben*, la *Montenotte*, la *Muiron* et la *Carrère*. Le *Laharpe* de 74e, le *Stengel* et le *Béraud* de

64 étaient encore sur les chantiers ; ils partirent pour Ancône dans la dernière quinzaine de décembre.

Les canonnières la *Méchante*, l'*Inquiète*, la *Terrible* et la
Surprise eurent à soutenir, le 24 mai, dans les environs
de Calais, la canonnade de deux frégates anglaises, d'un
lougre et d'un cutter qui se retirèrent après leur avoir
lancé des boulets pendant une heure et demie.

Ces quatre canonnières faisaient partie d'une flottille
réunie au Havre sous le commandement du capitaine de
vaisseau Muskeyn. Quoique formée uniquement pour la
protection des convois sur la côte, cette flottille avait été
employée, l'année précédente, au transport d'un corps
de troupes qu'elle devait débarquer en Angleterre. Mais
on avait trop compté sur les qualités nautiques des bâtiments qui la composaient. Après des efforts superflus, assaillis par un coup de vent, ils avaient été forcés de rentrer
au port.

Au mois d'août de la présente année 1797, on voulut les
faire coopérer à l'attaque des îles Marcouf dont les Anglais
s'étaient emparés au mois de juillet 1795. Sept canonnières
et 24 bateaux-canonniers appareillèrent du Havre avec
le commandant Muskeyn : un grand vent de S.-O. les dispersa et les obligea à rentrer, cette fois encore, sans avoir
rien fait. On comprit l'impossibilité d'envoyer de semblables embarcations au large, et elles ne furent plus distraites
de leur service spécial.

Le gouvernement batave désirait faire passer à Batavia
un agent chargé d'une mission importante ; mais la présence continuelle des Anglais dans la Manche ne lui permettait pas d'expédier avec sécurité un bâtiment pour cette
destination. Le Directoire vint au secours de son allié et la
corvette de 14° la *Mutine*, capitaine Pomiès, récemment
arrivée du Ferrol, fut chargée de porter cet agent à sa desti-

nation. Le ministre pensant que les avaries éprouvées par cette corvette pendant sa campagne précédente avaient été occasionnées par une surcharge, ordonna de remplacer ses douze canons de 12 par le même nombre de canons de 6 et d'y ajouter deux caronades.

La *Mutine* partit de Brest, le 7 mai, et relâcha le 25 à Sainte-Croix de Ténériffe pour prendre des vivres frais. Le lendemain, les frégates anglaises MINERVE et LIVELY, capitaines George Cockburn et Benjamin Hallowell, parurent devant Sainte-Croix, où elles envoyèrent un parlementaire pour traiter de l'échange de quelques prisonniers. Lorsque cette négociation fut terminée, elles passèrent dans le Nord de l'île et l'on ne les revit plus ; ces deux frégates faisaient partie d'une division sous les ordres du contre-amiral Nelson. L'amiral lord Saint-Vincent, alors occupé devant Cadix, ayant été informé de la prochaine arrivée à Sainte-Croix d'un riche convoi de Manille, avait ordonné à cet officier général d'aller s'en emparer. La *Mutine* arriva sur ces entrefaites. Le 28, pendant la nuit, profitant de l'obscurité, dix embarcations anglaises s'introduisirent dans la rade et, à 3^h du matin, tombèrent à l'improviste sur la corvette. Les neuf hommes et l'aspirant de quart furent surpris avant d'avoir réussi à trouver des armes ; les officiers et les matelots qui purent monter à leurs cris d'alarme, les trouvèrent se défendant avec des pinces et des anspects. En arrivant à bord, le premier soin des Anglais avait été de fermer les écoutilles et de couper les câbles. L'enseigne de vaisseau Trégomain, second de la corvette, monté sur le pont sans aucun vêtement, opposa, à la tête d'une trentaine d'hommes, une énergique résistance à l'ennemi. Mais, poussée par la brise de terre, la *Mutine* fut bientôt hors de position de recevoir aucun secours : elle fut enlevée.

Le capitaine Pomiès était à terre pendant qu'on emmenait ainsi la corvette qu'il commandait ; il y était avec l'agent hollandais, plusieurs officiers et une trentaine

d'hommes de son équipage. Aux premières décharges de
mousqueterie, il demanda au gouverneur des embarcations
pour retourner à bord. Sa demande ne fut pas accueillie ;
il obtint seulement que les forts tirassent sur la corvette
afin de chercher à la démâter.

––––––––

Les corvettes de 12ᵉ la *Diligente* et la *Pélagie*, capitaines
Noguez et Moulin, se rendant de Minden à Brest avec
10 navires, furent ralliées par la corvette la *Calliope*, capitaine Deshayes, qui, elle-même, en escortait 4. Le 17
juillet, devant Audierne, la brume, qui avait été très-
épaisse pendant la nuit, s'étant dissipée au lever du soleil,
le capitaine Noguez compta 4 navires de plus qu'il n'en
avait dans les deux convois : c'étaient 3 frégates et une
corvette anglaises. Ces bâtiments ayant de suite ouvert
leur feu sur les navires du commerce, la *Diligente* fit signal d'indépendance de manœuvre et laissa arriver pour
doubler les Penmarks : la *Pélagie* la suivit ; la *Calliope* se
dirigea sur Audierne. Une des frégates anglaises chassa les
deux premières ; les autres poursuivirent les navires du
commerce qui couraient presque tous sur la côte. Lorsque
la *Diligente* et la *Pélagie* eurent doublé les Penmarks, la
frégate qui les suivait leva la chasse.

Attirés probablement par le bruit du canon, d'autres
bâtiments anglais ne tardèrent pas à paraître et, à 5ʰ du
matin, la *Calliope* recevait les boulets du vaisseau rasé
Anson, des frégates Pomone et Astræa et de la corvette
Sylph. Le capitaine Deshayes prit le parti d'aller s'embosser aussi près que possible sur la côte de Tréogat, commune de Plovent ; mais l'embossure ayant cassé, la corvette
évita, le beaupré au large ; une des frégates mouilla sur
son avant et la canonna. La mer était houleuse ; l'ancre de
la *Calliope* ne tint pas ; la corvette cula et talonna avec une
force telle que son grand mât se brisa un peu au-dessous
de la hune. Les autres mâts furent coupés et les canons,

moins six, furent jetés à la mer. Trompé par le départ de quelques canots qui portaient à terre les mousses et les hommes inutiles, le capitaine du SYLPH qui avait remplacé la frégate, expédia ses embarcations pour prendre possession de la corvette. La mitraille de la *Calliope* et les boulets d'une pièce de campagne qui avait été amenée sur le rivage les forcèrent deux fois à la retraite; le SYLPH finit par en faire autant. L'impossibilité de relever la corvette française ayant été constatée, l'équipage descendit à terre, et elle fut livrée aux flammes.

La *Diligente* et la *Pélagie* entrèrent à Lorient; 8 navires furent pris, 2 brûlés, deux autres se jetèrent à la côte.

La *Calliope* ne fut pas le seul bâtiment que la République perdit dans cette circonstance; la flûte le *Freedom*, capitaine Quiémen, fut un de ceux que les Anglais brûlèrent. Chassé et canonné par une frégate, cet officier jeta son bâtiment à la côte, non loin de la *Calliope*, à un endroit nommé la Babau; et, après trois heures et demie, il le fit évacuer. La frégate et ses embarcations dirigèrent alors leur feu sur les canots qui portaient l'équipage; tous furent submergés en abordant la plage ou avant de l'avoir atteinte. Cela n'arrêta pas le capitaine anglais : il fit tirer sur les hommes du *Freedom* à mesure qu'ils atteignaient le rivage. Les embarcations anglaises accostèrent plus tard la flûte et après avoir essayé vainement de la raflouer, elles enlevèrent une partie de son matériel et la livrèrent aux flammes.

L'enseigne de vaisseau Quiémen fut acquitté par le conseil martial devant lequel il eut à rendre compte de sa conduite.

Dans la matinée du 10 août, le capitaine **Guiné**, de la corvette de 20° la *Gaîté*, en croisière entre la Loire et la Gironde, aperçut sous le vent une frégate anglaise sur laquelle il laissa arriver; c'était l'ARETHUSA de 48°, capitaine Thomas Wolley. Le capitaine Guiné se méprit-il

sur la force de l'ennemi à la rencontre duquel il se portait? Je ne saurais le dire. Toujours est-il que, lorsqu'il
fut assez près pour bien l'apprécier, il n'y eut pas la moindre hésitation dans sa conduite. Il se plaça à portée de
fusil de la frégate anglaise et engagea de suite le combat.
Celle-ci répondit avec vigueur et, malgré cela, la *Gaîté*
soutint son feu pendant une heure et demie sans chercher
à se retirer du travers de ce formidable adversaire. Il fallut
cependant céder à la force. Criblée et mise dans l'impossibilité de faire aucune manœuvre, la corvette amena son
pavillon.

L'enseigne de vaisseau Guiné comparut devant un conseil martial qui le déclara coupable d'avoir eu une trop
grande confiance en ses forces ; mais il fut trouvé excusable pour sa longue et ferme résistance. En conséquence de
ce jugement, il fut déclaré incapable de commander avant
d'avoir servi cinq années en sous-ordre.

Le capitaine Tanaïs, de la corvette de 20° la *Réolaise*,
se rendant de Bordeaux à Lorient, ayant aperçu la division
du capitaine anglais Pellew mouilla, le 10 août, aux Sables d'Olonne, où se trouvaient déjà la canonnière la *Sub-
tile* et le lougre la *Charlotte*. Ces bâtiments s'embossèrent
et se disposèrent à repousser l'attaque des Anglais qui se
dirigeaient sur la baie. A 10^h 30^m du matin, une corvette
engagea le combat avec la petite division, mais elle ne put
soutenir longtemps son feu ; un vaisseau rasé et une frégate la remplacèrent. Leur attaque ne réussit pas mieux
et, à 1^h, ils prirent le large, sans avoir pour ainsi dire
causé de dommages aux bâtiments français qui avaient été
soutenus par la batterie des Sables.

Le lougre de 14° le *Courageux*, capitaine Defraye, en
croisière dans le Cattégat pour observer les mouvements
de la mer Baltique combattit, le 12 août, le navire anglais

Exeter de 8ᶜ, qui appartenait, supposa-t-on, à la Compagnie
des Indes, et rencontra pendant une heure et demie la résistance la plus opiniâtre. Elle allait cesser et l'Exeter
était sur le point d'amener lorsque, à 10ʰ 30ᵐ du matin,
le *Courageux* sauta sans que rien eût pu jusque-là faire redouter un accident semblable. Un officier et trois matelots
sur quarante-trois hommes qui composaient l'équipage du
lougre furent sauvés par le navire anglais Sᵗ.-John, tandis
que l'Exeter s'éloignait. Ces faits furent rapportés par
l'enseigne de vaisseau Audibert, second du lougre, qui
déclara ne savoir à quelle cause attribuer ce malheureux
événement.

Le 14 octobre au lever du soleil, le capitaine Hullin, de
la corvette de 12ᶜ le *Ranger*, gouvernant pour passer au
milieu des îles Canaries dont il n'était pas à plus d'une
trentaine de milles, aperçut un fort bâtiment par le bossoir du vent. Il laissa de suite arriver ; mais la corvette avait
aussi été aperçue et ce bâtiment, qui était le vaisseau rasé
de 46ᶜ Indefatigable, capitaine sir Edward Pellew, lui
donna la chasse en la canonnant ; plus tard, il se borna à
lui envoyer des décharges de mousqueterie : le pavillon
fut amené lorsque les balles arrivèrent à bord. Il était près
de minuit.

Le lieutenant de vaisseau Hullin fut déclaré non coupable.

La frégate de 40ᶜ la *Néréide*, capitaine Canon, en croisière dans le golfe de Gascogne rencontra, le 20 décembre,
la frégate anglaise de 44ᶜ Phoebe, capitaine Robert Barlow
et, vers 9ʰ du soir, elle lui envoya ses premiers boulets.
Quelques bordées furent d'abord échangées à contre-bord ;
mais bientôt, placées par le travers-l'une de l'autre, à environ quatre longueurs de navire, la *Néréide* au vent, les
deux frégates engageaient sérieusement le combat ; toutes

deux mirent le grand hunier sur le mât. La frégate française fut promptement dégréée et, incapable de se maintenir dans la position que son capitaine avait choisie, elle
tomba sur la Phoebe; celle-ci se dégagea en laissant arriver. La frégate anglaise manœuvrait pour se rapprocher
et recommencer le combat lorsque, à 10ʰ 45ᵐ, on héla de
la *Néréide* que le pavillon était amené. Les avaries des deux
frégates n'avaient guère porté que dans leur voilure et
dans leur grément (1).

La *Néréide* portait	26	canons	de 12,
	10	—	de 6
et	4	caronades	de 36.
La Phoebe avait	26	canons	de 18,
	10	—	de 9
et	8	caronades	de 32.

Le capitaine Latreyte, de la corvette de 30ᶜ la *Daphné*,
parti de Verdun pour la Guadeloupe, le 28 décembre,
ayant trouvé des vents d'Ouest dehors, ne voulut pas rester
louvoyer sur une côte où se tenaient un grand nombre de
croiseurs ennemis et, le lendemain de sa sortie, il prit la
détermination de relâcher. A l'entrée de la nuit, il fut
chassé par un bâtiment qui, encore hors de portée, tira un
coup de canon, un quart d'heure après un deuxième, puis
un troisième. C'était évidemment un signal qui indiquait à
d'autres bâtiments la présence d'une voile suspecte. Gagné
d'une manière sensible, le capitaine Latreyte prit le parti
d'attendre le chasseur. C'était le vaisseau rasé de 46ᶜ
Anson, capitaine Charles Durham, qui eut bientôt atteint
la *Daphné* et qui, à 8ʰ 30ᵐ, lui héla d'amener son pavillon.
Au moment où il était donné suite à cette invitation, l'enseigne de vaisseau Guillet, qui commandait la batterie,

---

(1) J'ai emprunté la relation de ce combat à M. William James, *The naval
history*, etc.

monta sur le pont et fit rehisser le pavillon; descendant ensuite à son poste, il ordonna de commencer le feu. L'Anson riposta à la bordée qui lui fut tirée, et le pavillon de la *Daphné* fut de nouveau amené.

Le lieutenant de vaisseau Latreyte fut traduit devant un conseil martial. Il fut constaté que le pavillon de la *Daphné* avait été amené deux fois, la première avant qu'il eût été brûlé une amorce; mais on ne put prouver qu'il l'avait été par l'ordre du capitaine.

La *Daphné* portait 20 canons   de   9,
                      4   —   de   4
              et 6 caronades de 18.
L'Anson avait   26 canons   de 24,
                  2   —   de 12
              et 18 caronades de 42.

A la fin de cette année, dans le but de harceler constamment le commerce des ennemis, et aussi pour procurer aux officiers et aux marins des moyens d'existence dans un moment où le trésor public était dans une pénurie absolue, le Directoire céda quelques bâtiments de la République à des armateurs, sous diverses conditions, dont voici les principales. C'étaient en quelque sorte les armements à compte à demi, provoqués par le ministre Seignelay dans les dernières années du règne du Louis XIV. La République prêtait ses bâtiments pour faire la course pendant quatre mois. Elle les livrait armés et équipés, mais l'armateur fournissait les vivres et soldait les équipages. Les remplacements du matériel se faisaient au compte de l'État. Les armateurs étaient tenus de prendre les capitaines et les officiers parmi ceux en activité de service. et le rang de chacun était déterminé selon la force du bâtiment. Le ministre choisissait sur une liste de trois candidats; toutefois les intéressés avaient le droit de démonter un capitaine lorsqu'ils avaient à s'en plaindre. Le produit net des prises était divisé en trois parts dont une revenait à l'État, les deux autres à l'équipage et aux armateurs. Lorsque le bâtiment était pris, ou s'il faisait naufrage, la République en supportait la perte. Enfin, les bâtiments de l'État n'étaient livrés aux armateurs, qu'autant que ceux-ci fournissaient un cautionnement en immeubles.

BATIMENTS PRIS, DÉTRUITS OU NAUFRAGÉS
pendant l'année 1797.

ANGLAIS.

Canons.

48	Artois.	} Naufragées sur les côtes de France.
44	Amazone.	
	Tribune *.	Naufragée au Canada.
40	Hermione.	Enlevée par son équipage.
34	Tartar.	Naufragée à Saint-Domingue.
18	Swift.	Sombrée.
	Hunter.	Naufragée sur la côte d'Amérique.
16	Fortune.	— en Portugal.
	Viper *.	
14	Hermes.	} Sombrés.
	Pandora *.	
	Resolution.	
12	Grawler.	} Pris par deux corsaires.
	Lacedemonian *.	
10	Fox.	Détruit à Saint-Tropez.

FRANÇAIS.

Canons.

78	Droits-de-l'Homme.	Naufragé sur les côtes de France.
44	Tartu.	Prise par un vaisseau.
	Méduse.	Sombrée.
	Résistance.	Prise par deux frégates.
40	Néréide.	Prise par une frégate.
36	Harmonie.	Détruite à la côte.
30	Daphné *.	Prise par un vaisseau rasé.
24	Ville-de-Lorient. } flûtes.	Prise par une division.
	Freedom *.	Détruite à la côte.
20	Gaîté.	} Prises par une frégate.
14	Atalante.	
	Courageux.	Incendié en combattant.
12	Mutine.	Enlevée par des embarcations.
	Ranger *.	Pris par un vaisseau rasé.
Corv.	Calliope.	Détruite à la côte.
	Constance.	Prise par deux frégates.
	Amaranthe.	— par une frégate.

*L'astérisque indique un bâtiment pris à l'ennemi.

	Pris.	Détruits ou naufragés.	Incendiés.	TOTAL.
ANGLAIS... Vaisseaux.........	»	»	»	»
Frégates.	1	4	»	5
Bâtiments de rangs inférieurs........	2	8	»	10
FRANÇAIS.. Vaisseaux.........	»	1	»	1
Frégates.	3	2	»	5
Bâtiments de rangs inférieurs........	8	2	1	11

ANNÉE 1798.

—

Il y eut une douzaine de vaisseaux au mouillage sur la rade de Brest pendant la majeure partie de l'année 1798 ; mais cette escadre, placée sous le commandement du vice-amiral Morard de Galle, n'essaya même pas de prendre la mer. Quant aux Anglais, ils divisèrent leur armée en trois escadres ; une d'elles croisa dans le golfe de Gascogne, une autre sur les côtes de l'Irlande ; l'amiral Bridport resta devant Brest avec la troisième qui comptait 10 vaisseaux. La cause de cette inaction des vaisseaux français peut être attribuée au désir qu'avait le gouvernement de forcer l'Angleterre à avoir les yeux sur Brest, afin de dissimuler plus facilement les armements considérables qui se faisaient dans la Méditerranée. Le Directoire n'avait cependant pas abandonné ses projets contre l'Irlande ; il les avait seulement modifiés par suite du combat livré le 11 octobre de l'année précédente par l'escadre hollandaise du vice-amiral Dewinter. Au mois de juillet, il estima que le moment d'agir était arrivé ; le parti catholique faisait des progrès en Irlande et l'irritation des esprits était très-grande dans cette partie du Royaume-Uni. Il fallait profiter le plus tôt possible de ces

dispositions. Le général de division Chérin fut désigné
pour commander l'expédition; mais sa santé ne lui permettait pas de partir immédiatement, et l'exécution des
mesures qui avaient été arrêtées ne pouvant être différée
désormais, il fut décidé que le général de brigade Hardy
partirait de suite avec le titre de commandant en chef provisoire, et que le corps qu'il commandait serait l'avant-
garde de l'armée que conduirait plus tard le général Chérin. 500 hommes de troupes furent d'abord embarqués
avec le général Humbert sur les frégates la *Concorde* de 42ᶜ,
capitaine Savary, la *Franchise* et la *Médée* de 40, capitaines
Guillotin et Coudein. Cette petite division partit de Brest,
le 6 août, et arriva, le 21, dans la baie de Killala sans
avoir fait aucune rencontre; les troupes furent mises à terre
le soir même. Après s'être emparé de quelques navires
qui se trouvaient sur rade, le commandant Savary effectua
son retour en France, et entra avec le même bonheur, le
5 septembre, dans la Gironde.

Je me bornerai à dire, au sujet de cette expédition, que
la fermentation des esprits en Irlande était loin d'être aussi
grande qu'on l'avait annoncé, et qu'après avoir obtenu
quelques succès, le général Humbert fut obligé de se con-
stituer prisonnier le 8 septembre.

La veille du jour où le commandant Savary entrait dans
la Gironde, le brig l'*Anacréon* appareillait de Dunkerque
avec les généraux Rey et Napper Tandy, Irlandais au service de la République, et un détachement de 45 hommes.
Les vents ne lui permirent pas d'atteindre Killala où il devait se rendre, et le capitaine Blanckeman mouilla à l'île
de Great Aran. Il y apprit le triste résultat de l'expédition
du général Humbert. Cette nouvelle ne l'empêcha pas de
mettre à terre ses 45 hommes qui s'emparèrent de la ville
de Rutland. Mais, cette fois encore, personne ne bougea,
et le brig remit à la voile avec son détachement expéditionnaire.

Le commandant Savary avait à peine fait route pour l'Irlande, que le port de Brest armait une nouvelle division avec la même destination. Celle-ci, sous les ordres du commandant Bompard, était composée des vaisseaux et des frégates :

Canons.

78	*Hoche* (1)	capitaine	Bompard.
44	*Immortalité.*	—	Legrand.
	Romaine.	—	Bergevin.
	Loire.	—	Segond.
36	*Embuscade.*	—	Clément Laroncière.
	Bellone.	—	Jacob.
	Coquille.	—	Depéronne (Léonore).
	Sémillante.	—	Lacouture.
	Résolue..	—	Bargeau (Jean).
	Goëlette la *Biche.*	—	Lebastard.

Cette division appareilla, le 16 septembre, ayant à bord 3,000 hommes de troupes. Malgré la précaution que prit le commandant Bompard de passer par le raz de Sein, d'aller reconnaître Belle-Isle, et de faire route à l'Ouest pour ne pas être vu par les croiseurs anglais, il fut aperçu par quelques frégates qui donnèrent avis de sa sortie et l'observèrent jusqu'à la nuit du 4 octobre. Le 10, au moment où la division venait d'avoir connaissance des côtes d'Irlande, sa présence fut signalée par la frégate anglaise AMELIA, découverte du commodore Warren qui croisait dans ces parages. Le vent soufflait bon frais du N.-N.-O. Le lendemain, à midi 30ᵐ, la division anglaise parut elle-même sous le vent; elle se composait des vaisseaux et des frégates :

Canons.

82	CANADA.	commodore	sir Borlase Warren.
	ROBUST.	capitaine	Edouard Thornborough.
80	FOUDROYANT.	—	sir Thomas Byard.
48	MELAMPUS.	—	sir Graham Moore.
	AMELIA.	—	honorable Charles Herbert.
	ETHALION.	—	George Countess.
46	MAGNANIME.	—	honorable Michael de Courcy.
	ANSON.	—	Charles Durham.

A 2ʰ, dans un grain, le *Hoche* démâta de son grand mât

---

(1) L'ancien *Pégase.*

de hune et de son mât de perruche. En tombant, la vergue
de grand hunier déchira la grande voile qui fut emportée
par le vent. Afin de pouvoir la remplacer plus promptement, tout le grément du mât de hune fut coupé ; le sacrifice avait peu d'importance dans le moment, car les élon-
gis et une partie de la hune avaient été brisés et il n'était
pas possible de mettre un nouveau mât de hune en place.
A l'entrée de la nuit, ordre fut donné de se régler sur la
Résolue qui venait de signaler une voie d'eau considérable,
et le capitaine Bargeau reçut en même temps l'autorisation de laisser arriver en faisant de faux signaux ; il ne
voulut pas profiter de la latitude qui lui était laissée.
La division française gouvernait alors au plus près bâbord amures. Le 12 au matin, le commandant en chef
ordonna de former l'ordre de retraite, la route au Sud.
Cet ordre consistait dans une double ligne de front, les
bâtiments les plus forts à l'arrière. Déjà l'ennemi était
fort près ; il arrivait sous toutes voiles et sans ordre.
Le Robust et le Magnanime étaient en tête ; venaient ensuite la Melampus, le Foudroyant et le Canada, puis l'A-
melia et plus loin l'Ethalion et l'Anson. A 7ʰ, ils se formèrent en ligne de convoi, et les plus avancés commencèrent à lancer des boulets. Les roches dites les *Roses* (1),
restaient à 15 milles dans le S.-S.-O. Une demi-heure
après, le commandant Bompard ordonna la formation de
la ligne de bataille, tribord amures, sans avoir égard aux
postes. La brise avait beaucoup molli ; l'évolution fut d'autant plus longue qu'on se canonnait déjà, et l'ordre de bataille n'était pas encore formé que l'attaque générale avait
lieu. A 8ʰ, le Robust prit poste par le bossoir de bâbord
du *Hoche* qui, dans une prompte ligne, dut naturellement
se trouver à la queue, et ouvrit sur lui un feu des plus
vifs. Le Magnanime se plaça sur l'avant du Robust, com-

---

(1) Probablement les îles Schilly, dans le S.-O. des îles Britanniques. Dans
ce groupe se trouvent, en effet, l'île Rosewear, l'île Rosewean et l'île Roseveur.

battant alternativement l'*Embuscade*, la *Coquille* qui précédaient le *Hoche* et ce vaisseau lui-même; l'AMELIA vint
augmenter le nombre des assaillants du vaisseau français
en se plaçant par sa hanche du même bord. La *Loire* était
devant la *Coquille* et, avec cette frégate et l'*Embuscade*, elle
fit diversion à l'attaque principale dirigée contre le *Hoche*;
toutes trois le soutenaient de leur mieux. La *Bellone*, la
Romaine et l'*Immortalité*, plus sous le vent et de l'avant,
échangèrent leurs boulets avec le reste de la division anglaise; le commandant en chef leur fit signal de serrer
l'ennemi au feu. Le CANADA prit le poste de l'AMELIA par
la hanche de bâbord du *Hoche*, dès que cela lui fut possible. Le vaisseau français avait alors 24 canons démontés ou
brisés dans ses batteries; il avait en outre perdu sa vergue
de petit hunier et sa vergue barrée; celle-ci était tombée
sur le pont. A 10ʰ 30ᵐ, son pavillon fut amené. Le *Hoche* fut
pris à la remorque par le ROBUST. L'équipage du vaisseau
français était de 614 hommes; il avait 575 soldats passagers; c'était donc un total de 1,189 hommes. Le capitaine
Thornborough certifia avoir débarqué 1,006 hommes et en
avoir laissé 36 sur le *Hoche*. D'après ce compte, ce vaisseau aurait perdu 147 hommes sans compter les blessés. Le
temps devint très-mauvais pendant la nuit; la remorque
cassa. Abandonnés à eux-mêmes, Français et Anglais réunirent leurs efforts pour maintenir le *Hoche* à flot; le
ROBUST avait lui-même trop d'avaries pour s'en occuper
désormais. Fort heureusement, la frégate anglaise DORIS
rencontra le *Hoche* qui, battu par la mer, s'en allait au gré
des vents; elle lui donna la remorque et le conduisit en
Angleterre.

Lorsque le *Hoche* eut amené son pavillon, les vaisseaux
anglais dirigèrent leur feu sur la *Coquille* et sur l'*Embuscade* qui étaient devant le vaisseau. Le capitaine Bergevin,
de la *Romaine*, auquel son ancienneté donnait le commandement de la division, fit signal de forcer de voiles et, à
11ʰ 30ᵐ, celui de former la ligne de bataille, les amures

III   6

toujours à tribord, ce qui mettait la route au O.-S.-O.
Pressée de toutes parts et entièrement dégréée, la *Coquille*
venait d'amener son pavillon. Le MAGNANIME combattait
l'*Embuscade* par la hanche de bâbord, le FOUDROYANT par
le bossoir du même bord et la MELAMPUS par le travers de
tribord. La frégate française fut réduite à l'état le plus pitoyable; ses manœuvres, ses voiles et ses mâts furent
hachés. Abandonné par sa division, qui avait exécuté l'ordre
de forcer de voiles, le capitaine Clément Laroncière fit
jeter toutes les armes à la mer et, à midi 30^m, il amena
son pavillon. L'*Embuscade* avait en ce moment près de
2 mètres d'eau dans la cale; son mât d'artimon s'abattit
avant que les Anglais fussent à bord.

Malgré le signal fait, à 11^h 30^m, d'établir la ligne de bataille, les autres frégates continuèrent leur route, sans
ordre, chassées par ceux des bâtiments anglais qui n'étaient
pas occupés à amariner le *Hoche*, la *Coquille* et l'*Embuscade*, et faisant jouer leurs canons de retraite chaque fois
que l'occasion s'en présentait. Le tour de la *Bellone* était
arrivé. Canonné d'abord par le FOUDROYANT et la MELAM-
PUS, le capitaine Jacob était parvenu à s'éloigner assez pour
que les boulets de l'ennemi ne pussent plus l'inquiéter. Le
feu s'était déclaré dans la hune d'artimon de la *Bellone* et
l'on n'était pas encore parvenu à l'éteindre, lorsque l'ETHA-
LION atteignit son travers de dessous le vent. Le combat le
plus acharné s'engagea entre les deux frégates; les basses
vergues, la vergue du grand hunier de la *Bellone* furent
coupées, et quinze trous de boulets à la flottaison permirent
à l'eau d'entrer en abondance dans sa cale; tout y fut submergé. Les avaries de l'ETHALION étaient moins importantes;
cependant ses voiles et son grément étaient en lambeaux.
A 4^h, le pavillon de la *Bellone* fut amené. Cette frégate démâta de tous ses mâts, le beaupré excepté, le lendemain.

La *Bellone* portait 26 canons de 12
6 — de 6
et 4 caronades de 36

L'ÉTHALION avait 28 canons de 18
                    2   —   de 9
        et 18 caronades de 32.

La *Loire* d'abord, puis successivement la *Résolue*, la *Sé-millante* et l'*Immortalité* canonnèrent, mais sans s'arrêter, le vaisseau rasé ANSON qui se trouva sur leur route. Ces trois frégates restèrent en vue l'une de l'autre une partie de la nuit; au jour, elles étaient séparées. L'*Immortalité* et la *Résolue* naviguèrent cependant encore de conserve et, le 13, elles mouillèrent dans la baie de Donegal, du comté de ce nom, sur la côte N.-O. de l'Irlande. On y apprit la défaite du général Humbert. Le général Ménage, qui était sur l'*Immortalité* et les capitaines des deux frégates tombèrent d'accord qu'il y aurait imprudence à débarquer les troupes, et il fut convenu qu'on remettrait sous voiles à 8ʰ du soir. Malgré cette convention, la *Résolue* appareilla à 7ʰ; l'*Immortalité* attendit celle qui avait été fixée. La nuit fut très-obscure et il venta grand frais de S.-O. Les deux capitaines se cherchèrent, mais ce fut en vain. Vers 1ʰ du matin, le capitaine Bargeau aperçut derrière lui un bâtiment qu'il supposa être l'*Immortalité*. Il fut péniblement déçu en s'entendant interpeller en anglais : c'était la MELAMPUS. Le capitaine Moore reconnut bien vite qu'il avait devant lui une frégate ennemie, et il lui tira deux bordées coup sur coup, avant que celle-ci eût pu lui envoyer un seul boulet. La défense se ressentit de cette surprise; la frégate française amena. Il faut dire que la *Résolue* était une vieille frégate de 32ᶜ dont il était indispensable de tenir les canons à la serre dès qu'on prenait la mer. Cela explique pourquoi elle ne riposta pas de suite.

La *Résolue* portait 26 canons de 12
                    6   —   de 6
        et 4 caronades de 36
La MELAMPUS avait 28 canons de 18
                    2   —   de 9
        et 18 caronades de 32.

L'*Immortalité* démâta de son grand mât de hune et, dans sa chute, ce mât brisa la grande hune et la vergue de perroquet de fougue ; plus tard, elle cassa sa vergue de misaine : celle ci fut remplacée par la vergue du petit hunier et cette dernière par une vergue de perroquet. Le 20 octobre, l'*Immortalité* fut chassée et facilement atteinte par la frégate anglaise de 48ᵉ FISHGARD, capitaine Byan Martin ; à midi, les deux frégates étaient par le travers l'une de l'autre, l'*Immortalité* sous le vent, et commençaient le combat. Cette position ne convenait probablement pas au capitaine anglais car, après une première bordée, il passa sur l'avant de la frégate française, se plaça à tribord et lui envoya une autre bordée, de si près, que son pavillon resta engagé dans les haubans d'artimon de l'*Immortalité*. La riposte fut tellement bien dirigée que la FISHGARD mit le grand hunier sur le mât et se laissa culer. Mais, quelles que fussent les avaries de la frégate anglaise, celles de l'*Immortalité* n'étaient pas moins considérables, et parmi les victimes de cette lutte se trouvaient le capitaine Legrand et le général Ménage. Le capitaine de frégate Audouard prit le commandement et s'occupa de mettre la frégate en état de soutenir un nouvel engagement. La FISHGARD fut malheureusement prête la première, et lançant alternativement d'un bord et de l'autre sur l'arrière de l'*Immortalité*, elle lui envoya des volées destructives. Celle-ci répondit en faisant la même manœuvre ; mais les chances n'étaient pas égales car, à la difficulté de manœuvrer sous sa voilure de fortune, l'*Immortalité* joignait la diminution notable de son artillerie : tous les canons des gaillards étaient démontés. Peu de temps après, l'eau entrait en telle abondance dans la cale, qu'on dut penser que la frégate ne se maintiendrait pas longtemps désormais à flot. Le capitaine Audouard fit amener le pavillon ; il était 3ʰ 30ᵐ. Les blessures de la frégate n'étaient pas aussi profondes que son nouveau capitaine l'avait supposé : l'*Immortalité* put être conduite à Plymouth. La frégate anglaise était fort maltraitée.

L'*Immortalité* portait   28 canons   de 24,

12   —   de 8

et 4 caronades de 36.

La FISHGARD avait   28 canons   de 18,

4 caronades de 9

et 16   —   de 32.

Après avoir réparé les avaries qu'elle avait reçues dans les divers engagements de la journée, notamment dans le dernier avec le vaisseau rasé ANSON dont les boulets avaient fait de grands dégâts dans sa mâture, la *Loire* gouverna au S.-O. Le 13, le capitaine Segond rencontra la *Sémillante*, se rangea sous ses ordres, et se dirigea avec elle sur la baie de Galway, du comté de ce nom, sur la côte occidentale d'Irlande. Trois voiles aperçues dans la matinée du 15 firent changer la route et, le soir, le capitaine Lacouture signala liberté de manœuvre ; à 7ʰ les deux frégates se séparèrent. Le lendemain la *Loire* fut chassée par deux bâtiments ; elle prit les amures à tribord et revira bientôt en apercevant un troisième navire ; ce dernier gouverna sur elle. Le capitaine Segond laissa arriver sous toutes voiles ; mais ayant démâté de ses mâts de perroquet, elle fut atteinte par la corvette anglaise de 28ᵉ KANGAROO, capitaine Edward Brace, qui n'hésita pas à l'attaquer. Le capitaine anglais avait trop présumé de ses forces : une heure après, sa corvette se laissait culer, démâtée de son petit mât de hune.

Quoique le capitaine Segond eût fait plusieurs fausses routes pendant la nuit, la frégate anglaise de 40ᵉ MERMAID, capitaine James Newman, qui était un des bâtiments aperçus la veille, était encore en vue le lendemain. Cette frégate atteignit facilement la *Loire* et engagea le combat, à portée de pistolet, à 7ʰ 30ᵐ du matin. Les trois mâts de hune de la frégate française furent successivement abattus. Cette situation désastreuse suggéra à son capitaine l'idée d'une manœuvre qui pouvait changer la face du combat ; il fit cesser le feu et laissa arriver. Trompé par ce mouvement de retraite simulée, le capitaine anglais laissa aussi arriver. Lançant alors la *Loire* dans le vent, le capitaine Segond obligea la frégate anglaise à loffer subitement pour n'être pas abordée. C'était précisément ce qu'il voulait. Il donna de nouveau l'ordre d'arriver en grand et, surprenant son adversaire qui lui présentait la poupe, il lui envoya une bordée d'enfilade dont l'effet fut terrible et qui, notamment, abattit le mât d'artimon et le grand mât de hune de la MERMAID. Le capitaine Newman jugea ne pouvoir pas continuer le combat dans un semblable état; il battit en retraite sous les boulets de la *Loire* qui le suivit jusqu'à $2^h 30^m$; le capitaine Segond dut alors songer à sa frégate qui était criblée dans toutes ses parties, car ce n'était pas sans peine qu'elle se traînait sous les lambeaux de ses basses voiles.

Deux bâtiments chassèrent encore la *Loire* le 18 ; c'é-taient l'ANSON et la KANGAROO dont les capitaines durent se promettre une éclatante et facile revanche. Malgré la vigueur de leur attaque et la précaution qu'ils prirent de se placer, l'un d'un bord, l'autre du côté opposé, leurs illusions furent de courte durée. Il y avait environ cinq quart d'heures que le combat était engagé, lorsque le mât d'artimon de la *Loire* fut coupé à un mètre au-dessus du pont et, dans sa chute, brisa le gouvernail. Quinze minutes plus tard la frégate française avait perdu tous ses mâts et son artillerie était réduite à cinq canons; elle n'avait du reste plus de munitions : le capitaine Segond fit amener le pavillon.

La *Romaine* mouilla, le 13, sur la côte d'Irlande, à quelques milles de l'endroit où étaient alors l'*Immortalité* et la *Résolue*. N'ayant pu recevoir aucun renseignement sur la division, le capitaine Bergevin fit route pour France, et il entra à Brest, le 21, avec la *Biche* qu'il avait rencontrée s'y rendant également.

Lorsque le capitaine de la *Sémillante* eut cessé d'apercevoir les autres frégates, il fit différentes routes pour se soustraire à l'ennemi, et il y parvint à la faveur de l'obscurité de la nuit. Toutefois, désireux de se conformer à ses instructions, le capitaine Lacouture se dirigea sur l'Irlande. J'ai dit qu'il rencontra la *Loire* et qu'il naviga deux jours avec cette frégate. Après une autre tentative, aussi infructueuse que la première, le capitaine Lacouture fit route pour France et, le 26 octobre, la *Sémillante* entra à Lorient.

Quelques-uns des bâtiments capturés furent classés dans la marine anglaise avec un changement de nom. Le *Hoche* fut nommé DONEGAL, l'*Embuscade* fut baptisée la SEINE. La *Coquille* fut incendiée accidentellement peu de temps après avoir été prise. Quant à la *Bellone* et à la *Résolue*, elles étaient en si mauvais état, que le gouvernement anglais ne jugea pas à propos d'entreprendre la réparation de ces deux frégates.

Un conseil martial fut appelé à prononcer sur la conduite des capitaines dont les bâtiments avaient été pris dans ces divers combats. Le chef de division Bompard, les capitaines de vaisseau Depéronne, de la *Coquille;* Clément Laroncière, de l'*Embuscade;* les capitaines de frégate Segond, de la *Loire*, et Audouard, de l'*Immortalité*, furent acquittés. Le capitaine de frégate Jacob, de la *Bellone*, fut déclaré non coupable.

On était en octobre ; le gouvernement n'avait aucune nouvelle de la division Bompard ; il n'en avait pas davantage du résultat de l'expédition du général Humbert. Le chef de division Savary, qui, on doit se le rappeler, avait transporté le corps expéditionnaire de cet officier général, reçut l'ordre de sortir pour aller aux informations et porter un autre renfort. Sa division, augmentée de la corvette de 28° la *Vénus*, capitaine Senez, partit de la Rochelle, le 12 octobre (1). Quinze jours après, le commandant Savary apprit devant Killala le résultat malheureux des deux premières entreprises. On ne pouvait songer à débarquer de nouvelles troupes : il reprit de suite la route de France. Le 28, la division, alors en ordre de bataille les amures à tribord, fut chassée par les vaisseaux anglais CÆSAR de 80°, capitaine James Saumarez, TERRIBLE de 82°, capitaine sir Richard Bickerton, et la frégate de 48° MEL-POMENE; à 5ʰ 45ᵐ, défilant à contre-bord, les bâtiments ennemis prolongèrent la ligne par dessous le vent ; le premier vaisseau riposta seul au feu de la division française. La nuit se passa ainsi ; au jour, les positions étaient les mêmes. L'ennemi s'étant alors dirigé sur la *Vénus* qui était un peu de l'arrière, le capitaine Senez laissa arriver et la corvette fut bientôt perdue de vue: elle entra à Rochefort le 6 novembre. L'inaction des Anglais était inexplicable. Toutefois le commandant Savary pensant qu'elle ne pouvait durer longtemps désormais, jugea prudent de ne pas laisser les frégates réunies; à 1ʰ de l'après-midi, il leur signala liberté de manœuvre. La *Concorde* mouilla le 9 à Rochefort.

La *Franchise* fut chassée pendant soixante-douze heures par la MELPOMENE. Dans le but d'augmenter le sillage de sa frégate, le capitaine Guillotin fit usage d'un procédé fort employé à cette époque ; il donna l'ordre de jeter à la mer 20 canons, les ancres et tous les objets de grand poids. Le 6, il laissa tomber, sur la rade de Saint-Martin de Ré, la seule ancre qu'il eût gardée. Un violent coup de vent de S.-O. se déclara cette nuit même. Le capitaine Guillotin fit couper le grand mât et le câble, et jeta la frégate sur les vases de l'Éguillon où elle ne se fit aucun mal.

---

(1) Cette division était primitivement composée des frégates de :
Canons.

42	*Concorde.*	capitaine Savary.
40	{ *Franchise.*	— Guillotin.
	{ *Médée.*	— Coudein.

La *Médée* gouverna au O.-N.-O. et fut suivie par un des vaisseaux. Le capitaine Coudein fit jeter à la mer les ancres et les canons des gaillards, et il parvint à faire lever la chasse. Le 7 novembre, il mouilla sur la rade des Basques, pendant le coup de vent qui mit la *Franchise* à la côte. La *Médée* chassa beaucoup et fut un moment en perdition ; elle finit cependant par tenir bon et en fut quitte pour la perte de son mât d'artimon qui fut coupé.

Le Directoire comprenait bien qu'affranchir l'Irlande était le coup le plus funeste qu'on pût porter à l'Angleterre ; il médita, dans ce but, un plan qui pût produire de grands effets. Mais cette combinaison, d'après laquelle le territoire de la Grande-Bretagne devait être menacé sur trois points différents, exigeait la coopération de l'Espagne et de la Hollande ; il fallait que, par des dispositions efficaces, ces puissances se missent en mesure de coopérer à cette grande entreprise. L'attitude des Anglais dans la Méditerranée devint telle à cette époque, que la sollicitude du Directoire se porta sur Malte et sur l'Égypte, et il donna une autre destination aux forces qu'il projetait d'envoyer en Irlande.

Le traité de Milan, signé au mois de mai 1797, en exigeant des États de Venise une contribution de 3 millions en munitions et l'abandon de leur matériel naval, avait aussi stipulé la cession à la France des îles vénitiennes de la Grèce. Cet état de choses avait amené Bonaparte à réfléchir sur l'importance de la Méditerranée et sur le rôle que la France pouvait y jouer. Il en avait conclu que, si dans l'Océan elle était exposée à rencontrer des maîtres, elle n'en devait pas avoir dans la Méditerranée. Malte, le poste le plus important de cette mer, appartenait à un ordre usé et ne pouvait tarder de tomber au pouvoir des Anglais, si la France ne s'en emparait pas. Déjà Bonaparte avait fait saisir les propriétés des chevaliers en Italie, et il avait pratiqué des intelligences à Malte même.

Il avait aussi présenté un projet sur l'Égypte au Directoire, auquel il soutenait qu'il était impossible de débarquer en Angleterre avant l'hiver suivant, et que l'entreprise
d'Égypte, au contraire, tout à fait imprévue, ne rencontre-
rait pas d'obstacles. Vaincu par les instances et les raisons
de Bonaparte, le Directoire consentit à l'expédition propo-
sée. Une commission fut chargée de parcourir tous les
ports de la Méditerranée et de disposer les moyens de
transport. Comme de grands préparatifs se faisaient aussi
dans le Nord, on répandit le bruit que l'armement de la
Méditerranée n'était qu'une conséquence des dispositions
qu'on prenait dans l'Océan, et l'armée qu'on y réunit fut
appelée l'aile gauche de l'armée d'Angleterre. Quatre points
furent fixés pour le rassemblement des convois et des
troupes : Toulon, Gênes, Ajaccio et Civita-Vecchia. On
dirigea sur les deux premiers les détachements de l'armée
d'Italie qui rentraient en France et, sur le dernier, une
des divisions qui avaient marché sur Rome.

L'Europe retentissait du bruit de ces préparatifs; on formait des conjectures de toute espèce. Le Cabinet anglais
fut dominé par la pensée que tout cela n'était qu'une feinte ;
que Bonaparte voulait traverser le détroit de Gibraltar,
attaquer lord Saint-Vincent devant Cadix, et conduire l'escadre espagnole à Brest, où aurait lieu la jonction de toutes
les marines du continent. Il était toutefois dans l'épouvante,
et ne savait de quel côté viendrait éclater l'orage qui se
formait depuis si longtemps. Il fit armer une seconde escadre. Celle de l'amiral Saint-Vincent fut augmentée, et
Nelson fut détaché pour observer la marche des Français.

Le vice-amiral Brueys, choisi par Bonaparte pour commander l'escadre qui devait porter l'armée expéditionnaire
d'Égypte, mouilla sur la rade de Toulon le 6 avril. Les
vaisseaux qu'il ramenait furent mis en quarantaine, mais
leurs réparations n'en furent pas moins poussées avec activité et leurs vivres furent remplacés, car l'ordre avait été
donné de les mettre le plus tôt possible en état de re-

prendre la mer. Toutefois, les vaisseaux vénitiens amenés à Toulon furent jugés incapables de sortir; 2 furent cependant conservés comme transports.

Quinze vaisseaux dont 2 armés en flûte, 13 frégates, 72 corvettes, brigs, avisos, canonnières et un grand nombre de navires de transport appareillèrent de la rade de Toulon, le 13 mai, par une grande brise de N.-O. Malgré l'activité qu'avaient déployée dans cette circonstance le commandant en chef de l'escadre et les diverses autorités du port de Toulon, plusieurs vaisseaux partirent dans un état qui, à toute autre époque, eût donné de sérieuses inquiétudes (1). Le *Conquérant* avait changé ses batteries pour prendre des canons d'un calibre plus faible; ce vaisseau était condamné, ainsi que le *Guerrier* et le *Peuple Souverain*; le *Mercure* était à peu près dans le même état. C'étaient tous de vieux vaisseaux cassés, pourris, incapables de soutenir pendant un combat, pour peu qu'il fût opiniâtre, les commotions de leur propre artillerie. Il n'avait ensuite pas été possible de compléter les équipages et l'effectif général présentait un déficit de près de moitié (2). Le chiffre de marins montait cependant encore à 12,000. Celui des troupes embarquées dans les quatre ports était de 33,000 hommes; 800 chevaux avaient été mis sur des tartanes. A 8ʰ du soir, tous les bâtiments étaient en dehors de la rade, à l'exception de la frégate la *Carrère* qui s'était échouée auprès du lazaret. La grande brise avec laquelle ils sortirent les porta promptement à la hauteur d'Ajaccio et de Gênes où ils furent ralliés par les convois de ces ports. La flotte passa ensuite dans l'Est de la Corse, et se dirigea sur Ci-

(1) « Nos équipages sont très-faibles en nombre, et en qualité d'hommes. Nos vaisseaux sont en général fort mal armés, et je trouve qu'il faut bien du courage pour se charger de conduire des flottes aussi mal outillées. » — *Rapport du chef de division Ganteaume au ministre de la marine*, Aboukir, 21 messidor an VI (9 juillet 1798).

(2) Pour ne citer qu'un exemple, le vaisseau de 84ᶜ le *Tonnant* n'avait que 400 hommes; il lui en revenait 866.

vita-Vecchia. Contrarié par les vents, le commandant en chef ne put prendre le dernier convoi; celui-ci le rejoignit devant Malte.

Ce fut, en effet, sur cette île que se dirigea cette flotte immense, composée de près de 400 voiles. Le moment où Bonaparte devait mettre ses projets à exécution était enfin arrivé; il ne lui manquait qu'un prétexte; il le trouva bientôt. Il demanda au Grand-Maître la faculté de faire de l'eau : Ferdinand de Hompesch s'y refusa, alléguant que les règlements s'opposaient à l'entrée dans le port de plus de 2 vaisseaux appartenant à des puissances belligérantes. Les Anglais y avaient cependant été reçus en plus grand nombre lorsqu'ils s'y étaient présentés. Voyant dans ce refus une preuve de malveillance, Bonaparte ordonna sur le champ un débarquement qui eut lieu le 10 juin. On sait que le Grand-Maître capitula le lendemain. Le vaisseau l'ATHÉNIEN qui se trouvait dans le port devint la propriété du vainqueur; il ne put sortir, faute des objets nécessaires pour l'armer.

Le 19, la flotte continua sa route et, le 1er juillet, elle arriva devant Alexandrie sans qu'aucune voile ennemie eût été aperçue. Ce port était alors trop peu connu pour que le commandant en chef essayât d'y faire entrer les vaisseaux ; la place paraissait d'ailleurs disposée à se défendre. Il mouilla dans l'Ouest, vis-à-vis la tour du Marabout et, quoique la brise du large fût très-fraîche et que la mer déferlât avec violence sur la plage, le débarquement se fit immédiatement et les troupes marchèrent sur Alexandrie : cette ville fut prise le lendemain. Le convoi entra alors dans le port Vieux, ainsi que les bâtiments légers et une partie des frégates; et pendant qu'on sondait les passes, l'escadre alla provisoirement jeter l'ancre dans la baie d'Aboukir.

Disons maintenant comment une flotte aussi considérable échappa à la vigilance des croiseurs anglais, et comment l'heureuse fortune du général Bonaparte lui permit d'effectuer son débarquement, sans avoir été aucunement contrarié.

Au mois de mai, le contre-amiral Horatio Nelson avait pris le commandement d'une division de l'escadre de la Méditerranée placée sous les ordres de l'amiral lord Saint-Vincent, qui était alors occupé au blocus de Cadix ; elle comptait 3 vaisseaux et 4 frégates. Le 17, cet officier général se présenta devant Toulon et y reçut un violent coup de vent de N.-O. qui démâta 2 de ses vaisseaux et le força de chercher un abri en Sardaigne ; il alla mouiller à l'île Saint-Pierre. Ce fut, on se le rappelle, pendant ce coup de vent que le vice-amiral Brueys sortit de Toulon. La division anglaise reprit la mer le 27, et se dirigea de nouveau sur Toulon, où son commandant en chef apprit le départ de la flotte, mais sans pouvoir se procurer aucune indication sur la route qu'elle avait suivie. Le contre-amiral Nelson y reçut un renfort qui lui était amené par le capitaine Trowbridge, et son escadre se trouva forte de 14 vaisseaux, 5 frégates et un brig.

Les instructions de Nelson lui enjoignaient de poursuivre l'escadre de Toulon qu'on supposait devoir attaquer Naples ou la Sicile, ou débarquer une armée sur quelque point de la côte d'Espagne, pour marcher ensuite sur le Portugal, ou enfin, passer le détroit pour se porter en Irlande. Il avait la plus grande latitude sur la route à prendre pour atteindre l'escadre française et la détruire. Le départ du vice-amiral Brueys, par une grande brise de N.-O., lui fit supposer que cette escadre ne devait pas sortir de la Méditerranée. Il se dirigea sur la Corse ; élongea la côte d'Italie, recevant partout des renseignements erronés et souvent contradictoires ; passa le détroit de Messine et apprit enfin la prise de Malte. Le 22 juin, il sut que la flotte française avait quitté cette île. Là, comme partout, on lui répondit n'avoir aucune connaissance de l'expédition. Il se décida à faire un mouvement rétrograde. Le vent qui soufflait du N.-N.-O. le porta sur la côte d'Anatolie. Le 18 juillet, il était sous la Sicile, entrait à Syracuse pour faire de l'eau, et reprenait de suite la mer. L'escadre anglaise se dirigea alors sur l'Égypte. Son commandant en chef sut par le gouverneur de Coron que la flotte française avait été vue quelques jours auparavant à la hauteur de l'île de Candie, faisant route au S.-E. Ce fut aussi le chemin qu'il prit et, le 1er août, il vit le pavillon français flotter sur les murs d'Alexandrie, mais dans le port, seulement quelques frégates et des navires marchands. Ses découvertes ne tardèrent pas à lui apprendre que l'escadre était à Aboukir; il se dirigea de ce côté.

Peu de jours après la prise d'Alexandrie, une flottille considérable portant les vivres, les munitions et l'artillerie de l'armée, avait fait voile pour Ramanieh où elle avait eu un engagement fort sérieux avec la flottille égyptienne et les batteries de terre. Le capitaine de vaisseau Perrée, qui la commandait, sortit avec honneur de ce combat en prenant quelques djermes et en mettant les autres en fuite. Cet engagement fut le prélude de la bataille de Chebreïs.

Quatre frégates seulement avaient suivi les vaisseaux dans la baie d'Aboukir; la *Junon* et l'*Alceste*, les deux vaisseaux armés en flûte, la *Carrère*, la *Mantoue*, la *Montenotte*, la *Leoben*, la *Courageuse* et la *Muiron*, également armées en flûte, la majeure partie des avisos et des canonnières étaient entrés dans la rade d'Alexandrie avec le convoi. On savait que l'escadre anglaise avait paru sur la côte et l'on devait s'attendre à ce que l'amiral Nelson apprît, d'un moment à l'autre, le but de l'expédition. Aussi, en quittant Alexandrie, Bonaparte avait-il fortement recommandé de mettre l'escadre à l'abri d'une attaque, soit en la faisant entrer dans le port, soit en la conduisant à Corfou. Ce dernier parti fut jugé impraticable; les vivres et l'eau des vaisseaux touchaient à leur fin. Quant à entrer dans le port d'Alexandrie, les vaisseaux de 120 et ceux de

80 canons ne pouvaient le faire qu'en débarquant une partie de leur artillerie. On doit comprendre combien ce moyen répugnait au commandant en chef de l'escadre qui, une fois bloqué, ne pourrait plus sortir qu'en laissant ses quatre plus forts vaisseaux derrière lui (1). Le vice-amiral Brueys se décida donc pour Aboukir.

La baie d'Aboukir, située à une vingtaine de milles dans l'Est d'Alexandrie, présente une ouverture demi-circulaire, depuis le château dont elle a pris le nom, jusqu'à la bouche la plus occidentale du Nil qui en est distante d'environ six milles. Elle est conséquemment ouverte aux vents du Nord à l'Est. C'est à peine si, à trois milles de terre, on y trouve sept mètres d'eau. Une petite île, éloignée de deux milles de la pointe du fort et reliée à cette pointe par une chaîne de rochers et par un banc qui ne laissent passage qu'à de légères embarcations, l'abrite contre les vents de N.-O. Ce récif se prolonge à près d'un mille dans le N.-E. de l'île.

Le commandant en chef de l'escadre ne se faisait pas illusion sur la possibilité d'échapper longtemps désormais aux recherches des escadres ennemies. Une bataille était imminente, et il dut en calculer toutes les chances. L'opinion du contre-amiral Blanquet Duchayla était que, s'il fallait combattre, il y aurait imprudence à attendre l'ennemi à l'ancre ; le chef d'état-major Ganteaume était d'un avis contraire. Le commandant en chef penchait pour rester au mouillage, et il s'étayait sur des raisons qui n'étaient pas sans valeur. Il mettait en avant la faiblesse numérique et l'inexpérience des équipages sur lesquels il n'osait pas compter pour combattre et manœuvrer en même temps. Quoique encore indécis, il prit ses dispositions pour combattre au mouillage. Il fit mouiller le vais-

---

(1) Le capitaine Barré, chargé de sonder les passes d'Alexandrie, informa le vice-amiral Brueys, le 15 juillet, qu'en faisant sauter une ou deux roches, on pourrait se procurer un chenal dans lequel il y aurait au moins 25 pieds d'eau. — Jurien de la Gravière. *Études sur la dernière guerre maritime.*

seau de tête par cinq brasses, à un mille dans le Sud de l'îlot d'Aboukir; les autres laissèrent tomber leurs ancres, à 100 mètres les uns des autres, sur une ligne N.-O. et S.-E., un peu brisée au centre pour se rapprocher de la côte. Deux canons de 12 et deux obusiers furent de suite mis en batterie sur l'îlot. Le vice-amiral Brueys fit connaître au général en chef sa détermination, devenue presque obligatoire par l'apparition de plusieurs frégates anglaises, de rester sur la rade d'Aboukir. Bonaparte lui réitéra l'ordre de ne pas conserver ce mouillage, et lui expédia son aide de camp Julien qui ne devait quitter Aboukir qu'après avoir vu appareiller l'escadre. On sait que cet officier fut tué par les Arabes avant d'avoir pu accomplir sa mission. Les vaisseaux étaient mouillés dans l'ordre suivant, à partir de l'Ilot.

Canons.

78	*Guerrier*	capitaine Trullet (Timothée).
	Conquérant	— Dalbarade (Jacques).
	Spartiate	— Emeriau.
	Aquilon	— Thevenard (Alexandre)
	Peuple Souverain	— Racord.
86	*Franklin*	— Gilet.
124	*Orient*	Blanquet Ducbayla, contre-amiral. capitaine Casa Bianca. Brueys d'Aigalliers, vice-amiral. Ganteaume (Honoré), chef d'état-major.
86	*Tonnant*	capitaine Dupetit Thouars (Aristide).
78	*Heureux*	— Etienne.
	Mercure	— Cambon.
86	*Guillaume Tell*	— Saunier. Villeneuve (Pierre), contre-amiral.
78	*Généreux*	capitaine Lejoille.
	Timoléon	— Trullet (Léonce).
Frégates de 40ᶜ	*Sérieuse*	— Martin (Jean).
	Artémise	— Standelet.
	Diane	— Soleil. Decrès, contre-amiral.
	Justice	capitaine Villeneuve.

Une flottille d'une trentaine d'avisos, de petits transports et de djermes, était mouillée à toucher terre.

Les vaisseaux se disposaient à faire de l'eau, et plusieurs avaient déjà envoyé leurs embarcations à terre lorsque, le 1ᵉʳ août dans l'après-midi, l'escadre anglaise fut aperçue

BAIE D'ABOUKIR

Nord

Ouest.

Sud

Côte d'Egypte.

Fort d'Aboukir

Ilot d'Aboukir

FRANÇAIS	ANGLAIS
1 Guerrier.	A Goliath.
2 Conquérant.	B Zealous.
3 Spartiate.	C Orion.
4 Aquilon.	D Audacious.
5 Peuple souverain	E Theseus.
6 Franklin.	F Vanguard.
7 Orient.	G Minotaur.
8 Tonnant.	H Defence.
9 Heureux.	I Bellerophon.
10 Mercure.	K Majestic.
11 Guillaume Tell.	L Leander.
12 Généreux.	M Swiftsure.
13 Timoléon.	N Alexander.
14 Diane.	O Culloden.
15 Justice.	P Mutine.
16 Artémise.	
17 Sérieuse.	

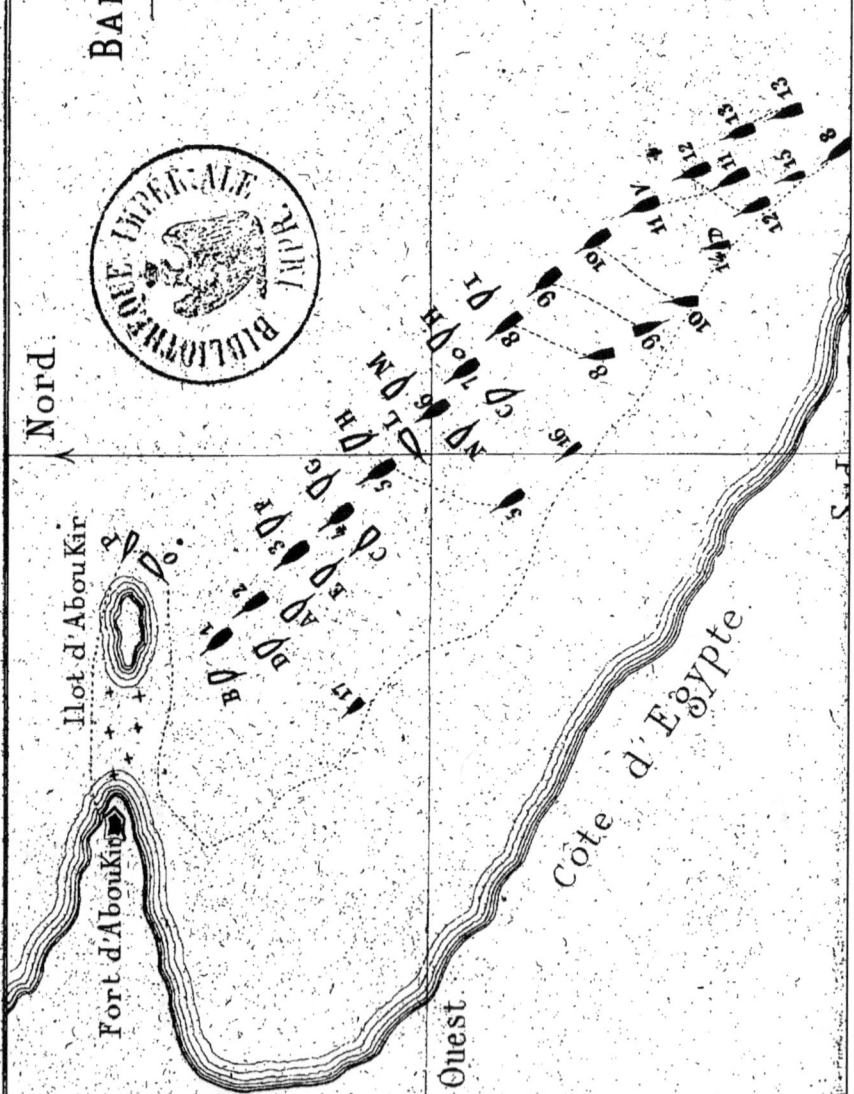

dans le O.-N.-O., se dirigeant sur la baie d'Aboukir. La brise était fraîche du N.-N.-O. Toutes les embarcations furent rappelées, et le commandant en chef signala de se préparer au combat. Les brigs l'*Alerte* et le *Railleur* reçurent l'ordre d'aller reconnaître l'ennemi; le reste de la flottille se réfugia sous le fort. A 3ʰ, l'escadre anglaise avait doublé la pointe d'Aboukir et paraissait par dessus l'îlot. La *Sérieuse* et l'*Artémise* se rapprochèrent de la côte et donnèrent une partie de leurs équipages aux vaisseaux qui en avaient le plus besoin. La première se plaça par le travers du *Conquérant;* l'autre prit poste à la hauteur de l'*Orient :* la *Diane* et la *Justice* se mirent en dedans des deux derniers vaisseaux. A 5ʰ 30ᵐ, l'escadre fut prévenue qu'elle combattrait au mouillage. Chacun, dès lors, s'occupa de prendre les dispositions prescrites ; des grelins relièrent les vaisseaux entre eux ; d'autres furent frappés sur une ancre que le commandant en chef ordonna de mouiller ; tous étaient évités du côté du Nord.

C'était l'escadre du contre-amiral Nelson que l'on voyait ainsi s'avancer sur une ligne de convoi; on pouvait y compter 14 vaisseaux; les deux derniers étaient fort éloignés des autres; un brig éclairait sa marche. Malgré cette précaution, le CULLODEN, qui conduisait la colonne, s'échoua sur le haut fond de l'îlot dont il indiqua ainsi la position. A 6ʰ 15ᵐ, les vaisseaux de tête avaient doublé l'îlot; ils vinrent sur tribord, sous les huniers, dans l'ordre ci-après :

Canons.

	CULLODEN.	capitaine	Thomas Trowbridge.
	GOLIATH.	—	Thomas Foley.
82	ZEALOUS.	—	Samuel Hood.
	ORION.	—	sir James Saumarez.
	AUDACIOUS.	—	Davidge Gould.
	THESEUS.	—	Ralph Miller.
80	VANGUARD.	—	Edouard Berry.
			Horatio Nelson, contre-amiral.
	MINOTAUR.	capitaine	Thomas Louis.
82	DEFENCE.	—	John Peyton.
	BELLEROPHON.	—	Henry d'Esterre Darby.
	MAJESTIC.	—	George Blagden Westcott.
72	LEANDER.	—	Thomas Thompson.

III 7

Venaient ensuite, mais distancés, les deux vaisseaux :

Canons.

82	ALEXANDER. . . . . capitaine John Ball.	
	SWIFTSURE. . . . . — Benjamin Hallowell.	

A 6^h 25^m, le commandant en chef de l'escadre française fit signal de commencer le combat, et chacun ouvrit son feu dès qu'il put découvrir quelque vaisseau anglais. Malgré la précaution prise d'appuyer le chef de file de l'escadre sur l'îlot d'Aboukir, les cinq premiers vaisseaux ennemis passèrent entre lui et le *Guerrier* et prirent poste, plus ou moins directement, par le travers des cinq vaisseaux de tête de la ligne française. Cette manœuvre audacieuse fut facilitée par l'échouage du premier vaisseau qui avait voulu la tenter. Placé le septième de la colonne, l'amiral anglais resta au large de la ligne; et après avoir canonné, en passant, les vaisseaux français que les cinq vaisseaux de tête combattaient de l'autre bord, chacun mouilla par le travers d'un adversaire choisi dans la première moitié de la colonne. Tous les efforts de l'escadre anglaise se trouvèrent ainsi concentrés sur cette partie; ils le furent avec méthode et successivement. Les vaisseaux anglais carguaient ou amenaient simplement leurs huniers, mouillaient une ancre de l'arrière, et dès que le vaisseau qu'ils combattaient avait amené, ils couraient un peu de l'avant pour chercher un nouvel adversaire. Pris des deux bords, chaque français eut ainsi à combattre deux et trois vaisseaux ennemis. Cette première moitié fut écrasée, sans que l'autre eût en quelque sorte pu tirer un coup de canon et, pour se servir des expressions de l'un des spectateurs de cette lutte, pendant quatre mortelles heures, l'arrière-garde ne vit du combat que le feu et la fumée (1). Dès le commencement de l'action, tout avait été laissé à la faculté individuelle des capitaines de chaque vaisseau. Ceux-là seuls combattirent qui se trouvèrent dans la partie de la

_____

(1) *Journal du contre-amiral Decrès.*

ligne que les ennemis voulurent attaquer (1). Les autres
ne bougèrent pas et restèrent paisibles spectateurs de la
lutte. Ils allaient probablement être assaillis à leur tour
par la totalité des forces ennemies, lorsqu'un événement
affreux, en jetant l'effroi parmi les combattants, vint suspendre le combat pendant quelques instants. Le feu s'était
déclaré à bord de l'*Orient*. On tenta vainement de s'en
rendre maître; et l'incendie fit des progrès si rapides, que
le vaisseau amiral sauta, projetant au loin ses débris enflammés dont furent couverts tous les bâtiments qui l'en-
vironnaient. La cause de cette terrible catastrophe n'a
jamais été expliquée. Aussitôt que l'incendie devint menaçant, les vaisseaux placés derrière l'*Orient* dans la ligne
coupèrent leurs câbles pour ne pas être embrasés; tous
ceux qui le précédaient avaient déjà amené. A la stu-
peur qui était résultée du mode d'attaque de l'ennemi, à
l'effroi occasionné par l'embrasement du vaisseau amiral,
succéda la confusion la plus grande. Chacun agit pour son
propre compte sans s'occuper de son voisin; il n'y eut
plus de chef. Plusieurs vaisseaux se mirent ou furent jetés
au plain, où les Anglais continuèrent à les canonner. Quelques-uns amenèrent leur pavillon; et, lorsque le jour eut
éclairé le désastre de la nuit, le contre-amiral Villeneuve
auquel son ancienneté donnait le commandement des débris de l'escadre, le contre-amiral Villeneuve mit sous
voiles. Suivi par un vaisseau et deux frégates, il prit le
large en faisant la manœuvre qu'il avait jugée impraticable
pendant le combat (2). Il sortit de la baie sans être in-

---

(1) Dans une lettre au ministre de la marine, le contre-amiral Décrès dit :
« Ceux-là seuls *purent* combattre qui se trouvèrent dans la partie de la ligne
que les ennemis voulurent attaquer. » Il me semble que cette appréciation
n'est pas logique. Du moment que tout *avait été laissé* à la faculté des capitaines. il n'est pas exact de dire : Ceux-là seuls *purent* combattre... Les autres n'étaient pas tenus de rester immobiles à leur place, puisque les capitaines
avaient été laissés libres de leur manœuvre.

(2) Voir plus loin la lettre du contre-amiral Villeneuve au contre-amiral
Blanquet Duchayla.

quiété, car un seul vaisseau anglais tenta de le suivre ; et
il fit route pour Malte, laissant échoués dans la rade d'A-
boukir, deux vaisseaux français dont le pavillon flottait
encore. Ces deux vaisseaux étaient le *Tonnant* et le *Timoléon*. Le dernier fut détruit par son capitaine; l'autre fut
forcé de se rendre.

Nous allons suivre les vaisseaux anglais dans leur attaque.

Il était 6ʰ 25ᵐ, lorsque le *Guerrier* ouvrit son feu sur le
Goliath, devenu vaisseau de tête par l'échouage du Culloden. Le vaisseau anglais ne riposta que lorsqu'il fut sur
son avant; il lui envoya alors une bordée entière ; et lorsqu'il l'eut doublé, il mouilla par l'arrière une ancre qui
ne tint pas, et il ne s'arrêta que par le travers de bâbord
du *Conquérant* qu'il combattit de la manière la plus vigoureuse. Le Zealous qui le suivait fit la même manœuvre et
prit sa place, à terre et à portée de fusil du *Guerrier;* après
un quart d'heure, celui-ci fut démâté de son mât de misaine. L'Orion, le Theseus et l'Audacious lui envoyèrent
successivement leur bordée, les deux premiers en passant
sur son avant, l'autre, en coupant la ligne entre lui et le
Conquérant. La chute de ses deux autres mâts, qui tombèrent sous les bordées du Theseus, masqua une partie des
batteries à bâbord. La batterie basse était du reste la seule
qui pût faire feu, car les canons de la deuxième étaient
déjà tous brisés ou démontés. Exposé à être incendié par
les artifices qui lui étaient lancés; criblé à ce point que
l'avant du vaisseau était presque détaché et que, dans
quelques endroits, trois sabords n'en faisaient plus qu'un,
le *Guerrier* amena son pavillon à 9ʰ 45ᵐ. Le capitaine
Trullet fut conduit à bord du Zealous. Le grand canot du
vaisseau français était à Rosette avec 22 hommes et un
officier, pour chercher une pièce de mâture destinée à faire
une corne. Les pertes du vaisseau anglais étaient des plus
minimes, et il n'avait en quelque sorte pas d'avaries.

Après avoir doublé le *Guerrier*, l'Orion passa au large

du Zealous et du Goliath, canonna la *Sérieuse* qu'il coula, et prit poste, le bout au vent, par le travers de l'*Aquilon*. Le Theseus mouilla à terre du *Spartiate*, et l'Audacious, qui avait passé entre le *Guerrier* et le *Conquérant*, se plaça par le bossoir de bâbord du dernier qui était déjà combattu par le Goliath, et auquel le Theseus envoyait aussi quelques boulets. A 7ʰ 15ᵐ, le capitaine Dalbarade eut la poitrine traversée par une balle qui sortit par l'épaule; il se coucha sur le pont et continua à donner des ordres au lieutenant de vaisseau Roux qui le remplaça. A 7ʰ 30ᵐ, le grand mât et le mât de perroquet de fougue du *Conquérant* furent abattus. Déjà ses canons étaient presque tous démontés, leurs boucles et leurs crocs arrachés. Le feu avait pris en plusieurs endroits, et ce n'avait pas été sans beaucoup de peine qu'on était parvenu à l'éteindre. Lorsque le capitaine Dalbarade, presque mourant, connut la situation du vaisseau, il ordonna d'amener le pavillon. Il était 9ʰ. Le *Conquérant* fut amariné par l'Audacious. Les Anglais étaient à peine à bord, que le mât de misaine s'abattit; le mât d'artimon était en si mauvais état qu'ils le coupèrent de suite. L'équipage du *Conquérant* n'était que de 400 hommes, et sa chaloupe était absente du bord au moment du combat. Le Goliath n'avait perdu que son petit mât de hune; mais le reste de sa mâture était criblé. Ses pertes étaient grandes. L'Audacious n'avait pas d'avaries. Le capitaine Dalbarade fut mis à terre à Alexandrie.

Au lieu de passer comme les autres à terre de la ligne, le Vanguard alla prendre poste par la hanche de tribord du *Spartiate*, combattu déjà de l'autre bord par le Theseus. Le Minotaur qui mouilla devant le Vanguard (1), lui tira aussi quelques boulets. Tous les hommes de la manœuvre furent envoyés dans les batteries; malgré ce renfort, il ne fut pas possible d'armer les deux bords. A 7ʰ 15ᵐ, le ca-

(1) On ne doit pas oublier que les vaisseaux anglais mouillaient par l'arrière.

pitaine Emeriau eut le bras droit fracassé par un boulet et remit le commandement au lieutenant de vaisseau Simon. Le grand mât et le mât d'artimon du *Spartiate* étaient alors coupés, et le mât de misaine était fort endommagé ; une moitié des canons étaient démontés. A 10ʰ 30ᵐ, le feu qui était déjà à la cambuse prit à plusieurs gargousses ; l'explosion qui en résulta jeta le découragement parmi le peu d'hommes qui étaient encore valides. Le *Conquérant* avait amené, et l'Audacious avait joint ses coups à ceux des autres assaillants du *Spartiate*. Le lieutenant Simon venait d'être blessé et remplacé, à son tour, par le lieutenant de vaisseau Laffon. Le feu continua avec sept pièces, puis bientôt, avec deux seulement. Mais, outre ces avaries, le *Spartiate* coulait bas ; il avait déjà 3 mètres d'eau dans sa cale lorsque, entre 11ʰ et minuit, le Vanguard expédia ses embarcations pour s'en emparer. Résister plus longtemps était chose impossible : le pavillon fut amené. Le Vanguard, qui avait été le principal antagoniste du *Spartiate*, avait le côté de tribord labouré par les boulets. Ce fut l'un des trois vaisseaux anglais qui éprouvèrent les plus graves avaries et les pertes les plus grandes.

Les vaisseaux qui suivaient l'amiral Nelson imitèrent sa manœuvre ; le Minotaur prit poste sur son avant et se trouva par le travers de l'*Aquilon* qui recevait déjà les boulets du Theseus par bâbord. A 8ʰ, le capitaine Thevenard eut les deux jambes emportées par un boulet, et mourut quelques instants après. Le capitaine de frégate Confoulen, qui avait reçu trois blessures, était au poste des chirurgiens ; le lieutenant de vaisseau Kerseaux prit le commandement. A 9ʰ, le grand mât de l'*Aquilon* fut abattu, puis successivement les deux autres tombèrent. Son serre-file, le *Peuple Souverain*, étant sorti de la ligne, le Defence, qui combattait ce dernier vaisseau, dirigea son feu sur l'*Aquilon* et le canonna en poupe. Le nombre considérable des hommes mis hors de combat avait nécessité l'abandon de la deuxième batterie et de la batterie des gaillards ; et encore, une partie des sabords de la première batterie étaient-ils engagés par les débris de la mâture. A 9ʰ 30ᵐ, le lieutenant Kerseaux fit hêler qu'il se rendait. L'*Aquilon* était criblé dans toutes ses parties; le couronnement et les galeries n'existaient plus. Il fut amariné par le Mɪɴᴏᴛᴀᴜʀ. Le vaisseau anglais n'avait pas d'avaries, mais il avait perdu une assez grande quantité d'hommes.

Le Dᴇғᴇɴᴄᴇ échut en partage au *Peuple Souverain*, par le travers duquel il se plaça à tribord, pendant que l'Oʀɪᴏɴ le combattait déjà par la joue de bâbord. A 8ʰ, le *Peuple Souverain* fut démâté de son grand mât d'artimon. Le capitaine Racord, grièvement blessé à ce moment, quitta le pont et fut remplacé par le lieutenant de vaisseau Joye. A 9ʰ, le vaisseau français perdit son mât de misaine et eut son câble coupé; il abattit alors sur bâbord et mouilla en dedans de la ligne où il fut encore canonné pendant quelque temps; à 10ʰ, on cessa de l'inquiéter et, de son côté, il ne tira plus. Je ne saurais dire comment le reste de la nuit fut employé à bord du *Peuple Souverain*, ni ce qui empêcha les Anglais de prendre possession de ce vaisseau. Toujours est-il que ce fut seulement à 4ʰ 30ᵐ du matin qu'un canot de l'Oʀɪᴏɴ alla l'amariner. Le Dᴇғᴇɴᴄᴇ avait perdu son petit mât de hune; ses pertes étaient insensibles.

Le Sᴡɪғᴛsᴜʀᴇ mouilla par le travers du *Franklin*. A 8ʰ 30ᵐ, le contre-amiral Blanquet fut blessé. Le *Peuple Souverain*, en sortant de la ligne, y avait laissé un vide que le Lᴇᴀɴᴅᴇʀ vint occuper; un peu avant 10ʰ, ce vaisseau mouilla en travers sur l'avant du *Franklin* qui avait à soutenir encore le feu du Dᴇғᴇɴᴄᴇ et du Mɪɴᴏᴛᴀᴜʀ. Entouré et combattu par 5 vaisseaux, le *Franklin* opposait une telle résistance que l'Aʟᴇxᴀɴᴅᴇʀ, passant sous son arrière, ne dédaigna pas d'augmenter le nombre de ses assaillants et de prendre poste par sa hanche de bâbord. A 11ʰ, le capitaine Gilet fut blessé et remplacé par le lieutenant de vaisseau Martinet. La position du *Franklin* était des plus critiques dans ce moment. Le feu avait cessé sur l'avant

de la ligne et les vaisseaux placés en arrière de l'*Orient*
avaient coupé leurs câbles, car un vaste incendie s'était
déclaré à bord du vaisseau amiral. Il y avait déjà une
heure qu'on s'en était aperçu à bord du *Franklin*; mais,
chef de file de l'*Orient*, le contre-amiral Blanquet Duchayla ne pouvait qu'attendre, sous peine de s'exposer à
tomber sur ce vaisseau qui était en pleine combustion :
criblé et démâté de ses deux mâts de derrière, il était d'ailleurs assez difficile au *Franklin* de se dégager. Cependant,
l'explosion du vaisseau amiral pouvant l'embraser lui-
même, ordre fut donné de cesser de tirer pour se tenir prêt
à tout événement. L'*Orient* sauta un moment après, et cette
catastrophe n'eut fort heureusement pas pour le *Franklin*
le résultat qu'on était en droit de redouter.

L'*Orient* eut à combattre le BELLEROPHON qui mouilla à
tribord, à le toucher; le combat fut acharné. Aussi, à
8ʰ 25ᵐ, le vaisseau anglais, entièrement démâté, se vit-il
dans la nécessité de couper ses câbles et il se laissa aller
en dérive : les pertes de son personnel étaient proportion-
nelles aux dégâts occasionnés à son matériel. Il élongea
ainsi la ligne française et reçut en passant la bordée de
chacun des vaisseaux de l'arrière. Le SWIFTSURE, l'ALEXAN-
DER et l'ORION, engagés plus ou moins vigoureusement,
continuèrent à combattre le vaisseau amiral. Il était 9ʰ.
Le vice-amiral Brueys, blessé déjà au cou et à une jambe,
venait de perdre la vie; le capitaine Casa Bianca était
grièvement blessé. Ce fut alors qu'un événement aussi ef-
frayant qu'inattendu vint, pour un moment, suspendre les
coups de ces vaisseaux et remplir d'effroi tous les combattants. Le feu s'était déclaré sur la dunette de l'*Orient*.
L'incendie gagna promptement la mâture et se propagea
de l'arrière à l'avant avec une rapidité effrayante : malgré
la précaution qui fut prise de noyer les poudres, l'*Orient*
sauta à 10ʰ 30ᵐ, et couvrit tous les vaisseaux qui l'entou-
raient de ses débris enflammés. Je ne saurais préciser le
nombre d'hommes qui périrent par suite de cette catastro-

phe épouvantable. M. James et M. Brenton (1) prétendent
que 70 seulement se sauvèrent. Le chef d'état-major Ganteaume put atteindre le rivage dans un canot.

Atterrés par cet événement, les combattants laissèrent
écouler un quart d'heure avant de recommencer le feu. Il
n'en restait plus d'ailleurs sur cette partie de la ligne car,
pour n'être pas embrasés eux-mêmes, le *Tonnant*, le *Mercure* et l'*Heureux* avaient coupé leurs câbles. L'ALEXANDER
en avait fait autant; il fallut donc se chercher, se reconnaître avant de recommencer le combat.

Ce fut le *Franklin* qui tira les premiers coups de canon.
Le LEANDER, le SWIFTSURE, le DEFENCE et quelques autres
vaisseaux étaient en position de lui répondre; aussi per-
dit-il bientôt son grand mât et son mât d'artimon. Force
lui fut alors d'amener son pavillon, car il lui restait à
peine un canon pour faire feu. Le SWIFTSURE, principal op-
posant du *Franklin*, faisait beaucoup d'eau par des trous
de boulets, mais il avait perdu peu de monde.

Le *Tonnant*, dès que cela lui avait été possible, avait
ouvert son feu sur les vaisseaux ennemis; le MAJESTIC lui
présenta le premier le travers à tribord. Faute de monde,
il ne put armer sa batterie des gaillards, et cependant la
frégate la *Sérieuse* lui avait donné 150 hommes. Une demi-
heure après le commencement du combat, le capitaine du
MAJESTIC perdit la vie. Une heure et demie plus tard, le capitaine Dupetit Thouars avait un pied emporté et l'autre jambe
fracassée. Transporté au poste des chirurgiens, il fut remplacé par le lieutenant de vaisseau Bréard. La canonnade
continua avec la même vivacité et de si près, que les bourres
des canons anglais mirent plusieurs fois le feu à bord du
Tonnant. Vers 8ʰ 35ᵐ, le vaisseau ennemi coupa son câble
de poupe, mouilla une ancre de bossoir et cula jusqu'à la
hauteur de la joue de bâbord du *Mercure*. L'embrasement
de l'*Orient* rendit bientôt la position du *Tonnant* fort criti-

---

(1) *The naval history of Great Britain.*

que. Il resta cependant à son poste jusqu'à ce que l'incendie
fût devenu inévitable; les câbles furent alors coupés. Le
vaisseau n'avait pas culé d'une encâblure, que l'*Orient*
sauta et le couvrit de débris qui mirent le feu en plusieurs
endroits; on parvint à l'éteindre et le *Tonnant* mouilla en
dedans de la ligne. Le Majestic avait eu affaire à un rude
adversaire; c'est lui qui perdit le plus de monde.

Ce fut en quelque sorte alors seulement que le combat
commença à l'arrière-garde, où se trouvait groupé le reste
des vaisseaux français. Mais les succès obtenus par les
Anglais aux deux autres parties de la ligne ne l'avaient
pas été sans de grandes pertes; aussi cette dernière attaque ne fut-elle pas à beaucoup près aussi terrible que les
autres. Le *Tonnant* fit d'abord sentir la justesse et la vigueur de ses canons au Swiftsure et au Majestic qui se
trouvaient par sa hanche de tribord. A 3ʰ du matin, le
dernier perdit son grand mât et son mât d'artimon; mais
tous ceux du vaisseau français s'abattirent en même temps.
Il fila encore son câble et prit une nouvelle position, assez
éloignée, pour n'avoir plus à redouter, momentanément du
moins, le feu de ses adversaires. Il était criblé. Le lieutenant Bréard profita de ce répit pour se rendre à bord du
Guillaume Tell; il exposa sa situation au contre-amiral
Villeneuve, auquel la mort du vice-amiral Brueys donnait
le commandement de l'escadre. Le nouveau commandant
en chef le laissa libre de sa manœuvre.

Il était 8ʰ lorsque l'*Heureux* tira ses premiers coups de
canon au Majestic qui combattait alors le *Tonnant.* Bientôt,
le bâton de foc du vaisseau anglais se trouva engagé dans
ses haubans de misaine. Le capitaine Étienne ordonna de
sauter à l'abordage; mais on mit tant de temps à faire les
dispositions, que le vaisseau ennemi coupa son câble de
poupe, cassa son bout-dehors, et se dégagea avant que
cet ordre pût être exécuté. Le Majestic prolongea alors
l'*Heureux* de long en long et reçut, à bout portant, un feu
de file de toutes ses batteries. Il ne riposta d'abord que

par quelques coups de fusil ; mais au moment de le dépasser, il envoya au vaisseau français une volée qui lui fit
le plus grand mal. L'*Heureux* continua à le canonner en
retraite, tout en combattant un autre vaisseau par le travers. Vers 10ʰ, le capitaine Étienne reçut une blessure
grave qui l'obligea de remettre le commandement au lieutenant de vaisseau Foucaud, lequel fit immédiatement
couper les câbles pour éviter le *Tonnant* qui tombait sur
l'*Heureux*. Lorsque, certain de ne pas être abordé par ce
vaisseau, il voulut mouiller, on s'aperçut que la seule ancre
qui restât au bossoir était coupée. Pendant qu'on disposait
une ancre à jet, la misaine, le petit hunier et le perroquet
de fougue furent appareillés, mais avec lenteur ; et le vaisseau qui dérivait toujours à terre de la ligne, échoua à 3ʰ
du matin ; son gouvernail fut démonté. Quelques coups de
canon lui furent encore tirés par le Goliath, le Theseus,
l'Alexander et le Zealous qui avaient été dirigés vers cette
partie de la ligne. On travailla, mais en vain, à remettre
l'*Heureux* à flot. Le contre-amiral Decrès se rendit à bord
avec l'espoir que sa présence exciterait l'ardeur de l'équipage : mais tous les efforts furent superflus. Lorsque le
jour commença à se faire, 3 vaisseaux anglais recommencèrent à canonner l'*Heureux* sans qu'il lui fût possible de
leur répondre. L'avant et l'arrière étaient entièrement démolis ; il y avait 2ᵐ.900 d'eau dans la cale. Le pavillon
fut amené.

Un peu après 7ʰ du soir, le Bellerophon, entièrement démâté, passa à tribord du *Mercure* qui le canonna, mais le
Majestic fut le premier ennemi que le vaisseau français eut
à combattre. J'ai dit qu'après avoir coupé son câble de
poupe et avoir évité l'*Heureux*, le vaisseau anglais s'était
arrêté par le bossoir de bâbord du *Mercure* ; il dirigea sur
lui un feu des plus vigoureux. La mousqueterie du vaisseau français y répondit vivement, car le capitaine Cambon,
craignant quelque tentative d'abordage, avait fait monter
un renfort d'hommes sur le pont. En même temps qu'il

prenait ces dispositions, il faisait larguer le grelin d'embossure. Bientôt la manœuvre de l'*Heureux* l'obligea de couper ses câbles; toutefois il ne le fit pas assez tôt pour éviter d'être abordé par ce vaisseau, à côté et sur l'avant duquel il alla s'échouer. Un seul officier était alors sans blessure; le capitaine Cambon avait reçu lui-même une balle dans la cuisse, mais il n'avait pas quitté le pont, quoiqu'il eût remis le commandement à l'enseigne de vaisseau Guichard. Lorsque le feu eut cessé sur toute la ligne, vers 3ʰ 30ᵐ du matin, le contre-amiral Decrès se rendit aussi à bord du *Mercure* avec l'intention d'y arborer son pavillon : il trouva ce vaisseau en si mauvais état, qu'il retourna à bord de la *Diane*, laissant le capitaine Cambon libre de sa manœuvre. Cet officier attendit les événements. Dépourvu d'ancres et de canots, il ne pouvait songer à raflouer le vaisseau ni à l'évacuer. Il lui restait six canons en état de faire feu. Les 4 vaisseaux anglais qui s'étaient dirigés de ce côté le canonnaient, et lorsque l'*Heureux* eut cessé de combattre, les Anglais qui en prirent possession le sommèrent de se rendre. Le pavillon fut amené. Le *Mercure* fut amariné par l'ALEXANDER.

Contrarié du rôle passif que jouait le *Timoléon* dans ce grand drame, le capitaine Trullet hissa ses huniers, à 8ʰ du soir, comme pour témoigner de son impatience de se porter au feu. Ce ne fut qu'un quart d'heure plus tard qu'il eut occasion de lâcher sa bordée au BELLEROPHON qui s'en allait à la dérive. Le *Généreux* lui héla que ce vaisseau était amené. Supposant alors que le capitaine Lejoille l'avait envoyé amariner ou qu'il allait le faire, il ne s'en occupa plus et fit diriger son feu sur un autre vaisseau qui se trouvait à portée. Le capitaine du *Généreux* donna effectivement l'ordre d'aller amariner le BELLEROPHON, mais l'officier chargé de cette mission y mit tant de lenteur, que ce vaisseau put atteindre le fond de la baie et y fut laissé fort tranquille. Au moment où, forcé de quitter son poste, le *Tonnant* se rapprochait de l'arrière-garde, le grelin du

Guillaume Tell cassa et ce vaisseau évita le bout au vent. Lorsque son capitaine ordonna de mouiller l'ancre de tribord, on s'aperçut qu'elle était brisée. En attendant qu'on en eût diposé une autre, il fit mouiller une ancre à jet qui ne tint pas et le *Guillaume Tell* cula jusque derrière le *Généreux*. Le contre-amiral Villeneuve hêla au *Timoléon* de couper ses câbles. Le *Généreux* les coupa aussi et mouilla par le travers de bâbord du *Guillaume Tell*. A 4ʰ du matin, la canonnade recommença entre le *Guillaume Tell*, le *Généreux*, le *Timoléon* et le *Tonnant* d'une part, le Majestic et l'Alexander de l'autre. Cette canonnade attira bientôt le Theseus, le Goliath et le Zealous; peu de temps après, les trois derniers se dirigèrent sur l'*Heureux* et le *Mercure*, et le second sur le Bellerophon qu'il venait d'apercevoir au fond de la baie. La canonnade continua, mais molle et sans résultats. Le *Généreux* qui, par sa nouvelle position, s'était encore trouvé abrité, n'avait cependant pas voulu rester inactif; il dirigeait ses coups à travers la mâture du *Guillaume Tell* et du *Timoléon*; le contre-amiral Villeneuve fut obligé de lui ordonner de cesser de tirer. Il avait déjà si fort incommodé le *Timoléon*, que le capitaine Trullet avait coupé son câble et était allé mouiller auprès du *Tonnant* auquel il envoya ses embarcations.

Vers 6ʰ du matin, le contre-amiral Villeneuve prévint le capitaine Trullet qu'il avait l'intention d'appareiller et lui demanda s'il pourrait le suivre. Cela n'était pas possible; le *Timoléon* avait son grément haché et sa mâture criblée; il avait en outre perdu son gouvernail. Il n'y avait d'autre parti à prendre que de mettre le vaisseau à la côte et de le détruire. A 6ʰ 45ᵐ, le grelin sur lequel il était alors amarré fut coupé; il abattit sur bâbord et s'échoua; son mât de misaine tomba à la première secousse. Le capitaine Trullet expédia de suite un canot à Aboukir pour demander des moyens de transport.

Le mouvement des vaisseaux de l'arrière-garde avait obligé la *Diane* à changer de mouillage. Elle prit part à la

canonnade du matin et fut obligée de remplacer sa vergue
de grand hunier qui avait été coupée. Elle appareilla de
nouveau et resta sous voiles.

J'ai dit que le vaisseau l'ORION n'avait pas dédaigné
d'essayer ses canons sur la *Sérieuse*, et qu'il l'avait coulée.
La frégate était mouillée par un si faible brasseyage, que
son arrière resta hors de l'eau, et l'on vit une soixantaine
d'hommes, formant la totalité de l'équipage, groupés à
cette partie autour du pavillon de la République qui flottait toujours. A 3ʰ du matin, un canot anglais alla leur
offrir des secours; l'officier qui le montait y mettait toutefois pour condition que le pavillon serait amené, et il
ajouta que si son offre n'était pas acceptée, on allait tirer
sur eux. Le capitaine Martin proposa une capitulation qui
fut acceptée. Seul, il fut fait prisonnier et transporté à
bord du THESEUS; l'état-major et l'équipage furent mis à
terre.

Lorsque les 4 vaisseaux anglais qui ont été déjà nommés se portèrent, au jour, sur l'arrière-garde, l'*Artémise*
envoya sa bordée au THESEUS et cessa de tirer. Croyant que
cette frégate avait amené, le capitaine anglais expédia ses
canots pour en prendre possession; ils virent bientôt qu'elle
était abandonnée et livrée aux flammes.

La *Justice* imita en tous points la manœuvre de la *Diane*.

Le 2, les premières lueurs du jour montrèrent aux
Français toute l'étendue de leurs pertes. L'*Orient* n'existait
plus! Tous les vaisseaux qui le précédaient dans la ligne
étaient rasés comme des pontons et au pouvoir des Anglais.
Le *Guerrier* et le *Peuple Souverain* étaient entre deux
eaux. Le *Tonnant* coulait bas; ce vaisseau était totalement
démâté, mais les couleurs nationales flottaient à sa poupe.
L'*Heureux* et le *Mercure* étaient échoués. L'*Artémise* brûlait et la *Sérieuse* était coulée. Le contre-amiral Villeneuve
se fit rendre compte de l'état des autres vaisseaux; le
Guillaume Tell, le *Généreux*, la *Diane* et la *Justice* étaient
seuls en état de combattre. Le nouveau commandant en

chef rendit chaque capitaine libre de sa manœuvre pour la
sûreté de son bâtiment et, malgré les chances d'être attaqué avant d'être en dehors de la baie, il pensa, et le contre-
amiral Decrès qu'il avait fait consulter parut (1) être de
son avis, que la seule ressource qui lui restât était de
mettre sous voiles. A 11^h 50^m, il fit le signal d'appareiller
en coupant les câbles. Le *Guillaume Tell* et le *Généreux* se
conformèrent à cet ordre; la *Diane* et la *Justice* étaient
déjà sous voiles. 'Tous louvoyèrent pour sortir de la baie.
Ces quatre bâtiments furent chassés par le Zealous qui,
seul, appareilla et qui les approcha à portée de fusil, sans
qu'aucun d'eux songeât à punir une telle audace. Le
vaisseau anglais en fut quitte pour recevoir la bordée des
bâtiments français lorsqu'il les croisa dans la baie même : il
retourna alors au mouillage. Et tandis que ces deux vaisseaux et ces deux frégates, qui n'avaient aucune avarie, ainsi
que le constata le rapport du commissaire du Directoire
à Malte (2), se dirigeaient sous toutes voiles sur cette île,
deux autres vaisseaux, le *Tonnant* et le *Timoléon*, étaient
à la côte, enseignes déployées. Voici, vue du large, quel
était l'aspect de cette baie qui venait d'être témoin de l'entière destruction de l'escadre de la République.

En tête, on voyait le Culloden qui était toujours échoué
sur le récif de l'îlot d'Aboukir. Le brig la Mutine était
mouillé près de lui. Venaient ensuite :

Un vaisseau anglais démâté de ses mâts de hune;
Le *Guerrier* coulant bas et sans mâts;
Le *Conquérant* avec son mât d'artimon seulement;
Un vaisseau anglais avec ses bas mâts;
Le *Spartiate* n'ayant plus que son mât de misaine;
Un vaisseau anglais sans mâts de hune;

---

(1) *Rapport du contre-amiral Villeneuve.*
(2) « Ils ont seulement quelques coups de canon dans le corps; leurs voiles
sont sans trous, leurs haubans ne sont pas coupés, leurs manœuvres sont entières. »
(Lettre de Regnault Saint-Jean d'Angely au citoyen Buffault.)

L'*Aquilon* démâté de tous mâts ;

Un vaisseau anglais sans mâts de hune ;

Le *Peuple Souverain* presque entièrement submergé et n'ayant que le mât d'artimon ;

Le *Franklin* avec son seul mât de misaine ;

Trois vaisseaux anglais sans graves avaries apparentes ; un quatrième sans grand mât et un autre sans mâts de hune ;

Les débris de l'*Orient* ;

Un vaisseau anglais démâté de son grand mât de hune ;

Le *Tonnant*, démâté de tous mâts, échoué à la côte, mais ayant encore son pavillon ;

Un vaisseau anglais ;

L'*Heureux* et le *Mercure* échoués à côté l'un de l'autre ;

Le *Timoléon* échoué avec les couleurs nationales à la poupe ;

Le Bellerophon, rasé comme un ponton, échoué au fond de la baie et un autre vaisseau anglais mouillé auprès de lui ;

Et en dedans de tous, l'*Artémise* qui brûlait et la *Sérieuse* qui était coulée.

Resté seul avec le *Timoléon* après le départ du contre-amiral Villeneuve, sans moyens de défense et sans embarcations pour mettre son équipage à terre, le *Tonnant* fut d'abord sommé d'amener son pavillon. Le lieutenant Bréard y mit la condition que l'équipage entier serait envoyé en France. Cette demande ne fut pas accordée. Le 3 au matin, le Theseus et le Leander appuyèrent une nouvelle sommation de se rendre à discrétion : le pavillon du *Tonnant* fut amené. Officiers et équipage furent mis plus tard en liberté en Espagne.

Le canot envoyé à Aboukir par le capitaine du *Timoléon* revint à bord avec une djerme. L'évacuation du vaisseau eut lieu aussitôt, chaque homme emportant avec lui autant d'armes qu'il put en prendre. Le 3, à 11ʰ du matin, le feu fut mis en trois endroits différents du vaisseau, et le capitaine Trullet ne se rendit à terre que lorsqu'il eut acquis la certitude que l'incendie ne pourrait être éteint.

J'ai indiqué les avaries des vaisseaux anglais qui prirent le plus de part au combat ; les dommages avaient porté principalement sur les mâtures. Les autres vaisseaux n'avaient eu, si l'on en croit les relations anglaises, que des avaries insignifiantes. Si cette assertion est exacte, on doit se demander pourquoi un seul vaisseau suivit le *Guillaume Tell* et le *Généreux*, lorsque le contre-amiral Villeneuve mit sous voiles. Les vaisseaux anglais étaient généralement, en effet, en bonne position pour leur donner la chasse. Ne peut-on pas émettre l'opinion, que le commandant en chef de l'armée anglaise n'eût pas laissé le Zealous exposé à l'attaque soudaine de deux vaisseaux et de deux frégates qui n'avaient pas combattu, si l'état de ses autres bâtiments leur avait permis de mettre sous voiles?

Une autre raison permet d'ailleurs de douter de l'exactitude de l'assertion des historiens anglais. Pourquoi, si une partie de l'escadre anglaise était encore en état de se mouvoir avec facilité, le commandant en chef laissa-t-il écouler plus de vingt-quatre heures entre les deux sommations qu'il fit faire au *Tonnant*? Pourquoi enfin ne mit-il pas obstacle à l'évacuation et à la destruction du *Timoléon*, sur lequel le pavillon de la Grande-Bretagne ne flotta pas?

Les pertes étaient considérables des deux côtés. Le chiffre exact de celles des Français n'a jamais été connu. D'abord il ne fut pas possible de constater le nombre des hommes qui échappèrent au désastre de l'*Orient*. Ensuite, les soldats des garnisons des vaisseaux, les artilleurs et les marins qui atteignirent le rivage, furent incorporés dans les divers corps de l'armée d'Égypte, et plusieurs dont on déplorait la mort s'y trouvaient peut-être encore (1). Le

(1) Latil, *Campagne de Bonaparte en Égypte*, prétend que Nelson débarqua 4,000 hommes qui furent incorporés dans l'armée. M. William James, *The naval history*, etc., dit aussi que le vice-amiral Nelson mit les prisonniers à terre.

III.   8

vice-amiral Brueys avait perdu la vie, ainsi que son capitaine de pavillon Casa Bianca; le capitaine Dupetit Thouars
du *Tonnant* et Thevenard de l'*Aquilon* avaient eu le même
sort. Le contre-amiral Blanquet Duchayla et plusieurs
capitaines qui ont déjà été nommés étaient blessés. Le
contre-amiral Nelson avait reçu une blessure.

Tel fut le déplorable résultat de la bataille qu'on nomma
en France bataille d'Aboukir et qu'on appela en Angleterre
bataille du Nil. Ce résultat fut d'autant plus désastreux
qu'il traça pour la guerre entière le rôle de chacune des
deux puissances. A l'Angleterre l'agression et l'audace qui
amènent fréquemment le succès; à la France l'hésitation
et la crainte, conséquences naturelles de ce défaut de confiance sans laquelle aucune grande action n'est possible.
Ce résultat ne confirma malheureusement que trop les
appréhensions qui avaient été exprimées au moment où
l'escadre allait quitter Toulon; il y avait eu, de la part du
commandant en chef de cette escadre, courage et dévouement à prendre la mer, avec des vaisseaux dont quelques-uns étaient condamnés et dont la majeure partie
était déclarée incapable de soutenir les commotions de sa
propre artillerie, alors surtout qu'il avait la presque certitude d'être obligé de livrer bataille avec des équipages
incomplets, et dont l'organisation, loin de gagner pendant
les quelques jours de mer auxquels ils allaient être astreints,
ne pouvait que perdre, par suite de la nécessité dans
laquelle s'étaient trouvés les vaisseaux de prendre des
troupes et une partie du matériel de l'expédition. Certes
il y eut des fautes commises avant et pendant le combat;
mais il y aurait autant d'injustice à en faire peser toute la
responsabilité sur le commandant en chef de l'escadre française et sur ses lieutenants, qu'il serait inexact d'attribuer
au contre-amiral Nelson tout l'honneur du magnifique résultat qu'il obtint; une grande part de cet honneur revient
à la fortune. Au lieu de vaisseaux ne pouvant armer leurs
canons des deux bords, quelques-uns même toutes leurs

batteries d'un seul bord ; au lieu de vaisseaux qui ne pouvaient faire usage de leur artillerie, non parce que leurs canons et leurs affûts étaient démontés ou brisés par les boulets de l'ennemi, mais parce que les pitons des bragues et les boucles des palans de côté étaient arrachés aux premiers coups ; au lieu de vaisseaux s'effondrant aux premières bordées qu'ils tiraient, mettons en face de l'amiral anglais et de ses capitaines des équipages complets et quelque peu exercés ; des vaisseaux, sinon neufs, du moins en assez bon état pour pouvoir se servir de leur artillerie, et demandons-nous ce qu'eût été la désastreuse bataille d'Aboukir ? Il est certainement des circonstances dans lesquelles l'accessoire doit disparaître devant le principal ; dans lesquelles, le succès dépendant de la promptitude, il n'y a pas lieu de tenir compte de la conséquence possible de la précipitation. Mais, était-ce bien le cas ? Ne devait-on pas, au début d'une guerre avec l'Angleterre, ménager un personnel et un matériel qu'on avait eu tant de peine à se procurer ? Le gouvernement, tout en adoptant les idées du grand capitaine qui, déjà, ne considérait la marine que comme un moyen, ne devait-il pas en ajourner l'exécution, au moins jusqu'au moment où ses vaisseaux seraient en état de lutter contre ceux de l'ennemi ? Oui, je le répète, et cela parce qu'on n'y a jamais pris garde, ou parce qu'on ne l'a pas assez dit ; il y eut faute de la part du commandant en chef de l'escadre française ; il y eut faute de la part de quelques-uns de ses sous-ordres ; mais la plus grande faute fut commise par le gouvernement qui fit prendre la mer à des vaisseaux sans équipages et, l'on peut dire, sans canons, jouant ainsi, pour la réalisation problématique d'une des idées les plus fécondes en résultats qui ait jamais été conçue, —on ne peut en disconvenir—le sort de sa marine dans le présent et dans l'avenir. Ce triste résultat était prévu de toute l'armée de mer ; mais son opinion ne put pas contrebalancer celle de l'homme qui dictait déjà ses volontés à la France. Accep-

tons le fait accompli. Rendons au contre-amiral Nelson
l'hommage que mérite la juste appréciation qu'il sut faire
de circonstances qu'il connaissait parfaitement; mais n'exa-
gérons pas, au détriment de la marine française, la part
qui lui revient dans cette affaire. Le résultat est là, patent,
incontestable. C'est le premier échelon de cette renommée
d'habileté et d'audace qui, à partir de ce jour, accompagna
partout le vainqueur d'Aboukir. Cela aurait dû suffire aux
historiens, surtout aux historiens français. Il n'en a rien été
cependant. Tous ont exalté le triomphe des Anglais; aucun
ne s'est attaché à démontrer que ce triomphe était probable,
si même il n'était pas certain. Ces historiens n'ont tenu
aucun compte des difficultés de toute sorte que le gouvernement avait dû surmonter pendant six années de commotions politiques pour avoir une marine. C'est à peine s'ils
ont parlé de l'état déplorable dans lequel se trouvaient et
le matériel et le personnel de l'escadre de Toulon. Pourquoi attribuer à un ordre d'idées très-contestable un résultat qui était la conséquence toute naturelle de la situation que les événements avaient faite à la France? Si une
chose peut surprendre, ce n'est pas, à mon sens, le résultat
néfaste de la bataille d'Aboukir; c'est que quelques historiens aient laissé entendre que nous pouvions, avec
les moyens dont nous disposions à cette époque, sinon
triompher d'un ennemi qui, lui, était dans les conditions
les plus favorables, au moins soutenir la lutte sans trop de
désavantages.

　On a dit que la guerre défensive avait été érigée en
système depuis la révolution; que la flotte d'Aboukir n'é-
tait pas une de ces flottes improvisées de toutes pièces par
la République aux jours malheureux de 93; que si les
équipages, considérablement affaiblis, étaient composés
d'hommes rassemblés au hasard et presque au moment du
départ, pour compenser ces désavantages, elle comptait
dans ses rangs les officiers les plus renommés de notre
marine. On a dit enfin que, si Brueys, épargnant à Nelson

la moitié du chemin, eût pu courir à sa rencontre pour
combattre, la fortune eût hésité plus longtemps entre les
deux armées et n'eût point appuyé si lourdement sa main
sur notre escadre. On doit applaudir à l'esprit qui a dicté
ces critiques; mais étaient-elles méritées? Et d'abord, on
chercherait vainement ce qui, de 1793 à 1798, ressemble
à la guerre défensive contre laquelle on s'élève avec juste
raison. Que la conduite du vice-amiral Villaret et celle du
contre-amiral Martin aient été timides, embarrassées, c'est
incontestable. On conviendra qu'avec les éléments dont
ces officiers généraux disposaient, et dans la position qui
leur était faite, il put y avoir, sinon de la timidité, du
moins de l'indécision et de l'embarras dans leur conduite.
En ce qui concerne leur attitude, il est vrai que le 13
prairial an II, les Anglais commencèrent l'attaque. Mais
alors qu'il fallait entraîner l'ennemi loin de la route que
le convoi de grains d'Amérique était présumé devoir suivre, eût-il été d'une bonne tactique de prendre l'offensive?
Ce reproche de s'être tenu sur la défensive, le commandant
en chef de l'escadre de Toulon le mérite-t-il davantage?
On sait ce qu'était cette escadre. On doit dès lors comprendre que le contre-amiral Martin aux prises, en plus,
avec l'insurrection permanente des équipages, circonstance
dont les historiens n'ont pas assez tenu compte, ait pu
n'être pas très-désireux de combattre avant d'être maître
de la situation. En tout cas, on ne peut pas dire qu'il ne
prit pas l'initiative le 15 mars 1795.

L'état de choses était-il suffisamment changé, amélioré,
pour qu'il fût possible d'avoir à Aboukir la confiance que
les commandants en chef des escadres de la République
n'avaient pas eue jusque-là? Eh quoi! l'escadre d'Aboukir était supérieure aux escadres de 93! Que deviennent
donc les appréciations du commandant en chef et du chef
d'état-major de cette escadre? Pourquoi celui-ci disait-il
que les équipages étaient si faibles en nombre et en qualité d'hommes; que les vaisseaux étaient en si mauvais

état et si mal armés, qu'il fallait bien du courage pour se
charger de conduire une flotte si mal outillée? Pourquoi
l'autre avançait-il que les vaisseaux ne pourraient combattre et manœuvrer à la fois? Parce que le *Conquérant*,
le *Guerrier*, le *Peuple Souverain* étaient condamnés depuis
longtemps, et que, comme je l'ai déjà dit, tous les autres
vaisseaux, vieux, cassés, pourris dans presque toutes leurs
parties, étaient incapables de soutenir les commotions de
leur propre artillerie! Parce que chaque vaisseau n'avait
guère que la moitié des hommes que le règlement lui ac-
cordait! Eh bien, dans de semblables conditions, était-il
possible au vice-amiral Brueys d'épargner la moitié du
chemin au contre-amiral Nelson et de courir à sa rencontre pour le combattre? Combattre sous voiles avec des
équipages composés d'hommes rassemblés au hasard et
presque au moment du départ (1); avec des équipages
dont la faiblesse numérique et l'inexpérience ne pouvaient
permettre de combattre et de manœuvrer à la fois (2);
combattre sous voiles avec des vaisseaux dont la membrure était tellement pourrie que les crocs et les pitons
des bragues et des palans des canons étaient arrachés
sans grand effort; que les boulets de l'ennemi firent dans
cette membrure des brèches assez larges pour donner passage à un carrosse à quatre chevaux (3); que plusieurs
vaisseaux se cassèrent en deux par l'effet de la commotion
de leur propre artillerie; combattre sous voiles, dans de
semblables conditions, eût été l'imprudence la plus grande
qu'aurait pu commettre le commandant en chef d'une escadre. Le contre-amiral Blanquet Duchayla émit, dit-on,
l'opinion qu'il ne fallait pas attendre l'ennemi au mouillage; mais cet officier général jugea l'état de l'escadre
d'après celui de son propre vaisseau, et son opinion fut

_____

(1) *Rapport du chef de division Ganteaume.*
(2) *Opinion du vice-amiral Brueys.*
(3) *Lettre de Nelson.*

combattue par les deux hommes qui connaissaient le mieux
la situation, le commandant en chef et le chef d'état-major de l'escadre. Tous ces faits semblent si bien justifier
la détermination prise par le vice-amiral Brueys d'attendre au mouillage l'attaque probable des Anglais, qu'on
ne peut se défendre d'une certaine surprise, en voyant
des écrivains compétents chercher à amoindrir leur importance, au lieu d'insister sur leur valeur; attribuer à
des idées préconçues une tactique qui, à Aboukir, n'était
autre chose que l'appréciation exacte de la situation; et
oublier ce que perd en organisation, comme aussi en discipline, l'équipage d'un vaisseau qui a servi au transport des
troupes et du matériel. Ce fait, que personne ne songerait
à contester aujourd'hui, après les expéditions de Crimée
et du Mexique, ce fait est tellement élémentaire, que nos
voisins d'Outre-Manche se gardent bien d'employer leurs
bâtiments de guerre au transport des troupes. Eh bien !
aucun écrivain, pas même ceux qui appartenaient à la marine, n'a songé à faire entrer en ligne de compte cette
autre cause d'infériorité relative des vaisseaux français à
Aboukir. Et cependant, on ne saurait trop le répéter :
étant donné deux escadres dans des conditions de force
parfaitement identiques, ces conditions d'égalité cesseront
d'exister, dans un rapport sensible, pour celle des deux
qui aura été employée au transport des troupes ; et un
temps assez long sera nécessaire pour que les vaisseaux de
cette dernière escadre puissent redevenir des bâtiments
bien disposés au combat. J'ai dit ailleurs combien il me
répugnait de discuter, soit les actes des officiers qui sont
mis en scène, soit les interprétations qui en ont été déjà
données. Je ne me suis écarté de cette règle que lorsque
les critiques ne m'ont pas paru suffisamment justifiées.
Cette fois, mes observations n'ont d'autre but que l'expression d'un regret. On doit regretter que les auteurs qui ont
écrit l'histoire de cette époque se soient bornés à préco-
niser les avantages de l'initiative, et qu'ils ne se soient pas

attachés à démontrer que l'appareillage, ou mieux, le combat sous voiles était impossible à Aboukir. Quelques-uns avaient autorité pour le faire. Leur voix eût été entendue. Elle eût fait comprendre à tout le monde, qu'il avait été fatalement décidé du sort de l'escadre française, le jour où le vice-amiral Brueys avait été obligé de sortir de Toulon avec des vaisseaux comme ceux dont elle était composée. Voilà ce que j'aurais voulu voir affirmer par les auteurs qui ont décrit avec autant de clarté que d'exactitude les grandes batailles navales de la République et celles de l'Empire. Sans diminuer l'importance de la victoire remportée par les Anglais, le 1er août 1798, une pareille appréciation eût, on n'en peut douter, notablement modifié l'opinion publique sur les causes auxquelles le désastre d'Aboukir doit être attribué.

Les Anglais travaillèrent de suite à réparer leurs avaries, Le contre-amiral Nelson brûla le *Guerrier*, le *Mercure* et l'*Heureux* qui furent reconnus ne pouvoir être maintenus à flot et, le 14 août, il fit partir ses six autres prises sous la conduite du capitaine sir James Saumarez, chargé de les escorter avec 7 vaisseaux anglais. Le *Franklin*, le *Tonnant*, le *Spartiate*, l'*Aquilon* et le *Conquérant* arrivèrent en Angleterre, mais non sans peine. Le *Peuple Souverain* dut être laissé à Gibraltar après avoir plusieurs fois failli couler en route. Le 19, le contre-amiral Nelson partit lui-même pour Naples, laissant la direction de la croisière devant Alexandrie au capitaine Hood avec 3 vaisseaux et 4 frégates.

L'amirauté anglaise changea le nom du *Franklin* en celui de Canopus.

La division du contre-amiral Villeneuve arriva à Malte le 23 août, mais sans le *Généreux* qui se sépara pendant la nuit du 17.

La conduite du contre-amiral Villeneuve au combat d'Aboukir donna lieu à de nombreuses attaques; je crois être entré dans d'assez grands détails pour qu'il soit facile d'apprécier les actes de cet officier général. Je terminerai ce qui a rapport à ce triste épisode de nos guerres maritimes, par la transcription textuelle de la lettre qu'il écrivit de Paris, sous la date du 12 novembre 1800, au contre-amiral Blanquet Duchayla.

Mon cher Blanquet,

« A peine sorti de ma longue réclusion (1) et du chaos « de mon arrivée dans ce pays, je veux t'écrire et entrer « avec toi en explication. D'abord, je prends bien part à « tout ce qui t'est arrivé de fâcheux et de désagréable, et « je n'ai pas tardé jusqu'aujourd'hui pour te le faire con- « naître ; mais je ne te cache pas que j'ai appris avec bien « de l'étonnement que toi aussi tu as été un de ceux qui « ont prétendu que, dans la fatale nuit du combat « d'Aboukir, j'aurais pu appareiller avec l'arrière-garde et « me porter au secours de l'avant-garde. Dans la lettre « que j'écris au ministre de la marine, lettre nullement « provoquée par aucun procédé du gouvernement à mon « égard, et dont je diffère encore la remise, je dis qu'il n'y « a que la malveillance, la mauvaise foi ou l'ignorance la « plus prononcée, qui aient pu avancer une pareille ab- « surdité. En effet, comment des vaisseaux mouillés sous « le vent de la ligne, ayant à la mer deux grosses ancres, « une petite et quatre grelins, eussent-ils pu appareiller et « louvoyer pour arriver au fort du combat, avant que les « vaisseaux qui étaient engagés n'eussent été réduits dix « fois ; je dis que la nuit entière n'eût pas été suffisante. « Je ne pouvais, pour faire cette manœuvre, abandonner « aucune de mes ancres ; et qu'on se rappelle le temps que « nous mettions, lorsque nous avons formé notre ligne, « pour nous élever dans le vent et gagner deux ou trois « encâblures ; qu'on se rappelle que, quelques jours aupa- « ravant, les frégates la *Justice* et la *Junon* ayant appareillé

(1) Le contre-amiral Villeneuve était jusque-là resté à Malte.

« le soir pour se rendre à Alexandrie, reparurent le lende-
« main sous le vent de la pointe de Rosette. Je ne pouvais
« ni ne devais appareiller. La chose était tellement re-
« connue que l'amiral même, dans les instructions qu'il
« nous avait données et dans les signaux supplémentaires
« qu'il y avait joints, avait bien prévu le cas où il pourrait
« faire appareiller l'avant-garde pour la faire se porter au
« secours du corps de bataille ou de l'arrière-garde atta-
« qués, mais il n'y avait mis aucun article pour faire
« porter l'arrière-garde au secours de l'avant-garde, parce
« que la chose était impossible et qu'il aurait divisé son
« escadre sans pouvoir en tirer aucun avantage. J'aurais
« encore mille motifs à donner pour combattre cette asser-
« tion ; ils passent les bornes que je dois me fixer dans une
« lettre. L'incendie de l'*Orient*, la ligne ennemie qui se
« prolongeait jusque sur mon matelot d'avant pourraient
« m'en fournir encore. Je finirai par une seule. Ne m'était-
« il pas permis de croire que les vaisseaux de l'avant à
« moi, trop pressés par l'ennemi, avant d'amener et de se
« rendre en masse, pourraient couper leurs câbles et venir,
« en dérivant, chercher protection à l'arrière-garde? Après
« l'explosion de l'*Orient*, tous les vaisseaux qui étaient
« par son travers et de l'arrière à lui, en avaient agi ainsi.
« Le BELLEROPHON anglais, démâté de tous mâts dès le
« commencement de l'action, avait passé, en dérivant,
« fort près de moi. Je le croyais d'abord vaisseau français
« et je pouvais m'attendre à voir quelqu'un des nôtres dans
« la même situation.

    « J'ai parlé de cette affaire avec quelques-uns des capi-
« taines de l'avant-garde. Tous sont convenus avec bonne
« foi que, dans le moment où ils étaient le plus vivement
« chauffés par l'ennemi, ils n'ont jamais espéré de secours
« des vaisseaux de l'arrière-garde; et que la perte de l'es-
« cadre a été décidée, du moment où les vaisseaux anglais
« ont pu nous doubler par la tête. A bord des vaisseaux de
« l'arrière-garde, la pensée d'appareiller et de se porter

« au fort du combat n'est venue à personne, parce que
« c'était impraticable.

« Il m'en coûte de rappeler au gouvernement une journée
« aussi désastreuse et qu'il voudrait vouer à un éternel
« oubli ; je ne m'y déciderai qu'autant que je croirai devoir
« le faire pour fixer l'opinion de ceux qui pourraient avoir
« encore des doutes sur la part plus ou moins grande que
« j'aurais pu ou dû avoir dans cette affaire, et ta réponse
« pourra par-dessus tout fixer mon irrésolution. Quoi qu'il
« en soit, crois que j'ai bien pris part à tous les chagrins
« que tu as éprouvés, et que je me suis exprimé bien vive-
« ment sur les imputations absurdes qui te furent faites
« dans le commencement où cette affaire fut rapportée.
« L'éloignement et la position où je me suis trouvé jusqu'à
« présent sont les seules causes du retard de l'explication
« que je te demande. »

Signé : VILLENEUVE.

Les démarches actives de l'Angleterre n'avaient pu déterminer la Porte Ottomane à cesser d'être l'alliée fidèle
de la France. La bataille d'Aboukir, en ôtant au Sultan la
crainte de voir l'escadre française aller canonner Constantinople, lui permit d'écouter avec plus de tranquillité les
motifs de rupture que le Cabinet de Saint-James mettait en
avant et, le 4 septembre, il déclara la guerre à la France

Aussitôt que Bonaparte connut le résultat de la bataille
d'Aboukir, il écrivit en France pour qu'on armât le
Laharpe, le *Beraud* et le *Stengel* qui étaient à Ancône, et
qu'on formât une nouvelle escadre, en réunissant les vaisseaux de Toulon, de Malte, de Corfou et d'Alexandrie.
Déjà, et en quelque sorte dans la prévision du grand désastre qui venait de détruire une partie de la marine de la
République, il avait demandé de presser l'armement du
Banel, du *Frontin* et du *Robert* qu'il avait laissés à Tou-

lon. Mais ce port avait fait des efforts surhumains pour approvisionner l'escadre d'Égypte ; ses forces et ses ressources étaient épuisées ; cependant, au mois de septembre, 3 des ex-vénitiens purent sortir pour escorter quelques navires en Corse. Quant aux vaisseaux d'Ancône dont le commandement avait été donné au capitaine de frégate Allemand (Joseph) et aux lieutenants de vaisseau Delbois et Meuron, ils partirent pour Corfou, à la fin du mois de novembre, avec des troupes destinées à renforcer la garnison de cette île qui était alors bloquée par une escadre turco-russe. Après une relâche à Lissa, le *Stengel* se sépara pendant un coup de vent de S.-E. ; et le capitaine Meuron ayant appris par un neutre le blocus de Corfou, alla faire de l'eau à Calamatta d'où il retourna à Ancône. Deux jours après le départ de Lissa, le capitaine Allemand exposa, dans un conseil réuni à cet effet, le mauvais état du *Laharpe* et la faiblesse de son équipage ; ce vaisseau n'avait plus que pour dix jours d'eau et le *Beraud* pour sept seulement. D'après l'avis unanime des membres du conseil, les deux vaisseaux retournèrent à Ancône. Les trois capitaines y furent suspendus de leurs fonctions et envoyés à Toulon pour être jugés. Le capitaine Allemand fut déclaré non coupable, à la majorité de six voix contre une ; le lieutenant de vaisseau Delbois, non coupable, à l'unanimité. Le lieutenant de vaisseau Meuron fut reconnu coupable, mais excusable.

Le capitaine Bruillac (Alain), de la frégate de 40° la *Charente*, appareillé de la rade de l'île d'Aix, le 21 mars à la nuit, avec une jolie brise de N.-N.-E, ayant à bord 92 déportés pour Cayenne, aperçut, vers 11ʰ, trois bâtiments qui lui firent prendre le plus près bâbord amures. La promptitude de cette détermination n'avait pas empêché la *Charente* d'être vue, et ces bâtiments la suivirent. C'étaient le vaisseau anglais de 82° CANADA, monté par le

commodore sir Borlase Warren, le vaisseau rasé Anson de
46ᶜ, capitaine Charles Durham, et la frégate de 48 Phaeton, capitaine honorable Robert Stopford. On reconnut la
côte dans la matinée ; mais la brise mollissait incessamment et elle tomba entièrement à la nuit. Le capitaine
Bruillac crut devoir mouiller une ancre. Vers 9ʰ, profitant d'une petite fraîcheur du large qu'elle ressentit
la première, la frégate anglaise se dirigea sur la *Charente* ;
celle-ci coupa son câble. La Phaeton prit poste par son
travers de bâbord et le combat commença ; après quelques
bordées, la première se retira ayant le feu à bord. Le
Canada vint la remplacer par le travers, tandis que
l'Anson faisait un feu roulant sur l'arrière, mais à grande
distance. Le capitaine Bruillac élongeait la terre de très-
près afin de tenir ses adversaires du même bord ; il l'approcha tellement, qu'après avoir talonné plusieurs fois, la
Charente finit par s'échouer. Les bâtiments anglais s'éloignèrent de suite ; la canonnade avait duré deux heures et
demie. Au jour, les Anglais s'approchèrent de nouveau ;
mais le Canada ayant touché, au delà d'une portée de canon, cette circonstance sauva la frégate française ; les deux
autres bâtiments ennemis s'arrêtèrent, et la *Charente*, remise à flot, entra dans la Gironde avec ses voiles, son grément hachés et sa vergue de grand hunier coupée. Le Canada fut relevé aussi à la mer haute.

Les nouveaux projets d'expédition contre l'Angleterre
que nourrissait le gouvernement, nécessitaient la réunion
d'une force navale importante et, de tous les ports de
l'Océan, on expédiait les bâtiments sur Brest aussitôt qu'ils
étaient armés. Le 20 avril, le vaisseau l'*Hercule* de 78ᶜ, capitaine Lhéritier, se rendant de Lorient à cette destination,
fut aperçu par l'escadre de l'amiral Bridport. Les fréquentes variations du vent qui soufflait inégalement de
l'Est au N.-N.-E., déterminèrent le capitaine Lhéritier à

aller mouiller à Belle-Isle, quoiqu'il fût déjà à l'entrée du
raz de Sein. Il reconnut bientôt, mais cependant trop
tard, que cela ne lui serait pas possible avant d'être atteint, car les bâtiments anglais étaient échelonnés du Sud
au O.-N.-O.; l'*Hercule* reprit donc les amures à tribord, et
à 7ʰ du soir, il n'était plus qu'à 3 milles du bec du raz. Malheureusement le vent refusait à mesure qu'il avançait; à 8ʰ,
ne pouvant maîtriser le courant, il mouilla, ayant le rocher
dit le Grand Stevenec au N. 1/4 N.-E., et la roche nommée
la Vielle à l'E. 1/4 N.-E. Le temps était couvert et les
bâtiments ennemis n'étaient plus en vue. Cependant la
lune, alors fort haute sur l'horizon, paraissait par inter-
valles; et, dans un moment où ses rayons se projetaient
dans le Sud, un vaisseau fut aperçu à petite distance:
c'était le Mars de 82ᶜ, capitaine Alexander Hood. Il était
alors 9ʰ 30ᵐ. Une demi-heure après, l'*Hercule* tirant à double projectile, ouvrit son feu sur ce vaisseau qui ne répondit que lorsqu'il fut par son travers. Contrarié par le courant, le Mars mouilla sur l'avant de l'*Hercule*; son ancre
ne tint pas et, en culant, il aborda celui-ci de long en
long par tribord et les ancres des deux vaisseaux s'accro-
chèrent : retenus dans cette position, ils continuèrent le
combat bord à bord. Le capitaine Lhéritier voulut profiter
de cette circonstance pour enlever le vaisseau anglais à
l'abordage. Mais la confusion la plus grande régnait dans
les batteries. Aux premières décharges, les fanaux de combat s'étaient tous décrochés et ils s'étaient éteints en tombant. Les feux d'habitacle s'étaient également éteints. Malgré les ordres réitérés de sauter à l'abordage, personne
n'obéissait, et l'*Hercule* ne répondait au feu bien nourri de
son adversaire que par quelques volées de la batterie des
gaillards. Cependant une quarantaine d'hommes se présentèrent; ce faible détachement fut facilement repoussé;
le capitaine Lhéritier, qui s'était mis à sa tête, reçut deux
blessures. Dans ce moment, le feu se déclara dans les
porte-haubans de l'avant et dans l'entrepont; il était 11ʰ

30^m. Au tir très-vif du MARS, vint se joindre celui d'un autre vaisseau qui prit position par la hanche de bâbord (1). Les moyens de défense étaient épuisés à bord de l'*Hercule*; l'incendie durait toujours; le grément était haché par le frottement des vergues et le corps du vaisseau présentait de larges ouvertures du côté où l'on se battait. À minuit, le capitaine Lhéritier héla qu'il se rendait. Couverte par les détonations de l'artillerie, sa voix ne fut probablement pas entendue, car ce ne fut qu'un quart d'heure après que les deux vaisseaux anglais cessèrent de tirer.

Les pertes et les avaries du MARS étaient aussi considérables que celles de son adversaire. Le capitaine Hood, blessé mortellement vingt minutes après le commencement du combat, rendit le dernier soupir lorsqu'il se termina.

La frégate JASON retira l'*Hercule* du dangereux passage dans lequel il était mouillé; et ce vaisseau, lancé depuis quelques mois seulement et qui faisait sa première campagne, fut conduit à Plymouth.

Jugé pour la prise du vaisseau qu'il commandait, le capitaine Lhéritier fut acquitté à l'unanimité.

L'*Hercule* portait 28   canons   de 36   à la 1re batterie.
               30   —   de 24   à la 2e.
               16   —   de 8 }
       et   4 caronades de 36 } sur les gaillards.
Le MARS avait   28   canons   de 30 dans la 1re batterie.
               30   —   de 24 dans le 2e.
               16   —   de 9 }
       et   8 caronades de 24 } sur les gaillards.

Chargé de ramener à Mangalore les ambassadeurs que Tippo Saïb avait envoyés à l'Ile de France pour solliciter

(1) Les relations anglaises ne parlent pas de ce second vaisseau mentionné au rapport français.

des secours contre les Anglais, le capitaine L'hermitte (Jean),
de la frégate de 40° la *Preneuse*, mit à la voile, le 8 mars,
avec une centaine d'hommes de bonne volonté, seul secours que le gouverneur de la colonie pouvait envoyer au
puissant allié de la République. Le 20 avril, le capitaine
L'hermitte aperçut un navire à l'ancre à Tellichery. La
journée étant trop avancée pour tenter de l'enlever, il remit la partie au lendemain et se tint en panne; drossé
par les courants, il fut obligé de mouiller. Une partie
de la journée suivante fut employée à louvoyer pour
regagner la distance qui avait été perdue dans l'après-
midi; la foudre tomba sur la *Preneuse*, cassa son grand
mât de hune, tua un homme et en blessa vingt. Peu de
temps avant, un navire sous pavillon anglais avait été vu
se dirigeant vers le mouillage; on avait pu reconnaître dans
ce bâtiment et dans celui qui était déjà à l'ancre, deux
vaisseaux de la Compagnie. A 3ʰ 45ᵐ, la *Preneuse* les attaqua : le dernier arrivé remit de suite sous voiles; l'autre
amena promptement; une heure après, le premier en fit
autant. Ces vaisseaux étaient le Woodscot et le Raymond
portant chacun 36 canons de 12; celui-ci avait, en outre
de son équipage, 410 hommes d'infanterie pour Madras.
Ces troupes furent mises à la disposition du commandant
de Tellichery sur cartel d'échange, et les deux vaisseaux
se rendirent à l'Ile de France.

La *Preneuse* mouilla à Mangalore, le 24, y déposa les
ambassadeurs et remit sous voiles quarante-huit heures
après; le 18 juin, elle entra à Batavia. Le contre-amiral
Sercey y arriva deux jours plus tard sur la *Brûle-Gueule*,
capitaine Bruneau Lajonchais; cet officier général croyait
trouver à Batavia la *Forte* et la *Prudente* que le gouverneur
de l'Ile de France avait promis de lui envoyer et avec lesquelles il comptait se diriger vers les mers de Chine. Mais,
cédant aux suggestions du Conseil de la colonie, le général
Malartic avait envoyé ces deux frégates croiser sur les sondes du Bengale, la première sous le commandement du capi-

taine Beaulieu Leloup, et l'autre, qui avait été cédée au commerce, sous les ordres du capitaine Joliff, en remplacement du capitaine Marquès qui venait de mourir. Trompé dans son attente, le contre-amiral Sercy se rendit à Sourabaya, et voulant utiliser le reste de la belle saison, il envoya la *Preneuse* et la *Brûle-Gueule* croiser devant Bornéo. Ces deux bâtiments allèrent de là à Manille, où ils se joignirent à une division espagnole qui était à la recherche d'un convoi anglais parti de Chine. Cette expédition n'ayant pas réussi, les deux bâtiments français retournèrent à Sourabaya, et ils firent ensuite route pour l'île de France.

La canonnière de 6° l'*Arrogante*, capitaine Lambour, séparée d'un convoi qui se rendait d'Audierne à Brest, le 23 avril, sous le commandement du capitaine de vaisseau Lebozec (Charles), ne put donner dans le raz de Sein que le lendemain dans l'après-midi. En s'engageant dans ce passage, le capitaine Lambour aperçut 2 vaisseaux et 2 frégates dans l'Iroise; ne les supposant pas ennemis, il continua sa route vers le Toulinguet. Il revint bientôt de son erreur : les frégates, qui étaient aussi entrées dans le raz par le Nord, hissèrent le pavillon anglais. L'*Arrogante* gouverna au S.-E.; jointe par une des frégates, elle amena son pavillon au second coup de canon. Ces deux frégates étaient la Jason et la Naiade.

Le conseil martial qui jugea le lieutenant de vaisseau Lambour l'acquitta à l'unanimité attendu, disait le jugement, que s'il avait montré une confiance trop grande, la faute en était aux guetteurs de la côte qui n'avaient pas signalé d'ennemis, et que sa séparation du convoi n'avait eu lieu que par suite de la sollicitude éclairée de ce capitaine qui s'était tenu en arrière parce qu'il avait aperçu deux voiles dans le Sud.

III.   9

Les frégates de 40° la *Régénérée* et la *Vertu*, capitaines Magon Médine et Willaumez (Jean-Baptiste) qui, on doit se le rappeler, avaient été renvoyées de l'île de France, avaient mis à la voile, le 21 janvier, avec deux navires espagnols richement chargés qu'elles avaient pris sous leur escorte. La provision d'eau de ces derniers ne pouvant les conduire en Europe, et la *Vertu* ayant d'ailleurs quelques avaries à réparer, le capitaine Magon prit le parti de relâcher aux îles de Loss, sur la côte occidentale d'Afrique ; la *Vertu* et les deux Espagnols allèrent mouiller à Tamara. Cette frégate désarrima sa cale, cala ses mâts et amena ses vergues pour travailler à son grément. La *Régénérée* mouilla à Factori.

Le 24 avril, le capitaine James Ballard, de la frégate anglaise de 40° Pearl, qui s'était d'abord assuré de l'impuissance des compagnons de la *Vertu*, attaqua cette frégate au mouillage. Le combat durait depuis une heure, lorsque l'approche de la *Régénérée*, que la canonnade avait fait appareiller, éloigna cet audacieux ennemi. La frégate anglaise fut chassée pendant trente-six heures sans pouvoir être atteinte.

Les frégates françaises et les deux navires espagnols quittèrent ce mouillage le 10 mai. Ces derniers retardant considérablement la marche des frégates, le capitaine Magon mouilla à Ténériffe et les remit au gouverneur.

Le 27 juillet, alors que la *Vertu* et la *Régénérée*, se disposaient à continuer leur voyage, la frégate anglaise de 34° Brilliant, capitaine Henry Blackwood, vint les observer ; elles appareillèrent et, à 6ʰ du soir, elles commencèrent à la canonner. La *Régénérée*, qui avait un grand avantage de marche sur sa compagne, allait se trouver en position de combattre la frégate anglaise, lorsque celle-ci qui courait largue vint au vent. La *Régénérée* imita sa manœuvre ; mais, en faisant cette oloffée, elle démâta de son beaupré et de son mât de misaine. La *Vertu* continua la chasse pendant quelque temps encore ; incapable d'atteindre la frégate ennemie, elle rejoignit la *Régénérée* et retourna avec elle au mouillage. Celle-ci prit la mâture d'un navire qui s'était perdu sur l'île et, le 5 septembre, les deux frégates arrivèrent à Rochefort.

J'ai dit (1) que j'aurais occasion de signaler un capitaine anglais combattant sous un pavillon qui n'était pas celui de sa nation. Je tiens ma promesse. Le récit qu'on va lire est extrait du rapport officiel sur ce combat.

Le capitaine Renault, du brig de 12ᶜ le *Corcyre*, en croisière dans le Sud de la Sardaigne, fut chassé, le 2 mai au jour, par une frégate qui ne répondit pas aux signaux qui lui furent faits, mais qui hissa cependant le pavillon de la République en l'appuyant d'un coup de canon. La brise était faible de l'Ouest. Le capitaine Renault continua sa route au Nord et fit même armer les avirons de galère.

Favorisée par des brises folles, la prétendue frégate française se trouva un moment à portée de canon et, après avoir tiré quelques coups, elle envoya une bordée entière au *Corcyre*. A force de nager, le brig parvint à se déhaler de dessous son feu ; mais ce répit fut de courte durée et la canonnade recommença bientôt. A 1ʰ 45ᵐ, le grand mât du brig fut coupé au-dessous des jottereaux, et s'abattit sur le pont du côté où l'on se battait ; le pavillon fut amené.

La frégate qui avait combattu le *Corcyre* pendant une heure sous pavillon français était la FLORA, frégate anglaise de 44ᶜ, capitaine Middleton. Les officiers et l'équipage du brig furent mis à terre à Oran.

Le lieutenant de vaisseau Renault fut acquitté par le conseil martial devant lequel il comparut pour rendre compte de sa conduite.

---

(1) Année 1783. Combat de la *Sibylle* et du HUSSAR, vol. II, p. 258.

Les corvettes la *Confiante* de 24 et le *Vésuve* de 16ᶜ et un mortier, capitaines Pévrieu et Lécolier, se rendant du Havre à Cherbourg, aperçurent devant elles, le 29 mai au jour, la frégate anglaise de 48ᶜ HYDRA, capitaine sir Francis Laforey, la bombarde VESUVIUS de 8ᶜ et 2 mortiers, capitaine Robert Fitzgerald et le cutter de 12ᶜ TRIAL, capitaine Henry Garrett. Le vent soufflait de l'E.-N.-E. A 4ʰ 45ᵐ, la frégate commença à envoyer des boulets à la *Confiante*; les deux corvettes françaises n'étaient pas alors à plus de 2 milles de la côte. Les forces n'étaient pas égales; aussi le capitaine Pévrieu pensa-t-il qu'il n'avait rien de mieux à faire que de serrer le vent tribord amures; il en fit le signal à sa conserve; et avant que celle-ci l'eût exécuté, ce que son capitaine ne se hâta pas de faire, il voulut commencer le mouvement. Cette nouvelle route ne rapprochait pas la *Confiante* des bâtiments ennemis, mais elle l'éloignait du port sur lequel elle se dirigeait. Aussi, peu rassuré sur les suites d'un engagement avec ces bâtiments, son équipage prétendant que la corvette le *Vésuve* trahissait puisqu'elle ne venait pas au vent, refusa de manœuvrer et imposa au capitaine Pévrieu l'obligation de continuer la route à l'Ouest. La *Confiante* élongea donc la côte en combattant l'HYDRA par le travers du large, mais la lutte était trop inégale pour avoir de la durée. A 8ʰ, le capitaine Pévrieu prit le parti de se jeter au plain à Benzeval, sur une plage de sable à l'embouchure de la Dive; le *Vésuve* l'avait déjà fait. Cet échouage ne mit pas fin au combat; les deux corvettes furent canonnées jusqu'à 10ʰ 30ᵐ; l'état de la marée obligea alors les Anglais à prendre le large. On travailla de suite à raflouer les deux corvettes; le *Vésuve* put être entré dans la rivière, mais on ne réussit pas à remettre la *Confiante* à flot : elle faisait beaucoup d'eau par dix-sept trous de boulets à la flottaison. Elle fut sabordée et évacuée; le lendemain les Anglais l'incendièrent.

Le 3 juin, une division anglaise bombarda et canonna

le *Vésuve* et la flottille du commandant Muskeyn qui se trouvait aussi dans la Dive ; elle se retira sans avoir causé aucun dommage. Le *Vésuve* rentra au Havre.

Le jury, qui examina la conduite du capitaine Pévrieu, déclara qu'il n'y avait lieu à aucune accusation, ni même au plus léger reproche.

Le Cabinet de Saint-James n'avait pas tardé à comprendre tout ce qu'il avait à redouter de l'établissement des Français sur les côtes de la Hollande. Une division de 2 vaisseaux, 11 frégates ou corvettes et 4 bombardes, sous les ordres du commodore sir Home Popham, fut envoyée devant Ostende et ce port fut bombardé le 19 mai ; Blankenberghe eut le même sort. Un débarquement fut même effectué sur cette partie de la côte pendant la nuit ; mais le vent s'étant élevé, les troupes se rembarquèrent après avoir fait quelques dommages aux écluses de Slikens qu'elles avaient essayé de détruire. Pressé vigoureusement par la garnison de Blankenberghe, le corps expéditionnaire anglais laissa 100 morts sur le terrain, outre 1,300 prisonniers et 5 pièces de canon.

La nuit du 29 au 30 mai fut signalée par un désastre dont il ne fut pas possible de découvrir la cause. Le vaisseau de 78ᶜ le *Quatorze-Juillet* (1) brûla dans le port de Lorient au moment où son armement allait être terminé. Un jury fut chargé de faire une enquête sur cet incendie. Sur sa requête, le conseil martial déclara le contre-amiral Dalbarade, commandant des armes, incapable de commander, et le capitaine de vaisseau Lavillesgris, qui commandait le vaisseau, déchu de tout commandement pendant trois ans. Les enseignes de vaisseau Lejeune et Chauvin furent condamnés à la même peine.

(1) L'ancien *Magnanime*.

Un nouveau conseil martial, réuni à Paris, le 10 novembre 1799, rapporta le jugement porté contre le contre-amiral Dalbarade et déclara que cet officier général n'était pas coupable.

———

Le brig de 18° le *Mondovi*, l'un de ceux qui avaient été pris à Venise, se rendant à Cerigo où il portait des soldats destinés à former la garnison de cette île, fut chassé, le 30 mai, par la frégate anglaise de 44° FLORA, capitaine Robert Gambier Middleton, qui n'abandonna la poursuite qu'à l'entrée de la rade. Le capitaine anglais n'avait cependant pas renoncé à s'emparer du *Mondovi*. Il fit armer toutes ses embarcations et les tint si près de la côte, qu'elles entrèrent dans la rade sans être aperçues et enlevèrent le brig avant que le fort Caplati eût songé à y mettre obstacle en faisant feu sur elles.

Le capitaine Bonnevie, du *Mondovi*, fut acquitté par le conseil martial qui fut chargé de le juger.

———

Le 21 juin, le capitaine Fraboulet, de la corvette l'*Égalité*, poursuivi et canonné par la frégate anglaise de 40° AURORA, capitaine Henry Digby, se jeta à la côte dans l'anse de Baquio, sur la côte d'Espagne.

L'enseigne de vaisseau Fraboulet fut déchargé d'accusation.

———

Le capitaine Bourdé (Guillaume), de la frégate de 40° la *Sensible*, qui faisait partie de la flotte expéditionnaire d'Égypte, reçut l'ordre de porter en France les drapeaux qui avaient été pris à Malte. La *Sensible* était armée en flûte. Elle n'avait que 10 fusils, 10 sabres et le même nombre de pistolets et de haches d'armes. On lui donna à Malte 28 autres fusils pour armer un détachement de 30 hommes. Le capitaine Bourdé demanda que son équipage fût complété et réclama en même temps les menues armes accordées aux frégates de la force de la *Sensible* : on ne lui donna que de la poudre et des boulets. Il fut alors réduit à ramasser, sur les quais de Malte, 63 Bonavoglies, sorte de galériens libérés ou de vagabonds aventuriers qui vendaient leur liberté pour vivre. Ce fut avec un semblable armement que la *Sensible* mit à la voile dans la seconde quinzaine de juin. Le 26, à 4ʰ de l'après-midi, le rocher de Maritimo, de la Sardaigne, restant à 21 milles dans le N.-N.-O., le vent frais de la partie du Nord, une voile fut signalée de l'avant. La *Sensible* continua sa route jusqu'à ce que ce bâtiment, qui courait sur elle, eût pris le plus près bâbord amures, bordée qu'elle courait également; et quoiqu'il eût hissé le pavillon espagnol en réponse aux signaux qui lui étaient faits, le capitaine Bourdé crut reconnaître en lui une frégate anglaise ; peu désireux d'engager une action avec un équipage composé comme l'était le sien, il gouverna au S.-E. sous toutes voiles. Cette route le rapprochant de Malte, il supposait que la frégate ne le poursuivrait pas. Le bâtiment suspect, qui était la frégate anglaise de 48ᶜ Sᴇᴀ Hᴏʀsᴇ, capitaine James Foote, imita sa manœuvre, mais n'eut d'avantage de marche qu'à la nuit. Le vent mollissait beaucoup et, poussée par un reste de brise que ne ressentait presque plus la *Sensible*, la frégate anglaise gagna tellement qu'à minuit elle n'était pas à deux portées de canon. A 4ʰ du matin, l'engagement étant devenu inévitable, le capitaine Bourdé fit carguer les basses voiles et, peu de temps après, il prit le plus près les amures à tribord. La frégate anglaise en fit autant et se plaça par le travers de la *Sensible* qui lui envoya sa bordée, à portée de pistolet. Aux premiers coups de canon, les Bonavoglies, qui avaient été placés aux pièces de la batterie, abandonnèrent leur poste, et le feu de la *Sensible* ne put être aussi nourri que celui de la frégate ennemie ; il ne tarda même pas à se ralentir d'une manière notable. On se battait de si près qu'on s'arrachait les écouvillons. Comme dernière ressource, le capitaine

Bourdé voulut tenter l'abordage. Il en donna l'ordre ; personne ne bougea. Le général Baraguay d'Hilliers, passager sur la frégate française, se rendit dans la batterie pour faire monter l'équipage ; il ne put y réussir. Bientôt il fallut songer, non plus à devenir agresseurs, mais à défendre l'accès de la *Sensible* aux Anglais qui se présentaient de toutes parts. Les efforts les plus grands furent faits par les hommes des gaillards ; ils furent vains. Débordés de tous côtés, ils succombèrent sous le nombre, et force leur fut de se rendre après un quart d'heure de combat corps à corps. Dès le commencement de l'engagement, les drapeaux conquis avaient été jetés à la mer. L'équipage de la *Sensible* fut mis à terre sur parole à Cagliari, en Sardaigne.

Le capitaine de vaisseau Bourdé fut traduit devant un conseil martial qui le déclara coupable de négligence, pour n'avoir pas manœuvré assez tôt afin d'éviter l'engagement et n'avoir pas fait les dispositions convenables. Le Directoire intervint après le jugement, et il suspendit cet officier supérieur de ses fonctions pour n'avoir pas opposé une résistance suffisante.

En mai 1799, le capitaine de vaisseau Bourdé appela de cette décision, et il fut acquitté par le nouveau conseil martial qui connut de son affaire.

La *Sensible* devait avoir   26 canons   de 12,
                               10 —   de 6
                          et   4 caronades de 36.

Mais partie de France, armée en flûte, je ne saurais dire si on lui avait donné à Malte son artillerie réglementaire.

La Sea Horse avait   28 canons   de 18,
                       6 —   de 9
                  et 14 caronades de 32.

———

La méfiance du Conseil colonial de l'île de France envers

les troupes européennes était telle que, sacrifiant en quelque sorte ses propres intérêts à des considérations person-
nelles, il avait obtenu d'envoyer à Batavia tout ce qui
restait de soldats dans l'île. Cet ordre occasionna un mouvement insurrectionnel; les troupes refusèrent d'obéir et
demandèrent à être renvoyées en France. Cette demande
entrait trop dans les vues du Conseil colonial pour être
repoussée. En conséquence, la frégate de 42ᵉ la *Seine*, dont
l'équipage fut réduit à 200 hommes, prit 400 soldats et,
le 7 avril, elle mit à la voile sous le commandement du
lieutenant de vaisseau Bigot. Le brig le *Coureur* venait
d'être condamné; il ne restait par conséquent à l'île de
France que les frégates la *Forte*, la *Preneuse*, la *Prudente*
et la corvette la *Brûle-Gueule*.

Le 29 juin, la *Seine* était à une soixantaine de milles
dans l'Ouest des roches dites les Penmarks, courant à l'E.-
S.-E. sous toutes voiles, pour prendre connaissance de la
terre et se diriger sur Rochefort, où elle avait ordre de se
rendre. La brise était fraîche du S.-O. A 6ʰ du matin, le capitaine Bigot aperçut quatre voiles par le bossoir de bâbord
et reconnut bientôt en elles des bâtiments de guerre.
C'étaient les frégates anglaises JASON de 48ᵉ, montée par
le commodore Charles Stirling; PIQUE de 44, capitaine
David Milne; MERMAID de 40, capitaine James Newman,
et un cutter. Le vent mollit et donna de l'avantage aux
chasseurs; depuis 7ʰ, ils couraient comme la frégate française, portaient tous quatre le pavillon tricolore et répon-
daient aux signaux de reconnaissance que leur faisait la
Seine. L'île d'Yeu fut aperçue avant la nuit. Une heure
après, 3 nouvelles frégates, sous les ordres du commodore
Robert Stopford, parurent près de cette île. Bientôt les
premières lancèrent quelques boulets et arborèrent le pavillon anglais. A 11ʰ, la *Seine* fut jointe par la PIQUE, et
engagea un combat qu'elle soutint avec quelque succès
jusqu'à l'arrivée de la JASON; la frégate anglaise y perdit
son grand mât de hune. La lutte ne pouvait se prolonger

longtemps ainsi; il ne restait au capitaine Bigot d'autre
ressource que de jeter sa frégate à la côte. A 1ʰ, il l'é-
choua sur la Tranche, près de la pointe du Grouin, sur
la côte de la Vendée. La Pɪquᴇ échoua en même temps
qu'elle; la Jᴀsᴏɴ ne tarda pas à en faire autant. Cet événement interrompit un moment, mais ne fit pas cesser le
combat; il continua jusqu'à 2ʰ 30ᵐ. La *Seine* présentait la
poupe au feu des frégates ennemies; ses poudres étaient en
partie noyées : elle amena son pavillon.

Le commodore Stopford mouilla à la pointe du Grouin
et travailla à remettre les trois frégates à flot; il y réussit quant à la Jᴀsᴏɴ et à la *Seine*. Après avoir retiré de
là Pɪquᴇ tout ce qu'il fut possible d'en enlever, il la livra
aux flammes. L'équipage de la frégate française fut mis
à terre; le capitaine Bigot fut seul gardé prisonnier.

La *Seine* portait 28   canons   de 18,
                      10   —   de 8,
                 et   4 caronades de 36.
La Pɪquᴇ avait 26   canons   de 18,
                      4   —   de 9,
                 et 14 caronades de 32.
La Jᴀsᴏɴ   —   28   canons   de 18,
                      4   —   de 9,
                 et 16 caronades de 32.

Le brig de 18ᶜ le *Lodi*, capitaine Senequier, parti de
Livourne, le 4 juillet, pour porter des dépêches à Alexandrie, fut hélé, à 9ʰ 45ᵐ du soir, dans le canal de Piombino (1), par un brig qui, sans attendre sa réponse, lui
tira trois coups de canon et l'aborda en engageant son
beaupré dans sa brigantine. La brise était faible du N.-E.
Les deux brigs s'élongèrent en sens inverse, et commencèrent un feu nourri que des tentatives réciproques d'abor-

---

(1) Passage entre l'île d'Elbe et la côte d'Italie.

dage interrompirent seules. Ces essais furent infructueux.
À 2ʰ du matin, l'adversaire inconnu du brig français cessa
son feu et, parvenu à se dégager, il battit en retraite remorqué par ses canots. Le *Lodi* le suivit et l'accompagna
de ses boulets; il alla se réfugier sous Piombino. Au jour,
il fut aperçu à l'ancre, démâté de son mât de misaine et
de son grand mât de hune; il avait le pavillon anglais.
Une embarcation trouvée en dérive apprit que ce bâtiment se nommait l'Aigle; il était armé de 20ᶜ. Les avaries
du *Lodi* avaient une certaine gravité, et quoique ce brig
eût conservé tous ses mâts, ils étaient assez endommagés
pour nécessiter son entrée à Civita Vecchia d'où il continua sa route sur l'Égypte.

M. William James (1) prétend qu'à cette époque, il n'y
avait pas de brig du nom d'Aigle ou d'Eagle (2) dans la
marine anglaise, et il rapporte, au sujet de ce combat, le
passage suivant d'un prétendu journal de Paris, sous la ru-
brique de Livourne : « Le brig corsaire anglais Aquila de
« 14ᶜ, capitaine Colonna, vient d'entrer dans notre port dans
« le plus triste état. Il a combattu, le 4 pendant la nuit, un
« brig français dans le canal de Piombino. » L'historien de la
marine anglaise ajoute avoir été également impuissant à
trouver un corsaire (3) anglais de ce nom. De tout cela il
conclut que le rapport du capitaine Senequier n'est pas
exact, et que cet officier se fit honneur d'une action qui,
mieux connue, lui eût peut-être été préjudiciable. Ce combat ne fût pas, en effet, resté un mystère, si l'adversaire
inconnu du *Lodi* eût été un bâtiment anglais, de guerre ou
armé en course. La lutte avait été assez honorable pour cet
antagoniste, quel qu'il fût, pour que son capitaine pût en
avouer hautement le résultat. On est donc amené à supposer, que l'embarcation trouvée en dérive précisément sur

---

(1) *The naval history*, etc.
(2) Traduction anglaise du mot *Aigle*.
(3) *Armed brig*.

la route suivie par le *Lodi*; — que le brig démâté aperçu à l'ancre, fait qui suppose que le *Lodi* fit bien peu de chemin dans l'intervalle qui sépara la fin du combat, de l'heure à laquelle il est possible de distinguer le nombre des canons d'un bâtiment mouillé près de terre; — que la difficulté qu'éprouva l'équipage du brig français à franchir les hautes murailles de son adversaire, brig de 20ᶜ; — que tous ces détails enfin ont été insérés au rapport officiel dans l'intérêt assez mal entendu de la cause, et que le brig combattu par le *Lodi* n'était pas anglais.

Le 4 août, à 3ʰ du matin, favorisées par l'obscurité la plus complète et une pluie torrentielle, les embarcations de la frégate de 48ᶜ MELPOMENE, capitaine sir Charles Hamilton, portant une centaine d'hommes et soutenues par le brig de 14ᶜ CHILDERS, capitaine James O'Brien, entrèrent inaperçues dans la rade de Corréjou, de l'île de Bas, et abordèrent de l'avant et des deux bords le brig de 12ᶜ l'*Aventurier*, capitaine Raffy qui était à ce mouillage. Quoique surpris, l'équipage opposa une énergique résistance. Il ne put cependant repousser les Anglais qui, maîtres du terrain, appareillèrent l'*Aventurier* et l'emmenèrent au large.

Le lieutenant de vaisseau Raffy, blessé dès le commencement de l'attaque, fut acquitté par le conseil martial qui le jugea.

J'ai dit que le vaisseau de 78ᶜ le *Généreux* s'était séparé du *Guillaume Tell* dans la traversée d'Aboukir à Malte. Le 18 août, le capitaine Lejoille aperçut, sous l'île de Candie, un gros bâtiment auquel il donna la chasse; c'était le vaisseau anglais de 72ᶜ LEANDER, capitaine Boulden Thompson, qui portait à Naples les dépêches du contre-amiral Nelson. Le capitaine anglais fit tous ses efforts pour éviter un engagement; mais, poussé par une jolie brise du

Sud, le *Généreux* se trouva, à 9ʰ du matin, par le travers du
LEANDER qu'il attaqua. Après une heure et demie du feu
le plus vif, pendant lequel la brise était presque totalement tombée, craignant que, favorisé par quelque changement de temps, son adversaire ne parvînt à s'éloigner,
le capitaine du *Généreux* lança sur tribord et l'aborda
par le bossoir de bâbord. Un feu de mousqueterie bien
nourri et parfaitement dirigé empêcha l'équipage du vaisseau français de sauter à l'abordage, et le LEANDER réussit
à se dégager, mais sans mât d'artimon et sans grand mât
de hune. La canonnade continua jusqu'à 3ʰ 30ᵐ; le *Généreux* était alors parvenu à se placer en travers sur l'a-
vant du vaisseau anglais. Avant de lui envoyer une bordée
dont les effets devaient être terribles, le capitaine Lejoille
lui héla de se rendre : le capitaine Thompson fit hisser le
pavillon français. Les pertes étaient considérables des deux
côtés ; les deux capitaines étaient blessés. Le LEANDER
avait perdu une partie de sa mâture; celle du *Généreux*,
quoique debout en entier, était grandement endommagée.
Le *Généreux* prit cependant le vaisseau anglais à la remorque et le conduisit à Corfou (1).

Le *Généreux* portait 28   canons   de 36 à la 1ʳᵉ batterie.

    30   —   de 24 à la 2ᵉ.

    16   —   de 8 ⎫
                         ⎬ à la 3ᵉ.
    et   4 caronades de 36 ⎭

Le LEANDER avait 26   canons   de 24 à la 1ʳᵉ batterie.

    26   —   de 18 à la 2ᵉ.

    12   —   de 9 ⎫
                        ⎬ à la 3ᵉ.
    et   8 caronades de 32 ⎭

Le jeudi, 8 novembre 1798, le *Mercure Universel* de Ratisbonne publia l'article suivant (n° 267, page 258) : « On
« sait que les Français ont pris aux Anglais le vaisseau le
« LEANDER; mais ce qu'on ne sait pas encore, et qu'il est

---

(1) Je n'ai pu me procurer le rapport du capitaine Lejoille.

« important de faire connaître au public, c'est la manière
« dont ils ont usé de leur victoire. Voici ce que rapporte
« à ce sujet la *Gazette aulique* de Vienne : Lorsque les
« Français entrèrent dans le vaisseau, ils s'abandonnèrent
« au pillage ; pour satisfaire leur avidité, ils foulèrent aux
« pieds les morts et les blessés sans avoir égard à leurs
« cris lamentables. Ils se précipitèrent dans la chambre du
« chirurgien qui était justement à faire l'amputation à un
« homme qui avait eu les bras fracassés par un boulet de
« canon. Ils lui arrachèrent l'instrument des mains, au mi-
« lieu de son opération ; ils lui prirent tous les autres in-
« struments de son art, tandis que le tillac était encore
« couvert de blessés et de mourants qui demandaient des
« secours. Cette horrible cruauté dont on ne trouve pas
« d'exemple dans l'histoire, ne laissait aux malheureux qui
« en étaient les victimes, d'autre choix que de mourir dans
« le martyre, ou de se jeter à la mer ; plusieurs d'entre eux
« qui avaient encore la force de se lever ont été forcés de
« prendre ce dernier parti.

« Les officiers anglais ont également été traités de la
« manière la plus barbare ; on leur a tout pris, même les
« culottes dont ils étaient couverts ; et c'est dans cet affreux
« état qu'ils ont été conduits de Corfou à Trieste dans une
« petite chaloupe qui n'était nullement propre à ce trajet.
« Pendant cette traversée, qui fut de vingt-sept jours, ils
« n'ont pas seulement été exposés aux injures du temps,
« mais ils ont encore souffert de la mauvaise qualité et de
« la disette des comestibles. »

Le capitaine Peune, capitaine du navire qui transporta
le capitaine du LEANDER et son état-major de Corfou à
Trieste, répondit à cet article par la lettre suivante que
l'*Observateur* de Trieste refusa d'insérer. Le consul de
France l'envoya alors à son collègue de Hambourg, pour
qu'elle parût dans la *Gazette* de cette ville, et dans celles
de Francfort et de Ratisbonne. Voici cette lettre. Après
avoir rappelé les griefs cités par le *Mercure universel* de

Ratisbonne, le capitaine Peune ajoute : « Je dois à mon « honneur comme à la vérité, de relever l'article du *Mer-* « *cure universel* de Ratisbonne, en attendant que l'officier « français qui a amariné le LEANDER le fasse plus éner- « giquement.

« Quand le vaisseau anglais amena son pavillon, ni lui, « ni le vaisseau français n'avaient de canot pour se rendre « à bord; vingt à trente matelots français et un officier se « rendirent à bord du LEANDER à la nage, pour en prendre « possession. Les Anglais avaient encore plus de 200 hommes; « et il est plus que vraisemblable qu'ils n'eussent pas laissé « à une trentaine d'hommes sans armes, la faculté de com- « mettre les atrocités inouïes dont on les accuse, au moins « s'en seraient-ils hautement plaints à Corfou ainsi qu'à « Trieste. Cependant, ni le capitaine, ni le chirurgien « n'ont rien dit qui puisse donner le plus léger soupçon « sur ces inculpations.

« Quant à ce qui concerne le capitaine Peune, comme « il n'y avait pas à Corfou de navire plus commode que le « sien, il a été nolisé pour la somme de 400 fr., pour trans « porter à Trieste le capitaine anglais et son état-major. « Ce n'était pas une chaloupe, mais une bombarde de « 80 tonneaux. Le capitaine a abandonné sa chambre aux « officiers qui devaient se nourrir à leurs frais. Ayant été « vingt-sept jours en mer et les vivres leur manquant, « ceux-ci ont pris ceux du bord, et le capitaine Peune n'en « a pas exigé le payement. Il assure aussi, et il est prêt à « en faire le serment, que le capitaine anglais avait avec « lui trois malles pleines d'effets, et que les autres officiers « et le chirurgien avaient aussi les leurs, et que trois voi- « tures ont été employées à les transporter du lazaret chez « eux. S'ils avaient été pillés, comme on le dit, auraient- « ils conservé tous ces effets! On plaint l'aveuglement de « ceux qui par des faits mensongers cherchent à exciter « des haines particulières entre les individus de deux na- « tions éclairées. »   Signé : PEUNE.

Cette lettre justifie trop bien les officiers et l'équipage du *Généreux* pour qu'il soit nécessaire de s'étendre davantage sur les misérables inculpations de la *Gazette de Vienne*, inculpations que l'on trouve reproduites et considérablement augmentées dans l'ouvrage de M. William James (1).

Après avoir déposé à Cayenne des déportés politiques qu'il avait été chargé d'y conduire, le capitaine Villeneau, de la frégate de 40ᵉ la *Décade* (2), mit sous voiles pour croiser pendant une quinzaine de jours au vent des Antilles et faire ensuite route pour France. Pendant cette croisière, l'*Agile* chavira et, sur 56 hommes dont se composait son équipage, 13 seulement furent sauvés.

Le 22 août au soir, la *Décade* fut chassée à la hauteur du cap Finistère, par le vaisseau rasé anglais de 46ᵉ MAGNANIME, capitaine honorable Michael de Courcy, et la frégate de 48ᵉ NAIAD, capitaine William Pierrepont. Atteinte vingt-quatre heures plus tard, la frégate française leur opposa une résistance énergique ; mais n'entrevoyant désormais aucune possibilité de continuer la lutte, le capitaine Villeneau fit amener le pavillon, une heure et demie après le commencement du combat.

Le conseil martial qui jugea le capitaine de frégate Villeneau, statua que c'était par impéritie que la frégate la *Décade* avait été prise. Il cassa cet officier et le déclara incapable de servir.

La *Décade* avait laissé dix canons à Cayenne ; mais je ne saurais dire s'ils avaient été pris dans la batterie ou sur les gaillards.

Le côtre de 4ᵉ l'*Anémone*, capitaine Garibou, fut chassé

---

(1) *The naval history of Great Britain.*
(2) L'ancienne *Macreuse.*

par 2 vaisseaux anglais et 2 frégates au moment où, le 2 septembre, il allait entrer dans la rade d'Alexandrie. Vers 7ʰ du matin, recevant leurs premiers boulets, le capitaine Garibou se décida à jeter l'ancre auprès de la tour du Marabout, à quelques milles dans l'Ouest de la ville. Les chasseurs mirent alors en panne et dirigèrent sept embarcations contre l'aviso français; celui-ci réussit à les repousser; une frégate s'approcha pour les soutenir. Le capitaine Garibou ne l'attendit pas; il jeta le côtre à la côte et fit de suite débarquer l'équipage. Chaque homme emporta un fusil, un sabre et une hache d'armes.

Attirés par l'espoir du pillage, les Arabes ne tardèrent pas à accourir en grand nombre sur la plage. Après s'être emparés des débris jetés par la mer sur le rivage, ils se dirigèrent sur la petite colonne des Français qui avaient pris la route d'Alexandrie, et tirèrent quelques coups de fusil auxquels ceux-ci ne purent riposter, toutes les car- touches ayant été mouillées. Enhardis par cette attitude paisible, les Arabes se précipitèrent sur l'équipage de l'*A- némone*, sans qu'aucune tentative pour les repousser fût faite par celui-ci et ils le dépouillèrent. Les embarcations anglaises se portèrent de suite vers l'endroit où se passait cette scène. Aux signaux qu'elles firent, les Français com- prirent qu'elles leur offraient protection et quelques-uns se jetèrent à la mer. Sur 65 hommes, y compris 19 passa- gers dont se composait l'équipage de l'*Anémone*, 9 parmi lesquels se trouvait le capitaine Garibou furent recueillis par les embarcations anglaises et débarqués plus tard à Malte; 10, au nombre desquels était le général Camin, furent massacrés par les Arabes; les 46 autres furent con- duits à Alexandrie.

L'enseigne de vaisseau Garibou fut déclaré non coupable par le jury qui fut chargé d'examiner sa conduite.

———————

La corvette de 20ᶜ la *Bayonnaise*, capitaine Richer, ef-

III   10

fectuant son retour de Cayenne en France où elle ramenait 30 soldats de l'ex-régiment d'Alsace, fut chassée, le
14 décembre, à 120 milles de l'île d'Aix, par un bâtiment
qu'on reconnut bientôt être une frégate anglaise ; c'était
en effet l'Ambuscade de 40°, capitaine Henry Jenkins. Le
capitaine Richer prit chasse au Sud ; le vent soufflait du
O.-S.-O. La frégate anglaise gagna beaucoup là corvette
et, à 11ʰ du matin, elle n'était plus qu'à une demi-portée
de canon. Toutes deux arborèrent alors leur pavillon, et
elles engagèrent le combat. Le feu continua sans résultats jusqu'à 1ʰ ; mais lorsque la frégate eut atteint le travers de la *Bayonnaise*, le combat devint terrible, et celle-ci
souffrit beaucoup dans cette seconde partie de l'engagement. Il n'en pouvait être autrement. L'Ambuscade portait
26 canons de 12, 6 de 6 et 8 caronades de 24. La *Bayon-*
naise n'avait à lui opposer que 24 canons de 8 et 8 de 4.
Aussi le capitaine Richer ne tarda-t-il pas à s'apercevoir que
sa défaite serait certaine, s'il ne brusquait le dénoûment par
un trait d'audace. Les dispositions d'abordage furent ordon-
nées et, n'eût-il pas pris l'initiative, que les demandes
pressantes et les cris de l'équipage l'eussent obligé de se
rendre à un vœu aussi énergiquement exprimé. La *Bayon-*
naise arriva en grand sur l'Ambuscade, dans les haubans
d'artimon de laquelle elle engagea son beaupré. Cette
manœuvre hardie fut tout d'abord accueillie par une bordée à mitraille ; mais, ni les pertes et les dégâts qu'elle
occasionna, ni la rupture du mât de beaupré de la corvette
et la chute instantanée du mât d'artimon de la frégate, ne
purent arrêter l'ardeur des Français. Le gaillard d'arrière
de l'Ambuscade fut envahi par l'équipage et les passagers
de la *Bayonnaise* et, après une demi-heure de combat corps
à corps sur les passe-avant et le gaillard d'avant, le pavillon de la Grande-Bretagne s'abaissa devant celui de la
République.

Les pertes étaient considérables de part et d'autre ; les
officiers de la *Bayonnaise*, moins deux, étaient tous plus

ou moins grièvement blessés. Le capitaine Richer avait eu le bras gauche traversé par un biscaïen. Les officiers de la frégate anglaise étaient tous tués ou blessés ; et, lorsqu'elle amena son pavillon, elle était commandée par le *purser* M. William Beaumont Murray (1). On était à peine parvenu à séparer les deux bâtiments, que le grand mât et le mât de misaine de la *Bayonnaise* s'abattirent. Le capitaine Richer passa sur l'AMBUSCADE avec une partie de son équipage et, le 16 décembre, il entra à Rochefort ayant la *Bayonnaise* à la remorque.

Telle est la relation donnée par le capitaine Richer dans son rapport. Le lieutenant Corbie, second de la corvette, raconte les faits quelque peu différemment. D'après lui, le capitaine Richer, blessé à 2^h 1/2, lui aurait alors remis le commandement qu'il laissa, à 3^h 1/4, à l'enseigne de vaisseau Guignier, après avoir reçu une blessure à la jambe. Ce dernier ayant été de suite blessé à la tête, chacun commanda dans la partie du bâtiment où il se trouvait. Il ajoute que l'abordage fut conduit par l'enseigne de vaisseau Le Danseur et le chef de bataillon Lerch.

Les troupes passagères étaient commandées par le chef de bataillon Lerch. La conduite de cet officier supérieur avait été si belle pendant le combat et sa coopération si active, que le capitaine et les officiers de la *Bayonnaise* demandèrent au ministre à le comprendre comme membre de l'état-major dans la répartition des parts de prises (2).

---

(1) Le *purser* est l'officier d'administration des bâtiments anglais.
Le capitaine Brenton, *The naval history of Great Britain*, dit que 2 officiers et 50 hommes de la frégate avaient été mis sur des prises. Aucun autre historien anglais ne fait mention de cette particularité.
(2) J'ai donné la force de la *Bayonnaise* d'après le rapport du capitaine Richer. M. James, *The naval history*, etc., prétend qu'elle avait 24^c de 8, 6 de 6 et 2 caronades de 56.

BATIMENTS PRIS, DÉTRUITS OU NAUFRAGÉS
pendant l'année 1798.

ANGLAIS.

Canons.

82	Colossus.	Naufragé en Sicile.
60	Leander.	Pris par un vaisseau.
54	Resistance.	Brûlé en mer.
48	Jason.	
44	Pique *.	} Naufragées sur les côtes de France.
	Hamadryad *.	— sur les côtes du Portugal.
	Lively.	— sur celles d'Espagne.
40	Pallas.	— sur celles d'Angleterre.
	Ambuscade.	Prise par une corvette.
34	Gerland.	Naufragée à Madagascar.
	Aigle *.	— à l'entrée de la baie de Tunis.
18	Kingsfisher.	Naufragée sur les côtes de Portugal.
	Raven.	— en Amérique.
16	Peterel.	Capturée.
	Rover.	Naufragée au Canada.
	Braak.	Sombrée.
12	Crash.	Pris.

FRANÇAIS.

124	Orient.	Sauté à Aboukir.
86	Franklin.	
	Tonnant.	
78	Aquilon.	
	Spartiate.	
	Conquérant.	} Pris ou détruits à Aboukir.
	Peuple Souverain.	
	Guerrier.	
	Heureux.	
	Mercure	
	Timoléon.	Détruit à Aboukir.
	Hercule.	Pris par un vaisseau.
	Hoche.	Pris par une division.
	Quatorze-Juillet.	Brûlé par accident.
44	Loire.	Prise par une frégate et une corvette.
	Seine.	— par deux frégates.
	Immortalité.	— par une frégate.
40	Artémise.	Brûlée } à Aboukir.
	Sérieuse.	Coulée }
	Décade.	Prise par deux frégates.
	Sensible.	— par une frégate.
6	Coquille.	
	Embuscade.	} Prises chacune par une frégate.
	Bellone.	
	Résolue.	
24	Confiante.	Détruite à la côte.
	Zone, flûte.	Naufragée sur la côte de France.
18	Fortune.	Prise par un vaisseau.
	Mondovi.	Enlevé par des embarcations.

12 { Corcyre. . . . . Pris par une frégate.
{ Aventurier. . . . . Enlevé par des embarcations.
Corvette : Egalité. . . . . . . Détruite à la côte.

 * L'astérisque indique un bâtiment pris à l'ennemi.

RÉCAPITULATION.

		Pris.	Détruits ou naufragés.	Incendiés.	TOTAL.
ANGLAIS. . .	Vaisseaux.	1	1	1	3
	Frégates.	1	7	»	8
	Bâtiments de rangs inférieurs.	2	4	»	6
FRANÇAIS. .	Vaisseaux.	11	»	3	14
	Frégates.	9	1	1	11
	Bâtiments de rangs inférieurs.	4	3	»	7

ANNÉE 1799.

—

Les articles les plus importants du traité conclu à la Haye, le 16 mai 1795, ceux qui faisaient recueillir à la France le fruit de la conquête de la Hollande, étaient jusqu'à ce moment restés sans exécution ; et malgré les démarches qui avaient été faites, malgré les négociations entamées à plusieurs reprises, les droits de la nation victorieuse avaient été méconnus.

Quelques détails sont nécessaires pour rappeler les circonstances dans lesquelles le traité de la Haye avait été conclu, ainsi que les discussions qui eurent lieu lorsqu'il avait été question de les faire exécuter.

L'armée française s'était emparée des Provinces-Unies dans l'hiver de 1795 ; les villes, les ports, les arsenaux de cette puissance étaient tombés en son pouvoir ; la nation hollandaise n'existait plus ; son gouvernement était dissous.

Cependant la France, loin d'abuser des droits de la victoire, avait rendu à la République hollandaise son existence politique ; elle avait contracté avec elle une alliance étroite ; elle avait déclaré qu'elle ne ferait pas la paix avec l'Angleterre sans le consentement de son alliée ; qu'elle la comprendrait dans toutes les stipulations qui pourraient avoir lieu avec les puissances belligérantes. En un mot, la France avait identifié les intérêts de la Hollande avec les siens propres, et lui avait promis une protection sans laquelle il lui était impossible d'avoir la moindre consistance. Indépendamment des réserves que la République Française avait le droit d'exiger comme une juste indemnité des frais de la guerre, il avait été stipulé, par l'article 14 du traité, que « le port « de Flessingue serait commun aux deux nations, en toute « franchise ; que son usage serait soumis à un règlement « convenu entre les parties contractantes. » Par l'article 13, « qu'il y aurait dans la place et le port de Flessingue, gar-« nison française exclusivement, soit en paix, soit en « guerre, jusqu'à ce qu'il en fût stipulé autrement entre « les deux nations. »

Ainsi, d'une part, les négociateurs avaient eu pour but d'assurer à la France la copropriété, la cosouveraineté d'un port très-avantageux, par sa situation, à ses expéditions maritimes ; de l'autre, ils avaient voulu, tout en conservant aux Hollandais la jouissance de ce port, les contenir par la présence d'une garnison française, et garantir en même temps cette possession contre les efforts des ennemis. Ce qui donnait surtout un haut intérêt à la copropriété de Flessingue, c'était la navigation de l'Escaut, devenue libre par l'article 8 du même traité et le juste espoir d'appeler un jour à Anvers tout le commerce du Nord.

Le gouvernement constitutionnel fut à peine en activité en Hollande qu'elle chercha, par tous les moyens possibles, à détruire les effets du traité du 16 mai. Des navires neutres, chargés pour compte français, furent arrêtés dans

l'Escaut par des bâtiments de guerre hollandais, sous prétexte que l'entrée du fleuve n'était permise qu'aux pavillon
des deux Républiques. Il fallut que le Directoire se pro-
nonçât fortement pour repousser cette prétention, et ce ne
fut pas sans peine que les Hollandais y renoncèrent. Peu
de temps après, on crut devoir s'occuper de la démarca-
tion du territoire de Flessingue. On reconnut bientôt que
le règlement annexé au traité, et qui avait pour but de déterminer l'usage de ce port, était insuffisant, et surtout très-
désavantageux à la France. On présenta divers projets;
on entra même en négociations avec les Hollandais; mais
ceux-ci éludèrent soigneusement toutes les propositions
et pour écarter l'idée de copropriété qui les blessait fortement, ils demandèrent et furent sur le point d'obtenir
que les objets de consommation qui seraient envoyés à
Flessingue pour le compte de la République, fussent soumis à des impôts à leur profit.

Le refus du Directoire d'accéder à cette prétention
amena de nouvelles tracasseries. On choisit alors un agent
spécial pour procéder au partage de Flessingue, et en
même temps, on chargea l'ambassadeur de la République
de traiter à la Haye de tout ce qui avait rapport aux droits
que la copropriété attribuait à la France.

Dans l'intervalle, le Directoire établit une douane française dans ce port. Cet acte excita, de la part des Hollandais, les plus vives réclamations; elles ne furent pas
accueillies. Ils parurent alors assez disposés à renouer
l'affaire de Flessingue; mais bientôt ils multiplièrent les
objections dans l'espérance de gagner du temps et de ne
rien terminer. Enfin, lorsqu'ils virent que le gouvernement
français exigeait une décision définitive et qu'il leur devenait impossible de reculer, ils n'osèrent plus ni consentir,
ni refuser; et, persistant toujours dans les opinions qu'ils
avaient énoncées, c'est-à-dire déniant constamment les
droits de la République, ils imaginèrent de s'en référer
sur cet objet à la décision du Directoire exécutif lui-même.

Les choses restèrent dans cet état depuis le mois de mai 1798 jusqu'au mois de septembre 1799. A cette époque, les Hollandais donnèrent au gouvernement de graves sujets de plaintes. Des prises faites par un corsaire furent contestées et en même temps retenues, parce qu'elles avaient été amarinées dans les eaux de Flessingue. Des actes émanés du Directoire hollandais dénaturèrent l'esprit et même la lettre des anciens traités; des dispositions comminatoires furent publiées, et si des corsaires français avaient effectivement violé leur territoire, il n'en est pas moins vrai que les Hollandais manquèrent ouvertement, vis-à-vis de la France, aux égards et à la déférence qu'elle avait droit d'attendre d'eux.

D'un autre côté, ils firent revivre l'ancienne prétention d'établir des droits sur les marchandises françaises, et voulurent exiger un prélèvement de 5 pour 100 sur les prises qui avaient été ou qui seraient conduites chez eux; enfin, leurs actes publics et leur correspondance laissèrent apercevoir des dispositions hostiles, qui semblaient annoncer au moins l'intention de séparer leurs intérêts de ceux de la République française.

Dans cet état de choses, le Directoire exécutif crut devoir envoyer un nouvel agent pour terminer à la fois les discussions relatives aux prises et à l'affaire de Flessingue. Malgré les soins de ce nouvel ambassadeur, malgré l'activité de ses démarches, malgré l'énergie et la fermeté qu'il développa, la négociation fut paralysée par la seule force d'inertie et, après neuf mois de travaux, l'agent du Directoire déclara que sa présence en Hollande était inutile, et que les Hollandais ne consentiraient à aucun arrangement, à moins que le Directoire n'exigeât lui-même, et impérativement, telles conditions qu'il jugerait convenables.

Dès les premiers jours de la négociation, les commissaires bataves méconnurent le droit de cosouveraineté, de copropriété que la République française avait sur Flessingue et, au mépris du traité, ils se constituèrent seuls propriétaires et souverains de ce port. Une pareille prétention fut repoussée avec force; mais, s'ils n'osèrent plus la reproduire, toujours est-il qu'ils ne donnèrent pas de contre-déclaration.

Ce fut alors qu'eut lieu en Hollande le débarquement d'un corps d'armée anglo-russe. On sait quel fut son sort; il fut battu à Kastrikum, enfermé ensuite au Zip et enfin réduit à capituler. Ainsi, nonobstant la défection de l'escadre du Texel que le contre-amiral Story avait livrée aux Anglais, au mois d'août 1799, et les efforts des partisans du Stathouder, la Hollande dut une seconde fois à la France, sa liberté et son existence politique. Bien plus, la capitulation souscrite par les Anglais renfermait des articles avantageux aux Hollandais. L'importance de ces services devait être reconnue par le gouvernement hollandais, et la France avait le droit d'exiger une indemnité proportionnée à ses dépenses. Elle demanda et obtint la cession entière de Flessingue et conséquemment celle de l'île Walcheren.

———————

Le 9 avril, le capitaine Caro, de la frégate de 40° la *Vengeance*, mouillée sur la rade du Palais de Belle-Isle avec les frégates de même force la *Cornélie*, capitaine Villemadrin et la *Sémillante*, capitaine Montalan, pour protéger un fort convoi qui devait sortir de Port-Navalo, aperçut dans le Nord 2 frégates anglaises qui gouvernaient pour passer en dedans de l'île : c'étaient la San Fiorenzo de 44°, capitaine sir Harry Neale, et l'Amelia de 48, capitaine honorable Charles Herbert. La brise était fraîche du O.-N.-O. A 8ʰ 30ᵐ du matin, l'Amelia démâta son grand mât de hune. Le capitaine Caro fit de suite signal d'appareiller en filant les câbles par le bout et de chasser l'ennemi. La *Sémillante* dont le capitaine avait attendu à être sous voiles pour prendre des ris resta de l'arrière, et elle n'avait pas encore rallié lorsque la canonnade commença. Bientôt la *Cornélie* présenta le travers à la San Fiorenzo qui mar-

chait la première; la *Vengeance* attaqua l'AMELIA; la
Sémillante fit jouer son artillerie de son mieux. Blessé mortellement vers 11ʰ, le capitaine Caro dit d'amener la cornette
de commandement et le capitaine Villemadrin la hissa à
sa place. La *Vengeance* avait alors assez d'avaries pour ne
pouvoir conserver le travers de l'AMELIA. Celle-ci se porta
alors sur la *Cornélie*, et la SAN FIORENZO, passant devant
cette dernière, se plaça à tribord de la *Sémillante*. Le
combat continua ainsi jusqu'à midi et demi; le capitaine
Villemadrin fit alors signal de ralliement. Le temps avait
mauvaise apparence; les frégates entrèrent dans la Loire.
Les avaries de la *Vengeance* et de la *Cornélie* n'avaient
porté que dans la voilure et dans le grément; la *Sémillante*
avait perdu sa vergue de perroquet de fougue.

Une nouvelle coalition venait de se former contre la
France. Naples et le Piémont avaient recommencé les hostilités; l'Autriche se disposait à leur prêter son puissant
appui, et la Russie s'était déjà jointe à la Turquie pour
combattre les projets de Bonaparte en Égypte. Au mois de
février, le port de Brest reçut l'ordre de disposer 25 vaisseaux. Cet armement décida le gouvernement anglais à
porter de 9 à 16 le nombre de ceux qui se tenaient devant
ce port et le vice-amiral Bridport fut nommé au commandement de cette armée navale. Le vice-amiral Bruix, alors
ministre de la marine, avait surveillé et activé lui-même
l'armement des vaisseaux de Brest. Lorsqu'ils furent tous
prêts, il en prit le commandement et, le 26 avril, il mit à
la voile avec une armée composée comme ci-après :

Canons.
124   *Océan* (1).. . . . . capitaine Bruillac (Alain).
          —   Bruix, vice-amiral.
          Delmotte, contre-amiral, major-général
          Linois, contre-amiral, chef d'état-major.

---

(1) Nouveau et quatrième nom des *États-de-Bourgogne*, en dernier lieu le
Peuple.

114	*Invincible*.	capitaine	Lhéritier.
	Républicain. . . . . . . '.	—	Bérenger.
		Bedout, contre-amiral.	
	Terrible.	capitaine	Lecoat Saint-Haouen.
		Courand, contre-amiral.	
.86	*Formidable*.	capitaine	Tréhoüart (Pierre).
	Indomptable.	—	Chambon.
		Dordelin (Joseph), contre-amiral.	
78	*Jemmapes*.	capitaine	Cosmao Kerjulien.
	Mont Blanc.	—	Maistral (Esprit).
	Tyrannicide.	—	Allemand (Zacharie).
	Batave (1).	—	Daugier.
	Constitution.	—	Leray.
	Révolution.	—	Rolland (Pierre).
	Fougueux.	—	Bescond.
	Censeur.	—	Faye.
	Zélé.	—	Dufay.
	Redoutable.	—	Moncousu.
	Wattigny.	—	Gourdon (Antoine).
	Tourville.	—	Henry (Jean-Baptiste).
	Cisalpin (2).	—	Bergevin.
	Jean Bart.	—	Meynne.
	Gaulois (3).	—	Siméon.
	Convention.	—	Lebozec (Charles).
	Duquesne.	—	Quérangal.
	Jean-Jacques Rousseau. .	—	Bigot.
	Dix-Août (4).	—	Bergeret.

Frégates : *Romaine, Créole, Bravoure, Cocarde, Fraternité, Fidèle.*
Corvettes : *Berceau, Tactique.*
Brig : *Lazare Hoche.*
Goëlettes : *Biche, Découverte.*
Lougres : *Vautour, Affronteur.*
Chebeck : *Eole.*
Côtre : *Sandwick.*

Cette armée navale fit route pour la Méditerranée. Deux opérations principales avaient décidé le Directoire à l'y envoyer. La première était le ravitaillement de Malte et le rétablissement des communications avec l'Égypte. L'autre, qui devait être faite de concert avec les Espagnols, était l'attaque de l'île Minorque dont les Anglais s'étaient emparés, le 9 novembre de l'année précédente. En remplissant ce double objet avec célérité, l'armée française pouvait surprendre les divisions anglaises éparses dans la Médi-

---

(1) L'ancien *Jupiter*.
(2) L'ancien *Nestor*.
(3) Autrefois le *Trajan*.
(4) D'abord le *Cassard*.

terranée, ainsi que celle des Turcs et des Russes qui se tenait dans l'Adriatique. Le vice-amiral Bruix devait être rallié par l'armée espagnole du lieutenant général Mazarredo qui était à Cadix. Les circonstances ne permirent pas la réussite de ce plan (1). Dès en sortant de Brest, le *Censeur* cassa son petit mât de hune et se sépara de l'armée; le capitaine Faye se rendit à Cadix, ainsi que le lui prescrivaient ses instructions. Lorsqu'on visita ce vaisseau, on le trouva en si mauvais état, qu'il fut jugé incapable de tenir la mer sans de grandes réparations. Il fut vendu et son équipage passa sur le *Saint-Sébastien* de 74ᵉ que l'Espagne céda à la

---

(1) On lit dans l'*Histoire de la marine du port de Toulon* de M. Brun : « Un ordre du Directoire du 7 prairial an VII (26 mai 1799) avait dit que la « tournure sérieuse et presque alarmante que la guerre avait prise, exigeait que « la République concentrât ses forces, et l'amiral Bruix avait eu mission de se « porter en Égypte pour en ramener l'armée française tout entière, à moins « que le général en chef ne jugeât pouvoir avec sécurité laisser en Égypte une « partie de ses forces. Le général Bonaparte était même appelé en ce moment « à venir se remettre à la tête des armées républicaines. » Cette version sur la mission de l'armée navale de l'amiral Bruix est celle donnée par M. Thiers dans l'*Histoire de la Révolution française.* Toutefois, cette assertion y est modifiée par une note ainsi conçue : « Il faut dire que cet ordre est contesté. On connaît « un arrêté du Directoire daté du 7 prairial qui rappelle Bonaparte en Europe. « Larévellière, dans ses *Mémoires*, déclare ne pas se souvenir avoir donné sa « signature et regarde l'arrêté comme supposé. Cependant l'expédition mari- « time de Bruix resterait alors sans explication. » M. Brun rappelle cette note et ajoute : « En effet, l'amiral Bruix ne fit que traverser la Méditerranée, sans « autre but apparent que de rallier l'escadre espagnole. L'ordre de se porter « en Égypte avait évidemment été changé, ou bien, selon d'autres versions, « toute cette stratégie n'aurait été conçue que pour tenir en gage la marine « d'Espagne qui, dans ces moments difficiles, chancelait dans ses dispositions « amicales pour la France. » Je ne conteste pas que l'ordre d'aller prendre l'armée en Égypte et de la ramener en France, ainsi que le commandant en chef, ait été donné, puis ensuite révoqué; c'est un point d'histoire que je ne chercherai pas à éclaircir alors que le savant auteur de l'*Histoire de la Révolution française* n'a pas pu le faire. Ce qu'il y a de certain, c'est que l'assertion de Larévellière acquiert une grande autorité par l'existence de ce fait, que l'amiral Bruix partit de Brest avec des instructions autres que celles de l'arrêté du 7 prairial. Et cela reconnu, l'expédition maritime de cet officier général dans la Méditerranée trouve son explication dans les instructions que j'ai rappelées sommairement plus haut. En dernier lieu, si, ainsi que le fait observer l'auteur de l'*Histoire de la marine de Toulon*, le passage de la grande escadre française fut stérile pour les entreprises de la Méditerranée, la faute en fut aux Espagnols dont les lenteurs et les hésitations déjouèrent, cette fois encore, comme ils l'avaient fait quelques années auparavant, toutes les combinaisons dans lesquelles on les avait fait entrer.

France moyennant un million pesant de poudre. L'armée française ne tarda pas à être aperçue par les découvertes du vice-amiral Bridport. Cet officier général se porta de suite sur les côtes d'Irlande, tandis que l'amiral Saint-Vincent, ou plutôt le vice-amiral Keith, car la santé du premier lui permettait à peine de s'occuper de son armée, s'établit en croisière devant le détroit. Le 4 mai vers 8ʰ du matin, l'armée française, alors à une soixantaine de milles de Cadix, aperçut l'armée anglaise dans l'E.-N.-E. et la conserva en vue toute la journée. Le vice-amiral Bruix comptait l'attaquer le lendemain ; mais le vent fraîchit considérablement du S.-O., et ce jour-là il venta coup de vent. Bien que ses instructions lui enjoignissent d'entrer à Cadix, il se vit forcé de passer le détroit, car le temps était trop mauvais pour faire tenir la cape à 25 vaisseaux nouvellement armés et dont les équipages venaient d'être formés. Il détacha le *Berceau*, capitaine Bourrand, pour prévenir le capitaine général de Cadix qu'il se rendait à Toulon ; le corvette ne put atteindre ce port et entra à Malaga. L'armée française mouilla à Toulon le 14. Les contre-amiraux Nelson et Duckworth, qui commandaient les divisions anglaises de Sicile et des Baléares furent bientôt prévenus de l'entrée de l'armée française dans la Méditerranée. L'amiral Saint-Vincent qui l'y avait suivie avec 16 vaisseaux reçut, dans la nuit du 16, un coup de vent qui le fit relâcher à Mahon où il trouva le contre-amiral Duckworth.

L'armée navale d'Espagne, forte de 17 vaisseaux, 4 frégates et 3 brigs avait profité de l'éloignement de l'amiral Saint-Vincent pour sortir de Cadix, le 13 mai, et faire route pour Toulon ; mais elle reçut le coup de vent qui dispersa l'armée anglaise et fut aussi forcée de relâcher : tous les bâtiments espagnols entrèrent à Carthagène avec des avaries plus ou moins considérables.

La révolte des habitants d'Oneille avait nécessité l'envoi sur la côte des frégates la *Romaine*, la *Créole* et du lougre le *Vautour* qui avaient été placés sous les ordres du capi-

taine Lacaille. Le 27 mai, l'armée navale quitta elle-même
Toulon où furent laissés le *Batave* et le *Fougueux* qui s'é-
taient abordés, et dont les réparations n'étaient pas achevées;
elle mouilla sur la rade de Vado, près de Savone, quelques
jours plus tard. L'armée de terre de la République luttait
alors contre des forces triples en Italie et venait d'éprouver
des revers ; les places de Civita Vecchia et de Naples avaient
été évacuées; le général en chef Moreau s'était replié sur
Asti pour attendre des renforts, ainsi que la division du
général Victor qui passait par Gênes pour faire sa jonction
avec l'armée de Naples. La présence de l'armée navale
dans ces parages pouvait lui être d'un grand secours.
Toutefois, le commandant en chef avait ordre de n'y rester
que le temps indispensable pour seconder les opérations du
général Moreau ; il lui était recommandé surtout de ne pas
se dégarnir des troupes et des munitions qui étaient à bord
des vaisseaux, car elles étaient destinées au ravitaillement
de Malte. Il fit cependant mettre à terre quelques vivres
et les munitions indispensables à l'armée d'Italie. Le 8 juin,
le vice-amiral Bruix apprit que 21 vaisseaux anglais avaient
paru d'abord devant Toulon, ensuite devant Saint-Tropez.
Cette armée était évidemment à sa recherche et ne pouvait
manquer de le rencontrer s'il restait au mouillage. Voulant
se conformer à ses instructions qui lui enjoignaient d'éviter
l'ennemi jusqu'à ce qu'il eût fait sa jonction avec les Espagnols, il mit sous voiles ; et rangeant la côte d'aussi près
que possible, il se croisa pendant la nuit avec les Anglais
qui n'étaient qu'à quelques milles plus au large, et fit route
pour Carthagène où il mouilla le 24. Les deux vaisseaux
laissés à Toulon, la *Friponne* et le brig le *Lodi* l'y rejoignirent.

Le plan de campagne tracé par le Directoire et la Cour
de Madrid devenait pour ainsi dire inexécutable, l'époque
reculée de la jonction des escadres ayant permis à l'Angleterre de réunir 60 vaisseaux dans la Méditerranée.
Le roi d'Espagne ne voulant d'ailleurs pas exposer les siens

dans une lutte inégale, avait ordonné au lieutenant général Mazarredo de quitter Carthagène où ils pouvaient être facilement bloqués, et de se rendre à Cadix; là, on devait s'occuper d'augmenter les forces qu'il commandait. Au moment d'être encore séparé de l'armée espagnole qu'il avait eu tant de peine à rallier, le vice-amiral Bruix proposa à l'amiral espagnol un plan dans lequel il se flattait de diviser les forces des Anglais, et de mener à bonne fin les opérations dont il était chargé. Au lieu de faire entrer l'armée combinée à Cadix, il voulait l'établir en croisière dans l'Océan. Son point de station devait être ignoré; le Directoire et la Cour de Madrid le connaîtraient seuls. Informés bientôt de son passage dans l'Océan et ne la trouvant pas à Cadix, les Anglais supposeraient qu'elle s'était dirigée sur Brest pour prendre les vaisseaux qui s'y trouvaient encore et tenter avec eux quelque opération importante. Il était probable que les vaisseaux anglais qui étaient entrés dans la Méditerranée en même temps que l'armée navale de Brest, en sortiraient alors pour renforcer l'armée du vice-amiral Bridport. Dès que les Anglais auraient passé le détroit, l'armée combinée devait rentrer dans la Méditerranée pour y effectuer les opérations convenues, soit ensemble, soit séparément, selon le nombre des vaisseaux ennemis restés dans cette mer. Ce plan, sagement conçu, ne fut pas mis à exécution. Le lieutenant général Mazarredo prétendit ne pouvoir prendre sur lui la non-exécution des ordres qui venaient de lui être donnés par son gouvernement. L'armée combinée mouilla à Cadix le 10 juillet.

Pendant que le vice-amiral Bruix était dans la Méditerranée, le Directoire avait voulu faire une diversion en armant une autre escadre à Brest; la Cour de Madrid avait consenti à y joindre les 5 vaisseaux le *San Carlos* de 112ᵉ; l'*Argonauta* de 80 ; le *Monarca*, le *San Augustino* de 74 ; le *Castille* de 60 et la frégate la *Pace*, sous le commandement du chef d'escadre Melgarejo. Mais au lieu de se rendre à Brest, cette division jeta l'ancre sur la rade de l'île d'Aix,

le 7 mai. A peine était-elle arrivée, que le gouvernement
espagnol voulut la rappeler. Ce mouvement de retraite
que rien ne justifiait n'eut pas lieu, et le chef d'escadre
espagnol persistant à rester au mouillage de l'île d'Aix, y fut
bloqué et, le 2 juillet, canonné par 6 vaisseaux anglais,
4 frégates et 3 bombardes détachés de l'armée de la
Manche avec le contre-amiral Charles Morice Pole. Les
bonnes dispositions du chef d'escadre Melgarejo et l'attitude des forts, des batteries et de quelques canonnières
françaises qui étaient en rade rendirent cette attaque infructueuse (1).

Voyons maintenant comment il se fit que l'armée navale
de la République et l'armée anglaise purent parcourir la
Méditerranée sans se rencontrer. Le 23 mai, lord Saint-
Vincent sortit de Mahon avec 20 vaisseaux et se dirigea sur
la côte d'Espagne ; il y apprit que le vice-amiral Bruix avait
quitté Toulon. Il envoya alors le contre-amiral Duckworth
avec 4 vaisseaux renforcer le contre-amiral Nelson à Palerme et, rallié par le contre-amiral Whitshed qui lui
amenait 5 nouveaux vaisseaux, il en eut alors 21. Mais le
noble lord était au bout de ses forces, et sa santé ne lui permettant pas de rester plus longtemps à la mer, il remit le
commandement au vice-amiral lord Keith. Le 3 juin, le
nouveau commandant en chef de l'armée anglaise put
constater par lui-même l'exactitude des renseignements
qui avaient été donnés. Aussi ne s'arrêta-t-il pas devant
Toulon ; il se porta dans le golfe de Gênes, se croisa avec
l'armée française qu'il cherchait avec tant d'ardeur, retourna dans l'Ouest, fit une apparition dans le golfe de
Lyon et enfin s'établit en croisière entre Toulon et les îles
Baléares. Le 25 juillet, le vice-amiral Keith conduisit en-

(1) M. le comte Pouget, *Précis historique sur la vie et les campagnes du vice-amiral Martin*, donne à cette affaire, qu'il compare à l'attaque de 1809, des proportions qu'elle n'eut certainement pas. Les documents que j'ai eus entre les mains établissent que ce fut une longue canonnade dans laquelle on ne se fit de mal de part ni d'autre.

core son armée sur la côte d'Italie et il retourna devant Minorque. Ce fut là qu'il apprit la jonction de l'armée française et de l'armée espagnole et leur sortie de la Méditerranée. Fixé désormais sur la direction qu'il devait prendre, il laissa 2 vaisseaux à Mahon et fit route vers l'Océan avec 31 autres. 12 vaisseaux de renfort lui avaient été récemment envoyés. Le 29, l'armée anglaise laissa tomber l'ancre à Gibraltar.

Tandis que la Cour de Madrid, par ses lenteurs et ses tergiversations, faisait manquer les deux expéditions que son armée navale et celle de la République devaient entreprendre, le gouvernement anglais faisait d'immenses préparatifs et rassemblait sur le littoral de la Manche une armée de 25 à 30,000 hommes. La situation du Morbihan et des départements voisins fit craindre au Directoire que cet armement ne fût destiné pour les côtes de France. Dans cet état de choses, et afin de prévenir les malheurs qu'une semblable entreprise pourrait occasionner, il donna l'ordre au vice-amiral Bruix de se rapprocher de ces parages, et lui recommanda de se porter d'abord devant Rochefort afin de surprendre, s'il était possible, la division anglaise qui bloquait ce port. En conséquence de ces instructions, le vice-amiral Bruix quitta Cadix le 18 juillet; après de nombreuses hésitations, le lieutenant général Mazarredo se décida à le suivre avec les vaisseaux suivants :

Canons.		
116	Conception.	capitaine Francisco Uriarte.
		Josef Mazarredo, lieutenant général.
		Escaño, brigadier, major général.
	Reyna Luisa.	capitaine Josef Cardoqui.
		Domingo de Navas, chef d'escadre.
112	Principe de Asturias. . .	capitaine Juan Vicente Yañez.
		Frederico Gravina, lieutenant général.
	Mexicano.	capitaine Josef Salazar.
		Antonio de Cordova, chef d'escadre.
80	Neptuno.	capitaine Bernardo Muñoz.
		Villavicentio, chef d'escadre.
	San Juan Nepomuceno. .	capitaine Francisco Varquet Mondragon.
76	Conquistador.	— don Cosme Churucca.
	San Francisco de Asis. .	— Josef Lorenzo Goicoechea.
	San Francisco de Paula. .	— Augustin Figuerea.

III   11

	Bahama.	—	Josef Aramburu.
	Pelagio.	—	Gayetano Valdes.
	San Elmo.	—	don Josef Martinez.
76	*San Pablo*.	—	Luis de Villabriga.
	San Joaquim.	—	Marcelo Spinola.
	Guerrero.	—	Nicolas Estrada.

Frégates : *Perla, Soledad, Atocha, Carmen*.
Brigs : *Vivo, Vigilante, Descubridor*.

Trois autres vaisseaux, le *Santa Anna*, l'*Oriente* et le *Soberano* appareillèrent aussi, mais le premier se jeta à la côte à Rota ; les deux autres firent des avaries et rentrèrent.

Les vents qui soufflèrent grand frais pendant quelques jours ne permirent pas au vice-amiral Bruix d'aller reconnaître l'île d'Aix ; il se dirigea de suite sur Brest, et l'armée combinée y jeta l'ancre le 8 août. Au lieu d'armée combinée, il conviendrait mieux de dire l'armée navale de la République et celle d'Espagne, car chacune avait son chef particulier, la Cour de Madrid n'ayant pas voulu consentir à ce que le lieutenant général Mazarredo fût placé sous les ordres du vice-amiral Bruix.

Le chef d'escadre Melgarejo se décida ou réussit enfin à quitter le mouillage de l'île d'Aix le 2 septembre. Aux 5 vaisseaux que le commandant en chef de l'armée de Brest faisait stationner à Bertheaume, sous les ordres du contre-amiral Courand, furent adjointes 3 frégates qui durent se porter avec eux à la rencontre de la division espagnole. Mais lorsque le 4, celle-ci se trouva à la hauteur de l'île de Sein, la côte signala 30 vaisseaux ennemis et 10 frégates au large d'Ouessant ; le vent était au N.-O. Le chef d'escadre Melgarejo laissa arriver et fit route directement pour le Ferrol. Cette formidable armée n'existait que dans l'imagination du guetteur des signaux, qui contraria ainsi les projets du gouvernement français, mais servit admirablement le gouvernement espagnol et aussi, tout porte à le croire, le commandant de la division qu'il avait consenti à envoyer à Brest.

Après une halte de vingt-quatre heures à Gibraltar, le vice-amiral Keith reprit sa poursuite ; mais malgré cette activité, il ne put atteindre les armées alliées, et il arriva devant Brest pour les voir au mouillage sur cette rade.

La bataille d'Aboukir n'avait pas anéanti en totalité les ressources maritimes de l'armée d'Égypte ; les 2 vaisseaux ex-vénitiens, 6 frégates, 2 corvettes et 2 brigs étaient encore dans le port d'Alexandrie. La nécessité d'envoyer de l'artillerie et des munitions à l'armée de Syrie, fit songer à utiliser ces bâtiments. 3 frégates et 2 brigs furent placés sous les ordres du contre-amiral Perrée qui, le 8 avril, appareilla pour Jaffa avec la division que voici :

Canons.

42	*Junon.*	capitaine	Pourquier.
		Perrée, contre-amiral.	
40	*Courageuse.*	capitaine	Trullet (Léonce).
58	*Alceste.*	—	Barré.
18	{ *Salamine.*	—	Landry.
	{ *Alerte.*	—	Demay.

En outre, des approvisionnements dont cette division était chargée, et qu'elle débarqua à Jaffa, la *Junon* mit à terre quatre de ses pièces de 18 ; 600 boulets de 12 furent pris à bord de la *Courageuse* et de l'*Alceste* ; on ne laissa que 15 coups par pièce à chaque frégate.

L'armée française assiégeait alors Saint-Jean d'Acre. Lorsque le matériel et les munitions furent mis à terre, la division s'établit en croisière au large. Le contre-amiral Perrée avait ordre de n'entrer dans un port d'Europe que dans le cas unique où, poursuivi par des forces supérieures, il lui serait impossible de trouver une autre relâche. Il devait, dans tous les cas, revenir le plus promptement possible sur la côte de Syrie, où sa présence était nécessaire pour contre-balancer les facilités que donnait à l'ennemi la division turco-anglaise de sir Sidney Smith. Le 14 mai, la division française fut chassée par 2 vaisseaux et une frégate qu'elle perdit de vue à environ 24 milles de terre. L'approvisionnement en vivres et en eau était alors

sensiblement diminué. Le contre-amiral Perrée appela
en conseil les capitaines et les premiers lieutenants pour
délibérer sur le parti qu'il était le plus convenable de
prendre. L'avis unanime fut qu'il était urgent de faire route
pour France, en passant par l'île Lampedouze pour faire
de l'eau. Après une traversée de soixante et onze jours, la
division française était sur le point d'atteindre le but de
son voyage ; le port de Toulon n'était plus qu'à 60 milles
lorsque, le 17 juin, l'armée navale anglaise, de retour depuis deux jours seulement de la côte d'Italie, fut aperçue
dans le O.-S.-O. Le vent, alors au S.-O. et plus tard au N.-
E. était si faible, que les frégates ne purent être canonnées
que le lendemain soir. A 7^h, le vaisseau de 82^c BELLONA,
capitaine sir Thomas Thompson, était à un quart de portée
de canon de la *Junon* ; un autre vaisseau et 2 frégates
le suivaient de près. La division française courait au N.-
O. sans aucun ordre ; l'*Alceste* était à portée de voix derrière la *Junon* ; la *Courageuse* à un mille, la *Salamine* à
4 milles, l'*Alerte* à 7 milles de l'avant des deux premières
frégates. Le capitaine Thompson envoya quelques boulets à l'*Alceste* et à la *Junon* : toutes deux amenèrent leur
pavillon. Il se dirigea ensuite sur la *Courageuse* que le
CENTAUR de 82^c canonnait déjà : cette frégate amena également. La *Salamine* fut prise par la frégate EMERALD. Enfin l'*Alerte* se rendit aussi à 11^h 30^m. La *Junon* fut classée
parmi les frégates anglaises sous le nom de PRINCESS CHAR-
LOTTE.

Un conseil martial siégeant à Paris, le 25 novembre de
cette année, déclara que la présence de l'ennemi en force
supérieure sur la côte de Syrie ; l'enlèvement d'une partie
des canons de la *Junon* et de la *Courageuse* ; le débarquement de la presque totalité des poudres et des projectiles qui avaient été donnés à l'armée de terre ; le manque
d'eau et de vivres, avaient été des motifs assez puissants
pour nécessiter le retour de la division du contre-amiral
Perrée en France. Ce même conseil déclara, à l'unanimité,

cet officier général non coupable de la prise de la division qu'il commandait.

Nous avons laissé (1) la frégate de 44° la *Preneuse*, capitaine L'hermitte (Jean), et la corvette de 22° la *Brûle-Gueule*, capitaine Bruneau, faisant route de Sourabaya à l'île de France ; le contre-amiral Sercey avait toujours son pavillon sur la dernière. Le 9 mai au jour, la frégate et la corvette furent chassées, à leur atterrage sur l'île Ronde, par **3** vaisseaux anglais, une frégate et une corvette. Le vent qui soufflait du large, mollissait à mesure qu'on approchait de terre et, gagnés d'une manière sensible, les deux bâtiments français commencèrent à être canonnés, à la hauteur de la rivière Noire de l'île de France. L'impossibilité d'atteindre un port avant d'être joint décida le contre-amiral Sercey à entrer dans cette rivière ; cette entreprise qui présentait de grandes difficultés, fut couronnée de succès : la *Preneuse* et la *Brûle-Gueule* laissèrent tomber l'ancre à l'entrée de la rivière. Jusqu'alors, la frégate anglaise avait seule été assez rapprochée pour faire usage de son artillerie ; un vaisseau et la corvette purent bientôt engager le combat, et une canonnade fort vive s'établit entre ces trois bâtiments et les 2 Français qui travaillaient en même temps à élonger des amarres pour se haler plus en dedans. Les Anglais s'éloignèrent à 4ʰ du soir. Lorsque la *Preneuse* et la *Brûle-Gueule* furent hors de l'atteinte des boulets de l'ennemi, le contre-amiral Sercey fit mettre à terre quelques canons de la frégate pour renforcer les batteries et en établir une nouvelle sur la pointe la plus avancée. Mais les Anglais ne furent pas tentés d'attaquer les deux bâtiments français dans cette position ; ils se contentèrent de les bloquer pendant dix-neuf jours, après lesquels ils leur laissèrent le passage

----

(1) Page **129**.

libre. Ceux-ci en profitèrent pour rentrer au Grand Port.

Au mois de septembre, sur la réquisition du gouverneur général, le contre-amiral Sercey renvoya la *Brûle-Gueule* en France sous le commandement du capitaine Frélaud, en remplacement du capitaine Bruneau qui resta malade à terre. Le 8 mars 1800, au moment où elle arrivait au terme de son voyage, cette corvette toucha sur une roche dans le raz de Sein, et elle coula presque sur place. Sur 206 hommes, tant équipage que passagers, 38 seulement furent recueillis par un navire qui traversait aussi ce bras de mer. Tous les autres périrent et parmi eux se trouvait le capitaine Frélaud.

Depuis que notre armée était en Égypte, les Anglais avaient mis un grand soin à intercepter ses communications avec la France. Ce fut dans ce but qu'ils demandèrent l'expulsion des Français qui habitaient Tunis, sous prétexte qu'ils alimentaient Malte, et que, plus tard, ils engagèrent le bey à déclarer la guerre à la France. Ce fut avec une répugnance visible que le bey de Tunis obtempéra au firman du Grand seigneur qui lui enjoignait de rompre avec la France ; il déclara même au commissaire de la République que, sous le voile d'une hostilité apparente, il désirait rester en bonne intelligence avec elle. Les choses étaient dans cet état lorsque l'aviso l'*Assaillante*, qui se rendait de Malte en France avec des dépêches, relâcha à Tunis où le capitaine Rapont se croyait en sûreté. Le 9 janvier, alors qu'il se disposait à remettre sous voiles, il en fut empêché par plusieurs embarcations sorties de la Goulette qui abordèrent l'*Assaillante*, et l'enlevèrent sans rencontrer la moindre résistance. Aucune disposition de défense n'avait été prise, en effet, le capitaine Rapont n'ayant pas songé à la possibilité d'un pareil acte d'agression de la part d'un État qui conservait un agent de la République. Malgré cela, jugé et déclaré coupable par impéritie, cet

officier fut déchu de tout commandement pendant trois
ans.

Dans son *Voyage historique en Égypte*, Dominique de
Pietro rapporte un combat terminé par un acte d'héroïsme,
digne pendant de celui qui, plus tard, a illustré l'enseigne de vaisseau Bisson.

Après la bataille de Samanhout — 23 janvier 1799 — les
mamelucks étaient rentrés dans leurs foyers. Le petit
nombre de ceux qui étaient demeurés fidèles à Mourad Bey
pouvait être facilement contenu de l'autre côté des cata-
ractes. Tranquille sur ce point, le général Desaix résolut
de retourner dans le centre de la haute Égypte; le général
Belliard prit le commandement des troupes qui restèrent
cantonnées à Syène. En quittant cette ville, le général
Desaix avait emmené un convoi de barques chargées d'artillerie, qu'il faisait escorter par la djerme armée l'*Italie*.
Après avoir passé le Nil à Kous, il abandonna ce convoi
qui retardait sa marche. A quelques lieues de là, 1500
fanatiques, nouveaux débarqués de la Mecque, grossis
de plusieurs milliers de paysans, se portèrent sur Benout
où le vent contraire retenait le convoi. Ces frénétiques
s'élancèrent dans le fleuve et abordèrent les barques de
tous les côtés. La valeur succomba sous le nombre; tout
devint la proie des Mékains dont la fureur ne fut assouvie
que par la mort de tous les Français qui tombèrent en leur
pouvoir. Les canons de la djerme l'*Italie* ne purent la pré-
server de l'attaque, et elle allait partager le sort commun, si
le capitaine Morandi qui la commandait, ne l'avait fait
sauter en mettant le feu aux poudres, enlevant ainsi à
l'ennemi la gloire de s'être emparé d'un bâtiment de la
République. Le capitaine Morandi mourut victime de son
généreux dévouement.

Poussé par le parti ennemi de la **France**, et malgré les

démarches et les avances du ministère français, le président des États-Unis d'Amérique avait obtenu une notable augmentation de forces navales. Ce parti prétextait que les corsaires français ne se contentaient pas de capturer les navires anglais dans les eaux des États-Unis, mais qu'ils s'emparaient aussi des bâtiments américains. L'autorisation du 26 mai 1798, d'attaquer tout bâtiment français, en croisière sur les côtes d'Amérique, qui aurait arrêté ou qu'on soupçonnerait d'avoir arrêté des navires américains, était devenue, le 10 du mois de juillet, une injonction d'attaquer et de saisir les bâtiments français, partout où ils seraient rencontrés. C'était, en d'autres termes, une déclaration de guerre. Le ministère français avait répondu à la première démonstration en faisant mettre embargo sur tous les navires américains qui se trouvaient dans les ports de la République; et, à la deuxième, en arrêtant la goëlette de guerre de 14ᶜ RETALIATION qui fut prise, au mois de novembre 1798, par la frégate la *Volontaire*, capitaine Laurent.

Le 8 février 1799, le capitaine Barreaut, de la frégate de 40ᶜ l'*Insurgente*, se trouvant à 9 milles dans le S.-O. de l'île de Nièves, une des Antilles, aperçut au vent un bâtiment qui se dirigeait de son côté. Après un virement de bord, il reconnut une frégate : c'était la CONSTELLATION, frégate américaine de 48 canons, commandée par le commodore Truxtun. A 1ʰ 30ᵐ, la frégate française ayant démâté de son grand mât de hune dans un grain, le capitaine Barreaut fit route au N.-O. 1/4 N., et hissa le pavillon américain que déploya aussi la frégate signalée. Celle-ci fit alors à l'*Insurgente* des signaux qui déterminèrent son capitaine à arborer les couleurs nationales. A 3ʰ 10ᵐ, la CONSTELLATION fut hélée par la frégate française et s'abstint de répondre. Interpellée une seconde fois, elle envoya sa volée par la hanche de bâbord de l'*Insurgente;* la riposte ne se fit pas attendre. Malheureusement, le capitaine Barreaut ne donna pas à son équipage l'élan et les encouragements qui dénotent la fermeté et la présence d'esprit du chef. La confusion fut bientôt à son comble à bord de la frégate française; chacun y commandait. L'équipage sauta même sur les armes placées aux différents postes et demanda l'abordage à grands cris. La barre fut mise au vent, sans qu'aucune manœuvre eût été préalablement ordonnée. Mais pendant que ce mouvement se faisait, en quelque sorte à l'insu du capitaine, celui-ci ordonnait de cesser le feu ; et lorsque la frégate américaine qui s'était éloignée pour n'être pas abordée revint vers lui, il fit amener le pavillon.

On ne connaissait pas encore la déclaration de guerre des États-Unis lorsque l'*Insurgente* avait quitté la Guadeloupe, et les instructions de l'agent du Directoire enjoignaient au capitaine Barreaut les plus grands ménagements envers les Américains. Persuadé que l'agression de la frégate américaine était le résultat d'une méprise qu'une explication ferait cesser, le capitaine Barreaut avait amené son pavillon. Il se trompait, et le commodore Truxtun lui enleva ses illusions en lui demandant son épée qu'il dut naturellement lui remettre.

L'*Insurgente* portait   26   canons   de 12,
                                        10   —   de 6
                       et   4 caronades   de 36.
La Constellation avait 28   canons   de 12,
                                        10   —   de 12
                       et 10 caronades   de 32.

Accusé par les officiers de l'*Insurgente*, le capitaine Barreaut trouva l'agent du Directoire à la Guadeloupe peu disposé à goûter les raisons qu'il lui donna pour pallier sa conduite. Il fut renvoyé en France pour être jugé et se justifier des reproches qu'il paraissait avoir mérités.

Le jury formé à Lorient, le 16 octobre 1799, émit l'avis que le capitaine de frégate Barreaut n'avait pas opposé une résistance suffisante. Il le déclara cependant non coupable sur tous les chefs d'accusation qui attaquaient ses connaissances, son courage et son honneur.

La frégate l'*Insurgente* ne put être rendue à la France, ainsi que le voulait la convention qui fut passée avec les États-Unis, le 20 septembre de l'année suivante ; elle avait sombré à la mer pendant un ouragan.

————

J'ai dit que le gouverneur des îles de France et de la Réunion avait cédé la frégate la *Prudente* au commerce. Après avoir mis 4 canons à terre, ce qui en réduisait le nombre à 32, cette frégate était partie sous le commandement du capitaine Joliff pour croiser sur les sondes du Bengale. Le 9 février, elle retournait à l'île de France lorsque, vers 7ʰ du matin, un fort bâtiment fut aperçu suivant la même route qu'elle. Le capitaine Joliff dirigea vers le Sud une riche prise qu'il avait faite quelques jours auparavant, et il mit le cap au N.-O. Cette nouvelle route lui permit bientôt de reconnaître le bâtiment en vue : c'était la frégate anglaise de 40ᵉ DŒDALUS, capitaine Ligbird Ball. A 3ʰ de l'après-midi, les deux frégates hissèrent leur pavillon et commencèrent le combat ; elles avaient les amures à bâbord. Peu après l'anglaise, qui était au vent, réussit à passer à poupe de la *Prudente* à laquelle elle envoya une bordée destructive et, loffant aussitôt, elle prit poste sous le vent : un échange de bordées précipitées eut lieu dans cette position. A 4ʰ 15ᵐ, le mât d'artimon de la *Prudente* fut abattu sur son pont ; la manœuvre devenant dès lors impossible, le capitaine Joliff ne crut pas devoir prolonger la lutte, et il fit amener le pavillon. La mâture de la frégate anglaise était très-maltraitée, mais elle avait à peine quelques boulets dans le corps.

Outre les 4 canons que la *Prudente* avait laissés à l'île de France, le capitaine Joliff avait encore fait mettre à bord de sa prise tous ceux des gaillards moins 2.

La *Prudente* n'avait donc que 26 canons de 18
                          et 2 caronades de 36.
La DOEDALUS avait   26 canons de 18,
                            4   —   de 9
                       et 10 caronades de 32.

La *Prudente* avait été momentanément rayée de la liste
des bâtiments de l'État, et j'eusse passé sa capture sous
silence, si son combat, rapporté déjà dans les ouvrages anglais, ne m'avait pas fait considérer comme une obligation
de bien préciser ce qu'était cette frégate.

La frégate de 42ᵉ la *Forte*, capitaine Beaulieu Leloup,
en croisière sur la côte du Bengale, chassa et amarina deux
navires dans la journée du 1ᵉʳ mars. Il était 10ʰ du soir,
et la *Forte* gouvernait pour rallier sa dernière prise, lorsqu'un autre navire fut aperçu sous le vent. Persuadé que
c'était encore un marchand, le capitaine Beaulieu ne tint
aucun compte des représentations de ses officiers qui
trouvaient la manœuvre de ce navire fort suspecte, et il
laissa l'équipage se coucher. Après avoir gagné le vent à
la *Forte*, cet inconnu ne chercha nullement à l'éviter. L'ordre fut enfin donné de faire les dispositions de combat; on
conçoit qu'elles furent prises avec lenteur. Malgré cela, et
avant que chacun fût à son poste, impatient de savoir à
quoi s'en tenir, le capitaine Beaulieu vira de bord et il se
trouva bientôt à portée de fusil et sous le vent de ce bâtiment qui courait à contre-bord. C'était la frégate anglaise
de 48ᵉ SIBYL, capitaine Edward Cooke. Quelques coups
de canons qui lui furent tirés restèrent d'abord sans réponse; mais lorsque la *Forte* se trouva par son travers, elle
lui envoya sa bordée et, arrivant en grand, elle lui en tira
une seconde d'enfilade. Prenant alors les mêmes amures,
elle se plaça par sa hanche de tribord. Le premier coup
de canon avait été tiré à minuit et quart. Le changement
de position de la frégate anglaise n'avait pas été remarqué

dans la batterie de la *Forte;* le capitaine Beaulieu ayant
négligé de prévenir l'officier qui la commandait, on y continua à tirer à bâbord sur un navire que l'on découvrait dans
la fumée et qui était une des prises de la frégate française.
On s'aperçut enfin de cette méprise et l'on arma tribord.
Le feu prit alors une grande vigueur, car les frégates mirent le grand hunier et le perroquet de fougue sur le mât.
De ce moment, la *Forte* put se servir des 14 pièces de sa
batterie; mais la nécessité dans laquelle elle s'était trouvée de donner des hommes à sept prises, ne lui permit
pas d'armer les canons des gaillards. Malheureusement, le
câble, sorti de la cale pour être prêt à mouiller, et qui avait
été suspendu aux barreaux pour permettre la manœuvre
des canons, tomba sur le pont et engagea plusieurs pièces;
il en résulta une interruption dans le jeu de l'artillerie. A
1ʰ 40ᵐ, le capitaine Beaulieu fut emporté par un boulet et
remplacé par le lieutenant Vigoureux; le capitaine Cooke,
blessé lui-même mortellement, venait de remettre le commandement à son second. Le nouveau capitaine de la *Forte*,
descendu dans la batterie pour encourager l'équipage, reçut la mort au moment où, à 2ʰ, il remontait sur le pont;
le lieutenant Luco prit, à son tour, le commandement. Cet
officier connaissait la situation de la batterie; 4 pièces
seules tiraient à cette heure. Il mit tout le monde à la
manœuvre, laissa tomber la misaine et fit orienter; ce ne
fut pas chose facile, car tous les bras étaient coupés. Lorsqu'à force d'efforts on fut parvenu à mettre le vent dans
les voiles, la mâture entière s'abattit : il était alors 2ʰ 25ᵐ.
La frégate anglaise demanda si on amenait et, sur la réponse affirmative qui lui fut faite, elle cessa le feu. La
Forte avait le côté de tribord criblé, ses trois bas mâts abattus, et le beaupré cassé à la première liure.

Trois jours avant cette affaire, à la suite d'un combat
avec le vaisseau anglais de la Compagnie des Indes OSTER-
LEY, le capitaine Beaulieu s'était plaint qu'on eût tiré trop
bas, et il avait fait diminuer les coussins des canons de

0^m.027. Il en était résulté que tous les boulets avaient porté dans la mâture de la frégate anglaise ; elle n'en avait que quatre dans le corps.

La *Forte* portait 28   canons   de 24,
10   —   de 8
·et 4 caronades de 36.
La Sibyl avait 28   canons   de 18,
6   —   de 9
et 14 caronades de 32.

En outre de son équipage de 284 hommes (1), la frégate anglaise en avait 95 en supplément.

Au jour, les deux prises de la *Forte* étaient encore en vue. Pensant les induire en erreur sur le résultat du combat de la nuit, le capitaine Cooke fit placer le pavillon anglais au-dessous du pavillon de la République. Cette ruse ne lui réussissant pas, il les poursuivit, mais ne put les atteindre.

On doit se rappeler (2) que la *Forte* ayant été désignée pour transporter des troupes à Batavia, le contre-amiral Sercey n'avait pas jugé convenable de faire cette campagne, et qu'il avait retiré le commandement de cette frégate au capitaine Beaulieu. Cette mesure n'avait pas été prise sans des motifs sérieux. On les trouve exposés dans le passage suivant d'une dépêche en date du 3 juin 1799, que cet officier général écrivit au ministre de la marine, en apprenant que le gouverneur général avait rendu le commandement de la *Forte* à cet officier. « Le général Malartic, « disait le contre-amiral Sercey, savait que mon projet « était de ne pas laisser un commandement aussi im- « portant que celui de la *Forte* dans les mains du capi- « taine Beaulieu, dont l'âge et les fatigues ont affaibli les « facultés. J'ai appris que le plus grand désordre régnait « sur cette frégate. » Cette phrase peut expliquer la per-

---

(1) Règlement de 1796.
(2) Page 55.

sistance du capitaine Beaulieu à vouloir que la Sibyl fût
un navire du commerce.

Le capitaine Lejoille, du vaisseau de 82° le *Généreux*, qui
avait été envoyé de Corfou à Ancône pour presser l'envoi
de secours devenus indispensables, mit à la voile de ce dernier port, dans les premiers jours du mois de mars, avec
9 transports portant 1000 hommes de troupes, des vivres et
des munitions. La situation de l'île de Corfou, attaquée
par les habitants révoltés et bloquée par une escadre turco-
russe sous les ordres du capitan bey Cadir bey et de l'a-
miral Ouchakoff, détermina le capitaine Lejoille à se diriger
d'abord sur Brindisi, petit port de la côte d'Otrante, afin
d'y prendre des renseignements précis. Cette ville était, il
est vrai, occupée par les troupes du cardinal Ruffo et il
fallait entrer de vive force. Malheureusement, lorsque le
3 mars, le *Généreux* donnait sous toutes voiles dans le
port, il fut échoué par la maladresse de son pilote sous le
canon du château de mer qui fit aussitôt feu sur lui, et cela
en quelque sorte impunément, car le vaisseau ne pouvait
se servir que d'un très-petit nombre de pièces. Le capitaine
Lejoille fut tué par un des premiers boulets. Quoique les
moyens d'attaque du *Généreux* fussent beaucoup réduits par
suite de son échouage, la ville se rendit après une canonnade de deux heures. Le vaisseau fut alors remis à flot et
il entra dans le port. Le lieutenant de vaisseau Touffet,
qui en avait le commandement, ayant appris la reddition
de Corfou, retourna à Ancône. La prise de cette île avait
entraîné celle du vaisseau de 60° le *Leander* et de la corvette de 18° la *Brune* qui se trouvaient dans le port.

Le lougre le *Sans-Quartier*, capitaine Chappey, appareilla de Saint-Malo, le 2 avril, pour éclairer la marche
d'un convoi qui se rendrait à Brest sous l'escorte de la

canonnière le *Cerbère*, capitaine Mesnage. Le temps était beau, mais brumeux et le vent soufflait du S.-S.-E. Un bâtiment ayant été aperçu à l'ancre aux îles Saint-Quay, et les vigies de la côte l'ayant signalé ennemi, le capitaine Chappey laissa arriver pour prévenir le convoi qu'il ne voyait plus. Mais le *Sans-Quartier* fut chassé par ce bâtiment et, atteint avant d'être arrivé aux îles Chausey, il n'essaya pas de se défendre contre la corvette anglaise de 20⁰ DANAE, capitaine Proby.

Le 19 mai, une division turco-russe de sept vaisseaux, sous les ordres du contre-amiral russe Weinowich, dirigea une attaque sur Ancône et sur les vaisseaux le *Laharpe*, le *Béraud* et le *Stengel* qui se trouvaient dans le port. Cette canonnade fut sans résultats. Le feu des Turcs qui, par prudence, avaient mouillé au large des Russes, fit plus de mal à ceux-ci qu'aux Français. L'attaque se transforma en blocus. La ville d'Ancône se rendit à la fin de l'année, mais à l'armée autrichienne qui en faisait le siége. La prise de cette place fit perdre à la République les 3 vaisseaux qui s'y trouvaient.

L'aspirant Roux, de l'aviso la *Dorade*, parti de Toulon pour aller à la rencontre de l'escadre espagnole qu'on attendait dans ce port aperçut, le 3 juin, à la hauteur des îles de Rieux, une escadre dont tous les bâtiments portaient le pavillon espagnol, et vers laquelle il se dirigea. Ces bâtiments ne répondirent cependant pas aux signaux de reconnaissance qui leur furent faits; alors seulement, l'aspirant Roux songea qu'il pouvait avoir été dupe de quelque ruse et il rallia la terre. Mais, chassé par le vaisseau anglais de 82⁰ MONTAIGU, à la corne duquel le pavillon espagnol flottait toujours, il se rendit à deux embarcations qui l'amarinèrent.

Déclaré coupable d'avoir perdu par impéritie l'aviso qu'il commandait, l'aspirant Roux fut condamné à être cassé. Il fut encore déclaré incapable de servir.

La canonnière la *Chiffonne*, capitaine Provost, sortie d'Isigny avec deux transports en destination pour Rouen chassa, le 14 juillet, un cutter anglais de 12 canons. Ayant réussi à l'atteindre à 9ʰ du matin, elle engagea avec lui un combat qui commençait à devenir très-vif et que le capitaine Provost allait terminer par un abordage lorsque, dans un fort grain, le vent passant du S.-S.-O. au N.-O., l'obligea d'amener toutes ses voiles et de faire un moment vent arrière. Lorsque le grain fut passé, la *Chiffonne* était trop souventée pour songer à poursuivre le cutter ennemi. Elle continua sa route.

Prévenu par les vigies de la côte que plusieurs voiles étaient en vue, le capitaine Desrotours, du côtre le *Sans-Souci*, parti de Dieppe, le 1ᵉʳ août, prit la bordée de terre, ainsi qu'un navire qu'il escortait, et laissa tomber l'ancre à demi-portée de canon de la batterie du bourg d'Aust. Le vent était à l'Ouest, joli frais. Un cutter anglais vint le reconnaître. Pendant la nuit, le *Sans-Souci* et son compagnon remirent sous voiles; mais, au jour, ayant aperçu le cutter de la veille, ils mouillèrent devant Tréport. L'Anglais alla les y attaquer; le feu du côtre français, auquel se joignit celui des deux batteries de la baie, le forcèrent à s'éloigner. Il ne se découragea pourtant pas. A 8ʰ, il dirigea contre les Français une nouvelle canonnade qui n'eut pas plus d'effets que la première et il prit le large pour rallier une frégate et un brig qui se dirigeaient de son côté. Le *Sans-Souci* et le navire qu'il convoyait entrèrent alors dans le port.

Le 22 avril, la frégate de 40° la *Vestale*, capitaine Gaspard (1), partit de Saint-Domingue pour France, encombrée de malades et avec un équipage considérablement affaibli par la fièvre jaune. Le vent ayant porté la frégate sur la côte d'Espagne, le capitaine Gaspard entra dans la rade du Passage (2) où il trouva la corvette de 20° la *Sagesse*, capitaine Jalabert. Ils mirent tous les deux à la voile le 17 août. Le surlendemain, la frégate anglaise de 48° CLYDE, capitaine Charles Cuningham, fut aperçue. Sans attendre même que cette frégate se dirigeât de son côté, le capitaine Jalabert signala liberté de manœuvre et fit route à l'Est; le vent était au N.-O., bon frais. La *Vestale* gouverna au Sud et fut chassée par la CLYDE; à 1ʰ 15ᵐ, celle-ci l'attaquait par tribord, à portée de pistolet. A la troisième bordée, la frégate anglaise passa de l'autre côté puis, après une courte canonnade, se laissa culer pour reprendre le poste qu'elle avait occupé de l'autre bord; la *Vestale* suivit le mouvement d'oloffée de son adversaire. Le capitaine anglais manœuvra alors sur l'avant de la frégate française ainsi qu'il l'avait fait sur son arrière, passant alternativement d'un bord et de l'autre, et tirant sa bordée chaque fois qu'il coupait la route de la *Vestale*. Après deux heures de combat, criblée dans toutes ses parties, celle-ci amena son pavillon.

La *Vestale* avait   26   canons   de 12,
                6   —   de 6,
      et   4 caronades de 36.
La CLYDE portait   28   canons   de 18,
                4   —   de 9,
      et   16 caronades de 32.

La corvette la *Sagesse* atteignit Rochefort où le lieute-

---

(1) La *Vestale* ayant successivement perdu deux capitaines, les capitaines de frégate Foucaud et de Trobriand (François), le commandement de cette frégate avait été donné à l'enseigne de vaisseau Gaspard.
(2) Petit port de la côte Nord, entre Saint-Sébastien et Fontarabie.

nant de vaisseau Jalabert fut traduit devant un jury. Il y
fut déclaré que cet officier n'avait pas fait ce qu'il devait
faire pour empêcher la *Vestale* d'être prise. Cette décision
fut cassée pour défaut de formes. Je ne saurais dire si
l'affaire fut portée devant un nouveau jury.

Bonaparte ignorait ce qui se passait en France. Depuis
son retour de Syrie, aucune dépêche du Directoire ne lui
était arrivée et la prévision des grands événements qui se
préparaient en Europe le dévorait d'inquiétudes. Il envoya
à l'escadre turque qui avait apporté l'armée récemment
défaite à Aboukir, un parlementaire qui, sous prétexte de
négocier un échange de prisonniers, devait tâcher d'obtenir
quelques nouvelles. Le capitaine Sidney Smith arrêta ce
messager, et se fit un malin plaisir de faire connaître au
commandant en chef de l'armée expéditionnaire d'Égypte,
les nouvelles qu'il était si impatient de recevoir ; il lui
envoya un paquet de journaux. Aussitôt que le général
Bonaparte eut parcouru ces feuilles, sa détermination fut
prise ; il résolut de s'embarquer secrètement pour l'Europe
au risque d'être arrêté par les croiseurs ennemis.

Le 23 août, le contre-amiral Ganteaume (Honoré), qui
était resté commander la marine en Égypte, et qui avait
suivi le général en chef en Syrie, mit son pavillon sur la
frégate de 44ᶜ la *Muiron*, capitaine Larue, et le chef de
division Dumanoir Lepelley, commandant des armes à
Alexandrie, prit le commandement de la frégate de 44ᶜ la
Carrère, arrivée depuis la bataille d'Aboukir. Ces deux frégates et les avisos de 4ᶜ l'*Indépendant*, capitaine Gastaud
et la *Revanche*, capitaine Vicard, appareillèrent ce même
jour d'Alexandrie, par un beau temps et une jolie brise du
Nord. Le général Bonaparte était à bord de la *Muiron*.
Après une navigation heureuse, la division mouilla, le
30 septembre, à Ajaccio de l'île de Corse, qu'elle quitta le
6 du mois suivant pendant la nuit. Le 7 au soir, 4 voiles

furent aperçues dans le N.-O. et des coups de canons furent entendus toute la nuit dans cette direction. Le 9, à 8ʰ 30ᵐ du matin, la division mouilla à Fréjus. Le contre-amiral Ganteaume et le chef de division Dumanoir suivirent le général Bonaparte à Paris et le capitaine Larue appareilla avec la division qui arriva le 12 à Toulon.

———

Le 25 août au soir, la corvette de 26° la *Républicaine*, capitaine Lebozec (Pierre), était attaquée, sur la côte de la Guyane, par la frégate anglaise de 48ᵉ TAMAR, capitaine Thomas Western. Les suites de ce combat pouvaient être prévues ; la corvette ne tarda pas à ressentir l'effet des puissantes bordées de son adversaire et, après un quart d'heure, son pavillon fut amené : elle était rase comme un ponton.

Deux circonstances avaient contribué à augmenter l'infériorité déjà bien grande de la corvette : son équipage était réduit, par suite de l'obligation dans laquelle elle s'était trouvée de donner des hommes à deux navires qu'elle avait capturés ; en second lieu, elle ne pouvait se servir des caronades des gaillards. L'usage de ces pièces venait d'être introduit dans la marine française ; on en avait placé sur les gaillards de tous les bâtiments à batterie, sans s'inquiéter si l'emplacement, d'abord occupé par des canons, convenait à ces engins de nouvelle espèce. Les difficultés qu'on a rencontrées lorsqu'on s'est occupé sérieusement de rendre le tir des caronades possible, indiquent assez ce qui dut arriver dans le principe. Les caronades étaient à bord, mais on ne pouvait pas toujours s'en servir. Il en résulta, que le chiffre indicateur du nombre des pièces d'artillerie des bâtiments français, se trouva généralement plus élevé que celui dont ils pouvaient faire usage.

La *Républicaine* avait 20   canons   de 8,
et   6 caronades de 36.

La Tamar portait   28   canons   de 18,
                    4   —   de 9,
         et 16 caronades de 32.

Après un court séjour à l'île de France, la frégate de
44ᵉ la *Preneuse*, capitaine L'hermitte, mit sous voiles, le
3 août, se porta dans le golfe de Bengale où elle ne rencontra pas un seul navire, alla visiter la baie de Saint-Augustin de Madagascar et se rendit sur la côte orientale
d'Afrique. Le 20 septembre, vers 5ʰ du soir, 2 brigs et 2
trois-mâts furent aperçus à l'ancre dans le Nord de la baie
de Saint-François ; les derniers avaient leurs mâts de
hune calés. Le capitaine L'hermitte n'hésita pas à aller
mouiller par le travers de ces bâtiments ; il s'ensuivit
une chaude canonnade à laquelle une batterie de terre
prit part. A minuit, le vent, en s'élevant de terre, fit
éviter les bâtiments et suspendit un moment le combat.
La *Preneuse* fut bientôt embossée et le feu reprit aussi
serré que devant. A 3ʰ, un des brigs mit sous voiles.
Craignant quelque entreprise de sa part, et perdant l'espoir de s'emparer de deux bâtiments dont la résistance
pouvait seule faire présumer la force, le capitaine L'hermitte se décida à une retraite rendue en quelque sorte
nécessaire par l'état d'épuisement de l'équipage de sa
frégate. Ce ne fut que plus tard qu'il connut le nom et
la force des bâtiments qu'il avait combattus : c'étaient la
frégate anglaise Camel, capitaine John Lee, armée en flûte
avec 24 canons et la corvette aussi anglaise de 24ᵉ Rat-
tlesnake, capitaine Samuel Gooch ; toutes deux apportaient
des munitions de guerre à l'armée anglaise qui combattait
les Cafres. Le capitaine L'hermitte resta quelques jours
encore dans ces parages et se rapprocha ensuite du cap de
Bonne-Espérance.

Le 9 octobre, la frégate de 44ᶜ la *Preneuse* était à la

cape dans le N.-E. du cap de Bonne-Espérance avec un grand vent d'Ouest. Ayant pu reconnaître, avant la nuit, un vaisseau anglais dans un gros bâtiment aperçu du côté du Nord, le capitaine L'hermitte prit chasse au S.-E. Vers 11ʰ du soir, ce vaisseau sur lequel la frégate tirait depuis quelque temps en retraite, vint en travers et envoya deux volées qui furent sans effet. Il n'en fut pas de même de la manœuvre qu'elles avaient nécessitée : son résultat fut de mettre les deux bâtiments en dehors de la portée du canon. La chasse continua, mais l'échange des boulets ne recommença que le lendemain dans l'après-midi. Aux coups isolés des pièces de chasse et de retraite succédèrent des volées entières, au moyen d'embardées qui permettaient, tantôt à la frégate de mettre le vaisseau par son travers, tantôt à celui-ci de pointer tous ses canons sur la frégate française. Le vent avait molli et la mer qui était très-grosse augmentait encore le désavantage de marche de la *Preneuse* ; un combat était inévitable. Le capitaine L'hermitte fit carguer les basses voiles et, à 3ʰ 50ᵐ, venant en grand sur bâbord et mettant le perroquet de fougue sur le mât, il présenta le travers de ce côté au vaisseau dont le nom put bientôt être lu à la poupe : c'était le JUPITER de 60ᵉ, capitaine William Granger ; celui-ci fit la même manœuvre et le combat s'engagea bord à bord avec vigueur. Saisissant la première occasion favorable, le capitaine L'hermitte passa sur l'arrière du vaisseau, lui envoya une bordée à bout portant et prit position par sa hanche de bâbord. Après quelque temps de canonnade fort vive, il parvint à exécuter une seconde fois la manœuvre qu'il avait faite ; la *Preneuse* arriva en grand et, après avoir tiré une bordée d'enfilade, elle combattit le JUPITER par la hanche de tribord. Les rôles changèrent alors : le capitaine anglais jugea prudent de faire vent arrière ; vers 5ʰ 15ᵐ, il était en dehors de la portée des boulets de la *Preneuse*. Le port Natal restait alors à 15 milles dans l'Ouest. Quelque prolongé qu'eût été ce combat, les avaries et les pertes étaient peu considérables. L'état de la mer explique suffisamment cette particularité.

La relation anglaise (1) dit que la mer était tellement tourmentée, qu'il ne fut pas possible d'ouvrir les sabords de la batterie basse du Jupiter et que, par suite, ce vaisseau de 50 fut réduit à ne pouvoir se servir que de ses canons de 12. A cela je répondrai que le vaisseau de 50 le Jupiter portait 60 canons (2), et que, par conséquent, en outre de ses canons de 12, il put faire jouer sa batterie des gaillards composée de canons de 6 et de caronades de 32. En admettant donc, — bien que la manœuvre de la *Preneuse* permette de concevoir quelques doutes, — en admettant que les 22 canons de la batterie basse du vaisseau n'eussent pu être utilisés, il lui restait 22 canons de 12, 4 de 6 et 12 caronades de 32, en tout 38, contre les 44 canons de la *Preneuse*. La différence, au profit de la frégate française, était donc uniquement de 6 et même de 3 canons, puisqu'on ne se battait que d'un bord. Voici maintenant la conclusion de l'historien anglais : «La conséquence fut que, avant que les boulets du vaisseau de 50 eussent pu produire quelque effet sur la frégate française, l'artillerie de celle-ci avait haché une partie des manœuvres courantes du vaisseau et endommagé son grand mât et son mât de misaine. Le Jupiter ayant jugé utile de se laisser culer pour réparer ces dommages, la *Preneuse*, satisfaite d'avoir fait plier un adversaire qu'il eût été peut-être imprudent de serrer trop vivement, tint le vent et se retira (3). » Ici, il y a contradiction entre la version anglaise et la version française. Le capitaine L'hermitte dit que ce fut le vaisseau anglais qui se retira et que la *Preneuse* l'accompagna de ses boulets. Cette version me semble plus probable que l'autre car, le Jupiter ayant facilement gagné la *Preneuse* avant le com-

(1) W. James, *The naval history*, etc.
(2) Règlement du 19 novembre 1794.
(3) M. W. James dit même *se sauva*, « escaped. »

bat, pourquoi, au lieu de se rendre directement à Table-bay, ne la poursuivit-il pas de nouveau pour prendre sa revanche? Quoi qu'il en soit des motifs qui déterminèrent le capitaine Granger, il reste avéré que le capitaine L'hermitte eut le mérite d'avoir combattu un vaisseau anglais et la gloire de l'avoir obligé à la retraite.

La *Preneuse* avait   28   canons   de 18,
                        12   —   de 8
               et   4 caronades de 36.
Le JUPITER portait   22   canons   de 24,
                        4   —   de 6
               et   12 caronades de 36.

La *Preneuse* tint encore la mer jusqu'au 19 octobre et se dirigea vers l'île de France.

————

Le capitaine Halgan, de la corvette l'*Aréthuse*, parti depuis neuf jours de Lorient et faisant route pour Cayenne avec une bonne brise d'E.-S.-E. aperçut, le 9 octobre, un convoi d'une trentaine de voiles; il prit de suite le plus près, bâbord amures, pour s'en éloigner. Le vaisseau anglais de 82° EXCELLENT, capitaine sir Robert Stopford, qui faisait partie de l'escorte, chassa la corvette. A 3ʰ de l'après-midi, l'*Aréthuse* vira de bord pour éviter une frégate aperçue par le bossoir du vent : on sut que c'était la frégate anglaise ALCMENE. Comptant sur l'obscurité de la nuit pour faire perdre ses traces, le capitaine Halgan vira de nouveau à 7ʰ 15ᵐ. La corvette portait toute la toile qu'elle pouvait tenir dehors et fatiguait beaucoup. L'ancre de bossoir de dessous le vent et 4 canons du même bord furent jetés à la mer. Le vaisseau restait toujours en vue de l'arrière. Le 10, à 3ʰ du matin, le capitaine Halgan laissa arriver en grand et fit hisser les bonnettes. La mâture de l'*Aréthuse* ne put supporter cette surcharge ; son petit mât de hune et le grand mât de perroquet s'abattirent. Malgré l'activité que l'on mit à se débarrasser de leurs débris, le vaisseau se trouva bientôt en position d'envoyer des boulets. Toute chance d'échapper à ce formidable adversaire ayant cessé d'exister, le capitaine Halgan fit amener le pavillon.

La *Preneuse* avait fait un effort surnaturel en prolongeant sa croisière jusqu'au jour où son capitaine avait pris la détermination de retourner à l'île de France. Son grément et sa voilure étaient dans un état pitoyable et le corps, vieux et criblé, avait besoin de grandes réparations ; les pompes étaient toujours en mouvement et c'est à peine si elles pouvaient franchir. Le capitaine L'hermitte fit mettre six canons dans la cale afin de soulager les hauts ; l'affaiblissement de son équipage, décimé par les combats et par les maladies, ne lui eût d'ailleurs pas permis de les armer. Le 11 décembre, la *Preneuse* était en vue de l'île de France, et elle apprenait par les signaux de la côte que l'ennemi croisait dans ces parages. Déjà, elle avait aperçu un vaisseau dans le N.-E. Ce vaisseau, qui était le Tremendous de 82°, capitaine John Osborn, avait été expédié du Cap de Bonne-Espérance avec l'Adamant de 60, capitaine William Hotham, aussitôt après l'arrivée du Jupiter, pour attendre la frégate française au passage. Le capitaine L'hermitte serra la côte pour passer en dedans du Coin de mire et aller mouiller au Port N.-O. Il avait doublé la baie du Tombeau et touchait au port, lorsque le vent sauta subitement du S.-E. à l'Ouest. La frégate masqua, abattit sur bâbord et échoua sur le récif de l'Ouest de la baie du Tombeau ; il était 1ʰ de l'après-midi. Des ancres furent élongées, mais le Tremendous arriva assez à temps pour contrarier les travaux des Français par une canonnade soutenue. Les canons de la côte joignirent un moment leur feu à celui que la *Preneuse* opposa au vaisseau anglais, mais par simple acquit de conscience, car leurs boulets n'arrivaient pas jusqu'à lui. La frégate fut allégée de tout ce qui put être jeté à la mer ; les bas mâts eux-

mêmes furent coupés. Tout cela fut inutile; il fallut renoncer à relever la *Preneuse*. Une large ouverture fut
pratiquée dans la cale et l'on s'occupa du débarquement de l'équipage. Cette opération, devenue très-périlleuse, dut se faire sous le feu du Tremendous et bientôt
sous celui de l'Adamant. A 6ʰ 15ᵐ, aucun secours de
terre n'avait encore été envoyé à la *Preneuse;* le capitaine
L'hermitte ordonna d'amener le pavillon pour faire cesser la canonnade meurtrière des deux vaisseaux. Quelques
embarcations arrivèrent enfin à 7ʰ. Une heure après, les
canots destinés à prendre le reste de l'équipage étaient le
long du bord. Avant de les laisser déborder, le capitaine
L'hermitte voulut s'assurer par lui-même s'il ne restait plus
personne à bord. Pendant qu'il procédait à cette visite, les
embarcations partirent, laissant sur la *Preneuse* dix-neuf
personnes, compris lui. Les canots des vaisseaux anglais
accostèrent alors la frégate; mais inquiété par la batterie
de terre, l'officier qui était chargé d'amariner la *Preneuse*
la livra de suite aux flammes et reprit le large. A quelques jours de là, le capitaine L'hermitte fut mis à terre à
l'île de France avec les matelots; les Anglais ne gardèrent
que deux officiers.

Abandonné, pour ainsi dire, du gouvernement de la
métropole, contrarié dans ses projets par l'Assemblée coloniale de l'île de France, et ne trouvant aucun appui dans
le gouverneur général, le contre-amiral Sercey avait su se
créer des ressources et multiplier ses forces en tenant ses
bâtiments dans une activité continuelle. Quoique l'ennemi
fût bien supérieur en nombre dans ces mers, il n'avait cessé
de molester le commerce des Anglais et avait donné une
protection efficace aux établissements de la France et à
ceux de ses alliés, jusqu'au moment où le renvoi d'une
partie de sa division, la prise ou la perte des autres bâtiments qui la composaient, l'eussent mis dans l'impossibilité
la plus absolue de rien entreprendre. Le contre-amiral

Sercey resta cependant à l'île de France, et ne rentra en France qu'au mois de septembre 1802.

———

La frégate de 40° la *Sirène*, capitaine Renaud, se rendant de la Rochelle à Cayenne avec la corvette de 18° la *Bergère*, capitaine Bourdichon, et un vaisseau anglais de la Compagnie dont elle s'était emparée le matin même, eut connaissance, le 17 décembre, d'un fort convoi anglais qui allait dans l'Inde sous l'escorte des frégates de 44° GLENMORE, capitaine George Duff, et AIMABLE, capitaine Henry Raper. Le capitaine Renaud continua sa route avec la *Bergère* et ordonna à sa prise de courir à l'Est. La GLENMORE chassa le vaisseau de la Compagnie qui hissa le pavillon anglais aux premiers coups de canon. L'AIMABLE attaqua la corvette; mais la *Sirène* vint en aide à sa compagne, et la frégate anglaise rallia son convoi en échangeant encore quelques boulets avec les bâtiments français (1).

———

BATIMENTS PRIS, DÉTRUITS OU NAUFRAGÉS
pendant l'année 1799.

ANGLAIS.

Canons.		
108	IMPREGNABLE........	Naufragé sur les côtes d'Angleterre.
72	SCEPTRE..........	— au Cap de Bonne-Espérance.
	NASSAU............	} Naufragés sur les côtes de Hollande.
	APOLLO...........	
48	ETHALION..........	Naufragée sur celles de France.
	BLANCHE..........	
	ESPION...........	} Naufragées sur les côtes de Hollande.
44	LUTINE *..........	
34	PROSERPINE........	Naufragée sur l'île d'Elbe.
26	ORESTE *..........	Sombrée.
	NAUTILUS..........	Naufragée sur les côtes d'Angleterre.
	TRINQUEMALE *........	Détruite par un corsaire.
	AMARANTHE.........	Naufragée sur la côte de la Floride.
24	WEAZLE..........	} Naufragés sur celles d'Angleterre.
	LES DEUX AMIS *......	
	CONTEST..........	Naufragé sur celles de Hollande.
	FOX............	— dans le golfe du Mexique.
10	FORTUNE *.........	Pris par une division.

———

(1) Je n'ai pu me procurer le rapport du capitaine Renaud.

FRANÇAIS.

74   *Laharpe*. . . . . ⎫
64   { *Slengel*. . . . . ⎬   Pris à Ancône.
     { *Beraud*. . . . . ⎭
60   *Leander*·. . . . .   Pris à Corfou.
42· { *Forte*. . . . .   Prise par une frégate.
     { *Junon*. . . . .   — par une division.
44   *Preneuse*. . . . .   Détruite à la côte.
     ⎧ *Courageuse*. . . . .   Prise par une division.
40   ⎪ *Charente*. . . . .   Naufragée sur les côtes de France.
     ⎨ *Vestale*. . . . . ⎫
     ⎩ *Insurgente*. . . . . ⎬   Prises chacune par une frégate.
36   *Alceste*. . . . . ⎫
26   *Républicaine*. . . . . . ⎭   — par une escadre.
     ⎧ *Brune*. . . . .   Prise à Corfou.
18   ⎨ *Salamine*. . . . . ⎫
     ⎩ *Alerte*. . . . . ⎬   Prises par une escadre.
  Corvette *Aréthuse*. . . . . . .   Prise par un vaisseau.

* L'astérisque indique un bâtiment pris à l'ennemi.

RÉCAPITULATION.

		Pris.	Détruits ou naufragés.	Incendiés.	TOTAL.
ANGLAIS. . .	Vaisseaux.	»	3	»	3
	Frégates.	»	6	»	6
	Bâtiments de rangs inférieurs.	1	8	»	9
FRANÇAIS. .	Vaisseaux.	4	»	»	4
	Frégates.	6	2	»	8
	Bâtiments de rangs inférieurs.	5	»	»	5

ANNÉE 1800.

—

Le vice-amiral Bruix quitta Brest, au mois d'avril, pour raisons de santé, mais il conserva son pavillon arboré sur le vaisseau l'*Océan*. Cette disposition fut la cause de quelques désordres : plusieurs capitaines déclarèrent n'avoir

de comptes à rendre qu'au commandant en chef et voulurent se soustraire à l'autorité du contre-amiral Latouche
Tréville, le plus ancien des officiers généraux de l'escadre.
On leur enleva ce prétexte d'indiscipline en donnant, le
13 mai, le commandement définitif de l'escadre au contre-
amiral Latouche Tréville, mais plusieurs divisions en furent distraites. Une d'elles, composée des vaisseaux de
78ᶜ le *Patriote*, le *Jemmapes*, le *Jean-Jacques Rousseau*,
le *Tourville*, le *Mont Blanc*, le *Cisalpin*, le *Jean Bart;* des
frégates la *Créole*, la *Furieuse*, la *Fidèle*, la *Bravoure* et la
Fraternité, fut placée sous les ordres du contre-amiral
Lacrosse. Elle devait se porter sur les côtes du Morbihan
pour surveiller le mouvement des Anglais et des royalistes;
et, afin d'être mieux en position de tromper la vigilance
de la croisière ennemie, elle alla mouiller de suite à Camaret. Une démonstration hostile de l'escadre de blocus,
alors commandée par l'amiral Saint Vincent, la fit rentrer.
Le *Cisalpin*, qui toucha sur les roches dites les Fillettes,
fut remplacé par le *Wattigny*. Une autre destination fut
alors donnée à cette division. Elle prit 4,600 hommes de
troupes et des approvisionnements de toute espèce, et mit
à la voile pour Saint-Domingue. Le gouvernement anglais
fut bientôt informé de ce changement et il multiplia ses
croiseurs. Trois jours après sa sortie, la division française
eut connaissance de l'escadre anglaise et elle rentra à Brest.
Les troupes embarquées souffraient beaucoup; elles furent
mises, à terre et la mission à Saint-Domingue fut ajournée.

Pendant cette année, l'escadre franco-espagnole resta
dans l'inaction la plus complète sur la rade de Brest, et se
borna à faire des dispositions défensives. 6 vaisseaux français et 6 espagnols mouillèrent à Roscanvel pour soutenir
les fortifications de Quélern; les frégates et les corvettes
sortirent seules pour observer l'ennemi.

Le 16 août, 4 vaisseaux anglais, 2 frégates et 2 cutters
se dirigèrent vers le mouillage de Bertheaume où se trouvaient les frégates la *Furieuse*, capitaine Topsent, la *Si-*

rène et la *Fraternité*, capitaines Lamare Lameillerie et Bernard. Le vent soufflait de la partie de l'Est. Le capi- taine Topsent fit de suite le signal de rentrer à Brest; mais un des vaisseaux s'étant assez approché pour que des bou- lets pussent être échangés, les frégates laissèrent arriver sur lui. Cette manœuvre suffit pour lui faire mettre le cap au large; les 3 frégates mouillèrent à la pointe des Capu- cins.

Cette démonstration de l'ennemi décida le contre-amiral Latouche Tréville à aller s'établir lui-même au Toulinguet. Il put facilement diriger de là les mouvements des divi- sions d'observation et ceux d'une petite flottille d'embar- cations qu'il avait organisée pour surveiller le goulet. Ces mesures étaient nécessitées par l'attitude hostile de l'Angle- terre. Toute la côte fut mise en état de défense ; des camps furent formés sur divers points, et les plages sur lesquelles il était possible d'opérer un débarquement furent forti- fiées. On échelonna des canonnières et des bateaux-ca- nonniers le long du littoral, depuis Dunkerque jusqu'à Nantes.

Le développement de la flottille n'était pas moins consi- dérable sur les côtes de Hollande. Les Anglais n'avaient renvoyé aucun des navires qu'ils avaient affrétés pour l'ex- pédition de l'année précédente, et les troupes qui avaient fait cette expédition étaient cantonnées à l'île de Wight; l'artillerie et les munitions n'avaient même pas été mises à terre. Les avis qu'on recevait laissaient pressentir que cet armement était destiné à opérer en Zélande. On pouvait supposer qu'après leur échec au Helder, les An- glais chercheraient à pénétrer dans la Meuse. Helvoët Sluys renfermait toutes les richesses de la marine hol- landaise; ses plus beaux vaisseaux étaient dans ce port et dans celui de Rotterdam, où il était facile d'arriver une fois maître du premier. Le gouvernement français ne croyait pas pouvoir prendre trop de précautions. L'île de Wal- cheren pouvait aussi être un objet de convoitise pour les

Anglais; et bien qu'une forte garnison française occupât alors Flessingue, il n'y avait aucune force navale dans les mers environnantes. Le blocus de cette île pouvait donc facilement être établi et la réduction par la famine en devenait la conséquence. Il fallut songer à établir dans l'Escaut et sur la côte une flottille capable de seconder les troupes. 70 bateaux-canonniers portant un canon de 24, et 40 péniches propres au transport des hommes et des munitions furent désignés pour ce service. Mais un semblable déploiement de forces ne tarda pas à épuiser les ressources maritimes de la France et, au mois de juin, il fallut désarmer 6 vaisseaux. D'un autre côté, la désorganisation menaçait de devenir complète dans l'armée navale. On ne payait pas les matelots, et quelque sévères que fussent les mesures qu'on prenait, la désertion allait chaque jour en augmentant. Il n'y avait qu'un moyen de couper court à cet état de choses, c'était de faire prendre la mer à l'escadre. On le comprit enfin, quoique tardivement, et au commencement du mois d'octobre, le contre-amiral Latouche Tréville reçut l'ordre de sortir avec 8 vaisseaux, 2 frégates et 2 corvettes. Cette sortie était du reste devenue indispensable pour favoriser l'arrivée des convois, car les vaisseaux manquaient de vivres. Après une courte croisière, cette division rentra à Brest sans avoir rencontré l'ennemi.

Au mois de décembre 1799, le port de Dunkerque avait reçu l'ordre d'armer les frégates la *Carmagnole* de 44ᶜ, l'*Incorruptible*, la *Poursuivante* et la *Désirée* de 38 ; le commandement de ces frégates avait été donné aux capitaines Hubert, Le Duc, Oreille et Lefebure Plancy. Elles devaient être expédiées isolément à Flessingue pour y compléter leurs vivres et leurs équipages. Cet armement qui, dans les temps ordinaires, eût été achevé en un mois, éprouva des lenteurs aussi préjudiciables au bien du service, qu'inséparables du fatal abandon dans lequel était laissée la

marine. Le défaut de vivres et de munitions, et la presque
impossibilité de se procurer des matelots ajoutaient encore
aux difficultés que présentait le port de Dunkerque.
4 corvettes qui se trouvaient à Flessingue furent désar-
mées et leurs équipages passèrent sur les frégates. Grâce
à ce renfort, elles furent enfin en état de prendre la mer.
Le 25 avril 1800, elles étaient toutes les quatre sur rade ;
mais une fausse interprétation de ses instructions empêcha
le chef de division Castagnier, qui en avait pris le commandement supérieur, de les faire partir. Plus tard elles furent
observées par une division anglaise et leur sortie devint en
quelque sorte impossible. Cette division était composée
des bâtiments suivants :

	Canons.			
Frégates. . . .	40	Andromeda.	capitaine	Henry Inman.
	34	Nemesis. . .	—	Thomas Baker.
Corvette. . . .	30	Dart. . . .	—	Patrick Campbell.
Brigs.	14	Biter. . . .	—	William Norman.
		Boxer. . .	—	Thomas Gilbert.
Cutters.	14	Kent. . . .	—	Robert Cooban.
	12	Ann.	—	Robert Young.

Une bombarde, onze canonnières et plusieurs brûlots.

La division française, renforcée du brig de 12ᵉ la
Rosine, capitaine George, et de 2 canonnières, s'établit sur
une ligne à peu près Est et Ouest, dans l'ordre suivant en
partant de l'Est : la *Désirée*, l'*Incorruptible*, la *Carmagnole*,
la *Poursuivante* sur laquelle le commandant de la division
avait mis sa cornette. Venaient ensuite les 2 canonnières ou
plutôt, les 2 batteries flottantes la *République* et le *Jonger
Slewing* de 4 canons de 24 et 4 de 8, capitaines Guéroult
et Colleus; enfin, la *Rosine* était placée à l'extrémité occidentale. Cette ligne, qui occupait une étendue de 4 kilomètres,
était protégée du côté du Nord par un banc sur lequel il n'y
avait d'eau pour les frégates que dans les grandes marées.
Le 7 juillet à minuit, le capitaine George vit plusieurs
bâtiments se diriger sur la rade : la brise était fraîche du
O.-S.-O. et le flot avait alors toute sa force. Il fit tirer
d'abord quelques coups de fusil, puis ensuite un coup de

canon pour donner l'éveil. Le *Jonger Slewing* signala presque en même temps ces bâtiments. Le capitaine de frégate
Oreille, en l'absence du chef de division Castagnier qui
était malade à terre, fit de suite le signal de se préparer au
combat. Déjà la corvette et les deux brigs anglais étaient au
centre de la ligne; les bâtiments de flottille et les brûlots les
suivaient. Cette escadrille s'arrêta pour combattre la *Rosine*
et les deux batteries flottantes, pendant que la corvette et
les 2 brigs continuaient leur route vers l'Est, répondant en
flamand aux frégates qui les hélaient. Lorsqu'ils arrivèrent
à la hauteur de l'*Incorruptible*, cette frégate envoya 8 ou
10 boulets au Dart. La corvette vint alors sur tribord et,
mouillant une ancre de l'arrière, elle engagea son beaupré
sur l'avant du mât de misaine de la *Désirée*, par tribord.
Quoique placée à l'extrémité orientale de la ligne, et
bien que quinze à vingt minutes se fussent écoulées depuis
que la *Rosine* avait tiré le canon d'alarme, la *Désirée* n'a-
vait fait aucune disposition pour repousser une attaque.
Fallait-il attendre la corvette qui se dirigeait sur elle avec
l'intention manifeste de l'aborder, ou bien, couper un câble
qui, en permettant d'abattre, donnait la possibilité d'éviter
cet abordage? Telle était la grande question que se posa et
que ne sut pas résoudre le capitaine de frégate Lefebure
Plancy. Cette hésitation permit à la corvette d'exécuter la
manœuvre qu'elle projetait, et de jeter à bord de la *Désirée*
un détachement d'hommes d'élite qui lui avaient été donnés
pour ce coup de main. Ce ne fut pas un combat qui s'ensuivit, mais un carnage qu'augmentaient l'obscurité de la
nuit et l'état de surexcitation des assaillants. Cette lutte fut
tout à l'avantage du Dart. Les canons de la frégate n'é-
taient pas amorcés; ses fusils et ses pistolets n'étaient
même pas chargés; ce fut à l'arme blanche qu'il fallut
recevoir et tenter de repousser l'attaque. Le résultat ne
pouvait être douteux : la *Désirée* fut enlevée. Cette frégate
fut immédiatement appareillée et alla rejoindre la division
anglaise mouillée dans l'Est sur le passage des frégates

françaises dans le cas où elles eussent tenté de sortir (1). Les premiers coups de canon de l'*Incorruptible* avaient été le signal du combat sur toute la ligne. Poussés par le vent et le courant, les brûlots furent un danger sérieux pour les frégates ; elles l'évitèrent en coupant successivement leurs deux câbles. Les batteries flottantes conservèrent seules leur poste.

Aussitôt que le commandant Castagnier eut connaissance de l'attaque, il se rendit à bord de la *Poursuivante* et y arriva trois quarts d'heure environ après le commencement de l'engagement. Cette frégate, la *Carmagnole* et la *Rosine* laissèrent tomber une ancre dès qu'elles eurent évité les brûlots ; l'*Incorruptible* resta sous voiles. Le combat cessa avec la nuit. Les pertes de la *Désirée* étaient fort grandes. De tout l'état-major, un seul officier survécut à ce combat et encore avait-il reçu six blessures. Le capitaine Lefebure Plancy, blessé mortellement, mourut dans le bateau-pêcheur qui le transportait à terre avec les autres blessés. Les pertes des autres bâtiments étaient comparativement beaucoup moindres et leurs avaries avaient peu d'importance. La division anglaise ayant pris le large le 19, les frégates françaises en profitèrent pour mettre sous voiles et faire route pour Flessingue où elles arrivèrent sans autre rencontre.

Un jury, réuni à Paris pour examiner la conduite du chef de division Castagnier, déclara qu'il n'y avait pas lieu à accusation contre cet officier supérieur.

Pendant le mois de novembre, les frégates reçurent sur la rade de Flessingue un coup de vent pendant lequel la *Carmagnole* fut jetée à la côte ; il ne fut pas possible de la relever.

Nommé au commandement d'une division qui devait dé-

(1) Bien que l'artillerie n'ait joué qu'un rôle secondaire dans cette affaire, je rappellerai que le DART était une des corvettes qui, en 1796, avaient reçu 30 caronades de 32.

III   13

truire les établissements anglais de la côte occidentale d'A-
frique, et s'établir ensuite en croisière sur la côte du Brésil,
le capitaine de vaisseau Landolphe était parti de Rochefort,
le 6 mai 1799, avec les frégates la *Concorde* de 42ᶜ qu'il montait, la *Franchise* de 40, capitaine Jurien Lagravière, et la
Médée de même force, capitaine Coudein (Jean). Après avoir
déposé une compagnie d'hommes de couleur au Sénégal,
les frégates firent route pour les îles du cap Vert, dans
l'espoir de surprendre un convoi portugais que le commandant Landolphe pensait trouver sur la rade de la Praya
de San Yago. Cet espoir fut trompé : le convoi était parti
depuis quinze jours; il n'y rencontra que 2 corsaires
américains dont il s'empara. Continuant sa route vers le
Sud, la division s'établit en croisière aux îles de Loss et
captura plusieurs navires généralement armés pour la
traite. Dans le Sud du cap Monte, la *Franchise* chassa un
navire qui se réfugia en dedans d'un banc de roches près
de la côte; il fut enlevé par les embarcations de cette
frégate : c'était un corsaire anglais de 20 canons.
Plus tard, une goëlette portugaise de 4 canons qu'on
nomma la *Mère Duchesne*, fut capturée. Cette goëlette
et les embarcations des frégates entrèrent dans la rivière
de Benin et s'emparèrent des navires qui s'y trouvaient.
Le 29 décembre, le commandant de la division recevait la
capitulation du gouverneur portugais de l'île du Prince
et lui remettait les forts en échange d'une contribution de
guerre. Traversant alors l'Océan, le commandant Landolphe se rendit à Montevideo après avoir croisé pendant
quatre-vingt-dix jours entre les deux continents. La division reprit la mer dans les premiers jours du mois de juillet 1800. Le 4 du mois suivant, elle fut chassée par 8 bâtiments qui avaient été signalés dans l'Est; le vent soufflait
du S.-E. Le commandant Landolphe rendit chaque capitaine
libre de sa manœuvre pour la sûreté de son bâtiment; il
avait cru distinguer 6 vaisseaux et 2 frégates. La *Concorde*
et la *Franchise* continuèrent leur route largue; la *Médée*

fit vent arrière. A 4ʰ, les chasseurs ayant hissé le pavillon anglais, la *Concorde* arbora le drapeau de la République, en envoyant quelques boulets aux plus avancés; ceux-ci répondirent avec leurs pièces de chasse. La détermination extrême, en ce qui concernait l'artillerie au moins, prise par le commandant Landolphe, de jeter à la mer la batterie des gaillards, les canots et les mâts de rechange, n'empêcha pas la *Concorde* d'être gagnée et attaquée, à 5ʰ 30ᵐ, par le BELLIQUEUX de 72ᶜ, capitaine Rowley Bulteel, seul vaisseau qui se trouvât dans le nombre des voiles aperçues; les autres étaient des vaisseaux de la Compagnie des Indes qu'il escortait; les sabords de ces derniers avaient induit le commandant de la division française en erreur. La frégate déchargea sa batterie et son pavillon fut amené: elle n'avait pas un homme hors de combat.

Cette division anglaise, qui avait tout d'abord paru si formidable, était composée comme il suit :

	Canons.			
Vaisseau de	72	BELLIQUEUX.	capitaine	Rowley Bulteel.
Vaisseaux de la	44	{ NEPTUNE.	—	Nathaniel Spens.
		{ DORSETSHIRE.	—	Ramsden.
Compagnie des Indes	56	{ EXETER.	—	Henry Meriton.
		{ COUTZ.	—	Robert Torin.
Baleinier.	14	SERINGAPATAM.		
Transport.	12	ROYAL ADMIRAL (1). . . .		

La *Médée* fut chassée par le BOMBAY CASTLE et l'EXETER qui la firent amener à 7ʰ 30ᵐ, après une canonnade d'une demi-heure. Le capitaine Brenton (2) raconte les choses différemment; d'après lui, il n'y eut pas de combat. Les deux vaisseaux de la Compagnie chassèrent bien la *Médée*, mais le BOMBAY CASTLE était à très-grande distance lorsque, à minuit, l'EXETER l'atteignit. Le capitaine Meriton sortit par ruse de la position critique dans laquelle son ardeur l'avait placé. Il fit ouvrir tous les sabords, et se

(1) La force des bâtiments est donnée d'après le rapport du capitaine Landolphe. Les relations anglaises disent que les 5 vaisseaux de la Compagnie ne portaient que 30 canons de 12.
(2) *The naval history of Great Britain.*

portant par le travers de la *Médée*, il lui cria de se rendre. Cette simple sommation suffit au capitaine Coudein ; il ne chercha pas à résister à un adversaire dont la force lui paraissait de beaucoup supérieure à celle de sa frégate, et il amena son pavillon. J'épargne aux lecteurs le récit du reste de cette histoire, fort pittoresque sans doute, mais d'autant moins admissible, qu'elle est, ainsi qu'on va le voir, complétement en désaccord avec tous les documents qui existent (1).

Deux vaisseaux de la Compagnie chassèrent aussi la *Franchise* dont le capitaine, désireux de soutenir le commandant de la division, ne s'était décidé à s'éloigner que sur un ordre formel de forcer de voiles ; la marche supérieure de cette frégate la mit promptement assez loin de l'ennemi pour que celui-ci renonçât à l'atteindre ; le capitaine Jurien fit route pour France. Le 20 septembre, à l'atterrage, la *Franchise* fut chassée par une frégate anglaise pour laquelle le capitaine Jurien ne crut pas devoir se déranger de sa route. Une partie de ses canons avaient été jetés à la mer ; rechercher un engagement dans de semblables conditions pouvait le mettre dans une position fort critique : il entra le 22 dans la Gironde.

Cette croisière coûta à la France les deux frégates la *Concorde* et la *Médée*, et aux puissances ennemies 30 navires diversement armés, dont 17 anglais, 7 américains et 6 portugais.

Je regrette d'être encore en désaccord avec mon ami le comte Pouget ; mais je suis parfois obligé de contredire ses assertions sous peine de laisser croire à l'inexactitude des miennes. Lorsque deux récits diffèrent autant que le font les nôtres, dans cette circonstance, il y a nécessité, pour celui qui se présente en contradicteur, de faire la preuve de ce qu'il avance. M. Pouget dit : « A l'atterrage

---

(1) W. James, *The naval history of Great Britain*, traite le récit du capitaine Brenton de récit peu plausible, *not very consistent account.*

« des côtes de France, la division française fut jointe par
« une forte division anglaise. Après un combat acharné
« contre des forces supérieures, la *Concorde* et la *Médée*
« succombèrent. » Et il ajoute : « La campagne du com-
« mandant Landolphe ne devait pas tomber dans l'oubli,
« et je suis heureux que le hasard m'ait fourni l'occasion
« de la rappeler. » Je n'ai nullement l'intention de faire
la critique de la campagne du capitaine de la *Concorde*,
mais je tiens à constater que le *combat acharné, à l'atterrage des côtes de France, du Précis historique sur la vie et
les campagnes du vice-amiral Martin*, doit être réduit aux
proportions que j'ai indiquées. La preuve, on la trouvera
dans : 1° Les documents officiels qui existent au ministère
de la marine ; 2° *The naval history of Great Britain* by
W. James. On y lit : « Il (le capitaine de la *Concorde*) vint
en travers, lâcha une bordée au vaisseau ennemi et amena
son pavillon ; » 3° Les *Souvenirs d'un amiral*, par le contre-
amiral Jurien de La Gravière. On y voit que la *Concorde*
tira une bordée au vaisseau anglais et que la *Médée* ne
lutta qu'une demi-heure. « A 7ʰ, ajoutent les *Souvenirs*,
« nous entendîmes une très-vive canonnade du côté où
« nous l'avions perdue de vue ; à 7ʰ 1/2, tout était rentré
« dans le silence : la *Médée* avait succombé (1). »

On se rappelle que le général Bonaparte s'était emparé
de l'île de Malte lorsque, au mois de juin 1798, il se rendait en Égypte. Il y avait laissé le général Vaubois avec
3000 hommes. Les Anglais n'avaient pas vu sans effroi les
Français s'établir dans un des premiers ports de la Méditerranée et l'un des plus forts du monde. Aussi, dès le
principe, avaient-ils mis tous leurs soins à réduire un poste

(1) Par des raisons faciles à comprendre, le contre-amiral, aujourd'hui vice-
amiral Jurien, fils du vice-amiral du même nom, alors capitaine de la *Franchise*, dont il a écrit les mémoires sous le titre de *Souvenirs*, a changé le nom
de tous les bâtiments dont il parle.

qu'ils regardaient comme imprenable de vive force et ils
avaient établi un blocus rigoureux devant cette île. On
était en décembre 1799 et déjà depuis longtemps la nécessité d'approvisionner Malte se faisait sentir. Le gouvernement avait essayé de le faire, à plusieurs reprises, mais il
n'avait pu y réussir; il voulut tenter un dernier effort et il
chargea le contre-amiral Perrée de cette mission difficile.
En conséquence, cet officier général prit à Toulon le commandement d'une division composée du vaisseau de 78° le
Généreux, capitaine Renaudin (Mathieu), sur lequel il arbora son pavillon; des corvettes la *Badine*, la *Sans-Pareille*,
la *Fauvette* et de la flûte la *Ville-de-Marseille*, capitaine
Allemand (Joseph). On entassa sur ces bâtiments des soldats, des bestiaux et des munitions de tout genre. Bloqués
par des forces supérieures, ils ne purent sortir dès qu'ils
furent prêts, et ce retard développa à bord des maladies
qui étaient la conséquence naturelle de l'agglomération des
hommes et des animaux. Ils appareillèrent le 26 janvier 1800 ; mais le *Généreux* ayant démâté de son petit
mât de hune et de son grand mât de perroquet à la hauteur des îles d'Hyères, la division rentra à Toulon et ne
reprit la mer que le 6 février; le 18, elle était en vue de
Lampedouze, petite île dans le Sud de la Sicile, avec une
brise légère du O.-S.-O. Ce jour-là, le *Généreux* alla reconnaître un vaisseau qu'on avait aperçu dans le lointain ;
il ne tarda pas à reprendre sa route primitive à la vue de
deux autres voiles vers lesquelles ce bâtiment, qui était
anglais, se dirigeait en tirant des coups de canon, et le
commandant en chef signala à sa division de courir les
amures à bâbord. Les bâtiments français furent chassés,
et la *Ville-de-Marseille*, atteinte par l'ALEXANDER de 82°,
amena son pavillon à 8ʰ 30ᵐ du matin.

La division française continuait sa route sous toutes
voiles; on pouvait alors reconnaître la force et le pavillon
des deux derniers bâtiments aperçus; c'étaient les vaisseaux anglais de 80° FOUDROYANT, monté par le contre-

amiral Nelson et le Northumberland. Dans l'après-midi, deux nouveaux vaisseaux qu'on sut plus tard être l'Audacious et le Lion ayant été signalés dans le N.-N.-O., le contre-amiral Perrée fit virer les corvettes dont une, la *Sans-Pareille*, reçut la bordée de l'Alexander, et il laissa chaque capitaine libre de sa manœuvre pour la sûreté de son bâtiment ; le *Généreux* mit le cap à l'Est. Mais, de quelque côté qu'il se retournât, le *Généreux* rencontrait de nouveaux ennemis ; une frégate apparut dans le S.-E. Il n'y avait cependant pas à hésiter : il fallait continuer cette route, car les autres bâtiments s'étendaient du N.-O. au S.-O. Les ancres, les canots et toutes les balles de fourrage dont le *Généreux* était encombré furent jetés à la mer. A 3ʰ 15ᵐ, celui-ci se trouvant à l'intersection de sa route et de celle que suivait la frégate de 40° Success, capitaine Shuldam Peard, le combat commença. Cette attaque du capitaine anglais était hardie et bien calculée ; quelque peu redoutable, en effet, qu'elle pût paraître pour un vaisseau, les boulets de la frégate allaient vraisemblablement occasionner des avaries qui, si minimes qu'elles fussent, devaient donner aux autres bâtiments le temps d'arriver sur le champ de bataille qu'il leur abandonnerait alors. Le capitaine Peard ne se trompait pas ; un peu avant 4ʰ 30ᵐ, les vaisseaux ennemis canonnaient le *Généreux* par les hanches. Un des premiers boulets emporta une cuisse au contre-amiral Perrée qui avait déjà reçu une blessure à l'œil. La défense du capitaine Renaudin fut opiniâtre jusqu'à 5ʰ 30ᵐ ; la continuer plus longtemps fut considéré comme inutile et, d'après l'avis des officiers et celui du général Garreau qui était passager, le pavillon fut amené. Le *Généreux* était à 2 milles dans le O.-N.-O. du cap Scalambra de Sicile. Le contre-amiral Perrée mourut le soir même de ses blessures. Les vaisseaux anglais avaient peu souffert ; la frégate avait été plus maltraitée qu'eux.

La *Badine*, la *Sans-Pareille* et la *Fauvette* furent chassé jusqu'à la nuit; elles rentrèrent toutes les trois à Toulon.

Le capitaine de vaisseau Renaudin comparut devant un conseil martial qui le déclara non coupable.

Le capitaine de frégate Allemand fut acquitté.

———

J'ai déjà dit que le parti ennemi de la France avait poussé le gouvernement des États-Unis d'Amérique à nous déclarer la guerre. Les premiers actes d'hostilité, on se le rappelle, avaient eu lieu dans le mois de novembre 1798. Ce fut dans ces circonstances que le capitaine Pitot, de la frégate de 40° la *Vengeance*, reçut l'ordre d'effectuer son retour de la Guadeloupe en France avec un équipage réduit de 77 hommes. Il allait débouquer entre Porto Rico et la Mona lorsque, le 1er février, il aperçut une frégate de l'avant. Peu désireux d'avoir un engagement dans les conditions qui lui avaient été faites, il laissa arriver au S.-O.; la frégate signalée se mit à sa poursuite, et la *Vengeance* ayant arboré ses couleurs avant la nuit, elle hissa un pavillon à queue rouge et un guidon bleu en tête de mât; il ne fut pas possible de reconnaître à quelle nation elle appartenait. A 8h 15m, cette frégate se trouvant à demi-portée de canon, le capitaine Pitot commanda de lui envoyer quelques boulets, mais il ne réussit pas à arrêter sa poursuite. Il ordonna alors de venir sur tribord et de commencer à tirer dès que cela serait possible. La canonnade la plus vive s'engagea entre les deux frégates; après une demi-heure, l'adversaire de la *Vengeance* se laissa culer et le feu cessa. Ce repos fut de courte durée; le bâtiment étranger n'avait discontinué le combat que pour réparer ou changer quelque manœuvre, et il se remit à la poursuite de la frégate française qui, après avoir encore fait vent arrière, revint de suite sur tribord; le combat recommença vif et serré, à portée de fusil. Après 35 minutes, la frégate ennemie laissa arriver, soit pour aborder la *Vengeance*, soit simplement pour passer derrière elle et lui envoyer une bordée d'enfilade. Le capitaine Pitot, qui songeait lui-même

à l'aborder, jugea le moment favorable et lança sur tribord; ce mouvement ayant instantanément été imité par
l'inconnue, les deux frégates se trouvèrent bord à bord.
Vers 11^h, la frégate ennemie voulut tenter de nouveau la
manœuvre qui avait été déjouée, mais cette fois de l'avant.
Le capitaine de la *Vengeance* neutralisa encore cette tentative en arrivant aussi et il se retrouva par son travers.
Enfin, à minuit et demi, la frégate étrangère serra le vent
et s'éloigna, accompagnée par les boulets de la *Vengeance*
à bord de laquelle il n'était plus possible de manœuvrer
une vergue ou une voile. La situation de cette frégate était
même plus fâcheuse qu'on ne l'avait supposé d'abord car,
pendant qu'on travaillait au grément, le grand mât s'a-
battit et, dans sa chute, il entraîna le petit mât de hune et
le mât de perroquet de fougue. Au jour, l'adversaire de la
Vengeance n'était plus en vue.

Cette frégate qui s'était retirée sans se faire connaître
était cette même CONSTELLATION américaine, toujours commandée par le commodore Truxtun qui, un an auparavant,
avait combattu l'*Insurgente*. Elle ne sortit pas de la lutte
en meilleur état que la *Vengeance*: son grand mât s'était
abattu lorsqu'elle avait serré le vent; elle put cependant
atteindre la Jamaïque. La frégate française se rendit à
Curaçao.

La *Vengeance* avait　　26 canons de 18
　　　　　　　　　　　　10　—　de 6
　　　　　　　　　　et　4 caronades de 36.

L'armement de la CONSTELLATION avait été changé depuis son combat avec l'*Insurgente;* elle avait
　　　　　　　　　　　28 canons de 18
　　　　　　　　　　　10　—　de 12
　　　　　　　　　　et 10 caronades de 32.

Dans quels termes le rapport du commodore Truxtun
fut-il conçu? Je l'ignore. Toujours est-il que le Congrès
lui décerna une médaille d'or à la suite de ce combat.

Le capitaine Epron (Jacques) , de la frégate de 42° la
Pallas, se rendant de Cancale à Brest avec une petite brise
de S.-S.-E. , chassa et attaqua, le 5 février, la corvette anglaise de 22° FAIRY, capitaine Sidney Horton et le brig de
18 HARPY, capitaine Bazely. Le combat durait depuis cinq
quarts d'heure, lorsque 3 voiles, aperçues dans le N.-E.,
déterminèrent le capitaine Epron à se diriger sur l'île Bré-
hat. Ces nouveaux bâtiments étaient la frégate anglaise
de 48° LOIRE, capitaine James Newman, les corvettes de
20 DANAE, capitaine lord Proby, et RAILLEUR de 16, capitaine William Turquand. L'obligation dans laquelle se
trouva le capitaine Epron de changer un petit hunier, et
les variations du vent sous la terre, l'empêchèrent d'atteindre cette île avant d'être joint par la division anglaise à
laquelle s'étaient ralliés les deux bâtiments qu'il avait
combattus le matin. A 1ʰ moins un quart de l'après-midi,
la *Pallas* recevait des boulets de tous les bords. La lutte
ne pouvait se prolonger bien longtemps; son pavillon fut
amené à 3ʰ 30ᵐ. Tous les mâts de la frégate française s'a-
battirent pendant la nuit.

La *Pallas* prit rang dans la marine royale d'Angleterre
sous le nom de PIQUE.

Le conseil martial qui jugea le capitaine Epron le déclara non coupable.

———

Le 11 février, le capitaine Kerdrain, de la corvette la
Vedette, atterrit sur Brest avec une jolie brise de S.-E. ;
mais la brume était si épaisse que, ne voulant pas s'engager dans les passes par un temps semblable, il prit le
large. La *Vedette* était à peine orientée sur ce bord, qu'une
éclaircie permit d'apercevoir une frégate anglaise à quelques encâblures. Le pavillon de la corvette fut amené aux
premiers coups de canon qui lui furent tirés.

Le lieutenant de vaisseau Kerdrain fut déchargé d'accusation.

———

La garnison du fort de Bertheaume put apercevoir, le 15 mars, venant du large, un canot à la poupe duquel flottait un pavillon anglais déployé au-dessous de celui de la République française; il se dirigeait sur la corvette la *Colombe*, capitaine Julien, alors au mouillage dans la baie. Cette embarcation appartenait à la corvette anglaise de 20 caronades de 32ᶜ DANAE, capitaine Proby, qui, prise de calme, avait mouillé devant Saint Mathieu. Gagné par cinq prisonniers français qui se trouvaient à bord, l'équipage s'était révolté et avait renfermé les officiers dans les parties basses de la corvette. On venait offrir au capitaine de la *Colombe* de prendre possession de la DANAE. Une embarcation fut expédiée dans ce but et elle remplit sa mission sans rencontrer la moindre résistance.

Le capitaine de vaisseau Racord, du chebec le *Lejoille*, parti de Cette, le 21 mars, avec le brig de 16ᶜ la *Ligurienne*, capitaine Pellabon (François), et le chebec le *Cerf*, capitaine Pellabon (1), qui servaient d'escorte à un convoi de 60 voiles pour Toulon et Marseille, fut prévenu par les vigies de la côte qu'une frégate ennemie croisait au large; le vent soufflait du N.-O., bon frais. A 2ʰ de l'après-midi, la frégate anglaise MERMAID de 40ᶜ et le brig de 18 PETTEREL, capitaine William Austen, furent en effet aperçus à l'entrée du golfe de Marseille. Tous les navires du commerce reçurent l'ordre de mouiller sous la protection de la batterie de Carri. S'apercevant que la frégate et le brig se dirigeaient sur le convoi, et espérant faire changer leurs projets d'attaque en prenant une autre direction, le capitaine Racord fit route au N.-N.-E. avec les bâtiments d'escorte. Ses espérances se réalisèrent, car il fut chassé et, à 4ʰ du soir, la frégate canonnait le chebec du commandant de la division qui signala liberté de ma-

(1) Il ne m'a pas été possible de connaître les prénoms de ce Pellabon qui, dans le rapport, est désigné comme le troisième de la famille.

nœuvre et entra dans une petite anse, un peu à l'Ouest du cap Méjan. Poursuivi et canonné aussi, le *Cerf* se mit au plain à l'Est de ce cap. Quant au brig la *Ligurienne* sur lequel l'ennemi dirigea d'abord son attaque, il amena son pavillon à 6ʰ du soir, après une vaillante résistance. La force du vent fit échouer les tentatives de destruction dirigées contre le *Lejoille*, et cet aviso entra le lendemain à Marseille avec tout le convoi.

———

Aussitôt après la bataille d'Aboukir, 5 vaisseaux portugais sous les ordres du contre-amiral marquis de Nisa, avaient établi le blocus de l'île de Malte. A quelque temps de là, plusieurs vaisseaux anglais étant venus renforcer cette division, le blocus devint si étroit que, à part la frégate la *Boudeuse*, un seul navire chargé de vivres était parvenu à tromper la vigilance de la croisière. Le besoin de subsistances ne tarda pas à se faire sentir, surtout lorsqu'il fallut en étendre la distribution au vaisseau et aux 2 frégates arrivés, au mois d'août 1798, avec le contre-amiral Villeneuve. Le général Vaubois qui commandait l'île, entrevoyant de suite les services que pourrait lui rendre cette division, s'était décidé à la garder. Lorsque l'insurrection se déclara parmi les habitants de la campagne et que, aidés et encouragés par les Anglais, ils firent le siége de la Valette, les bâtiments de cette division et les vaisseaux l'*Athénien* et le *Dégo* furent blindés, et les équipages furent mis à terre, afin de partager le service avec une garnison trop faible pour résister aux fatigues et aux privations de toute espèce qu'elle allait avoir à supporter.

La belle défense du général Vaubois est trop connue pour qu'il soit nécessaire de rappeler les détails de l'investissement et du siége de Malte. Je me bornerai à dire, qu'au commencement de l'année 1800, lorsqu'on connut la prise du vaisseau le *Généreux* et de la flûte la *Ville-de-Marseille*, ainsi que la dispersion des autres bâtiments destinés au ravitaillement de l'île, pour la première fois peut-être, on songea que le défaut de subsistances forcerait avant peu à capituler. Les vivres réduits, depuis près d'un an, au tiers de la quantité réglementaire, ne pouvaient pas conduire au delà du 20 juin et, depuis plusieurs mois, il n'y avait plus de vin. La ration ne pouvait être diminuée davantage; il fallait donc restreindre le nombre des consommateurs. Or, de quelque utilité que fût l'équipage du *Guillaume Tell*, le départ de ce vaisseau, emportant avec lui le plus grand nombre possible de bouches inutiles, était un allégement considérable dans la fourniture des vivres. Aussi, le 27 février, son départ fut-il résolu en conseil. On y déclara aussi l'urgence de l'embarquement du contre-amiral Decrès sur ce vaisseau, pour faire connaître au gouvernement la situation réelle de l'île. Cet officier général commandait la division depuis le 15 août 1799 (1).

Depuis près d'un mois la sortie des *Guillaume Tell* était résolue et le contre-amiral Decrès avait arboré son pavillon sur ce vaisseau, mais la constante contrariété des vents s'était opposée à son appareillage qui devait avoir lieu de nuit, afin d'en dérober la connaissance aux bâtiments qui bloquaient le port de la Valette. Le départ de ce vaisseau était devenu tellement indispensable, qu'on décida qu'il appareillerait en plein jour si une circonstance favorable se présentait. Le vent ayant soufflé du S.-E. pendant toute la journée du 29 mars, les croiseurs qui avaient été informés des projets de départ du *Guillaume Tell* se rapprochèrent, et trois vaisseaux mouillèrent, les huniers hauts, devant la Valette. C'étaient l'ALEXANDER de 82ᶜ, le FOUDROYANT de 80 et le LION de 72; les frégates de 44 PENELOPE et la BONNE CITOYENNE, une bombarde et 3 brigs restèrent sous voiles; les vaisseaux de 82ᶜ AUDACIOUS, CULLODEN et NORTHUMBERLAND étaient au mouillage.

(1) Le contre-amiral Villeneuve avait été nommé commandant des armes.

à Marsa Sirocco. La croisière était alors dirigée par le capitaine Manley Dixon du Lion, en l'absence du commandant en chef, vice-amiral lord Keith, qui s'était rendu à Livourne pour notifier le blocus des ports de Toulon, Marseille, Cette et autres de la rivière du Ponant, sous prétexte que les neutres favorisaient les opérations de l'armée française en Italie (1).

Au moment même où les vaisseaux anglais se rapprochèrent, les batteries ennemies de terre, qui depuis quelque temps avaient perdu l'habitude de tirer, dirigèrent une longue et vigoureuse canonnade sur les bâtiments français. Le *Guillaume Tell* reçut plusieurs boulets, et un de ses canots fut coulé le long de son bord. Ce bombardement était inquiétant, car le vaisseau avait enlevé son blindage et avait ses poudres à bord. En outre, il emportait 130 malades et une cinquantaine de passagers, au nombre desquels se trouvait l'adjudant général Brouard. Cette attaque et la manœuvre de la division ennemie ne permettaient pas de douter que les Anglais ne fussent parfaitement informés du projet de sortie du *Guillaume Tell;* et il ne fallait rien moins que les raisons impérieuses qui existaient pour la tenter en pareille circonstance. Les derniers préparatifs en furent faits à l'entrée de la nuit; le vaisseau fut halé du port des galères à la pointe de Sengle et l'on attendit le coucher de la lune. A 11ʰ, une petite brise de Sud s'étant fait sentir, le *Guillaume Tell* largua ses amarres; mais il était à peine au milieu du port qu'il fut aperçu et signalé par le poste ennemi du Coradin. Ce signal fut immédiatement répété sur tous les points de l'île, et les batteries tirèrent sur le vaisseau français qui sortit au milieu d'une pluie de bombes et de boulets. Le vent était S.-E., bon frais, au

---

(1) Ce fut à cette époque que, sorti pour croiser sur la côte, le trois-ponts Queen Charlotte brûla en mer. Le vice-amiral Keith, qui avait son pavillon sur ce vaisseau, était resté à Livourne.

large. Dans le but d'éviter plus facilement les croiseurs, ou du moins, pour ne pas faire soupçonner qu'il sortait de Malte, s'il était aperçu, le contre-amiral Decrès fit gouverner au plus près dès qu'il fut dehors. Il parvint à dépasser ainsi quelques bâtiments sans être inquiété. Mais son espoir fut de courte durée; à 11ʰ 45ᵐ, le *Guillaume Tell* fut reconnu par la frégate de 44ᶜ PENELOPE, capitaine Henry Blackwood, et cette frégate avait malheureusement une marche bien supérieure à celle du vaisseau français; d'ailleurs, le temps n'était pas assez obscur pour que ce dernier pût dérober ses mouvements. A 1ʰ du matin, le 30, la PENELOPE était à petite distance derrière lui; et, lançant alternativement d'un bord et de l'autre, elle ne cessa de lui envoyer des bordées auxquelles le *Guillaume Tell* ne répondit qu'avec ses canons de retraite. Le vaisseau français était obligé d'accepter cette position désavantageuse, car on apercevait quelques bâtiments à l'horizon, et toute manœuvre eût retardé sa marche. Il fut donc grandement incommodé par cette frégate et, vers 5ʰ du matin, ses galhaubans du grand mât de hune au vent ayant été coupés, il démâta de ce mât. Dans ce moment survint le vaisseau de 72ᶜ LION, capitaine Manley Dixon, qui avait été dirigé par la canonnade de la nuit. Laissant à la PENELOPE sa position de l'arrière, il se porta par le travers de bâbord du *Guillaume Tell*, à portée de fusil. Après trois quarts d'heure le feu du vaisseau anglais se ralentit. La distance à laquelle le combat avait commencé était encore diminuée, et il était facile de voir les ravages occasionnés sur le pont du LION par l'artillerie et la mousqueterie du *Guillaume Tell*. Le contre-amiral Decrès voulant en profiter ordonna au capitaine Saunier d'aborder le vaisseau anglais: le soin que mit le capitaine Dixon à éviter l'abordage fit échouer cette tentative. Cependant, une circonstance favorable s'étant présentée plus tard, le capitaine Saunier parvint à engager le beaupré de son vaisseau dans les haubans d'artimon du

Lion. Malheureusement le sillage de celui-ci était encore considérable ; il ne fut pas arrêté par ce choc, et le bout-dehors du *Guillaume Tell* se rompit au moment où son équipage allait sauter à son bord ; l'abordage fut de nouveau manqué. Le Lion avait toutefois son gréement et ses voiles hachés ; sa mâture était chancelante et il fut obligé de se retirer du feu. Le *Guillaume Tell* le suivit pendant quelques instants ; mais force lui fut bientôt de l'abandonner et de revenir sur bâbord pour recevoir le Foudroyant qui arrivait alors en position de combattre. A 6ʰ le capitaine sir Edward Berry passa derrière le *Guillaume Tell* en lui criant de se rendre ; et, sans attendre une réponse qu'il prévoyait probablement, il lui envoya sa bordée ; venant ensuite au vent, il se trouva par le travers de tribord du vaisseau français. La Penelope prit poste par la hanche du même bord. Le feu fut terrible pendant une heure ; on se battait à portée de pistolet. Il y avait 36 minutes que le mât d'artimon du *Guillaume Tell* avait été abattu lorsque, à 7ʰ moins un quart, son grand mât fut coupé au-dessous des jottereaux ; une demi-heure plus tard, il le fut de nouveau un peu au-dessus du pont. Les voiles étaient en lambeaux, et plusieurs vergues, fracassées et à peine soutenues, menaçaient de tomber sur le pont. Le Lion qui avait réparé ses avaries revint à la charge et prit poste par le travers de bâbord. Saisissant un moment où le Foudroyant s'était un peu laissé culer, le capitaine Saunier vint en grand sur tribord et plaça le *Généreux* en travers sous le beaupré de ce vaisseau. Celui-ci évita d'être accroché en mettant toutes ses voiles sur le mât ; mais pris d'enfilade, ce vaisseau, qui avait déjà perdu son mât d'artimon, fut démâté de son petit mât de hune et s'éloigna. Dans cette nouvelle tentative d'abordage, le capitaine Saunier reçut à la figure une blessure qui l'obligea de quitter le pont ; il fut remplacé par le premier lieutenant Donnadieu. Le *Guillaume Tell* qui n'avait plus que son mât de misaine et son petit mât de hune, com-

battait des deux bords et de l'arrière. Ses sabords étaient
cependant en partie engagés à bâbord par les débris
de sa mâture auxquels le feu prenait à chaque instant;
ces accidents lui enlevaient une grande quantité d'hommes, constamment occupés à éteindre l'incendie. On
comptait vingt canons démontés : un vingt et unième
avait crevé. Quant aux gaillards, ils étaient trop em-
barrassés pour qu'on pût songer à se servir de l'artillerie
qui s'y trouvait. Le grand mât avait été coupé deux
fois, et l'un de ses tronçons, d'environ 5 mètres, barrait
le gaillard d'arrière, encombré déjà par les débris du
mât d'artimon et par ceux de la dunette. La défense du
Guillaume Tell était cependant toujours vigoureuse, et
l'ardeur de son équipage augmentait encore lorsque, à
8ʰ 30ᵐ, le mât de misaine tomba sur bâbord. Tout ce
côté, battu par le LION, se trouva dès lors masqué par
des pièces de mâture. De ce moment, le vaisseau fut entièrement abandonné au choc des lames, et ballotté par
une grosse houle qui força de fermer les sabords de la
batterie basse pour empêcher l'eau d'y entrer. Le contre-
amiral Decrès sentit que, dans cette situation, une prolongation de défense devenait une obstination; et comme
elle ne pouvait avoir d'autre résultat que de faire sacrifier
inutilement les hommes qui avaient échappé jusqu'alors
aux boulets ennemis, il crut pouvoir céder à la fortune :
à 9ʰ 35ᵐ, son pavillon et celui du *Guillaume Tell* furent
amenés. Le cap Passaro de la Sicile restait à 20 milles dans
le Nord. La PENELOPE, seule en état d'amariner le vaisseau français, le conduisit à Syracuse. Après vingt-quatre
heures employées à réparer ses avaries, le LION prit le
FOUDROYANT à la remorque : le premier dut changer son
beaupré; l'autre, tous ses mâts et ses vergues.

Le *Guillaume Tell* prit le nom de MALTA dans la marine
anglaise.

Le contre-amiral Decrès fut mis à bord du CULLODEN où,
pendant trente-huit jours, il eut beaucoup à se plaindre

III   14

des procédés du vainqueur. Il fut ensuite retenu à Mahon sur un ponton avec l'équipage entier du *Guillaume Tell*.

Cet officier général fut déclaré non coupable et déchargé de toute accusation par un conseil martial qui se réunit à Paris pour examiner sa conduite.

La corvette de 16° la *Citoyenne*, capitaine Butel, sortie de Flessingue pour porter des marins à Dunkerque, fut chassée, le 1ᵉʳ mai, par une frégate, 2 brigs et 2 cutters anglais. La marche inégale de ces bâtiments les ayant distancés, le capitaine Butel combattit un cutter qui était en avant des autres. Après une canonnade de deux heures, ce cutter se replia sur sa division, et il reçut de l'un des brigs une remorque qu'il sollicita par des signaux de détresse. La *Citoyenne* avait quelques avaries dans sa voilure et elle avait reçu dans son mât de misaine un boulet qui l'obligea à relâcher à Ostende.

Cette corvette était celle qui, en mars 1797, avait soutenu, près de l'île de Bas, un combat à la suite duquel son nom de *Choquante* avait été changé en celui de *Citoyenne*.

Le 5 mai, l'aviso le *Dragon*, capitaine Lacheurié, parti de Rochefort pour la Guadeloupe, fut pris par les frégates anglaises Cambrian et Fishgard que la brume l'avait empêché d'éviter.

La corvette de 14° l'*Albanaise*, sortie de Toulon pour porter des approvisionnements à Gênes fut chassée, le 2 juin, à 35 milles dans l'Ouest du cap Corse, par le brig anglais de 20° Port Mahon; la brise était faible du O.-S.-O. et la mer houleuse. A 3ʰ de l'après-midi, le brig commença à lui envoyer des boulets; mais la marche des deux navires était si peu différente, que la nuit se fit sans que la distance qui les séparait eût sensiblement diminué. Au jour, le vent passa à l'Est. Le brig anglais, toujours de l'arrière, recommença la canonnade; elle eut, cette fois, pour résultat d'attirer une frégate de sa nation qui fut aperçue dans le N.-O. Le capitaine Rolland (Étienne) se dirigea sur Porto Fino de l'île d'Elbe, distant encore de 6 milles. Mais à 6ʰ, et avant qu'il eût pu atteindre ce port, la frégate de 44ᵉ PHŒNIX, capitaine Thomas Baker, joignait son feu à celui du brig. L'*Albanaise* tira deux bordées et son pavillon fut amené.

L'enseigne de vaisseau Rolland fut déclaré non coupable.

———————

Dans les premiers jours du mois de juin, le commandant en chef de l'armée navale anglaise de la Manche, comte Saint-Vincent, expédia le capitaine sir Edward Pellew dans la Méditerranée avec 7 vaisseaux, 5 frégates, une corvette et 5 transports portant 5,000 hommes de troupes, en lui enjoignant de fouiller en passant la baie du Morbihan, dans laquelle bon nombre de navires cherchaient journellement un abri contre les croiseurs anglais. La division ennemie laissa tomber l'ancre dans cette baie et, dans la nuit du 5, les troupes s'emparèrent sans difficulté de Port Navalo. Ce village, situé à l'embouchure de la rivière de Vannes, n'avait aucune fortification. Pendant que ce facile coup de main était exécuté, les embarcations de la division étaient dirigées sur la corvette de 18ᵉ l'*Insolent* et 2 avisos qui étaient à ce mouillage. Le capitaine Voisin fit de suite couper les câbles de la corvette pour la jeter au plain; mais il envoya auparavant deux volées aux embarcations ennemies. Abordé par tous les bords, ce bâtiment fut enlevé. Les Anglais ne purent le remettre à flot et l'incendièrent.

Pendant que cela se passait, le capitaine Allanioux, de l'*Anne*, faisait couper les câbles de ce lougre et le jetait à la côte. Il déchargea ses canons sur les embarcations ennemies et fit évacuer son bâtiment. Il restait encore cinq hommes à bord lorsque les Anglais s'en emparèrent.

La canonnière la *Curieuse*, capitaine Pasquier, fut également enlevée à la côte où elle avait été mise. L'équipage avait pu être entièrement débarqué.

Le lieutenant de vaisseau Voisin, l'enseigne de vaisseau Allanioux et l'enseigne auxiliaire Pasquier furent déclarés non coupables.

Les avisos l'*Entreprenant* et le *Redoutable*, capitaines Podesta et Barrallier, se rendant de Toulon à Malte, furent chassés, le 25 juin, dans le Sud de l'île de la Pantellerie, par la frégate anglaise de 40° Success, capitaine Shuldam Peard. Le capitaine Podesta ayant signalé liberté de manœuvre, les deux avisos se séparèrent. L'*Entreprenant* fut atteint par la frégate après une chasse de huit heures et amena son pavillon.

La brise était fraîche et la mer grosse. Le *Redoutable* cassa son beaupré et relâcha le soir à l'île Lampedouze. Il fut aperçu, le lendemain, à ce mouillage par la frégate anglaise et tenta vainement de lui échapper en mettant sous voiles.

L'enseigne de vaisseau Podesta et l'enseigne auxiliaire Barrallier furent déclarés non coupables.

Le capitaine Kerisac de Kermasson, de la corvette la *Thérèse* stationnée sur la rade de Fromentine, fut prévenu, le 1ᵉʳ juillet, par la vigie de l'île de Noirmoutiers, que 2 vaisseaux anglais, alors au mouillage du Pilier, une frégate et un cutter mettaient leurs canots à la mer. Cette manœuvre était significative; aussi fit-on bonne garde à bord de la corvette. Vers 11ʰ 30ᵐ du soir, ces embarcations furent aperçues à l'entrée de la rade, se dirigeant sur la *Thérèse* qu'elles abordèrent après avoir reçu sa bordée. De ce moment, la résistance devenait impossible, car la corvette était entièrement dépourvue d'armes blanches; force fut donc au capitaine de Kermasson de se rendre. Il fut embarqué, ainsi que l'équipage, dans les canots an-

glais; mais ces parages étaient probablement peu connus
des marins qui les montaient, et ces embarcations s'échouèrent presque toutes en sortant de la rade. Les détonations
de l'artillerie de la *Thérèse* avaient donné l'éveil à terre. Les
batteries pointèrent leurs pièces dans la direction qu'elles
avaient prise et, quelque incertain que fût leur tir, il décida les Anglais à abandonner celles qui étaient échouées.
Le capitaine et les hommes de la *Thérèse* qui se trouvaient dans les canots échoués, atteignirent le rivage à la
nage. La corvette et 8 caboteurs avaient été incendiés;
mais 92 Anglais, sur 192 dont se composait l'expédition,
furent faits prisonniers dans des embarcations qui appartenaient au Renown, au Defence et à la Fishgard.

Le lieutenant de vaisseau Kerisac de Kermasson fut déchargé d'accusation.

———

Le 13 juillet, le capitaine Senez, de la corvette de 30ᵉ
le *Berceau*, en croisière à 140 lieues dans l'Est de Cayenne,
aperçut un convoi sur lequel il se dirigea; bientôt il put
reconnaître que 2 corvettes l'accompagnaient et que 5 autres navires avaient des canons. A 10ʰ 45ᵐ du matin, il
engagea le combat avec les 2 corvettes. Le convoi prit
chasse dans des directions différentes, mais les navires armés voulurent constater l'existence de leurs canons, et ils
ne continuèrent leur route qu'après les avoir déchargés sur
le *Berceau*. Une heure après, une des corvettes se retira.
L'autre ne résista pas longtemps désormais; entièrement
démâtée, elle héla qu'elle se rendait : il était midi 30ᵐ. Le
capitaine Senez crut pouvoir s'éloigner sans inconvénient
d'un bâtiment dans cet état; n'ayant d'ailleurs pas dans ce
moment un seul canot capable de tenir la mer, il se mit à
la poursuite du convoi; à 6ʰ, il avait amariné 4 navires.
Mais il n'avait pas pris garde que la brise mollissait; il fut
surpris par le calme et ne put rejoindre la corvette pendant la nuit; le lendemain, elle n'était plus en vue. Le *Ber-*

ceau entra à Cayenne. Le capitaine Senez y apprit que les bâtiments qu'il avait combattus étaient portugais, mais il ne put savoir leur nom.

———

Le 31 juillet à 2^h 15^m du matin, les embarcations de la frégate anglaise AMETHYST et du cutter VIPER, profitant de l'obscurité qui avait empêché de les distinguer des bateaux-pêcheurs répandus en grand nombre dans la rade, assaillirent la canonnière le *Cerbère*, alors mouillée à Larmor. Les houras poussés par les Anglais en réponse au « Qui vive » de la sentinelle de la canonnière, firent seuls connaître qu'elles étaient ennemies. Le pont du *Cerbère* devint bientôt un champ de bataille sur lequel s'établit une lutte sanglante et dans laquelle le capitaine Mesnage fut blessé. Tombé sans connaissance, il ne fut pas témoin de la défaite de son équipage et de l'enlèvement de la canonnière dont le commandement lui était confié.

Dès que l'enseigne de vaisseau Audouy, qui commandait la goëlette le *Télégraphe*, mouillée aussi sur la rade de Larmor, vit le *Cerbère* entouré, il mit sous voiles et sortit de la baie. Cette conduite fit traduire cet officier devant un jury; celui-ci déclara qu'il n'y avait pas lieu à accusation contre lui.

———

L'approche de 4 vaisseaux anglais cinglant vers la baie de Douarnenez, détermina les capitaines du côtre le *Sans-Souci*, de la chaloupe-canonnière l'*Inquiète* et des bateaux-canonniers 128 et 129 qui y étaient à l'ancre, à mettre sous voiles, le 19 août, pour chercher un abri près des batteries de terre. Pendant ce court trajet, ils échangèrent quelques boulets avec un des vaisseaux qui approcha assez le *Sans-Souci* pour le héler de se rendre. Le capitaine Lecaplain ayant répondu à cette invitation par un coup de canon à mitraille, le côtre devint le but unique des boulets de ce vaisseau auquel, par un bonheur inouï, il échappa à la faveur du calme qui survint.

Le capitaine Pitot, de la frégate de 40° la *Vengeance*, que nous avons laissée à Curaçao après un combat avec la frégate américaine Constellation, effectuant son retour en Europe et se trouvant, le 20 août, entre la Mona et Porto Rico avec des vents de N.-E., aperçut sous la première de ces îles la frégate anglaise Seine de 48°, capitaine David Milne. Le capitaine Pitot laissa arriver pour passer sous le vent des îles, et fut chassé par cette frégate. Dix-huit heures après, les deux frégates échangeaient leurs premiers boulets et, à 1ʰ du matin, lorsque la Seine se trouva par la hanche de bâbord de la *Vengeance*, le capitaine Pitot vint sur ce bord et engagea le combat par le travers. Après un quart d'heure de canonnade très-vive, la frégate ennemie serra le vent et le feu cessa. La *Vengeance* mit le cap au Sud et s'occupa de réparer ses avaries. Mais la frégate anglaise ne s'était éloignée que pour faire aussi quelques réparations; au jour, elle était encore en vue et sa position au vent lui ayant permis de s'approcher une seconde fois de la *Vengeance*, le combat recommença, à 6ʰ 20ᵐ. A 7ʰ 40ᵐ, la Seine mit sur le mât et se laissa de nouveau culer hors de portée. Les bas mâts de la frégate française étaient percés de part en part en plusieurs endroits; ses caronades étaient toutes démontées. L'affaire n'était pourtant pas encore terminée. Le capitaine Milne revint une troisième fois à la charge et, à 9ʰ, il était à portée de pistolet, par la hanche de bâbord de la frégate française. Le combat reprit avec furie. A 10ʰ, le mât d'artimon de la *Vengeance* fut abattu; vingt minutes plus tard, son grand mât de hune eut le même sort. Dans ce moment, le vent ayant refusé de plusieurs quarts, les deux frégates masquèrent. La Seine, plus promptement orientée que la *Vengeance*, se plaça en travers sur son avant. La fré-

gate française ne pouvait plus manœuvrer : le capitaine
Pitot héla qu'il amenait; il était 10ʰ 30ᵐ. Quelques moments après, le mât de misaine s'abattit.

La *Vengeance* avait   26 canons de 18
                           10   —   de 8
                    et   4 caronades de 36.
La Ṡᴇɪɴᴇ portait   18 canons de 18
                           12   —   de 9
                    et   8 caronades de 32.

Cependant le blocus de Malte continuait plus actif que
jamais. Tous les vivres étaient consommés, et le mauvais
succès de l'expédition du contre-amiral Perrée ne laissait
au général Vaubois aucun espoir de conserver cette île. La
capitulation devant nécessairement entraîner la prise des
bâtiments qui se trouvaient encore dans le port de la Valette, il voulut tenter de sauver les frégates de 40ᶜ la *Diane*
et la *Justice*, les seules qui fussent en état de prendre la
mer; la *Boudeuse* avait été démolie pour faire du bois à
brûler. Quant aux vaisseaux le *Dégo* et l'*Athénien*, il n'avait
pas été possible de les armer.

Favorisées par une obscurité profonde et un bon vent,
les deux frégates sortirent pendant la nuit du 24 août, la
première sous les ordres du capitaine Villeneuve; l'autre, commandée par le capitaine Soleil. La *Diane* avait
114 hommes d'équipage et la *Justice* 136. Pour tous vivres,
elles avaient du biscuit et de l'eau : c'était la seule nour-
riture de la garnison depuis un mois. Mais la surveillance
de la croisière anglaise augmentait avec l'état désespéré
de la place, et les frégates avaient à peine doublé la pointe
du fort Ricazoli, qu'elles furent aperçues, canonnées par
les batteries, et chassées par la frégate de 40ᶜ Sᴜᴄᴄᴇss,
capitaine Shuldam Peard, et les vaisseaux Gᴇ́ɴᴇ́ʀᴇᴜx et
Nᴏʀᴛʜᴜᴍʙᴇʀʟᴀɴᴅ. La *Diane* soutint quelque temps le feu
de la frégate anglaise et amena son pavillon : elle prit

le nom de N<small>IOBE</small> dans la marine de la Grande Bretagne.

Les deux vaisseaux suivirent la *Justice* jusqu'au lendemain matin; ils abandonnèrent alors la poursuite. Cette frégate entra à Toulon le 1er septembre.

Malte succomba enfin malgré l'énergique et patriotique défense du général Vaubois; sa garnison arriva à Marseille à la fin de septembre. La perte de cette île entraîna celle du *Dégo* et de l'*Athénien*.

Le capitaine Conseil, de la flûte la *Salamandre*, se rendant de Péros à Brest avec des marins pour l'escadre, ayant aperçu 2 voiles dans le Nord de l'île de Bas, entra à Poularvilic où se trouvaient déjà 7 navires qu'escortait la canonnière la *Protectrice*, capitaine Guéguen. Le lendemain 2 septembre, tous ces bâtiments appareillèrent; ils furent de suite chassés par une corvette et un brig anglais qui les obligèrent à relâcher à Locquirec. Les deux bâtiments ennemis allèrent les y attaquer dans l'après-midi, mais ils se retirèrent après une canonnade de trois heures.

Obligé en quelque sorte de renoncer à se servir de bâtiments d'un fort tonnage pour le transport de ses dépêches, le ministre de la marine employait un grand nombre de petits navires légers qui avaient plus de chances de passer inaperçus. Quelques-uns furent cependant capturés par les Anglais.

Le 1er septembre, c'était l'aviso la *Capricieuse* de 6^c, capitaine Gaudfernaud qui, se rendant en Égypte, était pris par la corvette anglaise T<small>ERMAGANT</small>, à 60 milles dans le Sud de Porquerolles.

Le même mois, la frégate anglaise la S<small>AINTE</small>-T<small>HÉRÈSE</small> faisait amener l'aviso l'*Indépendant*, capitaine Marrol, à 78 milles dans l'Ouest de la Sardaigne.

Le 11 du mois suivant, l'aviso la *Jeune Alexandrine*,

capitaine Perrin, se rendant en Égypte, était pris à 18 milles dans l'Ouest de l'île Saint-Pierre de Sardaigne, par la corvette anglaise Bull-dog.

Obligés de céder sans combat à des forces contre lesquelles ils ne pouvaient lutter, ces trois enseignes de vaisseau furent déclarés non coupables.

Le 19 de ce même mois d'octobre, c'étaient 2 corsaires anglais, l'un de 16, l'autre de 14 canons qui, sur la côte d'Espagne, s'emparaient du *Neptune* de 4°, capitaine Lemaréchal; cette goëlette ramenait en France l'ex-agent du Directoire Desfourneaux, renvoyé de la Guadeloupe.

Quoique depuis le 30 septembre un traité de paix eût rétabli les relations de bonne amitié entre la France et les États-Unis d'Amérique, et mis fin à ce qu'on appela sur le nouveau continent une *quasi-guerre*, un dernier combat eut lieu, au mois d'octobre de cette année, entre deux bâtiments de ces puissances. Le 12, la corvette de 30° le *Berceau*, capitaine Senez, en croisière à 260 lieues de Cayenne avec la goëlette l'*Espérance*, capitaine Hamon, fut chassée par la frégate américaine de 48° Boston, capitaine George Little. A 3ʰ 40ᵐ de l'après-midi, celui-ci sommait le corvette française de se rendre. Le capitaine Senez n'ayant pas répondu à cette injonction, le *Berceau* reçut, presque à bout portant, la bordée de la frégate placée alors par son travers de bâbord. La riposte ne se fit pas attendre et le combat, ainsi engagé, continua vent arrière jusqu'à 6ʰ du soir. A cette heure, les deux bâtiments se séparèrent pour réparer leurs avaries ; le *Berceau* en avait de nombreuses dans son grément et dans sa voilure ; il avait en outre perdu ses trois mâts de perroquet. Le feu recommença à 8ʰ 30ᵐ pour cesser de nouveau à 11ʰ. La frégate ennemie avait à peine discontinué de tirer, que les deux mâts de hune de la corvette s'abattirent sur l'avant. Cette circonstance ne parut pas suffisante au capitaine de la Boston :

il se maintint en dehors de la portée du canon. Le capitaine Senez put faire déblayer son pont, mais il ne lui fut pas possible de remplacer ses mâts de hune, parce que ceux de rechange avaient eux-mêmes été coupés dans la drôme. La nuit se passa ainsi et le capitaine français croyait l'affaire terminée lorsque, à sa grande surprise, la frégate américaine vint, dès qu'il fît jour, se placer en observation par le travers du *Berceau*, réglant sa marche sur celle de cette corvette qui se traînait péniblement sous ses basses voiles. La chute du mât de misaine et celle du grand mât qui la suivit de près, n'apportèrent aucune modification au plan que s'était tracé le capitaine Little : il était 2ʰ lorsqu'il se décida à se rapprocher. La résistance était désormais impossible : le pavillon du *Berceau* fut amené.

Le *Berceau* avait 22 canons de 8,
        et   8 caronades de 12.
La Boston portait 26 canons de 12,
        12 — de 9,
        et 10 caronades de 32.

A quelques mois de là, la corvette le *Berceau* fut rendue à la France en vertu du traité du 30 septembre.

Le capitaine Senez se plaignit des mauvais traitements dont l'état-major et l'équipage furent l'objet à bord de la Boston, de la part des hommes de cette frégate. Les exactions les plus grandes furent commises. Tous les matelots furent mis aux fers; leurs bagages furent pillés; ceux des officiers ne furent pas épargnés davantage. Ces faits étaient connus du capitaine Little; mais il refusa de transmettre à qui de droit la plainte qui lui fut remise par le second du *Berceau*. Quant au capitaine Senez, il avait été débarqué à la Guadeloupe quelques jours après le combat.

———————

La corvette de 28ᶜ la *Vénus*, capitaine Bourrand, partie depuis quatre jours de Rochefort pour le Sénégal fut

chassée, le 22 octobre, par les frégates anglaises INDEFATI-
GABLE et FISHGARD. A 5ʰ 30ᵐ du soir, la première qui était
un vaisseau rasé, canonnait la corvette; l'autre ne tarda
pas à être à portée. Son adjonction n'était pas nécessaire.
Le capitaine Bourrand fit envoyer une bordée à l'INDEFA-
TIGABLE et amena son pavillon.

Le capitaine Duclos, de la corvette de 20ᵉ la *Réolaise*,
escortant un convoi sur la côte de Bretagne, fut chassé,
le 17 novembre, par la division anglaise du capitaine sir
Richard Strachan, et alla chercher un refuge sous la batterie de Port Navalo. Lorsqu'il aperçut les embarcations
de la division ennemie se dirigeant de son côté, il mit
la corvette à la côte et l'incendia.

En exécution d'un arrêté des Consuls, la frégate la *Dédaigneuse* reçut la mission d'aller prendre à la Guyane
française, pour les transporter aux îles de Ré et d'Oleron,
tous les individus qui avaient été condamnés à la déportation autrement que par des actes du pouvoir judiciaire.
Le 20 novembre, le capitaine Constantin (Jacques), du
lougre de 12ᵉ le *Renard*, appareillé pour éclairer la marche
de cette frégate, aperçut un cutter sous la terre. Il se dirigea de son côté et, à 11ʰ 15ᵐ du matin, le combat commença. Pendant près de cinq heures, les deux capitaines
continuèrent une lutte à peu près égale; le cutter, qui
était anglais, portait 6 canons et 2 caronades de fort calibre. Tous deux manœuvrèrent sans interruption pour
prendre telle position qui leur semblait plus avantageuse;
enfin l'Anglais se retira. Le *Renard* ne put le poursuivre.
Ses avaries l'obligèrent à rentrer à Rochefort aussitôt que
la *Dédaigneuse* fût aperçue.

Dans le courant de cette année, les Anglais s'allièrent aux Maures du désert et attaquèrent avec eux les possessions françaises du Sénégal. L'île de Gorée tomba en leur pouvoir.

BATIMENTS PRIS, DÉTRUITS OU NAUFRAGÉS
pendant l'année 1800.

ANGLAIS.

Canons.

110	QUEEN CHARLOTTE	Brûlé par accident.
82	MARLBOROUGH	} Naufragés sur les côtes de France.
72	REPULSE	
40	STAG	Naufragée sur la côte d'Espagne.
20	DANAE *	Enlevée par son équipage.
	CORMORANT *	Naufragée sur la côte d'Égypte.
18	BRAZEN *	— sur les côtes d'Angleterre.
	CHANCE	} Sombrées.
	TROMPEUSE *	
	DILIGENTE	Naufragée sur l'île de Cuba.
	HOUND	— sur Shetland.
16	HAVICK	— sur Jersey.
	MARTIN	} Sombrés.
14	RAILLEUR	
	ALBANAISE *	Prise par les Français.
12	MASTIFF	Naufragé sur les côtes d'Angleterre.

FRANÇAIS.

86	Guillaume Tell	} Pris chacun par une division.
78	Généreux	
64	Athénien	} Capturés à Malte.
	Dégo	
44	Carmagnole	Naufragée à Flessingue.
42	Pallas	Prise par une division.
	Concorde	— par un vaisseau.
	Diane	— par une division.
40	Vengeance	— par une frégate.
	Médée	— par deux vaisseaux de Compagnie.
58	Désirée	— par une corvette.
28	Vénus	— par deux frégates.
24	Ville-de-Marseille, flûte	— par un vaisseau.
22	Brûle-Gueule	Naufragée dans le raz de Sein.
20	Réolaise	} Détruites à la côte.
18	Insolente	
16	Ligurienne	} Prises chacune par une frégate.
	Curieuse	
14	Albanaise	} Prises chacune par une frégate.
	Vedette	
Corv.tes	Thérèse	Détruite à la côte.

* L'astérisque indique un bâtiment pris à l'ennemi.

RÉCAPITULATION.

	Pris.	Détruits ou naufragés.	Incendiés.	TOTAL.
ANGLAIS. . . Vaisseaux.	»	2	1	3
Frégates.	»	1		1
Bâtiments de rangs inférieurs.	2	10	»	12
FRANÇAIS. . Vaisseaux.	4	»	»	4
Frégates.	6	1	»	7
Bâtiments de rangs inférieurs.	6	4	»	10

ANNÉE 1801.

—

Le port de Brest manquait de vivres. La difficulté d'y faire arriver les convois détermina le Premier Consul à dissoudre l'armée navale qui s'y trouvait sous le commandement du vice-amiral Villaret Joyeuse, et à en envoyer une partie à Rochefort. Au mois de février, les contre-amiraux Dordelin (Joseph) et Latouche Tréville reçurent l'ordre de se rendre isolément dans ce port avec quelques vaisseaux. Nommé au commandement de la flottille qu'on réunissait à Boulogne, le dernier de ces officiers généraux fut remplacé par le capitaine de vaisseau Maistral (Esprit). 32 vaisseaux anglais étaient échelonnés par pelotons le long de la côte, et deux lignes de frégates et de bâtiments légers, placés plus près de terre, donnaient au commandant en chef le moyen de connaître promptement tous les mouvements des rades françaises. Aussi le lieutenant général espagnol Gravina, qui était toujours sur la rade de Brest avec 15 vaisseaux, fut-il invité à faire escorter les deux divisions au delà de l'île de Sein. Pour mettre 10 vaisseaux en état de rendre ce service, le lieutenant général

espagnol fut obligé de leur donner une partie du matériel
de ceux qui ne sortaient pas, et il ne put leur procurer que
dix-sept jours de vivres. Contrariés par les vents et par la
présence continuellé de l'ennemi, les vaisseaux qui devaient
se rendre à Rochefort ne sortirent pas, et l'idée de réunion
d'une escadre sur la rade de l'île d'Aix fut abandonnée.
Au milieu du mois d'avril, le vice-amiral Bruix, qui avait
été désigné pour en prendre le commandement, reçut l'ordre
de se rendre à Cadix avec 5 vaisseaux de Rochefort;
5 vaisseaux espagnols devaient s'y ranger sous ses ordres,
ainsi que 6 autres que l'Espagne venait de céder à la
France, et dont le commandement avait été donné au contre-
amiral Dumanoir Lepelley. L'attaque du Cap de Bonne-
Espérance dont les Anglais s'étaient emparés, était le but
de cet armement. Une division hollandaise de 7 vaisseaux,
3 frégates, une corvette et une goëlette devait coopérer à
cette expédition, et rejoindre l'armée franco-espagnole aux
îles Canaries. Mais le blocus des ports de la Hollande
n'était pas moins rigoureux que celui des côtes de France,
et la division hollandaise ne mit pas sous voiles. Au mois
de juin, le contre-amiral Decrès prit le commandement de
la division de Rochefort qui ne bougea pas.

A Brest, on vivait au jour le jour. Le vice-amiral Villaret
Joyeuse reçut l'ordre de sortir avec 10 vaisseaux français
et 10 espagnols pour favoriser l'entrée des convois : il
n'appareilla pas et reçut plus tard une autre mission.

———

Un arrêté des Consuls, en date du 3 mars de cette année, ordonna la formation à Boulogne d'une flottille dont
le commandement fut donné au contre-amiral Latouche
Tréville; elle devait être composée de 36 chaloupes-canonnières et de 213 bateaux-canonniers. Cette flottille fut
partagée en douze divisions de trois sections chacune;
chaque section était par conséquent d'une chaloupe-canonnière et de 6 bateaux-canonniers. Le contre-amiral Latouche

Tréville forma avec 18 péniches et 5 bateaux-bombardiers, une treizième division qu'il nomma division légère. Chaque division était commandée par un capitaine de vaisseau; chaque section par un capitaine de frégate ou un lieutenant de vaisseau. Les chaloupes-canonnières, placées sous le commandement des enseignes de vaisseau, portaient généralement 3 canons de 24; quelques-unes n'avaient que du 18. Leur équipage se composait de 3 officiers-mariniers, 2 aide-canonniers, 15 matelots, 43 soldats et un officier d'infanterie, en tout 65 hommes. Les bateaux-canonniers avaient pour capitaine un maître ou un patron; ils portaient un canon de 24 ou de 18 et, presque tous, un second canon de 8 ou de 6. Ils avaient 9 hommes d'équipage et 18 soldats. Les péniches, généralement armées de 4 pierriers, étaient de grandes embarcations de 22^m.70 à 17^m.55 de longueur, sur 3^m.56 à 2^m.97 de largeur. Elles étaient bastinguées et demi-pontées. Les premières bordaient 18 avirons; les autres 14. Ces embarcations n'étaient pas toutes construites. Les quatre arrondissements maritimes de l'Océan ne comptaient encore que 24 chaloupes, 211 bateaux-canonniers et 36 péniches. La construction des autres embarrassait cependant moins que la difficulté de réunir cette flottille, dispersée depuis Flessingue jusqu'à Lorient, et des engagements partiels signalèrent presque toujours les déplacements de ses divisions ou de ses sections. L'Angleterre s'alarma en effet de ces préparatifs, et ses moyens de défense leur furent proportionnés. La première mesure employée par son gouvernement pour calmer l'agitation des esprits, fut de nommer le vice-amiral Horatio Nelson au commandement en chef de la défense des côtes.

Bien que la cinquième division de la flottille et la sixième fussent seules réunies à Boulogne, le vice-amiral Nelson jugea devoir commencer immédiatement l'œuvre de destruction dont il avait été chargé par son gouvernement. Le 3 août, il parut devant ce port avec 2 vaisseaux, 2 fré-

gates, 14 brigs, 7 cutters, un lougre et 3 bombardes. Le
vent était à l'Est, joli frais. 8 chaloupes-canonnières,
12 bateaux-canonniers et 5 bateaux-bombardiers avaient
été embossés en avant des jetées ; le capitaine de vaisseau
Pévrieu les commandait. Dans cette première attaque, les
Anglais n'employèrent que des bombardes ; elles commencèrent leur feu à 5ʰ du matin et ne cessèrent de tirer qu'à
9ʰ du soir. La division ennemie essaya de se tenir sous voiles ; mais, entraînée par le courant, elle mouilla à 3,500 mètres du môle. 3 bateaux de la sixième division de la flottille
française furent coulés : on put les relever ; ils n'avaient
pas perdu un seul homme.

Cette attaque, à laquelle la flottille riposta peu, constata
la mauvaise qualité de la poudre qui lui avait été donnée.
Aussi, et afin de ne pas perdre inutilement les boulets, le
contre-amiral Latouche Tréville avait-il ordonné de bonne
heure de cesser de tirer.

Le vice-amiral Nelson retourna à Deal le 6, laissant la
surveillance de la flottille au capitaine Somerville, de la
frégate IPHIGENIA.

————

Quoique, après l'attaque du 3 août, on eût publié en
Angleterre que les préparatifs faits à Boulogne devaient
être méprisés s'ils avaient pour objet une invasion ; que ces
forces étaient incapables de faire la moindre injure, d'exciter la moindre alarme, le vice-amiral Nelson reparut devant ce port, vers le milieu du mois, avec 32 bâtiments ;
dans le nombre on comptait 3 vaisseaux, 2 frégates et
8 bombardes. Les mouvements d'embarcations qui eurent
lieu dans la soirée du 15, firent présumer au contre-amiral
Latouche Tréville que les Anglais projetaient une attaque.
Il plaça en conséquence des péniches en éclaireurs sur
l'avant de la ligne d'embossage, et il donna l'ordre de prévenir le capitaine de vaisseau Pévrieu, qui la commandait,
de toutes les manœuvres de l'ennemi. Les bombardes et les
chaloupes-canonnières étaient placées parallèlement au

rivage, chaque bombarde flanquée de 2 canonnières et, à chaque extrémité de la ligne, s'élevaient perpendiculaire- ment deux autres lignes, formées alternativement aussi d'un bateau-bombardier et d'un bateau-canonnier. L'in- tention du vice-amiral Nelson était, en effet, de faire atta- quer la flottille française, cette nuit même, par les canon- nières et les embarcations de sa division. A 11ʰ du soir, il les mit en marche, mais l'obscurité et le courant ne tardè- rent pas à déranger les plans du vice-amiral anglais, et l'attaque ne put avoir lieu ainsi qu'il avait été convenu. La deuxième division de la flottille ennemie, dirigée par le capitaine Edward Thornborough Parker, de la frégate Medusa, arriva la première à minuit et demi. Le capitaine anglais attaqua avec six embarcations la chaloupe-canon- nière l'*Etna*, capitaine Lebrettevillois, que montait le ca- pitaine de vaisseau Pévrieu. Le feu de cette chaloupe- canonnière fut si vif, que bon nombre d'assaillants furent mis hors de combat avant que les embarcations anglaises eussent pu l'aborder, et, malgré l'intrépidité de leurs équi- pages, elles furent obligées de se retirer. Blessé mortelle- ment, le capitaine Parker prit le large, emmenant avec lui un lougre, faible compensation des pertes qu'il avait faites. Une division de bombardes, commandée par le capitaine John Conn, avait navigué avec la division du capitaine Parker et s'éloigna avec elle. La troisième division, sous les ordres du capitaine Isaac Cotgrave, du Gannett, se présenta au feu la seconde. La résistance qu'elle rencontra sur la partie de la ligne qu'elle attaqua, détermina cet officier à battre en retraite entre 2 et 3ʰ du matin. Vint ensuite la première, conduite par le capitaine Philip So- merville, de l'Iphigenia. Cette division avait été entraînée dans l'Est par le courant, et elle ne put engager le combat que peu de temps avant le jour ; en butte au feu de la flottille et à celui de la jetée, elle ne tarda pas à prendre le large. Enfin, le capitaine Robert Jones, de l'Isis, ne put réussir à atteindre la ligne, et il s'en retourna avec la quatrième division, sans avoir brûlé une amorce. Les rapports anglais avouèrent 4 officiers tués et 23 blessés; 38 matelots ou soldats tués et 105 blessés. Les pertes des Français étaient beaucoup moindres. L'*Etna* avait perdu un homme et comptait 18 blessés; son capitaine et le commandant Pévrieu étaient au nombre des derniers. La chaloupe-canonnière le *Volcan*, capitaine Guéroult, avait 7 hommes tués et 19 blessés. La chaloupe-canonnière la *Surprise*, capitaine Caro (Nicolas), abordée par quatre embarcations, en prit une, en coula une autre et repoussa les deux dernières; elle n'avait que 2 blessés. Le bateau n° 12 de la cinquième division et le bateau n° 13 avaient chacun un blessé. A ces pertes, il faut ajouter les 16 hommes de la péniche n° 3 enlevée par la division du capitaine Parker. Les détachements embarqués sur la flottille appartenaient à la 47e, à la 56e et à la 108e demi-brigade.

Tel fut le résultat de l'attaque des Anglais contre deux divisions de cette flottille qui, disait-on, ne valait pas les hommes qu'on pouvait sacrifier pour la prendre ou pour l'incendier. Une expédition formidable vint échouer contre elle. Je dirai plus, le premier des amiraux de l'Angleterre, qui la dirigeait, se retira défait; car, en pareille circonstance, il y a défaite quand on n'a pas réussi. Aussi, lord Nelson qui comprit alors l'importance réelle de ces armements, ne cessa-t-il de les contrarier par tous les moyens en son pouvoir.

J'ai essayé de bien déterminer la force de ces embarcations destinées à jouer un si grand rôle pendant quelques années. J'ajouterai que, lorsqu'il ventait frais, les bateaux-canonniers marchaient bien vent arrière et largue; ils tenaient les chaloupes sous cette allure; ils allaient moins bien au plus près. A l'aviron, ils n'étaient pas capables de refouler le courant, et ils ne gouvernaient plus lorsqu'ils le prenaient par le travers. A l'ancre, ils embarquaient facilement la mer par l'avant.

Le Premier Consul venait d'apprendre que les 15 à
18,000 hommes que l'Angleterre tenait rassemblés dans
ses ports allaient être dirigés sur l'Égypte. L'envoi d'un
secours à l'armée d'Afrique était depuis longtemps l'objet
de ses préoccupations; cet envoi ne pouvait être différé
désormais. Il ordonna d'expédier des approvisionnements
de toute espèce et des petits détachements par des frégates isolées, en même temps qu'il faisait embarquer
5,000 hommes sur une division dont le commandement
fut donné au contre-amiral Ganteaume. Le 27 janvier,
cette division appareilla de Brest, composée comme il
suit :

Canons.

86	*Indivisible.*	capitaine Gourrége.
		Ganteaume (Honoré), contre-amiral.
	Indomptable.	capitaine Moncousu,
	Formidable.	— Bourdé (Jacques).
78	*Desaix.*	— Christy Pallière (Jean).
	Constitution.	— Faure.
	Jean Bart.	— Meynne.
	Dix-Août.	— Bergeret.

Frégates : *Créole, Bravoure.*
Lougre : *Vautour.*

La faiblesse de la brise fit mouiller la division à Bertheaume. Elle remit sous voiles le lendemain ; mais aperçue
par l'escadre anglaise du vice-amiral sir Henry Harvey,
elle retourna au mouillage et, le 13, la mauvaise apparence
du temps décida le commandant en chef à rentrer à
Brest ; il partit enfin, le 23, avec une grande brise d'Est.
Le *Formidable* eut ses trois huniers emportés sous Saint
Mathieu ; la *Constitution* démâta de son grand mât de
hune ; le *Vautour* reçut un coup de mer qui le compromit. Avant la fin de la journée, la division était dispersée, et chacun naviguait isolément. Le contre-amiral
Ganteaume attendit vainement qu'on le ralliât : à la nuit,
il continua sa route. Le lendemain la *Créole* rejoignit
l'*Indivisible*. Il ventait toujours grand frais ; le vaisseau
amiral démâta de son grand mât de hune. Le 29, à la
hauteur du cap Saint-Vincent du Portugal, ce vaisseau

chassa un bâtiment qui amena son pavillon à 9ʰ du soir : c'était la corvette anglaise de 24ᵉ SPITFIRE, capitaine Richard Dalling Dunn, expédiée par le contre-amiral sir Borlase Warren pour observer la division française. La mauvaise marche de cette corvette détermina le contre-amiral Ganteaume à la couler.

Depuis le 24, tous les bâtiments, moins l'*Indivisible* et la *Créole* étaient réunis ; ils ne cessèrent d'être observés par des frégates ennemies. Le capitaine Moncousu, auquel son ancienneté donnait le commandement, ne les fit pas poursuivre, afin d'arriver plus promptement sur le parallèle du cap Saint-Vincent, rendez-vous assigné en cas de séparation. Cependant, le 27 à l'entrée de la nuit, dans l'Ouest du cap Finistère, il donna l'ordre au capitaine Dordelin (Louis), de la frégate de 40ᵉ la *Bravoure*, d'aller reconnaître deux voiles en vue : c'étaient la frégate anglaise de 44ᵉ CONCORDE, capitaine Robert Barton et un navire suédois. Lorsque la *Bravoure* fut à portée de voix, les deux frégates se hélèrent, et s'étant reconnues ennemies, elles se canonnèrent pendant une demi-heure. Ensuite, elles se séparèrent, sans qu'il soit possible de dire laquelle se retira la première, car les deux capitaines se déclarèrent victorieux. Le capitaine anglais prétendit que la *Bravoure* ayant cessé de tirer, il avait pensé qu'elle se rendait, et il n'avait été détrompé qu'en la voyant s'éloigner. Toujours est-il qu'il ne la poursuivit pas. De son côté, le capitaine Dordelin écrivit qu'il avait forcé la CONCORDE à se retirer et que, déjà fort éloigné de sa division, il n'avait pas cru devoir poursuivre son adversaire. La présence de la division française milite en faveur de cette dernière version. Le capitaine Barton devait craindre que sa frégate ne fût mise hors d'état de pouvoir s'éloigner plus tard et, dans le cas même où il sortirait vainqueur de sa lutte avec la *Bravoure*, d'être pris par quelque vaisseau attiré par la canonnade. Quoi qu'il en soit, la frégate française rallia sa division. Le capitaine Dordelin avait eu une partie de la main droite emportée par un boulet.

Le 31, tous les bâtiments rallièrent l'*Indivisible*; le *Vautour* seul avait relâché à Saint-Cyprian, petit port voisin du cap Ortegal. Le 8 février, le contre-amiral Ganteaume apprit que l'amiral Keith venait de faire route pour Alexandrie avec 9 vaisseaux et un convoi portant 18,000 hommes de troupes ; qu'à ces forces devaient se réunir celles du Capitan Pacha ; enfin, que le contre-amiral sir Borlase Warren attendait un renfort qui porterait à 10 le nombre des vaisseaux de son escadre. Les moments étaient donc précieux : le lendemain, il franchit le détroit de Gibraltar en plein jour. Le 10, la division s'empara du cutter anglais de 14ᵉ Sprightly, qui fut coulé. Trois jours plus tard, elle enveloppa et fit amener la frégate anglaise de 40ᵉ Success, capitaine Shuldam Peard, sortie de Gibraltar pour aller annoncer au vice-amiral Keith son entrée dans la Méditerranée. Le commandant en chef de la division française sut par le capitaine de cette frégate qu'une division anglaise, aux ordres du contre-amiral sir Robert Bickerton, se tenait en croisière sur la côte d'Égypte. Tous ses vaisseaux avaient des avaries, et il n'avait pas de rechanges pour les réparer d'une manière convenable. Leur présence dans cette mer était connue. Pensant, qu'alors même qu'il lui serait possible d'éviter un combat inégal jusqu'au terme de son voyage, il le lui faudrait accepter avant d'avoir mis ses troupes et ses munitions à terre, le contre-amiral Ganteaume se décida à prendre la route de Toulon où il mouilla le 18 février.

Le contre-amiral Ganteaume avait été bientôt bloqué à Toulon. Mais, trompant la vigilance de l'escadre ennemie, il sortit de cette rade avec sa division, le 19 mars au soir ; un abordage entre les vaisseaux le *Formidable* et le *Dix-Août* le fit rentrer le 5 avril. Le capitaine Bergeret, resté malade à terre, avait été remplacé par le capitaine Legouar-

dun dans le commandement du dernier. Le contre-amiral
Linois, qui avait arboré son pavillon sur le *Formidable*,
avait pris le capitaine Laindet Lalonde pour capitaine de
pavillon ; enfin, le *Jean Bart* avait été donné au capitaine
Allary. Une épidémie s'était déclarée parmi les équipages
pendant le séjour à Toulon ; ils en avaient été affaiblis au
point que, pour mettre les vaisseaux en état de tenir la
mer, il avait fallu prendre des matelots à bord des frégates
et des autres bâtiments qui ne faisaient pas partie de la
division. Le contre-amiral Ganteaume remit à la voile,
le 25, avec la corvette l'*Héliopolis*, capitaine Lugand, et
2 transports en plus. Il avait ordre de se diriger d'abord
sur l'île d'Elbe pour éloigner les bâtiments anglais qui con-
trariaient les opérations du général Murat, et d'aider cet
officier général à s'emparer de cette île. Selon les nouvelles
qu'il aurait de l'escadre anglaise, il devait ensuite suivre
sa mission principale, c'est-à-dire, se rendre en Égypte.
La paix venait d'être signée avec le roi de Naples ; tous
les ports du royaume des Deux-Siciles étaient conséquemment ouverts aux bâtiments français et fermés aux Anglais. Le 1ᵉʳ mai, le contre-amiral Ganteaume arriva devant l'île d'Elbe et en établit le blocus ; le 6, il canonna
Porto Ferrajo. Il prescrivit ensuite au *Formidable*, à
l'*Indomptable*, au *Desaix* et à la *Créole* de verser leurs
troupes passagères aux autres vaisseaux ; leur prit le
nombre d'hommes nécessaire pour compléter les équipages
de ces derniers, et leur donna les malades déjà nombreux
de la division, avec ordre de les déposer à Livourne, et de
se rendre ensuite à Toulon. Cela fait, il continua sa route
et, le 7 juin, il mouilla dans l'Ouest d'Alexandrie. Le soir
même, 11 bâtiments anglais furent signalés dans le N.-E. ; la
brise était fraîche du O.-N.-O. Le contre-amiral Ganteaume
ordonna l'appareillage immédiat en filant les câbles par le
bout, et prit le plus près bâbord amures. L'*Héliopolis* et
les 2 transports reçurent l'ordre d'entrer à Alexandrie. Ces
trois bâtiments furent chassés par 9 vaisseaux dont plu-

sieurs portaient le pavillon turc, 7 frégates, 4 brigs et 3 cutters; la corvette atteignit le port, mais les navires de charge tombèrent au pouvoir de l'ennemi. Le 24, la division française rencontra le vaisseau anglais de 82ᵉ Swiftsure, capitaine Benjamin Hallowell, qui ralliait l'escadre d'Égypte. Chassé par l'*Indivisible* et le *Dix-Août*, ce vaisseau amena son pavillon après une honorable résistance. La division ne fit pas d'autre rencontre, et elle mouilla à Toulon le 22 juillet.

Les Anglais avaient débarqué 22,000 hommes à Aboukir, et ils recevaient de l'Inde des renforts qui leur arrivaient par Suez. Une armée d'Osmanlis était entrée en Égypte par Salahieh et Belbeys. Les Français étaient trop réduits pour conserver leurs positions. Le général en chef Menou capitula dans Alexandrie le 27 septembre. Les frégates la *Justice*, l'*Égyptienne*, la *Régénérée* dont les équipages avaient été incorporés dans l'armée de terre, et le vaisseau le *Causse* devinrent la propriété du vainqueur. Le *Dubois* et la frégate la *Montenotte* avaient été démolis.

———

Arrivés à Toulon où les avait renvoyés le contre-amiral Ganteaume, les vaisseaux le *Formidable*, l'*Indomptable*, le *Desaix* auxquels on adjoignit la frégate la *Muiron*, furent laissés sous le commandement du contre-amiral Linois, et cet officier général reçut l'ordre d'aller à Cadix rejoindre les divisions du contre-amiral Dumanoir' Lepelley et du lieutenant général espagnol Moreno. Il put mettre à la voile le 13 juin; mais, quoique les équipages de 3 frégates qui se trouvaient sur la rade eussent été répartis sur les vaisseaux, ceux-ci étaient loin d'avoir leur effectif réglementaire; aussi le commandant en chef dut-il toucher à Porquerolles et à Marseille pour prendre des marins et quelques soldats. Le 3 juillet, à petite distance du détroit de Gibraltar, la division s'empara du brig anglais de 14ᵉ Speedy, capitaine lord Cochrane. Ayant appris par cet

officier qu'une forte division anglaise bloquait le port de
Cadix, le contre-amiral Linois alla mouiller à Algésiras
et y embossa ses vaisseaux, afin d'être prêt à tout événement. Il appuya sa ligne, au Sud sur l'île Verte et, de
l'autre côté, sur la batterie San Yago, dans l'ordre suivant du Nord au Sud.

Canons.

86	*Formidable.* . . . . capitaine Laindet Lalonde.	
	Durand Linois, contre-amiral.	
	Indomptable. . . . . capitaine Moncousu.	
78	*Desaix.* . . . . — Christy Pallière (Jean).	
42	*Muiron.* . . . . — Martinencq.	

Sept chaloupes-canonnières qui se trouvaient sur rade
prirent position à la gauche de la ligne (1).

Le 6 à 8ʰ du matin, le vent variable de l'Ouest au N.-O.,
une division anglaise fut signalée dans le détroit. C'étaient
les vaisseaux :

Canons.

80	CÆSAR. . . . . capitaine Jahleel Brenton.	
	sir James Saumarez, contre-amiral.	
	POMPÉE. . . . . capitaine Charles Sterling.	
	AUDACIOUS. . . . . — Shuldam Peard.	
82	VENERABLE. . . . . — Samuel Hood.	
	HANNIBAL. . . . . — Salomon Ferris.	
	SPENCER. . . . . — Henri d'Esterre Darby.	

On sait que la ville d'Algésiras est située dans la partie
occidentale de la vaste baie formée, d'une part, par le

---

(1) M. William James, *The naval history of Great Britain,* dit qu'il y avait
14 canonnières espagnoles, 3 dans le Sud de l'île Verte, 4 entre la batterie
San Yago et le *Formidable* et les 7 autres à un demi-mille dans le Nord de la
tour del Almirante. Les rapports n'en signalent que 7 : les autres étaient, en
tout cas, trop éloignées pour être de quelque utilité et elles ne bougèrent pas.
On lit, du reste, dans une note rectificative écrite de la main du contre-amiral
Linois : *Ce qui, dans mon rapport, est relatif aux canonnières espagnoles
est inexact; elles ne combattirent à peine que la première heure de l'action;
elles allèrent s'échouer à terre et ne pouvaient aller autrement.* — Léon
Guérin, *Histoire de la marine contemporaine.*

Le contre-amiral Linois donne, dans une lettre qu'il écrivit au ministre de la
marine, l'explication des différences qui se peuvent remarquer entre son rapport officiel inséré au *Moniteur* et son rapport confidentiel. Il avait cru, par politique, devoir dissimuler l'indignation que lui inspirait la conduite des Espagnols. — Mathieu Dumas, *Précis des événements politiques. Pièces justificatives.* Cela explique les différences qui peuvent se rencontrer dans les relations
qui ont été données de cette affaire.

grand promontoire qui se termine à Tarifa, et de l'autre,
par la pointe sur laquelle a été bâti Gibraltar. La rade est
ouverte du S.-O. au N.-E, en passant par le Sud. A trois
quarts de mille, dans le Nord de la ville et sur la côte, se
trouve la batterie San Yago, alors armée de cinq canons
de 18 et, plus haut, la tour del Almirante. Dans le Sud de
la ville, à moins d'un mille, on voyait la batterie abandonnée de Santa Garcia et, presque vis-à-vis, à 300 mètres
de terre, se trouve l'île Verte sur laquelle existait une batterie de 7 canons de 24.

Le contre-amiral Saumarez dirigea sa division sur le
mouillage, et, à 8ʰ 15ᵐ, la batterie de l'île Verte commença
à la canonner ; le feu s'engagea sur toute la ligne à mesure
que les vaisseaux anglais arrivèrent à portée de canon.
La brise qui mollissait d'une manière sensible, passa à
l'E.-N.-E. avec intermittence de calme. A 8ʰ 45ᵐ, le POMPÉE
laissa tomber une ancre, à portée de pistolet, par le bossoir
de tribord ou du large du *Formidable*. Quelques minutes
plus tard, l'AUDACIOUS d'abord et le VENERABLE ensuite
mouillèrent à environ deux câbles, le premier par le travers du *Desaix*, l'autre au large de l'*Indomptable*. Un
quart d'heure après, le CÆSAR prit poste devant l'AUDACIOUS,
et partagea son feu entre l'*Indomptable* et le *Desaix ;* puis
enfin, l'HANNIBAL mouilla entre le CÆSAR et le POMPÉE, de
manière à pouvoir canonner l'*Indomptable* et le *Formidable*. Le SPENCER ne put approcher assez pour prendre
une part active au combat. Ce n'était probablement pas
ainsi que le contre-amiral Saumarez comptait attaquer la
division française, car il ordonna bientôt à l'HANNIBAL d'appareiller, et ce vaisseau se dirigea vers le Nord. Le contre-
amiral Linois n'avait pas mouillé ses vaisseaux aussi près
de terre qu'il lui eût été possible de le faire. Croyant voir
dans la manœuvre de l'HANNIBAL l'intention de passer à
terre de sa ligne, et craignant d'être pris entre deux feux,
à 9ʰ 30ᵐ, il fit signal de couper les câbles. Aidés de leurs
focs et de leurs voiles d'étai, les vaisseaux français se mi-

rent au plain, et réussirent à y prendre une position convenable. L'*Indomptable* seul ne put présenter de suite le travers au large, et souffrit un moment dans cette nouvelle position. L'amiral anglais n'avait pas tardé à comprendre l'importance des positions de San Yago et de l'île Verte. La faiblesse du feu de ces batteries lui donnant l'espoir de pouvoir facilement s'en emparer, il avait ordonné l'attaque immédiate de la dernière. Mais, dès que le capitaine de la *Muiron* s'était aperçu que le feu de l'île était sans vigueur, il avait envoyé 130 hommes et des munitions à cette batterie. Le *Desaix* lui avait aussi envoyé du renfort, ainsi qu'à celle de San Yago (1). Les embarcations anglaises furent accueillies par une fusillade à laquelle elles étaient loin de s'attendre, et qui leur fit rebrousser chemin. Leur présence était d'ailleurs devenue nécessaire sur un autre point. L'Hannibal venait de s'échouer sous San Yago en virant, soit pour passer à terre du *Formidable,* soit pour prendre au large de la ligne une position plus favorable que celle qu'il occupait d'abord. Les embarcations tentèrent vainement de le remettre à flot; elles furent mitraillées par la batterie et par le *Formidable.* De son côté, le Pompée ne réussissait pas à prendre un poste convenable et il recevait des bordées désastreuses; une d'elles coupa la drisse de son pavillon et l'on put croire un moment que ce vaisseau amenait. L'illusion ne fut pas de longue durée; un nouveau pavillon monta à la corne, et le Pompée fut retiré du feu par des embarcations. Les vaisseaux français avaient à peine changé de position, que le contre-amiral Saumarez ordonna aux siens de couper leurs câbles pour se rapprocher. Le Cæsar, l'Audacious et le Venerable prirent à peu près les mêmes positions relatives, et diri-

---

(1) Abusés sur l'état de leurs batteries, les Espagnols avaient déclaré qu'on pouvait compter sur l'énergie de leur secours. Ces batteries, dépourvues de poudre et de projectiles, étaient servies par des milices. Il fallut les armer et les approvisionner pendant le combat. — *Lettre du contre-amiral Linois au ministre de la marine.* — Mathieu Dumas, *Précis historique. Pièces justificatives.*

gèrent leur feu sur le *Desaix*, l'*Indomptable* et l'île Verte, pendant que l'HANNIBAL et le POMPÉE continuaient à combattre le *Formidable* et la batterie San Yago. La brise, toujours faible et variable, ne cessait de contrarier l'attaque des Anglais. A 1ʰ 35ᵐ, le contre-amiral Saumarez fit de nouveau le signal de couper les câbles, mais cette fois pour s'éloigner et se rendre à Gibraltar. L'HANNIBAL ne put le suivre et amena son pavillon à 2ʰ.

Les Anglais avaient éprouvé de grandes pertes et de sérieux dommages. Le grand mât du CÆSAR avait été traversé en plusieurs endroits, et ses autres mâts étaient plus ou moins endommagés. Le POMPÉE avait sa mâture criblée. Le VENERABLE avait perdu son mât de perroquet de fougue. Le SPENCER n'avait que de très-légères avaries. Ce succès avait coûté cher aux Français. Les capitaines Laindet Lalonde, du *Formidable* et Moncousu, de l'*Indomptable* avaient été tués, le dernier, aux premières volées des vaisseaux anglais ; les capitaines de frégate Touffet et Lucas les avaient remplacés.

Les vaisseaux avaient trop souffert pour que le contre-amiral Linois pût songer à continuer sa route sur Cadix. Il écrivit au contre-amiral Dumanoir Lepelley et au capitaine général Mazarredo pour leur donner connaissance du combat qu'il venait de livrer, et leur demander des secours qu'il ne trouverait pas à Algésiras. Il remit ses vaisseaux à flot et prit ses dispositions pour repousser une nouvelle attaque dans le cas où elle serait tentée. Il donna le commandement du *Formidable* au capitaine de frégate Troude qui était second du *Desaix;* conserva celui de l'*Indomptable* au capitaine de frégate Touffet, et il désigna le capitaine de frégate Lucas pour commander l'*Hannibal* (1).

---

(1) M. Léon Guérin, appréciant les résultats du combat d'Algésiras, dit, dans son *Histoire contemporaine de la marine française* : « Quatre grenades « d'honneur pour tant d'intrépides canonniers, six haches d'abordage pour tant « de hardis et intelligents matelots, de modiques pensions pour les veuves ou

Il ne fallut pas moins que les pressantes sollicitations du contre-amiral Dumanoir Lepelley pour décider les Espagnols à sortir de Cadix. Le lieutenant général Moreno mit à la voile et se rendit à Algésiras avec 4 vaisseaux espagnols et une frégate auxquels s'adjoignirent un vaisseau français, 2 frégates et un lougre.

———

L'escadre franco-espagnole qui se trouva réunie à Algésiras sous le commandement supérieur du lieutenant général espagnol D. Juan Moreno, après l'arrivée des vaisseaux de Cadix, était composée comme il suit ;

Canons.

112	Real Carlos.	capitaine don Juan Esquerra.	Espagnols.
	San Hermenegilde. . . .	— don Juan Emparran.	
74	Argonauta.	— don Juan Harrera.	
	San Fernando.	— don Juan Molina.	
86	Formidable.	capitaine Troude (Aimable).	Français.
		Durand Linois, contre-amiral.	
	Indomptable.	capitaine Touffet.	
78	Desaix.	— Christy Pallière.	
	Saint-Antoine.	— Leray.	
	Hannibal.	— Lucas.	

Frégates : *Sabine* (espagnole), *Muiron*, *Indienne*, *Libre* (françaises).
Lougre : *Vautour*.

Le 12 juillet, les vaisseaux qui avaient combattu étant en état de prendre la mer, l'escadre mit à la voile à 1ʰ 45ᵐ de l'après-midi (1). Le contre-amiral sir James Saumarez qui l'observait de Gibraltar, imita ce mouvement. La frégate portugaise CARLOTTA, capitaine Crawford Duncan, sortit avec la division anglaise. La brise était faible de l'Est. Le lieutenant général Moreno, se conformant aux or-

———

« enfants des deux commandants tués sur leur banc de quart, un brevet de ca-
« pitaine de vaisseau et un brevet de capitaine de frégate obtenus, non sans
« peine, par Linois, l'un pour Troude, l'autre pour Touffet : voilà à peu près
« tout ce que Bonaparte jugea à propos de faire pour la division qui... »
M. Léon Guérin fait erreur en ce qui concerne le capitaine Troude; la date de
la nomination de cet officier au grade de capitaine de vaisseau indique suffisamment que, si le combat d'Algésiras contribua à cette promotion, ce fut le
combat isolé du *Formidable* qui la décida.

(1) L'amiral espagnol ne voulut pas appareiller avant la messe; il avait ensuite fait dîner les équipages.

donnances qui prescrivaient aux commandants des escadres espagnoles de passer sur une frégate lorsqu'ils se trouvaient en présence de l'ennemi, arbora son pavillon sur la *Sabine*, et il exigea que le contre-amiral Linois se rendît auprès de lui. Celui-ci n'y consentit qu'après avoir fortement exprimé la répugnance qu'il éprouvait à quitter son vaisseau, et il ordonna au capitaine du *Formidable* de conserver son pavillon de commandement. A 4ʰ, huit nouvelles voiles furent aperçues au vent. Quelques signaux ayant été échangés entre elles et le vaisseau amiral anglais, le commandant en chef de l'escadre combinée fit signal de retourner au mouillage; mais ces navires furent reconnus n'être pas de guerre et, à 4ʰ 30ᵐ, il donna l'ordre de franchir le détroit. Après avoir dépassé la pointe Carnero, le lieutenant général espagnol mit en panne pour rallier ses vaisseaux. L'*Hannibal* n'ayant pu doubler cette pointe, quoiqu'il fût remorqué par l'*Indienne*, le capitaine Lucas reçut l'ordre de retourner à Algésiras. A l'entrée de la nuit, le commandant en chef signala la ligne de front, les frégates en avant. La brise avait beaucoup fraîchi et on filait de neuf à dix nœuds. Il fut impossible de se maintenir dans cet ordre, et bientôt l'escadre se trouva naviguer sans en observer aucun; chaque vaisseau prit poste, suivant sa marche, dans une espèce de ligne de convoi mal fermée. Le *Formidable* qui avait ses bas mâts fort endommagés, qui portait un grand hunier pour grande voile, un perroquet pour petit hunier, un autre perroquet pour perroquet de fougue, et un perroquet de fougue de frégate pour grand hunier, le *Formidable* ne pouvait atteindre que sept nœuds; encore démâta-t-il du mât de perroquet qui lui servait de petit mât de hune. Les Anglais s'aperçurent bientôt du désordre de l'escadre combinée; ils forcèrent de voiles et canonnèrent le *Formidable*. Favorisé par l'obscurité qui était profonde, le capitaine Troude parvint à se dégager en répétant leurs signaux.

Il était minuit et demi, et le *Formidable* donnait parmi

les vaisseaux de queue de son escadre en faisant des signaux de reconnaissance qui ne furent pas compris ou pas
aperçus, lorsque le trois-ponts espagnol *San Hermenegilde*
lui présenta le travers et lui envoya sa bordée. Le *Real
Carlos* fit la même manœuvre, mais il reconnut le *Formidable*, au moment où il allait tirer. Supposant alors que le
San Hermenegilde était ennemi, il s'approcha de lui et se
plaça sous le vent pour le combattre. Le feu s'était déclaré
dans la batterie basse de ce dernier vaisseau et il se pro-
pageait en ce moment dans toutes ses parties avec une rapidité effrayante. Le *Real Carlos* s'en aperçut trop tard :
la mâture du *San Hermenegilde* tomba sur lui. L'incendie
devint alors général à bord des deux trois-ponts espagnols
qui furent entièrement consumés (1).

Le *Saint-Antoine* que sa mauvaise marche retenait aussi
de l'arrière fut atteint par la division anglaise ; à minuit
15ᵐ, le Superb l'attaqua par tribord. Blessé dès le commencement du combat, le capitaine Leray fut enlevé du
pont et remplacé par le capitaine de frégate Nouvel. Le
Cæsar prit ensuite poste par la hanche de bâbord du *Saint-
Antoine* et bientôt un troisième vaisseau le combattit par
la joue du même bord. La défense du vaisseau français fut
vigoureuse ; mais, entièrement dégréé et ne gouvernant

(1) Ce sont là les seuls détails donnés par le journal du capitaine Troude sur
cette malheureuse catastrophe. Tout ce qui a été écrit sur ce sujet est plus ou
moins emprunté au champ des hypothèses. Il est évident, d'après ce qui vient
d'être dit, que le *Formidable* se trouva seul en position d'apprécier les causes,
et de suivre les premières phases de ce vaste incendie. Quant au commandant
en chef, il ne semble pas s'être préoccupé de cet événement plus que s'il ne se
passait pas sous ses yeux.

M. William James, *The naval history*, etc., prétend que ce fut un vaisseau
anglais qui fut la cause de l'incendie des deux trois-ponts espagnols. D'après
lui, le Superb aurait ouvert son feu sur le *Real Carlos*, à 11ʰ 50ᵐ ; mais son
capitaine se serait retiré, ayant remarqué, dès la troisième bordée, que le
vaisseau espagnol était en feu.

L'auteur des *Victoires et conquêtes* dit que 58 hommes furent recueillis par
le Superb et 262 autres par l'escadre combinée. La position avancée des bâtiments français et espagnols rend malheureusement peu vraisemblable cette assertion, qui n'est confirmée par aucun rapport.

plus qu'avec peine, gêné dans ses manœuvres par la grande vergue et les deux vergues de hune tombées sur le pont, abandonné de sa division qui continuait sa route, il amena après une heure et demie de combat. Ce vaisseau fut classé sous le nom de San Antonio dans la marine anglaise.

Disons de suite que le capitaine de vaisseau Leray et le capitaine de frégate Nouvel furent déchargés d'accusation.

Le commandant en chef continua de courir au O.-N.-O. jusqu'au jour; il forma alors une prompte ligne de bataille et se dirigea sur Cadix. 4 vaisseaux qui manquaient ne parurent pas au lieutenant général Moreno un motif suffisant pour s'arrêter un moment. Ces quatre vaisseaux étaient le *San Hermenegilde*, le *Real Carlos*, le *Saint-Antoine* et le *Formidable*. Le sort des trois premiers est connu. L'amiral anglais aperçut bientôt le dernier faisant de vains efforts pour suivre son escadre, alors à toute vue dans l'Ouest, et il le chassa avec les vaisseaux

Canons.
80   Cæsar. . . . . capitaine Jalheel Brenton.
                    sir James Saumarez, contre-amiral.
82 { Venerable. . . . . capitaine Henry d'Esterre Darby.
    { Superb. . . . . — Goodwin Keats.
et la frégate de 40ᵉ Thames, capitaine Paffard Holles.

Dans l'Ouest du détroit de Gibraltar, la brise était faible de l'E.-S.-E. Le *Formidable* fut atteint à 6 milles dans le Sud du fort Santi Petri, construit à l'entrée du canal qui sépare l'île de Léon de la terre ferme. Éloigné de son chef, le capitaine Troude ne crut pas devoir exécuter l'ordre qui lui avait été donné, au moment de l'appareillage, de conserver le pavillon de commandement; et lorsque le drapeau national fut déployé à la corne, il fit hisser une simple flamme au grand mât. Affaibli de 100 hommes, tués ou blessés au combat du 6, l'équipage du *Formidable* fut quelque peu démoralisé de se trouver en présence de forces aussi supérieures. Il s'effraya même de la contenance de son nouveau commandant, et des murmures furent entendus: ceux qui les proféraient disaient qu'on les condui-

sait à la boucherie. Par suite de cette disposition des esprits, les premières bordées du Venerable, tirées à 5ʰ du
matin, restèrent sans réponse. La position était difficile et
critique. Le Venerable avait pris poste très-près par la
hanche de bâbord du *Formidable* que la Thames canonnait
en poupe ; avant peu, les autres vaisseaux allaient être en
position de joindre leur feu à celui de ces assaillants. Le
capitaine Troude dut employer les moyens les plus éner-
giques pour ramener à son devoir cet équipage égaré qu'il
ne connaissait pas encore, et il lui déclara que le pavillon
du *Formidable* ne serait amené que lorsque le vaisseau
coulerait sous ses pieds.

Cette déclaration, qui parut invariable par la détermination que prit le capitaine Troude de placer une garde
au pavillon, produisit tout l'effet qu'il en attendait. L'é-
quipage revint de son étonnement ; le feu commença,
d'abord faiblement, mais bientôt avec une vivacité et une
précision qui ne tardèrent pas à décider la victoire. Le
capitaine du *Formidable* laissa arriver et envoya sa première volée par la joue du tribord du Venerable qui fut
obligé d'arriver aussi pour n'être pas abordé ; le combat
continua vergues à vergues. Le capitaine Troude réussit à
conserver cette position qui le mettait à couvert du feu des
autres vaisseaux, et qui donnait au sien une vigueur d'autant
plus grande que, à cette distance, le pointage était inutile.
Son plan avait été arrêté aussitôt qu'il avait vu la division
ennemie le chasser sans ordre : combattre chaque vaisseau
isolément avec toute la vigueur possible, afin de mettre son
adversaire hors de combat avant qu'il pût être soutenu.
Cependant le Cæsar était parvenu à se placer sur l'arrière
du Venerable et, au moyen de légères arrivées, il envoyait
des volées au *Formidable ;* la frégate se tenait toujours
au même poste et canonnait le vaisseau français par
derrière fort à son aise. Le Superb, quelque peu souventé,
ne put trouver place. Après cinq quarts d'heure de combat, le Venerable démâté de son grand mât et du mât de

III   16

perroquet de fougue abattit en grand du côté du Cæsar. Le
capitaine Troude sut profiter de l'avantage que lui offrait
cette position ; il laissa arriver un peu afin de bien mettre
son adversaire par son travers, et il le canonna en poupe
avec la certitude d'envoyer au Cæsar les boulets qui ne
l'atteindraient pas. Quoiqu'il fît presque calme, la mer était
si belle que le *Formidable* évoluait avec facilité. Il y avait
quinze minutes que le vaisseau français combattait dans
cette position avantageuse, lorsque le Venerable démâta
de son mât de misaine. Ce vaisseau vint alors en grand
sur bâbord, et laissa le *Formidable* aux prises avec l'amiral
anglais. Le Cæsar conservant toutes ses voiles dépassait
le *Formidable* et, pour se maintenir par son travers, celui-
ci était obligé de venir incessamment au lof ; ce mouvement le rapprochait du reste de la côte, et l'éloignait du
Superb qui était encore sous le vent et de l'avant. Après
dix minutes, le Cæsar vira vent arrière et se dirigea sur
le Venerable dont la position désespérée méritait toute
la sollicitude de son amiral. Restait le Superb, jusqu'a-
lors paisible spectateur de la lutte ; mais, soit que son
capitaine craignît d'être traité comme ses compagnons ;
soit, ainsi que le dit le capitaine Troude dans son rapport,
qu'il ne vît aucune gloire à combattre un vaisseau désemparé, il vira vent arrière, et passant hors de portée du
Formidable, il rallia le Cæsar. Il était 7^h. Le combat avait
entièrement cessé, mais le vent était tout à fait tombé, et
la division anglaise était encore à portée de canon, occupée à évacuer le Venerable et à en transporter l'équipage
sur les deux autres vaisseaux ; la frégate lui donnait la
remorque. Portée à la côte par le courant et par le vent
qui s'éleva au O.-S.-O., la Thames largua ses amarres et
le vaisseau fut jeté entre le fort Santi Petri et la pointe
Saint Roch. Le capitaine du *Formidable* fit rallier 4 chaloupes-canonnières espagnoles qui étaient sous la terre et
qui attendirent un signal pour lui venir en aide. Il donna
l'ordre à leurs capitaines d'aller s'emparer du Venerable :

ils n'en firent rien, et le commandant en chef ne s'en occupa pas davantage, quoique le capitaine Troude lui eût
expédié un officier pour lui rendre compte de son combat,
et lui faire connaître la situation du vaisseau anglais. Le
Formidable continua sa route vers Cadix et mouilla sur
cette rade, à 2^h de l'après-midi, aux acclamations de toute
la population qui avait été témoin de sa lutte dispropor-
tionnée et de son triomphe. Le *Formidable* n'était plus
qu'un monceau de ruines. Un seul point peut-être était
resté intact : c'était le panneau de la chambre du capitaine
contre lequel se trouvait accroché le portrait de Bonaparte.

Quelques mots sur la version de M. W. James (1), auquel
on peut reprocher un langage moins que bienveillant dans
cette circonstance. J'ai déjà eu l'occasion de faire remarquer combien les paroles des écrivains anglais sont peu
mesurées lorsqu'ils croient voir l'honneur de la marine de
la Grande-Bretagne engagé. S'ils l'osaient, ils se feraient
forts de prouver que les Français n'ont jamais remporté de
victoire sur mer. Cette prétention doit peu surprendre
lorsque l'on a entendu, en 1861, le premier ministre de
l'Angleterre combattre au Parlement une diminution du
budget de la marine, comme étant de nature à enlever à
l'Angleterre la *suprématie des mers*. Le combat du *Formidable* est rapporté en quelques lignes dans l'*Histoire navale de la Grande-Bretagne*; mais la critique du récit
donné dans les *Victoires et conquêtes*, le seul qui existât
lorsque le travail de l'historien anglais a paru, prend un
espace plus que double, dans le même ouvrage. D'après
M. James, le Venerable seul aurait combattu le *Formidable*; la Thames se serait bornée à lui envoyer quelques boulets. Le Cæsar n'aurait pas brûlé une amorce. L'historien
de la marine de la Grande-Bretagne ne nie pas la déconfiture
du Venerable; il dit même que ce vaisseau fut porté par

_____

(1) *The naval history of Great Britain.*

les courants sur les roches qui bordent la côte dans les environs du fort Santi Petri ; mais il ajoute que, grâce aux embarcations de la division, et à la remorque que lui donna, d'abord la frégate, et plus tard le SPENCER qui avait rallié ainsi que l'AUDACIOUS, le VENERABLE put être remis à flot le soir même. M. James ne dit pas s'il atteignit Gibraltar.

Voilà la version anglaise, version bien différente, on le voit, de celles accréditées en France, et celles-ci, je puis le certifier, sont, à quelques variantes de détails près, la reproduction fidèle du rapport du capitaine du *Formidable*, lequel peut être contrôlé par le journal du bord. Or en supposant, — supposition toute gratuite — que le rapport contienne quelque erreurs de détail, on ne peut admettre que la personne chargée de tenir ce journal, minute par minute, soit tombée dans un état d'hallucination assez grand, pour avoir vu son propre bâtiment combattre un deuxième vaisseau pendant une demi-heure, si cela n'était pas. Quoiqu'il en soit de cette différence d'appréciation, nul ne peut contester que le résultat de cette affaire fut : 1° la mise hors de combat par le *Formidable* d'un vaisseau anglais de même force que lui (1) ; 2° l'obligation pour l'officier général qui commandait la division anglaise de renoncer à une entreprise sur la réussite de laquelle il ne dut entrer, tout d'abord, aucun doute dans son esprit.

A son retour en France, le capitaine du *Formidable* fut appelé à Paris, et le Premier Consul voulut voir l'officier qui avait si vaillamment soutenu l'honneur du pavillon. Lorsqu'il parut devant Bonaparte, le Consul le présentant à son état-major : « Messieurs, dit-il, je vous présente l'Horace français, le brave capitaine Troude » (2).

---

(1) Le *Formidable* avait 86 canons, le VENERABLE 82. Différence 4, soit 2 par bord, ce qui n'empêche pas M. James de dire : « Dans sa rencontre avec un « bâtiment d'une force aussi supérieure, le VENERABLE... »

(2) Bignon, *Histoire de la diplomatie française.*

Le 3 janvier, à l'entrée de la nuit, 5 embarcations contenant 96 hommes débordèrent de la frégate anglaise de 48° MELPOMENE, capitaine sir Charles Hamilton, et se dirigèrent vers l'embouchure du fleuve le Sénégal, en dedans de laquelle était mouillé le brig de 18° le *Sénégal*, capitaine Renou. Ces embarcations parvinrent à franchir inaperçues la barre et la batterie qui en défendait le passage et, à 11ʰ 15ᵐ, elles arrivèrent le long du brig qui, non préparé à cette attaque, n'avait pu tirer que deux coups de canon. Après une lutte de vingt minutes, le *Sénégal* fut enlevé. Les Anglais l'échouèrent sur la barre en voulant le faire sortir de la rivière, et il y fut défoncé. Canonnées par la batterie de terre et fusillées par un détachement descendu sur la plage, les embarcations anglaises furent promptement obligées de prendre le large. Le capitaine Hamilton avait réussi à détruire un brig français ; mais ce triomphe lui coûtait le dixième des hommes qui formaient l'expédition, sans parler des blessés.

Pendant la nuit très-obscure du 17 janvier, 8 péniches anglaises, détachées de la division qui croisait à l'embouchure de la Seine, attaquèrent la canonnière la *Chiffonne*, capitaine Lesage, mouillée devant Isigny. Quoique surpris, l'équipage de la canonnière opposa une telle résistance, que les Anglais se virent forcés de se retirer. Cette affaire fit le plus grand honneur au capitaine Lesage qui, la poitrine traversée d'une balle, resta sur le pont pour donner des ordres au lieutenant Berniers ; cet officier fut lui-même blessé. En supposant ces péniches armées chacune de 25 hommes, l'équipage de la *Chiffonne*, fort de 46 hommes, en combattit 200.

Ces mêmes embarcations avaient déjà été repoussées le matin par la canonnière la *Terrible*, capitaine Fabien, qui les avait empêchées de s'emparer d'un transport mouillé à l'île Tatihou.

———

Le capitaine Sougé, de la goëlette de 4ᵉ l'*Eclair*, effectuant son retour de la Guadeloupe en France aperçut, le 17 janvier, devant les Saintes, une corvette et un cutter anglais qui faisaient route dans le but évident de l'atteindre ; il prit le parti de retourner au mouillage et de demander protection aux batteries de la Grande Anse. A 3ʰ 15ᵐ, les deux bâtiments ennemis lui envoyèrent une volée : 10 minutes plus tard, l'*Eclair* laissait tomber l'ancre. Le lendemain, à 6ʰ 30ᵐ du matin, un bâtiment portant pavillon suédois fut aperçu au large, se dirigeant sur la Grande Anse ; il rangea de si près la batterie de la pointe qu'il put être hélé par la sentinelle, à laquelle il répondit venir de la Pointe-à-Pitre et aller à la Basse-Terre, mais avec l'intention de s'arrêter à la Grande Anse. Une fois dans la baie, il gouverna sur l'*Eclair*. Cette manœuvre était trop suspecte pour ne pas éveiller l'attention du capitaine Sougé. Il prévint cet étranger qu'il allait faire tirer sur lui s'il ne changeait pas de route. Celui-ci ne tint aucun compte de cet avertissement, et il aborda la goëlette. Le capitaine Sougé mit sa menace à exécution ; mais les deux boulets de l'*Eclair* n'empêchèrent pas le pont de la goëlette d'être de suite couvert d'ennemis car, il n'y avait plus à en douter, quoique le pavillon de la Suède flottât toujours à la corne, ce bâtiment était anglais. La défense des Français fut opiniâtre ; et ce fut seulement lorsque le capitaine Sougé et ses deux officiers blessés ne purent plus diriger le petit nombre de matelots capables de combattre encore, que le pavillon fut amené. L'*Eclair* fut appareillée et emmenée au large ; les batteries de terre ne commencèrent à faire feu que lorsque la goëlette fut en dehors de la baie. Le capitaine de l'*Eclair* ne fait mention ni du nom ni de la force du bâtiment anglais ; il dit seulement que ses 34 hommes en combattirent 80 (1).

L'enseigne de vaisseau Sougé fut déchargé d'accusation.

———————

Le 18 janvier, la corvette de 16° l'*Aurore*, revenant de l'île de France, fut chassée par une frégate anglaise, alors qu'elle allait atterrir sur Oleron. Le capitaine Girault essaya vainement d'échapper à ce redoutable adversaire dont il omet de faire connaître le nom, et il amena son pavillon dès qu'il reçut ses premiers boulets.

Le capitaine Girault fut déclaré, à l'unanimité, non coupable, par le conseil martial devant lequel il fut traduit.

———————

Le capitaine Renault, de la corvette de 20° la *Sans Pareille*, parti de Toulon pour Alexandrie où il portait des munitions de guerre aperçut, le 20 janvier, à mi-canal entre la Sardaigne et les Baléares, un bâtiment qui le chassa. La mer était grosse et la corvette fatiguant beaucoup, le capitaine Renault fit jeter à la mer 4 canons et les boulets dont elle était chargée. A 8ʰ du soir, la frégate anglaise de 34° MERCURY, capitaine Thomas Rogers, canonnait la *Sans Pareille* par la hanche de bâbord. Le capitaine Renault laissa alors arriver vent arrière en passant sur l'avant de la frégate, mais sans profiter de la facilité qui lui était donnée de lui tirer une bordée d'enfilade. Suivi dans ce mouvement par la frégate MERCURY qui envoya à la *Sans Pareille* une décharge de mousqueterie accompagnée de quelques coups de canon, il amena son pavillon.

La détermination prise par le capitaine Renault d'amener son pavillon sans combattre fut motivée, moins par la disproportion des forces, que par l'état de son équipage ; les

———————

(1) M. W. James, *The naval history of Great Britain*, attribue ce coup de main à la chaloupe-goëlette GARLAND montée par 32 hommes.

trois quarts de ses hommes, malades du mal de mer depuis que la corvette avait doublé le cap Sepet, étaient incapables de rendre aucun service. Ce fait, bien constaté, le conseil martial qui fut chargé de statuer sur sa conduite le déchargea de toute accusation.

———

La frégate de 40ᵉ la *Dédaigneuse*, capitaine Prévost Lacroix, que nous avons vu sortir de Rochefort pour aller prendre à Cayenne des prêtres qui y avaient été déportés (1), était arrivée à sa destination le 19 décembre 1800. Malgré les sollicitations pressantes du capitaine de cette frégate, l'embarquement de ces déportés se fit avec lenteur. L'opération fut ensuite contrariée par la présence de la frégate anglaise de 44ᵉ Tamar, qui parut au large le 30 au matin ; le capitaine Prévost Lacroix appareilla et lui donna la chasse : le soir, la frégate anglaise était hors de vue. Une grave avarie, survenue pendant que la *Dédaigneuse* retournait à Cayenne, décida son capitaine à faire route pour France : une partie des chevilles de la guibre s'étaient détachées ; la guibre s'était déliée, et le beaupré avait pris beaucoup de jeu. Le 27 janvier, la *Dédaigneuse* fut chassée par une frégate. Le vent soufflait du N.-N.-O. Au jour, le cap Ortegal fut aperçu et, en même temps, 6 frégates et un brig. Le capitaine Lacroix se dirigea sur le Ferrol. Malheureusement, la brise manqua entièrement à l'entrée de la baie, et la *Dédaigneuse* resta en calme, tandis que, poussés par un reste de vent du large, les bâtiments ennemis avançaient toujours. A minuit, la frégate de 44ᵉ Sirius, capitaine Richard King, était par son travers de tribord ; l'Oiseau, de même force, capitaine Samuel Hood Linzee, par sa hanche de bâbord ; l'Amethyst, du même rang, capitaine John Cooke, suivait de près, et l'Immortalité, capitaine Henry Hotham, était un peu plus

———

(1) Page 220.

de l'arrière. Le combat s'engagea d'abord avec les deux premières frégates. A la quatrième bordée, le capitaine Prévost Lacroix reçut un biscaïen dans la poitrine; il fut remplacé dans le commandement par le lieutenant de vaisseau Gois. Cet officier continua cette lutte inégale pendant une heure encore; il fut alors obligé d'amener son pavillon : il était 2ʰ. De tout le gréement de la *Dédaigneuse*, trois haubans seuls étaient intacts; le reste, haché, pendait de tous côtés. Le mât d'artimon, transpercé en plusieurs endroits, menaçait d'augmenter l'encombrement du pont.

Le 29 janvier, les brigs de 18ᶜ la *Curieuse*, capitaine Radelet, la *Mutine* de 16, capitaine Reybaud, et la goëlette de 6 l'*Espérance*, capitaine Hamon, en croisière au vent de la Barbade, donnèrent la chasse à la corvette anglaise de 24ᶜ BORDELAIS, capitaine Thomas Manby. La *Curieuse* l'atteignit à 6ʰ du soir et, sans attendre l'arrivée de ses deux compagnons, le capitaine Radelet engagea le combat. Cette ardeur lui coûta la vie : il eut les deux jambes emportées par un boulet et mourut quelques instants après. La *Curieuse* ne survécut pas à son capitaine; le même linceul les ensevelit tous les deux : elle coula, entraînant dans l'abîme quelques malheureux blessés qu'on n'avait pas eu le temps d'enlever. Criblée par l'artillerie de la corvette anglaise, la *Curieuse* avait dû amener son pavillon avant que la *Mutine* et l'*Espérance* pussent lui prêter leur appui (1).

Le soir même de son départ, la corvette la *Flèche*, capitaine Bonamy, appareillée le 16 février, de la rade de Mindin, à l'embouchure de la Loire, avec des déportés pour Cayenne, fut chassée par un bâtiment dont

---

(1) J'ai emprunté les détails de cette affaire à M. W. James, *The naval history*, etc.

il ne fut d'abord pas possible de reconnaître la force.
Vers 3ʰ du matin, elle engagea une canonnade de chasse
et de retraite avec cet inconnu et, une heure plus tard,
ayant reconnu en lui un cutter auquel on compta 14ᶜ, le
capitaine Bonamy lui présenta le travers. Mais, soit que
cet adversaire dont on ne sut ni le nom ni la nationalité
se fût mépris sur la force de la corvette, soit qu'il eût reçu
quelque grave avarie, au vingt-cinquième boulet il s'é-
loigna. Le vent soufflait frais de l'Ouest. La *Flèche* cra-
qua son mât de misaine, et cette circonstance décida son
capitaine à relâcher à Riva de Cella en Espagne.

   La mission de la *Flèche* avait nécessité la mise à terre
d'une partie de son artillerie ; afin de pouvoir embarquer
une plus grande quantité d'eau, on ne lui avait donné
que 8 canons.

   Tandis que le contre-amiral Ganteaume faisait route
pour Alexandrie avec sa division, les frégates de 44ᶜ l'*A-
fricaine*, capitaine Saunier, et la *Régénérée*, capitaine Richer, partaient de Rochefort, le 14 février, pour la même
destination ; elles étaient encombrées d'armes, de vivres,
de munitions et de troupes passagères. Les deux frégates
se séparèrent la nuit même de leur départ. L'*Africaine*
venait de passer le détroit de Gibraltar vent arrière lorsque,
le 19, elle fut chassée par 2 bâtiments. Un d'eux, la
frégate anglaise de 44ᶜ PHŒBE, capitaine Robert Barlow,
gagna facilement l'*Africaine* et, placées par le travers
l'une de l'autre, les deux frégates commencèrent le combat à 7ʰ 15ᵐ du matin. Deux fois le capitaine Saunier essaya d'aborder la PHŒBE, mais chaque fois le capitaine
anglais réussit à déjouer cette manœuvre devenue la dernière ressource des Français ; le feu de la frégate anglaise
continuait, en effet, vif et serré, tandis que celui de l'*Africaine* diminuait à chaque instant. C'est que, sur la dernière, la mort apparaissait dans tous les rangs. A 9ʰ 30ᵐ,
le capitaine Saunier, déjà blessé au bras, reçut deux nou-

velles blessures d'un éclat qui le frappa à la poitrine et à
la figure ; il fut remplacé dans le commandement par le
capitaine de frégate Magendie qui était blessé lui-même ;
les officiers du bord avaient tous quelque blessure. Ceux de
l'armée de terre n'avaient pas été moins cruellement frappés : 5 avaient perdu la vie et 7 autres étaient blessés. Le feu
s'était manifesté dans plusieurs endroits de la frégate française et, dans ce moment, il était encore dans l'entrepont.
Le lieutenant de vaisseau Lafitte qui, à son tour, avait
remplacé le capitaine de frégate Magendie, ne put prolonger la lutte : à 9ʰ 45ᵐ, il fit amener le pavillon. Presque
toutes les manœuvres de l'*Africaine* étaient coupées, ses
voiles étaient en lambeaux, sa coque était criblée et elle
avait 1ᵐ.300 d'eau dans la cale. Son personnel aussi avait
été affreusement maltraité. Un procès-verbal dressé à la
fin du combat constate 127 morts et 176 blessés ; en tout,
333 hommes hors de combat. Ce chiffre, quoique énorme,
peut n'être pas exagéré. L'*Africaine* avait 300 passagers
parmi lesquels on comptait 79 tués et 85 blessés et, dans
le nombre des derniers, les deux généraux Desfourneaux.
Le capitaine Saunier mourut quelques heures après avoir
quitté le pont.

L'*Africaine* prit le nom d'Amelia dans la marine anglaise.

Cette frégate portait 26 canons de 18
                        et 18   —   de 8
La Phœbe avait   26   —   de 18
                      10   —   de 9
          et   8 caronades de 32.

Un mot sur quelques circonstances qui durent contribuer à la prise de l'*Africaine*. Le capitaine Saunier avait
fait diminuer de 0ᵐ.045 les coussins des affûts de tous les
canons. Non content de cette mesure qui avait pour but de
forcer les canonniers à pointer haut, lorsqu'il avait été
certain de ne pouvoir éviter le combat avec la frégate an-

glaise, il avait fait enlever ces coussins ainsi que les coins de mire. Il était certain qu'on tirerait ainsi à démâter (1). Le résultat de cette mesure pouvait être prévu : la frégate anglaise reçut seulement 3 boulets dans la coque et elle n'eut que 11 blessés ! Nul doute aussi que l'encombrement résultant de la présence de 300 passagers n'ait considérablement contrarié le service. Selon les uns, ces militaires auraient vaillamment combattu en remplaçant les marins à leurs pièces lorsque cela était nécessaire. D'après les autres, retenus dans l'entrepont où quelques-uns furent blessés, ils auraient crié à la trahison et, montés sur le pont avec leurs armes, ils y auraient occasionné un grand désordre. Le général Desfourneaux ne parle pas de cette circonstance dans son rapport (2).

La *Régénérée* arriva le 2 mars à Alexandrie. Un mois auparavant, les frégates la *Justice* et l'*Égyptienne* étaient aussi parvenues à entrer dans ce port.

———

Le capitaine Barrington Dacres, de la corvette anglaise de 18ᵉ BULL DOG jeta l'ancre, le 27 février, à une demi-portée de canon de la batterie du môle d'Ancône et, sans brûler une amorce, il amena son pavillon au quatrième coup de canon qui lui fut tiré. Cet officier ignorait la prise de possession de cette ville par les Français.

———

Le lougre de 6ᵉ l'*Ami des lois*, capitaine Lelasseur, mouillé dans la baie d'Ételle, près de Lorient, fut attaqué par un cutter anglais pendant la nuit du 21 avril. Celui-ci ayant engagé son beaupré dans les haubans du lougre qu'il élongea de long en long, l'emploi de l'artillerie devint impossible. Après une décharge de mousqueterie, les

———

(1) *Rapport du général Desfourneaux au ministre de la guerre.*
(2) Ce sont toutes ces circonstances qui m'ont déterminé à donner le chiffre des tués et des blessés.

fusils et les pistolets furent eux-mêmes abandonnés, et ce fut à l'arme blanche que l'équipage de l'*Ami des lois* repoussa les Anglais. Le cutter se dégagea, mais il combattit quelque temps encore à coups de canon avant de prendre le large. Le combat avait duré deux heures et demie.

***

Le capitaine Lemoine, de la canonnière l'*Inabordable*, sortit du port du Havre dans la matinée du 26 avril avec la corvette de 16° le *Vésuve*, le lougre l'*Écureuil*, les canonnières l'*Enflammée* et la *Tempête*, pour exercer sur rade les élèves du Prytanée. Deux frégates anglaises qui se tenaient au large lancèrent des boulets à cette petite flottille. La canonnade dura plusieurs heures parce que, obligé d'attendre qu'il y eût assez d'eau entre les jetées, le capitaine Lemoine fit mouiller ses bâtiments devant le port. Dans cette position, les batteries de terre lui prêtèrent assistance, et après deux heures d'engagement sans résultats, les frégates anglaises s'éloignèrent.

***

Le côtre de 12° le *Sandwich*, capitaine Lebastard, se rendant de Camaret à Douarnenez avec une jolie brise de N.-E., fut chassé par le cutter anglais de 14° NILE, capitaine Newton, et par une des frégates de la division qui croisait au large. La distance qui séparait les deux bâtiments anglais était assez grande pour que, arrivé à l'entrée de la baie de Douarnenez, le capitaine Lebastard crût pouvoir attendre le cutter ennemi. A 1ʰ 30ᵐ, le NILE commença la lutte à laquelle le côtre français le conviait ; mais après une heure de combat à grande portée de fusil, tantôt du même bord, tantôt à bords opposés, le cutter anglais mit le cap à l'Ouest pour réparer le désordre de son grément. La frégate approchait toujours. Fort de sa présence, le capitaine anglais revint sur son adversaire qui l'attendait encore et le feu recommença à 3ʰ 30ᵐ. L'ar-

deur des Français était d'autant plus grande, qu'ils vou-
laient obliger une seconde fois leur adversaire à la retraite avant qu'il pût recevoir la coopération sur laquelle
il comptait. Ils y réussirent car, 30 minutes plus tard,
le NILE s'éloigna et le *Sandwich* entra alors dans le port
de Douarnenez. Ce petit combat eut lieu le 9 mai.

———————

On se rappelle que la corvette le *Bull dog*, prise aux Anglais dans le mois de février, avait été conduite à Ancône.
Cette corvette était amarrée dans ce port lorsque, le 25 mai,
un peu avant minuit, on s'aperçut qu'elle sortait remorquée
par des embarcations. Ces canots, qui étaient entrés dans
le port par la pointe du fanal, répondant en français aux
interpellations des sentinelles, appartenaient à la frégate
anglaise de 34ᵉ MERCURY, capitaine Thomas Rogers. Un
d'eux d'abord, puis bientôt trois autres avaient accosté la
corvette, et les Anglais qui les montaient s'étaient facilement débarrassés de quelques hommes qui ne leur avaient
pour ainsi dire pas opposé de résistance, et ils avaient
appareillé le *Bull dog*. Le capitaine de frégate Girardias
qui commandait cette corvette, était alors à terre. Dès qu'il
eut connaissance de cet événement, il s'embarqua avec
deux officiers de marine et cinq soldats dans la balancelle
le *Furet*, alors mouillée auprès du fanal, et il se mit à la
poursuite de la corvette qui s'éloignait avec la brise de
terre, sans tenir compte de quelques coups de fusil tirés du
môle. Si l'entreprise des Anglais avait été audacieuse, celle
du capitaine Girardias ne l'était pas moins, car c'était avec
une embarcation sur laquelle il avait réuni une vingtaine
d'hommes, qu'il allait attaquer un ennemi dont il ignorait
la force. Grâce à l'ardeur de cet équipage improvisé, la
balancelle gagna la corvette ; bientôt le capitaine Girardias
put lui faire envoyer quelques boulets. Cette canonnade
n'était que le prélude de l'attaque projetée, car il avait été
résolu qu'on tenterait l'abordage. Vers 2ʰ, un canot parti

d'Ancône avec 20 hommes, sous la direction de l'officier du génie maritime Lefebvre, rejoignit le *Furet*. Il n'y eut pas lieu d'en venir à l'abordage; les Anglais abandonnèrent le *Bull dog* avant l'arrivée des deux embarcations, et le capitaine Girardias reprit possession de son bâtiment. Le calme qui régna toute la nuit faillit de nouveau compromettre le *Bull dog*; la frégate anglaise fit des efforts impuissants pour couper sa route. Des canots expédiés d'Ancône prirent la corvette à la remorque et la rentrèrent dans le port.

———

La corvette de 20° la *Chevrette*, capitaine Chassériau, attendait sur la rade de Camaret un vent favorable qui lui permît de faire route pour le Sénégal où elle portait des approvisionnements. Le 21 juillet dans la soirée, 2 vaisseaux anglais, 4 frégates et un cutter mouillèrent dans l'Iroise. Pensant avec raison que cette détermination dénotait un projet d'attaque, le capitaine Chassériau prit ses dispositions et, à l'entrée de la nuit, il envoya un canot en sentinelle avancée sur la bouée. Le temps était très-couvert. Vers minuit et demi, une vingtaine (1) d'embarcations débordèrent de la division ennemie et se dirigèrent sur le goulet de Brest. Se laissant ensuite aller au courant, elles dérivèrent le long de la terre et arrivèrent inaperçues jusqu'à la hauteur du canot de garde de la corvette. Celui-ci les héla et se replia de suite, non sur son bâtiment, mais sur la terre. Ces embarcations forcèrent alors de rames et abordèrent la *Chevrette* de tous les bords. Une décharge générale de mousqueterie et d'artillerie, tirée probablement au hasard dans ce moment de confusion, et par suite sans effet, avertit le commandant de l'expédition que chacun était à son poste à bord de la corvette, mais ne l'empêcha pas d'envahir son pont. La mêlée

———

(1) Les Anglais prétendirent qu'il n'y en avait que neuf, montées par 180 hommes.

fut sanglante; le capitaine Chassériau fut tué un des premiers. Cet événement jeta le découragement parmi l'équipage; la résistance alla toujours en diminuant et bientôt elle cessa entièrement. Une petite fraîcheur d'E.-S.-E. permit aux Anglais d'appareiller la corvette que la batterie de Camaret accompagna de ses boulets.

Le conseil martial devant lequel furent traduits les officiers de la *Chevrette* cassa deux enseignes de vaisseau et les déclara infâmes.

———

Aussitôt que la paix avait été signée avec les Deux-Siciles, le gouvernement français avait songé à s'emparer de la partie de l'île d'Elbe qui n'était pas encore soumise. Les frégates le *Succès*, la *Bravoure* et la *Carrère*, capitaines Bretel, Dordelin (Louis) et Morel Beaulieu, étaient parties de Toulon, avec de l'artillerie et des munitions, et avaient établi le blocus de Porto Ferrajo qui tenait encore pour le Grand duc de Toscane. Le 3 août, la frégate de 42ᶜ la *Carrère*, retournant à l'île d'Elbe avec quelques navires, comme elle chargés de poudre, et qu'elle avait été chercher au port Hercule, aperçut plusieurs voiles dans le N.-O. A 4ʰ du matin, on put distinguer trois frégates anglaises. C'étaient la Pomone de 40ᶜ, capitaine Edward Leveson Gower, la Phœnix de 44, capitaine William Halsted et la Pearl de 44, capitaine James Ballard. Ces frégates faisaient partie d'une division aux ordres du contre-amiral sir Borlase Warren qui était entré dans la Méditerranée en même temps que le contre-amiral Ganteaume. Elles étaient poussées par une petite brise du Nord que la *Carrère* ne ressentit que deux heures plus tard. Le capitaine Morel Beaulieu se dirigea sur San Stephano. Quelques boulets furent d'abord échangés avec la Pomone; plus tard, la *Carrère* tira des bordées entières en embardant, tantôt sur un bord, tantôt sur l'autre. A 8ʰ, les deux frégates lancèrent en même temps sur tribord et, placées par le travers l'une de l'autre, elles combattirent vergues à vergues. Une demi-

heure plus tard, le grand mât de hune de la POMONE était
abattu, mais la *Carrère* avait son grément trop endommagé pour profiter de cet avantage. A 8ʰ 45ᵐ, le capitaine
Morel Beaulieu, déjà blessé deux fois, fut renversé par un
biscaïen qui le frappa à la tête; le lieutenant de vaisseau
Malingre le remplaça. Pour comble d'infortune, le feu se
déclara dans la batterie. Une catastrophe ne pouvait être
évitée qu'à la condition de porter tous les soins du côté de
l'incendie. La *Carrère* était d'ailleurs alors entourée : son
pavillon fut amené. Les navires du commerce arrivèrent à
leur destination.

Le capitaine de frégate Morel Beaulieu et le lieutenant
de vaisseau Malingre furent traduits devant un conseil
martial et acquittés.

Le 1ᵉʳ novembre 1766, le capitaine Morphey de la frégate le *Cerf*, expédié de l'Ile de France par le gouverneur-
général Magon, avait pris possession des Seychelles au
nom du roi de France. La découverte de ces îles, faite par
un bateau de l'Ile de France, ne remontait qu'à l'année
1742. Elles avaient continué d'être la propriété de la France
jusqu'au 17 mai 1794, époque à laquelle le commodore
anglais Newcome s'en était emparé. En vertu d'une capitulation passée entre lui et le commandant français, elles
avaient été mises dans un état de neutralité qui ouvrait
leurs ports aux navires de toutes les nations. Cette neutralité était garantie par leur pavillon sur lequel étaient écrits
ces mots : SEYCHELLE'S CAPITULATION (1). Ces îles furent
cependant choisies par le Premier Consul comme lieu de
déportation des condamnés politiques et, en 1801, le capitaine Guieysse fut chargé d'y porter un premier détachement avec la frégate de 40ᶜ la *Chiffonne*. Profitant
d'une grande brise qui avait éloigné les croiseurs anglais,

---

(1) *Capitulation des Seychelles.*

cet officier appareilla vers le milieu du mois d'avril. Le 19 mai, il chassa, sur la côte du Brésil, la corvette portugaise de 26ᵉ ANDORINHA, capitaine Ignacio Dacosta Quintella et parvint à l'atteindre à l'entrée de la nuit. Après une heure de combat, la corvette amena son pavillon : elle était démâtée de ses mâts de hune. Les avaries de la *Chiffonne* étaient sans importance. Ne voulant pas encombrer sa frégate de prisonniers, le capitaine Guieysse jeta les canons de l'ANDORINHA à la mer, prit ses rechanges et renvoya l'équipage sur parole sur son propre bâtiment.

Le 16 juin, à l'entrée du canal de Mozambique, la *Chiffonne* fit amener le vaisseau anglais de la Compagnie des Indes BELLONA. La mer était grosse; 7 hommes seulement purent être envoyés à bord. Le lendemain, le capitaine Guieysse voulut finir d'amariner sa prise. Mais alors que, placé par son travers de dessous le vent pour rendre les communications plus faciles, il allait y travailler, la BELLONA aborda en grand la frégate française dont elle cassa le beaupré; celui-ci entraîna le mât de misaine dans sa chute. Le vaisseau de la Compagnie fut expédié à l'Ile de France et, après avoir établi deux mâts de fortune, la *Chiffonne* continua sa route pour les Seychelles; le 11 juillet, elle mouilla sur la rade de Mahé. Les habitants de cette île qui vivaient tranquilles sous la protection de leur pavillon, furent vivement émus en apprenant quels étaient les nouveaux colons qu'apportait la *Chiffonne*. Le choix du Premier Consul les exposait à perdre leur neutralité et ses avantages; aussi, refusèrent-ils tout d'abord de recevoir les déportés. Il ne fallut rien moins que le langage rassurant du capitaine Guieysse pour que, après trois jours, ils consentissent à leur débarquement. Comprenant alors combien le retard occasionné par ce fâcheux débat pouvait être funeste à la frégate, ils lui procurèrent eux-mêmes les bois nécessaires à la confection de sa mâture.

Le mât de misaine restait encore à mettre en place et des bigues étaient disposées pour cette opération lorsque, le

20 août au matin, la frégate anglaise de 48° SIBYL, capitaine Charles Adam, fut signalée. Le capitaine Guieysse embossa la *Chiffonne* et envoya des hommes à terre pour armer 4 canons de 12 qu'il avait établis en batterie sur une pointe. Il n'eut toutefois pas le temps de se débarrasser des apparaux qui rendaient l'usage de la batterie des gaillards presque impossible. Déduction faite des malades et des hommes mis à terre, il lui restait 190 hommes. Trop confiant dans la force de sa position, le capitaine Guieysse attendit que la frégate anglaise eût mouillé pour ouvrir son feu sur elle ; quinze minutes plus tard, la *Chiffonne* avait 12 pièces démontées. Son embossure ayant été coupée, le capitaine Guieysse fit filer le câble par le bout, jeta la frégate à la côte et amena le pavillon. Quelque courte qu'eût été cette affaire, les pertes de la frégate française étaient considérables ; son capitaine était blessé.

La *Chiffonne* portait 26   canons   de 12 dont 4 étaient à terre,

10   —   de 8

et 4 caronades de 36.

La SIBYL avait   28   canons   de 18,

4   —   de 9

et 16 caronades de 32.

Le capitaine Guieysse fut acquitté par le conseil martial qui eut mission de le juger.

———

Sept bateaux-canonniers se rendant du Havre à Boulogne, poursuivis, le 21 août, par une corvette et un brig anglais, se jetèrent au plain sous la batterie de l'anse au Beurre. Dès qu'ils furent à terre, leurs équipages se débandèrent dans les dunes sans qu'il fût possible de les retenir. Le capitaine de vaisseau Nieuport, qui commandait cette petite division, ayant fait connaître sa position à Étaples, 50 soldats et 20 chasseurs à cheval lui furent envoyés. Le lendemain matin, après avoir balayé la plage avec ses boulets, une division anglaise qui ne comptait pas moins de 8 bâtiments, dirigea ses embarcations sur les bateaux échoués. Le détachement employa les cartouches qu'on avait mises à sa disposition ; mais il ne put empêcher les Anglais d'emmener 3 bateaux-canonniers ; les 4 autres furent conduits à Étaples.

Sur l'assurance donnée par le général Watrin, chargé de conduire le siége de Porto Ferrajo, qu'il n'y avait qu'une seule frégate dans le canal de Piombino, les frégates la *Bravoure* et le *Succès* appareillèrent de l'île d'Elbe, le 31 août, pour aller à Livourne chercher des munitions devenues indispensables pour continuer cette opération. Le lendemain 1er septembre au jour, elles aperçurent une frégate anglaise qui se dirigea sur le canal ; les coups de canon qu'elle tirait ne pouvaient laisser de doutes sur la présence de quelque autre bâtiment ennemi dans le voisinage. Les deux frégates françaises gouvernèrent de suite sur la terre la plus rapprochée. Le vent soufflait frais du S.-O. Malheureusement, la frégate de 36° le *Succès* qui était en avant se dirigeant sur le cap Montenero, toucha, à 8ʰ 30ᵐ, sur le banc qui est au large de Vado. Les pièces à eau et à vin furent défoncées ; les embarcations furent mises à la mer, le tout sans résultat ; il fallut jeter une partie de l'artillerie par-dessus le bord et élonger des ancres. 2 autres frégates anglaises avaient rallié la première et toutes trois se dirigeaient sur la *Bravoure* et le *Succès*. Celle-ci ne put être raflouée avant l'arrivée de la MINERVA de 48°, capitaine George Cockburn. Cette frégate n'essaya toutefois pas d'entraver les travaux de la frégate française ; elle se borna à lui lancer quelques boulets et continua sa route. Mais les frégates POMONE de 40°, capitaine Edward Leveson Gower et PHŒNIX de 44°, capitaine Thomas Baker, la suivaient de près. Dans la position critique où était sa frégate, le capitaine Bretel ne crut pas devoir essayer de résister : il fit amener le pavillon, après avoir débarqué tous les hommes que les canots purent contenir. La POMONE envoya amariner la frégate française ; la PHOENIX suivit la MINERVA. Les Anglais parvinrent à relever le *Succès* qui prit le nom de SUCCESS dans la marine anglaise.

Le capitaine Bretel fut déchargé d'accusation.

Le capitaine Dordelin (Louis), de la frégate de 40ᵉ la *Bravoure*, serra le vent, tribord amures, dès qu'il s'aperçut que sa compagne était échouée ; mais la sonde continuant à donner un faible brasseyage, il vira, quoique ce nouveau bord le rapprochât des frégates ennemies ; il reprit ses amures primitives lorsqu'il fut en dehors du hautfond. Certain alors que la *Bravoure* ne pouvait être d'aucun secours à sa conserve le *Succès*, le capitaine Dordelin demanda liberté de manœuvre et se dirigea sur Livourne. Le vent hâlait le N.-O. à mesure qu'il approchait de ce port, et bientôt il ne lui fut plus possible de l'atteindre à la bordée ; il prit le parti d'aller chercher un refuge à Antignano. Encore contrarié dans l'exécution de ce projet par la faiblesse de la brise et par une forte houle, il lui fallut mettre ses embarcations à la mer. Malgré cette précaution, la *Bravoure* fut portée sur les roches : sa mâture s'abattit immédiatement. Une partie de l'équipage s'embarqua dans les canots, tandis que d'autres hommes, plus pressés, se jetèrent à la nage ; il n'en resta qu'une vingtaine à bord. Les frégates anglaises MINERVA et PHOENIX ne tardèrent pas à lui envoyer des boulets : le capitaine Dordelin fit de suite amener le pavillon. Il fut conduit, lui neuvième, à bord de la MINERVA ; les Anglais trouvèrent la mer trop grosse pour essayer de sauver le reste de l'équipage. La *Bravoure* ne put être relevée.

Le capitaine Dordelin fut déchargé d'accusation.

La perte des frégates françaises détermina probablement

le contre-amiral sir Borlase Warren à tenter un dernier effort en faveur de la garnison de Porto Ferrajo. Le 14 septembre, il parut devant ce port avec 7 vaisseaux, 3 frégates, 2 brigs et plusieurs canonnières et débarqua 3,000 hommes (1). Après six heures de combat opiniâtre, les Anglais furent forcés de se rembarquer avec perte de 200 prisonniers et 1,200 tués ou blessés. Une des frégates fut démâtée; 7 chaloupes-canonnières furent coulées et 3 enlevées par des soldats à la nage (2).

La corvette de 8ᶜ la *Flèche*, capitaine Bonamy, que nous avons laissée en relâche en Espagne, au mois de février, fut chassée, le 2 septembre, à son atterrage aux Seychelles, par la corvette anglaise de 18ᶜ VICTOR, capitaine Ralph Collier. Certain d'être atteint avant d'arriver au mouillage, le capitaine Bonamy attendit la corvette ennemie en dehors des récifs et, après l'avoir combattue pendant une heure, il continua sa route. Les avaries des deux corvettes n'avaient porté que dans la voilure et dans le grément. La *Flèche* entra à Mahé dans la journée du 4 ; la SIBYL et la *Chiffonne*, dont j'ai précédemment relaté le combat, n'avaient quitté ce port que la veille. Le soir même, le VICTOR mouilla à l'île Sainte-Anne. Le capitaine Bonamy fit de suite des dispositions pour repousser l'attaque probable de cette corvette. Celle-ci entra effectivement dans la rade de Mahé, le 5 à 11ʰ 30ᵐ du matin, en se hâlant sous le feu de la *Flèche* qui était embossée à toucher terre. Bientôt, le combat s'engagea avec vigueur. A 1ʰ 50ᵐ, l'eau entra avec une telle abondance dans la cale de la corvette française, probablement par quelque trou de boulet reçu à la flottaison, qu'il fallut sortir les poudres de la soute.

(1) M. William James, *The naval history*, etc., dit qu'il n'y avait que 1,000 hommes.
(2) Rapport du général Watrin.

Mais, malgré l'activité que l'on mit à pomper, l'eau gagna toujours. Lorsque le petit nombre de gargousses qu'il avait été possible de monter fut épuisé, le capitaine Bonamy commanda de couper les câbles, jeta la *Flèche* au plain et en ordonna immédiatement l'évacuation. Il avait à peine quitté le bord, après avoir mis le feu en trois endroits différents, que la *Flèche* chavira, ayant encore son pavillon flottant à la poupe.

Les chaloupes-canonnières la *Tempête* et l'*Enflammée*, capitaines Agasce et Herbelin et 21 bateaux-canonniers formant la huitième division de la flottille, se rendant de Saint Valery à Boulogne, sous la conduite du lieutenant de vaisseau Gréban furent chassés, le 6 septembre, par la corvette anglaise de 24° DART, capitaine Bolton. Les deux chaloupes se portèrent à la queue de la ligne et soutinrent la canonnade de la corvette pendant plus de deux heures. L'*Enflammée* ayant reçu à la flottaison un boulet qui pouvait la faire couler sur place, il fallut l'échouer à la côte ; le reste de la flottille entra à Boulogne. Cette escarmouche avait eu lieu en vue de 2 frégates et de 2 corvettes anglaises. L'*Enflammée* fut remise à flot et elle entra à Étaples avec une embarcation anglaise dont elle s'était emparée.

La corvette de 18° le *Bull dog*, capitaine Girardias, partie de Tarente avec un convoi, et chassée sous le cap Sainte-Marie par 3 frégates anglaises, fit route pour Gallipoli (1) où elle mouilla le 16 septembre. A peine une des frégates eut-elle doublé l'écueil qui forme le mouillage, qu'une partie de l'équipage de la corvette, tout composé d'Italiens, se jeta à la nage. Le *Bull dog* ne put envoyer qu'une bordée à la frégate ennemie, car celle-ci prit poste sous son

---

(1) Petit port de la régence de Tunis, dans l'Est du cap Bon.

arrière d'où elle ouvrit un feu des plus destructifs. La
confusion fut bientôt à son comble à bord de la corvette
française ; les ordres du capitaine et des officiers furent
méconnus ; et ceux des matelots qui ne s'étaient pas jetés
à la mer, se réfugièrent dans la cale. A 7ʰ 30ᵐ, le pavillon
du *Bull dog* fut amené : une seconde frégate doublait l'é-
cueil en ce moment. Ce fut alors seulement que deux
canons qui constituaient la défense de la rade de Gallipoli tirèrent sur la première frégate. Ce secours tardif ne
put empêcher la corvette d'être emmenée par la frégate
de 34ᵉ CHAMPION, capitaine lord William Steward. Les
deux autres étaient la MERCURY et la DOROTHÆA.

Le capitaine de frégate Girardias fut déclaré non coupable de la prise de la corvette qu'il commandait.

———

J'ai déjà eu occasion de citer deux bâtiments anglais
qui, sans combattre, s'étaient livrés aux Français. Cette
année, ce fut la goëlette de 10ᵉ GOZE qui amena son pavillon en entrant à Barbette, port de l'Adriatique.

———

L'Angleterre commençait à sentir la nécessité de prendre
quelque repos. La lutte opiniâtre qu'elle livrait à la France
depuis neuf années épuisait ses ressources, sans lui faire
obtenir le résultat auquel elle prétendait. Après avoir rallié toutes les puissances européennes à sa politique, elle
se voyait menacée de se trouver dans l'isolement le plus
complet. Les États-Unis, par un traité récent, venaient de
se rapprocher de la France ; les succès de Bonaparte
avaient séparé l'Autriche de l'Angleterre. L'Espagne avait
traité avec la République à laquelle elle avait cédé la Toscane. Le roi des Deux-Siciles s'était rangé du côté du plus
fort. Le Portugal venait aussi de signer la paix et de défendre l'entrée de ses ports aux vaisseaux anglais. La
Russie avait suivi l'impulsion des autres puissances. La

Turquie elle-même, tranquillisée par le traité d'El Arish, renouait avec la République des relations d'amitié qui, depuis l'année 1534, n'avaient été interrompues que par l'expédition d'Égypte. En présence de pareils faits, le Cabinet de Saint-James sentit qu'il lui fallait temporiser et gagner du temps. Le 1er octobre, les préliminaires de paix entre la République française et l'Angleterre furent acceptés à Londres et les deux gouvernements convinrent de cesser immédiatement les hostilités. Le traité définitif fut signé à Amiens le 25 mars de l'année suivante.

BATIMENTS PRIS, DÉTRUITS OU NAUFRAGÉS
pendant l'année 1801.

ANGLAIS.

Canons.

82	VENERABLE..........	Détruit à la côte.
	HANNIBAL...........	Pris au combat d'Algésiras.
	INVINCIBLE.........	Naufragé sur la côte d'Angleterre.
	SWIFTSURE.........	Pris par une division.
54	FORTE *...........	Naufragée dans la mer Rouge.
44	JASON.............	
	PROSELYTE..........	Naufragées sur la côte de France.
	LOWESTOFFE........	
40	MELEAGER..........	Naufragée dans le golfe du Mexique.
	IPHIGENIA.........	Brûlée par accident.
	SUCCESS...........	
28	SPITFIRE..........	Prises chacune par une division.
20	BABET *...........	Sombrée.
	BULL DOG..........	Livrée par son équipage.
18	LÉGÈRE *..........	Naufragée dans le golfe du Mexique.
	BONETTA...........	— sur l'île de Cuba.
	SCOUT............	— sur la côte d'Angleterre.
16	UTILE *...........	Sombrée.
14	SPRIGHTLY.........	
	SPEEDY...........	Pris par une division.
10	REQUIN *..........	Naufragé à Quiberon.

FRANÇAIS.

Canons.

78	Saint Antoine........	Pris par une division.
64	Causse............	
	Egyptienne.........	Pris à Alexandrie.
44	Africaine..........	Prise par une frégate.
	Justice...........	
	Régénérée.........	Prises à Alexandrie.
42	Carrère...........	Prise par une division.

40	{ *Bravoure.*	Détruite à la côte.
	{ *Chiffonne.*	Prise par une frégate.
	{ *Dédaigneuse.* . . . . }	Prises chacune par une division.
56	*Succès* ˙. . . . . }	
20	*Sans-Pareille.*	Prise par un vaisseau.
18	{ *Sénégal.*	Détruite à la côte.
	{ *Curieuse.*	Prise par une corvette.
16	{ *Bull dog* ˙. . . . . }	Prises chacune par une frégate.
	{ *Aurore.* . . . . }	
	Corvettes : *Chevrette.*	Enlevée par des embarcations.
	Brig : *Espérance.*	Naufragé sur la côte de France.

˙ L'astérique indique un bâtiment pris à l'ennemi.

RÉCAPITULATION.

		Pris.	Détruits ou naufragés.	Incendiés.	TOTAL.
ANGLAIS.	Vaisseaux.	2	2	»	4
	Frégates.	1	5	1	7
	Bâtiments de rangs inférieurs.	4	6	»	10
FRANÇAIS.	Vaisseaux.	2	»	»	2
	Frégates.	8	1	»	9
	Bâtiments de rangs inférieurs.	5	2	»	7

ANNÉE 1802.

—

La signature de la paix permit de faire sortir de Cadix les bâtiments que les circonstances avaient réunis dans ce port. C'étaient d'abord les 6 vaisseaux de 74ᵉ cédés par l'Espagne à la France en vertu du traité d'alliance conclu dans le courant de l'année 1800. Un seul de ces vaisseaux, le *Saint Antoine*, avait pu être armé avant la cessation des hostilités et il avait été pris par les Anglais ; 3 autres, le *San Genaro*, l'*Intrépide* et l'*Atlante* étaient en armement ; mais l'arrivée de la division du contre-amiral Linois, après le combat d'Algésiras, avait créé de nombreux embarras

dans un port dont les approvisionnements étaient assez
pauvres, et les armements s'en étaient ressentis. Le vice-
amiral Truguet avait été envoyé à Cadix pour procéder à
l'exécution de la clause relative à la cession des vaisseaux. Cet officier général estima les autres vaisseaux
espagnols de Cadix impropres au service et, sur sa proposition, l'Espagne consentit à céder le *Pelagio* et le *Con-
quistador* qui se trouvaient à Brest; on donna au dernier le
nom français de *Conquérant*. Le 18 janvier, 3 vaisseaux
et 2 frégates firent route pour Saint-Domingue avec le
contre-amiral Durand Linois ; le départ des autres pour
Toulon avec le contre-amiral Dumanoir Lepelley, le 9 février, compléta l'évacuation de Cadix.

———————

La paix d'Amiens ne donna pas à la France le repos sur
lequel elle était en droit de compter et qui lui était si nécessaire pour se refaire et se remettre sur un pied à pouvoir faire face aux éventualités à venir. La riche colonie
de Saint-Domingue était dans l'anarchie la plus complète.
Cet état, provoqué par l'affranchissement des noirs, avait
eu pour première conséquence l'occupation d'une partie
de l'île par les Anglais. Dès le commencement des troubles
de la colonie, plusieurs grands planteurs s'étaient rendus
à Londres pour réclamer l'intervention du Cabinet de
Saint-James. La politique de l'Angleterre, encore en paix
avec la France, n'avait pu accueillir ce premier recours en
protection ; mais la déclaration de guerre du 1er février 1793
lui avait fourni le moyen d'accepter, dès le 25 du même
mois, les offres renouvelées par des propriétaires français
de Saint-Domingue résidant en Angleterre, et des ordres
avaient été expédiés en conséquence au général Adam
Williamson, gouverneur de la Jamaïque. Un arrangement
avait été convenu avec le ministère anglais et M. Venant
de Charmilly, envoyé par les habitants de la Grande Anse.
L'article premier de cet arrangement portait que les ha-

bitants de Saint-Domingue n'ayant pas la possibilité de recourir à leur légitime souverain pour les délivrer du joug qui les opprimait, ils invoquaient la protection de sa Majesté Britannique et lui prêtaient serment de fidélité.

Sachant combien la mesure de l'affranchissement des noirs avait rallié l'opinion créole à la cause anglaise, le gouverneur Williamson s'était d'abord contenté d'envoyer un faible corps de troupes qui débarqua à Jérémie, au mois de septembre 1793. Les portes du Môle Saint-Nicolas furent ouvertes au commodore Ford, et les Anglais devinrent ainsi maîtres de la plus forte place de l'île. Le pavillon de la Grande-Bretagne y remplaça celui de la France. Les Anglais trouvèrent dans le dernier port 200 canons et 200 milliers de poudre qui formaient la totalité de l'approvisionnement de la colonie. A la fin de l'année, les paroisses de Jean Rabel, de Saint-Marc, d'Arcahaye, de Boncassin et la province de Léogane reconnurent également la domination anglaise. Le 2 février 1794, les Anglais s'emparèrent du poste du cap Tiburon.

L'état critique de Saint-Domingue n'avait fait que s'accroître lorsque, appelés par le Directoire à combattre les ennemis de la France, les noirs purent compter et apprécier leurs forces. Désigné par le gouvernement pour commander en chef l'armée de Saint-Domingue, nommé ensuite gouverneur général à vie, Toussaint Louverture dont l'influence conservait seule cette riche colonie à la métropole, Toussaint sentait son ambition grandir avec sa puissance et, à la fin de 1801, il était en quelque sorte maître absolu dans l'île. Conformément à la convention passée entre lui et le commandant en chef des forces anglaises, le 9 mai 1798, celles-ci avaient complétement évacué les points qu'elles occupaient. Mais pendant cette courte occupation de quatre ans et huit mois, le gouverneur anglais qui avait bientôt vu l'impossibilité d'annexer cette belle colonie aux autres possessions de la Grande-Bretagne, avait travaillé à accélérer sa destruction. Pour arriver à ce résultat, il avait dépensé 8,270,000 livres sterling—près de 207,000,000 de francs — (1).

Bonaparte voulut profiter de la paix pour rendre à la France son ascendant, et faire rentrer cette colonie révoltée dans le devoir. De nombreux préparatifs furent ordonnés dans tous les ports. Le vice-amiral Villaret Joyeuse, qui commandait toujours l'escadre de Brest, partit le 14 décembre 1801, avec 15 vaisseaux et 6 frégates portant 8,263 hommes de troupes et le général Leclerc nommé commandant en chef de l'expédition. L'armée navale était composée des vaisseaux l'*Océan*, le *Mont Blanc*, le *Patriote*, le *Wattigny*, le *J.-J. Rousseau*, le *Jemmapes*, le *Gaulois*, la *Révolution*, le *Duquesne* et le *Cisalpin*. Les quatre derniers n'avaient de canons que sur les gaillards, et que le nombre d'hommes indispensable pour manœuvrer. Les frégates étaient : la *Fraternité*, la *Fidèle*, la *Furieuse*, la *Sirène*, la *Précieuse*; la goëlette la *Découverte* faisait aussi partie de l'armée. Les vaisseaux espagnols *Neptuno*, sur lequel le lieutenant général Gravina avait son pavillon ; *San Francisco de Paula*, *San Francisco de Asis*, *San Pablo*, *Guerrero*; la frégate *Soledad* et le brig *Vigilante* complétaient l'armée navale. Quelques jours après le départ, le *Duquesne* et le *Neptuno* furent obligés de relâcher, le premier à Cadix, l'autre au Ferrol. Cette armée navale se dirigea d'abord sur Belle-Ile où les divisions de Lorient et de Rochefort, commandées par les contre-amiraux Delmotte et Latouche Tréville devaient se réunir à elle. Le premier rallia seul avec le vaisseau le *Scipion*, la frégate la *Cornélie*, la corvette la *Mignonne* et le brig la *Pélagie*. La division de Rochefort, composée des vaisseaux le *Héros*, le *Foudroyant*, le *Duguay-Trouin*, l'*Argonaute*, l'*Aigle*; des frégates la *Guerrière*, l'*Uranie*, la *Clorinde*, l'*Embuscade*, la *Franchise* et de la corvette la *Bayonnaise*, rejoignit l'armée devant Saint-Domingue. Le 9 janvier 1802,

---

(1) *Rapport du comité des finances*, 1802 à 1806.

le contre-amiral Ganteaume partit de Toulon avec les vaisseaux l'*Indivisible*, le *Dix-Août*, le *Jean Bart*, la *Constitution* et la frégate la *Créole ;* le vaisseau le *Banel* et la corvette la *Mohawk*, tous deux armés en flûte. Quelques jours après, le *Banel*, commandé par le lieutenant de vaisseau Gallamand, se perdit auprès d'Oran, sur la côte Nord d'Afrique. Les contre-amiraux Durand Linois, Bedout, Dumanoir Lepelley et Emeriau partirent successivement de Cadix, de Brest, de Flessingue et de Toulon. Trois vaisseaux hollandais et une corvette se rendirent aussi à Saint-Domingue ; la frégate la *Poursuivante*, capitaine Lhermite (Pierre), avait été adjointe à cette division. Tous ces bâtiments portaient des troupes. Le temps que ces diverses divisions perdirent à se chercher et à s'attendre, fit que le ralliement général sur la côte de Saint-Domingue dura plusieurs semaines, et l'effet moral que pouvait produire l'apparition subite de forces aussi considérables fut manqué ; par suite, la crise qu'on redoutait eut le temps de fomenter. Toussaint Louverture refusa aux vaisseaux l'entrée de la rade du Cap Français, et il répondit au général en chef que le sort des armes ne ferait entrer l'armée française que dans une ville en cendres. On sait qu'il ne tint que trop bien sa parole. Au moment où l'armée navale donna dans les passes, la ville du Cap Français fut livrée aux flammes. Quelques jours après, la division du contre-amiral Linois mouilla sur cette rade ; le vaisseau le *Desaix* se perdit en entrant ; le *San Genaro* s'échoua : on l'envoya se réparer à la Havane, où les vaisseaux espagnols se rendirent aussi dès qu'ils eurent débarqué leurs troupes.

Les habitants de la Guadeloupe avaient imité ceux de Saint-Domingue ; ils s'étaient insurgés contre l'autorité de la métropole. L'amiral Villaret Joyeuse avait mission de faire rentrer cette colonie dans le devoir. Mais les événements ne marchèrent pas à Saint-Domingue aussi vite que le gouvernement l'avait supposé ; il fallut faire la conquête

de cette île, et le commandant des forces navales ne put
remplir la deuxième partie de ses instructions. La restau-
ration de Saint-Domingue était, en effet, le grand objet
d'intérêt public pour lequel devaient être dirigés tous les
mouvements de l'armée navale. La marine ne négligea
rien pour remplir cette mission importante ; tous les ports
de la colonie furent soumis, les côtes gardées, les communications rendues faciles sur tous les points du littoral.
Le contre-amiral Magon, auquel incomba plus particulièrement ce service, préserva de la destruction les quartiers
de Mariboroux, de Vallière, d'Onaninthe et contribua à la
prise du fort Liberté. L'armée française occupa bientôt tout
le pays depuis Léogane jusqu'aux Gonaïves, et poursuivit
le général noir Dessalines dans les montagnes de l'Ar-
tibonite. Mais pendant qu'on se battait dans l'intérieur de
l'île, les généraux Toussaint Louverture et Christophe,
réunissant quelques troupes et des milliers de cultivateurs
noirs, tombèrent sur les environs de la ville du Cap Français et incendièrent toutes les habitations. Dépourvu de
forces suffisantes pour défendre la ville, le général qui
commandait dans cette partie de l'île demanda à l'escadre
tous ses artilleurs et 1200 matelots qui lui furent d'un
grand secours. L'espèce d'abandon dans lequel cette ville
avait été laissée provenait de ce que le général en chef
avait compté sur l'arrivée prochaine de la division hollandaise. Mais le vice-amiral Hartsinck ayant relâché à Ténériffe, ne mouilla que le 3 avril sur la rade du Cap Français, et ce retard priva la ville des renforts qu'on lui
réservait et dont elle avait un besoin pressant. La division
hollandaise partit de suite pour les États-Unis. Cependant
les combats se multipliaient et les ravages de la fièvre
jaune devenaient effrayants; les équipages des bâtiments
n'étaient pas exempts de cette terrible maladie. Afin de ne
pas afficher les pertes que l'on faisait, il fallut renoncer à
rendre les derniers honneurs aux victimes de ce terrible
fléau. Des renforts devenaient indispensables, et au lieu de

songer à détacher quelques milliers d'hommes pour faire
rentrer la Guadeloupe dans le devoir, ainsi que cela avait
été prescrit, il fallut au contraire en demander à la France.
Mais les ressources de la marine étaient épuisées, et si l'on
voulait des secours, il fallait aller les chercher. Le 20 avril,
le vice-amiral Villaret quitta Saint-Domingue, laissant le
commandement des forces navales au contre-amiral Latouche Tréville qui conserva seulement 4 vaisseaux, 9 frégates, 5 corvettes et quelques bâtiments légers.

Quoique la soumission de Toussaint Louverture eût mis
le général Leclerc en possession de la colonie, on ne tarda
pas à éprouver une pénurie de subsistances inquiétante
dans un pays ravagé par le fer et par la flamme. Bientôt
aussi, des soupçons sur la fidélité de Toussaint Louverture
nécessitèrent son arrestation, et il fut envoyé en France
sur le vaisseau le *Héros*. L'enlèvement de ce général ne
produisit pas dans la colonie la secousse à laquelle on
avait lieu de s'attendre; mais des symptômes d'insurrection se manifestèrent, lorsque l'anéantissement dont l'armée semblait menacée par l'épidémie fit ordonner le désarmement des noirs. Des bandes d'insurgés parcoururent
l'île et, tantôt vainqueurs, tantôt vaincus, ils virent augmenter avec la résistance le nombre de leurs partisans.
Le 1er novembre, le général Leclerc succomba à l'épidémie; le général Rochambeau le remplaça dans le commandement de l'armée. Des renforts arrivèrent de France
dans le courant de l'année. Quant au nombre des bâtiments affectés à cette station, il alla sans cesse en diminuant, le commandant en chef ayant reçu l'ordre formel de ne garder que ceux dont il aurait le plus strict
besoin. Je n'ai pas à raconter ici cette guerre désastreuse
de Saint-Domingue. Je n'entrerai pas davantage dans le
détail des services que la marine rendit pendant cette triste
expédition. On conçoit combien ils durent être nombreux
et variés dans un pays où il n'existait pas une route, dans
une guerre où il fallait attaquer des villes placées sur le

bord de la mer, transporter incessamment des troupes
d'un point à un autre, empêcher le débarquement des
armes et des munitions, et protéger le cabotage contre les
exactions des indigènes. L'attaque du fort Liberté, celles
du Port de Paix, de Léogane et du Petit Goave, montrèrent que la coopération de la marine était indispensable.

Après treize mois d'une domination incertaine dont la
contestation enlevait chaque jour une partie des enfants et
du patrimoine de la France, la réunion des Anglais aux
noirs révoltés détermina l'abandon successif de la partie
française de la colonie. L'évacuation du Cap Français,
dernier réduit de l'expédition, eut lieu le 28 novembre 1803.
La partie espagnole resta cependant encore sous la garde
de quelques militaires à la tête desquels se trouvait le général de division Ferrand. Quatre années s'étaient écoulées sans que la France, absorbée par ses luttes continen-
tales, semblât se souvenir qu'à l'entrée du golfe du
Mexique, une poignée de nationaux, abandonnés à eux-
mêmes entre un ennemi terrible et l'Océan sillonné par
les croisières d'un autre ennemi plus humain, mais plus
redoutable, attendaient de la métropole un signe d'en-
couragement. Leur position s'était encore compliquée depuis l'invasion de l'Espagne par les armées françaises.
Une insurrection contre laquelle le général Ferrand marcha
avec 500 hommes fut la fin de notre domination dans
l'Est. Nos troupes furent enveloppées et mises en déroute;
le général Ferrand se brûla la cervelle sur le champ
de bataille, et les quelques détachements français dissé-
minés dans la colonie se replièrent dans Santo Domingo,
place maritime qui n'était protégée que par un mauvais
mur d'enceinte, mais que le général de brigade Barquier
se mit en tête de défendre contre les efforts combinés des
insurgés et de la croisière anglaise. La famine vint à bout
de ce que les combats, la fatigue et les maladies n'avaient
pu obtenir. Après huit mois, onze sorties, onze batailles,

onze victoires, le général Barquier proposa une capitulation au commandant de la croisière anglaise Cette capitulation fut acceptée. La garnison sortit de la ville avec les
honneurs de la guerre et fut conduite en France aux frais
de la Grande Bretagne. Voici l'allocution que le major-
général sir Hugh Lyle Carmichaël adressa à ses troupes
en prenant possession de la place. « Soldats, vous n'avez
« pas eu la gloire de vaincre la brave garnison que vous
« remplacez; mais vous allez reposer vos têtes sur les
« mêmes pierres où d'intrépides soldats venaient se dé-
« lasser de leurs travaux glorieux après avoir bravé les
« horreurs de la faim et les dangers de la guerre. Que
« ces grands souvenirs impriment dans vos cœurs des sen-
« timents de respect et d'admiration pour eux, et souvenez-
« vous que, si vous suivez un jour cet exemple, vous
« aurez assez fait pour votre gloire. »

Le général Pamphile Lacroix, chef d'état-major de l'armée expéditionnaire, a fixé ainsi la force de l'armée de
Saint-Domingue. Selon lui,

	hommes.
Brest expédia 15 vaisseaux, 9 frégates ou corvettes et 5 transports avec.	6.600
Lorient, 1 vaisseau, 1 frégate, 2 corvettes.	900
Rochefort, 6 vaisseaux, 6 frégates, 4 corvettes.	5.000
Toulon, 4 vaisseaux, 1 frégate, 1 corvette, 1 transport.	4.200
Cadix, 3 vaisseaux, 5 frégates.	2.400
Le Havre, 4 frégates.	1.500
La Hollande 4 vaisseaux, 1 frégate.	1.600
Brest, second départ, 3 vaisseaux.	1.400
Le *Conquérant* et le *Pelagio* apportèrent.	1.600
Le *Formidable*, l'*Annibal*, l'*Intrépide*.	2.100
Convois du *Vautour* et du *Lodi*.	4.370
Quatre transports.	1.261
Artillerie de marine.	4.000
Total.	51.931

Plus de 25,000 hommes avaient devancé le général Leclerc dans la tombe; à sa mort, il n'y avait plus que
2,200 combattants; 7,500 malades encombraient les hô-
pitaux. Ces débris périrent presque en totalité. Il en fut de
même de la population créole, et de 20,000 autres hommes

arrivés à Saint-Domingue dans les treize derniers mois de
la domination de la France (1).

———

J'ai déjà dit que la colonie de Saint-Domingue ne fût pas
la seule dont la France eut à s'occuper à cette époque. La
Guadeloupe appela aussi son attention : l'émancipation des
noirs, et la forme du gouvernement de la métropole, avaient
eu pour résultat l'insurrection de la population entière de
cette île qui s'était détachée de la France. Le capitaine-
général Lacrosse avait dû quitter le pays, au commencement du mois de novembre 1800, sur un navire danois par
lequel il s'était fait conduire auprès du commandant en
chef de l'escadre anglaise, contre-amiral Duckworth. Celui-ci l'avait retenu prisonnier et l'avait mis sur un vaisseau qui devait le conduire en Angleterre. À la nouvelle
des négociations de la paix d'Amiens, le contre-amiral
Lacrosse avait obtenu d'être débarqué à la Dominique.

Lorsque l'on connut en France les difficultés que le général Leclerc rencontrait à Saint-Domingue, ordre fut donné
au général Richepanse d'aller faire rentrer la Guadeloupe
dans le devoir. Cet officier général et les troupes qu'il commandait furent embarqués sur deux vaisseaux et quatre
frégates aux ordres du contre-amiral Bouvet (François).
Arrivée à la Guadeloupe, le 4 mai, cette division coopéra
puissamment à la réussite de l'expédition.

———

(1) J'ai anticipé sur les événements, afin de donner de suite un aperçu de
cette expédition et n'avoir plus à y revenir, qu'alors qu'elle se rapportera directement à la marine qui, elle aussi, eut sa part de désastre dans son personnel
et dans son matériel.

BATIMENTS PRIS, DÉTRUITS OU NAUFRAGÉS
pendant l'année 1802.

ANGLAIS.

anons.

60 ASSISTANCE. . . . . Naufragé sur la côte de France.
18 SCOUT. . . . . } Sombrés en mer.
14 FLY. . . . . }

FRANÇAIS.

78 Desaix. . . . . Naufragé à Saint-Domingue.
4 Banel, en flûte. . . . . . — sur la côte Nord d'Afrique.
40 { Cocarde. . . . . Naufragée sur la côte d'Espagne.
{ Consolante. . . . . — aux Antilles.
16 Citoyenne. . . . . — sur la côte de France.

RÉCAPITULATION.

		Pris.	Détruits ou naufragés.	Incendiés.	TOTAL.
ANGLAIS. . .	Vaisseaux.	»	1	»	1
	Frégates.	»	»	»	»
	Bâtiments de rangs inférieurs.	»	2	»	2
FRANÇAIS. . .	Vaisseaux.	»	2	»	2
	Frégates.	»	2	»	2
	Bâtiments de rangs inférieurs.	»	1	»	1

RÉCAPITULATION GÉNÉRALE DES BATIMENTS PRIS, DÉTRUITS OU INCENDIÉS DE 1793 A 1803.

		Pris.	Détruits ou naufragés.	Incendiés	TOTAUX.
ANGLAIS. . .	Vaisseaux.	6	15	7	28
	Frégates.	8	33	2	43
	Bâtiments de rangs inférieurs.	28	51	1	80
FRANÇAIS. . .	Vaisseaux.	33	20	4	57
	Frégates.	72	29	1	102
	Bâtiments de rangs inférieurs.	105	32	1	138

ANNÉE 1803.

La paix était à peine signée que, de part et d'autre, on se disposait à la guerre. D'un côté, l'Angleterre voyait avec envie la France s'emparant de l'île d'Elbe et du Piémont, et organisant de nouveaux départements au delà des Alpes; cette puissance y trouva un prétexte pour déchirer un traité que le vœu national, les difficultés des finances, et les défaites de ses alliés l'avaient forcée de souscrire. La France, d'un autre côté, se plaignait de ce que les stipulations du traité d'Amiens n'étaient pas exécutées par la Grande-Bretagne qui maintenait des troupes à Malte et en Égypte.

Les nombreux armements faits dans les ports de France et de Hollande inquiétaient aussi l'Angleterre. Aussitôt que la reprise des hostilités était devenue imminente, le gouvernement avait songé à reprendre les préparatifs que la paix lui avait fait abandonner. Le projet de descente en Angleterre avait été de nouveau élaboré, et l'ordre avait été donné d'armer de suite les chaloupes-canonnières et les bateaux-canonniers qui se trouvaient dans les ports. La Hollande s'engagea à fournir 5 vaisseaux, 5 frégates et les bâtiments de flottille nécessaires au transport de 35,000 hommes et de 1,500 chevaux. Après un échange de notes entre les deux gouvernements, l'ambassadeur d'Angleterre quitta Paris au mois de mai, et le Cabinet de Saint-James ordonna de mettre embargo sur tous les navires français et hollandais qui étaient dans les ports de la Grande-Bretagne. Comme représailles, le Premier Consul fit arrêter tous les Anglais qui se trouvaient sur le territoire de la France.

Dès que la rupture fut dénoncée, une commission fut chargée de parcourir tous les arrondissements maritimes; d'y choisir les bateaux de pêche, les barques de cabotage et les navires du commerce ne calant pas plus de 2^m.270, en un mot, tous les navires capables de devenir éléments de flottille. Ces navires étaient armés à mesure qu'ils étaient achetés.

Par un mouvement électrique, les départetments, les grandes villes offrirent des bateaux, des corvettes, des frégates et même des vaisseaux. Paris vota un vaisseau de 120 canons; Lyon, un vaisseau de 100; Bordeaux, un vaisseau de 80; Marseille, un vaisseau de 74. Le département du Loiret fit construire et armer une corvette de 30 canons; Le département de la Côte-d'Or fit hommage de 100 pièces de canon. La République italienne offrit les fonds pour construire 2 frégates et 12 chaloupes-canonnières. Enfin, en comprenant les bateaux, les toiles, les fonds alloués, etc., on arriva à une ressource imprévue de 40 millions. Au mois de juin, 100 nouvelles chaloupes-canonnières, 300 bateaux-canonniers, et 300 péniches furent mis sur les chantiers dans tous les ports, depuis Dunkerque jusqu'à Bayonne. Les ports situés dans les rivières durent aussi contribuer à ces travaux; et le quai d'Orsay, à Paris, devint un chantier de la marine militaire. La réquisition dont fut frappée la marine du commerce donna, dans les trois premiers arrondissements, 88 grands bateaux et 38 moyens; 318 transports; 88 bateaux de cabotage; 140 navires de cinquante à cent tonneaux; 350 chaloupes de pêche. Cette partie de la flottille était estimée pouvoir porter 12,940 hommes et 5,296 chevaux.

Les préparatifs de défense n'étaient pas moins grands de l'autre côté du détroit, et la déclaration de guerre les fit prodigieusement activer. Une grande quantité de petits navires stationnèrent sur toutes les parties accessibles de la côte, et plusieurs grands bâtiments, qui n'étaient plus capables de tenir la mer, y furent placés comme batteries flottantes. Des tours furent construites sur le littoral, et en outre de son armée régulière, la Grande-Bretagne arma 600,000 hommes de milices, enrôla tous les marins du commerce pour sa flottille, et tous les habitants des côtes, comme défenseurs du rivage. Au milieu du canal et sur les côtes de France, l'Angleterre établit des croiseurs prêts à se porter sur la flottille française aussitôt qu'elle paraîtrait. L'amiral lord Keith fut nommé au commandement en chef de l'escadre des Dunes. Le blocus des ports de·Flessingue et d'Ostende fut confié à sir Sidney Smith. Le capitaine Dudley Olivier fut placé devant le Havre. Le contre-amiral Louis surveillait Boulogne avec une forte division. Le vice-amiral Nelson fut nommé au commandement de l'escadre de la Méditerranée, et lord Cornwallis prit celui de l'escadre de l'Océan.

Le 7 septembre, le vice-amiral Bruix fut nommé amiral de la flottille; il avait sous ses ordres les contre-amiraux Magon et Émeriau. Le capitaine de vaisseau Lafond fut désigné comme chef d'état-major général. L'organisation d'un nombre aussi considérable de navires ne fut pas chose facile. On donna d'abord des noms de ville aux prames, grands bateaux de 35^m.720 de longueur sur 8^m.118 de largeur et 2^m.652 de creux, portant 12 canons de 24 ou de 18. Elles reçurent 33 hommes d'équipage, y compris les officiers. Elles étaient mâtées et voilées comme les corvettes.

Les chaloupes·canonnières furent nommées bateaux de première espèce et désignées numérativement. Commandées par un enseigne de vaisseau, elles avaient 2 aspirants et 26 marins, outre 26 soldats de garnison, dont un lieutenant. Elles étaient gréées en brig et pouvaient porter une compagnie de 100 hommes d'infanterie avec état-major, armes et munitions.

Les bateaux-canonniers, devenus bateaux de deuxième espèce, reçurent des numéros simples. Le commandement en fut donné aux aspirants et aux chefs de timonerie (1);

---

(1) Un arrêté du quatrième jour complémentaire de l'an XI (21 septembre 1803) décida qu'ils seraient commandés par des enseignes de vaisseau entretenus.

leur équipage comprenait 6 hommes et 15 soldats.
Leur voilure était celle des lougres. Ils étaient destinés à
porter en même temps de l'infanterie et de l'artillerie de
campagne. A cet effet, en outre du canon de 24 qu'ils avaient
sur l'avant, on leur donna une pièce de campagne toute
montée à l'arrière. Une petite écurie, pour deux chevaux
d'artillerie, fut établie au centre de la cale.

L'équipage des caïques était de 6 hommes. C'étaient de
grandes chaloupes à l'espagnole, portant un canon de 24
derrière.

Les péniches avaient 19ᵐ.480 de long ; leur pont était
mobile. On les affecta au service des bateaux de première
et de deuxième espèce ; elles ne reçurent pas de nom.
Leur équipage était de cinq hommes. Elles étaient voilées
en lougre et pouvaient porter 60 soldats.

Les corvettes de pêche, qui ne devaient d'abord recevoir
qu'un canon de 24, en prirent un second et quelques-unes
un troisième de 6 ou de 4.

L'artillerie des paquebots, destinés au service du Premier Consul et à celui des commandants en chef de la flottille et de l'armée de terre, varia de 4 à 8 canons.

On n'arriva pas à la perfection de prime abord ; l'armement des bateaux de première espèce fut changé ou plutôt,
il fut rendu régulier. Ceux qui avaient 3 pièces de 24 remplacèrent celle de l'arrière par un canon de 18 et ceux qui
n'avaient que du 18 prirent deux canons de 24 ; tous ajou-
tèrent deux caronades de 36 à leur armement. Le tiers des
péniches prit sur l'avant un obusier de 0.16 ᶜ/ᵐ à pivot
et les autres, une pièce de campagne de 4, également à
pivot ; toutes avaient un obusier de 0.12 ᶜ/ᵐ sur l'arrière.
Elles cessèrent d'être attachées aux bateaux de première
et de deuxième espèce, pour former une flottille distincte
qui fut partagée en divisions de 36 péniches ; chaque division avait quatre sections. Les divisions étaient commandées par un capitaine de frégate ou par un lieutenant
de vaisseau.

Un arrêté du 26 novembre donna une nouvelle organisation à la flottille, et désigna les officiers qui devaient en faire partie. 18 bateaux de première espèce constituèrent une division et deux sections. Le même nombre de bateaux de deuxième espèce forma une division, mais celle-ci avait quatre sections.

L'activité dans les ports de l'Océan n'était pas moins grande que celle déployée dans les ports de la Manche. Brest armait 20 vaisseaux et toutes les frégates, corvettes et avisos en état d'aller à la mer. Au mois de novembre, le vice-amiral Truguet prit le commandement de cette armée navale avec le titre d'amiral ; les contre-amiraux Dordelin (Joseph) et Missiessy furent placés sous ses ordres. Les vaisseaux qui la composaient étaient : le *Vengeur* de 124° ; le *Républicain*, l'*Invincible* de 114 ; le *Foudroyant*, l'*Alexandre* de 86 ; l'*Impétueux*, l'*Éole*, l'*Ulysse*, le *Diomède*, le *Conquérant*, l'*Aquilon*, le *Jean Bart*, le *Wattigny*, le *Tourville*, le *Vétéran*, le *Cassard*, le *Jupiter*, le *Finistère*, le *Batave* et le *Brave* de 78.

A Rochefort, le contre-amiral Villeneuve fut désigné pour commander une division qui, par la réunion d'une seconde venue de Lorient avec le contre-amiral Émeriau, se trouva composée des vaisseaux le *Majestueux*, le *Magnanime*, le *Jemmapes* et des frégates l'*Infatigable*, la *Cybèle*, la *Gloire* et la *Didon*.

Sur la rade de Toulon, les vaisseaux le *Formidable*, l'*Indomptable*, l'*Atlas*, le *Berwick*, l'*Intrépide*, le *Mont Blanc* et le *Scipion*, étaient sous les ordres du contre-amiral Latouche Tréville.

Nous verrons bientôt la destination que le Premier Consul comptait donner à ces vaisseaux, dont la coopération était nécessaire à la réussite de la grande expédition qu'il méditait.

———

L'année 1803 venait de commencer. Il n'y avait pas encore un an que le traité d'Amiens était signé et déjà, ainsi

que je l'ai dit plus haut, on entrevoyait, comme certaine,
la rupture de la paix avec l'Angleterre. Le gouvernement
français se rappelant alors l'état d'abandon dans lequel il
avait laissé celles de ses colonies de l'Inde qui lui avaient
été restituées à la paix, et dont il n'avait même pas encore
repris possession, le gouvernement fit partir de Brest, le
6 mars, une division avec des troupes, des munitions et des
approvisionnements. Cette division, commandée par le
contre-amiral Durand Linois, était composée comme il
suit :

Canons.
78   *Marengo*. . . . . capitaine Larue.
                              Durand Linois, contre-amiral.
44 { *Belle-Poule*. . . . . . . capitaine Bruillac (Alain).
   { *Atalante*. . . . .   —   Gaudin Duchêne.
40   *Sémillante*. . . . .   —   Motard.

Deux transports la suivaient.

Le lieutenant général Decaen, nommé gouverneur-général des établissements français à l'Est du cap de Bonne-
Espérance, avait pris passage sur le *Marengo*. La *Belle-
Poule* fut envoyée en avant pour annoncer au gouverneur
de la colonie du Cap de Bonne-Espérance le passage de la
division ; mais, assaillie par un coup de vent en vue de la
ville de ce nom, cette frégate se dirigea sur Foulpointe de
Madagascar. Le capitaine Bruillac y fit de l'eau et, continuant sa route, il mouilla à Pondichéry, le 26 juin. Le
reste de la division arriva le 11 juillet sur cette rade, après
avoir touché au Cap de Bonne-Espérance. Ce fut en vain,
qu'aussitôt arrivé, le contre-amiral Linois demanda qu'on
lui remît Pondichéry ; le commandant anglais s'y refusa,
prétextant qu'il était sans instruction à cet égard ; l'amiral
expédia la *Sémillante* à Madras pour demander des explications. Les Français étaient à peine à l'ancre, que le
contre-amiral anglais Peters Rainier arriva à Pondichéry
avec les vaisseaux

Canons.
72 { TRIDENT. . . . . capitaine Thomas Surridge.
   { LANCASTRE. . . . .   —   William Folbergill.

60 CENTURION. . . . . — Sprat Rainier.
Peters Rainier, contre-amiral.
les frégates de 44ᶜ CONCORDE, DÉDAIGNEUSE, FOX, SHEERNESS,
et la corvette VICTOR.

Le 12 juillet, le brig de 16ᶜ le Bélier, capitaine Hulot, apporta de France la nouvelle de la reprise prochaine des hostilités et, au contre-amiral Linois, l'ordre de se rendre sans retard à l'Ile de France : la division française mit à la voile pendant la nuit. Peu de temps après son arrivée dans cette colonie, le commandant en chef reçut l'annonce de la rupture de la paix ; ce fut le capitaine Halgan, de la corvette de 20ᶜ le Berceau, qui en apporta la nouvelle.

La conservation des possessions hollandaises importait pour ainsi dire autant à la France que celle de ses propres colonies. Aussi le gouverneur-général crut-il devoir s'occuper de suite de leur défense et, dans ce but, il chargea le contre-amiral Linois de transporter des troupes à Batavia. Cet officier général appareilla, le 8 novembre, avec le Marengo, la Belle-Poule, la Sémillante et le Bélier. Le but principal de sa sortie était cependant l'enlèvement d'un convoi anglais que l'on savait devoir partir prochainement de Chine. La division débuta par détruire les établissements anglais de Bencoolen ; 5 navires qui s'y trouvaient furent capturés ; 2 d'entre eux étaient des vaisseaux de la Compagnie. Le contre-amiral Linois mouilla le 12 décembre à Batavia, et reprit la mer après une relâche de dix-sept jours. A la fin du mois de janvier 1804, sa division était devant l'île Pulo Aor, à l'entrée des mers de Chine.

———

Aussitôt que la paix avait été signée, le Premier Consul, en vue de rendre à la France la prépondérance que pouvait lui avoir fait perdre l'éloignement de toute force navale, avait ordonné d'envoyer sur la côte Nord d'Afrique une division dont le commandement fût donné au contre-amiral Leissegues. Cette division, composée des vaisseaux

de 78ᵉ le *Duquesne* et le *Scipion*, de la corvette la *Tactique*
et du brig le *Furet*, était sortie de Toulon le 28 juillet 1802
et s'était d'abord rendue à Alger. Sa présence avait produit
l'impression la plus vive sur le dey, qui prit l'engagement
de faire respecter le pavillon français, méconnu plusieurs
fois par ses corsaires. D'Alger, le contre-amiral Leissegues
s'était rendu à Tunis, quoique la France n'y eût aucune
réparation à exiger. Ce voyage n'avait d'autre but que de
cimenter, par une grande démonstration, les liens d'amitié
qui unissaient les deux puissances. La division était ensuite
retournée à Toulon qu'elle avait quitté après un court séjour, pour accompagner le général Brune, nommé ambassadeur à Constantinople, et montrer le pavillon dans l'Archipel du Levant. Les événements nécessitèrent bientôt la
rentrée de cette petite division ; le capitaine Berthelin, du
brig l'*Arabe*, fut chargé d'en porter l'ordre au contre-
amiral Leissegues. Peu de jours après la reprise des hostilités, ce brig fut capturé par la frégate anglaise MAIDSTONE,
à quelques milles dans l'Ouest de la Sardaigne. La division
rentra sans avoir été inquiétée.

Quoique l'ambassadeur d'Angleterre eût quitté Paris,
on ignorait encore quelle serait la conséquence de cette
détermination, lorsqu'on apprit que les Anglais avaient
commencé les hostilités en s'emparant d'un bâtiment de
guerre français. Ce bâtiment était le lougre de 14ᵉ l'*Affronteur*, capitaine Duthoya, qui escortait un convoi sur la côte
de Bretagne. Chassé près de Brest, le 18 mai, par la frégate anglaise de 44ᵉ DORIS, capitaine Pearson, de l'escadre
de l'amiral Cornwallis, le capitaine Duthoya engagea un
combat dont le résultat ne pouvait être incertain. Le pavillon de l'*Affronteur* ne fut cependant amené qu'après une
noble résistance, et alors que son capitaine eût été tué.

Malgré la diminution incessante des forces navales stationnées à Saint-Domingue, le mauvais état de l'*Embuscade*, capitaine Fradin, nécessita le renvoi de cette frégate en France dans le courant du mois de mai. Elle appareilla du Port-au-Prince, avec la frégate la *Franchise*, capitaine Jurien, qui reçut l'ordre de l'accompagner. A la hauteur des Bermudes, le capitaine Fradin signala liberté de manœuvre et les deux frégates continuèrent leur route isolément.

Le 28 mai, à 120 milles dans le N.-O. du cap Ortegal d'Espagne, l'*Embuscade* rencontra le vaisseau anglais à trois ponts Victory, capitaine Samuel Sutton, qui lui tira deux coups de canon à boulet. Surpris d'une semblable agression, le capitaine Fradin envoya un officier à bord du vaisseau : il y apprit la déclaration de guerre. Résister à un vaisseau de 120 canons avec une frégate de 36 qui avait laissé la moitié de son artillerie à Saint-Domingue, et qui n'avait que 136 hommes d'équipage, était chose impossible : le pavillon de l'*Embuscade* fut amené.

La frégate de 40° la *Franchise* fut poursuivie le même jour, par une division de l'escadre de l'amiral Cornwallis. Cette frégate avait 10 de ses canons dans la cale, et son équipage était réduit à 187 hommes : son pavillon fut amené.

Le brig de 6° l'*Impatient*, capitaine Arnous, se rendait à Rochefort avec une jolie brise de S.-O et un temps brumeux lorsque, le 29 mai à 10ʰ du soir, à 150 milles dans l'Ouest de la tour de Cordouan, il se trouva sous la volée de la frégate anglaise Naiade, capitaine Wallis, qui lui envoya une décharge de mousqueterie et lui cria d'amener. Le capitaine Arnous prit de suite les amures à tribord ; il fut chassé par la frégate qui lui tira encore quelques coups de fusil et qui fit ensuite jouer son artillerie. Atteint à minuit, et sommé une seconde fois de se rendre, il amena le pavillon.

Les canonnières l'*Inabordable* de 3e, capitaine Piédaniel, et la *Méchante* de 4e, capitaine Vannier, sorties de Boulogne par une petite brise de O.-S.-O. le 14 juin, pour se rendre à Dunkerque, furent chassées par le brig anglais de 18e Cruiser, capitaine John Hancock, et la frégate de 44 Immortalité, capitaine Edward Campbell. La canonnade, qui commença dès que les boulets purent porter, attira un second brig, la Jalouse, aussi de 18e, capitaine Christopher Strachey. A 11h 15m du matin, les deux canonnières se jetèrent au plain ; la première amena son pavillon, l'autre fut évacuée. Les Anglais les remirent toutes les deux à flot à la marée montante.

Le capitaine Caro (Nicolas), de la corvette de 12e la *Colombe*, effectuant son retour de la Martinique en France aperçut, à 36 milles dans l'Ouest d'Ouessant, un vaisseau et une frégate à la corne desquels flottait le pavillon français. Au moment où la *Colombe* passait derrière la frégate, les couleurs de la Grande-Bretagne remplacèrent celles de la France, et la corvette fut sommée de se rendre. Le capitaine Caro le fit sans résistance aucune, car la corvette avait laissé toute son artillerie à Saint-Domingue. Cette frégate était l'Hermione et le vaisseau le Dragon.

La corvette de 18e la *Bacchante*, capitaine Kerimel, se rendant de Saint-Domingue en France, fut prise, le 25 juin, par la frégate anglaise de 44e Endymion, capitaine honorable Charles Paget, après une chasse de huit heures.

Le capitaine Willaumez (Jean-Baptiste), de la frégate de 44e la *Poursuivante*, se rendant des Cayes au Cap Français de Saint-Domingue avec la corvette la *Mignonne*, eut connaissance, le 28 juin au jour, d'un convoi anglais escorté par 3 vaisseaux qui chassèrent les bâtiments français. A

8ʰ, la *Poursuivante* fut attaquée par l'HERCULE de 82ᶜ, capitaine John Hills. Quoique le vent fût presque totalement tombé, la frégate qui évoluait avec facilité passa à poupe du vaisseau et lui envoya une bordée d'enfilade. L'effet de cette bordée fut tel que, craignant probablement d'être porté à la côte dont il était alors fort près, le capitaine anglais prit le large. La *Poursuivante* entra au Môle Saint-Nicolas presque entièrement désemparée. Le capitaine Willaumez y reçut l'ordre d'effectuer son retour en France.

Le rédacteur des *Victoires et Conquêtes* dit que l'armement de la *Poursuivante* n'était pas complet; son équipage n'était que de 157 hommes dont 30 noirs.

Ce combat était le premier acte d'hostilité des Anglais contre les bâtiments de la station de Saint-Domingue, où l'on ignorait encore la déclaration de guerre. Les agressions ne tardèrent pas à se reproduire, car aussitôt que la rupture de la paix fut connue, une forte croisière ennemie s'établit au vent de l'île.

La corvette de 10ᶜ la *Mignonne*, capitaine Bargeau, n'eut pas le même bonheur que sa compagne. Quoique plus rapprochée de la côte que la *Poursuivante*, elle fut atteinte, à 10ʰ 45ᵐ, par le vaisseau de 82ᶜ GOLIATH, capitaine Charles Brisbane, qui arrivait avec la brise du large, tandis qu'elle était en calme à quelques encâblures de l'entrée de la rade du Môle Saint-Nicolas. A 11ʰ 45ᵐ, le pavillon de la corvette fut amené.

La *Mignonne* était une corvette de 16, mais 6 de ses canons avaient été mis à terre.

Le capitaine Fayolle du brig-transport de 6ᶜ le *Dart*, revenant de la Martinique en France rencontra, à 100 lieues du cap Finistère, la frégate anglaise APOLLO, et amena après avoir reçu quelques coups de fusil.

Le capitaine Lebastard, de la frégate de 44ᵉ la *Créole*, allant du Cap Français au Port-au-Prince de Saint-Domingue avec 450 hommes de troupes, fut chassé, le 30 juin au matin, par 5 vaisseaux anglais. La *Créole* amena son pavillon aux premières bordées qui lui furent lancées par le Cumberland et le Vanguard de 82ᵉ, capitaines William Bayntun et James Walker. Il manquait 177 hommes à l'équipage de la frégate française.

Le 2 juillet, la frégate anglaise de 48ᵉ Minerva s'approcha tellement de la digue de Cherbourg, qu'elle s'y échoua vers 9ʰ du soir. Pendant que le capitaine Jahleel Brenton travaillait à la remettre à flot, plusieurs de ses embarcations s'emparèrent d'un bateau à pierres revenant du Béquet, et dans lequel le capitaine anglais espérait trouver quelqu'un qui pût le fixer sur la position de sa frégate. La fusillade que les canonnières la *Chiffonne* et la *Terrible* dirigèrent sur les canots anglais ne put empêcher ce bateau d'être pris. Si les capitaines Lécolier et Petrel qui les commandaient n'agirent pas plus activement, c'est qu'ils ne savaient à quoi attribuer l'immobilité de la frégate. Dès qu'ils furent certains qu'elle était échouée, ils allèrent prendre position sur son avant et, à partir de 10ʰ, ils ne cessèrent de la canonner. Plus préoccupé de l'échouage de sa frégate que de cette attaque, le capitaine Brenton ne riposta que par 8 à 10 coups de canon; il est vrai que, grâce à la position choisie par les capitaines, ses boulets ne pouvaient pas atteindre les canonnières; toutefois sa chaloupe répondit à leur feu pendant plusieurs heures. A 5ʰ 30ᵐ du matin, la Minerva amena son pavillon; elle fut remise à flot dans la journée.

La Minerva portait 28 canons de 18,
6 — de 9
et 14 caronades de 32.

Le fort Liberté de l'île Pelée contribua à la reddition de

la frégate anglaise, bien que son feu n'eût eu que peu ou point d'effet. D'après le rapport du colonel commandant l'artillerie de terre, la MINERVA était à 2,338 mètres du fort. Le directeur des mouvements du port, qui s'était transporté à bord de la *Chiffonne* à 2ʰ du matin, estima cette distance à 1,754 mètres (1). Quelle qu'ait été réellement cette distance, le colonel d'artillerie la jugea assez considérable pour faire cesser de tirer jusqu'à ce que le jour permît de distinguer la frégate. Le peu d'importance des avaries de la MINERVA constata que le feu de l'île Pelée n'avait pas dû inquiéter beaucoup cette frégate ; ce fort n'avait alors, au reste, que 3 canons en batterie.

Cependant, heureux d'avoir été canonné par un fort qui était censé armé d'une artillerie formidable, et ne pouvant relever sa frégate dont il eût été forcé d'amener le pavillon, alors même que ce fort n'eût pas tiré un seul coup de canon, le capitaine anglais fit une démarche qui tendait à le justifier auprès de son gouvernement. Il écrivit au commandant des armes de Cherbourg qu'il avait remis son épée au capitaine de la *Chiffonne*, mais que le feu du fort seul l'avait forcé de se rendre, et que c'était par conséquent au général de terre qu'appartenait cette arme qu'il l'autorisait à réclamer.

La lettre du capitaine Brenton augmenta la rivalité des marins et des troupes de terre qui avaient concouru à la reddition de la frégate ; et les questions de savoir à qui l'épée du capitaine anglais serait remise, et comment serait partagé le produit de la vente de la prise, furent adressées au gouvernement.

Les passages suivants des rapports qui furent faits à ce sujet permettront d'apprécier les prétentions des parties, et la valeur de la déclaration du capitaine de la MINERVA. Le rapport des capitaines des canonnières, conforme à celui

_____

(1) On sait que le but en blanc des canons de 36, 24 et 18 est de 779 mètres, et celui des pièces de 12 et de 8 de 681.

du chef des mouvements du port, et à celui du commissaire principal, établit que ces deux bâtiments ne cessèrent de canonner la frégate ennemie, à demi-portée, de 10^h du soir à 5^h 30^m du matin.

Le commandant de la place écrivit au ministre : « La « frégate s'est rapprochée à 2,000 ou 2,300 mètres du fort « Liberté qui a aussitôt commencé à la canonner. . . . . . « Se trouvant extrêmement endommagée par l'artillerie « bien servie du fort auquel elle prêtait le côté de tribord, « elle s'est enfin décidée à amener son pavillon. »

Le directeur d'artillerie écrivait de son côté : « La fré- « gate s'est rapprochée à environ 1,338 mètres du fort « Liberté. Cette distance, jointe à l'obscurité, ne permet- « tant pas de diriger le tir avec toute la précision que l'on « pouvait désirer, m'a fait donner l'ordre de diminuer le « feu. Depuis 3^h du matin, les coups plus certains contrai- « gnirent l'ennemi à amener son pavillon. »

Le capitaine de vaisseau Labretonnière, chef des mou- vements du port, tint un autre langage : « Le fort Liberté, « avec 3 canons seulement, disait cet officier supérieur, et « les deux canonnières qui sont en rade l'ont — la Minerva « — tellement endommagée pendant la nuit, qu'elle s'est « rendue le lendemain matin. Si les canons du fort Liberté « n'eussent pas été portés aux îles Marcouf, la frégate « aurait été infailliblement détruite sur la digue, et c'est « un bonheur qu'il n'ait pu se servir que de 3 canons dans « cette occasion. »

Qu'on juge d'après cela quelle fut celle des deux batteries qui dut avoir le plus d'effet, de celle de 4 canons tirant à demi-portée dans la position la plus favorable et sans interruption, ou de celle de 3 canons dont le feu fut suspendu et qui pointaient sur un objet éloigné que l'on distinguait à peine.

Quoi qu'il en soit de ces prétentions, l'honneur de la prise de la Minerva resta à la marine, et cette frégate prit rang dans la flotte française sous le nom de *Canon-nière*.

Le 7 juillet, le capitaine Lacuée, du brig de 16ᶜ l'*Al-cyon*, se trouvant à petite distance dans l'Ouest de la Sar-daigne, aperçut un bâtiment de grande apparence ; et, quoi-qu'il n'eût pas connaissance de la reprise des hostilités, il fit son possible pour s'en éloigner. Le vent soufflait faiblement du N.-N.-O. Ce bâtiment, dans lequel on reconnut une frégate, ne répondant pas aux signaux de reconnaissance, l'*Alcyon* arma ses avirons : leur effet fut nul, car la mer était houleuse ; on nagea cependant jusqu'à la nuit. La brise, après être totalement tombée, prit alors à l'Est, assez fraîche. Lorsque l'obscurité fut complète, le capitaine Lacuée fit gouverner au O.-S.-O. qui était la partie la moins éclairée de l'horizon, mais il ne put réussir à se faire per-dre de vue et, à 10ʰ, la frégate commença à lui envoyer des boulets. L'*Alcyon* riposta en retraite. La canonnade, entremêlée de bordées entières, tirées par la frégate qui embardait de temps à autre, dura ainsi jusqu'à 2ʰ du ma-tin. Celle-ci, alors à portée de voix, se fit connaître pour la frégate anglaise de 44ᶜ NARCISSE et cessa de tirer, persua-dée que son faible adversaire ne tenterait pas une résis-tance devenue désormais inutile. Le capitaine Lacuée fit effectivement amener le pavillon.

La nouvelle de la reprise des hostilités était enfin arri-vée à Saint-Domingue, et les ordres les plus formels en-joignaient au contre-amiral Latouche Tréville de renvoyer tous les vaisseaux en France. Ainsi que je l'ai dit, une forte croisière anglaise bloquait la rade du Cap Français, où se trouvait réuni le reste des forces navales employées à l'ex-pédition. Profitant d'un violent orage qui avait momentané-ment éloigné les croiseurs ennemis, les vaisseaux le *Du-guay-Trouin*, qui n'avait que 58 canons, et le *Duquesne*

de 78, capitaines Lhermite (Pierre) et Querangal, appareillèrent dans la soirée du 24 juillet. Ils étaient à peine en
dehors des passes, qu'ils furent aperçus et chassés par les
Anglais. Vers 9ʰ du soir, les 2 vaisseaux se séparèrent; le
Duguay-Trouin continua sa route à l'Est; le *Duquesne*
gouverna à l'Ouest avec l'intention de rentrer au Cap;
rendu devant la rade, la faiblesse et la direction de la brise
l'en empêchèrent, et il prolongea la côte. Le vaisseau anglais de 82ᶜ ELEPHANT poursuivit le premier, tandis que le
commodore John Loring, sur le vaisseau de 82ᶜ BELLERO-
PHON, donna la chasse à l'autre avec le reste de la division; la
frégate de 40ᶜ TARTAR, capitaine John Perkins, le canonnait
avant le lever du soleil. Ce vaisseau répondit avec ses canons de retraite. Le *Duquesne* qui élongeait la terre d'aussi
près que possible fut canonné par une batterie des insurgés
du Petit Saint-Louis; il riposta par une volée et dirigea sa
route vers le canal de Bahama. A 2ʰ 45ᵐ de l'après-midi,
le vaisseau de 82ᶜ VANGUARD, capitaine James Walker,
était en position de le combattre. Soutenue désormais, la
frégate TARTAR força de voiles et son feu devint plus vif.
A 4ʰ, le vaisseau anglais, alors à portée de fusil, embarda
sur bâbord pour envoyer une bordée d'enfilade au *Duquesne* qui l'évita en loffant de suite. Mais, en venant ainsi
précipitamment au vent, le vaisseau français masqua avec
toutes ses voiles hautes et ses bonnettes dehors. Le VAN-
GUARD se trouva en travers sous son arrière; la TARTAR
était par sa hanche de tribord; le BELLEROPHON et la frégate de 40 EOLUS étaient à portée de canon, et un autre
vaisseau, le CUMBERLAND de 82ᶜ, arrivait sous toutes voiles.
Le *Duquesne* ne pouvait sortir de cette position. Il lui aurait
fallu un équipage nombreux et vigoureux pour le faire, et
le sien était réduit et maladif. 12 canons de la batterie
basse étaient seuls armés: il n'y avait pas un homme aux
pièces de la batterie de 18, ni à celles des gaillards. La défense n'était pas possible: son pavillon fut amené.

Le *Duquesne* était alors à 15 ou 18 milles dans l'Est du

cap Maisi de l'île de Cuba; il fut conduit |à la Jamaïque.

Le certificat suivant du commandant en chef fera connaître, mieux que tout ce qui pourrait être dit, quelle était la situation du *Duquesne* lorsqu'il mit à la voile. Je transcris textuellement.

7 juillet 1803.

« Le contre-amiral Latouche, etc., etc.,

« certifie et constate que le capitaine de vaisseau Quéran-
« gal, commandant le vaisseau le *Duquesne*, en vertu des
« ordres qu'il lui a donnés de partir pour France, par suite
« de ceux itératifs du Premier Consul, est obligé, par suite
« de l'impuissance où il se trouve de lui fournir un équi-
« page convenable à la circonstance de guerre dans laquelle
« nous nous trouvons, de partir sous la présence de plu-
« sieurs bâtiments ennemis, dans l'état suivant :

« Son équipage, tout compris, composé de 275 hommes,
« dont aujourd'hui 32 au poste des malades, et au moins
« le même nombre en convalescents. Qu'en général, il est
« dénué de toute la maistrance importante, tels que cal-
« fats, charpentiers et voiliers. Que les ordres du gouver-
« nement de Saint-Domingue l'ont encombré d'un assez
« grand nombre de passagers, la plupart mutilés, qui ne
« pourraient lui être que d'une légère utilité en cas d'en-
« gagement. Que le dénuement dans lequel se trouvent les
« bâtiments actuellement sur rade, dont la plupart ont éga-
« lement l'ordre de partir, met un obstacle invincible au
« désir qu'aurait le commandant en chef de procurer au
« capitaine Quérangal un équipage convenable à la circon-
« stance critique dans laquelle il se trouve.

« Signé : LATOUCHE TRÉVILLE. »

Nous avons laissé le *Duguay-Trouin*, capitaine Lhermite (Pierre), chassé, à sa sortie du Cap Français, par le vaisseau anglais de 82ᶜ ELEPHANT, capitaine George Dundas, et faisant route à l'Est, avec une brise variable de terre. Le

Duguay-Trouin, qui était un vaisseau de 78 canons, n'en avait que 58, depuis un échouage à Jérémie : il en avait alors jeté 20 à la mer. Le lendemain 25 juillet, au jour, il fut joint et attaqué par un vaisseau anglais qui se retira après un court engagement, à la vue de la frégate française de 44° la *Guerrière*, capitaine Beaudouin, sortie aussi du Cap Français pendant la nuit, et qui se dirigeait également vers l'Est. Mal armé, et craignant d'ailleurs que cette retraite ne fût une ruse pour l'attirer dans sa division, le capitaine Lhermite ne poursuivit pas le vaisseau anglais ; il continua sa route avec la *Guerrière* et, à 2^h, ils avaient perdu de vue tous les bâtiments de la croisière ennemie. Le 30 août, à 140 lieues dans le N.-O. du cap Finistère, ils rencontrèrent la frégate anglaise de 48° BOADICEA, capitaine John Maitland. Le capitaine anglais pensa de suite qu'ils venaient de Saint-Domingue ; et n'ignorant pas que les bâtiments de cette division, généralement armés en flûte, avaient des équipages très-faibles, il s'approcha d'eux sans hésiter; mais, dès que la frégate anglaise, qui avait arboré le pavillon français, fût à portée de canon, le *Duguay-Trouin* vira sur elle. Le capitaine Maitland lui envoya sa volée; toutefois, cette manœuvre du vaisseau lui faisant craindre d'avoir commis une méprise, il changea de route et, chassé à son tour par les deux bâtiments français, il ne cessa d'être canonné que lorsque sa frégate fut hors de la portée de leurs boulets.

Le *Duguay-Trouin* et la *Guerrière* trouvèrent des vents d'Est à l'atterrage. Chassés, le 2 septembre, par la division du commodore anglais sir Edward Pelew, les capitaines Lhermite et Beaudouin prirent le parti de relâcher à la Corogne qu'on distinguait alors parfaitement. Malgré cette détermination, les deux bâtiments français essuyèrent le feu de plusieurs vaisseaux ennemis. A 11^h 30^m, le CULLODEN de 82°, capitaine Barrington Dacres, envoya sa bordée de tribord à la *Guerrière* qu'il canonna jusqu'à 1^h de l'après-midi; il l'abandonna à cette heure. Bien que la frégate française entrât en ce moment dans la rade de la Corogne, le vaisseau qui suivait le CULLODEN lui envoya une volée. Cette violation de la neutralité ne fut pas acceptée par le commandant des batteries espagnoles : celle du rempart et celle du château tirèrent quatre à cinq coups de canon qui déterminèrent les Anglais à s'éloigner. La *Guerrière* se retira fort maltraitée de cet engagement; son mât de misaine et son beaupré étaient hors de service. Le capitaine Beaudoin était blessé.

Le premier engagement de la flottille de Boulogne avec des bâtiments anglais eut lieu le 7 août. Un brig et un cutter de cette nation avaient jeté l'ancre, dès le matin, à grande portée des batteries; 10 autres bâtiments étaient en vue et tout annonçait un projet d'attaque. Quelques bombes firent appareiller le brig et le cutter qui reprirent cependant leur mouillage à l'entrée de la nuit.

Dans la matinée du 8, une bombarde passa devant le port et, probablement dans le but d'apprécier la distance, elle lança quelques bombes qui n'arrivèrent pas jusqu'à terre. Profitant du calme parfait qui régna dans l'après-midi, l'amiral Bruix donna l'ordre au capitaine de frégate Dornaldeguy de sortir avec 5 caïques, et d'aller enlever les deux bâtiments anglais qui étaient à l'ancre. L'état de la marée ne permit à cet officier supérieur de sortir que le lendemain à 3ʰ du matin. Avertis à temps, les deux anglais appareillèrent et, favorisés par une fraîcheur qui venait de s'élever de terre, ils réussirent à s'éloigner. Les caïques les poursuivirent jusqu'à six milles de la côte en les canonnant. Le vent ayant alors fraîchi, elles furent chassées à leur tour, et la canonnade recommença. Mais, pris encore de calme sous la terre, et cette fois à portée des batteries, les bâtiments anglais se trouvèrent un moment compromis, et ils ne durent leur salut qu'à une nouvelle fraîcheur qui s'éleva à point pour les tirer d'affaire.

Le brig de 18ᵉ la *Mutine*, capitaine Reybaud, se rendant
de Saint-Domingue à San Yago de l'île de Cuba, rencontra,
le 17 août, le brig anglais de même force RACKOON, capitaine
Austen Bissell ; ces deux bâtiments engagèrent le combat
dans l'après-midi. Le capitaine Reybaud rangeait la côte de
si près qu'il s'échoua sur la dernière île et, à partir de ce
moment, le RACKOON put impunément canonner le brig français. La mer était houleuse. La mâture de celui-ci ne tarda
pas à s'abattre, et il fut bientôt défoncé par les roches sur
lesquelles il était échoué. Il fut évacué et le RACKOON s'é-
loigna. L'artillerie du brig anglais se composait de 16 caronades de 18 et de 2 canons de 9.

Le 11 septembre au matin, le capitaine Taupier, du
brig de 10ᵉ le *Lodi*, mouillé devant Léogane, dans la baie
du Port au Prince de Saint-Domingue, aperçut un bâtiment
qui se dirigeait sur le mouillage ; ce bâtiment portait le
pavillon tricolore en tête de mât. Bien qu'il n'eût pas encore connaissance de la reprise des hostilités, le capitaine
Taupier embossa le *Lodi* tribord au large, et fit ses dispositions de combat. A 3ʰ 30ᵐ, le bâtiment étranger mouilla
à portée de pistolet par son travers et, remplaçant le pavillon de la France par celui de la Grande-Bretagne, il
envoya une bordée au *Lodi* : c'était le brig de 18ᵉ RACKOON,
capitaine Austen Bissell. Le brig français riposta de suite ;
mais son embossure ayant été coupée, le capitaine Taupier
mit sous voiles et, pendant 45 minutes, il combattit le
RACKOON qui avait aussi appareillé. Le *Lodi* cessa alors son
feu ; sa grande vergue était coupée ; le mât, la vergue de
misaine et le beaupré menaçaient de s'abattre ; le grément
les voiles étaient hachés, et l'eau entrait en abondance par
plusieurs trous de boulets. Il ne fallait pas songer à le
jeter à la côte : elle était couverte d'ennemis dont la cruauté
bien connue devait en ôter l'idée. A 4ʰ 15ᵐ, le pavillon du
Lodi fut amené.

Quoique le brig français fût percé pour 18 canons, il n'en avait que 6 de 6.

Le RACKOON portait 16 caronades de 18
                    et 2 canons de 9.

————

Le gouvernement anglais avait fini par apprécier à leur juste valeur les armements qui avaient lieu dans les ports de la Manche. Aussi, non content de faire attaquer par ses nombreux croiseurs les divisions de la flottille qui se rendaient au rendez-vous général, entreprit-il de les détruire dans les ports, en même temps que les chantiers de construction qui y avaient été établis.

Le 13 septembre, la frégate de 40ᵉ CERBERUS, capitaine William Selby, sur laquelle le contre-amiral sir James Saumarez avait son pavillon, mouilla devant Granville avec les corvettes CHARWELL et KITE, capitaines Philip Dumaresq et Philip Pipon; le brig EALING, capitaine William Archibold; le cutter CARTERET; les bombardes SULPHUR et TERROR, capitaines Daniel M'Leod et Nicolas Hardinge. Le lendemain, les bombardes lancèrent des bombes sur la ville, pendant trois heures; les forts du Roc et du Môle neuf et 11 bateaux de deuxième espèce répondirent à cette attaque qui fut renouvelée le 16; cette fois, la division anglaise était mouillée plus au large et l'on ne put riposter. A 9ʰ 30ᵐ, 8 bateaux de deuxième espèce, sous les ordres du capitaine de frégate Guéguen, firent un mouvement en avant: les bombardes se retirèrent; mais, la frégate anglaise s'étant échouée sur le banc de Tomblaine, cette petite division se dirigea sur elle et l'attaqua. La frégate fut bientôt soutenue par les autres bâtiments et la flottille dut rentrer. La CERBERUS fut remise à flot le lendemain et prit le large avec sa division. La ville de Granville avait éprouvé quelques dommages.

Le 14, Dieppe eut aussi à soutenir un bombardement de trois heures. Plusieurs maisons furent incendiées, mais la flottille n'éprouva aucun dégât. La division anglaise se dirigea ensuite le long de la côte de l'Ouest, en canonnant les batteries qui y étaient établies.

Le 16, ce fut le tour de Fécamp, qui fut bombardée une seconde fois, le 20, sans plus de résultats que la première.

Une division de la flottille, commandée par le capitaine de vaisseau Saint Haouen, appareilla de Calais, le 28 septembre, pour se rendre à Boulogne. Une frégate anglaise, une corvette, 3 brigs, 2 bombardes et 2 cutters qui, la veille, avaient bombardé Calais, ne cessèrent de harceler cette division jusqu'à Boulogne. Le feu des batteries de la côte et celui d'une ligne de caïques leur fit prendre le large.

Le 5 novembre à 10^h du matin, une salve faite par la partie de la flottille qui formait la ligne d'embossage, annonça l'entrée du Premier Consul à Boulogne. Un vaisseau anglais, 2 frégates et 5 corvettes répondirent à ce salut en défilant devant le front de la ligne, mais à une distance telle, que leurs boulets ne portèrent pas.

La goëlette de 12e le *Renard*, capitaine Constantin (Jacques), fut chassée, le 25 novembre, en se rendant à Toulon, par l'escadre anglaise du vice-amiral Nelson, et amena son pavillon après avoir reçu pendant plusieurs heures les boulets d'un vaisseau et ceux du brig de 16e CAMELEON.

Le capitaine Leblond Plassan, de la corvette la *Bayonnaise* armée en flûte avec 6 canons, effectuant son retour de la Havane en France aperçut, le 28 novembre, une division anglaise de 4 vaisseaux, 3 frégates et un lougre. Le vaisseau de 72° ARDENT, capitaine Winthorp, et le lougre chassèrent la corvette qui était alors en vue des terres d'Espagne, sur laquelle des vents d'E.-N.-E. l'avaient portée. Elle louvoya pour gagner un port ou tout autre abri sur la côte, recevant la volée des bâtiments ennemis chaque fois qu'elle se trouvait par leur travers. Désespérant de réussir avant d'être atteint, le capitaine Leblond Plassan prit la détermination de jeter la *Bayonnaise* à la côte; il l'échoua sur le cap Finistère et, dès que l'équipage fut à terre, il y mit le feu : elle sauta peu de temps après.

———

La situation de l'armée de Saint-Domingue était si désespérée, à la fin de l'année 1803, que le commandant en chef Rochambeau offrit au commodore Loring d'évacuer la ville du Cap Français; il y mettait la condition que la garnison pourrait retourner en France sur les bâtiments qui étaient encore sur la rade. Cette proposition fut rejetée; le commodore anglais demanda que tous les bâtiments lui fussent livrés. Le commandant en chef conclut alors avec le général haïtien Dessalines un traité d'après lequel, sous dix jours, c'est-à-dire, le 30 novembre, toutes les troupes devaient avoir évacué l'île. Leur embarquement était terminé dès le cinquième jour; mais le blocus était fait avec tant de soin, qu'il était fort difficile de sortir. Chaque jour on apprenait la capture de quelque bâtiment; les brigs l'*Aiguille*, le *Vigilant* et le côtre l'*Amitié*, venaient de tomber au pouvoir des Anglais.

Par suite du départ du contre-amiral Latouche Tréville qui, le 10 juillet, était retourné malade en France, le capitaine de vaisseau Barré avait pris le commandement des forces navales. Dans l'après-midi du 30 novembre, cet officier supérieur appela à bord de la *Sémillante* les capitaines Lebozec (Pierre) et Montalan, des frégates la *Clorinde* et la *Vertu*, pour leur donner connaissance de la capitulation que, d'accord avec le général Boyer, il venait

de conclure avec deux capitaines de vaisseau anglais. Aux
termes de cette capitulation, tous les bâtiments, tant de
guerre que du commerce, qui se trouvaient sur la rade du
Cap Français, devaient être livrés aux Anglais. Les capitaines Lebozec et Montalan refusèrent d'accéder à une
semblable convention, et ils résolurent de tout tenter pour
échapper aux croiseurs ennemis. Malheureusement, ce jour-
là qui était le dernier de ceux accordés par Dessalines pour
l'évacuation, la brise de terre fut si faible, et celle du
large prit de si bonne heure, qu'ils ne purent réussir à
franchir les passes. La *Clorinde* y était déjà engagée lorsque le vent, changeant subitement, la jeta sur les récifs
qui les bordent, et la mer la porta sous la batterie du Grigri.
Ce changement, aussi subit qu'inattendu dans la direction
du vent, fit mouiller la *Vertu* qui allait aussi s'engager
dans les passes. Cette frégate expédia toutes ses embarcations à la *Clorinde* dont la position était d'autant plus
critique, que les noirs se portaient sur le rivage et aux
batteries avec des intentions sur la portée desquelles on ne
pouvait se méprendre.

La position de la *Vertu* devint bientôt aussi compliquée
que celle de la *Clorinde*. De nombreuses embarcations montées par des noirs parcouraient la rade; dès la veille, on
avait menacé de tirer à boulets rouges sur les frégates si
elles ne mettaient pas sous voiles : elles n'avaient que
14 canons de 12 à opposer aux batteries. Dans cette occur-
rence, le capitaine Montalan ne vit d'autre moyen de ne
pas tomber entre les mains des insurgés, que d'accepter
les conditions qu'il avait d'abord considéré comme un
devoir de repousser, et il écrivit la lettre suivante au commodore Loring.

« Monsieur le commandant,

« L'échouage de la frégate la *Clorinde*, causé par les
« variations de la brise, apporte un retard insurmontable
« à l'exécution de la convention qui a été arrêtée entre le

« commandant des forces navales françaises et vous. J'at-
« tends de votre loyauté que vous me donnerez l'assistance
« nécessaire pour me mettre à même de sauver les hommes
« embarqués sur cette frégate.

« Mon premier lieutenant, porteur de cette dépêche, est
« chargé de vous faire connaître que les bâtiments de
« transport n'ont pu sortir, la brise de terre ayant abso-
« lument manqué. Le général de l'armée indigène exige
« impérieusement l'évacuation de la rade ; vous en jugerez
« sans doute l'impossibilité pour aujourd'hui. Je m'adresse
« à vous, Monsieur, pour que vous vous serviez de votre
« influence sur le général Dessalines, dans le cas où il ne
« voudrait pas me donner le temps nécessaire pour sauver
« mes infortunés compagnons.

« Cette opération finie, je mets sous voiles et je me sou-
« mets au traité fait hier, traité auquel je n'avais pas
« consenti ; et sans le malheureux événement de ce matin,
« vous n'eussiez eu la frégate que je commande, qu'autant
« que vous l'eussiez mise dans l'impossibilité de s'échapper.
« Je vous invite donc, Monsieur, à désigner un de vos
« officiers pour venir à mon bord, se concerter avec moi
« sur les moyens de sauver l'équipage de la frégate la
« *Clorinde* et de terminer cette évacuation.

« Je suis, etc.   *Signé* : MONTALAN. »

Voici la réponse du commodore Loring.

« Monsieur,

« J'ai eu l'honneur de recevoir votre lettre et je puis
« vous assurer de mon vif désir de contribuer à sauver
« l'équipage de la *Clorinde*. J'ordonne au capitaine Bligh
« d'expédier tous les canots des bâtiments qui sont devant
« le Cap, et autant que possible, d'empêcher les insultes
« que l'armée du général Dessalines est disposée à faire à
« la République française.

« Je vous observerai que l'évacuation du Cap eût été

« plus favorable à la France, si le général en chef Ro-
« chambeau avait accepté les propositions que je lui offris,
« et il eût ainsi évité les malheurs dont vous êtes le té-
« moin.

    « J'ai l'honneur, etc.   *Signé* : LORING. »

Un officier anglais fut envoyé à terre, et il obtint du général Dessalines des embarcations, au moyen desquelles
l'équipage et les passagers de la *Clorinde* furent transportés
sur les bâtiments de la division anglaise. Favorisé plus
tard par la brise de terre, le commodore Loring parvint à
retirer la frégate de dessus les roches. La *Sémillante* et la
Vertu lui furent aussi livrées.

J'ai transcrit textuellement la lettre du capitaine Montalan et la réponse du commodore Loring. Que devient,
après cela, la relation quelque peu emphatique, de l'historien de la marine anglaise: « Le 30, dit M. William James
« dans son *Histoire maritime de la Grande-Bretagne* (1), le
« 30, jour où expirait la trêve, les nègres arborèrent leur
« drapeau sur tous les forts et firent des dispositions pour
« couler les bâtiments français avec des boulets rouges,
« dans le cas où ils ne mettraient pas immédiatement sous
« voiles. Le capitaine Loring voulant connaître la cause de
« ce retard, envoya le capitaine Bligh en parlementaire
« au capitaine Barré, qui signa une capitulation d'après la-
« quelle Dessalines devait laisser sortir les bâtiments fran-
« çais, enseignes déployées. Une fois dehors, ils devaient

---

(1) On the 30th, the day on which the truce expired, the negroes hoisted
their colours upon all the forts, and began to prepare for sinking the French
ships with red-hot shots, should they any longer delay their departure. To
knew the reason of this delay, captain Loring has sent captain Bligh with a flag
of truce; when, at a meeting between him and captain Barré, the French naval
commanding officer, a rough sketch of a capitulation, was drawn up and signed,
and general Dessalines was induced to allow the French ships, with colours
hoisted, to sail out of the harbour. They were then, after firing each a broad-
side in return to a shot discharged athwart their bows by one of the British ships,
to haul down the French colours and surrender.

« amener leur pavillon et se rendre, après avoir riposté par
« une volée à un coup de canon qui leur serait tiré par un
« des bâtiments anglais.

« La frégate de 40ᵉ la *Surveillante* (1) et quelques bâti-
« ments d'un rang inférieur sortirent, et furent pris ainsi
« qu'il était convenu. Mais la *Clorinde*, autre frégate de 40
« canons s'échoua devant le fort Saint-Joseph, à l'entrée de
« la baie, et brisa son gouvernail. Sa position était telle, que
« les canots anglais envoyés pour aider les bâtiments fran-
« çais à franchir les passes, jugèrent ne pouvoir la retirer
« de dessus les roches, et ils prirent le large. La *Clorinde*,
« outre son équipage de 150 à 200 hommes, avait à son
« bord le général Lapoype et 700 soldats, des femmes et
« des enfants, en tout, environ 900 personnes.

« Parmi les embarcations anglaises mentionnées plus
« haut, se trouvait la chaloupe de l'HERCULE, sous les or-
« dres du lieutenant Nisbet Josiah Willoughby. Soit qu'elle
« marchât mal, soit pour toute autre cause, elle était restée
« en arrière. Désireux d'arracher l'équipage et les passa-
« gers de la *Clorinde* à la mort certaine qui les attendait,
« soit à bord, soit à terre où ils seraient infailliblement

The 40 gun frigate *Surveillante*, accompanied by some smaller vessels,
came out in this manner, and was taken possession of by the British; but the
Clorinde, another 40-gun frigate, in her way out grounded upon the rocks
under fort Saint-Joseph at the entrance of the harbour, and beat off her rudder.
The frigate, in short, was in so desperate a situation, that the British boats,
which had been detached to assist the French ships in getting out of the mole,
were returning to the squadron, upon a supposition that no efforts of theirs
could save the *Clorinde*. The ship who was thus abandonned to her fate,
had on board, besides a small crew of from 150 to 200 men, general Lapoype
and 700 French troops, together with several of the officer's wives, their wo-
men-servants and children, in all full 900 souls.
Among the boats of the squadron employed upon the service just mentionned,
was the launch of the HERCULE manned with 30 to 40 hands, under the command of acting lieutenant Nisbet Josiah Willoughby. From slow-pulling, or
from some other unexplained cause, retarded in her progress, the launch was
among the rearmost of those boats. Anxious to rescue so many persons as
was evidently on board the *Clorinde*, from the certain death that awaited them,

(1) M. James fait erreur; c'est la *Sémillante* qui était sur rade.

« massacrés suivant l'usage, et ne voulant pas que la ma-
« rine anglaise eût la honte de n'avoir fait aucun effort
« pour sauver des êtres humains, bien qu'ils fussent ses
« ennemis politiques, le lieutenant Willoughby prit sous
« sa responsabilité de se diriger vers le bâtiment échoué.

« Jugeant bientôt que sa chaloupe s'affaisserait sous le
« poids des hommes qu'il vit disposés à s'embarquer, il fit
« un petit radeau avec lequel il eut bientôt atteint la *Clo-*
« *rinde,* et son embarcation se tint au large. Quoiqu'il vît
« qu'il était presque impossible de relever la frégate, il
« voulut tenter un dernier effort pour sauver son nom-
« breux équipage. Il représenta au général Lapoype que,
« les bâtiments devant amener leur pavillon aussitôt qu'ils
« seraient en dehors des passes, le sacrifice fait à l'honneur
« national ne serait pas beaucoup plus grand, vu la situa-
« tion de la *Clorinde*, si son pavillon était amené de suite.
« Le lieutenant Willoughby, ajoutait-il, arborerait alors
« les couleurs de la Grande-Bretagne, et se rendrait au-
« près du général Dessalines auquel il demanderait, non-
« seulement que le pavillon anglais fût respecté, mais

---

either by perishing in the ship, or by being massacred, as was the execrable
practice on the shore; feeling it to be almost a stigma upon the caracter of the
British navy not to make an effort to save human beings, political ennemies es-
pecially, so critically circumstanced, lieutenant Willoughby took upon himself
the whole responsabibity, and put back with his launch towards the grounded
ship.
  Finding, as he approached the *Clorinde*, that her side was crowded with men
ready to spring into the first boat which came alongside, and knowing that his
people, as well as those who entered the launch from the ship, would fall an
immediate sacrifice, the lieutenant searched for, and with difficulty procured a
small punt. In this he embarked, directing the launch to lay off, and was soon
on board the frigate ; which he found heeling much and beating heavily. Des-
pairing now of saving the ship, lieutenant Willoughby yet resolved to put in
practice every resource to save her numerous crew. As the most feasible plan
which suggested himself, the lieutenant represented to general Lapoype that, as
by the terms of the capitulation the French vessels of war were to haul down
their colours when outside the harbour, it would not be a greater sacrifice of national honour, considering the situation of the *Clorinde*, if he did so immed:-
ately, and gave the frigate up to him. Lieutenant Willoughby would then, he
said, hoist English colours, wait upon general Dessalines, and demand, not
only that the British flag should be respected, but that, if assistance could not be

« encore, dans le cas où la *Clorinde* se perdrait dans la
« nuit, de considérer l'équipage et les passagers comme
« prisonniers des Anglais, et de les protéger jusqu'au mo-
« ment où le commandant de la division pourrait les en-
« voyer prendre.

« Le général Lapoype ayant facilement accepté ces con-
« ditions, le pavillon anglais remplaça celui de la France,
« et le lieutenant Willoughby exprima au commandant du
« fort Saint-Joseph le désir de se rendre auprès du général
« Dessalines. Cette autorisation lui fut accordée, et après
« avoir éprouvé quelques difficultés pour descendre à terre,
« le lieutenant anglais obtint une entrevue du général
« haïtien. Celui-ci l'accueillit avec la plus grande politesse
« et lui promit tout ce qu'il demanda. Avec les secours
« qu'il obtint et l'assistance de deux ou trois embarcations
« anglaises, le lieutenant Willoughby réussit à retirer la
« *Clorinde* de dessus les roches. »

Mon intention n'est pas de commenter l'ouvrage, d'ailleurs fort remarquable, de M. James. Je n'ai cité ce passage que pour montrer le degré de créance qu'il faut donner
aux assertions, parfois erronées, de l'historien anglais.

Par suite de la capitulation, la corvette de 20ᵉ la *Sagesse*,
les brigs le *Vautour* de 16, le *Cerf* de 14 et les transports
qui étaient sur la rade, furent livrés aux Anglais.

---

procured from the shore, and the *Clorinde* should be lost in the night then fast.
approaching, the crew and passengers should be considered as prisoners of the
British, and be protected until the commanding officer of the squadron had
in his power to send for them.
General Lapoype readily assenting to the terms proposed, the French flag
was hauled down, and replaced by the British flag; and lieutenant Willoughby
immediately hailed the Haytian officer in command of fort Saint-Joseph, and
expressed a wish to wait upon general Dessalines. Permission was granted,
and lieutenant Willoughby, after experiencing some difficulty in landing, obtained an interview with the Haytian general, who not only received the British
lieutenant with urbanity, but promised all that he requested. With the assistance thus obtained, and that of two or three more boats which had just joined
from the squadron, and favoured by a sudden fall in the wind, lieutenant Willoughby succeeded in heaving the *Clorinde* off the rocks. — W. James, *The
naval history of Great Britain*. Vol. 3, p. 208.

La frégate anglaise de 44° SHANNON, capitaine Edward Lewson Gower, se jeta sur le banc de Réville, près de la côte Nord de France, pendant la nuit du 10 décembre. La batterie établie sur ce point ouvrit de suite son feu sur elle et, au jour, une division de corvettes de pêche, conduite par l'enseigne de vaisseau Lacroix, en prit possession. Elle avait été évacuée ; l'on reconnut bientôt qu'elle était défoncée et qu'il ne serait pas possible de la relever. On travailla à enlever son armement ; mais, le 16 pendant la nuit, et avant que cette opération fût terminée, des embarcations anglaises incendièrent cette frégate.

——————

Le 31 décembre, la vigie de Granville ayant signalé qu'un brig anglais était échoué sur l'île Chausey, quatre bateaux de pêche dans lesquels s'embarquèrent une quarantaine d'hommes, marins, soldats ou préposés des douanes, sortirent du port de Granville pour aller l'enlever. Cette expédition était dirigée par le capitaine de frégate Épron (Louis), de la flûte la *Salamandre*. En arrivant à Chausey, à 2ʰ 30ᵐ de l'après-midi, les canots engagèrent la fusillade avec une embarcation dans laquelle se trouvait le capitaine du brig anglais. Après dix minutes, cet officier, blessé à la tête, déclara qu'il se rendait. Ce brig était le GLAPPER de 10 caronades de 18 et 2 canons de 12. Le capitaine Épron le trouva défoncé et hors d'état d'être remis à flot ; il le livra aux flammes.

——————

Aussitôt que la nouvelle de la reprise des hostilités fut arrivée aux Antilles, le commandant des forces navales anglaises dans ces parages, commodore Samuel Hood, attaqua les colonies françaises. Le 22 juin, Sainte-Lucie était prise. Le 1ᵉʳ juillet, il s'emparait de Tabago. Le 20 août, les Anglais reprenaient possession des îles Saint-Pierre et Miquelon. Le 11 septembre, la ville de Pondichéry

qui, ainsi que les autres colonies de l'Inde, avait été rendue à la France à la paix d'Amiens, mais qu'ils n'avaient
pas évacuée, rentrait en leur pouvoir.

BATIMENTS PRIS, DÉTRUITS OU NAUFRAGÉS
pendant l'année 1803.

ANGLAIS.

Canons.

48	MINERVA.	Prise par deux canonnières.
	SEINE*.	Naufragée sur la côte de Hollande.
40	SHANNON.	— sur celle de France.
36	RESISTANCE.	— sur celle d'Espagne.
	APOLLO.	— aux Antilles.
34	CIRCE.	— dans la mer du Nord.
22	GARLAND.	— à Saint-Domingue.
18	SURINAM.	Prise.
16	CALYPSO.	Sombrée.
	SUFFISANTE*.	Naufragée sur la côte d'Angleterre.
14	AVENGER.	Sombré.
12	GLAPPER.	Détruit sur les îles Chausey.
	REDBRIDGE.	Pris par une division.

FRANÇAIS.

78	Duquesne.	Pris par une division.
44	Créole.	Prises chacune par une division.
40	Franchise.	
40	Clorinde.	
	Sémillante.	— à Saint-Domingue.
	Vertu.	
	Embuscade*.	Prise par un vaisseau.
28	Bayonnaise, en flûte.	Détruite à la côte.
20	Sagesse.	Prise à Saint-Domingue.
	Impatiente.	Prises chacune par une frégate.
18	Bacchante.	
	Mutine.	Détruite à la côte.
16	Alcyon.	Pris chacun par une frégate.
	Épervier.	
	Éole.	Naufragé.
	Enfant Prodigue.	
	Vautour.	Pris à Saint-Domingue.
	Goéland.	
	Cerf.	
14	Affronteur.	— par une frégate.
10	Alerte.	— à Saint-Domingue.
	Renard.	
	Papillon.	
	Colombe.	— par une frégate.
	Lodi.	— par un brig.
	Mignonne.	— par un vaisseau.

6 { *Impatient*. . . . . }
  { *Dart* *. . . . . } — chacun par une frégate.
Brig : *Arabe*. . . . . }

* L'astérisque indique un bâtiment pris à l'ennemi.

RÉCAPITULATION.

	Pris.	Détruits ou naufragés.	Incendiés.	TOTAL.
ANGLAIS... Vaisseaux.	»	»	»	»
Frégates.	1	5	»	6
Bâtiments de rangs inférieurs.	2	5	»	7
FRANÇAIS.. Vaisseaux.	1	»	»	1
Frégates.	6	»	»	6
Bâtiments de rangs inférieurs.	19	3	»	22

Les chiffres relativement élevés de ce tableau récapitulatif, en ce qui concerne la France, ne doivent par surprendre. Leur décomposition établit en effet que, sur 26 bâtiments de tous rangs capturés pendant l'année 1803, 16 appartenaient à la division de Saint-Domingue. Or, on a pu voir que ces bâtiments rentraient en France, les uns sans un seul canon, les autres avec une artillerie plus ou moins réduite, tous avec un équipage considérablement affaibli ; plusieurs en quelque sorte transformés en hôpital. Si, à ces causes d'infériorité, on ajoute l'ignorance de la déclaration de guerre qui donna à quelques capitaines une sécurité qui leur fut funeste, on comprendra facilement que, dans de semblables conditions, la lutte maritime ait été, cette année, toute au désavantage de la France.

ANNÉE 1804.

—

La France se ressentait encore des pertes que sa marine avait éprouvées à l'occasion de l'expédition de Saint-Domingue. L'épuisement de l'inscription maritime était tel, qu'on se vit dans la nécessité de faire entrer des soldats de l'armée de terre dans la composition normale des équipages des bâtiments. D'un autre côté, le 17 septembre de l'année précédente, on avait créé un corps de marins de la garde, et cette institution, on le pense bien, avait pris à la flotte l'élite de son personnel. Malgré ces difficultés, on put compter jusqu'à 21 vaisseaux sur la rade de Brest. Le vice-amiral Truguet qui les commandait fut remplacé, au mois de mai, par le vice-amiral Ganteaume.

Le vice-amiral Latouche Tréville avait 8 vaisseaux et 7 frégates sous ses ordres à Toulon. Le 24 mai, les vaisseaux anglais Canopus, Donegal et la frégate Amazon s'approchèrent du cap Sepet pour voir ce qui se passait sur la rade; tous trois faisaient partie de l'escadre du vice-amiral Nelson, et avaient été détachés avec le contre-amiral Campbell. Le vent soufflait du S.-O. Le commandant en chef fit appareiller 5 vaisseaux et 3 frégates pour renvoyer ces importuns qui s'éloignèrent de suite. Une des frégates put échanger quelques boulets avec eux.

Le 13 juin dans l'après-midi, les frégates l'*Incorruptible* et la *Sirène* qui avaient été envoyées en découvertes, faisant route avec une brise très-faible de O.-S.-O pour rentrer à Toulon, furent chassées par les vaisseaux anglais Victory, Canopus, Belle Isle, Donegal, Excellent et les frégates Amazon et Phoebe, dirigés par le vice-amiral Nelson en personne. Cet officier général avait divisé son escadre en deux parties ; il se tenait sous la terre avec la première, et avait laissé l'autre à une vingtaine de milles au large avec le contre-amiral sir Richard Bickerton. Le lendemain à midi, les frégates françaises étaient encore par le travers de la grande passe des îles d'Hyères ; leurs capitaines prirent le parti de donner dans ce passage et d'aller demander protection à la batterie de Porquerolles. Un quart d'heure après, l'EXCELLENT et l'AMAZON jetèrent aussi l'ancre sur la rade d'Hyères ; mais la brise s'étant élevée dans la baie de Toulon, et la division qui s'y trouvait ayant mis sous voiles, les deux anglais en firent autant et ils rallièrent leur division. L'*Incorruptible* et la *Sirène* rentrèrent à Toulon.

La division du contre-amiral Durand Linois, on se le rappelle, après avoir touché à Batavia, avait repris la mer et se trouvait, à la fin de janvier 1804, devant l'île de Pulo Aor, à l'entrée des mers de Chine (1). Le 14 février au matin, les vigies signalèrent 27 voiles dans le N.-N.-E. ; c'était, on devait du moins le supposer, le convoi dont le commandant en chef de la division attendait le passage. A 11ʰ 30ᵐ, les navires aperçus mirent en panne, et cinq d'entre eux se détachèrent pour reconnaître la division française, qui était composée du vaisseau de 78ᵉ le *Marengo*, capitaine Larue, des frégates la *Belle-Poule* de 44, la *Sémillante* de 40, capitaines Bruillac et Motard, et de la corvette le *Bélier*, capitaine Hulot. Ces navires étaient anglais. La nuit approchant, le contre-amiral Linois qui avait toujours son pavillon sur le *Marengo*, prit le parti de se borner à observer les navires ennemis. Ceux-ci firent petite route toute la nuit, les feux allumés. Le lendemain matin on était en calme, et quoique le convoi ne fût pas à plus d'une demi-portée du canon, il ne fut pas possible de reconnaître la force des bâtiments qui le composaient. 20 d'entre eux

---

(1) Page 285.

avaient deux batteries et paraissaient être des vaisseaux
de Compagnie; on crut distinguer trois vaisseaux, une
frégate et un brig de guerre. Le commandant en chef
avait appris par des neutres venant de Chine que 17 bâtiments anglais de la Compagnie, 6 bâtiments appelés
country-ships et un brig, en tout 24 bâtiments, allaient
prochainement faire voile pour l'Europe; il y avait donc
peu de doutes à concevoir sur la force de l'escorte. Le
vent s'étant élevé à l'Ouest dans la matinée, les navires
anglais gouvernèrent au Sud sur deux colonnes; la division
française, placée sous le vent, prit les amures à bâbord :
cette route la portait à la rencontre de l'ennemi. Vers
1ʰ 15ᵐ, les chefs de file étaient assez rapprochés pour
permettre au *Marengo* et aux frégates de commencer le
feu. Les 5 premiers bâtiments anglais étant seuls alors
en position de riposter, le commandant du convoi signala
de virer de bord vent arrière par la contre-marche. Croyant
voir dans ce mouvement le dessein d'envelopper sa division, le contre-amiral Linois laissa arriver et fit route à
l'E.-N.-E. On sut plus tard que ce convoi était composé
de 16 vaisseaux de la Compagnie de 30 à 36 canons, généralement 26 canons de 18 et 10 caronades du même calibre, 11 country-ships, un navire de Botany Bay et un
portugais; il était conduit par le commodore de la Compagnie Nathaniel Danse.

La croisière n'offrant désormais aucun intérêt, la division
française retourna à Batavia où elle resta huit jours. Au
détroit de la Sonde, la *Belle-Poule* et la *Sémillante* furent
détachées en croisière; les trois autres bâtiments mouillèrent à l'île de France le 2 avril. Les deux premiers y entrèrent aussi le 8 mai. Quoique le but principal de la sortie
eût été manqué, on estima à 20 millions les pertes que la
division française avait fait éprouver au commerce anglais (1).

_____

(1) Je n'ai pu me procurer le rapport du contre-amiral Linois. Les extraits

Ce fut pendant cette croisière de la division de l'Inde qu'eut lieu l'épisode que je vais rapporter (1).

La division française s'était emparée sur les côtes de Chine, à quelques milles de Pulo Aor, d'un navire que le contre-amiral Linois chargea de ses dépêches pour l'île de France. Il était déjà nuit, et ce navire avait dérivé assez loin de la division, lorsque le lieutenant de vaisseau Martel, adjudant du contre-amiral Linois, déborda du bord dans un canot du *Marengo*, avec le commissaire de la division Robinet et de l'enseigne de vaisseau Lanoue, qui étaient allés amariner la prise. Au moment où le canot qui les portait allait accoster le *Marengo*, un grain violent l'en éloigna, et l'obscurité fut telle pendant le reste de la nuit, qu'ils ne purent apercevoir aucun des bâtiments de la division. Cette nuit se passa dans une anxiété cruelle, mais l'espoir de rejoindre leur vaisseau aux premiers rayons de l'aurore soutint le courage des officiers et des matelots qui composaient l'armement du canot, et leur donna la force de lutter contre le vent pour ne pas être entraînés en dérive.

Vain espoir ! le jour ne leur fit voir qu'une mer menaçante ; aucune voile n'était en vue, et ils n'aperçurent pas la terre à l'horizon : dans la soirée, ils virent un navire dans lequel ils crurent reconnaître le *Berceau ;* mais bientôt il disparut dans le crépuscule, et l'embarcation se trouva de nouveau plongée dans les ténèbres.

La nuit fut terrible ; épuisés de fatigue et totalement démoralisés, les matelots s'étaient laissés tomber anéantis au fond de leur canot qui flottait au gré des flots ; la faim déchirait leurs entrailles et la voix du chef était sans effet.

---

de ce rapport, publiés jusqu'à ce jour, sont si diffus au point de vue maritime, qu'on serait tenté de croire qu'ils ont été écrits dans le but de rendre cette affaire inintelligible.

(1) Je ne garantis pas l'authenticité de ces détails, car je n'ai trouvé ce récit dans aucun des écrits de l'époque. Je l'ai lu, il y a longtemps déjà, dans un journal de Paris. Ne m'occupant pas alors du travail que je livre aujourd'hui à la publicité, je ne pris pas le nom de l'auteur de l'article, et c'est vainement que j'ai cherché à le connaître depuis.

Le jour se leva terne et lugubre; ils regardèrent au loin avec anxiété. Rien, toujours rien! Alors commença pour eux cette crise horrible, où conduit infailliblement le double supplice de la soif et de la faim trop longtemps enduré. L'abattement se changea en frénésie; la douleur sourde, en souffrance aiguë. Le lieutenant Martel comprit cette position et, renonçant à l'espoir de rencontrer les croiseurs, il résolut de courir sur la terre vers laquelle l'embarcation avait déjà été portée. Quelques heures après, le canot du *Marengo* abordait une petite île inhabitée sur la côte de Malacca; le sol en était presque nu, et les infortunés n'y trouvèrent aucune ressource. L'île fut contournée et dans une petite anse, ils rencontrèrent deux pêcheurs malais dont ils obtinrent quelques vivres. Ils se firent conduire par eux à Rio, petit port de l'île Bintam, sur la côte de la presqu'île, au risque d'être massacrés par ses habitants inhospitaliers. Le sultan de Rio les accueillit parfaitement, leur donna des vivres, et ils obtinrent du capitaine d'un navire anglais mouillé sur rade, une carte des îles de la Sonde et une boussole. Ils lui remirent en échange les quelques Anglais qui avaient été retirés de la prise cause de leur infortune.

Munis de provisions pour plusieurs jours, les marins français s'embarquèrent de nouveau dans leur canot et se confièrent avec insouciance aux flots qui, tout récemment, avaient menacé de les engloutir. Leur projet était de gagner Palimbang, dans l'île Sumatra, où les Hollandais avaient un résident. Ils reconnurent d'abord l'île Banca : un nouveau danger les y attendait au passage. Ils furent joints par six embarcations de pirates malais; on traita avec eux. Le don de quelques étoffes, et l'attitude déterminée de cette petite troupe menèrent à bonne fin une rencontre d'autant plus dangereuse, que l'équipage du canot français avait pour toutes armes les gaffes, les avirons, un harpon et un poignard.

Rendue dans le détroit de Banca, l'embarcation entra

dans une rivière qu'on supposa être celle de Palimbang.
Après l'avoir remontée pendant une trentaine de milles
sans trouver aucune trace d'habitation, le lieutenant Martel
crut s'être trompé; et alors que, sans le savoir, il touchait
au but tant désiré, il redescendit la rivière et se mit à
explorer la côte. Arrivés à l'embouchure de la Salsen, les
malheureux crurent avoir enfin trouvé Palimbang, et ils
remontèrent le courant avec un courage qu'excitait l'espoir d'arriver enfin à ce comptoir objet de leurs recherches.
Mais le pays qu'ils traversèrent n'offrit à leurs regards
attristés que des bois épais et des marais inaccessibles.
Sur le rivage, aussi loin que la vue pouvait s'étendre, pas
une habitation, pas un seul indice de la présence des
hommes. Ils s'étaient donc encore trompés, et ils n'avaient
plus de vivres : ils résolurent de retourner dans la rivière
qu'ils avaient d'abord inutilement explorée. Leurs souf-
frances étaient telles que les bras manquaient pour armer
les avirons. Ils retrouvèrent toutefois leur rivière, et recommencèrent à nager contre le courant. Ce qu'ils souf-
frirent alors ne peut se décrire; la plupart avaient les
jambes enflées, les mains écorchées par le maniement continuel des avirons; la vue obscurcie; tout le corps exténué
par la fatigue et le supplice de la faim. Lorsqu'ils eurent
dépassé de quelques milles le point où ils s'étaient arrêtés
à leur première exploration, ils aperçurent des traces de
culture, puis bientôt ils arrivèrent à un poste militaire;
ils avaient atteint Palimbang : quelques jours après, les
naufragés furent conduits à Batavia et ensuite à l'île de
France, où ils retrouvèrent leur vaisseau.

Le lieutenant de vaisseau Martel fut le seul qui n'eut
pas ce bonheur; l'infortuné jeune homme avait succombé
aux fatigues et aux privations.

———

Après un séjour de deux mois à l'île de France, le contre-
amiral Durand Linois sortit avec le vaisseau de 78°

Marengo et les frégates la *Sémillante* de 40 et l'*Atalante* de 44, capitaines Larue, Motard et Gaudin Duchêne, pour aller croiser devant l'île Ceylan et sur la côte du B engale. A l'issue de cette croisière qui fut très-productive, il se dirigea sur Vizigapatam, où il savait trouver une frégate anglaise et deux vaisseaux de la Compagnie. Le 15 septembre, le commandant en chef de la division française put constater que les renseignements qui lui avaient été donnés ne s'écartaient de la vérité, qu'en ce que le vaisseau de 60° CENTURION et non une frégate accompagnait les vaisseaux de la Compagnie. Lorsque l'*Atalante*, qui tenait la tête de la ligne, fut à un demi-mille du mouillage, le lieutenant Robert Philipps (1) ouvrit son feu sur cette frégate; il pouvait être 10ʰ du matin. La canonnade devint bientôt générale ; une batterie placée sur la plage fut d'un grand secours aux Anglais. Après un échange de quelques bordées, le pavillon du CENTURION tomba ou fut amené; toujours est-il que ce vaisseau cessa de tirer; les Français discontinuèrent aussi leur feu. Alors que le contre-amiral Linois se disposait à l'envoyer amariner, le *Marengo* talonna. Cette circonstance ayant décidé son capitaine à gouverner au large, le vaisseau anglais rehissa de suite son pavillon et il recommença à tirer. Le *Marengo* fut promptement embossé par son travers, et le combat prit une nouvelle vigueur. Pendant que les deux vaisseaux étaient ainsi aux prises, la *Sémillante* et l'*Atalante* s'emparaient du vaisseau de Compagnie PRINCESS CHARLOTTE et forçaient l'autre, le BARNABE, à se jeter à la côte où il fut bien vite détruit par la mer; le premier avait amené son pavillon sans avoir fait usage de ses canons. A 1ʰ 15ᵐ, le câble du CENTURION ayant été coupé, son capitaine se rapprocha de terre. Le *Marengo*, de son côté, mit sous voiles ; mais le peu de profondeur de l'eau, et la supério-

_____

(1) Cet officier remplaçait momentanément le capitaine John Sprat Rainier, alors malade à terre.

rité que la batterie de terre donnait à son adversaire, empêchèrent le contre-amiral Linois de continuer la lutte. Il
sortit de la baie et fit route pour l'île de France où sa division était de retour le 1er novembre (1).

Cette année 1804 offrit à la marine peu d'occasions de se
signaler. En Europe, tous les yeux étaient fixés sur la
Manche ; dans les colonies, on s'observait, en attendant le
résultat de la lutte gigantesque que chacun prévoyait.

Avec le retour de la belle saison dont on profita pour
hâter la réunion de la flottille dans les ports de la Manche,
recommencèrent les attaques des Anglais. Le contre-amiral
hollandais Verhuell, conduisant à Ostende une division de
13 bateaux de première espèce eut, pendant la nuit du
11 mars, un engagement très-vif avec une frégate, un brig,
une bombarde et un cutter, qui harcelèrent les canonnières depuis Blankenberg jusque sur la rade d'Ostende
où la canonnade continua. Le feu combiné des batteries et
de la flottille contraignit enfin l'ennemi à se retirer.

Le 10 avril, quatre bateaux de première espèce et deux
de deuxième, sous les ordres du capitaine Blanchet, en
relâche à Geffosses, furent canonnés pendant deux heures
par une frégate, deux brigs, un cutter, et eurent beaucoup à souffrir de cette attaque.

Une section de la flottille de Rochefort, composée de
6 bateaux de première espèce, de 3 de deuxième et de
8 péniches, sous les ordres du lieutenant de vaisseau Letourneur (Laurent), partie de Port Navalo, le 8 mai, avec

---

(1) Je n'ai pas été plus heureux dans mes recherches pour me procurer le
rapport du contre-amiral Linois sur cette affaire.

un convoi qu'elle conduisait à Boulogne, fut chassée le jour même par un brig et un cutter anglais. Ce brig était le Vencejos de 18 caronades de 18 et de 2 canons de 6, capitaine Wesley Wright. Pris de calme sous la Teignouse, il fut attaqué à 8ʰ du matin par la flottille qui avait pu facilement l'approcher à l'aide de ses avirons; deux heures après il amena son pavillon. Le brig était fort maltraité; il fallut changer son mât de misaine et son beaupré; son capitaine était blessé.

Le Vencejos était un des bâtiments dont le gouvernement anglais se servait pour correspondre avec les royalistes de l'Ouest. Son capitaine, alors simple midschipman, avait été le compagnon de Sidney Smith au Temple.

———

Une forte division de la flottille batave, partie de Flessingue pour Ostende avec les prames la *Ville-d'Anvers* qui portait le pavillon du contre-amiral Verhuell, et la *Ville-d'Aix*, capitaines Dutaillis et Brunet, eut à soutenir, le 16 mai, un combat très-vif contre une division anglaise composée des frégates

Canons.			
48	{ Antelope.	capitaine	sir Sidney Smith.
	{ Penelope.	—	Robert Broughton.
40	Aimable.	—	William Bolton.
	du brig de 18ᵉ Cruiser. . . .	—	Francis Masson.
	et du cutter Stage.	—	William Patfull.

Les prames couvraient l'arrière-garde, et une division de péniches, sous les ordres du capitaine de frégate Lambour, donnait des remorques aux bateaux qui en avaient besoin. L'ennemi prit le large après une canonnade qui ne dura pas moins de six heures. La flottille avait perdu un bateau de deuxième espèce; et la *Ville-d'Anvers*, après avoir épuisé toutes ses munitions, était allée s'échouer sous la protection d'une batterie de la côte. L'artillerie mobile de terre avait été d'un grand secours dans cette affaire.

Le lendemain, le Cruiser et 4 canonnières attaquèrent

la *Ville-d'Anvers*. Le 18, cette prame eut à soutenir de nouveau l'attaque de la division anglaise, augmentée de 2 corvettes. Gravement blessé l'avant-veille, le capitaine Dutaillis avait été porté à terre, et le commandement de la prame était échu à l'enseigne de vaisseau Giroux. La *Ville-d'Anvers* put être remise à flot, et elle parvint à atteindre Ostende où le reste de la flottille se trouvait déjà.

Le 23 juillet, le Havre reçut le châtiment que l'Angleterre infligeait à tout port qui donnait asile à la flottille. La division du capitaine Dudley Olivier bombarda la ville, et y occasionna des dégâts assez considérables.

Le 1er et le 2 août, des bombes furent encore lancées sur la ville; mais, cette fois, elle n'en souffrit pas. Une péniche fut coulée et un bateau de deuxième espèce reçut quelques avaries.

Cependant Boulogne, comme quartier-général du grand armement d'invasion, occupait plus particulièrement l'Angleterre. Au mois d'août, la croisière devant ce port était de 15 à 20 bâtiments sous le commandement du contre-amiral Louis dont le pavillon flottait sur le vaisseau de 60ᵉ LEOPARD. Le 26 dans l'après-midi, une division de la ligne d'embossage, alors composée de 146 bâtiments, appareilla avec le capitaine de vaisseau Leray, et se dirigea sur le brig anglais CRUISER, capitaine Thomas Smithies, qui était mouillé près de la pointe de la Bombe. Le vent était au N.-E. La canonnade qui s'engagea bientôt, attira la frégate anglaise l'IMMORTALITÉ et celle-ci put prendre part à l'engagement. La quatrième division de chaloupes-canonnières, commandée par le capitaine Pévrieu, et deux sections de péniches à obusier, sous les ordres des lieutenants de vaisseau Maison Blanche et Lasalle, se portèrent en aide à la première division; les Anglais prirent le large. La flottille était de retour au mouillage avant la nuit.

Cette petite affaire eut lieu sous les yeux de Napoléon
qui avait voulu voir par lui-même ce dont la flottille était
capable.

———

L'organisation de la flottille fut modifiée le 7 août de
cette année. Les divisions de bateaux de deuxième espèce
furent composées de 18 bateaux et partagées en deux sections; les sections avaient trois escouades, fortes par conséquent de 3 bateaux chacune.

18 péniches formèrent également une division, deux
sections et six escouades.

Au mois de septembre, la flottille était au complet; elle
comptait 14 divisions de bateaux de première espèce; 19 de
bateaux de deuxième espèce et 16 de péniches; 15 divisions de transports-écuries partagées chacune en deux sections de neuf navires : 4 divisions de transports d'artillerie
et sept de transports de bagages. Tous ces navires furent répartis entre Boulogne, Étaples et Vimereux. On
embarqua sur les bateaux de première espèce 100 coups
et 10 obus par pièce; 12,000 cartouches à fusil; 1,200
pierres à feu; 27 fusils, outre ceux de la troupe; quatre
caisses de gargousses par pièce de campagne. Ils prirent
tous un caisson d'artillerie et une caisse d'outils de pion-
niers. Ils avaient de plus, mais pour l'équipage, 15 fusils,
6 sabres, 6 haches d'armes et 12 piques. Le nombre des
personnes embarquées montait à 130 : 24 marins, 30 militaires, 6 officiers ou sous-officiers d'infanterie et 70 passagers.

Les bateaux de deuxième espèce avaient 100 coups et
10 obus par canon de 24; 200 coups par pièce de campagne, et 12,000 cartouches à fusil. Le chiffre des personnes embarquées s'élevait à 100 dont 79 passagers.

Les péniches avaient 100 boulets ou obus et 50 paquets
de mitraille.

———

La troisième division de canonnières, commandée par le capitaine de frégate Guingant, et une section de péniches à obusier, sous le lieutenant de vaisseau Lasalle, sorties de Boulogne, le 27 août, pour faire des exercices, furent entraînées dans l'Ouest par le courant, et surprises par un changement de vent qui passa au Nord assez frais. La croisière ennemie, qui n'avait fait jusque-là aucun mouvement, donna la chasse à cette petite division, et ouvrit son feu sur elle à la hauteur du fort de l'Heurt. La route suivie par les canonnières ne leur permit pas de se servir de leurs canons; mais, lorsqu'elles approchèrent de Boulogne, elles furent soutenues par les batteries et par la gauche de la ligne d'embossage, et les Anglais se retirèrent.

———

N'ayant pu réussir à empêcher la réunion de la flottille, le gouvernement anglais songea à employer un dernier moyen pour la détruire sur la rade même et dans le port de Boulogne; ce but devait être atteint avec des brûlots d'invention nouvelle. C'étaient des coffres rectangulaires de 6^m.80 de longueur, terminés en pointe, et formés de fortes planches doublées en plomb; leurs joints étaient calfatés avec de l'étoupe imprégnée d'huile. Les coutures, enduites de mastic, étaient recouvertes par une bande de toile goudronnée et une feuille de plomb. Ces coffres contenaient 2,500^k de poudre et 54 pelotes composées avec du nitre, de la résine, du soufre et du sulfure d'antimoine. Le feu devait être communiqué à ces matières au moyen d'un ressort, par l'enlèvement d'une simple cheville. Ces catamarans, comme on les nomma, n'avaient pas de mâts; il fallait les remorquer. Un grapin, maintenu sur l'eau par un flotteur, et destiné à accrocher le câble des bâtiments, était placé à l'extrémité opposée à la remorque. Les Anglais employèrent encore des brûlots ordinaires, généralement brigs ou cutters, et des barriques remplies de poudre et d'artifices.

Le 1er octobre parut un jour convenable pour essayer ces terribles machines. La ligne d'embossage devant Boulogne était ce jour-là de 150 embarcations. La veille , l'amiral lord Keith, sur le MONARCH de 82 canons, avait laissé tomber l'ancre au large avec cinq autres vaisseaux et un grand nombre de frégates, corvettes, brigs et bombardes. Après avoir bien examiné la position de la flottille, il avait appareillé et, suivi de trois frégates, il avait mouillé plus près de terre, à grande portée de canon. Ces dispositions ne pouvaient laisser aucun doute sur ses projets. L'amiral Bruix ordonna au contre-amiral Lacrosse qui commandait la ligne d'embossage, de se disposer à repousser l'attaque; tout fut prévu et des instructions furent données en conséquence. Ce ne fut toutefois que le lendemain 1er octobre, à 9h 30m du soir, que commença, non le combat, car on ne peut donner ce nom à une affaire dans laquelle l'amiral anglais n'exposa pas un seul de ses bâtiments, mais la lutte de la flottille contre les machines de destruction dont il se servit. Favorisé par une jolie brise de O.-S.-O., l'amiral anglais fit lancer une grande quantité de brûlots : 12 seulement firent explosion; les autres furent coulés ou jetés à la côte sans avoir pris feu. L'activité déployée dans cette circonstance par les capitaines, par les équipages et par le contre-amiral Lacrosse, préserva la flottille d'une destruction qui paraissait tellement certaine, que lord Melville, premier lord de l'amirauté, qui avait autorisé et favorisé cet armement de tout son pouvoir, avait voulu en être le témoin. A 3h 30m du matin l'attaque avait cessé, et aucun résultat n'avait été obtenu.

Le 2 au point du jour, la ligne d'embossage présentait le même aspect que la veille, et rien n'eût rappelé la terrible attaque dont elle avait été l'objet, si la plage, couverte des débris des brûlots, n'en eût offert de nombreux témoignages. Le vent ayant alors passé au N.-O. et le temps prenant une mauvaise apparence, la division anglaise mit à la voile; la flottille rentra dans le port.

Telle fut l'issue de cette opération dont les Anglais attendaient les plus immenses résultats; ainsi échoua le projet horrible et lâche (1) qu'ils avaient conçu d'incendier des bâtiments qu'ils semblaient ne plus oser attaquer de vive force.

Le 8 décembre, sir Home Popham essaya l'effet des catamarans sur le fort Rouge de Calais. Les dommages qu'ils occasionnèrent furent peu considérables.

———

Trois divisions de la flottille, commandées par les capitaines de frégate Moncabrié et Péridier et le lieutenant de vaisseau Varin, ainsi que plusieurs corvettes-canonnières, sous les ordres du capitaine de frégate Vattier, furent canonnées, le 4 octobre au matin, lendemain de leur sortie du Havre, par une corvette anglaise qui se vit bientôt dans la nécessité de s'éloigner. Dans la soirée, accompagnée cette fois par une frégate et par un cutter, cette corvette se porta de nouveau sur la flottille. Ces bâtiments se retirèrent après trois quarts d'heure d'une action très-chaude.

———

(1) « J'ai donné à ces projets les noms d'horribles et de lâches, écrivait au « ministre de la guerre le maréchal Soult qui commandait le camp de Saint- « Omer, parce que c'est un attentat horrible contre les lois de la guerre que de « chercher à faire périr une armée par des moyens qui n'exposent à aucun « danger ; parce qu'on ne peut voir qu'une insigne lâcheté dans une pareille at- « taque, de la part d'une croisière qui avait trois fois plus de canons que la « partie de la flottille qui était en rade. »
L'indignation du maréchal Soult eut de l'écho en Angleterre. On lit dans l'*Annual register* de 1804 : « Ainsi finit l'expédition des Catamarans, entre- « prise aussi follement conçue que dispendieusement exécutée. Ce sera à ja- « mais une tache imprimée à la mémoire des hommes puissants qui furent assez « faibles pour approuver et faire exécuter un tel projet, mélange absurde d'i- « gnorance et de témérité. »
« Par l'effet de semblables innovations, lit-on dans un ouvrage anglais de « l'époque, l'habileté et le courage deviendront inutiles; les hommes les plus « braves seront les victimes d'un artifice de lâche. Se peut-il que la honte « d'encourager de semblables moyens soit réservée au gouvernement anglais, et « que ses ministres et ses généraux ne rougissent pas de donner un pareil spec- « tacle au monde. »
Le gouvernement anglais ne tint aucun compte de ces manifestations de l'opinion publique, et nous le verrons bientôt faire encore usage de semblables moyens de destruction.

Le 24 octobre, une division de la flottille commandée par le capitaine de frégate Lambour fut chassée, à sa sortie de Calais, par 2 frégates, 3 corvettes et 4 brigs anglais. Dans l'après-midi, les prames la *Ville-d'Anvers* et la *Ville-d'Aix*, capitaines Dutaillis et Brunet, engagèrent avec les bâtiments anglais une vive canonnade qui fut sans résultats.

L'île de Gorée n'ayant pas été remise par l'Angleterre comme le voulait le traité de 1802, un détachement du Sénégal, soutenu par quelques corsaires, s'en empara, le 18 janvier 1804. Cette île retomba au pouvoir des Anglais avant la fin de l'année.

BATIMENTS PRIS, DÉTRUITS OU NAUFRAGÉS
pendant l'année 1804.

ANGLAIS.

Canons.		
82	MAGNIFICENT.	Naufragé sur la côte de France.
	VÉNÉRABLE.	— sur la côte d'Angleterre.
72	YORK.	Sombré.
60	ROMNEY.	Naufragé sur la côte de Hollande.
48	CRÉOLE *.	Sombrée.
	HUSSAR.	Naufragée sur la côte de France.
44	APOLLO.	— sur la côte de Portugal.
18	RAVEN.	— sur la Sicile.
	VINCEJOS.	Enlevé par des embarcations.
	LILLY.	— par un corsaire.
	DRAKE.	Naufragé aux Antilles.
14	WEAZLE.	— à Gibraltar.
	WOLVERINE.	Pris par un corsaire.
	CONFLICT.	Naufragés sur la côte d'Angleterre.
12	FEARLESS.	
	MALLARD.	Pris par les Français.
	STERLING.	Naufragés sur la côte de France
10	CERBERUS.	
8	MORNE FORTUNÉ *.	Naufragé aux Antilles.
	DEMERARA.	Pris par un corsaire.

FRANÇAIS.

Canons.		
24	*Charente.*	Détruite à la côte.
16	*Curieux.*	Enlevé par des canots.

* L'astérisque indique un bâtiment pris à l'ennemi.

RÉCAPITULATION.

		Pris.	Détruits ou naufragés.	Incendiés.	TOTAL.
ANGLAIS.	Vaisseaux............	»	4	»	4
	Frégates............	»	3	»	5
	Bâtiments de rangs inférieurs.........	5	8	»	15
FRANÇAIS.	Vaisseaux............	»	»	»	»
	Frégates............	»	»	»	»
	Bâtiments de rangs inférieurs.........	1	1	»	2

ANNÉE 1805.

Le moment était enfin arrivé où Napoléon allait tenter de réaliser son grand rêve d'invasion de l'Angleterre. Quatre camps qui réunirent les troupes destinées à cette expédition furent formés sur les côtes de l'Océan et sur celles de la Manche. La flottille, commandée par le contre-amiral Lacrosse depuis la mort du vice-amiral Bruix, était prête. Mais, pour que le passage des troupes de l'autre côté du détroit fût possible, il était nécessaire de ne pas être inquiété dans ce mouvement et pour cela, il fallait être maître de la mer. L'armement de tous les vaisseaux et des frégates en état de naviguer fut ordonné et il régna bientôt dans les ports une activité d'autant plus grande, que la marine ne s'était pas encore relevée du coup que lui avait porté la malheureuse expédition de Saint-Domingue. Les Anglais ne pouvaient voir ces armements d'un œil impassible et leurs croiseurs ne tardèrent pas à devenir plus nombreux. On comprit promptement combien ils allaient contrarier la jonction des escadres; il fallait essayer de diviser les forces des Anglais en menaçant leur territoire sur tous les points du globe, ou du moins, en agissant comme si l'on voulait le menacer. Jamais peut-être la marine française n'avait eu un aussi beau rôle que celui qu'elle fut appelée à remplir pendant cette année 1805; ce fut en quelque sorte sur elle que les destinées de la France et de l'Angleterre reposèrent. Ce n'était plus seulement contre les frêles embarcations de la Manche que cette dernière allait avoir à diriger ses escadres; aussi les armements considérables qui se préparaient dans les ports de France, lui firent-ils prendre au sérieux ce que, jusqu'alors, elle semblait ne vouloir considérer que comme un moyen d'occuper ses vaisseaux, et elle dut multiplier ses croisières. Voici les combinaisons qui furent arrêtées pour dérouter le gouvernement anglais.

La conduite de la gigantesque expédition projetée depuis si longtemps avait d'abord été confiée au vice-amiral La-touche Tréville. La mort de cet officier général, qui eut lieu le 20 août 1804, nécessita quelques modifications au projet primitif. Le commandement en chef fut donné au vice-amiral Ganteaume, alors sur la rade de Brest avec 21 vaisseaux et 6 frégates. Il reçut l'ordre de se rendre à la Martinique où il serait rallié par 11 vaisseaux, 7 frégates, une corvette et 2 brigs de Toulon, sous les ordres du vice-amiral Villeneuve (1); 5 vaisseaux, 3 frégates et 2 brigs de Rochefort, commandés par le contre-amiral Burgues Missiessy, avaient la même destination. Enfin, 5 vaisseaux qui étaient au Ferrol avec le contre-amiral Gourdon, et un sixième qui se trouvait à Cadix, devaient se joindre à eux (2). Rien ne semblait

---

(1) Le contre-amiral Dumanoir Lepelley avait commandé l'escadre de Toulon jusqu'au commencement du mois de novembre 1804.

(2) Ces vaisseaux avaient fait partie de l'expédition de Saint-Domingue et avaient été ramenés en Europe par le contre-amiral Bedout. Ayant appris en route la reprise des hostilités, et aussi que le port de Brest était bloqué par une forte escadre, cet officier général avait fait route pour la Corogne où il avait mouillé

pouvoir arrêter ces 43 vaisseaux auxquels l'escadre espagnole de Cadix avait ordre de s'adjoindre, et tous devaient se rendre dans la Manche pour protéger les mouvements de la flottille. Celle-ci était destinée à porter 132,000 hommes et 15,000 chevaux (1) réunis aux camps de Saint-Omer, de Montreuil et de Bruges. 3,550 hommes du camp établi à Saint-Renan devaient embarquer sur les vaisseaux de Brest, et 24,000 autres, commandés par le général Marmont et cantonnés au Texel, devaient être pris par l'escadre hollandaise. L'île de la Martinique avait été choisie pour point de réunion des escadres, afin d'augmenter les doutes de l'Angleterre sur leur destination. Tel était aussi le but principal de cet armement considérable de chaloupes et de bateaux-canonniers; car, si l'on s'était borné à disposer le nombre de transports nécessaire au passage de l'armée expéditionnaire, nul doute que l'Angleterre n'eût soupçonné que l'armée navale était destinée à les protéger. En armant un grand nombre de bâtiments de flottille, on semblait vouloir opposer des canons à des canons. L'Angleterre pouvait croire que le passage serait tenté par la seule force de la flottille, et dans l'incertitude où elle restait de la destination des escadres sorties des ports de France, elle devait envoyer ses vaisseaux à leur poursuite. Mais, quelque bien calculée que fût cette opération, des circonstances imprévues la firent échouer.

Voici, à la date du 20 juillet 1805, un état de situation

---

le 14 juillet 1805; il y avait été bloqué immédiatement. Les faibles ressources qu'il trouva dans ce port, et l'impossibilité de s'y mettre à l'abri d'une attaque, le déterminèrent à se rendre au Ferrol. Cette détermination était dictée par la prudence car, chargés de troupes et de munitions lorsqu'ils étaient partis pour Saint-Domingue, les vaisseaux avaient laissé une partie de leur artillerie à Brest. Obligé de quitter son commandement pour raisons de santé, le contre-amiral Bedout avait été remplacé, le 16 décembre 1803, par son chef d'état-major, le capitaine de vaisseau Gourdon, qui fut fait contre-amiral peu de temps après.

(1) 100,000 hommes d'infanterie, 15,000 d'artillerie, 7,000 de cavalerie montée, 12,000 de cavalerie non montée.

de la flottille, avec le nombre d'hommes et de chevaux
qu'elle pouvait porter.

	Hommes.	Chevaux.
ETAPLES. — 56 chaloupes-canonnières portant.	4,680	»
108 bateaux-canonniers.	10,800	216
72 péniches.	4,884	»
72 transports-écuries.	5,663	1,100
18 transports d'artillerie.	270	»
56 transports de bagages.	540	72
20 navires de Terre-Neuve.	240	»
Total.	27,077	1,388
BOULOGNE. — 13 prames.	1,560	640
2 bombardes.	100	»
9 paquebots.	360	54
181 chaloupes-canonnières.	23,580	»
202 bateaux-canonniers.	20,485	358
144 péniches.	10,032	»
19 caïques.	570	»
144 transports-écuries.	8,537	2,070
36 — d'artillerie.	540	»
72 — de bagages.	1,080	144
Navires de Terre-Neuve.	2,092	»
Total.	68,936	3,266
VIMEREUX. — 4 corvettes de pêche.	520	»
32 chaloupes-canonnières.	4,160	»
36 bateaux-canonniers.	3,620	72
72 péniches.	4,752	»
56 transports-écuries.	5,286	667
14 — d'artillerie.	210	»
14 — de bagages.	210	28
8 navires de Terre-Neuve.	86	»
Total.	16,844	767
AMBLETEUSE. — 5 prames.	270	150
4 péniches.	264	»
17 Transports-écuries.	509	509
4 — d'artillerie.	80	»
10 — de bagages.	200	»
5 navires de Terre-Neuve.	56	»
25 chaloupes-canonnières bataves.	3,250	»
107 bateaux-canonniers bataves.	10,700	214
Total.	15,109	673
CALAIS. — 1 prame.	90	50
5 péniches.	330	»
81 corvettes de pêche.	8,349	233
81 transports-écuries.	5,800	1,800

5 — de bagages.	100	»
19 baleiniers.	133	»
11 chaloupes-canonnières bataves.	1,430	»
Total.	16,232	2,033

DUNKERQUE. — 12 péniches.	792	»
15 transports-écuries.	280	280
5 — d'artillerie.	100	»
6 — de bagages.	120	»
19 chaloupes-canonnières bataves.	2,470	»
100 bateaux-canonniers bataves.	10,000	»
Total.	13,762	280

OSTENDE. — 10 chaloupes-canonnières.	1,300	»
20 péniches.	1,500	»
20 transports-écuries.	370	370
3 — d'artillerie.	60	»
2 — de bagages.	40	»
Total.	3,070	370

La flottille était partagée en six grands corps. Le premier, désigné sous le nom d'aile gauche et placé au port d'Étaples, était commandé par le contre-amiral Courand. Il était destiné à porter les 23,000 hommes du maréchal Ney.

Le second et le troisième, appelés aile droite et aile gauche du centre, occupaient le port de Boulogne. Ils étaient commandés par le contre-amiral Savary et le capitaine de vaisseau Leray, et devaient prendre les 40,000 hommes du maréchal Soult.

Le quatrième, appelé aile droite, occupait Vimereux, sous les ordres du capitaine de vaisseau Daugier. Il était destiné à transporter les 15,000 hommes du général Lannes.

La flottille batave, réunie à Ambleteuse, formait le cinquième corps, sous cette désignation; le vice-amiral Verhuell le commandait. Il devait recevoir les 26,000 hommes du général Davout.

Enfin le sixième, sous le commandement du capitaine de frégate Levêque, formait la réserve à Calais. Il était destiné à recevoir la cavalerie et une division italienne, en tout, 28,000 hommes qui n'embarqueraient qu'après le départ des autres corps; le prince Louis les commandait. Un second voyage était nécessaire pour porter tous les chevaux.

Les quatre premiers corps avaient seuls une organisation régulière. Chacun d'eux était partagé en deux escadrilles; chaque escadrille devait embarquer une division de quatre régiments de ligne et un d'infanterie légère avec sa cavalerie, son artillerie et ses bagages. L'escadrille était composée de deux divisions de bateaux de première espèce, deux de deuxième espèce, deux de troisième, deux divisions d'écuries, une section de transports d'artillerie et une division de transports de bagages. La composition des régiments avait déterminé cette organisation.

L'armée navale de Brest était composée des vaisseaux

Canons.

118	*Impérial.*	capitaine Lebigot.
		Ganteaume (Honoré), vice-amiral.
114	*Républicain.*	capitaine Clément Laroncière.
	Invincible.	— Lhéritier.
	Alexandre.	— Segond.
94		Willaumez (Jean-Baptiste), contre-amiral.
	Foudroyant.	capitaine Garreau.
	Ulysse.	— Allemand (Joseph).
	Conquérant.	— Martin (Jean).
	Éole.	— Prévost Lacroix.
	Impétueux.	— Leveyer Belair.
	Diomède.	— Henry (Jean-Baptiste).
	Jean Bart.	— Legouardun.
	Aquilon.	— Maingon.
86	*Wattigny.*	— Guillemet.
	Tourville.	— Renaud.
	Vétéran.	— Bigot.
	Batave.	— Laignel.
	Cassard.	— Faure.
	Jupiter.	— Bergevin.
	Brave.	— Coudé.
	Patriote.	— Khrom.
	Alliance.	— Siméon.

des frégates : *Indienne, Valeureuse, Volontaire, Comète, Félicité;* de la corvette : *Diligente;* et du brig : *Espiègle.*

Le 22 mars, cette armée, sur laquelle on avait embarqué 3,550 hommes de troupes, était prête à mettre à la voile. Elle devait d'abord se porter devant le Ferrol et surprendre, s'il était possible, les 6 ou 7 vaisseaux anglais qui bloquaient dans ce port les divisions du contre-amiral Gourdon et du chef d'escadre espagnol Grandellana; ces deux divisions se joindraient alors à elle. Le vice-amiral Ganteaume avait ordre de faire ensuite route pour la Martinique, où l'escadre de Toulon et la division de Rochefort se rangeraient sous son commandement. Il devait laisser 1,100 hommes aux colonies des Antilles pour en renforcer les garnisons, et effectuer son retour en Europe, en s'éloignant le plus possible de la route ordinaire; attérir sur Ouessant; attaquer les vaisseaux anglais qui s'y trouveraient et se diriger sur Boulogne pour recevoir les dernières instructions de l'Empereur. Son arrivée devant ce port devait avoir lieu du 10 juin au 10 juillet. Si des circonstances quelconques empêchaient la jonction de l'escadre de Toulon, les divisions du Ferrol et de Rochefort donnaient au vice-amiral Ganteaume une force assez considérable pour lui permettre de faire route pour l'Europe, trente jours après son arrivée aux Antilles, et de remplir la dernière partie de ses instructions. Si, cependant, il n'avait pu réunir 25 vaisseaux, il devait croiser devant le Ferrol, où de nouvelles forces lui seraient envoyées, à moins que, d'après les avis qu'il pourrait avoir reçus, il ne se supposât assez fort pour entrer de suite dans la Manche.

L'armée navale de Brest mit à la voile le 27 mars, avec une faible brise d'Est et un temps brumeux. Elle était à peine dans le goulet que la brume se dissipa, et l'armée anglaise, forte alors de 21 vaisseaux, sous les ordres de l'amiral lord Gardner, ayant été aperçue, elle mouilla à Bertheaume. L'amiral anglais sembla d'abord vouloir l'attaquer, mais après quelques manœuvres, il reprit le large; il se tint pourtant à l'entrée de l'Iroise jusqu'au 29. La mauvaise apparence du temps qui, ce jour-là, lui fit quitter sa position, décida le vice-amiral Ganteaume à rentrer à Brest. Cet officier général avait les ordres les plus formels d'éviter une bataille parce que, dans la circonstance présente, une victoire même n'eût conduit à rien. Il ne devait avoir qu'un but : celui de remplir sa mission. La croisière anglaise ne tarda pas à être portée à 29 vaisseaux. Une division gardait le passage du raz; les frégates se tenaient dans l'Iroise, et le gros de l'armée était à douze ou quinze milles au large.

Il fut bientôt reconnu que l'armée navale de Brest ne pourrait pas sortir sans livrer bataille, et le commandant en chef reçut l'ordre de ne plus tenter de le faire, à partir du 21 mai, quelque circonstance favorable qui se présentât.

Cependant, le départ des escadres de Toulon et de Cadix avait été annoncé, et l'on s'attendait chaque jour à les voir paraître devant le Ferrol. Des ordres pressants furent donnés au vice-amiral Ganteaume. La diminution du nombre des croiseurs ennemis lui était indiquée comme un indice certain de l'apparition du vice-amiral Villeneuve ; il ne devait pas hésiter alors à sortir et à attaquer l'ennemi si celui-ci avait moins de 16 vaisseaux. S'il ne rencontrait pas les Anglais, il devait se porter sur le Ferrol, entrer ensuite dans la Manche et paraître devant Boulogne. L'Empereur ne lui demandait alors que trois jours pour mettre à exécution son projet d'invasion. Tout était prêt et la flottille n'attendait que l'ordre d'appareiller.

L'escadre de Brest ne sortit pas. Il fallut dès lors modifier le plan d'opérations arrêté primitivement. Ce fut devant ce port même que dût avoir lieu désormais la jonction, et le vice-amiral Ganteaume reçut l'ordre de se tenir prêt à mettre sous voiles; le 21 août, il alla mouiller à Bertheaume.

Depuis le mois de juillet, l'amiral Cornwallis avait repris la direction du blocus de la rade de Brest. Le 11, il avait détaché le vice-amiral Calder devant le Ferrol pour remplacer le contre-amiral Cochrane qui s'était mis à la poursuite de la division de Rochefort et, quelques jours plus tard, il lui avait adjoint le contre-amiral Stirling avec 5 vaisseaux, ce qui en éleva le chiffre à 15. Le vice-

amiral Nelson, revenant de la longue poursuite dont je
parlerai bientôt, rallia l'amiral Cornwallis le 15 août ; le
lendemain, il fit route pour l'Angleterre après lui avoir
laissé 9 de ses vaisseaux ; l'arrivée d'un autre porta à 20
l'effectif de l'armée de blocus. Les découvertes ne tardèrent pas à apprendre à l'amiral anglais le mouvement de
l'armée navale de Brest. Le 22 août, il se rapprocha du goulet ; il ventait une jolie brise de N.-N.-E. L'armée française
appareilla, et le contre-amiral Willaumez fut chargé de
reconnaître la force de l'ennemi avec l'escadre légère. A
10ʰ 30ᵐ du matin, à la hauteur de Saint Mathieu, l'*Alexandre*, l'*Impétueux*, le *Foudroyant* et la *Volontaire* échangèrent des boulets avec plusieurs vaisseaux de l'avant-
garde ennemie, au nombre desquels se trouvait le Cæsar
et le Montagu. La canonnade fut vive ; les batteries de Saint
Mathieu et du Créac'hmeur y prirent part. L'escadre légère était de retour à son mouillage à 2ʰ.

———

Trompant la vigilance de la division du contre-amiral
anglais sir Thomas Graves qui bloquait Rochefort avec
5 vaisseaux et 4 frégates, le contre-amiral Burgues Missiessy appareilla de la rade de l'île d'Aix pour les Antilles, le 11 janvier, avec une division sur laquelle 3,420
hommes de troupes avaient été embarqués. Cette division
était composée des vaisseaux de

Canons.
124 *Majestueux.* . . . . capitaine Violette.
                              Burgues Missiessy, contre-amiral.
      ⎧ *Magnanime.* . . . . capitaine Allemand (Zacharie).
      ⎪ *Suffren.* . . . .   —   Troude (Aimable).
86 ⎨ *Lion.* . . . .   —   Soleil.
      ⎩ *Jemmapes.* . . . .   —   Petit.
des frégates ⎧ *Armide.* . . . . . .   —   Louvel.
   de 44ᶜ   ⎨ *Gloire.* . . . .   —   Bonamy.
              ⎩ *Infatigable.* . . . . .   —   Girardias.
et des brigs ⎧ *Lynx*
   de 16ᶜ   ⎨ *Actéon.*

Une série de grands vents d'Ouest rendit la traversée
longue et pénible ; la division ne mouilla à la Martinique

que quarante jours après son départ. Dès le lendemain, elle remit sous voiles. Le 22 février, elle était devant la ville du Roseau de la Dominique. Quoique la batterie Cachacrow eût de suite tiré le canon d'alarme, un pilote monta à bord du *Majestueux ;* il fut chargé de mouiller le *Magnanime*, le *Suffren* et la frégate l'*Infatigable*, désignés pour l'attaque des forts ; les autres vaisseaux, les frégates et les brigs restèrent sous voiles. A 9ʰ du matin, les troupes étaient à terre, partie à la pointe Saint Michel, au Sud de la ville, et le reste, au morne Daniel, du côté opposé. Le général Lagrange qui commandait la première colonne, enleva d'abord le poste de Cachacrow, et l'adjudant-général Barbet, à la tête d'une autre, se rendit maître de la redoute du morne. Pendant ce temps, le *Magnanime*, le *Suffren* et l'*Infatigable* canonnaient les forts Young et Melville. Ces deux vaisseaux avaient conservé leurs troupes. La résistance que le général Lagrange éprouva, le décida à demander leur mise à terre ; avec ce renfort, il entra dans le fort Young dont la garnison mit bas les armes. Dans ce moment, la ville du Roseau était en feu ; cet accident avait été occasionné par les bourres des canons du fort Young. Les troupes françaises prêtèrent assistance aux habitants pour en arrêter les progrès ; malgré ce concours, peu de maisons échappèrent à l'incendie.

Le brigadier Prevost qui commandait la ville s'était retiré dans le fort Rupert, situé dans l'intérieur de l'île. L'attaque de cet ouvrage avec les moyens dont la division disposait n'ayant pas été jugée praticable, on se borna à briser les canons des forts qui étaient occupés, et à frapper la ville d'une contribution de 100,000 francs ; l'île fut ensuite évacuée, et la division remit sous voiles. Le 1ᵉʳ mars, elle mouilla à la Basse Terre de la Guadeloupe, où elle débarqua toutes les troupes qui ne furent pas jugées nécessaires aux opérations subséquentes, ainsi que les munitions apportées d'Europe pour cette colonie.

Trois jours après, le contre-amiral Missiessy appareilla

de nouveau et se dirigea sur l'île Saint-Christophe. Le lendemain, les frégates attaquèrent le fort de la Basse Terre et le contraignirent à amener son pavillon ; les canons furent mis hors de service, et la ville fut imposée à 192,000 francs. En retournant à la Martinique, le commandant en chef frappa les îles Nièves et Montserrat d'une contribution de 89,000 francs. Enfin, le 16, la division mouilla à la Martinique ; elle avait pris ou détruit 19 navires.

Le contre-amiral Missiessy apprit au Fort Royal la rentrée de l'escadre du vice-amiral Villeneuve à Toulon, et y trouva l'ordre de retourner en France. Il débarqua les soldats destinés à la Martinique et, emmenant avec lui le brig le *Palinure* à la place de l'*Actéon*, il appareilla le 22 pour Santo Domingo où le général Ferrand était réduit à la dernière extrémité. Il mit 500 hommes à terre, ainsi que les vivres et les munitions dont il put disposer, et fit route pour France. Le 20 mai, sa division mouilla sur la rade de l'île d'Aix, sans avoir rencontré un seul bâtiment de guerre.

Le contre-amiral Burgues Missiessy trouva de nouvelles instructions à Rochefort. Dans le cas où il lui serait possible de reprendre la mer avant le 15 mai, il devait retourner sans délai aux Antilles pour rejoindre l'escadre du vice-amiral Villeneuve et, si elle n'y était plus, se mettre à sa recherche en se dirigeant sur le Ferrol ; enfin entrer dans ce port s'il ne la rencontrait pas. Dans le cas où le Ferrol serait bloqué, ce qui supposerait que l'escadre de Toulon n'aurait pas encore paru dans ces parages, il devait rentrer à Rochefort, après cependant l'avoir attendue au large le temps présumé nécessaire à son arrivée. On a vu que le contre-amiral Missiessy était arrivé trop tard pour se conformer à ces nouveaux ordres. Les réparations dont les vaisseaux de sa division avaient besoin ne leur permettaient d'ailleurs pas de reprendre immédiatement la mer, et ces instructions furent modifiées.

Le contre-amiral Missiessy reçut l'ordre de se porter sur les côtes d'Irlande, afin d'obliger les Anglais à envoyer une partie de leurs forces dans cette mer. Après avoir croisé à 400 lieues au large, de manière à n'être aperçu que du 4 au 9 juillet, et avoir à cet effet coulé ou brûlé tous les navires neutres ou ennemis qu'il aurait rencontrés, il devait se porter à l'embouchure de la rivière la Shannon, sur la côte occidentale d'Irlande, et de là au cap Clear, dans le Sud de cette île; prendre ensuite le large, et faire son possible pour se trouver à 120 milles dans l'Ouest du Ferrol, du 29 juillet au 3 août; c'était l'époque à laquelle l'escadre de Toulon devait aussi arriver dans ces parages pour débloquer la division du contre-amiral Gourdon. Il se rangerait alors sous les ordres du vice-amiral Villeneuve. Dans le cas où la rencontre n'aurait pas eu lieu avant le 13 août, la division de Rochefort se dirigerait sur Vigo. Cependant, si à son arrivée devant le Ferrol, ce port n'était pas bloqué, et que le vice-amiral Villeneuve n'y fût pas encore arrivé, le contre-amiral Missiessy prendrait sous ses ordres la division qui s'y trouvait et, sauf l'envoi d'instructions ultérieures, il devait s'établir en croisière sur le point qu'il jugerait le plus convenable, et y consommer ses vivres.

La santé du contre-amiral Missiessy ne lui permit pas de remplir cette mission. Le 26 juin, le chef de division Allemand (Zacharie) fut désigné pour le remplacer.

Des circonstances imprévues ayant empêché la division de Rochefort de sortir avant la fin du mois de juin, le commandant Allemand reçut l'ordre de rester sur la rade de l'île d'Aix, afin d'obliger les Anglais à tenir devant ce mouillage des forces qui, autrement, se fussent probablement portées devant le Ferrol, mouvement qui ne pouvait manquer d'avoir lieu lorsque le vice-amiral Villeneuve paraîtrait en vue de ce port. Prévenu de son arrivée par le

départ de la division anglaise, le commandant Allemand
devait mettre sous voiles et se diriger aussi sur le Ferrol ;
et, s'il ne pouvait communiquer avec la terre, croiser à
120 milles à l'Ouest jusqu'au 13 août, puis aller à Cadix
où il trouverait probablement l'escadre de Toulon. Si elle
n'y était pas, il devait faire la croisière qui lui avait été
prescrite par ses précédentes instructions.

Le 17 août, la division de Rochefort mit à la voile, composée comme ci-dessous :

Canons.
124   *Majestueux*. . . . . capitaine Willaumez (Etienne).
                                 Allemand (Zacharie), chef de division.
      ⎧ *Suffren*. . . . . capitaine Troude (Aimable).
86   ⎨ *Magnanime*. . . . .   —   Violette.
      ⎪ *Jemmapes*. . . . .   —   Petit.
      ⎩ *Lion*. . . . .   —   Soleil.
Frégates : *Armide, Gloire, Thétis.*
Brigs : *Lynx, Palinure, Sylphide.*

Le lendemain soir, cette division mouilla à Vigo ; son
commandant y trouva des instructions du vice-amiral Villeneuve qui avait quitté ces parages depuis sept jours. Ces
instructions lui enjoignaient de se diriger sur Brest, en
reconnaissant les Penmarks, où il aurait des nouvelles de
l'armée navale. Le commandant en chef le prévenait que,
s'il éprouvait quelque contrariété, il se rendrait à Cadix
et il lui ordonnait d'aller l'y rejoindre. Le commandant
Allemand était sous voiles le 19, à 8h du matin. Contrarié par de grandes brises de N.-E., il n'eut connaissance
des Penmarks que le 30. Les renseignements qu'il obtint ne purent lui laisser de doutes sur la route prise par
l'armée combinée, et il se dirigea vers Cadix. Le 11 septembre, il s'empara du brig anglais Phœbus par lequel il
apprit l'arrivée de l'escadre française à Cadix, où elle était
bloquée par 26 vaisseaux anglais. Ce blocus rendant l'entrée dans ce port sinon impossible, du moins très-problé-
matique, les capitaines des vaisseaux, appelés en conseil,
furent unanimement d'avis qu'on ne devait pas tenter de
franchir la croisière anglaise. Le commandant Allemand

alla s'établir en observation à l'Ouest du cap Lizard d'Angleterre. Le 26, la division chassa un convoi anglais escorté par le vaisseau de 56° CALCUTTA, capitaine Woodriff. Le lendemain dans l'après-midi, la frégate l'*Armide* qui avait dépassé ce vaisseau et poursuivait les navires du commerce, reçut l'ordre de l'attaquer ; le capitaine Louvel passa sur son avant en lui envoyant quelques boulets ; il se laissa ensuite culer et le canonna pendant une heure. La nuit arriva sans qu'aucun autre bâtiment de la division eût pu venir rendre cette attaque plus efficace. Le CALCUTTA, chassé par la division entière, faisait alors route au Sud, tandis que son convoi courait au N.-E. avec des vents de O.-S.-O. Il était 9h 45m lorsque le *Magnanime* engagea le combat avec le CALCUTTA : ce vaisseau amena son pavillon après une défense d'un quart d'heure. Le commandement en fut donné au capitaine de frégate Bérar.

Le 10 octobre, à 36 milles de Vigo où elle allait faire de l'eau, la division française chassa un vaisseau anglais qu'elle ne put atteindre. Cette chasse la souventa tellement, que le commandant Allemand qui voyait le nombre des malades augmenter chaque jour, renonça à entrer dans ce port, et il fit route pour les Canaries ; la division mouilla à Sainte Croix de Ténériffe, le 3 novembre. Ce jour-là, le bulletin sanitaire accusait 1,300 scorbutiques ! Quelque énorme que soit ce chiffre, il ne paraîtra pas exagéré, si l'on considère qu'à cette époque, les hommes de l'équipage n'étaient ni couchés ni habillés ; ou plutôt, que ceux-là seuls l'étaient qui, en embarquant, apportaient un hamac et des effets. Et le nombre en était fort restreint.

Le 16 novembre, la division remit à la voile et, le 24, elle mouilla sur la rade de l'île d'Aix. Cette croisière avait coûté aux Anglais le vaisseau CALCUTTA, la corvette RANGER qui avait été coulée ; le brig PHŒBUS et 42 navires du commerce.

III   22

C'est à cette division qu'on donna en France le nom
d'*Escadre invisible*.

Le 17 janvier, l'escadre de Toulon, commandée par le
vice-amiral Villeneuve, mit à la voile par une grande brise
de N.-N.-O., ayant à bord 6,330 hommes de troupes sous
les ordres du général Lauriston, aide de camp de l'Empereur. Elle était composée comme suit :

Canons.

	Bucentaure.	capitaine Magendie.
		Villeneuve (Pierre), vice-amiral.
94	*Formidable*.	capitaine Letellier.
		Dumanoir Lepelley, contre-amiral.
	Neptune.	capitaine Maistral (Esprit).
	Indomptable.	— Hubert.
	Annibal.	— Cosmao Kerjulien.
	Mont Blanc.	— Lavillesgris.
	Swiftsure.	— Lhospitalier Villemadrin.
86	*Atlas*.	— Rolland (Pierre).
	Intrépide.	— Depéronne (Léonore).
	Scipion.	— Berrenger.
	Berwick.	— Filhol Camas.

Frégates : *Rhin, Uranie, Cornélie, Thémis, Hortense, Sirène, Incorruptible*.
Corvette : *Naïade*.
Brig : *Furet*.

Le vaisseau l'*Intrépide*, les frégates l'*Hortense* et l'*Incorruptible* avaient été détachés en avant pour chasser les
frégates anglaises ACTIVE et SEA HORSE que le vice-amiral
Nelson tenait en observation à l'entrée de la rade de Toulon. Les vaisseaux français, sortis avec un commencement
de coup de vent, firent de grandes avaries pendant la nuit.
Au jour, les trois chasseurs et l'*Indomptable* étaient hors
de vue; la journée se passa à se reconnaître et à se rallier. Les vaisseaux étaient mal équipés, faibles en équipages
et encombrés de troupes. Les gréments étaient vieux et
de mauvaise qualité. On conçoit combien ce coup de vent,
reçu à la sortie, dut occasionner de désordre à bord de
vaisseaux ainsi installés. Le vice-amiral Villeneuve prit le
parti de relâcher, et le 21, il rentra à Toulon; les 2 vaisseaux et les 2 frégates séparés l'y rallièrent. Ce début malheureux fut une des causes des fâcheuses préoccupations

qui ne cessèrent d'assiéger l'esprit du vice-amiral Villeneuve pendant toute la durée de son commandement,
préoccupations qu'il ne chercha même pas à dissimuler
dans sa correspondance, mais que l'amitié aveugle du ministre ne sut ou ne voulut pas apercevoir. A peine rendu au
mouillage il écrivit : « L'escadre de Toulon paraissait fort
« belle sur rade ; les équipages bien vêtus faisaient bien
« l'exercice ; mais, dès que la tempête est venue, les choses
« ont changé. Ils n'étaient pas exercés aux tempêtes. Le
« peu de matelots confondus parmi les soldats ne se trou-
« vaient plus. Ceux-ci, malades de la mer, ne pouvaient
« plus se tenir dans les batteries. Ils encombraient les
« ponts. Il était impossible de manœuvrer. De là, des ver-
« gues cassées, des voiles emportées, car dans toutes nos
« avaries, il y a bien eu autant de maladresse et d'inexpé-
« rience que de défaut de qualité des objets délivrés par
« les arsenaux. »

Les deux frégates anglaises qui croisaient devant Toulon
s'étaient dirigées sur les bouches de Bonifacio, afin d'annoncer la sortie de l'escadre française au vice-amiral Nelson, alors au mouillage sur l'une des rades du Nord de la
Sardaigne. Cet officier général appareilla, le 19 janvier,
avec les vaisseaux

Canons.			
110	VICTORY.	capitaine	Masterman Hardy.
			lord Horatio Nelson, vice-amiral.
	ROYAL SOVEREIGN.	capitaine	John Stewart.
			sir Robert Bickerton, contre-amiral.
82	SUPERB.	capitaine	Goodwin Keats.
	SPENCER.	—	honorable Robert Stopford.
	SWIFTSURE.	—	Mark Robinson.
	BELLE ISLE.	—	William Hargood.
	CONQUEROR.	—	Israël Pellew.
	TIGRE.	—	Benjamin Hallowell.
	LEVIATHAN.	—	William Bayntun.
	DONEGAL.	—	Pulteney Malcolm.
80	CANOPUS.	—	John Conn.

et les frégates : ACTIVE et SEA HORSE.

Lord Nelson se dirigea vers le Sud en élongeant la
Sardaigne. Ne trouvant aucune indication sur la route

suivie par l'escadre française, il marcha vers l'Est. Le
4 février, il était devant Alexandrie d'Égypte : on y était
dans la plus complète ignorance sur la mission de l'escadre
de Toulon. Le vice-amiral anglais revint alors sur ses pas,
et il apprit à Malte la rentrée du vice-amiral Villeneuve.
Le 12 mars, il parut devant Toulon après une relâche de
quelques jours à Cagliari ; et ayant constaté l'exactitude
des renseignements qui lui avaient été donnés, il alla
mouiller sur la rade de Palma en Sardaigne, où des navires chargés de vivres l'attendaient. Il y fut rallié par la
frégate AMBUSCADE sur laquelle se trouvait le contre-amiral
Louis. Cet officier général arbora son pavillon sur le CA-
NOPUS dont le commandement passa au capitaine Francis
Austen.

Pendant ce temps, les réparations des vaisseaux français
étaient poussées avec activité. L'*Annibal*, jugé hors de
service, fut remplacé par le *Pluton*, de même force. L'*Hermione* remplaça l'*Uranie*. L'*Incorruptible* avait trop souffert
pour qu'on pût songer à l'emmener. A ces changements
près, la composition de l'escadre était la même le 30 mars,
jour où elle prit la mer, que lorsqu'elle avait mis à la voile
le 19 janvier ; le chiffre des troupes expéditionnaires avait
cependant été réduit à 3,330 hommes.

Aussitôt après avoir passé le détroit de Gibraltar, le
vice-amiral Villeneuve avait ordre de détacher 2 vaisseaux
et 4 frégates pour frapper de contributions et détruire les
établissements anglais de la côte occidentale d'Afrique, et
s'emparer de l'île de Sainte-Hélène. Quant à lui, il devait
soumettre les colonies hollandaises de Surinam, de Démé-
rari, de Berbice et d'Essequibo dont les Anglais s'étaient
emparés. Cela fait, il lui était enjoint de se rendre à la
Martinique où il trouverait la division du contre-amiral
Burgues Missiessy. Il lui était ensuite recommandé de
croiser pendant quelque temps ; de faire le plus de tort
possible au commerce anglais ; de débarquer 6 à 700
hommes à Santo-Domingo de l'île de Saint-Domingue ; et

de tenter de s'emparer de quelque colonie anglaise en attendant l'arrivée du vice-amiral Ganteaume. Il lui était prescrit de ne prolonger, en aucun cas, son séjour aux Antilles au delà de soixante jours à partir de son apparition devant Surinam.

La relâche du vice-amiral Villeneuve à Toulon dut nécessairement faire modifier ces instructions.

L'Espagne avait à peine déclaré la guerre à l'Angleterre, que la France avait signé avec elle un traité d'alliance offensive et défensive. Le roi Charles IV s'était engagé à armer 32 vaisseaux qui devaient se réunir aux escadres françaises. Les nouvelles instructions du vice-amiral Villeneuve lui enjoignirent de prendre, en passant, 6 vaisseaux espagnols qui étaient prêts à Cadix; de débarquer ses troupes à la Martinique ou à la Guadeloupe, et d'attendre l'armée navale de Brest pendant quarante jours. Si, à cette époque, la réunion n'avait pas eu lieu, il irait croiser pendant 20 jours aux Canaries. S'il n'avait alors aucune nouvelle du vice-amiral Ganteaume, il devait se rendre directement à Cadix pour y déposer ses malades; passer ensuite en vue du Ferrol pour s'adjoindre les 5 vaisseaux français et les 10 espagnols qui s'y trouvaient; se présenter devant Brest pour faire sa jonction avec l'armée navale de ce port, laquelle désormais se rangerait sous son commandement, et entrer dans la Manche. On verra comment cette nouvelle combinaison amena un résultat qui détruisit tous les plans de l'Empereur et le força à renoncer à ses projets d'invasion en Angleterre.

Lorsque le vice-amiral Nelson connut le départ de l'escadre de Toulon, il établit sa croisière tantôt à l'Ouest, tantôt dans le Sud de la Sardaigne. Le 16 avril, il apprit sa sortie de la Méditerranée. L'escadre française avait en effet passé le détroit, en faisant prendre chasse à la division de 5 vaisseaux du vice-amiral anglais sir John Orde qui s'y tenait en observation et, le 10 avril à la nuit, elle avait jeté l'ancre à l'entrée de la baie de Cadix; avant le

jour, elle était de nouveau sous voiles avec les vaisseaux
espagnols

Canons.

80	*Argonauta*........	capitaine	don Rafael Hore.
		Frederico Gravina, lieutenant-général.	
	San Rafael.......	capitaine	don Francisco Montes.
76	*Firme*..........	—	don Rafael Villavicentio.
	Terrible.........	—	don Francisco Mondragon.
64	*America*.........	—	don Juan Darrac.
	España.........	—	don Bernardo Muñoz.

et la frégate *Magdalena*,

Le vaisseau français l'*Aigle*, capitaine Gourrège, la corvette la *Torche* et le brig l'*Argus* qui se trouvaient à Cadix, se joignirent aussi à l'escadre.

Le *San Rafael* s'échoua en appareillant; 3 autres vaisseaux espagnols restèrent de l'arrière, et l'on ne les revit
qu'à la Martinique où les escadres combinées arrivèrent
le 14 mai. Je dis les escadres combinées, car le lieutenant
général Gravina devait agir de concert avec le vice-amiral
Villeneuve, mais il n'était pas sous ses ordres. Les frégates
l'*Hortense* et l'*Hermione* qui avaient été envoyées en avant,
s'étaient emparées, le 11 mai, à 120 milles de la Martinique, de la corvette anglaise de 24e CYANE, capitaine Cado-
gan, sans avoir tiré un coup de canon. Deux jours après,
les escadres alliées laissaient tomber l'ancre sur la rade
du Fort de France.

Avant de partir de Toulon, le vice-amiral Villeneuve
avait adressé l'ordre du jour suivant aux capitaines de son
escadre.

Bucentaure. Rade de Toulon, 20 décembre 1804.

Le vice-amiral Villeneuve, Grand officier de la Légion
d'honneur, aux commandants des bâtiments sous ses ordres.

« Je vous avais annoncé, Messieurs, en prenant le com-
« mandement de cette escadre, qu'elle n'était pas éloignée
« l'époque où l'Empereur allait nous appeler sur les mers.
« Sa Majesté m'a fait transmettre ses ordres, et je l'ai as-
« surée de la juste confiance que je mettais dans le zèle,

« le dévouement et le courage de chacun des capitaines
« sous mes ordres, pour la gloire de ses armes et la pros-
« périté de son empire.

« Dès que le corps des troupes expéditionnaires sera
« embarqué, nous mettrons sous voiles. Je dois vous faire
« connaître ici, Messieurs, quelle est ma pensée, soit pen-
« dant la navigation que nous allons entreprendre, soit
« dans le cas de la rencontre de l'ennemi. Je désire que
« vous vous en pénétriez bien et, si je suis compris, je ne
« doute pas que l'intelligence, l'expérience et le courage
« de chaque capitaine, ne lui fasse choisir, dans toutes les
« circonstances, le parti le plus favorable au succès de la
« mission commune, et le plus conforme à l'honneur du
« pavillon auquel est attachée la gloire particulière de cha-
« que officier. Que chacun se pénètre bien de cette pensée
« que, de la campagne que nous allons entreprendre, dé-
« pend peut-être la tranquillité de l'Europe et la paix de la
« patrie ; que nous sommes appelés à jouer un grand rôle
« dans ce réveil de la marine impériale ; enfin, que les
« yeux de l'Empereur et de nos concitoyens sont fixés sur
« nous. Cela suffit-il pour exciter notre émulation !

« La mission de l'escadre a un but ; c'est vers ce but
« que nous devons tendre sans déviation. L'escadre, en
« conséquence, ne chassera aucun bâtiment qui la détour-
« nerait de sa route, à moins que ce ne fût une division
« de bâtiments de guerre qu'on aurait la certitude de
« joindre, et dont la défaite formerait un événement assez
« important pour mériter de fixer l'attention... Je n'ai pas
« l'intention d'aller chercher l'ennemi ; je l'éviterai même
« pour me rendre à ma destination. Mais si nous le ren-
« controns, ne faisons pas de manœuvre honteuse ; elle
« découragerait nos équipages, et une défaite en serait la
« conséquence. Si l'ennemi est sous le vent, maîtres de
« notre manœuvre, nous nous mettrons en ordre de ba-
« taille et laisserons porter par son travers, afin que chaque
« vaisseau puisse serrer au feu celui qui lui correspond

« dans la ligne ennemie et l'aborder si l'occasion se pré-
« sente. Je ferai très-peu de signaux ; mais j'attends tout
« du courage de chaque capitaine, des officiers, des équi-
« pages, et de la circonstance heureuse qui réunit à bord
« des vaisseaux une partie des plus braves troupes de l'Em-
« pereur. Tout capitaine qui ne serait pas au feu ne serait
« pas à son poste, et le signal qui lui rappellerait son de-
« voir serait une tache pour lui.

« Si l'ennemi au contraire se présente au vent à nous et
« témoigne l'intention de nous attaquer, nous devons l'at-
« tendre sur une ligne de bataille très-serrée. Il ne se bor-
« nera pas à se former sur une ligne de bataille parallèle à
« la nôtre, et à venir nous livrer un combat d'artillerie dont
« le succès appartient souvent au plus habile, mais tou-
« jours au plus heureux. Il cherchera à entourer notre
« arrière-garde ; à nous traverser, et à porter sur ceux de
« nos vaisseaux qu'il aurait désunis, des pelotons des siens
« pour les envelopper et les détruire. Dans ce cas, c'est
« bien plus de son courage et de son amour de la gloire
« qu'un capitaine doit prendre conseil, que des signaux de
« l'amiral qui, engagé lui-même, et enveloppé dans la fu-
« mée, n'a peut-être plus la facilité d'en faire. Tous les
« efforts doivent tendre à se porter au secours des vais-
« seaux assaillis, et à se rapprocher du vaisseau amiral, qui
« en donnera l'exemple. Les frégates devront également
« prendre part à l'action ; aucun signal ne doit être néces-
« saire pour cela. Elles doivent se porter où elles jugent
« que leur coopération est le plus nécessaire, soit pour
« hâter la reddition d'un vaisseau ennemi, soit pour cou-
« vrir un français trop vivement pressé, et le prendre à la
« remorque.

« Rien ne doit nous étonner dans la vue d'une escadre
« anglaise. Leurs vaisseaux de 74 canons n'ont pas 500
« hommes à bord ; ils sont harassés par une croisière de
« deux ans ; ils ne sont pas plus braves que nous, et ont
« infiniment moins de motifs pour se bien battre. Ils sont

« habiles à la manœuvre : dans un mois nous le serons
« autant qu'eux. Tout se réunit donc pour nous donner la
« confiance des succès-les plus glorieux, et d'une ère nou-
« velle pour la marine impériale. »

Au mois de janvier 1804, le commodore anglais Samuel
Hood qui commandait la croisière de la Martinique, sentant toute l'importance de la position du Diamant, s'était
emparé de ce rocher sur lequel il avait placé 3 canons de
24 et 2 de 18; le commandement de ce poste avait été
donné au lieutenant James Wilkes Maurice, du vaisseau
de 82ᵉ Centaur, qui avait conduit cette opération. Cet officier fut inscrit sur la liste de la marine « commandant la
corvette de guerre Diamond rock. »

Le Diamant, situé à environ un mille de la pointe S.-E.
de la Martinique, et à 6 milles de l'entrée de la baie du
Fort de France, est un rocher qui peut avoir 195 mètres de
hauteur et moins d'un mille de pourtour. La partie Sud
est inaccessible: on dirait une muraille s'inclinant légèrement en dedans. Celles de l'Est et du S.-E., couvertes de
crevasses très-profondes, sont peut-être plus difficiles encore à gravir. On ne peut aborder ce rocher que par l'Ouest,
côté où règne un ressac continuel et parfois très-fort. Les
Anglais qui avaient pu étudier à loisir cette position ,
avaient débarqué sur ce point, et l'avaient de suite for-
tifié. Un canon de 24, installé à pivot, commandait la partie accessible, et battait du côté de la rade du Marin. Un
deuxième regardait le N.-E. ; un autre était placé dans une
crevasse, à la moitié de la hauteur du rocher ; enfin deux
canons de 18 étaient en batterie sur son sommet.

. Le passage de l'escadre de Toulon donnait au capitaine-
général de la Martinique le moyen de reprendre ce rocher,
dont les batteries ne cessaient d'inquiéter les caboteurs.
Le capitaine de vaisseau Cosmao Kerjulien fut chargé de
cette opération avec le *Pluton*, le *Berwick*, la *Sirène*, l'*Argus* et la goëlette la *Fine* sur lesquels on embarqua
300 hommes de troupes ; le 31 mai au matin, cette divi-

sion était en position de commencer l'attaque. Dès la première volée, les ouvrages inférieurs furent abandonnés et le débarquement, dirigé par le lieutenant de vaisseau Daudignon, se fit sous une grêle de balles et de pierres qui partaient de tous les trous du rocher. L'impossibilité d'en aller débusquer l'ennemi, faute d'échelles, obligea les assaillants à se borner à une simple fusillade qui eut peu d'effets. Le troisième jour, quelques marins et soldats étant parvenus à gravir le roc, et à se rendre maîtres de la cavité dans laquelle les assiégés avaient établi leur magasin à vivres, ceux-ci se virent réduits à capituler. La garnison, ou l'équipage de la corvette DIAMOND ROCK, pour employer l'expression anglaise, était de 128 hommes.

Le 4 juin, les vaisseaux de 86ᵉ l'*Algésiras* et l'*Achille*, capitaines Brouard et Deniéport, arrivèrent à la Martinique avec le contre-amiral Magon. Déjà la frégate la *Didon*, capitaine Milius, avait apporté des nouvelles d'Europe. Certain désormais qu'il ne serait rallié ni par l'armée navale de Brest, ni par la division du contre-amiral Missiessy qu'il savait de retour à Rochefort, le vice-amiral Villeneuve résolut d'aller attaquer la Barbade. Il reprit 700 hommes de troupes à la Martinique et 600 à la Guadeloupe et, sans avoir débarqué 860 soldats qui étaient sur les deux vaisseaux arrivés la veille, il mit à la voile en même temps que l'escadre espagnole. Le 8, il s'empara, près de l'île d'Antigues, d'un convoi anglais de 14 voiles escorté par une goëlette qui seule lui échappa. Le commandant en chef apprit par les prisonniers l'arrivée de 14 vaisseaux anglais et de quelques frégates à la Barbade (1). Réuni à la division du contre-amiral Cochrane, ce renfort donnait aux Anglais une égalité, sinon une supériorité qui détermina le vice-amiral Villeneuve à renoncer, non seulement à l'attaque de la Barbade, mais encore à

(1) Ce chiffre, ainsi qu'on le verra, était exagéré : il n'y avait que 10 vaisseaux.

celle de toute autre possession anglaise. Aller à la Martinique, et y attendre l'époque fixée pour le retour en Europe, ne parut pas un parti convenable car, en séjournant dans cette colonie, on s'exposait à voir augmenter le nombre déjà considérable des malades des vaisseaux : le départ immédiat pour l'Europe fut résolu. La *Sirène* reçut la mission d'escorter les prises au premier port qu'elle pourrait atteindre, et les troupes furent mises sur l'*Hortense*, la *Didon*, l'*Hermione* et la *Thémis* ; ces frégates devaient les débarquer à la Guadeloupe, et rallier aux Açores. La *Torche* et la *Naïade* furent envoyées à la Martinique, et les escadres combinées firent route pour l'Espagne.

Après avoir rempli sa mission, le capitaine Lamare Lameillerie qui commandait la division des frégates, rencontra la *Seine* et son convoi, à peu de choses près à l'endroit où ils avaient été laissés dix-sept jours auparavant ; il leur fit prendre la route de Porto Rico. Le 27, il eut connaissance des corvettes anglaises de 18ᵉ Kingsfisher et Osprey et les chassa. Induit en erreur par les signaux que faisaient ces deux bâtiments et par les coups de canon qu'ils ne cessaient de tirer, il leva la chasse ; et persuadé que ces corvettes ralliaient une escadre qui ne pouvait être éloignée, il ordonna de brûler les prises. Les frégates rejoignirent leur amiral au point indiqué.

Le vice-amiral Nelson avait passé le détroit de Gibraltar le 27 mai, laissant le commandement des forces navales anglaises de la Méditerranée au contre-amiral Bickerton. Après avoir pris des vivres à Lagos, il croisa devant le cap Saint-Vincent où il trouva un convoi qui lui apportait 5,000 hommes de troupes. Il fit ensuite route à l'Ouest avec les vaisseaux Victory, Canopus, Superb, Spencer, Tigre, Swiftsure, Conqueror, Belle isle, Leviathan et les frégates Amazon, Décade et Amphion (1). Six

---

(1) Il y avait un dixième vaisseau dont je n'ai pu trouver le nom.

autres vaisseaux devaient le rejoindre à la Barbade.
Nelson fit alors connaître à ses capitaines, son opinion sur
un combat naval (1). « Le devoir d'un commandant en chef
« étant d'abord de forcer l'ennemi à la bataille dans la
« position la plus avantageuse — j'entends de mettre ses
« vaisseaux bord à bord avec ceux de l'ennemi aussi
« promptement que possible, et ensuite de continuer à les
« y tenir jusqu'à ce que l'affaire soit décidée — il ne me
« reste rien à dire, car, connaissant mes intentions de
« livrer une bataille décisive, les amiraux et les capitaines
« de l'escadre que j'ai l'honneur de commander, supplée-
« ront aux signaux qui ne seront pas compris, ou à ceux
« que je ne ferai pas, si les circonstances mettent le
« commandant en chef dans l'impossibilité d'en faire. Il
« me suffira d'établir en peu de mots, les diverses ma-
« nières par lesquelles je compte atteindre le but d'où dé-
« pend, non-seulement la gloire et l'honneur de notre
« pays, mais peut-être son salut et celui de l'Europe, con-
« tre la tyrannie et l'oppression de la France. »

  « Si les deux escadres sont dans l'intention de com-
« battre, il faudra peu manœuvrer ; moins on le fera et
« mieux cela vaudra : une journée est bientôt perdue en

---

(1) Lord Nelson's plan of attack.

  The business of an English commander in chief, being first to bring an ennemy's fleet to battle, on the most advantageous terms to himself (1 mean that
of laying his ships close on board those of the enemy as expeditiously as
possible, and secondly, to continue them there without separating, until the
business is decided). I am sensible, beyond this object, it is not necessary
I should say a word, being fully assured, that the admirals and captains of
the fleet thave the honour to command will, knowing my precise object, that
of a close and decisive battle, supply any deficiency in my not making signals ;
which may, if extended beyond these objects, either be misunderstood or, if
waited for, very probably from various causes be impossible to the commander
in chief to make. Therefore, it will only be requisite for me to state, in as a
few words as possible, the various modes by which it may be necessary for me
to obtain my object, on which depend not only the glory and honour of our
country, but possibly its safety and, with it, that of all Europe, from french
tyranny and oppression.

  If the two fleets are both willing to fight, but little manœuvring is necessary.
The less the better ; a day is soon lost in that business. Therefore, I will only

« manœuvres. Je supposerai que l'escadre ennemie est
« sous le vent, au plus près tribord amures ; que je suis
« un peu de l'avant à elle, les amures au bord opposé, et
« que je peux la doubler au vent. La brise est sensée
« maniable, car s'il ventait grand frais, la tactique des
« deux escadres offrirait peu d'intérêt, et il est probable
« que tous les vaisseaux ne pourraient pas engager. Deux
« moyens se présentent ; l'un, de se tenir juste au delà
« d'une portée de canon, jusqu'à ce que mon avant-garde
« soit par le travers du vaisseau du centre de la ligne
« ennemie ; de faire alors le signal d'arriver tous à la fois,
« et d'attaquer avec toutes nos forces les 5 ou 6 vaisseaux
« de l'avant-garde, passant à travers la ligne si l'occasion
« s'en présente. Cela empêcherait les vaisseaux ennemis
« de pouvoir se soutenir, et l'action, vu le courage que
« déploieront et la conduite que tiendront les amiraux
« et les capitaines, sera certainement décisive ; les der-
« niers vaisseaux de l'arrière-garde ennemie pourraient
« agir comme bon leur semblerait ; les nôtres en auraient
« bon marché s'ils tentaient de se mêler à eux. »

« L'autre moyen consiste à se tenir sous une voilure
« aisée directement devant le chef de file, de manière
« à mettre l'ennemi dans le doute si je passerai au vent

---

suppose that the ennemy's fleet being to leward, standing close upon a wind on
the starboard tack, and that I am nearly ahead of them, standing in a larboard
tack ; of course, I should weather them. The weather must be supposed to be
moderate, for if it be a gale of wind, the manœuvring of both fleets is but of
little avail and probably not decisive action would take place whith the whole
fleet. Two modes presente themselves : one, to stand on just out of gun-shot
until the van-ship of my line would be abreast of the centre-ship of the ennemy, then make the signal to wear together ; then bear up, engage with all
our forces the six or five van-ships of the ennemy, passing certainly, if opportunity is offered, through their line. This will prevent their baring up, and the
action, from the know bravery and conduct of admirals and captains, would
certainly be decisive ; the second or third rear-ship of the ennemy would act
as they pleased, and our ships would give a good account of them, should they
persist in mixing with our ships. The other mode would be to stand under an
easy but commanding sail, directly for their headmost ship, so as to prevent the
ennemy for knowing wether I should pass to leward or to windward of him.
In that situation, I would make the signal to engage the ennemy to leward, and

« ou sous le vent. Je ferais alors le signal d'engager l'en-
« nemi sous le vent en le serrant de près, et de le couper
« vers le sixième vaisseau de l'avant-garde; celle-ci étant
« au plus près, alors que nous courrons largue, il sera
« facile de traverser la ligne où l'on voudra. Cette avant-
« garde sera déjà fort maltraitée lorsque notre arrière-garde
« arrivera par son travers; mais notre avant-garde aura,
« elle aussi, de nombreuses avaries. Je ferai alors virer
« l'escadre anglaise, et l'arrière-garde continuera à com-
« battre le premier ou le second vaisseau, à son choix. En
« persévérant dans ce mode d'attaque, je ne vois pas que
« les cinq ou six vaisseaux de tête puissent nous échapper.
« Les derniers de la ligne ennemie pourront venir au vent
« ou arriver. Quoique probablement en meilleur état que
« ceux de notre avant-garde qui feront alors l'arrière-
« garde, ils seront séparés et assez souventés pour don-
« ner à nos vaisseaux le loisir de se refaire, et pendant ce
« temps, je pense que les amiraux et les capitaines en
« auront terminé avec le reste. Dans de pareils moments,
« les signaux sont inutiles lorsque chacun est disposé à
« faire son devoir. Notre grand objet est de nous soutenir
« mutuellement et de serrer nos adversaires de près sous

---

to cut through their fleet about the sixth ship from the van, passing very close;
they being on the wind, you going large, could cut their line where you please.
The van-ships of the ennemy would, by the time our rear came abreast of the
van-ship, be severely cut up, and our van could not expect to escape damage.
I would then have our rear-ship and every ship in succession wear, continue
the action with either the van-ship or second ship, as it might appear most
eligible from her crippled state; and this mode pursued, I see nothing to prevent the capture of the five or six ships of the ennemy's van. The two or three
ships of the ennemy's rear must either bear up or wear, and in either case, al-
though they would be in a better plight probably than our two van-ships, now
the rear, yet they would be separated and at a distance to leward so as to give
our ships time to refit; and by that time, I believe the battle would, from the
judgments of the admirals and captains, be over with the rest of them. Signals
from these moments are useless when every man is disposed to do his duty.
The great object is for us to support each other and to keep close to the ennemy
and to leward to him. If the ennemy is running away, then the only signal
necessary will be to engage the ennemy as arriving up with them, and the
other ships to pass on for the second, third, etc., giving if possible a close fire

« le vent. Si l'ennemi battait en retraite, je ferais le si-
« gnal de l'engager en arrivant sur lui, et l'on déploierait
« la même tactique. »

L'escadre anglaise mouilla à la Barbade le 4 juin, y embarqua 2,000 hommes de troupes, et emmenant avec lui
les deux vaisseaux NORTHUMBERLAND et SPARTIATE qui s'y
trouvaient, le vice-amiral Nelson se dirigea, dès le lendemain, sur Tabago où il croyait trouver les escadres alliées.
Arrivé à la Grenade, il fut informé qu'elles avaient été
vues devant la Dominique, faisant route au Nord; il mit
alors ses troupes à terre à Antigues, renvoya le NORTHUM-
BERLAND, et reprit le chemin de l'Europe avec 11 vaisseaux.
Le 17 juillet, il avait connaissance du cap Saint-Vincent
du Portugal, d'où il se dirigea sur Gibraltar et Tétouan
pour faire de l'eau sur la côte du Maroc. Y ayant appris
que le brig le CURIEUX qui portait ses dépêches avait rencontré les escadres combinées, le vice-amiral Nelson passa
de nouveau le détroit et se dirigea sur l'île d'Ouessant.
Le 15 août, il laissa 9 vaisseaux à l'amiral Cornwallis,
et se rendit en Angleterre avec le VICTORY et le SUPERB.

Les dernières instructions enjoignaient au vice-amiral
Villeneuve de se rendre à Cadix et de tenter quelque entreprise avec ceux de ses vaisseaux qui seraient en bon
état, et auxquels il resterait des vivres. Ou bien, pour ne
pas s'exposer à la longueur et à l'incertitude des réparations en pays étranger, de faire sortir les vaisseaux français et espagnols du Ferrol; de débloquer l'île d'Aix pour
faciliter l'appareillage de la division du commandant
Allemand (Zacharie) qui se trouvait sur cette rade; de
laisser à Rochefort ceux de ses vaisseaux qui auraient besoin de réparations, et d'aller à Cadix, après avoir détaché
le contre-amiral Gourdon pour croiser à l'entrée de la mer

---

into the ennemy in passing, taking care to give our ships engaged notice of our
intention (a).

(a) *Clarke and M'Arthur's life of Nelson.*

Baltique avec 5 vaisseaux et 2 frégates, et le chef de division
Allemand aux îles Açores avec 3 vaisseaux et une frégate.
Il lui était encore facultatif de doubler l'Irlande par le
Nord, et de se faire rallier par les 9 vaisseaux hollandais
du Texel et de Helvoët Sluys. Mais il lui était expressé-
ment recommandé de n'entrer au Ferrol dans aucun cas.

On était en juillet. De grands vents de N.-E. qui, depuis
vingt jours, arrêtaient le vice-amiral Villeneuve, étaient
enfin devenus favorables en passant au O.-N.-O., et les
escadres combinées de France et d'Espagne se dirigeaient
sur le Ferrol lorsque, le 22 au matin, une armée anglaise
fut signalée dans le N.-E.; le temps était brumeux. Le cap
Finistère restait à 120 milles dans l'E.-N.-E. Cette armée
était celle du vice-amiral Calder qui, on doit se le rappeler,
avait été distrait de l'armée de la Manche pour prendre la
direction du blocus du Ferrol. Les escadres alliées, fortes
de 20 vaisseaux et 7 frégates, se rangèrent en bataille, bâbord amures, comme ci-après :

Canons.

80	*Argonauta*	capitaine	don Rafael Hore.
			don Frederic Gravina, lieutenant général.
74	*Terrible.*	capitaine	don Francisco Mondragon.
64	*America.*	—	don Juan d'Arrac.
	España.	—	don Bernardo Muños.
80	*San Rafael.*	—	don Francisco Montes.
74	*Firme.*	—	don Rafael Villavicentio.
86	*Pluton.*	—	Cosmao Kerjulien.
	Mont Blanc.	—	Lavillesgris.
	Atlas.	—	Rolland (Pierre).
	Berwick.	—	Filhol Camas.
94	*Neptune.*	—	Maistral (Esprit).
	Bucentaure.	—	Magendie.
			Villeneuve, vice-amiral.
	Formidable.	capitaine	Letellier.
			Dumanoir Lepelley, contre-amiral.
86	*Intrépide.*	capitaine	Depèronne (Léonore).
	Scipion.	—	Berrenger.
	Swiftsure.	—	Lhospitalier Villemadrin.
94	*Indomptable.*	—	Hubert.
78	*Aigle.*	—	Gourrège.
86	*Achille.*	—	Deniéport.
	Algésiras.	—	Letourneur (Laurent).
			Magon, contre-amiral.

Frégtes de 44	*Hortense*..........	capitaine	Lamare Lameillerie.
	Hermione.........	—	Mahé.
	Cornélie.........	—	Martinencq.
	Didon...........	—	Milius.
	Rhin............	—	Infernet.
	Sirène..........	—	Chabert.
	Thémis..........	—	Jugan.
Brigs de 18	*Furet*...........	—	Demay.
	Argus...........	—	Taillard.
	Observateur.......	—	....

Les escadres alliées gouvernaient ainsi, presque sur la tête de l'armée anglaise qui était en bataille, tribord amures, dans l'ordre que voici :

Canons.			
82	HERO............	capitaine	honorable Alan Hyde Gardner.
80	AJAX.	--	William Brown.
82	TRIUMPH.	—	Henry Inman.
108	BARFLEUR..........	—	George Martin.
72	AGAMEMNON.,......	—	John Harvey.
100	WINDSOR CASTLE......	—	Charles Boyles.
82	DEFIANCE..........	—	Charles Durham.
108	PRINCE OF WALES.	—	William Cumming.
		sir Robert Calder, vice-amiral.	
82	REPULSE.	capitaine	honorable Arthur Kaye Legge.
72	RAISONNABLE........	—	Josias Rowley.
82	DRAGON,..........	—	Edwards Griffiths.
108	GLORY.	—	Samuel Warren.
		sir Charles Stirling, contre-amiral.	
82	WARRIOR..........	capitaine	Samuel Hood Linzee.
	THUNDERER.........	—	William Lechmere.
80	MALTA............	—	Edward Buller.
Frégtes	EGYPTIENNE.	—	honorable Charles Elphinstone.
	SIRIUS.	—	William Prowse.
Cutter :	FISH.	—	James Nicholson.
Lougre :	NILE.	—	John Fennell.

La brume était si forte, qu'à 3ʰ 30ᵐ, et bien que les deux armées ne fussent pas alors à plus de sept milles l'une de l'autre, il n'avait pas encore été possible de reconnaître la force des Anglais. La route qu'ils suivaient les faisait passer forcément sous le vent de l'arrière-garde des escadres combinées. Cependant, le vice-amiral Villeneuve croyant voir là une manœuvre dans le but de mettre ses vaisseaux entre deux feux, fit virer les escadres alliées lof pour lof par la contre-marche à 3ʰ 45ᵐ. La brume devenait de plus en plus épaisse. L'évolution n'était pas encore terminée, que les vaisseaux espagnols, placés tous

III   23

à la tête de la ligne, avaient l'avant-garde ennemie par le travers de dessous le vent et commençaient la canonnade à grande distance. Le commandant en chef de l'escadre française s'était mépris sur l'intention du vice-amiral anglais. Celui-ci avait signalé de porter les efforts sur le centre; mais le vent, qu'il serrait autant que cela lui était possible, ne lui ayant même pas permis d'atteindre l'arrière-garde, il avait ordonné de prendre les amures à l'autre bord, et déjà l'armée anglaise avait viré et courait bâbord amures lorsque les vaisseaux espagnols commencèrent leur évolution. Exposé à dépasser promptement et à perdre de vue les escadres alliées s'il continuait à courir cette bordée, le capitaine Gardner, du HERO, qui tenait la tête de la colonne, vira une seconde fois sans ordre. Ce mouvement fut imité par les autres vaisseaux, et l'armée anglaise se trouva tribord amures comme celle des alliés. Le combat s'engagea successivement sur toutes les parties de la ligne; mais la brume et la fumée ne permirent bientôt plus de s'apercevoir, et le feu des canons servit seul à indiquer les positions : on tirait à peu près au hasard. Dans un court moment d'éclaircie, on put distinguer les 3 vaisseaux espagnols, *Firme*, *San Rafael* et *España* sous le vent de la ligne et vivement pressés par l'ennemi; le premier avait été démâté successivement de tous ses mâts. Le second, qui n'avait encore perdu qu'un mât de hune, fut bientôt réduit au même état. Leur position était critique. Le capitaine Cosmao, du *Pluton*, se rappelant l'initiative que les instructions du commandant en chef donnaient aux commandants, laissa arriver spontanément sur ces vaisseaux; les capitaines Rolland, de l'*Atlas* et Lavillesgris, du *Mont Blanc* imitèrent sa manœuvre. Malheureusement, tout disparut de nouveau dans la brume et dans la fumée, et les capitaines des 3 vaisseaux français crurent devoir rentrer dans la ligne; l'*España* eut le bonheur de pouvoir les suivre. Le *Firme* amena son pavillon un peu après 8ʰ et le *San Rafael*, quelques minutes plus tard. De ce moment, la canonnade diminua graduellement; le vice-amiral anglais ayant jugé prudent de se retirer, pour ne pas être exposé à se voir enlever les 2 vaisseaux espagnols dont il devait la prise à la brume et à sa position sous le vent, elle avait entièrement cessé à 9ʰ.

L'*Atlas* avait beaucoup souffert : son capitaine était blessé. Les autres vaisseaux des escadres alliées n'avaient que de faibles avaries. Le capitaine Depéronne, de l'*Intrépide*, avait été tué et remplacé par le capitaine de frégate Boutel. Du côté des Anglais, l'Ajax, le Prince of Wales, le Thunderer, le Malta et le Windsor Castle avaient été fort maltraités; le dernier fut pris à la remorque par le Dragon.

La nuit se passa à se chercher et à se rallier, tout en continuant de courir au S.-O.; lorsque le jour permit de se reconnaître, les vaisseaux des escadres alliées étaient épars. L'armée ennemie était à une dizaine de milles dans l'Est, les amures à bâbord. 4 vaisseaux, le Hero, le Barfleur, le Triumph et l'Agamemnon occupaient une position intermédiaire entre les deux armées; puis, sous le vent de la masse, naviguaient le Windsor Castle traîné par le Dragon, les 2 vaisseaux espagnols *Firme* et *San Rafael* remorqués par les frégates Sirius et Egyptienne, enfin le Malta et le Thunderer. Ainsi donc, si les escadres combinées étaient sans ordre, l'éparpillement des vaisseaux anglais n'était pas moins grand. A 6ʰ 30ᵐ, le vice-amiral Villeneuve fit signal de ralliement, et ordonna la formation de la ligne de bataille bâbord amures. Cela prit du temps, car la brise était toujours faible du O.-N.-O. Un peu après-midi, il laissa arriver sur l'armée anglaise qui courait alors au N.-E., bien ralliée, et prescrivit aux frégates de passer à poupe de tous les vaisseaux pour prévenir les capitaines qu'il avait l'intention d'engager une affaire décisive. Mais le vent mollissait; et reconnaissant l'impossibilité d'engager l'ennemi comme il l'eût voulu (1), à 4ʰ du soir, il

_____

(1) *Rapport du vice-amiral Villeneuve.*

reprit le plus près, bâbord amures. Le lendemain, l'ennemi était encore en vue ; les escadres alliées gouvernèrent de nouveau sur lui ; toutefois le vent ayant passé au N.-E. pendant la nuit, les deux armées mirent le cap au S.-E., et elles se perdirent de vue le 25.

Le mécontentement fut grand en Angleterre lorsqu'on y connut le résultat du combat du cap Finistère, qu'en France on désigna aussi sous le nom de combat des Quinze-vingts à cause du nombre des vaisseaux de chacune des deux armées, et le vice-amiral Calder se vit obligé de demander que sa conduite fût examinée. Il fut blâmé, en cour martiale, de n'avoir pas recommencé le combat le 23 ou au moins le 24, puisqu'il avait ordre d'empêcher la jonction des escadres alliées et des vaisseaux du Ferrol. Mais, disait l'arrêt, « Considérant que « la faute de n'avoir pas livré un second combat n'est le « résultat ni de la lâcheté, ni de la trahison, mais bien « d'une erreur de jugement, la cour martiale le condamne « (le vice-amiral Calder) à être sévèrement réprimandé. »

Contrarié de nouveau par des vents de N.-E., et désireux de mettre promptement à terre les nombreux malades qui encombraient les vaisseaux ; pressé d'ailleurs par le besoin d'eau, le vice-amiral Villeneuve prit le parti d'aller à Cadix. Il y avait à peine six heures qu'il suivait cette route, lorsque la brise qui soufflait bon frais passa au S.-S.-O. ; il fit de suite gouverner au Nord, mais ce ne fut pas pour longtemps : le vent mollit bientôt et reprit au N.-E. La position était critique et exigeait une prompte détermination. L'*Achille* avait 200 hommes sur les cadres, et il ne lui restait que pour cinq jours d'eau ; l'*Algésiras* était dans le même cas. L'*Indomptable*, l'*Intrépide* et l'*Aigle* avaient chacun 110 malades ; les autres vaisseaux en avaient également un grand nombre, et aucun n'avait de médicaments. Le vice-amiral Villeneuve fit route pour Vigo, et les escadres combinées mouillèrent sur cette rade le 28 juillet. 1,200 malades furent mis à terre ; il fut décidé

que l'*Atlas* et les vaisseaux espagnols *America* et *España*
qui n'avaient pas beaucoup souffert au combat du 22, mais
dont la mauvaise marche ne pouvait que contrarier les opérations de l'armée, resteraient dans ce port pour servir
d'hôpital. Le commandement du premier fut donné au capitaine de frégate Golias, et son équipage, sauf le nombre
d'hommes jugé lui être indispensable, fut réparti sur les
autres vaisseaux français. Le 31, les escadres combinées
mirent à la voile pour le Ferrol. En annonçant son départ
au ministre de la marine, le vice-amiral Villeneuve lui
exprimait les inquiétudes que lui donnaient les vaisseaux
espagnols qui, disait-il, n'étaient bons qu'à tout compromettre, et il lui faisait connaître son intention de se rendre
à Cadix s'il était empêché par le temps. Le lendemain
matin, au moment où les escadres alliées se présentaient
devant le Ferrol, le commandant en chef reçut une dépêche qui lui renouvela la défense expresse d'entrer dans
ce port. Signal de prendre le large fut fait immédiatement, et l'armée alla mouiller à la Corogne, à l'exception de l'*Argonauta* qui était trop avancé dans la passe
pour en sortir. Instruit par cette dépêche du point où se
trouvait la division de Rochefort, le vice-amiral Villeneuve
expédia la frégate la *Didon*, le 6 août, pour prévenir le
commandant Allemand de l'entrée des escadres à la Corogne, et lui donner l'ordre de l'y rallier. Les nouvelles
instructions qu'il venait de recevoir lui prescrivaient de
se diriger de suite sur Brest, de livrer bataille à l'armée
anglaise, et de faire détruire la sienne, s'il le fallait, pour
permettre aux vaisseaux de Brest de sortir. « Partez, lui
« écrivait l'Empereur. 150,000 hommes, un équipage
« complet, sont embarqués à Boulogne, Étaples, Vime-
« reux et Ambleteuse sur 2,000 bâtiments de flottille qui,
« en dépit des croisières anglaises, ne forment qu'une
« ligne d'embossage sur toutes les rades, depuis Étaples
« jusqu'au cap Gris-Nez. Votre seul passage nous rend,
« sans chances, maîtres de l'Angleterre. »

Les escadres alliées appareillèrent le 10 août et laissèrent tomber l'ancre dans la baie d'Arès qui touche la
rade de la Corogne. Le lendemain, elles remirent sous
voiles et furent ralliées par les vaisseaux français de 78°
le *Duguay-Trouin*, l'*Argonaute*, le *Fougueux*, le *Héros*, le
Redoutable et par les vaisseaux espagnols *Principe de Asturias* de 112°; *Neptuno* de 80 ; *Monarca, San Juan Nepomuceno, San Francisco de Asis, San Augustino, San
Justo* de 74; *San Ildefonso, Monarca, Montañes, San
Leandro* de 64 ; la frégate la *Flora* et la corvette *Mercu-
rio*. Le contre-amiral Gourdon ne sortit pas avec sa division : il était malade à terre.

L'armée navale que le vice-amiral Villeneuve avait sous
ses ordres n'était pas à beaucoup près aussi formidable que
pouvait le faire supposer le chiffre élevé des vaisseaux qui
la composaient. Tous manœuvraient difficilement; leurs
cordages étaient grossiers et en mauvais état. Mais un
plus long séjour sur les rades de la Corogne et du Ferrol
n'eût fait qu'empirer la situation. Aussi, malgré les besoins
réels des vaisseaux et quoique une escadre anglaise eût
été signalée, le vice-amiral Villeneuve n'hésita-t il pas à
mettre à la voile. Cette fois encore, sa clairvoyance lui
montra les difficultés de la situation; mais la faiblesse de
son tempérament ne lui permit, ni de porter remède aux
vices qu'il voyait si bien et qu'il ne craignait pas de signaler, ni même d'essayer d'en atténuer les effets Le 7,
il avait écrit au ministre de la marine : « Si, comme je
« devais l'espérer, j'eusse fait un trajet prompt, de la
« Martinique au Ferrol ; que j'eusse trouvé l'amiral Calder
« avec 6 ou 9 vaisseaux au plus ; que je l'eusse combattu
« et que, après avoir rallié l'escadre combinée, ayant encore
« un mois et demi de vivres et de l'eau, j'eusse fait ma
« jonction à Brest et donné cours à la grande expédition,
« je serais le premier homme de France. Eh bien, tout cela
« devait arriver, je ne dirai pas avec une escadre excellente
« voilière, mais même avec des vaisseaux très-ordinaires.

« J'ai éprouvé 19 jours de vents contraires ; la division
« espagnole et l'*Atlas* me faisaient arriver de quatre lieues
« tous les matins, quoique la plupart des vaisseaux fussent
« sans voiles pendant la nuit. Deux coups de vent nous
« ont avariés, parce que nous avons de mauvais mâts, de
« mauvaises voiles, de mauvais gréments, de mauvais of-
« ficiers et de mauvais matelots. L'ennemi a été averti ; il
« s'est renforcé, et il a osé venir nous attaquer avec des
« forces numériquement bien inférieures : le temps l'a
« servi. Peu exercés aux combats et aux manœuvres d'es-
« cadre, chaque capitaine, dans la brume, n'a eu d'autre
« règle que de suivre son matelot d'avant, et me voici la
« fable de l'Europe !.... »

    « On me rend l'arbitre des plus grands intérêts, et mon
« désespoir redouble d'autant plus que l'on me témoigne
« plus de confiance, parce que je ne puis prétendre à au-
« cun succès, quelque parti que je prenne. Il m'est bien
« démontré que les marines de France et d'Espagne ne
« peuvent pas se montrer dans ces circonstances en
« grandes escadres ; elles n'ont aucune ressource pour
« parer aux accidents, et l'ennemi est d'autant plus auda-
« cieux, qu'il connaît mieux que nous-mêmes notre po-
« sition. Que Ganteaume sorte et il jugera, et l'opinion
« publique sera fixée. »

    « Il s'en faut que, sortant d'ici avec 29 vaisseaux, je
« puisse être considéré comme pouvant lutter contre un
« nombre de vaisseaux approchant. Je ne crains pas de le
« dire *à vous*, je serais bien fâché d'en rencontrer 20.
« Nous avons une tactique navale surannée ; nous ne sa-
« vons que nous mettre en ligne, et c'est ce que demande
« l'ennemi. Je n'ai ni le moyen, ni le temps, ni la possi-
« bilité d'en adopter une autre avec les commandants
« auxquels sont confiés les vaisseaux des deux marines,
« dont la plupart n'ont jamais su faire une réflexion, et qui
« n'ont aucun esprit de comparaison dans la tête. Je crois
« bien que tous tiendront à leur poste, mais pas un ne

« saurait prendre une détermination hardie. Je prévoyais
« tout cela, avant de sortir de Toulon, mais je me suis
« fait illusion jusqu'à ce que j'aie vu les vaisseaux espa-
« gnols qui se sont joints à moi ; alors, ma foi, il a fallu
« désespérer de tout. J'ai dû, après avoir mis toute la
« persévérance possible à former la réunion désirée dans
« les plans de Sa Majesté, m'arrêter là où il ne pouvait
« plus y avoir que désastres, et une vaine démonstration
« qui eût consommé pour jamais le discrédit des deux
« marines alliées. »

Le 17, les escadres alliées jetèrent l'ancre à Cadix. Je
laisse le vice-amiral Villeneuve expliquer lui-même le motif
de sa relâche. « Je fus observé le jour même et le lende-
« main de ma sortie du Ferrol par des frégates et deux vais-
« seaux ennemis que j'ai fait chasser par les meilleurs
« voiliers de l'armée, sans qu'ils aient pu en approcher.
« Ayant trouvé à la mer des vents de N.-E. établis, et
« ayant poussé une bordée dans le O.-N.-O., toute la jour-
« née du 14 et du 15, sans apparence de changement ; ne
« pouvant avoir aucune confiance dans l'état d'armement
« de mes vaisseaux, dans leur marche et dans l'ensemble
« de leurs manœuvres ; la réunion des forces de l'ennemi,
« la connaissance qu'il avait de toutes mes démarches,
« depuis mon arrivée sur la côte d'Espagne, ne me lais-
« saient aucune espérance de pouvoir remplir le grand
« objet auquel l'armée navale était destinée. En luttant
« plus longtemps contre des vents contraires, j'allais
« éprouver des dommages irréparables et des séparations
« inévitables, le vaisseau espagnol le *San Francisco de*
« *Asis* ayant déjà cassé son grand mât de hune. Convaincu
« que l'état des choses était essentiellement changé de-
« puis l'émission des ordres de Sa Majesté qui, en dirigeant
« la meilleure partie de ses forces navales sur les colo-
« nies, avait eu pour objet de diviser celles de l'ennemi,
« en attirant son attention sur ses possessions éloignées,
« pour pouvoir le surprendre et le frapper au cœur par

« leur retour subit en Europe et leur réunion combinée ;
« que ce plan n'ayant pas réussi, et se trouvant même décelé
« par le temps qui s'était écoulé et par les calculs aux-
« quels la marche des escadres a donné lieu, l'ennemi s'é-
« tait mis en mesure de le faire échouer ; et que la réunion
« de ses forces en ce moment était plus considérable que
« dans aucune des circonstances précédentes, et telles
« qu'elles pourraient s'opposer avec supériorité aux es-
« cadres réunies de Toulon et du Ferrol ; ne prévoyant
« donc aucune chance de succès dans cet état de choses, et
« conformément à mes instructions, je me suis déterminé,
« le troisième jour de mon départ, le 15 à l'entrée de la
« nuit, étant alors à 80 lieues dans l'O.-N.-O. du cap Fi-
« nistère, à faire route pour Cadix. »

Le 16 au soir, sous le cap Sainte-Marie, l'escadre légère
chassa plusieurs bâtiments de guerre qui fuyaient en tirant du canon ; mais elle ne put les joindre. Obligé de
ralentir sa marche pour attendre les mauvais marcheurs,
le commandant en chef ne put surprendre trois vaisseaux
anglais qui se tenaient devant Cadix ; ils passèrent le détroit et, ainsi que je l'ai déjà dit, les escadres entrèrent
à Cadix dans la journée du 17 août.

Un matin, l'Empereur Napoléon qui, depuis le 3 août,
était au camp de Boulogne, fit appeler le comte Daru,
intendant général de l'armée. Celui-ci le trouva transporté
de colère, parcourant à grands pas son appartement, et ne
rompant un morne silence que par des exclamations brus-
ques et courtes. « Quelle marine... Quel amiral... Quels
« sacrifices perdus... Mon espoir est déçu... Ce Villeneuve !
« au lieu d'être dans la Manche, il vient d'entrer à Cadix...
« C'en est fait ! il y sera bloqué. Daru, mettez-vous là ;
« écoutez, écrivez. »

L'Empereur avait reçu de grand matin la nouvelle de
l'entrée du vice-amiral Villeneuve à Cadix ; il avait vu sur

le champ la conquête de l'Angleterre avortée ; les immenses
dépenses de la flotte et de la flottille perdues pour longtemps, pour toujours peut-être. Alors, dans l'emportement
d'une fureur qui ne permet même pas aux autres hommes
de conserver leur jugement, il avait pris l'une des résolu-
tions les plus hardies, et tracé l'un des plans de campagne
les plus admirables qu'aucun conquérant ait pu concevoir
à loisir et de sang-froid. Sans hésiter, sans s'arrêter, il
dicta en entier le plan de la campagne d'Austerlitz. La
justesse et la prévoyance de ce projet étaient si grandes,
que ce fut au delà de Munich seulement que les époques
éprouvèrent quelque altération ; mais l'ensemble du plan
fut couronné du plus heureux succès (1).

Les prévisions de Napoléon étaient justes : les escadres
alliées furent immédiatement bloquées dans Cadix par le
vice-amiral Collingwood qui ne tarda pas à recevoir d'importants renforts.

L'Empereur, déjà irrité de la conduite du vice-amiral
Villeneuve dans sa rencontre avec le vice-amiral Calder,
voulut le traduire devant un conseil de guerre sous l'in-
culpation des charges suivantes :

1° N'avoir pas débarqué à la Martinique et à la Guadeloupe, les troupes que le contre-amiral Magon avait à bord
de ses deux vaisseaux ;

2° Avoir exposé ces colonies, en ne renvoyant que par
quatre frégates 1200 hommes d'élite de leur garnison ;

3° N'avoir pas attaqué les Anglais le lendemain du
combat du 22 juillet ;

4° Avoir laissé la mer libre au vice-amiral Calder en
entrant au Ferrol, alors qu'il attendait cinq vaisseaux, et
n'avoir pas croisé devant le port jusqu'à l'arrivée de cette
division ;

5° N'avoir point fait chasser pour dégager la *Didon*

_____

(1) Ch. Dupin, *Voyage dans la Grande-Bretagne.*

lorsqu'il la vit à la remorque d'une frégate anglaise ;

6° N'avoir tenu aucun compte de ses instructions en se dirigeant sur Cadix, au lieu de se rendre à Brest ;

7° Enfin, sachant que la division du commandant Allemand devait aller à Vigo prendre ses ordres, avoir appareillé sans lui en laisser (1), exposant ainsi cette division qui devait se rendre à Brest, alors que lui Villeneuve se rendait à Cadix (2).

L'Empereur ne s'arrêta cependant pas à cette idée, et il ordonna au ministre de la marine de lui proposer un autre officier général pour prendre le commandement de l'armée qui était à Cadix. Le vice-amiral Rosily fut désigné, avec le titre d'amiral, et se mit de suite en route : à son passage à Madrid, il apprit que le vice-amiral Villeneuve avait repris la mer.

Après le combat du 22 juillet, le vice-amiral Calder s'était dirigé vers le cap Finistère où il devait rencontrer le vice-amiral Nelson qu'il ne trouva pas ; il renvoya les 2 vaisseaux les plus maltraités en Angleterre, et l'amiral Cornwallis lui donna l'ordre de détacher le contre-amiral Stirling avec 4 autres vaisseaux, et de retourner devant le Ferrol avec les 9 autres. Le 9 août, le vice-amiral Calder aperçut les escadres alliées au mouillage de Vigo : il se replia de suite sur Ouessant.

J'ai dit que les escadres alliées avaient navigué sans rencontrer un seul bâtiment anglais, mais qu'elles avaient été aperçues, au moment où elles allaient entrer à Cadix, par 3 vaisseaux que le vice-amiral Villeneuve avait fait chasser pendant une couple d'heures. Cette division, commandée par le vice-amiral Collingwood, et augmentée d'un quatrième vaisseau, reprit son rôle d'observation à la nuit. Quelques jours plus tard, le contre-amiral Bickerton amena

---

(1) Des ordres avaient été laissés au commandant de cette division, mais bien que prévenu que l'escadre irait peut-être à Cadix, il ne put savoir la route qu'elle avait prise.

(2) Mathieu Dumas, *Précis des événements historiques*, etc.

un renfort de 4 vaisseaux, mais il ne resta pas à la station :
il retourna en Angleterre sur une frégate. A la fin du mois,
le vice-amiral Calder se rendit aussi devant Cadix avec
19 vaisseaux. Enfin, le 28 septembre, le vice-amiral lord
Horatio Nelson arriva avec 3 vaisseaux et une frégate, et
prit le commandement en chef de l'armée navale, forte
alors de 30 vaisseaux. Il en établit 25 en croisière hors de
vue, et il donna mission au contre-amiral Louis d'observer
la rade de Cadix avec les 5 autres. Le vice-amiral Villeneuve resta ainsi dans l'ignorance de la force réelle de
l'armée de blocus. Le 2 octobre, le contre-amiral Louis
fut envoyé à Gibraltar avec ses 5 vaisseaux.

Ce fut à cette époque que le vice-amiral Nelson donna le
memorandum suivant aux officiers généraux et aux capitaines de son armée :

A bord du Victory devant Cadix, 18 octobre 1805 (1).

« Persuadé qu'il est presque impossible de conduire au
« combat une armée navale de 40 vaisseaux avec des
« vents variables, par un temps brumeux et dans d'autres
« circonstances qui peuvent se présenter, sans une perte
« de temps telle, qu'on laisserait probablement échapper
« l'occasion d'engager l'ennemi de manière à rendre l'af-
« faire décisive, j'ai résolu de tenir l'armée dans une po-
« sition telle, que l'ordre de marche soit aussi l'ordre de

---

(1)   VICTORY, off Cadiz, october 18, 1805 (a).
        General orders.
    Thinking it almost impossible to bring a fleet of 40 sails of the line into a
battle, in variable winds, thick weather, and other circumstances which much
occur, without such a lost of time that the opportunity would probably be lost
of bringing the enemy to battle in such a manner as to make the business
decisive. I have therefore made up my mind to keep the fleet in that position
of sailing, with the exception of the first and second in command, that the order of sailing is to be the order of battle, placing the fleet in two lines,
16 ships each, with an advanced squadron of eight of the fastest sailing two-
decked ships, which will always make, if wanted, a line of 24 sails on which-
ever line the commander in chief may direct; the second in command will, after

(a) Brenton, *The naval history of Great Britain.*

« bataille. Je suppose que l'armée ennemie soit forte de
« 46 vaisseaux, celle des Anglais de 40. J'y parviens en
« rangeant l'armée sur deux colonnes de 16 vaisseaux
« chacune, et composant une escadre avancée de 8 vais-
« seaux à deux ponts, les plus fins voiliers, ce qui per-
« mettra toujours de former au besoin une ligne de 24 vais-
« seaux avec celle des deux colonnes que le commandant
« en chef désignera.

    « Le commandant en second, dès que je lui aurai fait
« connaître mes intentions, aura la direction absolue de sa
« colonne, pour commencer l'attaque contre les vaisseaux
« ennemis et continuer le combat jusqu'à ce qu'ils soient
« pris ou coulés.

    « Lorsque l'armée ennemie sera aperçue, le développe-
« ment de sa ligne sera tel que ses extrémités n'auront
« pas la possibilité de se soutenir. Alors, si elle est au
« vent et que nous puissions l'atteindre, je ferai probable-
« ment au commandant en second le signal de la traverser
« à la hauteur du douzième vaisseau de queue, ou partout
« où cela sera possible. Ma colonne pénétrera vers le cen-
« tre, tandis que l'escadre légère se portera sur le deuxième
« ou le troisième vaisseau en avant, afin de nous donner
« la chance de joindre et d'enceindre le vaisseau du com-

---

my intentions are made known to him, have the entire direction of his line to
make the attack upon the enemy and follow up the blow until they are captured or destroyed. If the enemy's fleet are seen to windward, in line of
battle, and that the two lines and advanced squadron could fetch them, they
will probably be so extended, that their van could not succour their rear; I should
therefore make the second in command a signal to lead through, about the
12th ship from their rear, or wherever he could fetch, if not able to get so far
advanced. My line would lead through about their centre, so as to ensure
getting at their commander in chief, whom every effort must be made to
capture.
    The whole impression of the British fleet must be to overpower two or three
ships ahead their commander in chief, supposed to be in the centre. To the
rear of their fleet, I will suppose 20 sails of their line to remain untouched, it
must be some time before they could perform a manœuvre to bring their force
compact to attack any part of the British fleet, or succour their own ships,
which indeed would be impossible without mixing with the ships engaged. The
enemy's fleet is supposed to consist of 46 sails of line; British 40. If either is

« mandant en chef, à la prise duquel doivent tendre tous
« nos efforts.

« Le but de l'armée anglaise doit être de réduire les deux
« ou trois vaisseaux qui précèdent le commandant en chef,
« supposé au centre. J'admets ainsi que 20 vaisseaux en-
« nemis de l'arrière-garde n'auront pas été attaqués; mais
« il s'écoulera du temps avant qu'ils puissent se grouper
« en nombre assez considérable pour combattre une partie
« de notre armée ou secourir leurs compagnons, ce qu'il
« ne leur sera pas possible de faire sans se mêler aux vais-
« seaux engagés. J'ai supposé que l'armée ennemie comp-
« tait 46 vaisseaux; la nôtre 40. Si elles en ont moins,
« un nombre proportionné de vaisseaux sera coupé, mais
« les anglais doivent toujours être d'un quart plus nom-
« breux que les vaisseaux séparés.

« Il faut laisser quelque chose au hasard; rien n'est cer-
« tain dans un combat, et surtout dans un combat naval.
« Les boulets abattront aussi bien nos mâts et nos ver-
« gues que ceux de l'ennemi; mais j'ai l'espoir d'avoir ré-
« duit les vaisseaux attaqués avant que l'avant-garde en-
« nemie soit en position de secourir son arrière-garde; et,
« si elle le tentait, l'armée anglaise serait prête à recevoir
« les 20 vaisseaux qui n'auraient pas combattu, ou à les
« poursuivre, s'ils battaient en retraite.

« Si l'avant-garde ennemie vire vent devant pour se-

---

less, only a proportion of the enemy to be cut off. British to be one fourth
superior to the enemy cut off. Something must be left to the chance, nothing
is sure in a sea fight beyond all others. Shoots will carry away masts and
yards of friends as well as foes; but I look with confidence to a victory before
the van of the enemy could succour their rear, and then that the British fleet
would be ready to receive the 20 sails of the line, or pursue them, should they
endeavour to make off. If the van of the enemy tacks, the captured ships
must run to leward of the British fleet. If the enemy wear, the British fleet
must place themselves between the enemy and the captured and disabled ships;
and should the enemy close, I have no fear as to the result. The second in
command will, in all possible things, direct the movements of his line by
keeping them as compact, as the nature of the circumstances will admit. Captains are to look to their particular line as a rallying point; but in case signals

« courir les vaisseaux attaqués, ceux qui auront déjà été
« capturés devront être placés sous le vent. Si elle vire vent
« arrière, nous nous placerons entre elle et ces vaisseaux
« et ceux des nôtres qui seront désemparés. Si l'ennemi
« approche alors, je suis sans crainte sur les résultats.

« Dans toutes les circonstances possibles, le comman-
« dant en second devra tenir son escadre aussi serrée
« qu'il le pourra. Les capitaines doivent regarder leur co-
« lonne respective comme leur point de ralliement; mais
« dans le cas où les signaux ne pourraient pas être aperçus,
« ou ne seraient pas parfaitement interprétés, nul tort ne
« sera imputé au capitaine qui aura prêté le côté à un
« vaisseau ennemi.

« Si l'ennemi est en ordre de bataille sous le vent, les
« divisions de l'armée anglaise marcheront ensemble jus-
« qu'à environ une portée de canon du centre de sa li-
« gne; alors le signal sera probablement fait à la colonne
« de dessous le vent d'arriver tout à la fois et de mettre
« toutes voiles dehors, même les bonnettes, afin d'attein-
« dre le plus promptement possible la ligne ennemie, et
« de la couper vers le douzième vaisseau de la queue.
« Quelques bâtiments ne pourront peut-être pas traverser
« à l'endroit qui leur aura été indiqué, mais ils seront tou-
« jours à même de seconder leurs compagnons; et si quel-
« ques-uns se trouvent portés à l'extrémité de la ligne, ils
« compléteront la défaite des 12 vaisseaux ennemis.

« Si l'armée ennemie vire vent arrière tout à la fois, ou

cannot be seen or clearly understood, no captain can do wrong if he places his
ship alongside that of an enemy ; if the enemy's fleet is discovered in line of
battle to leward, the divisions of the British fleet will be brought nearly within
gun-shot of the enemy's centre ; the signal will most probably be then made
for the lee line to bear up together ; to set all their sails, even their steering
sails, in order to get as quickly as possible to the enemy's line, and to cut
through, beginning at the twelfth ship from the rear. Some ships may not get
through their expected place, but they will always be at hand to assist their
friends; if any are thrown in the rear of they enemy, the y will complete the
business of twelve sails of the enemy. Should the enemy wear together, or

« fait porter pour courir largue, les 12 vaisseaux formant
« l'arrière-garde dans la première position, doivent tou-
« jours être le but de l'attaque de la colonne de dessous le
« vent, à moins qu'il n'en soit ordonné autrement par le
« commandant en chef, ce à quoi il ne faut pas guère s'at-
« tendre, puisque la direction absolue de cette escadre
« doit être laissée à son commandant, après que le com-
« mandant en chef aura fait connaître ses intentions. Le
« reste de l'armée ennemie, 34 vaisseaux, demeurera en
« partage à celui-ci qui aura soin de gêner le moins pos-
« sible les mouvements de son second. »

Nelson et Bronte.

Le 17 septembre, l'Empereur avait fait envoyer au vice-
amiral Villeneuve l'ordre formel d'appareiller ; de se rendre
à Carthagène où la division espagnole du chef d'escadre Sal-
cedo rallierait l'escadre ; d'aller ensuite déposer à Naples
les troupes embarquées sur les vaisseaux pour les réunir
au corps d'armée du général Gouvion Saint-Cyr. Ce débarquement des troupes qui étaient sur l'escadre française devait être fait en vue de déjouer les projets d'attaque de l'Angleterre et de la Russie contre l'armée française d'Italie.
« Notre intention, ajoutait l'Empereur, est que partout où
« vous trouverez l'ennemi en forces inférieures, vous l'atta-
« quiez sans hésiter et ayez avec lui une affaire décisive.
« Il ne vous échappera pas que le succès de ces opérations
« dépend essentiellement de la promptitude de votre dé-
« part de Cadix ; nous comptons que vous ne négligerez

---

bear up and sail large, still the twelve ships composing in the first position of
the enemy's rear are to be the object of attack of the lee line, unless otherwise
directed by the commander in chief, which is scarcely to be expected, as the
entire direction of the lee line, after the intentions of the commander in chief
are signified, is intended to be left to the admiral commanding that line.

There mainder of the enemy's fleet, 34 sails of the line, are to be left to
the management of the commander in chief, who will endeavour to take care
that the movements of the second in command are as little interrupted as possible.

Nelson and Bronte.

« rien pour l'opérer sans délai, et nous vous recom-
« mandons dans cette importante expédition l'audace et la
« plus grande activité. »

« L'intention de l'Empereur, lui écrivait le ministre de
« la marine Decrès en lui transmettant ces instructions, est
« de chercher dans tous les rangs, quelque place qu'ils y
« occupent, les officiers les plus propres à des commande-
« ments supérieurs; et ce qu'elle exige, par-dessus tout,
« c'est une noble ambition des honneurs, l'amour de la
« gloire, un caractère décidé et un courage sans bornes.
« Sa Majesté veut éteindre cette circonspection qu'elle re-
« proche à sa marine, ce système de défensive qui tue
« l'audace et qui double celle de l'ennemi. Cette audace,
« elle la veut dans tous ses amiraux, ses capitaines, offi-
« ciers et marins, et quelle qu'en soit l'issue, elle promet
« sa considération et ses grâces à ceux qui sauront la por-
« ter à l'excès. Ne pas hésiter à attaquer des forces infé-
« rieures ou égales et avoir avec elles des combats d'exter-
« mination, voilà ce que veut Sa Majesté! Elle compte
« pour rien la perte de ses vaisseaux, si elle les perd avec
« gloire. Elle ne veut plus que ses escadres soient blo-
« quées par des forces inférieures ; et si l'ennemi se pré-
« sente de cette manière devant Cadix, elle vous recom-
« mande et vous ordonne de ne pas hésiter à l'attaquer.
« L'Empereur vous prescrit de tout faire pour inspirer ces
« sentiments à tous ceux qui sont sous vos ordres, par
« vos actions, vos discours et par tout ce qui peut élever les
« cœurs. Rien ne doit être négligé à cet égard; sorties
« fréquentes, encouragements de toute espèce, actions ha-
« sardeuses, ordres du jour qui portent l'enthousiasme,
« tout doit être employé pour animer et exalter le cou-
« rage de nos marins. Sa Majesté veut leur ouvrir toutes
« les portes des honneurs et des grâces, et ils seront le
« prix de tout ce qui sera tenté d'éclatant. Elle se plaît à
« penser que vous serez le premier à les recueillir et,
« quels que soient les reproches qu'elle m'a ordonné de

III   24

« vous faire, il m'est flatteur de pouvoir vous dire, en
« toute sincérité, que sa bienveillance et ses grâces les
« plus distinguées n'attendent que la première action d'é-
« clat qui signalera votre courage. »

Vivement peiné de n'avoir pas obtenu l'approbation de
l'Empereur dans sa campagne précédente, et des reproches
que le ministre de la marine lui avait adressés en son nom,
le vice-amiral Villeneuve voulut effacer ces impressions
défavorables, et il écrivit au vice-amiral Decrès une lettre
qui finissait par ces mots : « Puisque Sa Majesté pense
qu'il ne faut que de l'audace et du caractère pour réussir
en marine, je ne laisserai rien à désirer. »

Cependant, informé que 30 vaisseaux anglais croisaient
devant Cadix, et contrarié de l'obstacle qui s'opposait à son
départ immédiat, le 5 octobre, il réunit les officiers généraux des deux escadres en conseil, pour leur faire connaître
ses instructions et avoir leur opinion. Tous furent unanimes
à dire que les vaisseaux français et les vaisseaux espagnols
étaient généralement mal armés, tant par la faiblesse que
par le manque d'instruction de leurs équipages ; — Que
les vaisseaux espagnols *Santa Anna*, *Rayo* et *San Justo*,
armés avec précipitation et à peine sortis du port, pouvaient à la rigueur appareiller avec l'armée, mais qu'il
était impossible qu'ils fissent un bon service ; — Que l'armée des alliés était de beaucoup inférieure à celle des Anglais (1), et qu'elle allait se trouver forcée de combattre au

---

(1) Le 13 août 1805, l'Empereur écrivait au ministre de la marine : « Villeneuve verra dans mon calcul que je désire qu'il attaque toutes les fois qu'il est
supérieur en nombre, ne comptant deux vaisseaux espagnols que pour un. » Nous
en appelons aux souvenirs de tous les hommes de cette époque, aux souvenirs
de nos ennemis eux-mêmes : pouvait-on, de bonne foi, adopter une autre base pour
établir la force respective des escadres qui allaient combattre ? L'escadre anglaise portait 2,148 canons. L'escadre française en avait 1,356 ; l'escadre espagnole 1,270. La force réelle de la flotte combinée, d'après les calculs mêmes de
l'Empereur, ne pouvait donc pas être évaluée au-dessus de 1,991 canons, 157 ou
deux vaisseaux de 80 de moins que la flotte anglaise. — Jurien de la Gravière, *Guerres maritimes*, etc.

moment défavorable de la sortie du port (1). Tous émirent l'avis qu'il fallait attendre une circonstance qui éloignât l'ennemi ou l'obligeât à diviser ses forces. Le procès-verbal de cette séance porte la signature des lieutenants généraux Gravina et Alava; des chefs d'escadre Escaño (2) et Cisneros; des brigadiers Hore, Macdonall et Galiano; des contre-amiraux Dumanoir Lepelley et Magon; des capitaines de vaisseau Cosmao Kerjulien, Maistral, Lavillesgris, et du capitaine de frégate Prigny, chef d'état-major.

L'opinion formulée dans ce conseil était celle que le ministre de la marine Decrès avait déjà exprimée à l'Empereur. « J'ai bien une opinion sur la force réelle des vais-« seaux de Votre Majesté : cette opinion, je l'aurai au « même degré sur celle des vaisseaux de l'amiral Gravina « qui auront déjà vu la mer ; mais quant aux vaisseaux « espagnols sortant du port pour la première fois, com-« mandés par des capitaines peu exercés, médiocrement « armés, j'avoue que je ne sais ce qu'on peut oser, le len-« demain même de leur appareillage, avec cette partie si « nombreuse de la flotte combinée. »

Sur ces entrefaites, on apprit l'arrivée du vice-amiral Rosily à Madrid; on sut bientôt qu'il venait prendre le commandement de l'armée navale. Le 18 octobre, le vice-amiral Villeneuve écrivit au ministre de la marine qu'il

---

(1) L'Espagne avait 16 vaisseaux dans le port de Cadix; mais le dénûment des arsenaux et les ravages que la fièvre jaune venait d'exercer, principalement sur le littoral, avaient opposé des obstacles insurmontables au Cabinet de Madrid. La bonne volonté du ministère espagnol n'était d'ailleurs pas partagée par le pays, et l'opposition qu'il rencontra dans le peuple et dans les fonctionnaires eux-mêmes, constata que l'alliance de la France et de l'Espagne était plus fictive que réelle. L'intendant de la marine à Cadix, et le commandant de l'artillerie refusèrent de donner au vice-amiral Villeneuve les vivres et les munitions dont ses vaisseaux avaient besoin, et il fallut les ordres les plus formels pour les faire se départir de ce système. On était enfin parvenu à armer 6 vaisseaux, les plus misérables bâtiments qu'on eût jamais envoyés à la mer. Pour en former les équipages, il avait fallu avoir recours à la *presse*, et l'on n'avait ainsi recueilli qu'une racaille épouvantable. — *Lettre du général Beurnonville, ambassadeur à Madrid, au ministre de la marine.*

(2) Cet officier était le chef d'état-major de l'escadre espagnole.

était étonné du silence qu'on gardait sur la destination de cet officier général ; qu'il lui remettrait le commandement en chef avec le plus grand plaisir, s'il lui était permis de montrer à la seconde place qu'il était digne d'une meilleure fortune. « Mais, ajoutait-il, si les circonstances le permettent, j'appareillerai demain. » Malheureusement, les circonstances se présentèrent favorables. Le contre-amiral Louis était toujours à Gibraltar avec 6 vaisseaux ; le vice-amiral Calder en avait emmené un septième en Angleterre. Le vice-amiral Villeneuve ne crut pas pouvoir trouver une occasion plus favorable. Il fit ses dispositions d'appareillage et, le 18, le jour même où il écrivait au ministre de la marine, l'armée des alliés mit à la voile. Il faisait presque calme : 8 vaisseaux seuls réussirent à franchir la passe. La division ennemie d'observation prit de suite le large et se répandit sur tous les aires de vent en tirant du canon. Le 20, les alliés purent sortir de la baie de Cadix au nombre de 33 vaisseaux, 18 français et 15 espagnols. La brise était faible et variable du O.-S.-O. au N.-O. Il avait d'abord été convenu entre les commandants en chef des deux armées, que les bâtiments des deux nations formeraient des escadres distinctes. Mais pendant son séjour à Cadix, le vice-amiral Villeneuve avait obtenu une espèce de fusion et une petite réduction dans le nombre de ceux dont le lieutenant général Gravina entendait se réserver la direction. Il prit, avec le commandement en chef, la conduite de la première escadre ; désigna le lieutenant général Alava pour commander l'avant-garde, et mit le contre-amiral Dumanoir Lepelley à l'arrière-garde. 12 vaisseaux furent choisis pour former la réserve sous les ordres du lieutenant général espagnol Gravina auquel le contre-amiral Magon fut adjoint. Vers 6ʰ du soir, les frégates signalèrent une armée ennemie au vent; les alliés gouvernaient au S.-S.-O. ; ils étaient assez mal ralliés pour que, à 9ʰ, le commandant en chef crût devoir signaler l'ordre de bataille par rang de vitesse, les amures à tri-

bord. Avec cette première évolution disparurent toutes
les combinaisons des deux commandants en chef. Chaque capitaine se tira d'affaire comme il put ou comme il
l'entendit, et les vaisseaux des deux nations se trouvèrent
entremêlés. Le lendemain 21, les Anglais étaient à environ 15 milles au vent : ils gouvernaient vent arrière sur
l'armée des alliés. Celle-ci naviguait sans ordre, répandue
du N.-O. au S.-E. A 7ʰ, le commandant en chef signala
de rectifier la ligne de bataille dans l'ordre naturel, les
armures à tribord et, en même temps, de se préparer à
combattre. Mais la brise était tellement faible, et la houle
était si grosse, que ce signal ne put être exécuté. On pouvait compter 27 vaisseaux anglais. A 8ʰ, le vice-amiral
Villeneuve ordonna de virer lof pour lof tout à la fois, et
fixa à une encâblure la distance entre chaque vaisseau.

On doit comprendre quel dut être le résultat d'une semblable manœuvre faite par une armée de 33 vaisseaux,
répandus sans ordre dans un espace fort étendu. Son exécution, par une armée rangée en bataille, mais par des
capitaines dont plusieurs la pratiquaient peut-être pour la
première fois, eût été déjà difficile. Exécutée par des
vaisseaux épars, par ces mêmes capitaines, obligés de
chercher, de reconnaître d'abord leur serre-file qui allait
devenir leur chef de file, elle n'était pas possible. Tous
firent de leur mieux ; mais si les signaux stimulèrent l'ardeur, le zèle des capitaines, ils ne purent donner aux Espagnols la pratique qui leur manquait et la connaissance
des qualités de leurs bâtiments, connaissance que les capitaines français avaient acquise pendant une navigation
de plusieurs mois. En résumé, chacun se plaça où et comme
il put, tenant peu de compte du poste qui lui avait été assigné ; la réserve elle-même se mêla aux autres, et Français
et Espagnols se trouvèrent dans l'ordre que voici, qui fut
celui dans lequel la bataille fut livrée :

Canons.

80	*Neptuno*.	capitaine	don Gayetano Valdes.
86	{ *Scipion*.	—	Berrenger.
	Intrépide.	—	Infernet.
	Rayo.	—	don Enrique Macdonall.
94	*Formidable*.	—	Letellier.
		Dumanoir Lepelley, contre-amiral.
78	*Duguay-Trouin*.	capitaine	Touffet.
74	{ *Mont-Blanc*.	—	Lavillesgris.
	San Francisco de Asís. .	—	don Luis Flores.
	San Augustino.	—	don Felipe Casigal.
78	*Héros*.	—	Poulain.
130	*SS^a Trinidad*.	—	don Francisco Uriarte.
		don Balthazar Cisneros Vicente, chef d'esc.
94	{ *Bucentaure*.	capitaine	Magendie.
		Villeneuve, vice-amiral.
	Neptune.	capitaine	Maistral (Esprit).
64	*San Leandro*.	—	don Jose Quevedo.
78	*Redoutable*.	—	Lucas.
74	*San Justo*.	—	don Miguel Gaston.
94	*Indomptable*.	—	Hubert.
112	*Sta Anna*.	—	don Jose Gardaqui.
		don Ignacio Maria Alava, lieutenant général.
78	*Fougueux*.	capitaine	Beaudouin.
74	*Monarca*.		don Theodoro Argumosa.
86	{ *Pluton*.	—	Cosmao Kerjulien.
	Algésiras.	—	Letourneur (Laurent).
		Magon, contre-amiral.
74	*Bahama*.	capitaine	don Jose Galiano.
78	*Aigle*.	—	Gourrège.
86	*Swiftsure*.	—	Lhospitalier Villemadrin.
84	*Argonauta*.	—	don Antonio Parejos.
74	*Montañes*.	—	don Jose Galleano.
78	*Argonaute*.	—	Epron (Jacques).
86	*Berwick*.	—	Filhol Camas.
74	*San Juan Nepomuceno*. .	—	don Cosme Churucca.
74	*San Ildefonso*.	—	Bargas.
		don Jose Alcedo, chef d'escadre.
86	*Achille*.	capitaine	Denieport.
112	*Principe de Asturias* (1).	—	….
		don Frederico Gravina, lieutenant général.

Frégates de	46	{ *Rhin*.	capitaine	Chesneau.
		Hortense.	—	Lamare Lameillerie.
		Cornélie.	—	Martinencq.
		Hermione.	—	Mahé.
	56	*Thémis*.	—	Jugan.

---

(1) Cet ordre est celui indiqué par le chef d'état-major Prigny. Cet officier
supérieur fait observer toutefois que, certain de la position des vaisseaux jusqu'au *Bahama*, il n'est pas aussi bien fixé sur celle des vaisseaux de la queue
de la ligne. Il est sûr cependant que l'*Aigle* était entre le *Bahama* et le *Swiftsure*; que le *San Ildefonso* et le *Principe* se suivaient; et que l'*Achille* était
sous le vent de l'intervalle qui séparait ces deux vaisseaux.

Brigs de 18 { *Furet.* . . . . — Demay.
               Argus. . . . . — Taillard.

Les 10 vaisseaux du contre-amiral Dumanoir, actuellement à l'avant-garde, étaient en quelque sorte sur deux lignes, car la distance entre le chef de file de l'armée et le commandant en chef étant trop petite pour que les intermédiaires pussent y trouver place, ils avaient dû se doubler forcément. Les deux qui suivaient le *Bucentaure* étaient sous le vent. Les trois qui marchaient après étaient encore plus souventés et faisaient une brèche qui, en fait, partageait l'armée en deux parties. Venaient ensuite, un peloton de neuf vaisseaux se chevauchant aussi généralement; deux étaient souventés, et un dernier groupe de sept vaisseaux, ayant pour serre-file le *Principe de Asturias* sur lequel flottait le pavillon du lieutenant général Gravina.

Au lieu de s'assujettir aux anciennes coutumes, le vice-amiral Nelson s'avançait sur deux colonnes vers l'armée des alliés; il dirigeait lui-même la colonne de gauche — la droite pour les alliés — qui était de 12 vaisseaux, et le vice-amiral Collingwood, à la tête de la colonne de droite, commandait aux 15 autres. Voici comment étaient formées ces deux colonnes:

COLONNE DE GAUCHE.

Canons.
110 VICTORY. . . . . capitaine Thomas Masterman Hardy.
                              lord Horatio Nelson, vice-amiral.
108 { TÉMÉRAIRE. . . . . capitaine Eliab Harvey.
       { NEPTUNE. . . . . — Francis Freemantle.
82   { CONQUEROR. . . . . — Israel Pellew.
       { LEVIATHAN. . . . . — William Bayntun.
80   AJAX. . . . . — John Pilford.
82   ORION. . . . . — Edward Codrington.
72   AGAMEMNON. . . . . — sir Edward Berry.
82   { MINOTAUR. . . . . — John Moore Mansfield.
       { SPARTIATE. . . . . — sir Francis Laforey.
110 BRITANNIA. . . . . — Charles Bullen.
                              comte de Northesk, contre-amiral.
72   AFRICA. . . . . capitaine Henry Digby.
48   NAIAD. . . . . — Thomas Dundas.
Frégates de 44e { EURYALUS. . . . . — honorable Henry Blackwood.
                { SIRIUS. . . . . — William Prowse.
                { PHOEBE. . . . . — honorable Bladen Capel.
Goëlette de 12 PICKLE. . . . . . — Richards Lapenotière.
Cutter de 12 ENTREPRENANT. . . — John Puver.

COLONNE DE DROITE.

Canons.			
110	ROYAL SOVEREIGN.	capitaine	Edwards Rotheram
			Cuthbert Collingwood, vice-amiral.
82	MARS.	capitaine	George Duff.
	BELLE ISLE.	—	William Hargood.
80	TONNANT.	—	Charles Tyler.
82	BELLEROPHON.	—	John Cooke.
	COLOSSUS.	—	Nicoll Morris.
	ACHILLES.	—	Richard King.
72	POLYPHEMUS.	—	Robert Redmill.
82	REVENGE.	—	Robert Moorson.
	SWIFTSURE.	—	George Rutherford.
	DEFENCE.	—	George Hope.
	THUNDERER.	—	John Stockham.
	DEFIANCE.	—	Charles Durham.
108	PRINCE.	—	Richard Grindall.
	DREADNOUGHT.	—	John Conn.

La même ardeur guidait les deux armées. La vue de l'ennemi avait fait oublier aux Français et le fâcheux résultat du combat du 22 juillet, et les préventions défavorables dont il les avait animés contre leur chef. La faiblesse de la brise ne répondait pas à leur ardeur, et malgré toutes les voiles dont ils étaient couverts, les vaisseaux n'étaient pas encore à portée à 11ʰ. Les deux colonnes de l'armée anglaise se séparèrent à cette heure; celle que commandait le vice-amiral Collingwood gouverna plus sur tribord et se dirigea sur le *Santa Anna*; le vice-amiral Nelson dirigea la sienne sur le *Bucentaure*. A 11ʰ 30ᵐ, le commandant en chef de l'armée combinée fit signal de commencer le feu dès qu'on serait à portée; les premiers coups de canon furent tirés un peu après midi. Le vice-amiral Nelson signalait dans ce moment : l'*Angleterre compte que chacun fera son devoir*. La ville de Cadix restait alors à 27 milles dans le N.-N.-E. A midi 15ᵐ, le ROYAL SOVEREIGN coupa la ligne entre le *Fougueux* et le *Santa Anna*. Cette partie de la colonne se rompit alors, et quelques-uns des vaisseaux qui suivaient le ROYAL SOVEREIGN passèrent au milieu de l'arrière-garde des alliés; d'autres prirent position au vent; enfin ceux qui ne purent ou ne voulurent ni traverser la ligne, ni se placer au vent, passèrent à poupe du *Principe de Asturias* et prirent poste sous le vent, partout où ils purent trouver place. La colonne ennemie n'attaqua toutefois pas tous les vaisseaux de l'arrière-garde en même temps; son feu fut dirigé sur un petit nombre qu'elle mit d'autant plus facilement dans l'impossibilité de manœuvrer, qu'au lieu de venir en aide à ceux-ci, les autres laissèrent porter, pour chercher sous le vent de la ligne un abri qu'ils ne trouvèrent pas. Abandonnant les premiers, dès qu'ils les jugèrent hors d'état de les inquiéter désormais, les Anglais combattirent les autres en détail et les mirent dans la même situation que leurs compagnons : un seul, le *Montañes*, dont le capitaine avait été tué par une des premières bordées de l'ennemi, échappa à leur poursuite en laissant arriver jusqu'à la ligne des frégates, où son nouveau capitaine se maintint en simple spectateur.

Tandis que les choses se passaient ainsi sur cette partie de la ligne, la colonne dirigée par le vice-amiral Nelson était elle-même engagée avec le centre de l'armée combinée. Vingt minutes après que l'arrière-garde eut commencé à canonner le ROYAL SOVEREIGN, le vaisseau amiral français et les autres placés près de lui ouvrirent leur feu sur le VICTORY. Le *Neptune* et le *San Leandro* étaient sous le vent de la ligne, et le vide qu'ils laissaient sur l'arrière du *Bucentaure* offrait un passage que l'amiral anglais voulut tenter de franchir. Cette intention n'échappa pas au capitaine du *Redoutable*. Forçant de voiles, il se plaça par la hanche du tribord du *Bucentaure* et empêcha cette manœuvre. Obligé de loffer subitement, le VICTORY aborda le *Redoutable* de long en long à bâbord, et le vaisseau français, entraîné sous le vent par l'effet de cet abordage, ouvrit forcément un passage à quelques ennemis. Depuis le *Santissima Trinidad* jusqu'à la queue de la ligne, tous les vaisseaux prenaient alors une part plus ou moins active au combat; mais les 10 qui précédaient le trois-ponts espagnol n'avaient pas encore combattu, ou du moins, n'avaient fait que ca-

nonner de loin la colonne anglaise de gauche. A midi
30ᵐ, le vice-amiral Villeneuve les voyant immobiles
à leur poste de bataille, leur fit un signal dont l'expression était : *l'armée navale combattant au vent ou sous le
vent, ordre aux vaisseaux qui, par leur position actuelle,
ne combattent pas, d'en prendre une quelconque qui les re-
porte au feu le plus promptement possible.* Ce signal ne fut
suivi d'aucun mouvement. A 1ʰ 30ᵐ, un événement d'une
haute importance, mais qui n'eut pas immédiatement les
conséquences qui pouvaient en résulter, eut lieu à bord du
Victory : le vice-amiral Nelson tomba frappé d'une balle
qui lui donna presque instantanément la mort. A 1ʰ 45ᵐ,
l'avant-garde des alliés reçut l'ordre de virer vent arrière.
Mais, dès lors, on pouvait prévoir l'issue de la bataille, et
le plan du vice-amiral Nelson, dont la réussite avait été
calculée sur le temps qu'il faudrait aux vaisseaux non attaqués pour se porter au secours de leurs compagnons, rencontra moins d'obstacles que l'habile amiral l'avait supposé, et qu'il devait en rencontrer en portant ses efforts
sur le centre et sur l'arrière-garde d'une armée rangée
en bataille. Les vaisseaux qui furent attaqués combattirent cependant vaillamment, et l'on fit des prodiges de
valeur. Mais le mode d'attaque des Anglais dérouta la tactique des alliés, et donna aux premiers un immense avantage, qu'augmenta l'immobilité inexplicable dans laquelle
presque tous les capitaines de l'armée combinée et notamment ceux de l'avant-garde, attendirent à être attaqués pour
combattre réellement. A part quelques-uns qui se portèrent
à l'arrière-garde, les autres restèrent au poste qui leur
avait été assigné dans la ligne. La tactique des Anglais fut
bien différente. Leurs vaisseaux sillonnaient le champ de
bataille en tous sens, se mettaient deux et trois contre
tout français ou espagnol qu'ils rencontraient, l'acca-
blaient, et laissaient ensuite à un des leurs le soin d'a-
chever sa défaite. Les autres se portaient alors, s'il y
avait lieu, au secours des anglais trop vivement pressés et,

avec un pareil renfort, la victoire devenait facile. Pendant cette journée désastreuse, les capitaines anglais firent preuve de l'intelligence la plus grande et des connaissances les plus étendues dans l'art des batailles navales. Le commandant en chef de l'armée combinée fut-il aussi bien secondé? On a pu en juger. La brise, déjà très-faible, avait encore molli et la houle était toujours très-forte. Après maintes tentatives infructueuses, bien que la plupart des capitaines eussent mis leurs canots à la mer, l'avant-garde réussit à virer à 2ʰ 30ᵐ. Elle se divisa alors en quelque sorte en trois parties. 3 vaisseaux, passant sous le vent, se portèrent au centre du combat ; ils arrivèrent trop tard pour secourir leurs camarades, et 2 d'entre eux furent capturés. 2 vaisseaux s'éloignèrent vent arrière. Enfin, les 5 autres tinrent le vent avec le contre-amiral Dumanoir, et se bornèrent à canonner les ennemis qu'ils rencontrèrent sur leur passage ; un d'eux fut pris. Lorsque ces derniers arrivèrent à la hauteur du vaisseau du commandant en chef, celui-ci avait amené son pavillon, ainsi que tous ceux que la fumée permettait d'apercevoir. Estimant que sa présence ne pouvait dès lors être d'aucune utilité sur le champ de bataille, le contre-amiral Dumanoir continua sa route.

Le cap Trafalgar, qui restait à 8 milles dans le Sud, donna son nom à cette bataille. 17 vaisseaux français ou espagnols étaient capturés, un autre brûlait et, en outre des 4 que conduisait le commandant de l'avant-garde, 11 se dirigeaient sur Cadix avec le lieutenant général Gravina qui, à 4ʰ 45ᵐ, avait réussi à faire exécuter le signal d'arriver vent arrière, déjà fait à 2ʰ.

Je viens d'esquisser à grands traits la bataille du 21 octobre qui ruina, au moins moralement, les marines de la France et de l'Espagne. Mais un événement aussi mémorable doit être présenté avec plus de détails ; le lecteur doit pouvoir faire à chacun sa part de louanges ou de blâme. Je vais donc suivre isolément les vaisseaux de l'armée combinée jusqu'au moment où leur sort fut fixé. La bataille

de Trafalgar fut une horrible mêlée dans laquelle on se
chercha et l'on se quitta sans être toujours bien certain de
connaître le nom de l'adversaire que l'on combattait ou
que l'on avait combattu. La position critique dans laquelle
quelques vaisseaux se trouvèrent, et l'intensité de la fumée, rendirent fort difficile la lecture des noms écrits à
la poupe. Et comme, à fort peu d'exceptions près, dans
l'armée combinée on s'occupa de soi et nullement des
autres, on doit comprendre combien il a été difficile de
coordonner les différentes versions. C'est en comparant les
rapports des capitaines aux diverses publications faites en
France et en Angleterre sur la bataille de Trafalgar, que
je suis arrivé au résultat que je soumets ici à l'appréciation des officiers de vaisseau.

Mais avant d'entrer dans ces détails, un mot sur la position qui avait été faite au commandant en chef de l'armée
française.

On s'est beaucoup étendu sur les causes auxquelles il
faut attribuer le résultat malheureux de la bataille de
Trafalgar. On a dit que le succès des Anglais doit être
attribué au mode d'attaque choisi par le vice-amiral Nelson, mode audacieux, inusité, disons-mieux, condamné
jusque-là par toutes les écoles. Et cette attaque de bout,
contre laquelle s'étaient jusqu'alors élevés les marins de
tous les pays, a été considérée comme un éclair de génie.
Soit. Je n'ai pas à faire ici de la tactique. La réussite la
plus complète a prouvé que, sur mer comme sur terre, il
faut savoir profiter des circonstances, et oser s'écarter parfois des règles les plus préconisées. Là est le génie du chef.
On peut dire qu'à Trafalgar et à Aboukir, le génie de Nelson consista moins dans l'emploi de telle ou telle manœuvre,
que dans l'appréciation intelligente des situations. On est
généralement tombé d'accord sur les causes de la défaite
des alliés. Il en est cependant une, la plus importante, la
plus réelle peut-être dont on n'a pas parlé, ou plutôt, qu'on
ne s'est pas attaché à mettre en évidence. Comment se fait-

il que, dans ces diverses appréciations, personne n'ait
songé à faire entrer en ligne de compte, comme atténua-
tion du mérite des vainqueurs et des fautes des vaincus,
l'inconvénient toujours très-grand pour un chef d'avoir à
combattre avec des vaisseaux de nations différentes et, en
plus, l'inconvénient plus grand encore pour ce commandant en chef d'avoir, pour auxiliaire, un commandant
supérieur des forces alliées auquel il ne peut donner aucun
ordre? Je me suis attaché, on a pu le remarquer, à bien
établir que les vaisseaux espagnols n'avaient pas été placés
sous les ordres du vice-amiral Villeneuve ; que le lieutenant général Gravina devait, en toutes circonstances, lui
prêter son concours, mais qu'il était tout à fait indépendant. Il n'y eut réellement d'armée combinée qu'à la sortie
de Cadix, et encore cette armée combinée n'était-elle
que de 21 vaisseaux, puisque 12 avaient été laissés au
lieutenant général Gravina (1). Ce fut fortuitement, et
non par suite d'une combinaison arrêtée à l'avance, que ce
dernier officier général, et les vaisseaux qu'il devait conduire au combat, se trouvèrent faire partie de la ligne
de bataille (2). On doit voir combien dut être fâcheux
ce mélange des vaisseaux des deux nations au moment
suprême du combat. L'intelligence des signaux et leur
exécution, alors surtout qu'il s'agit de manœuvres d'ensemble, sont choses tellement difficiles, qu'on ne comprend pas comment on a pu oser demander ces deux choses, du jour au lendemain, à des officiers d'une marine
étrangère. Or, ici c'était pis encore, puisque les 12 vaisseaux désignés pour former la réserve devaient n'obéir
qu'aux ordres du lieutenant général espagnol qui la com-

---

(1) L'existence de cette réserve semble avoir été ignorée de beaucoup d'é-
crivains ; le capitaine de vaisseau Jugan en parle dans son rapport : « Peu de
« temps auparavant, l'amiral avait ordonné aux frégates de chasser sur la gau-
« che ; plusieurs vaisseaux de l'escadre d'observation ont reçu le même ordre. »
(2) « Alors chaque bâtiment a manœuvré pour se former sur l'amiral Gravina
« dont le vaisseau était en tête de ligne. » *Id*, *id*.

mandait. Il faut donc ne pas oublier que les vaisseaux de l'armée des alliés étaient loin de former ce tout homogène, aux mêmes vues, à la même pensée, auquel avec raison, on a attribué la réussite du plan du vice-amiral Nelson ; — que ces nombreux vaisseaux étaient dirigés par des officiers généraux, commandés par des capitaines entre lesquels, si l'on en excepte le lieutenant général Gravina qui se disait tout dévoué au vice-amiral Villeneuve, l'entente était plus apparente que réelle ; — que, appelés d'abord à obéir aux seuls officiers généraux de leur nation, ces capitaines furent placés plus tard sous les ordres de chefs de nationalités différentes ; — qu'ils se trouvèrent par conséquent souvent dans le cas d'avoir à soutenir, à dégager un voisin dont ils ne comprenaient ni les signaux ni le langage ; et que, par suite, les sentiments généreux qui éclosent si fréquemment sur les champs de bataille, ne se développèrent pas à Trafalgar autant qu'on eût pu le désirer. Le découragement qu'on a si souvent reproché au vice-amiral Villeneuve avait certainement quelque peu sa raison d'être : il était en position d'apprécier la situation. Toutefois cet officier général eut un tort plus grand que tous ceux qu'on lui a imputés. Du moment qu'il considérait l'adjonction de l'armée navale d'Espagne à l'armée française comme une difficulté, il devait ne pas hésiter à demander à opérer de son côté, pendant que les Espagnols agiraient du leur. Voilà, à mon sens, la plus grande faute que commit le commandant en chef de l'armée française ; et il est à regretter qu'aucun historien n'ait songé jusqu'ici à démontrer que, toutes choses égales d'ailleurs, la réunion de bâtiments appartenant à des nations différentes est en général, — quelle qu'en soit d'ailleurs la cause — plus nuisible qu'utile, surtout lorsque ces bâtiments obéissent à plusieurs chefs. L'histoire est là pour le prouver.

Il existait pourtant encore, du côté des alliés, une autre cause d'infériorité à laquelle on n'a pas davantage pris garde. Certes, la combinaison adoptée pour induire en erreur le gouvernement de la Grande-Bretagne sur la destination précise de la flottille, et pour faire arriver dans la Manche, à un moment donné, toutes les forces navales de l'Empire, cette combinaison offrait les plus belles chances de réussite. Cependant, il faut bien le dire, l'idée d'embarquer des troupes passagères sur des vaisseaux destinés à faire une navigation prolongée, et sans cesse exposés à livrer bataille, cette idée fut malencontreuse. J'ai déjà eu l'occasion, à propos de la bataille d'Aboukir, de parler des conséquences fâcheuses de l'embarquement des soldats passagers sur les bâtiments de guerre; je n'y reviendrai pas. Je me borne à rappeler que les troupes étaient à bord depuis le mois de janvier, et à indiquer ce fait comme une des premières causes de l'infériorité relative des vaisseaux français à Trafalgar.

Le *Santa Anna* eut à combattre d'abord le ROYAL SOVEREIGN qui, après avoir passé à poupe, à midi 10ᵐ, se plaça à toucher son travers de tribord. Quinze minutes plus tard, le BELLE ISLE s'adjoignit au commandant de la colonne de droite, et aussi sous le vent. Le vaisseau espagnol perdit bientôt son perroquet de fougue et, au bout de cinq quarts d'heure, il était entièrement démâté : à 2ʰ 15ᵐ, il amena son pavillon. Le lieutenant général Alava était blessé. Le ROYAL SOVEREIGN avait eu son mât d'artimon coupé, et son grand mât ne tarda pas à s'abattre : le mât de misaine menaçait d'en faire autant.

En voyant le ROYAL SOVEREIGN se diriger sur l'arrière du *Santa Anna*, le capitaine du *Fougueux* força de voiles pour empêcher le vaisseau anglais de traverser la ligne, mais il ne put y réussir; le trois-ponts la coupa en cet endroit et lui envoya sa bordée de tribord. Le *Fougueux* canonna le ROYAL SOVEREIGN jusqu'au moment où, profitant d'une arrivée du *Monarca*, le BELLE ISLE et le MARS passèrent entre lui et le vaisseau espagnol; il combattit alors le BELLE ISLE et laissa celui-ci démâté de son mât d'artimon, pour engager plus vigoureusement le MARS qui arrivait sans grand mât de hune, et dont le capitaine avait déjà été tué; le mât de misaine de ce dernier tomba au moment où, vers 1ʰ 20ᵐ, le Tonnant lui vint en aide. Le *Fougueux* se dirigea alors sur le Téméraire, en ce moment abordé avec le *Redoutable*, et il le canonna par la hanche de tribord ; ces deux vaisseaux qui ne pouvaient plus gouverner tombèrent sur lui et, à 2ʰ 15ᵐ, les Anglais sautèrent à bord : le capitaine Beaudouin fut tué en cherchant à repousser cette attaque. Le capitaine de frégate Bazin qui le remplaça, se mit à la tête de l'équipage ; mais, blessé lui-même et luttant avec une troupe affaiblie, il fut obligé de céder au nombre ; dix minutes après il fit amener le pavillon.

Canonné par le Belle Isle et par le Tonnant, le *Monarca* avait laissé arriver lorsque le Royal Sovereign avait traversé la ligne, et il avait livré passage au Bellerophon qui s'introduisit entre lui et le *Pluton* et lui présenta le travers de bâbord ; avant dix minutes, le grand mât de hune et le mât de perroquet de fougue du vaisseau anglais tombaient sous le vent et, presque au même moment, le capitaine Cooke perdait la vie. Mais le *Monarca* était attaqué aussi par le Revenge et, à 1ʰ 50ᵐ, il amena.

La manœuvre du *Pluton* mérita des éloges. Serre-file du *Monarca* qui était sorti de la ligne, le capitaine Cosmao se rapprocha du *Fougueux* pour remplir le vide que la manœuvre du vaisseau espagnol avait occasionné, et il força le Mars, au moment où il s'y présentait, à tenir le vent et à lui prêter le travers. Il le combattait depuis une demi-heure et allait l'aborder, quand l'approche du Tonnant qui gouvernait pour passer derrière lui, lui fit prendre le parti de masquer partout pour arrêter ce dernier. Le Mars profita de cette circonstance pour traverser la ligne devant le *Pluton* ; mais avant de lui laisser le passage libre, le capitaine français lui envoya une bordée qui le démâta de son mât d'artimon et de son grand mât de hune. Enfin, après plusieurs engagements avec les vaisseaux anglais qui se présentèrent à cette partie, le *Pluton* se dirigea du côté du *Principe de Asturias*, soutint et contribua à dé-

gager ce vaisseau, et le suivit lorsqu'il fit route pour Cadix.
Le *Pluton* jeta l'ancre devant Rota.

Le Tonnant canonna les vaisseaux qui combattaient le
Mars, et gouverna de manière à passer entre le *Pluton* et
l'*Algésiras;* mais celui-ci ayant augmenté de voiles, en
même temps que l'autre mettait sur le mât, il l'aborda,
et le beaupré de l'*Algésiras* se trouva engagé dans les haubans du grand mât de son adversaire. Le premier souffrit
d'autant plus dans cette position que 4 autres vaisseaux
le canonnaient. Cependant le Tonnant avait déjà perdu
sa grande vergue et son petit mât de hune lorsque, à
2ʰ 45ᵐ, le ́mât de misaine du vaisseau français s'abattit
sur le pont. Presque au même instant, le contre-amiral
Magon qui avait déjà reçu une balle dans le bras droit et
un éclat à la cuisse, tomba frappé mortellement par une
balle qui l'atteignit en pleine poitrine. Le capitaine Letourneur venait d'être blessé et avait été remplacé par le
lieutenant de vaisseau Plassan, blessé lui-même ; cet officier
céda bientôt la place au lieutenant de Labretonnière. Le feu
prit à bord en ce moment. La chute des deux autres mâts de
l'*Algésiras* termina la lutte ; le pavillon fut amené à 3ʰ 45ᵐ.
Le Tonnant avait encore perdu son grand mât de hune et son
mât de perroquet de fougue ; gravement blessé, le capitaine
Tyler avait été obligé de se faire remplacer sur le pont.

Le *Bahama* fut combattu à bâbord par le Colossus. Le
grand mât du vaisseau espagnol s'étant abattu du bord
où il était engagé, son capitaine amena le pavillon,
presque au même instant que le *Monarca*.

L'*Aigle* aborda le Revenge qui voulait couper la ligne
devant lui et le combattit avec avantage. Lorsque, après
deux heures de lutte corps à corps, les 2 vaisseaux se furent
séparés, l'*Aigle* fut attaqué par le Dreadnought et le Thunderer ; le premier se tint par son bossoir de bâbord et le second sous son arrière ; un troisième antagoniste, le Bellerophon, vint le canonner par tribord et de si près que le
feu fut mis au vaisseau français par les bourres de celui-

ci. A 3ʰ, le Defiance l'aborda et un détachement ennemi sauta à bord. Cette tentative fut infructueuse ; vigoureusement repoussés, les Anglais se virent forcés de retourner sur leur bâtiment. Le Defiance se dégagea, et joignant son feu à celui des autres vaisseaux, il contribua à écraser l'*Aigle* alors réduit à l'état de ponton, et qui avait perdu les deux tiers de son équipage. Le lieutenant de vaisseau Asmus Clanen fit amener le pavillon à 3ʰ 30ᵐ. Cet officier avait remplacé dans le commandement le capitaine de frégate Lhuissier, qui avait lui-même succédé au capitaine Gourrège, tué dès le commencement du combat. Tous les mâts du Defiance étaient transpercés.

Le *Swiftsure* ne commença à combattre que lorsque le Revenge qui avait été abordé par l'*Aigle*, se fut dégagé et eut pris poste sous le vent en passant devant lui. Ce vaisseau fut son premier adversaire avec le Colossus qui s'était placé aussi à tribord, et sur l'arrière duquel il essaya de prendre position. Mais celui-ci lui ayant abattu son mât d'artimon et son grand mât de hune, il lui fut impossible de réaliser ce projet. La lutte paraissait cependant égale lorsque, à 2ʰ 30ᵐ, le Bellerophon traversant derrière lui, le démâta de son grand mât et de son petit mât de hune, et décida de son sort. Cette même bordée du vaisseau anglais avait démonté presque tous les canons de la deuxième batterie. A 3ʰ, le mât de misaine fut coupé. A environ quarante minutes de là, le capitaine Villemadrin fit amener le pavillon ; le *Swiftsure* avait 1ᵐ,600 d'eau dans la cale. Le mât d'artimon du Colossus tomba à ce moment ; son grand mât s'abattit pendant la nuit.

L'*Argonauta* fut attaqué par l'Achilles et le combattit jusqu'à l'arrivée du *Berwick* : son capitaine alla se mettre alors sous le vent de la ligne. Canonné plus tard par les vaisseaux qui sillonnaient le champ de bataille, l'*Argonauta* amena son pavillon. Il fut amariné par le Belle isle qui ne l'avait pas combattu ; il était 3ʰ 30ᵐ.

Le *Montañes* laissa arriver tout d'abord. Canonné par

l'Achilles, il continua à courir largue jusques en dehors de la portée des boulets de l'ennemi. Ce vaisseau ne prit aucune part à la bataille, et cependant son capitaine fut tué par l'un des quelques projectiles qui lui furent lancés. Lorsque le feu eut cessé, il rallia le gros de l'armée et suivit le lieutenant général Gravina.

L'*Argonaute* qui avait augmenté de voiles pour remplir le vide laissé derrière le *Swiftsure* par l'*Argonauta* et le *Montañes,* fut abordé à bâbord par le Bellerophon dont il parvint à se dégager au bout d'une demi-heure. Quoique ses avaries eussent peu d'importance, il laissa alors arriver, et il reçut en poupe la bordée de plusieurs vaisseaux auxquels il se contenta d'envoyer quelques boulets en lançant sur tribord. Ce vaisseau ne rentra plus dans la ligne, malgré le signal qui lui fut fait par les frégates; à 5ʰ 30ᵐ, il rallia le *Principe de Asturias.*

Après s'être canonné, mais de loin, avec le Defence, le *Berwick* alla, à 2ʰ 30ᵐ, se placer à tribord de l'Achilles qui était déjà engagé avec l'*Argonauta.* Celui-ci se retira et laissa le *Berwick* aux prises avec le vaisseau anglais. Une heure plus tard, criblé dans toutes ses parties, le *Berwick* amena son pavillon. Son capitaine et le lieutenant Guichard qui l'avait remplacé, étaient au nombre des tués. L'Achilles avait tous ses mâts hauts, mais ils étaient grandement endommagés ainsi que sa coque.

Le *San Juan Nepomuceno* combattit d'abord par tribord le Belle isle qui venait de se canonner avec l'*Indomptable,* et il abandonna ce vaisseau lorsque l'*Achille* et l'*Aigle* l'attaquèrent; il s'adressa alors au Tonnant qui était engagé avec l'*Algésiras.* Après un quart d'heure de combat avec le Bellerophon et le Dreadnought, le *San Juan Nepomuceno* totalement désemparé amena son pavillon à 2ʰ 30ᵐ; son capitaine avait perdu la vie. Ce vaisseau fut amariné par le Dreadnought.

Le *San Ildefonso* se canonna avec plusieurs vaisseaux ennemis, et combattit le Defence pendant une heure;

il amena son pavillon à l'arrivée du POLYPHEMUS, à 3ʰ 35ᵐ. Le vaisseau espagnol n'avait pas perdu un seul mât; son adversaire avait également toute sa mâture haute.

La position de l'*Achille* ne lui permit de commencer le feu que longtemps après les vaisseaux qui le précédaient. Démâté presque de suite de son mât d'artimon, il combattit par la hanche de bâbord le BELLE ISLE, déjà canonné par plusieurs bâtiments français et espagnols. A 2ʰ, le vaisseau anglais perdit son grand mât de hune qui tomba sur le couronnement à bâbord et, un peu plus tard, son mât de misaine et son beaupré. Le POLYPHEMUS, le DEFIANCE et le SWIFTSURE lui vinrent bientôt en aide, et le dernier s'attacha particulièrement à l'*Achille*. Le SWIFTSURE passa derrière le vaisseau français, lui abattit son grand mât et prit poste à tribord, tandis que les autres le canonnaient du côté du vent. Son homonyme anglais se joignit à eux. Tel était l'état des choses lorsque le capitaine Deniéport fut tué à 2ʰ 30ᵐ; la majeure partie des officiers avaient déjà perdu la vie, et le commandement avait passé successivement dans les mains des enseignes de vaisseau Jouan et Cauchard. Ce dernier officier était parvenu à prendre une position que lui avait permis d'envoyer six à sept bordées destructives à l'ACHILLE anglais, lorsqu'un événement de la plus haute gravité attira son attention : le feu venait de se déclarer dans la hune de misaine, et il fallut bientôt songer à couper ce mât; cette opération fut facilitée par les bordées du PRINCE. Malheureusement la mâture s'abattit sur le pont, et l'incendie se communiqua avec rapidité au corps même du vaisseau. L'équipage entier, moins les hommes de la batterie basse, fut employé à arrêter les ravages du feu. On ne put y réussir; l'embrasement devint général et, dans la crainte d'être incendiés eux-mêmes, les bâtiments ennemis s'éloignèrent. L'équipage de l'*Achille* ne s'occupa plus dès lors que de sa propre sûreté et beaucoup d'hommes se jetèrent à la mer. Le PRINCE, le SWIFTSURE, la PICKLE et l'ENTREPRENANT envoyèrent leurs embarcations recueillir les malheureux qui luttaient ainsi contre la mort. A 5ʰ 30ᵐ, l'*Achille* fit explosion avec les lambeaux de son pavillon qui flottait encore. On porta à 480 le nombre des hommes qui étaient hors de combat au moment de la catastrophe, et à 36 celui des personnes qui périrent dans les flots. Le SWIFTSURE avait perdu son mât de perroquet de fougue (1).

L'amiral espagnol *Principe de Asturias*, serre-file de la ligne, eut à combattre le DREADNOUGHT et successivement le DEFIANCE, le PRINCE et le THUNDERER. A 2ʰ, il était entouré. Soutenu par plusieurs vaisseaux, et notamment par le *Neptune*, il parvint à se dégager et laissa arriver en faisant le signal de virer lof pour lof; il fut rallié par les bâtiments qui ne se battaient pas. Les avaries du *Principe* étaient peu apparentes; ses mâts, son grément et ses voiles étaient cependant endommagés, et le lieutenant général Gravina avait reçu une blessure dont il mourut quelques mois plus tard. Le chef d'escadre Escaño était aussi blessé. Les vaisseaux anglais qui avaient combattu l'amiral espagnol étaient dans le même état que lui. A 4ʰ 45ᵐ, le *Principe de Asturias* ordonna le ralliement général et absolu et, remorqué par la *Thémis*, il se dirigea sur Cadix suivi par le *Pluton*, le *Neptune*, le *Héros*, l'*Argonaute*, l'*Indomptable*, le *Rayo*, le *San Francisco de Asis*, le *San Justo*, le *Montañes* et le *San Leandro*, par les frégates et par les brigs. Tous mouillèrent à l'entrée de la baie de Cadix, à l'exception de la *Cornélie* et du *Rhin* qui restèrent toute la nuit sous voiles.

Il n'était pas encore 1ʰ, et la colonne de droite attaquait alors l'*Algésiras*, lorsque le vaisseau amiral anglais VICTORY,

(1) Dans son rapport du 22 octobre, écrit à bord de l'EURYALUS, le vice-amiral Collingwood dit que l'*Achille* avait amené lorsqu'il sauta. Cette assertion est erronée; toutes les versions sont d'accord sur ce point, et il est à regretter que cet officier général qui, dans ses rapports subséquents, rectifia plusieurs des faits avancés dans la précipitation d'une première dépêche, n'ait pas cru devoir revenir sur la prétendue reddition de l'*Achille*.

se dirigeant au milieu des bordées précipitées du centre sur l'arrière du *Bucentaure*, envoya sa première bordée à ce vaisseau. Le *Redoutable* avait augmenté de voiles pour remplir le vide que le *Neptune*, tombé sous le vent, avait laissé derrière l'amiral, mais il arriva trop tard pour y réussir ; il obligea cependant le VICTORY auquel il adressait ses coups, à venir sur bâbord plus tôt que son capitaine n'avait probablement l'intention de le faire. Perdant subitement son erre, et démâté de son mât d'artimon et de son petit mât de hune, celui-ci tomba sur le vaisseau français et l'aborda de long en long à bâbord. Le combat devint terrible entre ces 2 vaisseaux qui, accrochés et ne gouvernant plus, furent entraînés sous le vent de la ligne. Cependant, le feu des batteries finit par se ralentir, cessa même presque entièrement, car un très-petit nombre de canons pouvaient seuls tirer ; ce fut alors le tour de la mousqueterie. Contrairement à ce qui pouvait être supposé, eu égard à la différence d'élévation de ces deux adversaires, le *Redoutable* eut l'avantage dans ce genre d'attaque ; les rangs de l'équipage anglais s'éclaircirent, et bientôt les gaillards du VICTORY furent jonchés de morts et de blessés. A 1ʰ 30ᵐ, le vice-amiral Nelson tomba lui-même blessé mortellement. Le capitaine du *Redoutable* voulut profiter de cette circonstance pour sauter à l'abordage ; les mouvements et les formes des deux vaisseaux y mirent obstacle ; seuls, l'aspirant Yon et quatre matelots réussirent à franchir les murailles de l'amiral anglais. La grande vergue du *Redoutable* allait être amenée pour servir de pont de passage, lorsque le trois-ponts le TÉMÉRAIRE vint distraire le capitaine Lucas de ce projet ; ce vaisseau envoya dans la hanche de tribord du *Redoutable* une effroyable bordée à mitraille qui mit plus de 200 hommes hors de combat. Cependant les deux vaisseaux abordés s'en allant toujours en dérive tombèrent sur le TÉMÉRAIRE à 2 40ᵐ, et le beaupré du *Redoutable* se trouva engagé dans ses grands haubans de bâbord. Pressé de la sorte entre deux trois-ponts, le *Redoutable* continua une lutte acharnée, plus glorieuse désormais qu'efficace. Ce ne sembla cependant pas assez à l'ennemi de deux trois-ponts pour réduire un 74 français; le Neptune se plaça en travers sous sa poupe et le foudroya à portée de pistolet. En moins d'une demi-heure, ce dernier compléta le délabrement du *Redoutable* dont le grand mât tomba en travers sur le Téméraire; les deux mâts de hune de celui-ci s'abattirent à leur tour sur le pont du vaisseau français et le défoncèrent. Pour dernier désastre, le feu prit à bord. Le capitaine Lucas, qui était blessé, ne fit cependant amener le pavillon que lorsqu'il crut avoir la certitude que le *Redoutable* ne pourrait être maintenu à flot; il était 3ʰ 30ᵐ; le mât d'artimon s'abattit en même temps que le pavillon. Le Victory s'était décroché depuis une demi-heure. Le *Redoutable* avait son gouvernail coupé, et son arrière défoncé présentait une large ouverture; son corps était transpercé dans toutes ses parties. Le Victory n'avait perdu que le seul mât de perroquet de fougue; mais le reste de sa mâture était criblé et sa coque était hachée. Les avaries du Téméraire consistaient dans la perte de son grand mât de hune, de sa grande vergue, du grand et du petit hunier; les autres mâts étaient hors d'état de porter leurs voiles. Le corps de ce vaisseau n'était pas en meilleur état que sa mâture. Vers 7ʰ du soir, le *Redoutable* put être séparé du Téméraire; le Swiftsure le prit à la remorque. Le mât de misaine du premier s'abattit le lendemain.

M. Jurien de la Gravière dit, qu'après avoir bien reconnu la position des vaisseaux de l'armée des alliés, le capitaine du Victory prévint le vice-amiral Nelson qu'il ne lui serait pas possible de couper la ligne sans en aborder un, et que celui-ci lui aurait répondu : « Nous n'y pouvons « rien; abordez le vaisseau que vous voudrez; je vous en « laisse le choix. » Que le capitaine Hardy aurait alors cherché l'adversaire le moins formidable, et que l'apparence chétive du *Redoutable* l'ayant décidé, ce fut vers lui que le capitaine anglais dirigea le Victory. Ce récit, qui paraît avoir été emprunté à la version anglaise de M. William James (1), diffère, on le voit, de la version accréditée en France : le capitaine Lucas et d'autres ont écrit que l'abordage avait été forcé et non volontaire. Malgré l'autorité qui se rattache au nom de l'auteur des *Guerres maritimes sous la République et l'Empire*, je penche pour l'abordage accidentel ; en voici la raison. D'abord le langage prêté au capitaine du Victory pourrait bien n'être extrait ni du journal particulier, ni du rapport de cet officier supérieur. En second lieu, si l'abordage n'entrait pas à l'origine dans le plan d'attaque du commandant en chef de l'armée anglaise, il y avait tout intérêt à n'aborder que forcé par les circonstances, et après avoir essayé de passer. Il devient par suite difficile de saisir l'inconvénient que pouvait présenter cette tentative.

Il y avait 45 minutes que le Victory et après lui le Téméraire avaient envoyé leur première bordée au *Bucentaure*, lorsque le Neptune commença à le canonner de l'arrière. Le capitaine du Conqueror et celui du Leviathan imitèrent la manœuvre de leur amiral, et prirent poste par le travers et la hanche sous le vent du vaisseau français, pendant que les autres bâtiments de cette colonne défilaient à contre-bord, en lui tirant successivement leur bordée. A 2ʰ, le grand mât et le mât d'artimon du *Bucentaure* s'abattirent et masquèrent une partie de ses batteries ; le mât de misaine tomba quelque temps après. Ce vaisseau trouva un noble appui dans le *Santissima Trinidad* jusqu'à ce que, à 2ʰ 30ᵐ, démâté lui-même et ne gouvernant plus, le capitaine espagnol ne fut plus maître de ses mouvements. La position du vice-amiral Villeneuve était fort critique. Depuis près de trois heures, le *Bucentaure* soutenait avec le *Redoutable* et le *Santissima Trini-*

---

(1) *The naval history of Great Britain.*

dad le choc de la colonne ennemie du vent, sans que d'autres vaisseaux eussent tenté de lui venir en aide et, en ce moment, aucune frégate ne manœuvrait pour le dégager. Le capitaine Magendie avait été blessé à 2^h; le premier lieutenant Daudignon qui l'avait remplacé l'était aussi : le lieutenant de vaisseau Fournier avait pris le commandement. Le commandant en chef songea alors à porter son pavillon sur un des vaisseaux de l'avant-garde. « Le *Bucentaure*, dit-il, a rempli sa tâche; la mienne n'est pas encore achevée. » Malheureusement, il n'y avait pas à bord une seule embarcation en état d'être mise à la mer; on en demanda une au *Santissima Trinidad* qui ne répondit pas. Contraint dès lors d'oublier son armée pour ne voir qu'un seul vaisseau; et considérant comme une obligation de ménager la vie des hommes qui n'avaient pas été atteints par les boulets ennemis, il ordonna d'amener le pavillon; il était 4^h 30^m. Le *Bucentaure* fut amariné par le Conqueror.

Le *Santissima Trinidad*, chef de file du *Bucentaure* fut, comme le vaisseau amiral français, l'un des buts principaux de l'attaque de l'ennemi. Canonné à bâbord par le Neptune et le Leviathan, tandis que le Conqueror le combattait sous le vent, il perdit en même temps son grand mât et son mât d'artimon; son dernier mât fut abattu à 2^h 30^m. Un autre vaisseau ne dédaigna cependant pas de combattre le *Santissima Trinidad* : ce fut l'Africa qui s'était écarté de son armée pendant la nuit; après avoir échangé ses bordées avec l'avant-garde entière, il prit position par son bossoir de bâbord. Le trois-ponts espagnol succomba peu de temps après le *Bucentaure*, mais les Anglais n'en prirent possession qu'à 5^h 30^m; le Prince lui donna la remorque. La mâture du Neptune était fort endommagée. Le Conqueror avait perdu son mât de perroquet de fougue, et avait le côté de bâbord entièrement criblé.

Le *Neptune* s'était tout d'abord trouvé sous le vent de la

ligne, et en voulant le doubler au vent, le *San Justo* lui
avait enlevé le peu de brise qui le maintenait dans cette
position et l'avait fait se souventer encore davantage. Après
avoir canonné le VICTORY, lorsque ce vaisseau passait derrière le *Bucentaure*, le capitaine Maistral vira vent arrière.
Cette manœuvre fit supposer que le *Neptune* se retirait du
feu : elle l'éloignait en effet du vaisseau amiral dont il était
le serre-file; mais en la faisant, son capitaine croyait in-
terpréter sainement les instructions du commandant en
chef, son intention étant d'aller soutenir l'arrière-garde
qui était vigoureusement attaquée. Sa manœuvre fut imi-
tée par le *San Leandro*, le *San Justo* et l'*Indomptable*. Le
Neptune canonna le TÉMÉRAIRE, le BELLE ISLE et le POLY-
PHEMUS qui se trouvèrent sur son passage, et ce fut seulement à 4ʰ qu'il put arriver en aide au *Principe de Asturias*.
Après avoir puissamment contribué à le dégager, le capitaine Maistral prit les amures à bâbord pour soutenir quelques vaisseaux qui se battaient encore au vent et, par un
signal de ralliement, il appela à lui les bâtiments qui ne
combattaient pas ; le *Pluton* et un vaisseau espagnol ayant
seuls imité sa manœuvre, il rejoignit le lieutenant général
Gravina qui faisait route grand largue avec l'ordre de
rallier.

L'*Indomptable* échangea quelques bordées avec le BELLE
ISLE, laissa porter au S.-E., et canonna le REVENGE, le
DREADNOUGHT et le THUNDERER. Le capitaine Hubert se con-
forma au signal de l'amiral espagnol et fit route avec lui
pour Cadix.

En ne tenant pas compte d'une canonnade à grande
distance avec la colonne anglaise de gauche, on peut dire
que l'avant-garde n'avait eu d'autre adversaire que l'A-
FRICA qui, ainsi qu'il a été dit, séparé de son armée pendant
la nuit, la ralliait en suivant une route parallèle, mais
opposée, à celle de l'armée combinée. A 1ʰ, le contre-
amiral Dumanoir signala cet état d'inanition au commandant en chef ; trois quarts d'heure après, celui-ci ordonna

de virer lof pour lof tout à la fois. Le *Formidable* répéta
ce signal et chercha à l'exécuter de suite en s'aidant d'une
embarcation; mais il faisait presque calme, la houle était
très-forte, et l'évolution ne fut faite qu'avec difficulté. Le
signal resta flottant jusqu'à ce que tous les vaisseaux de
l'avant-garde l'eussent exécuté; le contre-amiral Dumanoir
l'adressa même à chacun d'eux en particulier : plusieurs
n'en tinrent aucun compte, et chaque capitaine lui donna
une interprétation. Et cependant, en faisant virer l'avant-
garde, le commandant en chef ne pouvait avoir d'autre
but que de l'appeler sur le théâtre même de la bataille,
d'autre idée que de la faire venir en aide aux vaisseaux
qui étaient le plus vivement attaqués. Les capitaines du
Héros, du *San Augustino* et de l'*Intrépide* le comprirent
seuls ainsi. Le *Rayo* et le *San Francisco de Asis* laissèrent
arriver grand largue, et s'éloignèrent du champ de bataille,
tandis que le commandant de l'avant-garde, tenant le vent
tribord amures avec le *Formidable*, le *Duguay-Trouin*, le
Mont Blanc, le *Scipion* et le *Neptuno*, passait au vent des
deux armées, échangeant des bordées avec les vaisseaux
ennemis qui se trouvaient à distance.

Dès midi et demi, le *Héros* commença à envoyer des
boulets à la colonne anglaise de gauche. Trois quarts
d'heure plus tard, son capitaine était tué et remplacé par
le lieutenant de vaisseau Conor. Alors qu'il se repliait
sur le champ de bataille, en exécution du signal de virer,
le *Héros* eut à essuyer le feu de plusieurs vaisseaux; il ne
s'arrêta pas pour les combattre, mais il se dirigea sur
l'arrière-garde et rallia le *Principe de Asturias* à 4ʰ 30ᵐ.

Après avoir viré lof pour lof, le *San Augustino* se porta
sous le vent vers le centre de l'armée. A 3ʰ, il rencontra le
LEVIATHAN dont les boulets abattirent son mât d'artimon,
et lorsque les deux vaisseaux furent arrivés au point d'intersection des routes qu'ils suivaient celui-ci, loffant subitement, engagea son beaupré dans les grands haubans
du *San Augustino*. Le capitaine du vaisseau espagnol ve-

nait d'être tué; le second fit amener immédiatement le pavillon. Le Leviathan n'avait perdu que sa vergue de perroquet de fougue, mais sa mâture entière était fort endommagée.

L'*Intrépide* canonna d'abord, à grande portée, les vaisseaux ennemis de la colonne de gauche et, lorsque par suite du signal de virer fait par le commandant en chef, il eut réussi à prendre les amures à tribord, il gouverna sur le vaisseau amiral en passant sous le vent. Chemin faisant, il envoya quelques boulets au Leviathan qui traînait le *San Augustino*, et combattit l'Africa d'un bord et l'Orion de l'autre; le Conqueror, l'Ajax et l'Agamemnon se joignirent à ces agresseurs. A 4ʰ 15ᵐ, le mât d'artimon de l'*Intrépide* tomba sur le pont; cette chute fut presque immédiatement suivie de celle du grand mât, et bientôt après de celle du mât de misaine. La résistance devenait désormais impossible : à 5ʰ, le capitaine Infernet fit amener le pavillon. La mâture de l'Africa tenait à peine; cependant sa vergue de grand hunier avait seule été abattue; sa coque était criblée. L'Orion n'avait que d'insignifiantes avaries; il avait perdu aussi sa vergue de grand hunier.

Les capitaines du *Rayo* et du *San Francisco de Asis*, estimant leur présence inutile désormais sur le lieu du combat, se dirigèrent de suite vers la queue de la colonne. Ils échangèrent quelques coups de canon avec les vaisseaux anglais qui parcouraient le champ de bataille pour chercher de nouveaux adversaires, et parvinrent à rallier le lieutenant général Gravina avec lequel ils mouillèrent devant Cadix.

Les vaisseaux anglais Minotaur et Spartiate qui n'avaient pour ainsi dire pas combattu, prirent les amures à tribord dès que les vaisseaux français de tête eurent viré, et ils les suivirent. Cette manœuvre leur réussit. L'indécision du capitaine du *Neptuno* ayant laissé un intervalle assez grand entre ce vaisseau espagnol et le *Scipion*, ils

l'attaquèrent. Le *Neptuno* leur opposa une vigoureuse défense ; mais à 5ʰ 15ᵐ, après cinq quarts d'heure de lutte
inégale, son pavillon fut amené. Ce vaisseau était démâté
de son mât d'artimon, du grand et du petit mât de hune.

Lorsque le *Formidable* arriva à la hauteur du *Bucentaure*, le pavillon avait été amené ; tous les vaisseaux
qu'on pouvait distinguer étaient également sans enseignes. Le contre-amiral Dumanoir donna cependant à son
capitaine de pavillon l'ordre de laisser arriver. Mais, sur
les observations qui lui furent faites par le capitaine Letellier, que les haubans et les galhaubans de bâbord étaient
hachés, et que la chute de la mâture serait inévitable-
ment la conséquence de cette manœuvre, il se décida à
continuer sa route, sous petite voilure, et il n'augmenta
de voiles que lorsque le *Neptuno* eût cessé de combattre,
c'est-à-dire à 5ʰ 15ᵐ. Les trois vaisseaux qui le suivaient
avaient, comme lui, des avaries dans leur mâture.

La prise du vaisseau espagnol le *Neptuno* avait mis fin à
la bataille ; voici l'aspect que présentait dans ce moment le
champ de bataille :

Le *Bucentaure*, réduit à l'état de ponton, se trouvait à
deux ou trois longueurs de navire au vent du VICTORY ;
celui-ci était démâté de son perroquet de fougue. Le *Santissima Trinidad*, également sans mâts, occupait à peu
près la même position au vent du vaisseau français. A trois
quarts de mille dans l'Est du VICTORY, le *Redoutable*, avec
son seul mât de misaine, était encore accroché au TÉMÉ-
RAIRE qui n'avait que son grand mât. A côté, était le *Fougueux*. Le ROYAL SOVEREIGN, n'ayant que son mât de misaine, était à petite distance dans le Sud et, près de lui,
le *Santa Anna* sans mâts et à la remorque de l'EURYALUS.
Plus au Nord se trouvaient le *San Augustino* sans mât d'artimon, — l'*Intrépide* sans un seul mât — et, dans le N.-O.,
le *Neptuno* isolé, démâté de son mât d'artimon et d'un
mât de hune. Pêle-mêle avec les Français, on voyait les
vaisseaux anglais NEPTUNE, BRITANNIA, CONQUEROR sans

perroquet de fougue, — LEVIATHAN, dont la vergue de perroquet de fougue était abattue — AFRICA, ORION sans vergue de grand hunier, — AJAX, AGAMEMNON, SPARTIATE, MINOTAUR sans vergue de petit hunier. Au Sud, on reconnaissait l'*Algésiras* entièrement démâté; l'*Aigle* ras comme un ponton; le *Swiftsure* n'ayant que le grand mât; le *Bahama*, au contraire, sans grand mât. Et, plus ou moins répandus dans l'Est, le *Berwick*, l'*Argonauta*, le *Monarca*, le *San Juan Nepomuceno*, le *San Ildefonso*. Les vaisseaux anglais BELLE ISLE démâté de tous ses mâts; SWIFTSURE sans perroquet de fougue; MARS sans grand mât de hune; TONNANT sans grande vergue, ni mâts de hune; BELLEROPHON sans grand mât de hune, ni mât de perroquet de fougue; COLOSSUS dont le mât d'artimon était abattu; DREADNOUGHT sans vergue de grand hunier; DÉFIANCE, REVENGE, ACHILLES, PRINCE, POLYPHEMUS, THUNDERER, DEFENCE, étaient épars dans cette partie. Au centre de ce désastreux tableau, l'*Achille*, en pleine combustion, éclairait la retraite du contre-amiral Dumanoir qui courait au S.-S.-O. avec le *Formidable*, le *Scipion*, le *Duguay-Trouin* et le *Mont Blanc*; et celle du lieutenant général Gravina qui se dirigeait vers l'Est avec le *Principe de Asturias* à la remorque de la *Thémis*, précédé du *Rayo*, du *San Francisco de Asis*, du *Justo*, du *Montañes*, du *San Leandro*, et accompagné du *Pluton*, du *Héros*, du *Neptune*, de l'*Argonaute* et de l'*Indomptable*.

Le vent fut très-violent du S.-O. pendant la nuit, mais il mollit dans la matinée du lendemain. L'armée anglaise et ses prises se voyaient çà et là dans le lointain. N'écoutant que son courage, et malgré l'état du *Pluton* qui faisait un mètre et demi d'eau à l'heure, le capitaine Cosmao appareilla, dès qu'il fit jour, avec le *Pluton*, le *Héros*, le *Neptune*, le *San Francisco de Asis* et les frégates, et quoique le vent fût encore très-frais, il se dirigea du côté des vaisseaux capturés. L'arrivée inattendue de cette petite division fit lâcher prise aux bâtiments anglais qui remorquaient le

Santa Anna et le *Neptuno*, et les frégates ramenèrent ces deux espagnols au port où ils furent suivis par leurs libé-rateurs, et par tous les vaisseaux qui avaient laissé tomber l'ancre en dehors de la baie. Le *Rayo* seul ne rentra pas. Ce bâtiment qui avait mouillé devant San Lucar fut canonné par le vaisseau anglais Donegal, sorti le matin de Gibraltar, et il amena son pavillon. Le *Rayo* fut entraîné et brisé à la côte, le 23; une partie de son équipage périt avec les Anglais qui avaient été en prendre possession.

Voyons maintenant ce que devinrent l'armée anglaise et les vaisseaux capturés.

Le 21 à 6ʰ du soir, le vice-amiral Collingwood arbora son pavillon sur la frégate Euryalus qui prit le Royal Sovereign à la remorque. Peu de vaisseaux étaient en état de porter leurs voiles; la sonde ne donnait cependant que 21 mètres d'eau et, les rochers de Trafalgar n'étaient qu'à quelques milles sous le vent. J'ai déjà dit qu'il venta grand frais du S.-O. pendant la nuit. Le lendemain, le Neptune remplaça l'Euryalus dans la difficile mission qui avait été donnée à cette frégate.

Le 22, le *Redoutable* fit des signaux de détresse, à l'en-trée de la nuit. Le Swiftsure qui le remorquait lui envoya de suite ses embarcations pour recueillir l'équipage. A 7ʰ, le vaisseau français disparut dans les flots. Ce dernier désastre coûta la vie à 196 hommes.

Le *Fougueux* aussi fit des signaux de détresse pendant la nuit qui suivit la bataille. A 6ʰ du matin, le vaisseau anglais qui le traînait largua la remorque, et le *Fougueux* fut porté à la côte, non loin de la tour Santi Petri, et y fut promptement fracassé. 120 hommes seulement se sau-vèrent.

Les Anglais avaient à peine eu le temps d'établir un mât de fortune à l'*Algésiras* lorsque le coup de vent éclata; ce vais-seau n'était pas alors à plus de deux milles dans le S.-S.-O. de Cadix. Séparé du gros de l'armée anglaise et battu par la tempête, il fut entraîné vers la terre. Incapables de sortir de cette position critique, eu égard à leur petit nombre, les capteurs s'adressèrent au lieutenant de vaisseau de Labretonnière dans l'après-midi du 22, et lui demandèrent aide et assistance. Avant de répondre, cet officier désira conférer avec ses compatriotes détenus dans la cale; il fut décidé qu'on enlèverait l'*Algésiras* aux 50 Anglais qui étaient à bord: ils étaient eux 270, désarmés il est vrai, mais prêts à agir. Le lieutenant de Labretonnière répondit à l'officier anglais que l'abandon dans lequel on avait laissé le vaisseau, au moment d'un si grand péril, avait dissous tous leurs engagements; que les Français se considéraient comme libres désormais et que, si les capteurs croyaient leur honneur intéressé à ne pas accepter cette interprétation, les Français, quoique sans armes, étaient disposés à soutenir leurs prétentions dans un combat qui déciderait la question. Après une courte délibération, les Anglais remirent l'équipage de l'*Algésiras* en possession de son vaisseau, sous la condition de redevenir libres quand ils toucheraient le rivage de la France. Anglais et Français travaillèrent d'un commun accord à installer une voilure qui permit au vaisseau de gouverner et, après avoir été plusieurs fois menacé d'être jeté sur les roches qui bordent le rivage, l'*Algésiras* mouilla, dans la nuit, auprès du rocher le Diamant; il entra le lendemain à Cadix. Les Anglais qui étaient à bord furent renvoyés quand on échangea les blessés.

Lorsque le coup de vent commença, l'*Aigle*, alors à 21 milles dans le S.-O. de Cadix, fut abandonné par les Anglais qui le montaient Ses bas mâts s'étant abattus le lendemain, il devint impossible de le faire obéir à son gouvernail et, porté à la côte, le lieutenant de vaisseau Asnus Clanen mouilla dans le voisinage du fort Santi Petri. La nuit suivante et la journée furent passées dans cette position critique, dont la manœuvre de deux vaisseaux anglais augmenta encore les périls, car on se rapprocha davantage des brisants. L'*Aigle*, allégé par le jet à la mer d'une partie de son artillerie, resta deux jours à ce mouillage; il le quitta, lorsque le temps fut devenu moins mauvais, pour aller mouiller à l'entrée de la baie de Cadix; mais ayant talonné sur le Diamant, le lieutenant Asnus Clanen fit le sacrifice de son dernier câble et s'échoua auprès de la rivière de Santa Maria.

Le capitaine du CONQUEROR, qui avait été chargé de donner la remorque au *Bucentaure*, perdant l'espoir de le maintenir au large, prit le parti de l'abandonner avec l'équipage anglais qui avait été mis à bord. Celui-ci mouilla, le soir même de la bataille, à 9 milles dans le N.-N.-O. de Cadix, et se constitua prisonnier. Les Français travaillèrent de suite à établir une voilure de fortune, et le lendemain ils purent faire route pour Cadix. Mais, quoique le *Bucentaure* fût dirigé par un pilote espagnol, il se jeta sur les roches de la pointe San Sebastian et ne put être relevé. Son équipage, recueilli par les embarcations de la *Thémis* et de l'*Indomptable*, fit de nouveau naufrage avec ce dernier vaisseau. 274 hommes du *Bucentaure* manquaient à l'appel qui fut fait à Cadix.

L'*Indomptable* cassa ses câbles cette nuit même et fut entraîné à la côte auprès de Rota; il s'y fracassa. Sur un total de 1,200 hommes, y compris 500 du *Bucentaure*, 150 seulement échappèrent à ce désastre. Le capitaine Hubert se noya.

Obligé de mouiller devant San Lucar, le *Monarca* fut porté à la côte et démoli pendant la nuit du 24.

Le 28, le *Berwick* fut aussi jeté au plain à l'embouchure du Guadalquivir. 200 personnes se noyèrent.

L'*Argonaute* qui avait démâté de son grand mât et de son mât d'artimon, mouilla devant Rota, et dériva à la côte entre ce port et Santa Maria; il fut relevé et remorqué à Cadix par des embarcations. Pendant le trajet, il fut canonné par le vaisseau anglais QUEEN, sorti le matin de Gibraltar avec la division du contre-amiral Louis.

La continuation du mauvais temps détermina le vice-amiral Collingwood à détruire les prises qu'il n'avait aucun espoir de maintenir à flot. L'*Argonauta* et le *Santissima Trinidad* furent coulés; l'*Intrépide* et le *San Augustino* furent livrés aux flammes. Le *Swiftsure*, le *Bahama*, le *San Ildefonso* et le *San Juan Nepomuceno* purent seuls être conduits à Gibraltar.

Ainsi, des 33 vaisseaux sortis de Cadix le 20 octobre, et qui composaient l'armée franco-espagnole,

7 français et 12 espagnols amenèrent leur pavillon.

Sur ce nombre :

5 furent repris, mais un d'eux se perdit en entrant à Cadix;

5 furent entraînés et brisés à la côte;

2 furent coulés;

2 furent brûlés;

Un d'eux sombra sur le lieu même du combat;

4 furent conduits à Gibraltar.

Des 14 autres :

Un brûla pendant la bataille;

4 prirent le large;

9 entrèrent à Cadix.

Telle fut cette fatale bataille de Trafalgar. Des marins inexpérimentés, des alliés plus inexpérimentés encore, une discipline faible, un matériel négligé, partout la précipitation avec ses conséquences; un chef sentant trop vivement ces désavantages, en concevant des pressentiments sinistres, les portant sur toutes les mers, faisant sous leur influence manquer les plus grands projets de son souverain; ce souverain irrité ne tenant pas assez compte des obstacles matériels, plus difficiles à surmonter sur mer que sur terre; désolant par l'amertume de ses reproches un amiral qu'il fallait plaindre plutôt que blâmer; cet amiral se battant par désespoir; la moitié d'une flotte paralysée par les éléments; l'autre moitié se battant avec fureur. D'une part, une bravoure calculée et habile, de l'autre, une inexpérience héroïque; des morts sublimes, un carnage effroyable, une destruction inouïe. Après les ravages des hommes, les ravages de la tempête ; l'abîme dévorant les trophées du vainqueur ; enfin le chef triomphant enseveli dans son triomphe et le chef vaincu projetant le suicide comme seul refuge de sa douleur ; telle fut cette fatale journée de Trafalgar, avec ses causes, ses résultats, ses tragiques aspects.

Ce tableau n'est pas tout à fait exact, et le savant auteur de l'*Histoire du Consulat et de l'Empire* (1) auquel je l'ai emprunté, me permettra quelques observations. Non, les équipages des vaisseaux français n'étaient pas inexpérimentés. Si le commandant en chef de l'escadre de Toulon avait pu parler ainsi lorsqu'il avait appareillé pour la première fois au mois de janvier, il n'était plus en droit de tenir ce langage dix mois plus tard, en octobre, car il avait eu tout le temps nécessaire pour former les officiers, comme les simples marins. Non, ce ne furent pas l'ignorance et les éléments qui paralysèrent la moitié de l'armée. Ce qui paralysa cette armée, ce fut le manque d'entrain et d'enthousiasme ; ce fut le défaut de foi, de confiance du chef en ses subalternes, des subalternes en leur chef ; ce fut le séjour prolongé des troupes à bord des vaisseaux ; ce fut surtout l'absence d'homogénéité. Voilà ce qui paralysa l'action de tous, car on ne peut admettre la généralisation de l'inexpérience, après une navigation aussi longue que celle que les vaisseaux avaient faite, ni un concours de circonstances, défavorables seulement à l'une des parties. Isolées, les armées des alliés eussent peut-être fait ce qu'il eût été extraordinaire d'obtenir de leur réunion. Ce serait en vain, on ne saurait trop le répéter, qu'on chercherait dans l'histoire un exemple d'avantages résultant de la réunion de vaisseaux de nations différentes sous un même commandement : les annales de l'Angleterre, celles

(1) M. Thiers.

de la Hollande, aussi bien que celles de l'Espagne et de la France sont là pour prouver la vérité que j'avance.

Le lendemain de la bataille, le vice-amiral Collingwood arbora son pavillon sur le QUEEN et reprit le blocus de Cadix. Les vaisseaux les plus maltraités et les prises se rendirent à Gibraltar.

On n'a jamais exactement connu le chiffre des pertes éprouvées par les puissances belligérantes, tant à la bataille de Trafalgar, que pendant les journées désastreuses qui la suivirent. Les Anglais déclarèrent 402 tués et 1,139 blessés. Les pertes des Espagnols n'ont pas été avouées. Les rapports des capitaines français, et les recherches faites à Cadix par le vice-amiral Rosily, donnent comme probable le chiffre de 1,155 blessés et portent à 3,373 celui des tués et des noyés de l'armée française (1).

Le vice-amiral Collingwood écrivit le 30 au lieutenant général espagnol Alava, que c'était uniquement par considération pour son état de blessé qu'il n'avait pas fait couler le *Santa Anna*, et il lui demandait son épée. L'amiral espagnol, disait-il, devait se considérer comme prisonnier jusqu'à échange légal. Le lieutenant général Alava ou son capitaine de pavillon, car la blessure que cet officier général avait reçue à la tête avait peut-être trop de gravité pour qu'on pût lui faire connaître les prétentions du commandant en chef de l'armée anglaise, ne se laissa pas convaincre par ce raisonnement.

Avant la bataille de Trafalgar, l'Angleterre était dans un danger qui semblait croître et qui augmentait en effet à chaque instant. Vainement, par une politique habile, le Cabinet de Saint-James avait déterminé l'Autriche et la Russie à déclarer la guerre à la France. La flottille, abandonnée seulement pour voler aux victoires d'Ulm et d'Au-

---

(1) L'importance de la bataille de Trafalgar m'a déterminé à m'écarter de la règle que j'ai suivie et à donner le chiffre des tués et des blessés. Je répète toutefois que ces chiffres ne doivent être acceptés que sous réserves.

sterlitz, restait intacte et toujours prête à recevoir les vainqueurs, impatients de tenter une invasion si longtemps méditée. Les escadres combinées de la France, de l'Espagne et de la Hollande pouvaient attendre dans les ports le moment où les troupes, revenues victorieuses, auraient de nouveau menacé les côtes d'Angleterre. La bataille de Trafalgar détruisit toute espérance et rendit la tranquillité à notre puissante rivale, certaine alors que le passage ne serait pas tenté de vive force. Cet armement colossal devenait de ce moment inutile; les hommes qui y étaient employés étaient nécessaires sur d'autres points. Le désarmement de la flottille fut ordonné, et les bâtiments qui la composaient entrèrent dans la Liane.

Le 13 septembre 1809, un conseil d'enquête composé de deux sénateurs et de deux vice-amiraux eut à résoudre les questions suivantes :

Première question. — Le contre-amiral Dumanoir a-t-il manœuvré conformément aux signaux et à l'impulsion du devoir et de l'honneur?

Réponse. — La table de loch du vaisseau le *Formidable* que montait le contre-amiral Dumanoir, signée par les quatre officiers qui ont commandé successivement le quart, pièce originale et la plus probante, ne laisse pas de doutes que le contre-amiral Dumanoir n'ait exécuté les deux signaux faits presque simultanément à l'avant-garde, à 1ʰ 50ᵐ, celui de se présenter au feu, et celui de virer de bord tout à la fois. Cet officier général prétend, et le journal du capitaine Letellier en fait foi, que, antérieurement à ces deux signaux faits par le commandant en chef, le contre-amiral Dumanoir avait lui-même signalé que l'avant-garde n'avait pas d'ennemis à combattre. Le rapport du capitaine de l'*Hortense* mentionne qu'à 2ʰ 40ᵐ, l'avant-garde exécutait le mouvement ordonné. La table de loch du vaisseau le *Formidable* dit encore que le contre-amiral Dumanoir a fait exécuter le signal de virer, à l'aide d'un canot.

Deuxième question. — Le contre-amiral Dumanoir a-t-il

fait tout ce qu'il pouvait pour dégager le centre de l'armée et particulièrement le vaisseau amiral?

Réponse. — La table de loch du *Formidable* constate qu'après avoir viré, le contre-amiral Dumanoir dirigea sa route sur le *Santissima Trinidad* et le *Bucentaure;* qu'il prolongea tous les bâtiments ennemis qui le séparaient de ces deux vaisseaux. Après avoir dépassé le *Bucentaure,* le contre-amiral Dumanoir gouverna pour couper deux vaisseaux ennemis qu'il croisait; mais ces vaisseaux qui étaient vent arrière vinrent sur tribord, passèrent devant lui, et lui firent beaucoup de mal dans sa mâture et dans son grément.

Troisième question. — Le contre-amiral Dumanoir a-t-il attaqué l'ennemi corps-à-corps, et s'est-il suffisamment approché du feu pour prendre part au combat d'aussi près qu'il l'aurait pu?

Réponse. — Il résulte de l'examen des journaux et des rapports, que le contre-amiral Dumanoir, dans sa route pour venir au secours du commandant en chef, ne fut suivi que par 3 vaisseaux de son escadre. Le journal du capitaine Letellier dit que ces 3 vaisseaux combattirent, à bords opposés, 11 vaisseaux ennemis dont une partie se sépara ensuite pour aller attaquer ceux de l'avant-garde qui avaient laissé arriver; que le calme l'empêcha de parvenir par le travers du *Bucentaure* et du *Santa Anna* avant 4ʰ du soir, et qu'il les vit entourés, entièrement démâtés et rendus.

Quatrième question. — Le contre-amiral Dumanoir n'a-t-il pas quitté le combat lorsqu'il pouvait combattre?

Réponse. — Quoiqu'il fût alors trop tard pour porter secours au *Bucentaure* et au *Santa Anna,* à 5ʰ, le contre-amiral Dumanoir donna l'ordre à son capitaine de pavillon, ainsi que le constate le journal de ce dernier officier, de faire arriver. Mais celui-ci lui représenta que la mâture du *Formidable* n'était plus tenue que par les haubans de tribord, et que le vaisseau démâterait s'il voulait ou arriver ou prendre l'autre bord ; le contre-amiral Dumanoir ordonna alors de tenir le vent.

L'état des avaries du *Formidable* qui a été joint aux pièces, confirme ce que le capitaine a dit dans son journal. On y voit aussi que le *Formidable* avait une voie d'eau considérable, produite par l'effet des boulets, et qui exigeait le service constant de toutes les pompes. L'existence de cette voie d'eau est généralement constatée par la table de loch. Le journal ajoute qu'il fut donné ordre aux trois autres vaisseaux, dans le cours de la navigation ultérieure, d'observer le *Formidable*, et d'avoir toutes leurs embarcations prêtes à être mises à la mer pour le secourir, l'état de détresse de ce vaisseau, qui allait toujours croissant, donnant de graves inquiétudes. Le même journal dit que la position critique du *Formidable* obligea le contre-amiral Dumanoir à faire une autre fois ce signal. Enfin, le contre-amiral termine en disant qu'il avait vu avec peine que, dans sa manœuvre pour aller au secours du centre, il n'avait été suivi que par trois vaisseaux, et que s'il l'eût été par les 10 autres de l'avant-garde, alors peut-être eût-il pu tenter de prolonger le combat avec quelque espérance de succès.

L'avis unanime de cette commission fut :

1° Que le contre-amiral Dumanoir avait manœuvré conformément aux signaux et à l'impulsion du devoir et de l'honneur.

2° Qu'il avait fait ce que les vents et les circonstances purent lui permettre pour aller au secours du commandant en chef.

3° Qu'il avait combattu d'aussi près qu'il avait pu les vaisseaux qu'il avait rencontrés jusqu'au centre.

4° Enfin, qu'il n'avait personnellement quitté le combat, que forcé par les avaries de tous genres de son vaisseau, et particulièrement par l'impossibilité de manœuvrer dans l'état où se trouvait sa mâture.

Cette pièce est signée :

Comte de Fleurieu, sénateur,
Comte de Bougainville, sénateur,
Thevenard (Alexandre), vice-amiral,
Rosily, vice-amiral.

Pendant toute la nuit qui suivit la bataille de Trafalgar, le contre-amiral Dumanoir fit tenir le cap à l'Ouest aux vaisseaux le *Formidable* de 94°, capitaine Letellier, qui portait son pavillon, le *Duguay-Trouin* de 78, le *Mont Blanc* de 74 et le *Scipion* de 86, capitaines Touffet, Lavillesgris et Berrenger. Ces officiers travaillèrent à réparer le désastre de leur grément, et changèrent leurs mâts de hune dès que cela leur fut possible, ces mâts étant trop endommagés pour être conservés en clef; le *Duguay-Trouin* avait en outre sa grande vergue coupée et son beaupré fort avarié. Bien leur en prit de faire promptement ces diverses opérations, car il venta bientôt très-grand frais. La position du *Formidable* devint fort critique. On allégea ce vaisseau en jetant la batterie des gaillards et 2 canons de 24 à la mer, ce qui ne l'empêcha pas de faire près de trois mètres d'eau à l'heure. Le 2 novembre, par la latitude du cap Finistère, 3 frégates furent aperçues de l'arrière; la brise était alors faible du O.-N.-O. (1). Soupçonnant que ces bâtiments étaient les éclaireurs d'une escadre ennemie, le contre-amiral Dumanoir fit changer de route et gouverner au N.-E., à l'entrée de la nuit, pour se rapprocher de la terre. Le temps qui avait été couvert toute la journée s'éclaircit, et l'on put distinguer de nouvelles voiles dans le S.-O. Le lendemain matin, il était facile de reconnaître 4 vaisseaux et 4 frégates : c'était la division du com-

---

(1) La division avait donc fait environ 175 lieues en onze jours ou 16 lieues par jour. Il ne serait pas sans intérêt de savoir s'il faut attribuer la lenteur de cette marche aux avaries des vaisseaux ou aux ordres du commandant en chef. Il ne m'a pas été possible d'éclaircir ce point si important de notre histoire maritime.

modore anglais Strachan qui, croyant avoir trouvé enfin celle de Rochefort, à la poursuite de laquelle il avait été envoyé, courait à pleines voiles sur les débris de l'escadre de Toulon. Voici quels étaient ces vaisseaux et ces frégates :

Canons.

80	Cæsar	capitaine sir Richard Strachan.
	Namur	—	Lawrence William Halsted.
82	Hero	—	honorable Alan Gardner.
	Courageux	—	Richard Lee.
48	Révolutionnaire	—	Henry Hotham.
44	Santa Margaretta	—	Wilson Rathborne.
	Phoenix	—	Thomas Baker.
40	Eolus	—	lord William Fitzroy.

Cette division poursuivit les français pendant la journée et la nuit suivante. Le 4 à 9ʰ 30ᵐ du matin, les frégates Santa Margaretta et Phoenix commencèrent à les canonner; le vent avait passé au S.-S.-E. La division ennemie était fort morcelée; 2 vaisseaux suivaient de près ces frégates; un troisième et 2 frégates étaient sous le vent et de l'arrière de ceux-ci; le dernier vaisseau était loin des autres. Le contre-amiral Dumanoir fit répondre à cette canonnade des 2 frégates anglaises et, à 11ʰ 15ᵐ, il ordonna de former la ligne de bataille tribord amures; le *Duguay-Trouin* se trouva à la tête; il était suivi par le *Formidable*; venait ensuite le *Mont Blanc;* le *Scipion* fermait la marche. Le *Formidable* n'avait plus que 60 canons, et son équipage, constamment occupé aux pompes, n'avait en quelque sorte pas·pris de repos depuis le 21 octobre. Ces motifs avaient déterminé le contre-amiral Dumanoir à chercher à éviter un engagement; il lui fallait cependant désormais s'y résoudre. Trois des vaisseaux et les frégates ne tardèrent pas à attaquer le *Scipion* et le *Mont Blanc*. A 11ʰ 45ᵐ, dans le but de les soutenir, le commandant en chef signala de virer de bord vent devant par la contre-marche. Cette manœuvre n'eut d'autre résultat que de permettre au dernier vaisseau ennemi de prendre plus promptement part au combat, car les Anglais virèrent aussi de bord, et après avoir fait canonner la division française qui défilait entre ses bâtiments, le commodore Strachan concentra de nouveau ses forces sur la queue de la colonne française. Dans cette lutte inégale, le *Scipion* perdit son grand mât de hune et son mât d'artimon qui tomba sur l'arrière ; il fut abandonné, dans cet état, aux frégates qui l'achevèrent. A 2ʰ 45ᵐ, il amena son pavillon ayant trois mètres d'eau dans la cale ; le capitaine Berrenger était blessé.

La ligne de bataille n'existait plus ; les vaisseaux français couraient sans ordre. Ce fut alors le tour du *Formidable*. Attaqué de tous les côtés, ce vaisseau opposa une résistance vigoureuse ; mais lorsque toutes ses vergues furent coupées et que ses mâts furent tellement endommagés qu'ils menaçaient de s'abattre d'un moment à l'autre ; quand un boulet logé entre le gouvernail et l'étambot vint encore aggraver la situation en empêchant le vaisseau de gouverner, le pavillon fut amené : il fut salué par la chute du grand mât et par celle du perroquet de fougue. Il était 3ʰ 20ᵐ. Blessé déjà au côté par un éclat, le contre-amiral Dumanoir avait reçu dans la cuisse une balle qui l'avait obligé de quitter le pont depuis une heure.

Lorsque le *Scipion* fut réduit, et que le *Formidable* eut été mis hors d'état de pouvoir prolonger longtemps sa résistance, les Anglais se portèrent sur le *Mont Blanc*. Le capitaine Lavillesgris amena lorsque son vaisseau, entièrement dégréé, eut 2ᵐ.5 d'eau dans la cale ; il était alors 3ʰ 50ᵐ. La coque du *Mont Blanc* était criblée ; son grand mât s'abattit pendant la nuit.

Le capitaine du *Duguay-Trouin*, tué dès le commencement du combat, avait été remplacé par le capitaine de frégate Boimard qui reçut lui-même une balle dans le genou. Les lieutenants de vaisseau Lavenu, Guillet, Cossé, Toeville prirent successivement le commandement du vaisseau, et furent assez gravement blessés pour être obligés de quitter le pont ; cependant après avoir reçu les premiers soins du chirurgien, le lieutenant Guillet qui avait eu la joue traversée par une balle, remonta sur le pont. Le *Duguay-Trouin* était alors combattu par deux vaisseaux et les frégates. A 4ᵇ, toute sa mâture de l'arrière s'abattit et avec elle le pavillon : ce fut la fin de la lutte.

Les pertes des Français étaient considérables ; celles des Anglais n'étaient guères moindres, mais aucun de leurs bâtiments n'avait éprouvé d'avarie notable. Favorisé par une série de beaux temps, le commodore Strachan put conduire ses prises à Plymouth. Cet officier supérieur rendit une justice éclatante aux capitaines français, en écrivant aux lords de l'Amirauté qu'ils avaient combattu d'une manière admirable, et ne s'étaient rendus que lorsqu'il était devenu impossible de manœuvrer leurs vaisseaux (1).

Le même conseil d'enquête qui prononça sur la conduite du contre-amiral Dumanoir Lepelley à la bataille du 21 octobre, eut mission d'examiner aussi celle qu'il tint au combat du 4 novembre. Ce conseil déclara que le contre-amiral Dumanoir avait eu tort :

1° De n'avoir pas viré de bord dès 7ᵇ 30ᵐ du matin ;

2° De s'être laissé chasser et canonner pendant plus de quatre heures par des frégates, au lieu de les faire attaquer et combattre bord à bord par les meilleurs voiliers de sa division ;

3° De n'avoir viré de bord que sous le feu des vaisseaux ennemis, lorsqu'ils avaient déjà attaqué la queue de sa division.

Il ajouta que le contre-amiral Dumanoir avait montré trop d'indécision dans sa manœuvre.

Le conseil estima qu'il n'y avait que des éloges à donner aux capitaines pour la manière dont ils avaient combattu.

_____

(1) *Fought to admiration and not surrending till their ships were unnamageable.*

Malgré ce verdict, un conseil de guerre fut assemblé
pour juger ces derniers officiers. Mais le capitaine Touffet
avait été tué, et son second était encore prisonnier en Angleterre. Le capitaine Lavillesgris était mort depuis le
combat. L'information n'eut pour objet que la conduite des
capitaines Letellier et Berrenger : ces deux officiers supérieurs furent honorablement acquittés.

Le contre-amiral Dumanoir appela de la décision du
conseil d'enquête : il fut acquitté honorablement.

A la fin de cette année, les contre-amiraux Willaumez
et de Leissegues furent nommés au commandement de
deux divisions formées avec des vaisseaux de l'escadre de
Brest. Ces deux divisions sortirent ensemble, le 13 décembre. Je rapporterai, en leur lieu, les événements auxquels elles prirent part.

On doit se rappeler qu'avant de sortir de Toulon, le
17 janvier, le vice-amiral Villeneuve avait fait appareiller
le vaisseau l'*Intrépide*, ainsi que les frégates l'*Hortense*
de 46ᵉ, capitaine Lamâre Lameillerie, et l'*Incorruptible*
de 44ᵉ, capitaine Billiet, pour éloigner les frégates anglaises qui observaient la rade. Séparés du vaisseau pendant la chasse qu'ils donnèrent à ces frégates, ces deux
officiers se rapprochèrent de Toulon, et ne voyant plus
l'escadre sur rade, ils se portèrent dans le Sud des Baléares, ainsi que leurs instructions le leur prescrivaient.
Le 3 février, ils chassèrent un convoi de 35 voiles qui
se rendait à Gibraltar sous l'escorte de la corvette anglaise de 30ᵉ ARROW, capitaine Budd Vincent, et de la
bombarde ACHERON, capitaine Arthur Farquhar. La faiblesse et les variations de la brise ne leur permirent de
les atteindre que le lendemain. A 7ʰ 25ᵐ du matin, les frégates canonnèrent alternativement les deux bâtiments

anglais, virant de bord lorsqu'elles les avaient dépassés,
pour revirer encore dès qu'ils n'étaient plus dans la direction de leurs canons. A 8ʰ 30ᵐ, l'ARROW amena son pavillon. L'ACHERON prit alors chasse au Sud : jointe par
l'*Hortense*, cette bombarde amena à la première bordée.
La résistance du capitaine Vincent donna à la majeure
partie du convoi le temps de se sauver. Cela lui fut
d'autant plus facile, qu'il fallut recueillir l'équipage de
l'ARROW qui coula presque immédiatement ; trois navires
du commerce seulement furent capturés. La bombarde fut
livrée aux flammes.

L'*Hortense*   portait 28 canons   de 18,
            8   —   de 8,
        et 4 caronades de 36.
L'*Incorruptible* —   26 canons   de 18,
            8   —   de 8,
        et 4 caronades de 36.
L'ARROW   avait 30 caronades de 32.
L'ACHERON   —   12 caronades de 32,
        et 2 mortiers.

Les frégates françaises rentrèrent à Toulon après une
courte relâche en Espagne.

———

Le capitaine Bergeret, de la frégate de 36ᶜ la *Psyché*, en
croisière sur la côte de Malabar, travaillait à mettre deux
prises en état d'opposer quelque résistance dans le cas où
elles seraient attaquées lorsque, le 14 février, il aperçut
un bâtiment qu'il sut plus tard être la frégate anglaise
de 44ᶜ SAN FIORENZO, capitaine Henry Lambert ; la brise
était faible du S.-E. A la hauteur de Ganjam, le capitaine
Bergeret fit revenir à son bord les hommes détachés sur
l'une des prises, ordonna à ce navire de se rapprocher de
la terre, et courut au large avec l'autre. Ce dernier, nommé
le *Pigeon*, avait reçu 4 canons et 34 hommes d'équipage ;
le lieutenant de vaisseau Ollivier le commandait. A 8ʰ

du soir, la frégate anglaise étant à portée de pistolet
par le travers de la *Psyché*, le combat commença; une
heure après, la San Fiorenzo était tellement désemparée
qu'elle n'était plus maîtresse de ses mouvements. Le
capitaine Bergeret sut profiter de cette circonstance et
passant à poupe, il lui envoya une bordée d'enfilade,
Cette manœuvre n'eut pas un grand résultat, vu que
toutes les caronades et plusieurs des canons de la *Psyché* étaient déjà hors de service. La frégate anglaise put
promptement présenter de nouveau le côté à la *Psyché*,
et son feu prit une supériorité telle, que l'abordage pouvait seul sauver désormais la frégate française. Le capitaine Bergeret l'ordonna et, à $9^h 45^m$, les deux frégates
étaient accostées de long en long; le feu de mousqueterie
de la San Fiorenzo avait tant de vigueur que, pendant
vingt minutes, les marins français tentèrent vainement de
franchir ses murailles. Un embrasement presque instantané
qui se déclara dans le faux-pont de la *Psyché* vint compliquer
la situation : il fallut distraire une partie de l'équipage de
l'attaque. Devenus agresseurs à leur tour, les Anglais furent
cependant repoussés et les deux frégates se séparèrent; le
combat continua à coups de canon. L'infériorité de la
Psyché dans cette manière de combattre devint de plus en
plus sensible : la frégate anglaise l'accabla à portée de pistolet. Alors seulement, le *Pigeon* tira quatre à cinq coups
et s'éloigna. La *Psyché* n'avait plus que deux pièces
capables de faire feu; de son côté, la frégate anglaise ne
gouvernait plus : son grément et sa voilure étaient hachés, mais la mâture de son adversaire était dans un état
analogue. Aussi à 11^h, et quoiqu'eût fait le capitaine Lambert pour l'empêcher, les deux frégates prirent une direction perpendiculaire l'une à l'autre. De part et d'autre on
trvaailla à réparer les avaries les plus urgentes. La frégate
anglaise fut prête la première, et lorsqu'elle revint sur la
Psyché, le capitaine Bergeret était encore impuissant à diriger ses mouvements. Son parti fut bientôt pris. Il comprit

l'inutilité d'une prolongation de défense; la moitié de son
équipage était hors de combat. Il eut l'idée de proposer
une capitulation. A cet effet, il envoya l'enseigne de vaisseau Hugon à bord de la frégate ennemie offrir au capitaine Lambert de lui remettre la *Psyché*, s'il voulait ac-
corder les armes particulières et les bagages de l'équipage,
et en outre, la faculté de rester à bord toute la nuit pour
donner les premiers soins aux blessés. Le capitaine Lambert accepta ces conditions, et le pavillon de la *Psyché* fut
amené. Il était minuit.

La *Psyché*	portait 26	canons	de 12,
	6	—	de 6
et	4	caronades	de 36.
La San Fiorenzo avait 26		canons	de 18,
	4	—	de 9
et	14	caronades	de 32.

Quelques écrivains ont prétendu que la capitulation de
la *Psyché* était la seule que l'on trouvât dans les annales
de la marine. C'est une erreur. On doit se rappeler que,
lorsque le lendemain de la bataille d'Aboukir, le vaisseau
le *Tonnant*, abandonné des siens parce qu'il n'avait pu
suivre les vaisseaux et les frégates qui s'étaient éloignés,
lorsque le *Tonnant* abandonné, mais non rendu, fut sommé
d'amener son pavillon, le lieutenant de vaisseau Bréard,
auquel le commandement était échu par droit d'ancienneté, y
mit pour condition que l'équipage serait renvoyé en France.
On a pu voir aussi que le même jour, sur cette même rade
d'Aboukir, sommé également d'amener le pavillon de la
frégate la *Sérieuse* qui était à moitié coulée et dont la
poupe seule paraissait encore hors de l'eau, le capitaine
Martin avait fait accepter aux Anglais une capitulation aux
termes de laquelle il avait été seul fait prisonnier. Enfin,
en remontant au commencement du xviii\ siècle on voit,
en 1709, le capitaine Hennequin, de la frégate la *Thétis*,
soutenir l'attaque de deux vaisseaux anglais, et n'amener
ses couleurs qu'après avoir stipulé les honneurs de la

guerre pour ce qui restait de combattants et leur renvoi
en France.

Le capitaine Reynaud, de la frégatè de 44ᶜ la *Ville de
Milan*, se rendant de la Martinique en France rencontra,
le 16 février, à 80 lieues dans le S.-E. des Bermudes, la
frégate anglaise de 40ᶜ Cleopatra, capitaine sir Robert
Laurie, qui l'observa toute la journée. Le lendemain à 3ʰ
de l'après-midi, le capitaine anglais se décida à se placer
par la hanche de bâbord de la *Ville de Milan* ; celle-ci serra
alors le vent, et mettant son perroquet de fougue sur le
mât, elle l'eut bientôt par son travers. Une canonnade vive
et soutenue s'engagea entre les frégates. Après deux
heures et demie, la Cleopatra laissa arriver pour passer
sur l'avant de la frégate française ; mais celle-ci lançant
en même temps vers elle, évita une bordée désastreuse en
l'abordant par la hanche de tribord. En un instant, le
pont de la frégate anglaise fut envahi par l'équipage de la
Ville de Milan qui en fut bientôt maître : à 5ʰ 15ᵐ, le
pavillon anglais fut amené ; la Cleopatra n'avait plus que
son mât d'artimon. Le capitaine Reynaud, tué à la fin du
combat, avait été remplacé par le capitaine de frégate
Guillet, qui avait été lui-même blessé en sautant à l'abordage. La mer était fort dure. Le grand mât et le mât d'artimon de la *Ville de Milan* s'abattirent pendant la nuit. On
travailla à mettre les deux frégates en état de manœuvrer
et l'on se dirigea sur les Canaries. Le commandement de
la Cleopatra avait été donné au lieutenant de vaisseau
Rouget.

Le capitaine Brenton (1), qui passe d'habitude assez
légèrement sur les combats dans lesquels les bâtiments
français ont eu l'avantage, explique la prise de la frégate
anglaise, en disant que la force de la *Ville de Milan* était

---

(1) *The naval history of Great Britain.*

presque double de celle de la CLEOPATRA. Il prétend que .
la première jaugeait 1,200 tonneaux, tandis que la seconde
n'en avait que 700 ; que celle-là avait près de 400 hommes
d'équipage, tandis que l'autre n'en avait que 200 ; enfin,
que les canons de la frégate française étaient du calibre
de 18, tandis que son adversaire ne portait que du 12.
L'historien anglais se trompe. D'abord, la *Ville de Milan*,
frégate de 46 canons, n'en avait réellement que 44, vu
qu'elle en avait laissé 2 de 18 à la Martinique. Elle n'a-
vait donc que

26   canons   de   18

4   de   8

et 14 caronades de   36 (1).

Son équipage, en le supposant complet, ce qui est peu
probable, ne pouvait être que de 340 hommes (2).

La CLEOPATRA portait   26   canons   de   12

4   de   9

et 10 caronades de   32 (3).

Son équipage, également supposé complet, était de
384 hommes (4).

On voit que si la *Ville de Milan* portait 4 canons de plus
que la frégate anglaise, elle avait 44 hommes de moins
que son adversaire. J'ai déjà eu l'occasion de signaler
maintes erreurs de ce genre commises par les historiens
de la Grande-Bretagne. Ce nouvel exemple doit tenir les
lecteurs en garde contre leurs assertions.

Contrariés par de grandes brises et une grosse mer, les
capitaines de la frégate française et de sa prise n'avaient
encore pu installer chacun qu'un mât de fortune et faisaient route, la *Ville de Milan* sous la misaine et un perroquet en guise de hunier, et la *Cleopatra* sous la misaine,

---

(1) *Règlement de* 1795.
(2) *Règlement du 3 brumaire an IV* (25 septembre 1795).
(3) *Règlement de* 1795.
(4) *Règlement de* 1796.

un hunier et l'artimon lorsque, le 23, un vaisseau anglais et une frégate furent aperçus. Le capitaine Rouget prit chasse vent arrière. Facilement gagné par le vaisseau de 60° LEANDER, capitaine John Talbot, il fit amener le pavillon de la *Cleopatra* aux premiers boulets qui lui furent tirés. Le capitaine anglais laissa à la frégate CAMBRIDGE le soin de l'amariner, et il poursuivit la *Ville de Milan* qu'il eut bientôt atteinte. L'agitation de la mer avait nécessité l'amarrage des canons de cette frégate à garans doublés. Retenu au lit par la blessure qu'il avait reçue au combat du 17, le capitaine Guillet donna toute liberté d'agir comme il l'entendrait, à l'enseigne de vaisseau Caron qui le remplaçait. La lutte était impossible : cet officier envoya quelques boulets en échange de ceux que le vaisseau anglais avait tirés, et il fit amener le pavillon. Il était 5ʰ 30ᵐ.

———

Le capitaine Motard, de la frégate de 36° la *Sémillante*. était à peine de retour à l'île de France d'une longue croisière dans les mers de l'Inde que, le 8 mars, il reçut l'ordre d'aller annoncer au gouverneur des îles Philippines la déclaration de guerre de l'Espagne à l'Angleterre. Cette frégate arriva à Manille de l'île de Luçon, le 30 mai, après une navigation pénible dans le détroit et dans les îles de la Sonde. Le gouverneur des Philippines fit de suite connaître au capitaine Motard la situation précaire dans laquelle, par suite du manque absolu d'argent, se trouvaient les îles confiées à son commandement ; et s'appuyant sur l'alliance qui existait entre la France et l'Espagne ainsi que sur l'éloignement des bâtiments de guerre de sa nation, il le pria de vouloir bien se rendre à Acapulco, sur la côte occidentale du Mexique, pour faire connaître au vice-roi de cet état le dénûment des colonies espagnoles, et lui demander les fonds destinés aux Philippines. Le capitaine Motard acquiesça à cette demande, et il mit sous voiles le 21 juillet. Huit jours après, il était devant l'île Samar avec des vents du S.-O., mais tellement faibles, qu'il ne voulut pas tenter de passer dans le détroit de Saint-Bernardin, formé par cette île et celle de Luçon : il mouilla dans la baie de Saint-Yacinthe de l'île Ticao, à l'entrée du détroit. Le 1er août dans l'après-midi, une frégate et une corvette anglaises furent signalées se dirigeant sur le mouillage : c'étaient la PHAETON de 48°, capitaine John Wood, et la HARRIER de 26, capitaine Edward Ralsey. Le vent soufflait alors du N.-E., c'est-à-dire, du large. Le capitaine Motard ordonna de suite de rapprocher la *Sémillante* de terre ; un changement dans la direction du vent ayant occasionné son échouage, il se borna pour le moment à lui faire présenter le côté au large. D'autres dispositions étaient à prendre en effet. Il existait à terre deux faibles batteries, l'une de trois canons de 12, l'autre de deux pièces de 8 ; toutefois elles étaient dans un tel état d'abandon qu'il fallait, sans perdre de temps, leur envoyer les munitions dont elles étaient complétement dépourvues, ainsi que les hommes qui devaient servir les canons. La corvette et la frégate ennemies entrèrent dans la baie vers 2h de l'après-midi, et défilèrent plusieurs fois devant la *Sémillante* en lui envoyant leur bordée, et en recevant la sienne en échange, puis elles prirent le large, sans avoir reçu ni occasionné d'avarie qui vaille la peine d'être mentionnée. Le capitaine Motard travailla immédiatement à remettre sa frégate à flot et, dans la prévision d'une nouvelle attaque, il débarqua quatre autres canons. Cette précaution était inutile : les bâtiments anglais ne reparurent plus. La *Sémillante* reprit la mer le 12 ; mais jugeant que son engagement avec la frégate PHAETON et la corvette HARRIER, en donnant l'éveil aux bâtiments anglais qui se trouvaient dans ces parages, rendait désormais l'accomplissement de sa mission au moins problématique, le capitaine Motard fit route pour l'île de France et y arriva le 31 octobre.

Le 24 avril, 36 bateaux-canonniers hollandais de la deuxième espèce et 17 transports, sous les ordres du capitaine Killers, contrariés par le vent et le courant, à la hauteur du cap Gris Nez qu'ils ne pouvaient doubler, furent attaqués par une frégate, 2 corvettes, une bombarde et 8 brigs anglais. Les bâtiments de la flottille ripostèrent vigoureusement et furent soutenus par les batteries de la côte; cependant plusieurs furent entraînés au large et capturés.

———

Deux corvettes-canonnières, 4 chaloupes, 8 péniches et 14 transports partis du Havre, le 10 juin, avec le capitaine de vaisseau Hamelin (Jacques) furent attaqués, sous Saint Adrien, par la frégate anglaise de 44ᶜ CHIFFONNE, capitaine Charles Adam, une corvette, un brig et un cutter. Le feu de l'ennemi fut d'abord dirigé sur la corvette-canonnière la *Foudre*, capitaine Cocherel; plus tard, ses efforts se portèrent sur l'arrière-garde. Le capitaine Girette, de la 89ᵐᵉ, ayant reçu une blessure mortelle, cette canonnière dut son salut à la louable intrépidité du capitaine de vaisseau Roquebert (François) qui commandait cette partie de la ligne. Les Anglais prirent le large après un engagement de deux heures, et la flottille put entrer à Fécamp.

A sa sortie de ce port, le 23 juillet, cette même division de la flottille eut un nouvel engagement de deux heures et demie avec la corvette anglaise de 22ᶜ CHAMPION, 2 brigs et un cutter; elle entra ensuite à Dieppe.

———

Averti que les brigs anglais de 12ᶜ TEAZER et PLUMPER, capitaines Georges Ker et James Garrety, étaient mouillés aux îles Chausey, le capitaine de frégate Collet sortit de Granville, le 15 juillet à 9ʰ du soir, avec sept canonnières et une péniche, et se dirigea sur ces îles. Les

deux anglais appareillèrent dès qu'ils aperçurent les canonnières ; mais le calme était parfait et, incapables de
maîtriser le courant avec leurs embarcations, ils se virent
forcés de laisser de nouveau tomber l'ancre. A 3ʰ 30ᵐ du
matin, la flottille était en position de les attaquer. Le
capitaine du PLUMPER ayant été grièvement blessé par une
des premières décharges, la défense du brig alla sans cesse
en diminuant ; à 5ʰ, son pavillon fut amené.

Le capitaine Collet fit alors mouiller sa division, afin de
laisser quelque repos aux équipages qui n'avaient quitté
les avirons que pour combattre. Une heure plus tard, il
ordonna de lever l'ancre et d'attaquer le TEAZER : ce brig
amena à 7ʰ 30ᵐ. Par un hasard bien grand, les canonnières n'avaient pas perdu un seul homme. Les deux brigs
anglais étaient fort maltraités ; le PLUMPER faisait tant d'eau
qu'on eut à peine le temps de l'échouer en dedans du môle
de Granville.

> Le TEAZER portait   12 caronades de 18,
> Le PLUMPER   —   10 caronades de 18,
>   et   2 canons de 18.

Le moment choisi par Napoléon pour frapper l'Angleterre approchait ; la flottille était en mouvement sur toute
la côte Nord de la France, et chacune de ses divisions se
rendait au port qui lui avait été assigné. Le vice-amiral
Verhuell, qui avait remplacé le contre-amiral Magon dans
le commandement de l'aile droite, reçut l'ordre de réunir
tous ses bâtiments à Ambleteuse ; il appareilla de Dunkerque dans la journée du 17 juillet avec 4 prames françaises et 32 canonnières hollandaises. A 9ʰ 45ᵐ, la division
anglaise d'observation attaqua l'avant-garde et le centre
de la flottille qui naviguait sur deux colonnes. Toutes deux
soutinrent vaillamment cette attaque ; cependant plusieurs
chaloupes furent désemparées et entraînées à la côte. La
prame la *Ville-de-Genève* dont le grand mât avait été abattu,

eut le même sort, et elle devint un des buts principaux des
boulets anglais. La résistance du capitaine Boissy lassa l'ennemi; celui-ci se retira et, promptement remise à flot, la
Ville-de-Genève rejoignit sa division. Le feu ayant cessé de
part et d'autre à 11ʰ, la flottille entra à Calais. Elle ne
resta dans ce port que le temps nécessaire pour réparer
les désordres occasionnés par cet engagement : le lendemain dans l'après-midi, elle reprit la mer. Les Anglais se
mirent de nouveau à sa poursuite, l'atteignirent à la hauteur du cap Blanc Nez, et la pressèrent vigoureusement
jusqu'à ce qu'elle se fût engagée dans le canal étroit compris entre la côte et le banc à la Ligne. L'attaque redevint
très-vive à la hauteur du cap Gris Nez ; l'ennemi enveloppa
la tête de la colonne qu'il voulait arrêter, mais il ne put y
réussir : elle se fit jour à travers ces formidables adversaires, et put atteindre Ambleteuse sous les bordées précipitées de leurs canons. L'arrivée de la flottille sur cette
rade ne mit toutefois pas fin au combat; la canonnade continua quelque temps encore avec la division anglaise (1).

Aussitôt que le contre-amiral Lacrosse avait eu connaissance de la sortie de la flottille hollandaise, il avait envoyé
le capitaine de vaisseau Polony à sa rencontre avec la division que cet officier supérieur commandait, en lui adjoi-
gnant 4 grands bateaux sous les ordres du capitaine de
vaisseau Moras. Dès en sortant, cette division eut un engagement de deux heures avec les bâtiments anglais qui
croisaient devant Boulogne, et elle ne put remplir sa mission protectrice.

La nécessité de tenir le vice-amiral Villeneuve, pendant
qu'il était aux Antilles, au courant de ce qui se passait en

(1) M. W. James, *The naval history of Great Britain*, dit que la flottille fut
attaquée par 5 corvettes et 4 brigs auxquels se joignirent, le 18, un vaisseau,
3 frégates et 4 corvettes ; et il ajoute qu'après avoir quitté Calais, elle combattit
un vaisseau, 3 frégates et une douzaine de corvettes ou bâtiments légers.

Europe, obligeait le gouvernement à expédier de temps à autre des bâtiments à cet officier général; un seul arriva assez tôt à la Martinique pour l'y trouver encore. Après avoir fait vainement chercher les escadres alliées dans les parages où il supposait qu'elles pouvaient être rencontrées, le capitaine général de cette colonie renvoya ces bâtiments en France sous le commandement supérieur du capitaine de vaisseau Baudin (André), de la frégate de 44° la *Topaze*. Les autres étaient, les corvettes le *Département-des-Landes* de 22, la *Torche* de 18, capitaine Desmoulins et Dehen (Nicolas), et le brig de 16 le *Faune*, capitaine Brunet. Le 19 juillet, trois jours après son départ de la Martinique, cette division chassa la frégate anglaise de 44° BLANCHE, capitaine Zacharie Mudge. A 9ʰ 45 du matin, la *Topaze* put lui envoyer une première volée par la hanche de bâbord ou de dessous le vent; la frégate anglaise n'y répondit que lorsque son adversaire fut à portée de pistolet; le feu continua alors sans interruption. Après une demi-heure, la BLANCHE essaya de croiser la route de la *Topaze*, dans le but probable de lui envoyer une bordée d'enfilade de l'avant à l'arrière. Le capitaine Baudin neutralisa cette manœuvre en loffant de manière à passer à raser l'arrière de la frégate anglaise, et ce fut lui qui put tirer à son adversaire une volée destructive qui compléta le délabrement de sa voilure et de son grément. Laissant alors arriver, le capitaine Baudin se trouva par son travers du vent. La BLANCHE amena son pavillon à 11ʰ; sa mâture était criblée, ses canons étaient presque tous démontés et elle coulait bas. Les deux corvettes n'étaient pas restées tout à fait spectatrices du combat; le *Département-des-Landes* avait envoyé dix-huit boulets et la *Torche* trois volées. Quelque faible qu'ait été cette coopération, on peut admettre que la présence de ces bâtiments fût pour quelque chose dans la détermination du capitaine Mudge. Sept heures après, la BLANCHE disparaissait dans les flots.

La *Topaze* avait   28   canons   de 18,

                 12   —   de   8

      et   4 caronades de 36.

La BLANCHE portait 26   canons   de 18,

              4   —   de   9

     et   14 caronades de 32.

Le 22 mai, le vaisseau de 78ᵉ le *Marengo*, capitaine Larue, sortit du Port N.-O. de l'île de France avec la frégate de 44ᶜ la *Belle-Poule*, capitaine Bruillac (Alain), pour aller croiser à l'entrée de la mer Rouge ; mais ayant eu connaissance de la présence d'une division anglaise dans ces parages, le contre-amiral Durand Linois, qui avait toujours son pavillon sur le vaisseau, se dirigea vers le cap de Bonne-Espérance. Le 6 août, par un temps couvert, les bâtiments français chassèrent un convoi de 10 vaisseaux de la Compagnie, escorté par le vaisseau de 82ᵉ BLEINHEIM, capitaine Austen Bissell, portant le pavillon du contre-amiral sir Thomas Troubridge ; cet officier général allait partager avec sir Edward Pellew le commandement de la division de l'Inde. A 5ʰ 30ᵐ du soir, les deux français canonnèrent quelques-uns des vaisseaux de la Compagnie en les élongeant sous le vent, et ils attaquèrent le BLEINHEIM lorsqu'ils furent par son travers. Après avoir échangé quelques volées, le contre-amiral Linois estima qu'il ne pouvait retirer aucun avantage de ce combat, et il continua sa route.

Je ne saurais dire les motifs qui déterminèrent le contre-amiral Linois à prendre ce parti. Mais, consulté par le ministre de la marine, voici ce que répondit le vice-amiral Ganteaume, membre de la section de la marine au Conseil d'État : « Parmi les 10 vaisseaux de la Compagnie que le « contre-amiral Linois attaqua, il pouvait y en avoir à « deux batteries, mais ils n'étaient pas moins bâtiments « de charge. La Compagnie avait fait construire quelques

« gros vaisseaux pour le commerce de Chine, et y plaçait
« une batterie de 16 et une de 9 par-dessus, en joignant
« les passe-avant par une batterie à barbette. Ces vais-
« seaux portaient de 50 à 54 canons. Le contre-amiral
« Linois les combattit à toute portée. S'il s'était approché
« à portée de pistolet, il n'en est pas un qui eût résisté
« à une seule de ses volées. Il devait ne pas les attaquer
« ou, puisqu'il a été un moment décidé à le faire, il devait
« s'y prendre plus sérieusement » (1).

Le 17 septembre suivant, le *Marengo* et la *Belle-Poule*
mouillèrent sur la rade du Cap de Bonne-Espérance.

———

J'ai dit que, ayant été informé, à son arrivée à la
Corogne, du point où la division de Rochefort devait
l'attendre, le vice-amiral Villeneuve avait expédié la frégate de 46° la *Didon*, capitaine Milius, porter des instructions au commandant Allemand. Le 10 août, une
frégate anglaise qu'on sut plus tard être la Phœnix de 42°,
capitaine Thomas Baker, fut signalée au vent gouvernant
sur la *Didon* ; le capitaine Milius l'attendit bâbord amures,
le perroquet de fougue sur le mât. La brise était faible du
N.-E. Les deux frégates commencèrent à échanger des
boulets à 8ʰ 45ᵐ du matin, toutefois ce ne fut qu'une demi-
heure plus tard qu'elles purent engager sérieusement le
combat. Pendant trois heures, leurs capitaines manœuvrèrent pour prendre les positions qui leur semblaient les plus
avantageuses, sans obtenir de résultat bien marqué. Saisissant alors un moment favorable, le capitaine Milius
lança en grand dans le vent, et engagea le beaupré de la
Didon dans les haubans d'artimon de tribord de la frégate
anglaise. L'équipage sauta à l'abordage ; mais ses forces
étaient épuisées, et il ne retrouva pas l'énergie nécessaire

———

(1) Ministère de la marine, section historique.

dans un pareil moment. Après une demi-heure de lutte corps-à-corps, il fut repoussé, et la PHOENIX se décrocha ; cette tentative fut suivie d'une courte canonnade, puis le feu cessa de part et d'autre. Ce temps de repos, donné aux équipages harassés de fatigue, dut être employé à disposer les frégates pour une reprise de combat. Le grand mât de hune de la *Didon* avait été coupé ; son mât de misaine s'abattit vers midi. La frégate anglaise avait perdu sa vergue de grand hunier et sa corne et, quoique son grément et sa voilure fussent dans un assez triste état, elle fut prête la première et elle se porta de suite sur la *Didon*. Encombrée comme l'était cette dernière, la lutte n'était plus possible ; le capitaine Milius fit amener le pavillon : il était midi et quart. La *Didon* était à peine amarinée qu'elle démâta de son grand mât ; la frégate anglaise la prit à la remorque. Le 15, la frégate PHOENIX et sa prise, alors accompagnées par le vaisseau DRAGON, eurent connaissance de l'armée des alliés ; celle-ci les laissa continuer leur route, sans aucun trouble, pour l'Angleterre (1).

La *Didon* portait 28 canons   de 18,
                 4   —   de 8
       et 14 caronades de 36.
La PHOENIX avait 26 canons   de 18,
                4   —   de 9
       et 22 caronades de 32.

Après avoir réparé les avaries qu'avait reçues sa frégate dans le combat du 19 juillet avec la frégate anglaise BLANCHE, le capitaine Baudin (André) continua sa route (2). Le 2 août, il venta grand frais du S.-O ; le brig de 16° le *Faune*, capitaine Brunet, qui ne pouvait

---

(1) Je n'ai pu me procurer le rapport du capitaine Milius.
(2) Page 423.

suivre les autres bâtiments, les perdit de vue. Le 14,
pendant la nuit, à 100 lieues dans le S.-O. d'Ouessant, le
capitaine Brunet aperçut une voile dans ses eaux; il
laissa arriver de quatre quarts et, dès que le jour parut, il
fit des signaux de reconnaissance auxquels ce bâtiment ne
répondit pas : c'était la corvette anglaise de 28ᵉ CAMILLA,
capitaine Watkinson Taylor. Une demi-heure plus tard,
un vaisseau et un brig ayant été reconnus au vent, le capitaine Brunet laissa encore arriver. Mais ces bâtiments
avaient un grand avantage de marche sur le *Faune* et ils
furent bientôt en position de le canonner. A 8ʰ, lorsque le
vaisseau de 82ᵉ GOLIATH, capitaine Robert Barton, se
trouva à portée, le pavillon du brig fut amené.

Le 16 août, à 150 milles du cap Finistère, le capitaine
Baudin fut chassé par le vaisseau anglais GOLIATH de 82
canons dont la rencontre avait été déjà funeste au brig le
Faune et par le REASONABLE de 72. La *Topaze* et le *Département-des-Landes* s'éloignèrent facilement des vaisseaux
anglais, mais la *Torche* reste de l'arrière. Attendre cette
corvette était accepter le combat, et les forces étaient trop
disproportionnées pour que l'issue pût être douteuse. Aussi
le capitaine Baudin rendit-il chaque capitaine libre de sa manœuvre pour la sûreté de son bâtiment. Un des vaisseaux
s'attacha à la *Torche;* l'autre suivit la *Topaze*. A 8ʰ du
soir, le GOLIATH envoya quelques boulets à la première: le
capitaine Dehen fit amener le pavillon.

Il était environ 9ʰ 30ᵐ lorsque, le lendemain, la frégate
la *Topaze* et le vaisseau anglais REASONABLE, capitaine Jo-
sias Rowley, se trouvèrent par le travers l'un de l'autre.
La lutte s'engagea, mais avec intermittences, car la brise
était entièrement tombée et il était impossible de gouverner. Un peu plus tard, une petite fraîcheur s'étant éle-

vée, le capitaine Baudin allait tenter une manœuvre décisive et aborder son adversaire, quand il lui revint à la
mémoire qu'il avait à bord les marins de l'ex-frégate anglaise BLANCHE. Retirer à la *Topaze* une partie de ses
matelots ; livrer même un combat dans cette situation, pouvait être chose imprudente. Aussi, malgré l'élan de l'équipage qui voyait faire avec enthousiasme les dispositions
d'abordage, le capitaine Baudin s'éloigna-t-il, et la supériorité de marche de sa frégate l'eut bientôt mis hors de
l'atteinte des boulets du REASONABLE. « Vous pourrez,
« Monsieur, dit-il au capitaine Mudge de la BLANCHE qui
« était son prisonnier, vous pourrez certifier à vos com-
« patriotes que, sans votre présence à bord, le REASONABLE
« était perdu. » La *Topaze* entra le lendemain dans le
Tage pour réparer les avaries reçues dans les deux combats qu'elle avait livrés pendant cette traversée.

La corvette le *Département-des-Landes* mouilla au port
du Passage.

Disons de suite que la *Topaze* fut bloquée dans le Tage
par un vaisseau anglais et une frégate, et que le capitaine
Baudin ne sortit de ce fleuve que le 14 avril 1807, après
un séjour de vingt mois. Plusieurs vaisseaux anglais chassèrent la *Topaze* devant Brest, mais ils ne purent l'empêcher d'entrer dans cette rade le 2 mai.

Le mois d'octobre de cette année 1805, si funeste à la
marine de la France, vit encore le brig l'*Actéon*, capitaine
Depoge, tomber au pouvoir de la frégate anglaise ÉGYP-
TIENNE.

Lors de sa dernière sortie, le contre-amiral Linois avait
laissé la frégate de 44ᵉ l'*Atalante*, capitaine Gaudin Beauchêne, à l'île de France pour terminer quelques réparations
indispensables. Cette frégate mit à la voile, le 23 juillet,
toucha à l'île de la Réunion et fit route pour le Cap de

Bonne-Espérance, où le commandant en chef lui avait donné rendez-vous. Après un court séjour à False Bay, le capitaine Gaudin rallia le *Marengo* et la *Belle-Poule* sur la rade de la Table. Le 3 novembre, un coup de vent violent jeta l'*Atalante* à la côte; la mâture fut coupée; mais ce moyen ne l'allégeant pas suffisamment, on se décida plus tard à débarquer l'artillerie, les vivres et les rechanges. La frégate put alors être remise à flot et, chose remarquable, elle ne faisait pas d'eau. Des mâts de fortune avaient été établis et l'on travaillait à rembarquer le matériel et les vivres, lorsque plusieurs voies d'eau se déclarèrent avec tant de promptitude que l'*Atalante* était menacée de couler quand on s'en aperçut; il fallut de nouveau la mettre au plain : cette fois, elle y fut démolie.

Le 9 novembre, deux jours après que l'*Atalante* eût été raflouée, le contre-amiral Linois avait mis sous voiles avec le *Marengo* et la *Belle-Poule*. Bien qu'il considérât alors le sauvetage de l'*Atalante* comme assuré, il avait autorisé le capitaine Gaudin, dans le cas où il ne trouverait pas dans la colonie du Cap de Bonne-Espérance tout ce qui lui était nécessaire pour achever les réparations de sa frégate, à demander au gouverneur le vaisseau hollandais de 74° *Bato*, pour ramener l'équipage de l'*Atalante* en France. Ce vaisseau était condamné depuis plusieurs années; toutefois on supposait qu'il pourrait, sans beaucoup de frais, être mis en état de faire la traversée d'Europe. Le capitaine Gaudin se trouva dans la nécessité de demander le *Bato;* mais après une visite minutieuse, ce vaisseau fut jugé incapable d'entreprendre un long voyage.

A peu de jours de là, on apprit au Cap qu'une expédition anglaise était en route pour attaquer cette colonie. Réduit à 160 hommes depuis le départ du *Marengo* qui avait pris le reste, l'équipage de l'*Atalante* fut exercé aux manœuvres d'infanterie, et il sut bientôt tout ce qu'on pourrait exiger de lui dans les combats d'un genre nouveau auxquels il allait être appelé à prendre part. Aussi,

lorsque l'on annonça l'arrivée d'une escadre anglaise dans
la baie de Saldanha, le gouverneur Janssens considéra-t-il
le détachement français comme un bon auxiliaire; et quand
la garnison se porta en avant à la rencontre des Anglais
qui déjà avaient franchi les montagnes qui dominent la
baie de la Table, le détachement de marins français fit
partie de la colonne dirigée par le gouverneur en personne. Après un combat assez vif, abandonnés de ceux
pour lesquels ils avaient pris fait et cause, les Français
chargèrent les Anglais à la baïonnette; écrasés par le
nombre, ils durent mettre bas les armes, laissant sur le
champ de bataille, comme preuve de leur dévouement à la
cause de leurs alliés, 40 des leurs tués ou gravement blessés. Dans le nombre on comptait plusieurs officiers et,
parmi ceux-ci, l'aspirant de 1re classe Fleuriau (1) qui
avait été chargé d'organiser et d'instruire ce petit détachement de braves. Toute résistance céda dès lors et, le
18 janvier 1806, les Anglais prirent possession de la ville
du Cap de Bonne-Espérance.

————

Les capitaines Meynard et Hamon, des corvettes la *Cyane*
de 26ᶜ et la *Naïade* de 16, partis depuis cinq jours de
la Martinique, et alors à toute vue au vent de l'île Tabago, aperçurent dans le Sud, le 8 novembre, une voile
qu'ils allèrent reconnaître. A 11ʰ du soir, ils étaient
fixés et serraient le vent, bâbord amures, chassés par la
frégate anglaise de 44ᶜ PRINCESS CHARLOTTE, capitaine
George Tobin. La brise était faible de l'Est. Une demi-
heure plus tard, cette frégate canonnait la *Cyane* qui était
un peu de l'arrière de sa compagne, et elle ne tarda pas
à atteindre son travers du vent. Les premières volées cou-

———

(1) C'est M. Fleuriau, alors qu'il était directeur du personnel, qui m'a procuré
la possibilité de puiser dans les archives du ministère de la marine. Je ne saurais laisser passer l'occasion qui m'est offerte de lui payer ici un juste tribut de
reconnaissance.

pèrent la grande vergue de la corvette. La frégate voulut alors passer sur son avant; mais en arrivant aussi,
la *Cyane* évita d'être prise d'enfilade, et elle présenta
encore le côté à son adversaire : toutes deux couraient
alors presque vent arrière. Les manœuvres de la corvette
française étaient hachées et ses voiles ne pouvaient plus
être orientées. Quelques instants après, la drosse de son
gouvernail ayant été coupée, elle lança tout d'un coup sur
bâbord et se trouva en travers sous l'arrière de la Princess
Charlotte qui reçut sa volée en poupe et se retira : il était
4ʰ du matin. Bientôt, la frégate anglaise passa à tribord et
à contre-bord de la *Cyane* qu'elle héla, en lui demandant si
elle avait amené son pavillon. A cette question, au moins
surprenante de la part d'un ennemi qui s'était éloigné du
champ de bataille, le capitaine Meynard répondit par une
bordée, et il continua à combattre, en arrivant successivement pour tenir la Princess Charlotte sous la volée de ses
canons. Celle-ci vira et passa devant la corvette en lui envoyant une décharge qui fut destructive; plusieurs boulets
à la flottaison noyèrent toutes les soutes. La *Cyane* revint
au vent du même bord que la frégate anglaise, pour se
rapprocher d'elle, et le combat continua; l'arrivée de la
Naïade décida le capitaine Tobin à faire vent arrière à 3ʰ.
Dès le commencement du combat, le capitaine de cette corvette avait viré de bord pour se placer au vent de la Princess
Charlotte; il était arrivé trop tard pour soutenir sa conserve. Quelques avaries et la faiblesse de la brise l'avaient
empêché encore de se trouver à la seconde partie de l'engagement. La mâture de la *Cyane* ne tenait plus que par
enchantement; tous ses haubans et ses étais étaient coupés; la brise ayant un peu fraîchi, la *Naïade* la prit à la
remorque. Au jour, la frégate anglaise, qui ne s'était retirée
du feu que pour réparer ses avaries, revira sur les deux
corvettes. Malheureusement, ainsi que je viens de le dire,
la brise avait pris de la force, et la remorque cassa; la
Naïade se plaça derrière sa compagne. A 8ʰ, la Princess

CHARLOTTE les doubla au vent et envoya une volée à la
dernière ; celle-ci lui riposta et mettant toutes voiles dehors, elle s'éloigna en serrant le vent : l'intention de son
capitaine était de se faire poursuivre, afin de donner à
la *Cyane* la possibilité de s'éloigner. La frégate ennemie le
poursuivit en effet ; mais à midi, perdant l'espoir de l'atteindre, elle leva la chasse et se dirigea sur son premier
adversaire. Dans le but d'obtenir une augmentation de
marche, et de diminuer la quantité d'eau qui entrait par
les trous de boulets, le capitaine Meynard fit jeter toute
son artillerie à la mer : cette détermination ne l'empêcha
pas d'être rejoint à un mille de Tabago. A 8ʰ du soir, la
frégate anglaise était par le travers de la *Cyane* qui, à
moitié submergée, amena son pavillon.

La *Cyane*   portait   26   canons   de 6.
La PRINCESS CHARLOTTE avait 26   —   de 18,
                                4   —   de 9
                    et 14 caronades de 32.

A quelques jours de là, le 13, vers 3ʰ du matin, la
Naïade fut chassée par la frégate anglaise de 40ᵉ JASON (1),
capitaine William Champain et amena son pavillon après
une heure et demie de canonnade.

———

Le mauvais succès des catamarans n'avait pas fait perdre
au gouvernement anglais l'espoir de détruire la flottille de
Boulogne. Des machines explosibles sphériques, espèces de
globes de compression, furent lancées par la division de blocus, le 1ᵉʳ et le 18 octobre. Le 18 novembre, elle essaya des
brûlots, et le 20, ce fut le tour des bombardes. Mais de sages
précautions avaient été prises dans tous les ports où sé-
journaient les divisions de la flottille ; des barrages avaient
été établis en avant et entre les jetées. Aussi le seul ré-

———

(1) Brenton, *Naval history of Great Britain*, dit que c'était la CIRCE.

sultat de ces quatre attaques fut-il la destruction d'une
bombarde française qui fut coulée.

Le capitaine Descorches, de la frégate de 40ᵉ la *Libre*,
venait de sortir de Rochefort et faisait route pour Saint-
Domingue, lorsqu'une forte voie d'eau nécessita sa rentrée.
Le 24 décembre dans l'après-midi, la tour de la Baleine
restant à 18 milles dans l'E.-N.-E., il aperçut une frégate
anglaise au vent qui soufflait alors du Nord et, peu de
temps après, une seconde de l'avant. Le capitaine Descorches prit de suite la bordée du large, mais il fut gagné
et il gouverna au Sud. Vers 3ʰ, il recevait les boulets des
deux frégates ÉGYPTIENNE de 48ᶜ, capitaine Philip Cosley,
et LOIRE de 40, capitaine Lewis Maitland. Profitant d'une
circonstance favorable, il lança subitement sur tribord,
envoya à la première une volée qui fit beaucoup de dégâts dans sa voilure et, serrant le vent sur l'autre bord, il
passa à poupe de la LOIRE en lui tirant une bordée d'enfilade. Toutefois, les avaries de l'ÉGYPTIENNE n'étaient pas
assez considérables pour l'empêcher de gouverner, et la
Libre se trouva bientôt prise entre deux feux. Afin de
sortir de cette position désavantageuse, à 3ʰ 25ᵐ, le capitaine Descorches aborda l'ÉGYPTIENNE de long en long;
mais, pendant dix minutes que la *Libre* resta accrochée,
il ne se présenta pas un homme pour sauter à l'abordage.
Les deux frégates étaient à peine séparées que le beaupré
de la *Libre* s'abattit. Toute sa mâture était criblée et elle
ne gouvernait plus; son capitaine avait reçu deux blessures. A 4ʰ, le pavillon fut amené. La frégate française
était à peine amarinée que sa mâture entière s'abattit.

Les avaries de la LOIRE étaient minimes, mais l'ÉGYP-
TIENNE avait sa mâture fort endommagée.

La *Libre* portait 28   canons de 18,
             8   —   de 8
      et 4 caronades de 36.

L'Égyptienne avait 28   canons   de 18
et 20 caronades de 32.

La Loire —   .26   canons   de 18
et 14 caronades de 32.

Le capitaine de vaisseau L'hermitte (Jean), commandant le vaisseau de 86ᵉ le *Régulus* et une division composée des frégates de 46ᵉ le *Président* et la *Cybèle*, capitaines Labrosse et Saizieu, des brigs le *Diligent* et le *Surveillant*, capitaines Thevenard (Vincent) et Lagarde, partit de Lorient, le 31 octobre, pour aller d'abord détruire les établissements anglais de la côte occidentale d'Afrique. Des avaries graves forcèrent le *Diligent* à rentrer le jour même de sa sortie. Après avoir rempli cette première partie de sa mission et avoir fait un grand nombre de prises, parmi lesquelles on comptait les corvettes anglaises Favourite de 28ᵉ, Otway et Plowers de 20, le commandant L'hermitte alla s'établir en croisière au vent des îles Antilles, ainsi que le lui prescrivaient ses instructions.

BATIMENTS PRIS, DETRUITS OU NAUFRAGÉS
pendant l'année 1805.

ANGLAIS.

Canons.		
56	Calcutta	Pris par une division.
	Sheerness	Naufragé à Ceylan.
48	Cleopatra	Prises chacune par une frégate.
44	Blanche	
	Doris	Naufragée sur les côtes de France.
52	Arrow	Prise par deux frégates.
28	Favourite	— par une division.
24	Cyane	— par deux frégates.
	Ranger	— par une division.
18	Hawke	
	Imogène	Sombrés.
	Orquixo	
	Raven	Naufragé sur la côte d'Espagne.
	Seagull	Sombré.
16	Fly	Naufragé sur la côte de Floride.
14	Pigmy	— à Jersey.
	Orestes	— près de Dunerque.

	{ BITER.	Naufragés sur la côte de France.
	{ BOUNCER, ...	
12	{ PLUMPER.	Pris par la flottille.
	{ TEAZER.	
	{ WOODLARK.	Naufragé sur la côte de France.
6	DOVE.	Pris par une division.
4	{ PIGEON.	Naufragé au Texel.
	{ BARRACAUTA	— à Cuba.

Brig : CURIEUX *. . . . .   Pris par une escadre.

Bombarde : ACHERON. . . . . .   — par deux frégates.

FRANÇAIS.

Canons.

94	{ Bucentaure.	Détruit à la côte.
	{ Formidable.	
	{ Duguay-Trouin.	Pris par une division.
	{ Mont Blanc.	
	{ Scipion.	
	Swiftsure *.	— à la bataille de Trafalgar.
86	Achille.	Sauté à la bataille de Trafalgar.
	{ Aigle.	
	{ Berwick *.	Détruits à la côte.
	{ Fougueux.	
	{ Intrépide.	Brûlé par les Anglais.
	{ Redoutable.	Coulé par les Anglais.
48	Cleopatra *.	Prise par un vaisseau.
	{ Atalante.	Naufragée au Cap de Bonne-Espérance.
40	{ Didon.	Prise par une frégate.
	{ Ville-de-Milan.	— par un vaisseau.
	{ Libre.	— par deux frégates.
32	{ Volontaire.	— par surprise.
26	{ Psyché.	Prises chacune par une frégate.
	{ Cyane *.	
18	{ Torche.	— chacun par un vaisseau.
	{ Faune.	
16	{ Naïade.	— chacun par une frégate.
	{ Actéon.	

RÉCAPITULATION.

		Pris.	Détruits ou naufragés.	Incendiés.	TOTAL.
ANGLAIS. . .	Vaisseaux.	1	1	»	2
	Frégates.	2	1	»	3
	Bâtiments de rangs inférieurs. . .	9	13	»	22
FRANÇAIS. .	Vaisseaux.	5	7	»	12
	Frégates.	6	1	»	7
	Bâtiments de rangs inférieurs. . .	5	»	»	5

ANNÉE 1806.

—

Le contre-amiral Dordelin (Joseph) eut le commandement des 7 vaisseaux et des 2 frégates qui, cette année,
composèrent la division de Brest. Cette division ne s'éloigna pas des côtes, car avec l'année qui venait de s'écouler,
finit le rôle actif de la marine de la France. A partir de cette
époque, on cessa de voir des masses considérables de vaisseaux sillonner les mers; à peine aperçut-on par-ci, par-là,
quelques divisions qu'une impérieuse nécessité avait seule
fait sortir des ports. Le système de la guerre maritime
changea de fait; il n'y eut plus de batailles navales, plus
de ces épouvantables mêlées dans lesquelles l'homme peut
déployer tout le génie dont il a été doué par la nature.
L'activité n'en fut cependant pas moins grande dans les
ports; et si la division de Brest ne tint pas la mer, elle
franchit le goulet et évolua fréquemment sur la rade.

———

Le capitaine de frégate Le Duc sortit de Lorient, à la fin
du mois de mars, avec 3 frégates et un brig, pour aller poursuivre les navires anglais qui exploitaient seuls, comme
par monopole, la pêche de la baleine au Spitzberg et sur
les côtes de l'Islande. Ces bâtiments étaient :

Canons.

44	{ *Revanche*.......... capitaine	Le Duc.
	{ *Guerrière*. .... —	Hubert.
40	*Sirène*. .... —	Lambert.
16	*Néarque*. .... --	Jourdain.

Le commandant Le Duc n'avait pas doublé l'île de Groix,
qu'il s'aperçut que le *Néarque* ne pourrait pas suivre les
frégates; il fit signal au capitaine de ce brig de se conformer à ses instructions, et il continua sa route sans l'at-

tendre. Les frégates étaient à peine hors de vue, que le *Néarque* était capturé par la frégate anglaise de 48ᶜ Niobe, capitaine John Wenworth Loring. L'hiver fut long et très-rigoureux cette année ; les glaces arrêtèrent les frégates, et le commandant Le Duc alla s'établir en croisière aux Açores, en attendant que le passage fût libre. Le 21 mai, il était dans la mer du Nord, mais il tenta vainement d'atteindre le Spitzberg : les glaces et les mauvais temps l'empêchèrent de remonter au delà du 76° de latitude. Le 12 juin, la *Guerrière* se sépara de ses compagnes dans un coup de vent. Après les avoir cherchées pendant plusieurs jours, le capitaine Hubert fit route pour Drontheim, en Norwége, où il avait l'espoir de les trouver ; mais aucun pilote ne s'étant présenté lorsqu'il arriva en vue de terre, il prit le parti de se rendre aux îles Ferroë, situées entre les îles Britanniques et l'Islande.

Ce fut en juillet seulement que l'amirauté anglaise eut connaissance de la mission qui avait été donnée au commandant Le Duc ; les frégates Blanche de 48ᶜ, Phœbe de 44 et Thames de 40 reçurent de suite l'ordre de se mettre à sa recherche. Le 18 juillet, la Blanche, capitaine Thomas Davie, rencontra la *Guerrière*. Celle-ci était dans de fort mauvaises conditions pour engager un combat ; le rapport du chirurgien accusait ce jour-là 80 hommes atteints du scorbut : 36 étaient déjà morts de cette maladie. Cet affaiblissement de l'équipage de sa frégate détermina le capitaine Hubert à essayer de faire perdre ses traces. A minuit, la Blanche était par sa hanche sous le vent, courant comme lui au plus près tribord amures. Après un échange de quelques bordées, la *Guerrière* laissa arriver pour passer sur l'avant de son adversaire et prendre les amures à bâbord. La lutte ne pouvait être longue ; on conçoit quel devait être l'encombrement à bord de la frégate française : son pavillon fut amené à 1ʰ ; son mât de perroquet de fougue avait été abattu.

La *Guerrière* avait 28   canons   de 18,
             8   —   de 8
    et 8 caronades de 36.
La BLANCHE portait 28   canons   de 18,
             4   —   de 12
   et 16 caronades de 32.

Les équipages de la *Revanche* et de la *Sirène* n'avaient pas été plus épargnés que celui de la *Guerrière*; ils comptaient aussi un très-grand nombre de malades. Le 13 juillet, ces deux frégates avaient mouillé à Patrix Fiord, sur la côte occidentale d'Islande, et après une relâche d'une semaine, le commandant Le Duc avait remis en mer pour entreprendre une nouvelle et pénible croisière. Ces 2 frégates ne rentrèrent en France qu'à la fin du mois de septembre. Cette campagne avait coûté aux Anglais 39 baleiniers ou navires du commerce.

Les 5 frégates et les 2 brigs ci-après, chargés de porter des troupes à la Martinique, appareillèrent de la rade de l'île d'Aix, le 24 septembre, avec une belle brise de N.-N.-E., sous le commandement du capitaine de vaisseau Soleil.

Canons.

	Infatigable.	capitaine	Girardias.
44	*Minerve.*	—	Collet.
	Gloire.	—	Soleil.
	Armide.	—	Langlois.
40	*Thétis.*	—	Pinsum.

Brigs : *Lynx* et *Sylphe.*

Le jour même de leur sortie, à 11ʰ 40ᵐ du soir, 7 voiles furent aperçues dans l'O.-N.-O.; les frégates françaises laissèrent arriver successivement jusqu'au S.-S.-O. et se rangèrent en ligne de front dans l'ordre indiqué plus haut. Elles furent suivies et, au jour, elles distinguèrent 6 vaisseaux anglais et un brig qui formaient la division du commodore sir Samuel Hood.

Canons.
| 118 | WINDSOR CASTLE. . . . capitaine | sir Charles Bayles. |

82
- CENTAUR. . . . . — sir Samuel Hood.
- ACHILLES. . . . . — Richard King.
- MONARCH. . . . . — Richard Lee.
- REVENGE. . . . . — sir John Gore.
- MARS. . . . . — William Lukin.

Brig : ATALANTE.

L'*Infatigable* tint le vent tribord amures et·fut chassée par le MARS auquel elle se rendit à midi 30ᵐ.

La *Gloire*, la *Minerve* et l'*Armide* continuèrent leur route. Vers 8ʰ 30ᵐ, elles commencèrent à échanger des boulets avec le MONARCH ; une heure plus tard, le commandant Soleil signala l'angle obtus de retraite. Le vaisseau anglais canonna d'abord indistinctement la *Gloire* et la *Minerve*, puis, après avoir désemparé la première de sa vergue de grand hunier, il dirigea tout son feu sur l'autre. Depuis quelque temps le CENTAUR tirait en chasse. Ce vaisseau prit alors, entre la *Gloire* et l'*Armide*, le poste que le MONARCH avait occupé de l'autre côté, et celui-ci ayant profité de son arrivée pour se laisser culer afin de réparer quelques avaries légères, la *Minerve* dirigea ses coups sur le CENTAUR. Sensible à cette agression, ce dernier laissa les deux frégates qu'il avait canonnées jusque-là et se porta sur elle. Le répit accordé à l'*Armide* ne fut toutefois pas de longue durée ; le MONARCH s'attacha à elle et la réduisit à amener son pavillon à midi 30ᵐ. Le CENTAUR ne resta pas longtemps à cette place. Voyant que la *Gloire* s'éloignait promptement, le commodore Hood se mit à sa poursuite et abandonna la *Minerve* au MONARCH et au REVENGE qui finit par être en position de la combattre. A 2ʰ, la frégate avait son petit mât de hune abattu sur l'avant, son beaupré coupé et, pour toutes voiles, il lui restait le grand hunier et la misaine ; sa coque était transpercée de toutes parts ; elle avait 15 canons hors de service. De semblables avaries n'avaient pas été reçues, on le comprend, sans que le personnel eût éprouvé de grandes pertes. Le pavillon de la *Minerve* fut amené. Le CENTAUR, suivi de près par le MARS,

atteignit la *Gloire* à 2ʰ 30ᵐ : cette frégate amena son pavillon
après vingt minutes de combat. Les vaisseaux anglais se
ressentirent nécessairement de la résistance des frégates
françaises. La mâture, le grément et la voilure du CENTAUR
étaient hachés. Le commodore Hood avait perdu un bras.
L'arrière du MONARCH présentait des brèches nombreuses.
La *Thétis* et les 2 brigs qui avaient pris le plus près bâbord
amures, ne furent pas poursuivis et arrivèrent à la Martinique le 21 octobre. En effectuant son retour en France,
cette frégate s'empara, six semaines après, de la corvette
anglaise de 16ᵉ NEDLEY.

La *Gloire* et la *Minerve* prirent rang dans la marine
anglaise sous le nom d'IMMORTALITÉ et d'ALCESTE.

———

A la fin de l'année 1805, les contre-amiraux Willaumez
et de Leissegues avaient été nommés au commandement
de deux des divisions de l'escadre de Brest. Toutefois, afin
de ne pas éveiller l'attention des Anglais, ces deux divisions n'avaient été réellement constituées que lorsqu'elles
avaient été sous voiles. Jusque-là, tous les vaisseaux ne
formaient qu'une seule et même escadre; les capitaines
eux-mêmes ignoraient sous les ordres de quel chef ils allaient entreprendre une campagne annoncée, mais non
connue. Le 13 décembre (1), 11 vaisseaux, 4 frégates et
une corvette étaient sortis de Brest sans être inquiétés, et
le lendemain à 8ʰ du soir, ils s'étaient formés en deux
divisions. Sous le commandement du contre-amiral Willaumez se rangèrent les vaisseaux :

Canons.
94 *Foudroyant*. . . . . capitaine Henry (Antoine).
                               Willaumez (Jean-Baptiste), contre-amiral.
    Vétéran. . . . . capitaine Bonaparte (Jérôme).
    Cassard. . . . .   —   Faure.
86 *Impétueux*. . . . .   —   Leveyer Belair.
    Patriote. . . . .   —   Khrom.
    Éole. . . . .   —   Prévost Lacroix.
et les frégates : *Valeureuse* et *Volontaire*.

———

(1) Page 412.

Cette division devait se rendre au Cap de Bonne-Espérance ; croiser ensuite à la hauteur de Sainte-Hélène sur le passage des convois de l'Inde, et aller renouveler son approvisionnement d'eau à la Martinique. Après s'être ravitaillée dans cette colonie, elle devait faire une croisière dans les Antilles et ravager les rades des colonies anglaises. Le contre-amiral Willaumez avait ordre de terminer sa campagne en détruisant les pêcheries de Terre-Neuve ; et, si ses vivres le lui permettaient, de rentrer en France en passant par l'Islande, le Spitzberg et le Groënland. Dans tous les cas, il ne devait effectuer son retour que lorsqu'il ne lui serait plus possible de tenir la mer.

Le 23, à la hauteur de Madère, la division chassa un convoi sorti de Gibraltar sous l'escorte d'un vaisseau anglais et d'une frégate ; la nuit le sauva : 2 navires seulement furent capturés. Le commandant en chef expédia la *Volontaire* porter leurs équipages à Sainte-Croix de Ténériffe, avec ordre de rallier devant le Cap de Bonne-Espérance. Après avoir rempli sa mission, le capitaine Bretel fit route pour le rendez-vous ; il y chercha et attendit vainement sa division. Le besoin d'eau et l'état sanitaire de son équipage allaient lui faire prendre le parti d'entrer dans la baie de la Table, lorsque le 4 mars 1806, la *Volontaire* fut chassée par un vaisseau anglais et une frégate qui obligèrent son capitaine à chercher précipitamment un refuge dans cette rade ; il ignorait que, depuis le mois de janvier, la colonie du Cap de Bonne-Espérance était au pouvoir des Anglais. La confiance du capitaine Bretel était d'autant plus grande, que le pavillon hollandais flottait sur tous les forts et à la poupe de 2 vaisseaux qui étaient au mouillage. Son erreur dura peu. La *Volontaire* avait à peine laissé tomber l'ancre et serré ses voiles, que le pavillon de la Grande-Bretagne remplaça partout celui des Provinces-Unies. Le capitaine Bretel ne tenta pas une résistance inutile ; il remit sa frégate au contre-amiral sir Home Popham qui commandait la division anglaise.

Le vice-amiral sir John Duckworth qui stationnait devant Cadix, ayant été informé qu'un convoi anglais avait été chassé par une division française, se dirigea sur les Canaries avec 6 vaisseaux et 2 frégates. Il allait retourner à son point de croisière lorsque, dans le courant du mois de décembre, il rencontra la frégate ARETHUSA qui avait été poursuivie quelques jours auparavant, ainsi qu'un convoi qu'elle conduisait à Gorée, par la division du contre-amiral Leissegues. Le vice-amiral Duckworth se mit à la recherche de cette division et, le 25, à toute vue de l'île de Palma, il eut connaissance de celle du contre-amiral Willaumez et la poursuivit. Trente-six heures après, ses vaisseaux étaient tellement distancés qu'il leva la chasse, et il fit route pour les Antilles. Le contre-amiral Willaumez apprit plus tard la prise du Cap de Bonne-Espérance. Cette nouvelle le décida à modifier ses instructions. Il resta en croisière devant l'île Sainte-Hélène, relâcha à San Salvador du Brésil et se dirigea de là sur Cayenne. Le 15 mai, il partagea ses vaisseaux en trois divisions; il mouilla devant Cayenne avec le *Foudroyant*, le *Vétéran* et la *Valeureuse;* envoya le *Cassard* et le *Patriote* croiser dans le Nord et prescrivit à l'*Éole* et à l'*Impétueux* de se tenir dans l'Est.

Dès que le gouvernement anglais avait appris la sortie des vaisseaux français, il avait mis à leur poursuite deux divisions qui avaient appareillé dans la seconde quinzaine du mois de janvier 1806. La première, commandée par le vice-amiral Warren, était composée des vaisseaux :

Canons.

100	LONDON.	capitaine	sir Harry Neale.
80	FOUDROYANT.	—	Chambers White.
			sir John Borlase Warren, vice-amiral.
	RAMILIES.	capitaine	Francis Pickmore.
	HERO.	—	honorable Hyde Gardner.
82	NAMUR.	—	William Halsted.
	REPULSE.	—	honorable Kaye Legge.
	COURAGEUX.	—	James Bissett.

Le contre-amiral Strachan sortit, de son côté, avec les vaisseaux

Canons.

| 108 | SAINT GEORGE | capitaine | Thomas Bertie. |
| 80 | CÆSAR | — | Charles Richardson. |

sir Richard Strachan, contre-amiral.

82	CENTAUR	capitaine	sir Samuel Hood.
	TERRIBLE	—	lord Henry Paulet.
	TRIUMPH	—	Henry Inman.
	BELLONA	—	Erskine Douglas.

Sir Borlase Warren se dirigea sur Madère et ensuite sur l'île de la Barbade, d'où il avait ordre de rentrer en Angleterre, après s'être concerté avec le contre-amiral Dacres et le contre-amiral Cochrane, auxquels il devait laisser 4 vaisseaux. Les instructions de sir Richard Strachan lui prescrivaient de se porter directement sur Sainte-Hélène et de là sur le Cap de Bonne-Espérance, pour renforcer l'expédition dirigée contre cette colonie. Ces deux divisions retournèrent en Angleterre sans avoir rencontré celles à la poursuite desquelles elles avaient été expédiées. Le contre-amiral Strachan fut de nouveau envoyé à leur recherche, mais la composition de sa division avait été changée; le 19 mai, il appareilla de Plymouth avec les vaisseaux :

Canons.

| 80 | CÆSAR | capitaine | Charles Richardson. |

sir Richard Strachan, contre-amiral.

82	BELLE ISLE	capitaine	William Hargood.
	TERRIBLE	—	lord Henry Paulet.
	BELLONA	—	Erskine Douglas.
	AUDACIOUS	—	Lemarchant Gosselyn.
	MONTAGU	—	Waller Otway.
	TRIUMPH	—	sir Masterman Hardy.

Frégate : MELAMPUS.

Après avoir croisé quelque temps devant Madère, sir Richard Strachan fit route pour la Barbade où il mouilla le 8 août.

Le contre-amiral Willaumez avait donné à ses vaisseaux un rendez-vous d'où, réunis, ils devaient se porter sur la Barbade. Les mauvais temps qu'ils ne cessèrent d'éprouver pendant vingt jours empêchèrent leur jonction, et ils firent route isolément pour la Martinique. Le *Vétéran* arriva, le 15 juin, au Fort-Royal, chassé par le vaisseau de 82° NORTHUMBERLAND. L'*Éole* et l'*Impétueux*, poursuivis par la

division du contre-amiral Cochrane, mouillèrent le 17.
Le 21, ce furent le *Foudroyant* et la *Valeureuse* qui atteignirent cette rade. Enfin le 24, le *Cassard* et le *Patriote*,
suivis de près par 3 vaisseaux et 2 frégates, y entrèrent également. Tous avaient de graves avaries; les hauts de la
Valeureuse étaient en si mauvais état, qu'on avait été
forcé de laisser les canons des gaillards de cette frégate à
Cayenne. La division française remit à la voile le 1ᵉʳ juillet.
En passant devant Nièves, le *Vétéran* envoya plusieurs volées aux batteries de cette île sans s'arrêter. Le 3 au soir,
tous les vaisseaux échangèrent des bordées avec celles
de la Basse-Terre de Saint-Christophe, et ils se dirigèrent sur les îles Vierges. L'île Tortole avait été indiquée
au commandant en chef comme point de réunion des navires de commerce anglais en partance pour l'Europe.
Avant de quitter ces parages, il voulut profiter de l'occasion qui lui était offerte, pour causer un dommage considérable à l'ennemi. Mais un aviso envoyé en reconnaissance lui ayant appris le départ de ces navires, il fit route
pour débouquer. Le 5 au jour, devant Saint-Thomas,
4 vaisseaux anglais et 3 frégates furent signalés à une
douzaine de milles au vent; c'était la division du contre-
amiral Cochrane. Les deux divisions restèrent en vue toute
la journée; le soir les Anglais disparurent dans le Sud.

Le contre-amiral Willaumez s'établit en croisière au
Nord du nouveau canal de Bahama, avec l'espoir d'intercepter les convois qu'il avait vainement cherchés dans les
îles. Le 27, dans l'après-midi, sa division poursuivit 8 navires : on sut par l'un d'eux, le seul qui put être atteint,
qu'ils se rendaient à New-York. La chasse continua pendant
deux jours et deux nuits, par une grande brise et un temps
à grains; le troisième jour, le *Vétéran* et la *Valeureuse*
n'étaient plus en vue. Après les avoir vainement attendus
au premier rendez-vous assigné en cas de séparation, le
commandant en chef se dirigea vers le Sud, avec l'intention de relâcher à Porto Rico. Mais il était dit qu'il verrait

tous ses projets échouer l'un après l'autre. Le 19 août, ses
vaisseaux furent assaillis et dispersés par un fort coup de
vent d'E.-S.-E. ; presque tous firent des avaries majeures.
Le *Foudroyant* démâta de tous ses mâts et perdit son gouvernail. Il élongeait la côte de l'île de Cuba, faisant route, avec
des mâts et un gouvernail de fortune, pour la Havane dont
il n'était plus qu'à 12 milles lorsque, le 15 septembre, il
fut suivi et canonné par le vaisseau rasé anglais de 54ᵉ
Anson, capitaine Charles Lydiard. Le *Foudroyant* tint le
vent, et lui riposta de telle sorte que ce vaisseau s'éloigna
après une courte canonnade. Le *Foudroyant* entra à la
Havane. L'*Impétueux*, entièrement démâté et sans gouvernail, fut obligé de jeter une partie de son artillerie à la mer.
Le 14 septembre, à 30 milles de l'entrée de la Chesapeak, vaste baie de l'état de Virginie des États-Unis d'A-
mérique, il fut chassé par les vaisseaux anglais de 82ᵉ
Bellona et Belle Isle et par la frégate Melampus. Tous
trois appartenaient à la division du contre-amiral Strachan. Cet officier général avait quitté la Barbade pour
se mettre de nouveau à la recherche du contre-amiral
Willaumez ; mais ses vaisseaux avaient aussi été dispersés
par le coup de vent du 19 août, et ce fut cette circonstance
qui mit ceux qui viennent d'être mentionnés sur la route
de l'*Impétueux*. Dans l'état où était son vaisseau, le capitaine Leveyer n'avait d'autre alternative que de le jeter à
la côte : il l'échoua sur le cap Henry et hissa son pavillon
en berne. Ce signal de détresse n'empêcha pas le capitaine
Poyentz, de la frégate anglaise, de lui envoyer plusieurs
bordées : l'*Impétueux* amena. Les canots anglais allèrent
prendre son équipage, et le vaisseau fut ensuite livré aux
flammes. Le capitaine Leveyer protesta contre cette violation du territoire neutre des États-Unis. Je ne sache pas
qu'il ait été donné aucune suite à ses observations. Le *Patriote* et l'*Éole* entrèrent dans la Chesapeak, le premier, le
30 août, sans mât d'artimon ni mâts de hune et avec son
beaupré craqué ; l'autre, le 12 septembre, entièrement

démâté et sans gouvernail ; ce vaisseau avait jeté sa batterie des gaillards et une partie de ses boulets à la mer. La *Valeureuse*, brisée dans toutes ses parties, relâcha le 31 août à Marcushook, dans l'état de Jersey des États-Unis d'Amérique. Le *Cassard* fut plus heureux ; il mouilla à Brest sans avoir, à beaucoup près, autant d'avaries que les autres vaisseaux.

Voyons maintenant ce que devinrent tous ces vaisseaux épars.

Aussitôt après sa séparation, le prince Jérôme Bonaparte avait fait route pour le rendez-vous assigné sur le banc de la Grande Sole, situé à la hauteur et à 80 lieues environ à l'Ouest de l'ouvert de la Manche. Il rencontra sur sa route un convoi anglais parti de Québec sous l'escorte de la corvette Champion et lui enleva six navires. Le 25 août était la limite du temps à passer sur la Grande Sole. Arrivé le 23, le capitaine Jérôme Bonaparte ne jugea pas devoir s'y arrêter, et il se dirigea sur Belle Isle. Mais, chassé par une division ennemie qui croisait dans ces parages, il entra dans le petit port de Concarneau où jamais vaisseau n'avait flotté, et d'où le *Vétéran* ne sortit que le 20 avril 1809. En quittant la Havane, le *Foudroyant* se dirigea sur la Chesapeak pour rallier le *Patriote* et la frégate la *Cybèle* qui y était aussi en relâche. Ces bâtiments n'étant pas prêts à prendre la mer, le contre-amiral Willaumez fit route pour France, et son vaisseau mouilla à Brest le 27 février 1807. Le *Patriote* ne rentra en France qu'au commencement du mois de janvier 1808. L'*Éole* et la *Valeureuse* furent trouvés en trop mauvais état pour être réparés : on les vendit.

Telle fut la fin de cette désastreuse campagne pendant laquelle la division française avait eu presque constamment à lutter contre les éléments ; elle avait capturé 17 navires.

————

Les 5 vaisseaux, les 2 frégates et la corvette qui étaient

sortis de Brest, le 13 décembre 1805, en même temps que la division du contre-amiral Willaumez, s'étaient rangés sous les ordres du contre-amiral de Leissegues et avaient fait route pour Santo Domingo ; ils portaient des troupes, des armes et des munitions au général Ferrand qui tenait toujours dans cette place, la dernière que la France possédait dans l'île de Saint-Domingue. Cette division était composée des vaisseaux :

Canons.

124	*Impérial*.	capitaine Bigot.	
		de Leissegues, contre-amiral.	
94	*Alexandre*.	capitaine Garreau.	
	Brave.	—	Coudé.
86	*Diomède*.	—	Henry (Jean-Baptiste).
	Jupiter.	—	Laignel.

Frégates : *Comète*, *Félicité*.
Corvette : *Diligente*.

Le *Jupiter* démâta de son petit mât de hune pendant la nuit du 25 qui fut très-mauvaise ; le *Diomède* et la *Comète* signalèrent une voie d'eau ; le *Brave* et l'*Alexandre* se séparèrent. La division mouilla, le 22 janvier, à Santo Domingo et mit de suite à terre les troupes et les approvisionnements dont elle était chargée. Vaisseaux et frégates avaient besoin de grandes réparations. La *Comète* avait craqué sa grande vergue. La chute du petit mât de hune du *Jupiter* avait brisé la hune, et le mât de rechange de ce vaisseau avait été trouvé hors de service. L'*Alexandre* et le *Brave* arrivèrent le 29. Le premier avait successivement démâté de ses trois mâts de hune pendant la nuit du 25 décembre ; la guibre de l'autre s'était déjointe, ainsi que ses porte-haubans ; il faisait eau de toutes parts. La première de ces avaries était commune au *Diomède*. Après s'être assuré qu'il n'y avait pas de bâtiments ennemis dans ces parages, le contre-amiral de Leissegues ordonna d'entreprendre toutes les réparations indispensables. Grâce à l'activité que chacun déploya dans cette circonstance, elles furent à peu près terminées le 5 février, et les capitaines durent se tenir prêts à prendre la mer. Le lendemain, la *Diligente* qui se tenait au large en découverte, signala l'ennemi dans le

S.-S.-E. Ordre fut donné d'appareiller en filant les câbles ;
cette manœuvre ne s'exécutant pas assez promptement, le
commandant en chef signala de les couper. Je viens de
dire que les réparations des vaisseaux étaient à peu près
achevées ; mais on conçoit quel bouleversement intérieur
avaient nécessité celles du *Brave* et du *Diomède*. Arrivé le
dernier, le *Brave* fut aussi le dernier prêt à appareiller,
et lorsque le signal de mettre sous voiles fut hissé, il avait
encore ses batteries encombrées d'une partie des objets
qu'il avait fallu retirer de la cale. Son appareillage suivit
cependant de près celui des autres vaisseaux. A 8ʰ 10ᵐ, le
commandant en chef ordonna de se former en ligne de
convoi sur l'*Alexandre* et de gouverner au S.-O. ; le vent
soufflait de l'E.-N.-E. Les Français se trouvèrent rangés
dans l'ordre suivant : *Alexandre*, *Impérial*, *Diomède*,
Jupiter, *Brave ;* les frégates et la corvette se placèrent à
terre de la ligne. Vingt minutes plus tard, on distinguait parfaitement 7 vaisseaux et 2 frégates serrant le
vent pour atteindre la division française. Ces bâtiments étaient ceux du vice-amiral Duckworth qui, on
se le rappelle, avait poursuivi vainement la division du
contre-amiral Willaumez dans les parages des Canaries,
et avait fait route pour les Antilles où il rencontrait celle
du contre-amiral de Leissegues, après avoir touché à la
Barbade et à Saint-Christophe. C'est à ce dernier mouillage qu'il avait appris que plusieurs vaisseaux français
avaient été vus se dirigeant vers le Nord. Le vice-amiral
Duckworth avait de suite remis sous voiles, emmenant les
vaisseaux ATLAS, NORTHUMBERLAND sur lequel le contre-
amiral Cochrane avait son pavillon, et le brig KING'S
FISHER. A quelques jours de là, le capitaine de la frégate
MAGICIENNE lui avait confirmé la nouvelle de l'apparition de
la division française dans ces parages ; enfin, le 6 février, il
l'apercevait lui-même sur la rade de Santo-Domingo. Il
rangea ses vaisseaux sur deux colonnes, dans l'ordre ci-
dessous et gouverna sur la tête de la division française.

COLONNE DE GAUCHE.

Canons.
80	CANOPUS.	capitaine Francis Austen.
		sir Thomas Louis, contre-amiral.
82	{ DONEGAL.	capitaine Pulteney Malcolm.
	{ ATLAS.	— Samuel Pym.

COLONNE DE DROITE.

	SUPERB.	capitaine Goodwin Keats.
		sir John Duckworth, vice-amiral.
82	NORTHUMBERLAND.	capitaine John Morrisson.
		sir Alexander Cochrane, contre-amiral.
	SPENCER.	capitaine honorable Robert Stopford.
72	AGAMEMNON.	— sir Edward Berry.

Frégates : EGYPTIENNE, ACASTA.
Brig : KING'S FISHER.

La baie de Santo Domingo, située dans la partie orientale de l'île Saint-Domingue, aujourd'hui Haïti, a son
ouverture au Sud. On atteint le mouillage à la bordée en
venant de l'Est, car l'arc de cercle à très-grand rayon que
décrit la côte, court à peu près au N.-O. jusqu'à la ville,
pour prendre au delà la direction du S.-O. En gouvernant à ce dernier aire de vent, les vaisseaux français élon-
geaient donc, pour sortir de la baie, la rive occidentale opposée à celle que la division ennemie suivait pour y entrer.
Bientôt, dans la crainte de voir ses vaisseaux de queue séparés par la division anglaise, le contre-amiral de Leissegues signala la route au S. 1/4 S.-E. ; mais le *Jupiter* et
le *Brave*, toujours un peu de l'arrière, et dans l'intérêt
desquels ce signal avait été fait, n'imitant pas le mouvement que leurs capitaines avaient probablement l'intention d'exécuter par la contre-marche, les 3 vaisseaux de
tête remirent le cap au S.-O. Pendant ce temps, la division ennemie approchait toujours ; à 10ʰ 10ᵐ, le contre-
amiral de Leissegues ordonna de commencer le feu. Surpris, en quelque sorte, par l'apparition de l'ennemi, puisque les vaisseaux de sa division n'avaient pas encore remis toutes choses à leur place, le commandant en chef
avait pensé trouver de l'avantage à faire combattre sous
voiles des vaisseaux dont les ponts étaient encore encombrés. Il avait appareillé ; mais il vit bientôt combien peu il

devait compter sur les évolutions pour suppléer à la faiblesse numérique de sa division. Aussi, dès que le chef de
file de sa ligne, qui quitta forcément son poste par suite
d'une avarie, eût été porté au milieu de la division ennemie,
laissa-t-il chacun manœuvrer comme il l'entendait, et la
mêlée devint générale. Chaque capitaine s'occupa dès lors
de son vaisseau, sans songer aucunement à prêter aide et
assistance aux autres. Tous furent écrasés successivement ;
mais le commandant en chef préféra abandonner aux brisants de la côte la coque de son vaisseau fracassée par les
boulets, plutôt que de la livrer à l'ennemi. Un des capitaines suivit son exemple. Les frégates seules échappèrent
à ce désastre.

Au moment où l'*Alexandre* arrivait à l'intersection des
routes suivies par les deux divisions, une avarie dans son
gouvernail le fit venir subitement sur bâbord et passer
entre le NORTHUMBERLAND et le SPENCER. Placé bientôt entre
les deux colonnes anglaises, l'*Alexandre* devint le point de
mire de tous les vaisseaux et il ne tarda pas à perdre sa
mâture entière. Le mouvement d'oloffée de ce vaisseau fut
suivi de la rupture complète de l'ordre de marche de
l'ennemi. Le SUPERB, le NORTHUMBERLAND, et plus tard le
CANOPUS, s'attachèrent à l'*Impérial*; le SPENCER combattit
l'*Alexandre;* le DONEGAL et l'ATLAS se dirigèrent sur le
Jupiter et le *Brave*. A 10^h 30^m, l'engagement était général.

L'*Alexandre* amena le premier son pavillon à 11^h 35^m.

Après avoir combattu pendant quelque temps le *Brave*
par le travers de bâbord, le DONEGAL passa de l'autre bord,
laissant à l'ATLAS le soin de canonner ce vaisseau du côté
du large. Criblé dans toutes ses parties, le *Brave* se rendit à 11^h 45^m. Le capitaine Coudé avait reçu plusieurs
blessures. Le *Brave* ne put être maintenu à flot : il coula,
le 12 février, à la Jamaïque.

Après la reddition de ce vaisseau, l'ATLAS et le DONEGAL
dirigèrent leurs coups sur le *Jupiter*. Abordé involontai-
rement par le dernier, le capitaine Laignel, qui venait d'être

blessé, ne crut pas devoir courir les chances d'un combat corps à corps, et il fit amener le pavillon.

Les batteries de l'*Impérial* furent mises promptement dans l'impossibilité de faire feu ; les désastres n'étaient pas moins grands sur le pont : le grand mât et le mât d'artimon tombèrent sur bâbord, entraînant le petit mât de hune dans leur chute. L'ATLAS avait joint son feu à celui des trois vaisseaux qui combattaient déjà l'*Impérial* ; d'autre part, le capitaine du *Diomède* était venu prêter à son amiral l'appui des canons de son vaisseau. Grièvement blessé à la tête, le capitaine Bigot quitta le pont à midi ; le capitaine de frégate Caboureau qui le remplaça avait reçu quatre blessures ; deux officiers avaient perdu la vie, cinq autres étaient blessés. Dans cette extrémité, et plutôt que de se rendre, le contre-amiral de Leissegues ordonna de jeter l'*Impérial* à la côte. Cet ordre fut exécuté à midi 15^m ; et ce vaisseau, dont le mât de misaine s'abattit immédiatement du côté de terre, se trouva échoué tribord au large. Le capitaine Henry, voulant partager jusqu'au dernier moment le sort de son amiral, imita sa manœuvre et échoua le *Diomède* auprès de l'*Impérial*. Cette détermination mit fin au combat ; la division ennemie prit le large. Un quart d'heure après son échouage, le *Diomède* démâta de ses trois bas mâts. L'AGAMEMNON et les frégates anglaises poursuivirent les frégates françaises ainsi que la corvette, mais ils ne purent les atteindre. Du côté des Anglais, le NORTHUMBERLAND avait perdu son grand mât ; le DONEGAL, sa vergue de misaine ; l'ATLAS, son beaupré. Les avaries des autres vaisseaux étaient sans importance.

L'*Impérial* et le *Diomède* ne tardèrent pas à se défoncer sur les roches qui bordent la côte dans cette partie de l'île. On travailla de suite à débarquer les équipages ; mais cette opération était très-difficile dans l'endroit où les vaisseaux étaient échoués, et l'état de la mer la contraria beaucoup. Cependant, grâce au concours du général Ferrand, l'*Im-*

périal était évacué le 8 au soir. Les vaisseaux anglais se
rapprochèrent dans la soirée du lendemain, et envoyèrent
plusieurs embarcations au *Diomède*. Le pavillon de ce vaisseau fut amené sans opposition, et le capitaine Henry,
quelques officiers et matelots, en tout 51 hommes qui se
trouvaient encore à bord, furent dirigés sur le Superb.
L'*Impérial* et le *Diomède* furent ensuite livrés aux flammes.

La conduite du capitaine Henry lui méritait un meilleur
sort; là ne s'arrêtèrent cependant pas ses tribulations.
Lorsque, après la reddition du *Diomède*, il présenta son
épée au capitaine Keats, cet officier supérieur la refusa.
Le capitaine Henry ayant demandé l'explication de ce
refus au commandant en chef, celui-ci répondit qu'il ne
devait s'en prendre qu'à lui-même du procédé du capitaine Keats, vu qu'il avait jeté son vaisseau au plain
après avoir amené son pavillon. Quelques explications
suffirent pour justifier le capitaine français. Il fut prouvé
que le pavillon du *Diomède* avait été abattu, mais non
amené pendant le combat, et que la flamme avait flotté
jusqu'à la chute du grand mât, laquelle n'avait eu lieu
qu'après l'échouage. Cependant le vice-amiral Duckworth
n'avait pas attendu les explications du capitaine Henry
pour formuler cette accusation. Le 7 février, il avait écrit
au premier lord de l'amirauté : « C'est pour moi un de-
« voir de dire à mon pays, et je tiens le fait de sir Edward
« Berry, que le *Diomède* avait amené avant de se mettre à
« la côte; et que si l'Agamemnon avait cessé de tirer sur
« lui, c'est parce que son capitaine avait fait signe, avec
« son chapeau, qu'il se rendait. Le capitaine Dunn assure
« que la flamme et le pavillon avaient été amenés (1). »

_____

(1)   Superb, feb. 7,1806.
« ... And I think it a duty I owe to my character and my country to add
« (from the information of sir Edward Berry), after she had struck and Aga-
« memnon desisted from firing into her, from the captain taking off his hat and
« making every token of surrender, and captain Dunn assures me both ensign
« and pendant were down. »

Brenton dit que, le 16 février, le vice-amiral Duckworth rectifia ce qu'il avait écrit. Cet auteur relate ainsi ce déplorable incident (1) : « L'accusation portée par sir John Duckworth contre le capitaine Henry du *Diomède*, d'avoir jeté son vaisseau à la côte après s'être rendu, semble provenir d'un malentendu. Cette erreur fut expliquée d'une manière honorable, et à la satisfaction générale, par le vice-amiral, dans une lettre écrite, le 16 février, de Port Royal. Il paraît que lorsque le capitaine Henry présenta son épée au capitaine Keats, ce dernier officier, d'après ce qui lui avait été rapporté par les capitaines sir Edward Berry et Dunn, la repoussa avec indignation. La sensation que ce refus fit éprouver au capitaine Henry fut pénible, et il demanda une explication au commandant en chef. Les renseignements recueillis auprès des officiers et de l'équipage du vaisseau établirent que le pavillon du *Diomède* avait été abattu par un boulet pendant le combat, mais que la flamme n'avait cessé de flotter qu'à la chute du grand mât; que le capitaine Henry avait défendu son vaisseau en homme d'honneur, et n'avait amené son pavillon qu'après son échouage. »

Tous les capitaines des vaisseaux français se plaignirent de la conduite des équipages; le commandement des officiers avait été méconnu plusieurs fois. Aucun rapport ne laisse entrevoir les motifs de cette insoumission.

---

(1) The imputation cast by sir John Duckworth on captain Henry of *Diomède* for having run his ship on shore after he had surrendered, appeared to have been founded in error, and was honourably and satisfactorily explained by the vice-admiral in a subsequent letter dated Port Royal, february 16. It appeared that, when captain Henry presented his sword to captain Keats, the latter officer, on the account of the reports of sir Edward Berry and captain Dunn, indignantly refused it. This excited the keenest sensation in the breast of captain Henry who demanded an explanation from the commander in chief. Upon referring to his officers and ship's company, and from other concurring testimony, it was proved that the ensign was shot away, and that the pendant was flying until the main-mast fell, and consequently, that captain Henry had defended his ship as became a man of honour, and did not surrender until she was on shore. — Br enton, *The naval history of Great Britain.*

Le vice-amiral Duckworth fit route pour la Jamaïque avec ses prises, et le contre-amiral Cochrane retourna à sa station.

Le *Jupiter* prit le nom de MAIDA dans la marine anglaise.

————

Le gouvernement voulant utiliser les bâtiments qui étaient réunis sur la rade de Cadix depuis la bataille de Trafalgar, ordre fut donné au capitaine Lamare Lameillerie de se rendre à Cayenne avec les frégates l'*Hortense*, l'*Hermione*, la *Thémis*, le *Rhin* et les brigs le *Furet*, l'*Argus* et l'*Observateur*. Cette petite division mit à la voile le 26 février, à l'exception des deux derniers brigs dont la mauvaise marche pouvait compromettre les autres bâtiments, et qui restèrent au mouillage, avec injonction de profiter de la première circonstance favorable pour sortir et rallier à Cayenne. Quoique la marche du *Furet* fût assez bonne, la brise dont profitait le commandant de la division était trop fraîche pour qu'il pût suivre des frégates qui ne l'attendaient pas, et ce brig fut perdu de vue pendant la nuit. La frégate anglaise de 44° HYDRA, capitaine George Mundy, qui avait eu connaissance de la sortie des bâtiments français et les avait suivis, atteignit le *Furet* et commença à lui envoyer des boulets vers 2ʰ 45ᵐ du matin. Le capitaine Demay riposta, moins dans l'espoir d'arrêter ce formidable adversaire, que pour attirer l'attention du commandant de la division; il n'y réussit pas. Il essaya alors de faire perdre ses traces; en ayant reconnu l'impossibilité, il présenta le travers à la frégate anglaise, lui tira sa bordée de huit coups de canon et fit amener le pavillon.

————

Les capitaines Taillard et Croizé des brigs de 16° l'*Argus* et l'*Observateur* n'attendirent pas longtemps la circonstance favorable dont le commandant Lamare Lameillerie leur avait recommandé de profiter pour sortir de Cadix et faire route pour Cayenne (1). Cette circonstance se présenta le lendemain même du départ des frégates, c'est-à-dire le 27 février, car les bâtiments ennemis qui se tenaient en observation devant le port avaient suivi la division française. Le 3 mars, ils furent chassés par une corvette anglaise. L'*Argus*, dont la marche était moins mauvaise que celle de l'*Observateur*, eut bientôt laissé son compagnon de l'arrière. A 7ʰ 30ᵐ du soir, celui-ci combattait le bâtiment ennemi et, après quelques bordées, il perdait son beaupré qui était cassé dans un abordage avec son adversaire. Loin de profiter de cet événement, la corvette s'éloigna, laissant au capitaine Croizé, comme trophée de cet engagement, un pavillon anglais probablement tombé à bord de l'*Observateur* par suite de la rupture de sa drisse. Le lendemain, le brig français fut chassé par la même corvette; l'*Argus* n'était plus en vue. Une canonnade à grande distance fut échangée entre les deux bâtiments, le matin, puis encore le soir. Ces deux engagements n'eurent aucun résultat, et n'empêchèrent pas l'*Observateur* de continuer sa route. Le capitaine Croizé ne put savoir le nom de la corvette qu'il avait combattue, mais il lui compta 26 canons.

Le 7, à neuf milles de Ténériffe, l'*Observateur* fut attaqué par un lougre anglais de 14 canons. La canonnade du brig français prouva à cet audacieux adversaire qu'il avait tenté une entreprise au-dessus de ses forces, et il se retira après trois quarts d'heure. Le capitaine Croizé jeta l'ancre à Sainte-Croix, et y remplaça le beaupré qu'il avait perdu.

————

On a vu que le contre-amiral Linois était parti du Cap de Bonne-Espérance, le 10 décembre 1805, avec le vaisseau de 78ᵉ le *Marengo*, alors commandé par le capitaine Vrignaud, et la frégate de 44ᵉ la *Belle-Poule*. Cet officier

————

(1) Page 454.

général se dirigea vers le Nord et s'établit en croisière devant le pays d'Angola, sur la côte occidentale d'Afrique, dans l'espoir de s'y approvisionner aux dépens des négriers, et de se procurer les vivres qu'il n'avait pu trouver au Cap. Il espérait ainsi ne pas être obligé de retourner à l'île de France, où il ne pouvait qu'être à charge à la colonie. Le 17 décembre, il mouilla à l'île du Prince et, changeant de point de croisière, il se porta sur Sainte-Hélène. Vingt-cinq jours venaient de s'écouler sans que le *Marengo* et la *Belle-Poule* eussent capturé un seul navire; il devenait indispensable de prendre une détermination, car le vaisseau et la frégate n'avaient plus que pour cinquante jours de vivres; le 15 février, le contre-amiral Linois fit route pour l'Europe. Le 13 mars, le vaisseau gouvernant sous toutes voiles avec une brise fraîche du O.-S.-O., de manière à laisser dans l'Est l'île Palma, dont on s'estimait à 240 lieues, plusieurs voiles furent aperçues dans l'Est; il était 3^h du matin, et la lune qui se levait éclairait faiblement l'horizon. Le vaisseau et la frégate vinrent de deux quarts plus sur bâbord et bientôt après, de deux autres quarts, pour passer au vent de l'un de ces bâtiments qu'à ses dimensions on estimait être un vaisseau. Des signaux inconnus aux deux Français furent faits par cette division. La *Belle-Poule* reçut l'ordre de se placer en avant et de faire route quatre quarts largue; cette allure était préférable à celle du plus près pour des bâtiments aussi peu chargés que l'étaient le vaisseau et la frégate. A 5^h, un des bâtiments signalés n'était plus qu'à un tiers de portée de canon. Le *Marengo* cargua ses basses voiles et l'attendit sous les huniers et les perroquets; peu de temps après il rétablit sa misaine. Bientôt, on put distinguer le pavillon de la Grande-Bretagne monter à la corne du trois-ponts London de 108°, capitaine sir Harry Burrard Neale. Ce vaisseau et les autres bâtiments aperçus faisaient partie de la division de 7 vaisseaux, 2 frégates et une corvette du vice-amiral sir John Borlase Warren. Arrivé à la hauteur de la

hanche de tribord du *Marengo*, le LONDON le héla. Le
contre-amiral Linois qui avait aussi arboré son pavillon,
fit répondre à cette interpellation par une bordée : elle fut
le signal du combat. Une légère arrivée du *Marengo* mit
promptement les deux vaisseaux par le travers l'un de
l'autre ; la division anglaise se distinguait alors parfaitement. Le *Marengo* et le LONDON combattirent d'abord de si
près, que le contre-amiral Linois ordonna au capitaine
Vrignaud de tenter l'abordage. La barre fut mise toute à
bâbord ; mais le LONDON aperçut ce mouvement assez tôt
pour arriver lui-même en grand, et éviter d'être abordé ; le
combat continua vergues à vergues. A 6ʰ, au moment où le
Marengo amurait sa grande voile pour quitter cette position qui donnait trop d'avantages à son adversaire, le
contre-amiral Linois reçut à la jambe droite une blessure
grave qui le mit dans la nécessité de quitter le pont.
Une demi-heure plus tard, le capitaine Vrignaud eut le
bras droit emporté par un boulet et reçut, en même
temps, plusieurs blessures à la figure ; il fut transporté au
poste des chirurgiens. Le capitaine de frégate provisoire
Chassériau (François) prit le commandement, et il parvint
à s'éloigner du trois-ponts ; tous deux cessèrent alors leur
feu pour réparer le désastre de leur mâture. Les autres
bâtiments de la division ennemie n'étaient plus qu'à petite
distance ; la frégate de 48ᶜ AMAZON, capitaine William
Parker, avait même dépassé le LONDON, et se dirigeait sur
la *Belle-Poule*, en gouvernant sous le vent du *Marengo*
avec lequel elle échangea une volée, mais sans s'arrêter.
Le vaisseau anglais fut bientôt en état de recommencer le
combat, et il reprit sa position par la hanche de tribord du
Marengo qui, à 9ʰ 30ᵐ, avait en outre le RAMILLIES de 82ᶜ
par la hanche de bâbord, le REPULSE de même force, droit
derrière et le FOUDROYANT de 80ᶜ, sur lequel le vice-amiral
Warren avait son pavillon, aussi de l'arrière, à un tiers
de portée de canon. La mâture du *Marengo* était criblée ;
plusieurs de ses canons étaient démontés ; il avait un

grand nombre d'hommes hors de combat. A 9ʰ 40ᵐ, son pavillon fut amené.

La *Belle-Poule* n'était pas restée spectatrice de la lutte des deux vaisseaux; elle avait canonné le Lᴏɴᴅᴏɴ de l'avant, poste qui l'avait mise à l'abri des coups de ce trop vigoureux adversaire. A 7ʰ 15ᵐ, sa manœuvre avait été rendue indépendante : elle ne s'éloigna que lorsque les deux vaisseaux cessèrent momentanément de combattre. A 8ʰ 30ᵐ, l'Aᴍᴀᴢᴏɴ fut en position d'engager le combat avec la frégate française, par le travers et sous le vent de laquelle elle se plaça. Le capitaine Bruillac, laissant alors arriver, passa derrière elle et lui envoya une volée en poupe. Mais tandis qu'il revenait au vent, le capitaine anglais arriva à son tour et lui tira une bordée d'écharpe par l'avant. Ces deux bordées furent destructives; l'Aᴍᴀᴢᴏɴ eut sa grande vergue coupée et son mât de perroquet de fougue abattu; la *Belle-Poule* perdit son guy, sa corne et son mât de perroquet de fougue. L'explosion d'un des canons des gaillards de la frégate française, en brisant la roue du gouvernail, vint encore augmenter le désordre occasionné sur cette partie du pont par la chute de la mâture. Un nouvel adversaire arrivait cependant en aide à la frégate que la *Belle-Poule* combattait; c'était le vaisseau Rᴀᴍɪʟʟɪᴇs qui, après avoir contribué à faire amener le *Marengo*, venait encore rendre ici la lutte impossible. A 10ʰ 30ᵐ, le pavillon de la *Belle-Poule* fut amené.

Le Lᴏɴᴅᴏɴ resta trois jours à réparer ses avaries, les mâts de hune calés et les basses vergues amenées. La division anglaise se rendit alors aux îles du cap Vert qu'elle quitta après avoir renouvelé son eau. Le *Marengo* démâta de tous ses mâts pendant la traversée; il fut pris à la remorque, et entra dans un port anglais le 14 mai. A part quelques jours passés sur la rade de la Praya, il y avait plus de six mois que ce vaisseau tenait la mer. La ration, réduite chaque jour, n'était plus que de 0ᵏ.306 de pain au moment de l'arrivée.

Le 23 mars, le brig de 14ᶜ le *Lutin*, capitaine Croquet Deshauteurs, se rendant à la Martinique dont il n'était pas à plus d'une soixantaine de milles, fut chassé par la frégate anglaise CARYSFORT. La marche des deux bâtiments paraissait être la même, et le *Lutin* eût probablement réussi à échapper à l'ennemi, si la rupture de sa vergue de grand hunier ne fût venue ralentir sa course. Un brig anglais aperçu de l'avant, l'obligea aussi à changer d'amures. Vers 7ʰ du soir, il était canonné par ces deux bâtiments; mais lorsqu'une nouvelle vergue de hune eût été mise en place, le *Lutin* réussit à s'éloigner; le brig ennemi fut laissé fort loin de l'arrière, et la frégate ne tarda pas à être réduite à l'emploi de ses seuls canons de chasse. La nuit fut trop belle pour que le capitaine Deshauteurs pût recourir aux fausses routes pour faire perdre sa piste. Il était cependant parvenu à se mettre hors de la portée des boulets de la frégate, et il eût fini par la fatiguer de le poursuivre, lorsque des signaux faits par elle, à 6ʰ du matin, le firent chasser par le vaisseau de 72ᶜ AGAMEMNON, capitaine Jonas Rose, qui l'atteignit. Le *Lutin* riposta par une volée entière aux quelques coups de canon qui lui furent tirés, et son pavillon fut amené.

Six embarcations, expédiées par la frégate anglaise de 40ᶜ PALLAS, capitaine lord Cochrane, entrèrent pendant la nuit du 4 avril dans la Gironde et, à 3ʰ du matin, abordèrent le brig de 14ᶜ la *Tapageuse*, capitaine Barrère, qui était à l'ancre sur la rade de Verdon. Surpris par cette attaque, l'équipage français ne put, pour ainsi dire, opposer aucune résistance : ce brig fut enlevé. Le capitaine Lemaresquier, du brig de 12ᶜ le *Teazer*, mouillé plus haut, n'eut connaissance de ce coup de main qu'en voyant son compagnon mettre sous voiles. Il appareilla de suite et le canonna, mais ne put l'empêcher de sortir, car deux frégates anglaises se tenaient à l'entrée du fleuve, et le jusant qui commençait ne lui eût pas permis de remonter. La batterie de Graves ne tira pas un coup de canon. Les Anglais ne perdirent pas un seul homme dans cette audacieuse expédition : trois seulement furent blessés.

Le lieutenant de vaisseau Barrère était en service à Royan pendant que le brig qu'il commandait était enlevé. Dès qu'il apprit cet événement, il revint à Verdon ; mais lorsqu'il y arriva, la *Tapageuse* était déjà sous voiles et il ne put que se rendre à bord du *Teazer* pour joindre ses vœux aux efforts du capitaine de ce brig.

Dans la matinée du 5 avril, la gabare de 20ᶜ la *Garonne*, capitaine Lacheurié et le brig de 16ᶜ la *Malicieuse*, capitaine Boissey, furent chassés par la frégate anglaise Pallas, à quelques lieues de l'embouchure de la Gironde. Certains d'être atteints avant de pouvoir entrer dans le fleuve, les deux capitaines jetèrent leurs navires à la côte où ils furent démolis par la mer.

Le capitaine de frégate Chaunay Duclos, commandant la corvette de 22ᶜ la *Bergère* et la flottille d'Italie, reçut l'ordre d'appareiller de Civita-Vecchia pour aller attaquer la frégate napolitaine Minerva qui était à l'ancre devant Gaëte. Il devait être secondé par les brigs l'*Abeille* de 18, capitaine Eydoux, le *Janus* et la *Ligurienne* de 12, capitaines Taillade et Tombarel, l'aviso la *Victoire*, le côtre la *Gauloise*, la felouque la *Jalouse*, les tartanes la *Provençale* et la *Gentille* ; ces cinq derniers bâtiments portaient chacun un canon. Le 17 avril, la flottille faisant route au Sud avec une jolie brise de O.-N.-O., aperçut un bâtiment dans le N.-O. : c'était la frégate anglaise de 44ᶜ Sirius, capitaine William Prowse ; elle fut bientôt en position de combattre. A 6ʰ 30ᵐ du matin, signal fut fait aux bâtiments français de serrer le vent bâbord amures ;

cette manœuvre leur permit d'échanger une bordée avec la frégate anglaise; la mer était cependant trop grosse pour que les avisos pussent faire jouer leur canon. Dès que le capitaine Eydoux se trouva dans les eaux de la SIRIUS, il fit virer l'*Abeille* et prit poste par la hanche du vent; son feu incommoda assez cette frégate pour décider son capitaine à ne s'occuper que de ce brig; cependant après lui avoir envoyé plusieurs bordées, il s'adressa à la *Bergère*. La corvette ne put soutenir la lutte pendant longtemps; mise hors d'état de manœuvrer, elle amena son pavillon à 8ʰ 30ᵐ. L'embouchure du Tibre restait à 12 milles dans le N.-E. La gravité des avaries de la frégate anglaise ne lui permit pas de poursuivre la flottille française. La *Jalouse*, la *Provençale*, la *Gentille*, la *Victoire* et l'*Abeille* rentrèrent le lendemain à Civita-Vecchia; le *Janus*, la *Ligurienne* et la *Gauloise* mouillèrent au cap d'Ance.

La conduite des capitaines de la petite division française fut examinée par un conseil de guerre. Il fut constaté que le lieutenant de vaisseau Eydoux avait employé tous les moyens en son pouvoir pour attaquer l'ennemi; que l'enseigne de vaisseau auxiliaire Taillade avait usé, pour combattre, de tous les moyens que les mauvaises qualités de son bâtiment lui permettaient d'employer; que l'enseigne de vaisseau Tombarel n'avait pas tiré tout l'avantage possible de sa position. Les deux premiers furent acquittés honorablement; le dernier fut condamné à être déchu de tout commandement pendant trois ans.

Le capitaine Bourayne, qui avait été envoyé dans l'Inde au commencement de l'année avec la frégate de 40ᶜ la *Canonnière*, n'ayant pas trouvé le contre-amiral Linois à l'île de France, s'était mis à la recherche de cet officier général. Le 20 avril, en vue de la pointe de Natal, sur la côte orientale d'Afrique, un convoi de 11 vaisseaux de la Compagnie, sous l'escorte du vaisseau anglais de 82ᶜ

TREMENDOUS, capitaine John Osborn, et de l'HINDOUSTAN
de 60, fut aperçu dans le N.-E. Le premier se détacha et
se dirigea sur la frégate qui fit vent arrière; la brise était
fraîche de l'Est. Après sept heures de poursuite, le combat
étant devenu inévitable, la *Canonnière* lança subitement sur
bâbord; le vaisseau anglais ayant fait la même manœuvre,
les deux adversaires se trouvèrent par le travers l'un de
l'autre, et ils commencèrent le feu à petite distance.
Mais le capitaine Bourayne avait pris ses dispositions
avant de faire ce mouvement, tandis que, pressé de l'imiter, le capitaine du TREMENDOUS avait loffé sans diminuer de voiles, sans même rentrer ses bonnettes. Le vaisseau anglais donna naturellement une forte bande qui
rendit le tir de ses canons difficile; il fallut carguer et
ramasser plusieurs voiles. Tout cela occasionna à bord
une certaine confusion qui permit à la *Canonnière* de
mitrailler son adversaire avec un avantage marqué. A
5ʰ 15ᵐ, la vergue du petit hunier du TREMENDOUS était
coupée, et son grément haché pendait de toutes parts;
son mât de misaine menaçait de s'abattre. Le capitaine
Osborn vit son vaisseau compromis, et renonçant à l'avantage qu'un combat bord à bord devait lui procurer, il laissa
arriver pour passer derrière la *Canonnière* : le capitaine
Bourayne prévit son intention et la paralysa en serrant le
vent. Cette oloffée avait en outre l'avantage de placer sa
frégate en travers sur l'avant du vaisseau, pendant qu'il
faisait son évolution. Aussi, le capitaine anglais se garda-
t-il de l'achever, et serra-t-il le vent du même bord que la
frégate qui se trouva ainsi de l'avant à lui. La distance
qui séparait les deux bâtiments augmenta incessamment et,
à 5ʰ 35ᵐ, ils cessèrent de se canonner. Les avaries de la
frégate avaient peu d'importance; le capitaine Bourayne
était blessé. Un des vaisseaux de la Compagnie parut avoir
un moment le dessein de remplacer le TREMENDOUS; il manœuvra, en effet, pour se rapprocher de la *Canonnière*.
Telle n'était pas son intention; il mit en travers à grande

distance, déchargea sa batterie et s'éloigna. Le lendemain, il n'y avait plus un seul bâtiment anglais en vue.

Le capitaine Bourayne ignorait la prise de la colonie hollandaise du Cap de Bonne-Espérance par les Anglais; ce fut donc sans défiance que, le 29 de ce mois, il mouilla sur la rade de False Bay. Le pavillon hollandais flottait sur les batteries et sur les édifices publics. Le capitaine de la *Canonnière*, retenu dans sa chambre par sa blessure, expédia un canot à terre avec l'enseigne de vaisseau Larouvraye; cette embarcation ne revint pas. Dès qu'elle eut accosté la terre, le pavillon anglais remplaça partout celui de la Hollande, et les batteries firent feu sur la frégate française; celle-ci eut la chance de pouvoir sortir de la baie sans avoir été atteinte par les projectiles anglais. Le capitaine Bourayne se rendit à la Réunion, d'où il fit route pour les Philippines : il mouilla à Manille le 30 septembre.

Le 3 mai, un brig anglais de 14 canons et un cutter qui en portait 10, furent pris de calme à environ cinq milles de la pointe du Roc. L'enseigne de vaisseau Fougeray (Thomas), qui commandait la flottille à Granville, sortit à 5ʰ du soir avec 3 canonnières, un dogre, 2 péniches, et se dirigea sur ces bâtiments. Une heure après, cette petite division était en position d'envoyer des boulets aux Anglais qui, profitant d'une légère fraîcheur de N.-E., s'éloignaient vent arrière sous toutes voiles. Mais les canonnières les gagnèrent de vîtesse, et une vive canonnade s'engagea entre elles et les bâtiments ennemis. Tout présageait le succès de l'entreprise lorsque, à 7ʰ, la brise en fraîchissant, permit à ceux-ci de se soustraire au sort qu'ils n'eussent pu éviter. La flottille rentra à Granville.

Le 25 avril, le vice-amiral Thornborough qui commandait la division anglaise devant Rochefort, détacha le capitaine lord Cochrane, de la frégate PALLAS, pour observer la rade de l'île d'Aix, avec la frégate IRIS et la corvette HASARD. Dès que l'intention de l'ennemi fut connue, le capitaine Collet, de la frégate de 46° la *Minerve*, appareilla avec 3 brigs, et se dirigea sur les bâtiments anglais. Ceux-ci prirent le large après avoir échangé quelques bordées à grande distance.

Le 12 mai, la PALLAS, accompagnée cette fois de la frégate INDEFATIGABLE et de la corvette KING'S FISHER, entra de nouveau dans la baie. Le contre-amiral Allemand qui commandait la division française, fit appareiller 2 frégates et 3 brigs. Lord Cochrane se retira encore, après un échange de quelques boulets avec les frégates françaises et les batteries de l'île d'Aix.

Le 14 au matin, la PALLAS se montra une troisième fois à l'ouvert de la baie ; la brise était fraîche du S.-O. Le capitaine Collet reçut l'ordre de lui donner la chasse avec la frégate la *Minerve*, les brigs le *Lynx*, le *Sylphe* et le *Palinure*, tandis que les frégates l'*Armide* et l'*Infatigable* se tenaient prêtes à mettre sous voiles. A 11ʰ, la PALLAS ouvrit son feu sur la *Minerve* qui riposta de suite et, à partir de ce moment, la canonnade ne fut interrompue que par les virements de bord des deux frégates. A 1ʰ, la *Minerve* qui était parvenue à gagner le vent, aborda la PALLAS par le travers. Mais le sillage des deux frégates était trop grand pour qu'elles pussent rester accrochées, et la *Gloire*, l'*Armide* et l'*Infatigable* ayant reçu l'ordre d'appareiller, la PALLAS s'éloigna, remorquée par le KING'S FISHER. La frégate anglaise avait perdu son petit mât de hune, son mât de perroquet de fougue et sa vergue de misaine. Malheureusement dans l'abordage, les amarres de l'ancre de tribord de la *Minerve* avaient été coupées, et cette ancre, en tombant au fond, arrêta la frégate et la fit venir le bout au vent. La difficulté qu'on éprouva à couper un câble qui filait avec vîtesse, occasionna un retard qui ne permit pas au capitaine Collet d'engager un nouveau combat : lorsqu'on fut parvenu à le couper, la PALLAS était trop éloignée pour que la frégate française pût espérer la rejoindre. La *Minerve* avait d'ailleurs perdu sa vergue de misaine et celle du perroquet de fougue, ainsi que son bout-dehors de foc. Elle retourna au mouillage.

———

Le capitaine Thevenard (Vincent), du brig de 16ᵉ le *Diligent*, que nous avons vu relâcher le jour même de sa sortie avec la division du capitaine de vaisseau L'hermitte (1), reprit la mer quelques jours après pour la rejoindre. Il la chercha vainement à Cayenne et aux Antilles et, après une relâche à la Guadeloupe pour faire quelques réparations indispensables, il alla s'établir en croisière au vent des îles. Le 25 mai dans l'après-midi, il aperçut deux navires dans le N.-O. du canal de Porto Rico, et prit le plus près bâbord amures, de manière à élonger la côte occidentale de cette île. Les navires étrangers imitèrent cette manœuvre. Le 27, on n'en voyait plus qu'un, et il se rapprocha assez, pour faire supposer que c'était la frégate anglaise MAGICIENNE dont le capitaine Thevenard connaissait la présence dans ces parages. L'équipage était harassé de fatigue car, outre la nécessité dans laquelle le *Diligent* s'était trouvé de manœuvrer sans cesse pour profiter des variations de brise qu'il avait éprouvées sous la terre, il avait les avirons sur les bras depuis trente heures. Le bâtiment étranger, placé plus au large, et moins exposé à ces changements dans la force et dans la direction du vent, se rapprocha assez pour nécessiter les apprêts du combat pendant la nuit. Cette chasse de soixante heures avait aussi agi sur le moral de l'équipage du brig français, on peut du moins le supposer, car le commandement du capitaine Thevenard resta sans exécution lorsque, dans l'intention d'envoyer une bordée d'écharpe à son adversaire, qui était alors un peu sous le vent, il ordonna une manœuvre pour

———

(1) Page 434.

III

30

arriver en grand. Ses instances furent impuissantes, ainsi que celles des officiers de l'état-major : il ne put obtenir que les hommes se portassent à leurs postes. Aussi, lorsqu'à 2ʰ, la prétendue MAGICIENNE qui était tout simplement la corvette de 18ᵉ RENARD, capitaine Jeremiah Coglam, héla de se rendre, le pavillon du *Diligent* fut amené, sans qu'une seule amorce eût été tirée d'une part ni de l'autre.

Le capitaine Thevenard avait réuni les officiers du *Diligent* en conseil dans la journée du 27, et avait émis l'opinion qu'il fallait se porter à la rencontre du bâtiment inconnu. La majorité avait été d'opinion contraire; elle avait déclaré qu'il semblait préférable de continuer à serrer le vent, et de laisser les événements suivre leur cours.

Le lieutenant de vaisseau Thevenard, jugé pour le fait de la prise du brig qu'il commandait, fut acquitté à l'unanimité. Toutefois, le conseil de guerre trouva qu'il n'avait pas déployé toute l'énergie nécessaire pour empêcher le découragement et l'entier abandon de son équipage; et il le censura pour l'erreur trop prolongée qui lui avait fait prendre une corvette pour une frégate.

Après avoir croisé pendant quinze jours sur les côtes du Sleswig et du Holstein, les capitaines Saulces de Freycinet (Louis) et Saint-Cricq, des brigs de 16ᵉ le *Phaëton* et le *Voltigeur*, firent route pour Saint-Domingue. Le 24 mars, dans le S.-E. de l'île de Porto Rico, ils chassèrent le brig anglais de 18ᵉ REINDEER, capitaine John Fyffe, avec lequel le *Voltigeur* put échanger quelques bordées. La nuit mit fin à cette escarmouche.

Deux mois plus tard, le 26 mai, les deux brigs se rendant à Curaçao, furent chassés par la frégate anglaise de 44ᵉ PIQUE, capitaine Hogson Ross, qui commença à les canonner à 2ʰ de l'après-midi. Vingt minutes plus tard, la PIQUE abordait le *Phaëton* par bâbord, et lançant un détachement à son bord, elle se mit à la poursuite du *Voltigeur*.

La petite troupe destinée à enlever le *Phaëton* fut reçue
par un feu de mousqueterie si bien nourri, que les deux
tiers des assaillants furent bientôt hors de combat. Le capitaine Ross qui apprécia la gravité de la situation, expédia
un renfort au moyen duquel l'ennemi réussit à se rendre
maître du *Phaëton*. Le capitaine Freycinet avait une jambe
cassée et un bras emporté.

La frégate parvint à atteindre le *Voltigeur ;* le capitaine
Saint-Cricq amena son pavillon sans opposer la moindre
résistance (1).

Le *Phaëton* et le *Voltigeur* prirent les noms de MIGNONNE
et de MUSETTE dans la marine anglaise.

Une nouvelle frégate, la *Piémontaise* de 46 canons, capitaine Épron (Jacques), avait été envoyée renforcer la division de l'Inde. Arrivée à l'île de France après le départ
du contre-amiral Linois, elle fut établie en croisière dans le
Nord de l'île. Le 21 juin au jour, le capitaine Épron chassa
un bâtiment qui parut dans l'E.-N.-E. ; la brise était très-
fraîche de l'E.-S.-E. Vers midi, la *Piémontaise* attaquait
par tribord le vaisseau anglais de la Compagnie des Indes
WARREN HASTINGS de 44 canons, capitaine Thomas Larkins, et après une lutte opiniâtre, elle l'obligeait à amener son pavillon. Pendant que le capitaine Épron faisait
mettre les canots à la mer pour amariner sa prise, le
vaisseau laissa arriver tout plat et, malgré la célérité
qu'on mit à bord de la frégate française à imiter cette
manœuvre, il aborda la *Piémontaise* dans les haubans de
misaine. Voyant dans cette manœuvre du capitaine Larkins
un acte de déloyauté ayant pour but, soit de profiter de
l'opération que faisait la frégate pour se soustraire par la
fuite aux conséquences naturelles du combat, soit d'occa-

----

(1) Je n'ai pu me procurer les rapports des capitaines du *Phaëton* et du *Voltigeur*. Je donne ce combat d'après M. W. James.

sionner par un abordage des dégâts que les canons anglais
n'avaient pu faire, l'équipage français sauta de suite à
bord du WARREN HASTINGS, et se rendit maître de ce vaisseau sans éprouver beaucoup de résistance. Démâté de son
beaupré et de son mât de misaine à la suite de cet abordage, et réduit à son seul grand mât, car il avait perdu son
mât d'artimon pendant le combat, le vaisseau de la Compagnie fut pris à la remorque par la frégate et conduit à
l'île de France. Le WARREN HASTINGS venait de Chine et
avait un chargement de grande valeur. La seule avarie de la
Piémontaise consistait dans la perte du grand mât de hune.

> La *Piémontaise*   avait 28   canons   de 18,
>   4   —   de 8
>   et   14 caronades de 36.
> Le WARREN HASTINGS — 26   canons   de 18,
>   4   —   de 12
>   et 14 caronades de 18.

D'après M. W. James (1), 4 canons et 4 caronades de
18 auraient été mis à fond de cale par suite de nécessités
commerciales. Puis, après avoir ainsi dit que l'artillerie de
ce vaisseau de la Compagnie, réduite à 36 canons, était plus
faible que celle de la *Piémontaise*, l'historien de la marine
de la Grande-Bretagne s'attache à démontrer qu'il n'y a
aucun parallèle à établir entre un navire de commerce,
qui n'est qu'accidentellement bâtiment de guerre, et une
frégate : je suis entièrement de cet avis. Il est à regretter
que les historiens anglais, et M. James en particulier,
ne professent pas toujours cette doctrine et que, disposés
à diminuer l'importance de la lutte, alors qu'il s'agit d'un
bâtiment de la Compagnie des Indes anglaises, ces messieurs croient devoir se placer à un point de vue différent,
lorsqu'il est question d'un navire mixte portant le pavillon
de la France.

---

(1) *The naval history of Great Britain.*

Ce combat souleva de violentes récriminations en Angleterre ; la conduite des Français y fut jugée avec la plus grande sévérité. On a écrit que ce fut la *Piémontaise* qui aborda le WARREN HASTINGS, et que le détachement qui sauta à bord du vaisseau de la Compagnie y commit toutes sortes d'atrocités. Je n'essayerai pas de réfuter des assertions qui sont trop acerbes pour n'être pas exagérées ; je dirai seulement que la version anglaise n'est pas d'accord, en ce qui concerne l'abordage, avec le rapport du capitaine français ; et la *Piémontaise* se trouvant sous le vent, il y a de grandes probabilités pour que celui-ci soit véritable. On est d'autant plus fondé à admettre l'exactitude de ce rapport, que l'abordage eut lieu pendant que la *Piémontaise*, alors en panne, mettait ses embarcations à la mer. Cette mise en scène, indispensable pour rendre la version anglaise plausible, ainsi modifiée, et l'abordage du WARREN HASTINGS par la *Piémontaise* étant remplacé par l'abordage de la frégate par le vaisseau de la Compagnie, dans les circonstances qui ont été indiquées, la férocité, des assaillants disparaît pour faire place à un désir assez naturel de punir ce que les vainqueurs considèrent comme un manque de loyauté et un abus de confiance. J'admets même que, dans de pareilles conditions, quelques hommes ne se soient pas strictement conformés aux lois de l'humanité ; mais la confirmation de cette hypothèse, toute gratuite de ma part, ne serait pas une raison suffisante pour traiter l'équipage et surtout un des officiers de la *Piémontaise*, ainsi que l'a fait l'historien anglais. Quand on rapporte des faits aussi graves que ceux qui sont formulés dans l'ouvrage de cet auteur, il vaut mieux se tenir dans une sage et prudente réserve, que d'attribuer, sans contrôle, sans enquête, à une petite vengeance, des actes qui ne se reproduisent malheureusement que trop souvent à la guerre.

Encouragé par la réussite de l'expédition du capitaine Cochrane dans la Gironde, le commandant de la croisière anglaise devant Rochefort, commodore sir Samuel Hood, résolut d'en tenter une semblable contre les brigs le *Teaser* de 14 canons, capitaine Lemaresquier, et le *César* de 16, capitaine Fourré, qui étaient au mouillage de Verdon dans ce fleuve. Le 14 juillet à l'entrée de la nuit, 12 embarcations, appartenant à tous les bâtiments de la croisière, débordèrent de la frégate INDEFATIGABLE, et entrèrent dans la Gironde. Il était 1ʰ 30ᵐ du matin, lorsque les deux brigs se virent tout à coup entourés par les embarcations anglaises; le *César*, mouillé plus au large, fut attaqué le premier : les Anglais étaient à bord avant qu'il eût tiré un seul coup de fusil. La résistance se ressentit de cette surprise : le brig fut enlevé.

Le feu de la mousqueterie du *Teaser* ayant éloigné quelques canots qui, par mégarde probablement, s'étaient approchés de ce brig, le capitaine Lemaresquier pensa que son voisin et ami avait eu le même bonheur; et n'entendant plus de détonations ni de cliquetis d'armes, il ne lui vint pas à l'idée que les Anglais s'en étaient peut-être rendus maîtres. Sa surprise fut grande quand les premières lueurs du jour lui permirent d'apercevoir le *César* descendant le fleuve sous toutes voiles; il coupa de suite les câbles, et se mit à sa poursuite en le canonnant; les batteries de terre tirèrent aussi, mais la distance était trop grande pour que leurs coups pussent avoir quelque efficacité. A 6ʰ, le *César* était hors d'atteinte et le *Teazer* retournait au mouillage. Le capitaine du *César* avait perdu la vie et le capitaine Lemaresquier avait reçu une blessure. Cette expédition coûta aux Anglais plus cher que celle qu'ils avaient faite précédemment. Si le chiffre de 12 embarcations avoué par eux est exact, il ne s'en sauva pas une seule : toutes furent trouvées à la côte, et 21 hommes furent faits prisonniers.

Les quatre frégates que nous avons vues sortir de Cadix, à la fin du mois de février (1), sous le commandement du capitaine de vaisseau Lamare Lameillerie, avaient déposé des troupes et des munitions au Sénégal, et s'étaient ensuite dirigées sur Cayenne. Après une croisière au vent des Antilles et à la hauteur des Bermudes, elles étaient allées aux Açores d'où elles firent route pour France, sans que d'ailleurs leur longue croisière eût eu une grande efficacité. Le 27 juillet au soir, à l'atterrage sur l'île d'Aix avec une jolie brise de O.-S.-O., ces frégates furent chassées par la division de 6 vaisseaux du commodore anglais Goodwin Keats. La mauvaise marche du *Rhin*, qui obligeait les autres à diminuer leur sillage, permit au vaisseau de 82ᶜ Mars, capitaine Dudley Oliver, de les approcher. A 6ʰ du matin, le capitaine Lamare Lameillerie laissa le capitaine du *Rhin* libre de sa manœuvre pour la sûreté de son bâtiment et signala de tenir le vent, les amures à tribord. Le capitaine Chesneau imita ce mouvement et, dans l'espoir d'obtenir une amélioration de marche, il jeta à la mer les ancres et la batterie des gaillards, c'est-à-dire, 18 canons ou caronades, car, on doit se le rappeler, le *Rhin* était une frégate de 46 canons. Mais, quoi qu'il fît, ses compagnes s'éloignaient, tandis que la distance qui le séparait de l'ennemi diminuait d'une manière sensible. Le capitaine Chesneau n'obtenant aucun avantage sous cette nouvelle allure, fit amener le pavillon aux premiers coups de canon qui lui furent tirés par le Mars.

Le conseil de guerre devant lequel le capitaine Chesneau fut traduit, déclara la conduite de cet officier supérieur irréprochable, et le déchargea d'accusation.

La division du commandant L'hermitte (Jean) que nous avons laissée en croisière au vent des Antilles reçut, le

---

(1) Page 454.

18 août, dans le Nord de Saint-Domingue, un coup de vent qui sépara le *Régulus* des deux frégates qui l'accompagnaient (1). Le scorbut régnait alors à bord de ce vaisseau avec une intensité telle que, dans les premiers jours du mois de septembre, le commandant L'hermitte se décida à retourner en France. Le *Régulus* fut chassé, à l'atterrage, par 4 vaisseaux anglais qui ne purent l'empêcher d'entrer à Brest, où il mouilla le 2 octobre. La croisière de cette division avait coûté 50 navires à l'Angleterre. La frégate la *Cybèle*, démâtée de son mât d'artimon et de son grand mât de hune, était entrée dans la Chesapeak.

La frégate de 44ᵉ le *Président*, capitaine Gallier Labrosse, avait pu conserver sa mâture pendant le coup de vent du 18 août, mais elle avait eu son arrière défoncé et, à défaut d'instructions écrites, lesquelles avaient été emportées par la mer, le capitaine Labrosse fit route pour l'Europe. Le 27 septembre, à 45 milles de la côte du Morbihan, la frégate le *Président* fut chassée par la division anglaise du contre-amiral Louis ; le lendemain matin, elle était entourée par 5 vaisseaux, une frégate et une corvette. Cette dernière, qui était la DISPATCH de 18 canons, capitaine Edwards Hawkins, l'approcha de très-près et lui envoya plusieurs bordées qui lui occasionnèrent assez d'avaries pour ralentir sa marche, et permettre au vaisseau de 82ᵉ CANOPUS, sur lequel le contre-amiral Louis avait son pavillon, de joindre son feu à celui de la corvette. Le pavillon de la frégate française fut amené à 8ʰ du soir.

Le conseil de guerre déclara le capitaine Gallier Labrosse non coupable.

———

La flûte de 24ᵉ la *Salamandre*, capitaine Salomon, partie le 12 octobre de Saint-Malo pour Brest avec un chargement de bois de construction, n'était pas à huit milles du

(1) Page 454.

port, que la vigie de Cancale signalait plusieurs bâtiments
anglais au large ; bientôt, on put distinguer une corvette,
2 brigs et un cutter. C'étaient, la CONSTANCE de 26 canons,
capitaine Saunderson Burrowes, les brigs-canonnières
STRENUOUS, BRITANNIA et SHELDRAKE. Le vent soufflait du
S.-O. Le capitaine Salomon prit le parti d'entrer dans le
canal nommé la Bouche d'Erqui ; malheureusement la mer
était basse, et la flûte s'échoua un peu au-dessus de l'îlot
Saint-Michel. Vers 2ʰ, elle recevait les boulets des bâtiments
ennemis et pendant trois heures entières, elle eut à soutenir
leur feu. Le capitaine Salomon ayant été tué à cette heure,
le pavillon de la *Salamandre* fut amené. La corvette anglaise prit la flûte à la remorque dès qu'elle flotta ; mais,
presque aussi maltraitée qu'elle, la CONSTANCE ne put gouverner, et elle alla s'échouer sur Saint-Michel, tandis que
la *Salamandre* était entraînée sur les rochers dits les Rohi-
nets ; il était alors 10ʰ du soir. Les Anglais tentèrent en
vain de relever ces 2 bâtiments pendant la nuit ; ils appe-
lèrent à leur aide l'équipage de la *Salamandre* qui avait
tout d'abord été renfermé dans l'entrepont, et ils le laissèrent ensuite libre de se rendre à terre comme il l'entendrait : une drôme et une embarcation lui en donnèrent le
moyen. Les travaux des Anglais furent contrariés par le
feu d'une batterie de deux canons établie sur la côte, et par
la fusillade d'un petit détachement de soldats et de doua-
niers. La position de la corvette anglaise ne lui permettant
pas de répondre, l'officier auquel était dévolu le commandement, en remplacement du capitaine Burrowes qui avait
perdu la vie, la fit évacuer : les Français en prirent possession. La CONSTANCE put être remise à flot. Quant à la *Salamandre*, elle fut livrée aux flammes.

_____

Après une croisière qui n'avait pas duré moins de sept
mois sur la côte du Bengale, la frégate de 40ᵉ la *Sémillante*,
capitaine Motard, avait jeté l'ancre sur la rade de Saint-

Paul de la Réunion avec plusieurs prises richement chargées, pour donner à son équipage quelques jours de repos
à la suite d'une aussi longue navigation. La présence de la
frégate française à ce mouillage attira bientôt un vaisseau
anglais et deux frégates ; dans la prévision d'une attaque
prochaine, le capitaine Motard embossa sa frégate bâbord
au large. Cette précaution était sage. Le 13 novembre dans
l'après-midi, le vaisseau de 82ᶜ Sceptre, capitaine Joseph
Bingham, et la frégate de 50 Cornwallis ouvrirent successivement leur feu sur la *Sémillante ;* celle-ci leur répondit
de manière à faire promptement comprendre aux capitaines
de ces bâtiments que leur attaque n'avait aucune chance de
succès, bien que la position des navires capturés devant
la batterie de terre, ne permît pas à cette batterie de
prêter l'appui de ses canons à la frégate française; deux
bombes seulement furent lancées par elle. Les bâtiments
anglais se retirèrent après cette démonstration qui ne dura
pas plus d'une demi-heure, et le capitaine Motard en profita pour se rendre à l'île de France où il mouilla le 2 décembre avec ses prises. Pendant la nuit du 21 novembre,
il avait rencontré la frégate anglaise de 44ᶜ Dédaigneuse;
celle-ci lui avait même envoyé une volée en passant. Le
capitaine de la *Sémillante* n'avait pas cru devoir y répondre,
et il s'était retiré de cette escarmouche, et de l'attaque
du 13, sans autres avaries que quelques boulets dans la
coque de sa frégate.

Ce fut le 21 novembre de cette année 1806 que Napoléon
lança, de Berlin, le décret qui déclarait les îles Britanniques en état de blocus. La France était cependant, moins
que jamais, en état de rendre ce blocus effectif, car, sur-
veillées dans les ports par de fortes croisières, ses escadres
ne sortaient plus, et les divisions ou les bâtiments isolés
qui prenaient la mer, n'avaient guère d'autre mission
que le ravitaillement des colonies et le remplacement de

leurs garnisons. Cet acte n'était qu'une représaille à l'é-
gard de l'Angleterre qui, s'écartant de toutes les lois
admises jusqu'alors, ne cherchait qu'à élever son industrie
sur la ruine du commerce du continent.

BATIMENTS PRIS, DÉTRUITS OU NAUFRAGÉS
pendant l'année 1806.

ANGLAIS.

Canons.
82	BRAVE	Naufragé à la Jamaïque.
72	ATHÉNIEN	— sur les Skerkis.
26	FAVOURITE. / CONSTANCE*	Prises par une division.
22	HEUREUX* / MARTIN	Sombrés.
16	WOLF	Naufragé aux îles Bahama.
	SERPENT	Sombré.
	NEDLEY	Pris par une frégate.
14	SEAFORT	Sombré.
12	ADDER	Pris.
	CLINKER	Sombré.
	MANLEY	Pris.
	REDBRIDGE	Naufragé dans le canal de Bahama.
	PAPILLON*	Sombré.
10	TABAGO. / UNIQUE	Pris par un corsaire.
	ZENOBIA	Naufragé sur la côte de la Floride.
4	BERBICE	Sombré.

FRANÇAIS.

Canons.
124	Impérial	Détruit à Santo Domingo.
86	Alexandre	
78	Brave. / Jupiter	Pris au combat de Santo Domingo.
	Diomède	Détruit à Santo Domingo.
	Impétueux	Naufragé.
44	Marengo. / Belle-Poule. / Gloire. / Armide. / Minerve. / Infatigable.	Prises chacune par une division.
	Guerrière	Prise par une frégate.
	Président	— par une division.
	Rhin	— par un vaisseau.
	Volontaire	Prise par une division.
24	Salamandre, flûte	Brûlée par les Anglais.
22	Bergère	Prise par une frégate.
20	Garonne, flûte	Détruite à la côte.

	Furet.	Pris par une frégate.
	Malicieuse.	Détruit à la côte.
16	*César.*	Enlevé par des embarcations.
	Néarque.	⎫
	Phaéton.	⎬ Pris chacun par une frégate.
	Voltigeur.	⎭
	Tapageuse.	Enlevé par des embarcations.
14	*Diligent.*	Pris par une corvette.
	Lutin.	— par une frégate.

* L'astérisque indique un bâtiment pris à l'ennemi.

RÉCAPITULATION.

		Pris.	Détruits ou naufragés.	Incendiés.	TOTAL.
ANGLAIS. . .	Vaisseaux.	2	»	»	2
	Frégates.	»	»	»	»
	Bâtiments de rangs inférieurs.	7	10	»	17
FRANÇAIS. .	Vaisseaux.	4	5	»	7
	Frégates.	9	»	»	9
	Bâtiments de rangs inférieurs.	9	5	»	12

ANNÉE 1807.

—

    L'escadre de Brest, encore placée sous le commandement du contre-amiral Dordelin (Joseph), était composée des vaisseaux l'*Océan* de 124ᵉ, sur lequel cet officier général porta son pavillon ; le *Républicain*, l'*Invincible* de 114; le *Tourville*, le *Jean Bart*, le *Watigny*, le *Batave*, le *Conquérant*, l'*Ulysse*, le *Régulus*, l'*Aquilon*, l'*Alliance*, le *Cassard* et le *Foudroyant* de 82 ; des frégates la *Topaze*, l'*Indienne* et du brig le *Nisus*. Cette escadre ne bougea pas ; elle fut employée à la défense de la rade, car des bruits plus ou moins fondés d'agression contre le port de Brest, firent prendre cette année des précautions auxquelles on n'avait pas songé jusque-là. L'escadre fut embossée sur une ligne

N.-O. et S.-E., et l'on flanqua ses ailes de 18 chaloupes-
canonnières et de 9 bateaux-canonniers; une batterie flot-
tante fut en outre placée entre la pointe Espagnole et Roscanvel, et 4 navires, destinés à être employés comme
brûlots, furent tenus prêts à l'entrée du port. Il fallut
aussi s'occuper de la place. Ici, la pénurie d'hommes se fit
sentir. C'est à cette époque que commença la désorganisation de la marine. Renonçant à utiliser les vaisseaux
d'une manière active, Napoléon ne les employait déjà plus
que comme un moyen d'obliger les Anglais à maintenir de
fortes croisières sur les côtes de France. A ce point de vue,
le chiffre du personnel maritime pouvait, presque impunément, être réduit. L'affaiblissement de l'effectif porta d'a-
bord sur la quantité; mais bientôt, cela ne suffit pas, on
altéra la qualité. Le premier pas qui fut fait dans cette
voie consista dans le désarmement de 5 vaisseaux de l'escadre de Brest; leurs équipages servirent à former un ré-
giment qui tint garnison dans la ville.

L'escadre de Toulon était sous les ordres du contre-
amiral Cosmao Kerjulien. Le contre-amiral Allemand commandait toujours la division de Rochefort. 2 vaisseaux et
4 frégates stationnaient sur la rade de Lorient sous les
ordres du capitaine de vaisseau Troude. Ces divisions
restèrent inactives, et cependant toutes avaient une destination. Les dernières instructions adressées au vice-amiral
Villeneuve, le 14 septembre 1805, devaient être mises à
exécution par le vice-amiral Rosily Mesros qui, on se le
rappelle, avait été envoyé à Cadix pour prendre le
commandement de l'armée navale. Cet officier général avait
ordre d'entrer dans la Méditerranée avec les escadres alliées; de rallier les vaisseaux espagnols de Carthagène et
de se porter sur Naples; de débarquer sur un point quelconque de la côte de l'Italie les troupes embarquées à
Toulon; d'attendre dans ces parages le passage d'un convoi que les Anglais devaient envoyer à Naples, et de rentrer à Toulon. Mais le vice-amiral Rosily avait appris en

route la sortie des armées alliées, et il n'était arrivé à Cadix que pour voir rentrer dans ce port les quelques bâtiments échappés au désastre de Trafalgar. Les réparations
marchèrent avec lenteur, car l'arsenal avait à partager ses
moyens entre les vaisseaux espagnols et les vaisseaux français. Aussi la division française passa-t-elle l'année 1806
dans ce port, bloquée par une escadre anglaise dont la
force augmentait à mesure que les vaisseaux français étaient
mis en état de prendre la mer. La bataille de Trafalgar fit
modifier les instructions données aux divers commandants
en chef des escadres et des divisions stationnées tant à
Cadix que sur les rades de France. Le 26 janvier 1807, le
vice-amiral Rosily reçut l'ordre de faire route directement
pour Toulon. Ses vaisseaux n'étant pas encore prêts, ce
mouvement n'eut pas lieu. De son côté, le contre-amiral
Dordelin dut aussi se rendre à Toulon avec 6 vaisseaux,
2 frégates et un brig. Le contre-amiral Allemand reçut les
mêmes instructions à Rochefort. Le commandant Troude
dut également se rendre de Lorient dans la Méditerranée.
Enfin, il fut prescrit à 2 frégates armées à Bordeaux d'y aller aussi. Ces 18 vaisseaux, ces 10 frégates et ces 2 brigs,
réunis aux 5 vaisseaux qui étaient déjà à Toulon, et à 2 vaisseaux russes qui y étaient attendus, devaient composer au
vice-amiral Rosily une armée navale formidable. Dans le
cas où la division de Lorient pourrait sortir avant le mois
de mars, le commandant Troude avait ordre de se porter
sur la côte occidentale de l'Irlande, afin d'attirer l'attention du gouvernement anglais de ce côté; et de se rendre
de là à Alger pour exiger le redressement de quelques
griefs et la mise en liberté des esclaves génois, corses et
italiens que le Dey retenait malgré les traités. En cas
de refus, ses instructions lui enjoignaient de ravager le littoral.

La lenteur, probablement calculée, des autorités espagnoles d'une part, et la force des croisières anglaises de
l'autre, retinrent ces diverses divisions dans les ports

et déjouèrent ces projets de concentration. Les instructions de leurs commandants furent successivement révoquées.

Le port d'Anvers prenait un grand développement; les constructions y étaient poussées avec une activité surprenante. 2 vaisseaux y furent lancés au commencement du mois d'avril; 2 autres dans les premiers jours de juin; 4 à la fin de juillet. Les ports du Texel et de Flessingue pouvaient disposer de 6 vaisseaux hollandais.

Boulogne, Ambleteuse et Vimereux étaient trop connus, pour que les Anglais pussent ignorer qu'il n'était pas possible de faire sortir la flottille de ces ports en une seule marée. Il suffisait donc, pour les tenir en éveil, de maintenir armés le nombre de bateaux nécessaire au transport de 40 à 50,000 hommes, et de rétablir la ligne d'embossage, de manière à faire croire qu'on revenait à l'idée du passage du détroit. L'ordre donné, à la fin du mois de septembre, de réarmer une partie de la flottille, ne manqua pas, en effet, d'inspirer des craintes à l'Angleterre, et ces craintes étaient d'autant plus grandes qu'une ligue maritime se formait alors contre elle, et qu'une armée française de 70,000 hommes occupait la Poméranie suédoise. Le danger lui parut imminent et, après avoir fait de vains efforts pour dissoudre la coalition maritime qui la menaçait, elle employa la violence pour en atténuer la portée. Le gouvernement anglais demanda au Danemark la cession provisoire de sa marine, consistant en 18 vaisseaux. Le résultat du refus qui lui fut fait est connu : au mois de septembre, l'amiral Gambier brûla ces vaisseaux à Copenhague.

Napoléon qui, entre Eylau et Friedland, avait eu à créer de nouvelles armées pour contenir l'Europe sur ses derrières avait, ainsi que je l'ai dit, admis un système maritime négatif qui consistait à construire en attendant la paix continentale; à occuper les croisières anglaises par des escadres mouillées sur les rades; et à profiter des circonstances pour faire porter par des frégates des secours aux colonies. Tel fut le rôle de la marine en 1807.

Deux mois après son arrivée à la Martinique, le brig de 16ᵉ le *Lynx*, capitaine Farjenel, avait été envoyé à la Guadeloupe pour purger les côtes de cette île d'une foule de petits corsaires qui les désolaient. Ce brig fut ensuite dirigé sur la côte ferme, pour prendre un détachement qui avait été renforcer la garnison de Cumana contre l'expédition de Miranda. L'équipage du *Lynx* était tellement affaibli, qu'il avait fallu le compléter avec une soixantaine d'étrangers qu'on avait embarqués malgré eux. Dans la matinée du 21 janvier, à quelques milles dans le Nord du cap Caudère, le *Lynx* fut chassé par la frégate anglaise de 40ᵉ GALATHÆA, capitaine George Sayer. La brise, très-faible du N.-N.-E., tomba entièrement, et le brig français fit usage de ses avirons. A la nuit, la frégate ne se voyait plus. La sonde ne donnant alors que huit brasses, le capitaine Farjenel se disposait à laisser tomber une ancre, lorsque six embarcations furent aperçues de l'arrière : c'étaient celles de la GALATHÆA. Chacun fut promptement à son poste de combat, et un feu bien nourri d'artillerie et de mousqueterie accueillit ces canots, mais ne les arrêta pas; ils abordèrent le brig par l'arrière et une lutte sanglante et désespérée eut lieu sur les gaillards. Malheureusement, les Français qui ne formaient que la minorité de l'équipage du *Lynx*, ne furent pas secondés dans ce moment décisif; et les étrangers ayant abandonné le pont, les Anglais ne tardèrent pas à en être maîtres. Le capitaine Farjenel, qui avait dignement défendu le bâtiment dont le commandement lui avait été confié, était couvert de blessures.

Le *Lynx* prit rang dans la marine anglaise sous le nom de HEUREUX.

On a vu qu'en quittant San Salvador, le commandant L'hermitte avait expédié à Cayenne la corvette la *Favorite*, prise anglaise de 28 canons; le commandement en avait été donné au lieutenant de vaisseau Lemarant Kerdaniel (Gabriel). Dès que cette corvette fut en état de reprendre la mer, elle sortit avec le brig de 16° l'*Argus* pour croiser sur la côte de la Guyane. Le 26 janvier au matin, les deux croiseurs aperçurent une voile dans le S.-S.-O.; le vent soufflait de l'E.-N.-E. Ce bâtiment, qui était la frégate anglaise de 48° JASON, capitaine Thomas Cochrane, donna la chasse aux Français. A 9ʰ 15ᵐ, la *Favorite* lui envoya une volée à contre-bord et vira lof pour lof, au moment où la frégate virait elle-même vent devant; le capitaine anglais reprit de suite ses amures primitives et se tint sous le vent. La *Favorite* riposta avec ardeur au feu de son redoutable adversaire; mais les forces étaient trop disproportionnées pour que les Français pussent sortir vainqueurs de la lutte, d'autant qu'un brig anglais apparaissait au loin. Le capitaine Lemarant fit signal à l'*Argus* de s'éloigner et prolongea sa défense jusqu'à 10ʰ 15ᵐ. La JASON et le brig WOLVEREIN poursuivirent l'*Argus* pendant une heure et rallièrent ensuite leur prise; le brig français entra à Sainte-Marguerite.

```
La Favorite avait 16   canons   de   6
                et 12 caronades de 12.
Le JASON portait 28   canons   de 18,
                 4     —       de   9
             et 16 caronades de 32.
```

Le côtre de 14° le *Printemps*, capitaine Bigeault, à bord duquel se trouvait le capitaine de frégate Guéguen qui était chargé des convois de la Manche, se rendant de Saint-Malo à Brest avec 2 canonnières et 25 navires de commerce, mouilla au Conquet, le 30 janvier, en attendant que la marée devînt favorable. A 9ʰ 30ᵐ du soir, le *Printemps* fut assailli par 7 embarcations appartenant aux bâtiments de la croisière ennemie. Les Anglais parvinrent à sauter à bord du côtre; mais ils y trouvèrent une résistance telle, qu'après trois quarts d'heure de combat acharné, ils se rembarquèrent dans leurs canots et battirent en retraite.

———

Le 22 mai, un convoi sous l'escorte de la canonnière 180, capitaine Fougeray (Thomas), fut chassé, en sortant de Saint-Malo où il était en relâche, par une frégate et un brig anglais qui firent prendre au commandant de l'escorte la détermination d'aller demander protection aux canons du fort des Rimains et à la batterie de la Houle. Vers 4ʰ de l'après-midi, les deux bâtiments ennemis entrèrent dans la rade et essayèrent d'enlever plusieurs navires du convoi. Le feu de la canonnière et celui des batteries les obligea à se retirer.

———

Le brig de 18ᶜ l'*Observateur*, se rendant de Cayenne à la côte de l'Amérique du Nord fut chassé, le 9 juin, par deux bâtiments anglais. Quelques coups de canon tirés par le plus avancé, qui était la frégate de 44ᶜ TARTAR, lui firent amener son pavillon. L'*Observateur* était alors commandé par l'enseigne de vaisseau Debernes. Tombé malade peu de jours après l'appareillage, le capitaine Croizé avait remis le commandement à cet officier.

L'*Observateur* portait 14 canons de 4 et 4 caronades anglaises pour lesquelles il n'avait que des boulets de 8.

———

La frégate de 44ᶜ la *Manche*, capitaine Dornaldeguy, et le brig de 16 le *Cygne*, capitaine Menouvrier Defresne, mouillés sur la rade de Cherbourg, avaient parfois l'occasion, dans leurs appareillages quotidiens pour exercer leurs équipages, d'échanger des boulets avec la frégate anglaise de 48º URANIE, capitaine Christopher Laroche, qui se tenait devant ce port avec 2 brigs. Le 20 juin, et alors que les 2 bâtiments français retournaient au mouillage, l'URANIE leur envoya trois volées auxquelles ils ne ripostèrent pas, car les boulets de la frégate anglaise n'avaient pu arriver jusqu'à eux. L'équipage de l'URANIE adressa à l'amirauté, au sujet de cette rencontre, une plainte contre son capitaine qui, disait-il, aurait pu atteindre au moins le brig français. Le capitaine Laroche fut traduit devant un conseil de guerre, et les charges qui lui étaient imputées ayant été en partie constatées, il fut démonté de son commandement.

Contrarié par le vent, l'enseigne de vaisseau Letron, parti le 8 août de la rivière l'Aven avec la péniche l'*Aigle* et un convoi de 10 petits navires qu'il conduisait à Concarneau, mouilla en dedans des roches appelées les Soldats; un vaisseau et un brig anglais étaient à l'ancre aux Glénans. Le brig appareilla, et, suivi de 3 péniches, il se dirigea sur le convoi. Le capitaine de vaisseau Lebozec (Charles), qui commandait le vaisseau le *Vétéran* depuis sa relâche à Concarneau en 1806, sortit avec 2 péniches qu'il embossa à la gauche du convoi, tandis que l'*Aigle* se plaça à la droite. L'enseigne de vaisseau Leredde et l'aspirant Letourneur (Joseph), commandaient les péniches. Un petit détachement en garnison à Concarneau s'embusqua derrière les monticules de sable de la plage, où une pièce de 4 fut aussi amenée. Une canonnade très-vive s'engagea, à 5ʰ du soir, entre le brig et les péniches ennemies d'une part, et les embarcations françaises de l'autre. Démâté de son grand mât de hune, le brig prit le large à 7ʰ; les péniches qui l'avaient accompagné le suivirent.

A la suite du coup de vent qui avait dispersé la division du capitaine de vaisseau L'hermitte, le 19 août 1805, la frégate de 46ᵉ la *Cybèle*, capitaine Saizieu, entra dans la Chesapeak, baie de l'état de Virginie des États-Unis d'Amérique, démâtée de son grand mât de hune et de son mât d'artimon qu'on s'était vu dans la nécessité de couper. Les réparations qu'on dut entreprendre, et la présence des Anglais retinrent longtemps la *Cybèle* sur la rade d'Hampton. Son capitaine n'attendait plus qu'une occasion favorable pour appareiller lorsque, au mois de juin 1807, un événement fortuit vint encore éloigner l'époque de sa sortie. La frégate des États-Unis la *Chesapeak*, alors mouillée sur cette rade, avait à son bord quatre déserteurs d'une corvette anglaise. Ces matelots, américains de naissance, avaient été pris de force pour le service de S. M. Britannique. Le vice-amiral Berkeley qui commandait les forces navales anglaises dans ces parages, après avoir infructueusement réclamé ces marins, donna l'ordre de les arrêter sur la frégate même. Malgré, et peut-être à cause de cette menace, la *Chesapeak* mit à la voile le 22 juin ; elle fut suivie par le vaiseau anglais de 60ᵉ LEOPARD, capitaine Humphries. Elle était à peine à six milles de terre, que le capitaine anglais envoya un officier notifier au commodore Barron l'ordre du vice-amiral Berkeley. Celui-ci s'étant opposé à son exécution, le LEOPARD ouvrit son feu sur la frégate. Cette attaque surprit les Américains et la *Chesapeak* reçut plusieurs bordées avant d'être en mesure de tirer un seul coup de canon. Après vingt minutes de combat, son pavillon fut amené. Les quatre hommes furent repris, mais le commodore américain fut laissé libre d'aller où bon lui semblerait avec sa frégate ; il la ramena au mouillage. Cette violation du droit des gens souleva la plus vive indignation à Norfolk, et toute relation fut interrompue avec la division anglaise. La frégate américaine alla mouiller auprès de la *Cybèle*, et toutes deux se disposaient à repousser l'agression d'une division anglaise qu'on disait devoir venir les attaquer lorsque, sur l'invitation de l'ambassadeur français, la *Cybèle* suivit la *Chesapeak* devant Norfolk. L'attaque n'eut pas lieu et les bâtiments anglais ayant reçu l'injonction de sortir de la baie, la *Cybèle* retourna à son premier mouillage. Fatigués de stationner sur la côte, les Anglais s'éloignèrent. Deux jours après, le 25 octobre 1807, le capitaine Saizieu appareilla et un mois plus tard il mouilla à Lorient.

———

Lorsque le maréchal Brune qui commandait le corps d'observation de la grande armée, songea à marcher sur Stralsund (1), il prévit que l'île d'Anholm pourrait être un obstacle à un débarquement ultérieur dans cette partie du Rugen, et il résolut de s'en emparer. Le général Fririon fut chargé de cette opération, et des navires étant nécessaires pour le transport des troupes, le capitaine de frégate Moncabrié reçut la mission d'organiser une flottille. Cet officier supérieur mit en réquisition tous les bateaux de pêche et les embarcations de la côte, et il les fit transporter sur des voitures à Basth, qui est distant de sept lieues de Stralsund. 145 bateaux, capables de porter 11,000 hommes, se trouvèrent ainsi réunis dans ce port. Le 24 août au soir, les troupes furent embarquées, et cette frêle flottille sortit pour aller attaquer une île défendue par une batterie et une garnison de 600 hommes, et protégée par 7 canonnières. Leur feu ne put arrêter la flottille. Le débarquement eut lieu et l'île fut enlevée.

———

(1) Ville de la Poméranie.

BATIMENTS PRIS, DÉTRUITS OU NAUFRAGÉS
pendant l'année 1807.

ANGLAIS.

Canons.

82	{ AJAX.............	Brûlé par accident.
	{ BLEINHEIM.........	Sombré.
54	ANSON.............	Naufragée sur la côte d'Angleterre.
48	BLANCHE*.........	— sur celle de France.
40	{ JAVA*...........	Sombrée.
	{ ORPHEUS..........	Naufragée à la Jamaïque.
22	{ BOREAS...........	— sur Guernesey.
	{ NAUTILUS.........	— dans le Levant.
18	{ DAUNTELESS.......	Pris.
	{ LEVERET..........	Naufragé dans les mers du Nord.
	{ BUZY............	Sombré.
16	{ ATALANTE*........ / CÉSAR*.......... / MOUCHERON*....... }	Naufragés sur la côte de la France.
14	{ PERT............	Naufragé aux Antilles.
	{ PIGMY........... / SPEEDWELL........ }	Naufragés sur la côte de France.
	SANTA LUCIA.......	Pris.
	NEDLEY...........	— par une frégate.
12	{ GRIPER..........	Naufragé sur la côte de Hollande.
	{ INVETERATE....... / JACKAL.......... }	Naufragés sur celle de France.
	{ ELIZABETH........	Sombré.
	{ FELIX...........	Naufragé sur la côte d'Espagne.
	{ FIRE FLY.........	Sombré.
10	{ BARBARA.........	Pris par un corsaire.
	{ CASSANDRA........	Sombré.
	{ CRAFTY..........	Pris par un corsaire.
	{ MARIA*..........	Sombré.
8	SUBTILE..........	Naufragé aux Bermudes.
4	{ MAGPIE..........	Pris à Peros.
	{ PIKE............	— par un corsaire.
	{ WAGTAIL......... / WOODCOCK......... }	Naufragées à Saint-Michel.
Bom-bardes	{ EXPLOSION........	— sur l'île Lundy.
	{ PROSPERO.........	Sombrée.

FRANÇAIS.

Canons.

28	*Favorite**.........	Prise par une frégate.
18	*Observateur*....... /	} Pris chacun par une frégate.
16	*Lynx*...........	

* L'astérisque indique un bâtiment pris à l'ennemi.

RÉCAPITULATION.

		Pris.	Détruits ou naufragés.	Incendiés.	TOTAL.
ANGLAIS...	Vaisseaux........	»	1	1	2
	Frégates..........	»	4	»	4
	Bâtiments de rangs inférieurs........	7	23	»	30
FRANÇAIS. .	Vaisseaux........	»	»	»	»
	Frégates.........	»	»	»	»
	Bâtiments de rangs inférieurs........	5	»	»	5

ANNÉE 1808.

L'année 1808 vit la réalisation d'une des grandes conceptions de l'Empereur Napoléon. Incapable de s'opposer au blocus des ports de la France par les escadres de la Grande-Bretagne et, par suite, mis dans l'impossibilité de pouvoir utiliser les vaisseaux qui s'y trouvaient retenus, Napoléon songea à tenir en permanence, près des côtes de sa puissante ennemie, une escadre destinée, sinon à empêcher, du moins à contrarier les arrivages des navires du commerce, et à entretenir parmi les populations du littoral cette crainte d'envahissement subit que le magnifique, et certainement inespéré résultat de la bataille du 20 octobre 1805 n'avait pas entièrement dissipée. Cherbourg n'était pas encore alors dans d'assez bonnes conditions pour qu'une escadre y fût parfaitement à l'abri d'une attaque de l'ennemi, ou des inconvénients du vent et de la mer. Anvers, avec son beau fleuve navigable, même pour des vaisseaux, dans tout son parcours de cette ville à la mer, avec ses mouillages si sûrs et sa position topographique, était certainement le point qui présentait le plus d'avantages. Toutefois, faire arriver dans l'Escaut ces escadres qui devaient servir de sentinelles avancées à la France, était chose à peu près impossible. L'établissement d'un grand arsenal maritime à Anvers fut décidé. Créé comme par enchantement, ce port avait vu ses cales se couvrir de vaisseaux ; et la construction, l'armement de ces vaisseaux avaient été poussés avec une activité telle que, cette année, on put en former une escadre, dont le commandement fut donné au contre-amiral Burgues Missiessy. Cet officier général reçut l'ordre de se rendre à Cherbourg dès que cela lui serait possible. Mais, les difficultés qu'il fallut vaincre pour ce premier armement ne permirent à l'escadre de descendre le fleuve que jusqu'au banc de Hoog Plat ; elle fut bientôt surveillée par 8 vaisseaux anglais, 2 frégates et 5 corvettes qui se tinrent en permanence à l'entrée des passes, et elle ne partit pas.

La division de Brest, commandée par le contre-amiral Dordelin (Joseph), et celle de Lorient, placée sous les ordres du capitaine de vaisseau Troude, ne bougèrent pas plus cette année que la précédente. Le contre-amiral Allemand réussit, ainsi que je le dirai bientôt, à sortir de Rochefort, et à entrer dans la Méditerranée où il rallia l'escadre de Toulon commandée par le vice-amiral Ganteaume (Honoré). Cette dernière, belle en apparence, était fort mal armée. D'abord, les nouveaux vaisseaux de 74 canons qui en faisaient partie avaient 60 hommes d'équipage de moins que les anciens. Cette diminution provenait d'une erreur de calcul de déplacement : on avait apprécié le poids des vivres à raison de 640 hommes au lieu de 700, et ce chiffre de 640 hommes avait été maintenu. Mais il existait une autre cause d'affaiblissement des équipages, autrement grave que celle-là, et à laquelle il n'était pas possible de porter remède, car elle tenait à la situation. On avait aggloméré à bord des vaisseaux de Toulon, des Génois, des Toscans, des Piémontais qui désertaient dès que cela leur était possible, et sur lesquels on ne pouvait guère compter pour un combat. Les garnisons des vaisseaux n'offraient plus elles-mêmes qu'une faible ressource, car le département de la guerre ne donnait, à cette époque, à la le marine que ce qu'il y avait de plus mauvais dans les dépôts ; cette dernière particularité était commune à tous les ports.

Ces vaisseaux ne restèrent cependant pas inactifs sur la rade de Toulon. Le contre-amiral Cosmao Dumanoir, qui commandait une des divisions de l'escadre, reçut la mission de conduire à Barcelone 20 transports chargés d'approvisionnements de toute sorte, et cet officier général sortit le 24 avril, avec les vaisseaux de 86ᵉ le *Robuste*, le *Donawerth*, et le *Boréc*, le *Génois*, le *Lion* de 82 ; les frégates de 44ᵉ la *Pomone* et la *Pénélope*. Deux frégates anglaises, mouillées devant Barcelone, s'éloignèrent à son approche et le convoi entra dans le port. Cette division était de retour à Toulon le 30.

Le 1ᵉʳ octobre, ce fut le contre-amiral Allemand (Zacharie) qui sortit de Toulon avec les frégates de 44ᵉ la *Pénélope*, la *Danaé*, la *Flore*, la *Pomone* et la *Pauline*, pour aller prendre à l'île d'Elbe des troupes qu'elles devaient porter en Espagne. Chassée par un vaisseau anglais et par une frégate, cette division alla mouiller au golfe Juan, et elle n'arriva que le 9 à Porto Ferrajo. Les frégates embarquèrent 2,400 hommes et remirent à la voile. Contrarié par de grandes brises de N.-O., le contre-amiral Allemand relâcha aux îles d'Hyères, débarqua les troupes et rentra à Toulon.

Un décret du 8 mars changea, cette année, l'organisation de la marine. Il prescrivit la formation de 50 bataillons de marins auxquels on donna le nom de bataillons de la marine impériale ou équipages de haut bord. Chaque bataillon, commandé par un capitaine de vaisseau, était composé d'un capitaine de frégate, de 5 lieutenants de vaisseau, 2 enseignes, 4 aspirants, un chirurgien-major, un

agent comptable quartier-maître et 456 hommes. C'était
le noyau de l'équipage d'un vaisseau de 74 canons. Au moment de l'armement, on embarquait en outre 3 enseignes,
5 aspirants et 164 marins. Le vaisseau recevait enfin une
garnison de 2 officiers et 100 sous-officiers ou soldats, ce
qui portait l'effectif, surnuméraires non compris, à 623 hommes, car 122 du bataillon restaient à terre.

Le même décret ordonna la formation de 10 bataillons
d'équipages de flottille. Le bataillon, commandé par un
capitaine de vaisseau, comptait 9 compagnies de 137 hommes y compris les officiers.

———

Les vaisseaux qui étaient rentrés à Cadix après la bataille de Trafalgar, et qui se rangèrent sous le pavillon du
vice-amiral Rosily Mesros, ne furent prêts à prendre la
mer qu'à la fin du mois d'octobre 1807. L'*Argonaute* avait
été trouvé en si mauvais état, qu'il avait été échangé contre
le vaisseau espagnol de 74° *Vencedor* auquel on donna le
nom d'*Argonaute*. L'escadre anglaise qui se tenait devant
ce port était alors de 14 vaisseaux.

Au commencement du mois de février 1808, 5 vaisseaux
espagnols et une frégate se rangèrent sous les ordres du
vice-amiral Rosily dont l'escadre se trouva alors composée
comme il suit :

Canons.
94 *Neptune*. . . . . capitaine Bourdé (Guillaume).
86 *Algésiras*. . . . .   —   Martinencq.
    Héros. . . . .   —   Bourrand.
                                Rosily Mesros, vice-amiral.
78 *Pluton*. . . . . capitaine Bourdet.
    Argonaute. . . . .   —   Billiet.
46 *Cornélie*.. . . . .   —   Mallet (Louis).
112° *Principe de Asturias ; 74° Montañes, Terrible ; 64° San Leandro, San
    Fulgensio ; 40° Flora.*

On sait quelle était la position des Français en Espagne
à cette époque ; le commandant en chef de la division française avait tout à craindre de cet état de choses. Bientôt, la
surveillance plus active des Anglais, et l'embarquement

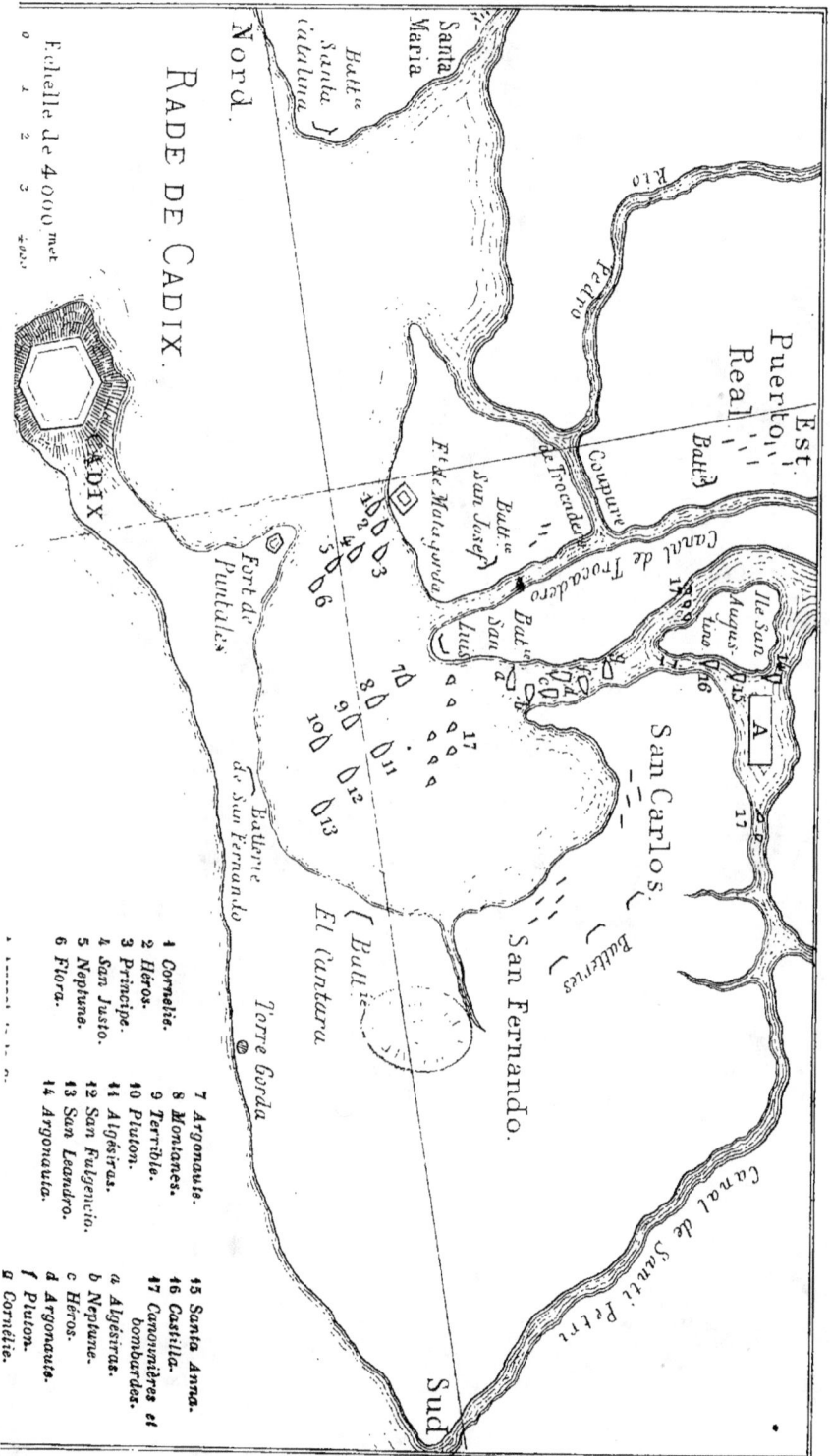

RADE DE CADIX.

Nord.

Sud

CADIX

Est.

Puerto Real.

Santa Maria

Battⁱᵉ Santa Catalina.

Rio Pedro

Coupure de Trocadero

Canal de Trocadero

Fort de Matagorda.

Fᵗ de San Josef

Battⁱᵉ San Luis

Battⁱᵉ San Luis

Ile San Augustine.

San Carlos. (batteries)

San Fernando.

A

Batterie de San Fernando

Fort de Puntales

Torre Gorda

Battⁱᵉ El Cantara

Canal de Santi Petri

Echelle de 4.000 met
0 1 2 3 4

1 Cornelie.
2 Héros.
3 Principe.
4 San Justo.
5 Neptune.
6 Flora.
7 Argonaute.
8 Montanes.
9 Terrible.
10 Pluton.
11 Algésiras.
12 San Fulgencio.
13 San Leandro.
14 Argonauta.
15 Santa Anna.
16 Castilla.
17 Canonnières et bombardes.
a Algésiras.
b Neptune.
c Héros.
d Argonaute.
e Pluton.
f Cornélie.

d'un corps de troupes sur leurs vaisseaux dénotèrent des projets d'attaque qui n'échappèrent pas au vice-amiral Rosily.

Quelques détails topographiques sont ici nécessaires (1).

Pour se faire une idée de la position de l'escadre, il faut savoir que la rade de Cadix est composée de vastes lagunes qui ont été formées par les alluvions du Guadalquivir. Au milieu de ces lagunes, on a pratiqué des bassins, des chantiers, et l'on a profité d'un groupe de rochers, situé à quelque distance du rivage, pour former une rade magnifique. C'est sur ce massif de roches, lié à la terre par une jetée, que la ville de Cadix a été bâtie. La rade s'ouvre à l'Ouest et, au S.-E., s'étend un vaste enfoncement qui est resserré à la moitié de sa profondeur, de manière à ne laisser qu'un passage étroit défendu par les forts Puntales et Matagorda, et qui se continue jusqu'aux grands établissements connus sous le nom d'arsenal de la Carraca. La première partie de cette vaste baie qui n'a pas moins de neuf milles, constitue la rade proprement dite. Elle est abritée par plusieurs rochers épars entre Cadix et la pointe Santa Catalina. Les fortifications de la ville, la batterie Santa Catalina, les forts de Puntales et de Matagorda la protégent. L'autre partie de la baie, qui peut être considérée comme le port, est défendue par les forts San Fernando, del Cantara, San Luis et les batteries de Puerto Real. Un canal étroit conduit de ce mouillage à la Carraca.

Le 27 mai, et précisément au moment où le vice-amiral Rosily embossait ses vaisseaux, une émeute qui prit bientôt des proportions considérables se déclara dans la ville de Cadix; cette insurrection avait lieu en même temps sur toute l'étendue du royaume d'Espagne. La renonciation de Charles IV et de Ferdinand VII à la couronne venait d'occasionner un soulèvement général dans la péninsule. Une junte insurrectionnelle, qui s'institua junte suprême d'Es-

----

(1) Voir le plan.

pagne et des Indes, s'était formée à Séville et avait déclaré
la guerre à la France. La ville de Cadix avait bientôt pris
part au mouvement, et ce ne fut pas sans beaucoup de
peine que les autorités parvinrent à empêcher la populace
d'attaquer de suite la division française. Le moment d'une
pareille agression était peu favorable. Les vaisseaux espagnols étaient entre-mêlés avec les français et pouvaient être
facilement détruits. D'ailleurs, dans la position que le vice-
amiral Rosily avait choisie, la division française n'avait à
redouter que le feu de Puntales et celui de Matagorda; et,
bien que ces deux forts fussent armés de 42 canons et de
14 mortiers, il était facile de se placer de manière à neu-
traliser la majeure partie de cette artillerie. Cette résistance
au vœu populaire coûta la vie au capitaine-général; Thomas de Morla fut nommé à sa place. Celui-ci entra de suite
en pourparlers avec le vice-amiral Rosily. Le 30, le nouveau capitaine-général, qui appréciait mieux que le peuple
de Cadix les dangers auxquels il s'exposait s'il attaquait la
division française, fit proposer au commandant en chef de
donner des postes distincts aux vaisseaux français et aux espagnols; il l'engagea à s'enfoncer dans la baie intérieure, et
à placer la division du chef d'escadre Apodaca à l'entrée
de la rade, de manière à séparer les deux divisions et à
prévenir les collisions entre elles; les Espagnols se trouveraient ainsi seuls chargés de fermer le port aux Anglais.
Le vice-amiral Rosily attendait chaque jour l'arrivée du
général Dupont dont le corps d'armée était en marche sur
Cadix; il ignorait d'ailleurs la rupture des relations amicales entre la France et l'Espagne, et il considérait le mouvement de la population de Cadix comme une émeute toute
locale; il n'avait donc pas de raison pour ne pas acquiescer
au désir du capitaine-général. Les vaisseaux français et la
frégate allèrent mouiller auprès de l'île Saint-Augustin, à
l'entrée du canal de la Carraca, et les vaisseaux espagnols
se placèrent par le travers du fort San Luis. Les projets
des insurgés ne tardèrent pas à se révéler. Le contre-ami-

ral qui commandait la croisière anglaise établit des communications avec la ville, et 5 vaisseaux jetèrent l'ancre à l'entrée de la baie, près des roches dites Puercas. Les Espagnols transportèrent des canons et des mortiers à Trocadero et à la pointe del Cantara. Il devenait évident que la division française allait avoir deux ennemis à combattre. Le vice-amiral Rosily voulut profiter de la grande marée du 6 juin pour entrer à la Carraca; mais le vent était frais et contraire et les vaisseaux furent obligés de reprendre leur mouillage. Les Espagnols se hâtèrent alors d'enlever cette dernière ressource aux Français; le lendemain, ils coulèrent dans la passe deux forts navires qui ne laissaient passage qu'aux embarcations. Le 9, Thomas de Morla annonça au commandant en chef le soulèvement de l'Espagne entière contre l'armée française, et le somma de lui livrer les vaisseaux et la frégate placés sous ses ordres. Celui-ci répondit qu'il ignorait s'il y avait réellement déclaration de guerre entre les deux nations, mais qu'il se défendrait s'il était attaqué. Pendant ce temps, 25 canonnières et 12 bombardes espagnoles prenaient position entre les forts San Luis et del Cantara, tandis que 21 autres se plaçaient dans le canal qui conduit à Puerto Real. Le vice-amiral Rosily embossa alors ses vaisseaux présentant le travers, le *Neptune* et l'*Algésiras* aux canonnières du large, le *Héros* et l'*Argonaute*, aux batteries de Trocadero et del Cantara, le *Pluton* et la *Cornélie*, aux canonnières de l'Est et aux batteries de la Carraca. Les chaloupes des vaisseaux, armées en guerre, prirent poste entre l'*Algésiras* et le *Neptune*. A 2ʰ 45ᵐ de l'après-midi, sur un signal fait par le *Principe de Asturias*, forts et batteries, canonnières et bombardes ouvrirent leur feu sur la division française. Le *Principe* lui envoya aussi plusieurs bordées, mais son éloignement les rendit sans effet. La force du courant contraria beaucoup les vaisseaux français; ils eurent la plus grande peine à se maintenir dans la position qui donnait le plus d'efficacité à leur tir. A 5ʰ 45ᵐ, les chaloupes-canonnières qui avaient

pris position en avant de Puerto Real s'éloignèrent; une
heure plus tard, celles du S.-O. cessèrent de tirer. Les
vaisseaux français en firent autant, car ils étaient trop éloignés des forts et des batteries pour que leurs coups pussent donner quelque résultat; la terre continua jusqu'à
10^h 45^m. Le feu recommença le lendemain à 8^h. Si l'on excepte les canonnières, la division française avait à lutter
contre un ennemi qu'elle ne pouvait atteindre. La distance
aux batteries variait, en effet, de 1,900 à 2,900 mètres,
et son artillerie ne pouvait guère avoir d'effet, à cette
portée, contre des ouvrages en maçonnerie, ou contre de
forts épaulements en terre. A midi, les canonnières du
large, les seules qui eussent pris part à la canonnade du
matin se retirèrent et, à 3^h, le *Principe de Asturias* hissa
un pavillon de parlementaire : le feu cessa partout. Cinq
canonnières et six bombardes espagnoles avaient été coulées. Le capitaine-général fit de nouveau sommer le vice-
amiral Rosily de livrer ses vaisseaux à l'Espagne; la réponse du commandant en chef de la division française fut
celle de la veille. Désireux cependant de faire cesser l'effu-
sion du sang, il offrit de débarquer ses canons et de sortir
sans pavillon, à la condition que les Anglais prendraient
l'engagement de ne pas le poursuivre pendant les quatre
jours qui suivraient celui de son appareillage. Thomas de
Morla prétendit qu'il ne lui était pas possible de modifier
les ordres de la junte suprême, mais il promit de lui transmettre cette proposition. Un armistice fut conclu; les Espagnols en profitèrent pour élever de nouvelles batteries.
Ils placèrent 8 canons et 5 mortiers à l'Ouest et au Sud de
l'arsenal de la Carraca; trois batteries formant un total
de 38 canons et 8 mortiers, sur le chemin de la Isla. Le
fort de San Luis avait 20 canons et 4 mortiers; celui de Matagorda, 12 canons et 2 mortiers; le château de Puntales,
30 canons et 12 mortiers; enfin, les batteries de Trocadero, del Cantara, de San Fernando et de Puerto Real
étaient toutes armées. Trois nouveaux vaisseaux sortirent

du port et mouillèrent au Nord de la Carraca. La perte de la division française devenait certaine. Préférant succomber en combattant, plutôt que de se laisser écraser par un ennemi contre lequel il ne pouvait pas se défendre, le vice-amiral Rosily donna l'ordre de se disposer à attaquer les vaisseaux espagnols. Mais le chef d'escadre Apodaca avait prévu cette détermination et, la nuit précédente, il avait fait couler plusieurs navires dans la partie du chenal qui le séparait des Français, et établir une estacade à cet endroit.

L'espoir de recevoir des nouvelles de la division du général Dupont qu'on attendait à Xérès du 6 au 7, avait déterminé le vice-amiral Rosily à temporiser. C'était afin de pouvoir seconder les opérations de l'armée de terre qu'il avait pris une position plus rapprochée de la Carraca. Le 14, tout espoir de voir arriver ce corps avait disparu. Les vaisseaux français et la frégate amenèrent leur pavillon à une troisième sommation qui leur fut faite.

Le vaisseau l'*Atlas*, qui était encore à Vigo, eut le même sort que la division de Cadix.

———

Profitant de grands vents d'Est qui avaient éloigné la division anglaise de blocus, le contre-amiral Allemand appareilla de la rade de l'île d'Aix, le 17 janvier, avec les vaisseaux

Canons.

124	*Majestueux*.	capitaine	Brouard.
		Allemand (Zacharie), contre-amiral.
82	*Ajax*.	capitaine	Petit.
	Suffren.	—	Louvel.
	Lion.	—	Bonamy.
	Magnanime.	—	Jugan.

la frégate *la Flore* et le brig *le Requin*.

Poussée par une forte brise, cette division arriva à l'entrée du détroit de Gibraltar sans avoir eu connaissance d'aucune terre ; elle vit la côte pour la première fois, pendant la nuit du 26, par le travers de Ceuta. Les chances continuèrent à être favorables au contre-amiral Allemand.

Craignant cependant de trouver la rade de Toulon bloquée, il prit le parti de se rendre au golfe Juan, et il
y jeta l'ancre le 3 février.

Le jour même de son départ de Brest, la division française avait été aperçue par 3 frégates ennemies qui pré-
vinrent sir Richard Strachan de sa sortie. Le contre-amiral
anglais se dirigea immédiatement sur le détroit de Gibraltar avec 6 vaisseaux ; communiqua avec la division de Cadix
et, le 21 février, il mouilla sur la rade de Palerme où le
vice-amiral Thornborough se trouvait déjà avec 5 vaisseaux.

Dès qu'on connut à Paris l'arrivée de la division de Brest
au golfe Juan, ordre fut envoyé au contre-amiral Allemand
de mettre de suite sous voiles et de se présenter devant
Toulon. On le prévenait que les vaisseaux qui se trouvaient sur cette rade appareilleraient dès qu'il serait signalé, et qu'il aurait alors à se ranger sous les ordres du
vice-amiral Ganteaume. Le 10 février, les 5 vaisseaux, la
frégate, la corvette et le brig ci-après sortirent de Toulon, et les deux divisions firent leur jonction à la hauteur
des îles d'Hyères. Le *Requin* entra et resta à Toulon.

Canons.
114	*Commerce de Paris.* . . .	capitaine Violette.
		Ganteaume (Honoré), vice-amiral.
86	*Robuste.*	capitaine Montalan.
		Cosmao Dumanoir, contre-amiral.
	Génois.	capitaine L'hermitte (Jean).
82	*Annibal.*	— Infernet.
	Borée.	— Senez.

Frégate : *Uranie.*
Corvette : *Mohawk.*
Brig : *Tactique.*

Trois transports portant des troupes et des munitions
suivaient l'escadre ; les vaisseaux de Toulon en avaient
aussi.

Les instructions du vice-amiral Ganteaume lui enjoignaient d'aller ravitailler Corfou, et de favoriser l'arrivée
des convois destinés à cette île, lesquels étaient retenus à
Otrante, à Brindisi et dans les autres ports de l'Adriatique par la présence des croiseurs anglais. Il devait aussi

s'entendre avec la Cour de Naples pour faire une expédition contre la Sicile qui tenait toujours pour le roi détrôné. Privé de toutes ressources maritimes par les dévastations que les Anglais avaient commises en évacuant la Calabre, le roi de Naples avait exprimé le désir de faire transporter ses troupes en Sicile, et même de faire attaquer les forts et les batteries de mer de cette île par des vaisseaux français. Le vice-amiral Ganteaume se dirigea vers le passage compris entre l'Afrique et la côte occidentale de la Sicile. Quoique le temps eût une belle apparence, le vent fraîchit beaucoup le soir même; le lendemain, l'escadre était à la cape. Le *Commerce de Paris* démâta de ses deux mâts de hune, cassa ses deux basses vergues et ses hunes. Le *Robuste*, le *Génois*, l'*Annibal*, le *Borée* et la *Mohawk* furent séparés du reste de l'escadre. Le *Magnanime* prit le vaisseau amiral à la remorque et le traîna jusqu'au 13; le temps s'embellit ce jour-là. Le port de Corfou était bloqué avec un grand soin; cependant, soit que l'ennemi eût été informé de l'arrivée de l'escadre, soit que les mauvais temps qui furent presque continuels cet hiver l'eussent forcé de s'éloigner, aucun bâtiment n'était en vue lorsque l'escadre parut devant cette île; le vice-amiral Ganteaume mouilla le 23 février. Le chargement particulier des vaisseaux fut de suite mis à terre et, quarante-huit heures après l'arrivée, le commandant en chef, laissant le *Commerce de Paris* se réparer dans le port, arbora son pavillon sur le *Magnanime*, remit à la voile avec les autres vaisseaux, et se dirigea sur le cap Santa Maria d'Italie où il espérait trouver ceux qui avaient été séparés. Pendant dix-neuf jours, l'escadre reçut coups de vent sur coups de vent, et ce fut devant Corfou, le jour même de sa rentrée, qu'elle rencontra les vaisseaux au devant desquels le commandant en chef s'était porté. Le contre-amiral Cosmao qui en avait pris le commandement supérieur avait relâché à Tarente. Il était à peine arrivé dans ce port, que le roi de Naples lui avait fait exprimer le désir de

III 32

le voir venir avec ses vaisseaux devant cette capitale. Il allait se rendre à ce vœu lorsque, le 8 mars, il avait appris que le commandant en chef était à sa recherche. Il avait renoncé alors à ce projet, mais le mauvais temps l'avait empêché de se tenir au rendez-vous du cap Santa Maria.

Les réparations des vaisseaux étaient terminées; le personnel et le matériel destinés à Corfou étaient à terre, quand le vice-amiral Ganteaume fut informé de l'arrivée successive de deux divisions anglaises à Palerme. Rien ne le retenait désormais. Le 16 mars, il mit à la voile; contrarié encore par de grands vents, il n'arriva à Toulon que le 10 avril.

Voyons maintenant comment cette escadre avait pu traverser deux fois la Méditerranée, et séjourner dans l'Adriatique, sans rencontrer un seul bâtiment anglais. Le vice-amiral Collingwood qui commandait les forces navales de l'Angleterre dans la Méditerranée, était à Syracuse avec 5 vaisseaux au moment où le vice-amiral Ganteaume passait dans l'Ouest de la Sicile. Il quitta ce mouillage, le 24 février, et se croisa avec le STANDARD qui allait le prévenir de la sortie des vaisseaux de Toulon et de la direction qu'ils avaient prise. Le 2 mars, le vice-amiral Thornborough et le contre-amiral sir Richard Strachan rallièrent le commandant en chef avec leurs divisions et allèrent avec lui, d'abord à Palerme, et ensuite devant Naples. C'est alors seulement que le capitaine du STANDARD parvint à joindre le vice-amiral Collingwood. Celui-ci fit immédiatement route au Sud, passa dans l'Ouest de la Sicile, apprit que l'escadre française n'était plus dans l'Adriatique, et s'établit en croisière dans le Sud de la Sardaigne où il ne tarda pas à être informé de la rentrée du vice-amiral Ganteaume à Toulon. Il chargea le vice-amiral Thornborough de l'y bloquer, et il fit route pour Cadix.

La situation des îles de France et de la Réunion devenait de jour en jour plus critique; les approvisionnements
et les vivres n'arrivaient guère dans ces colonies que par
les prises des frégates; dans ce but, le capitaine général
qui, depuis le départ du contre-amiral Linois, avait le
commandement des armées de terre et de mer, les tenait
constamment en croisière. La frégate de 46° la *Piémontaise*, capitaine Épron (Jacques), avait repris la mer après
un repos rendu indispensable par une laborieuse croisière
à la fin de l'année 1807. Le soir du 7 février, à environ
200 lieues dans l'Ouest du détroit de la Sonde, cet officier supérieur alla au-devant de neuf voiles qu'il ne put
reconnaître qu'au jour : c'étaient des vaisseaux de la Compagnie des Indes escortés par une frégate. Il les canonna
dans la matinée; mais ne pouvant réussir à les diviser, il
continua sa route après leur avoir envoyé plusieurs bordées.

Le 6 mars, à mi-canal entre l'île Ceylan et la terre, le
capitaine Épron eut connaissance de quatre vaisseaux de la
Compagnie et d'une frégate anglaise qu'il sut plus tard être
la SAN FIORENZO de 42°, capitaine Nicholas Hardinge ; il prit
la direction qui l'éloignait le plus de la frégate. Celle-ci le
poursuivit et, quoique la brise fût faible de l'Ouest, à 11ʰ
du soir, le combat était devenu inévitable. Toutefois, la
nuit se passa sans engagement sérieux; on se borna à
échanger deux volées. La lutte ne commença qu'à 6ʰ
20ᵐ du matin, à une distance de deux encâblures; trois
heures plus tard, les deux frégates se séparèrent pour
réparer leurs avaries. Ce travail leur prit le reste de la
journée. Le 8 au jour, la SAN FIORENZO était à toute vue,
et gouvernait de manière à se rapprocher de la *Piémontaise;* deux navires auxquels elle fit des signaux imitèrent
sa manœuvre. La frégate française chercha à éviter les uns
et les autres; mais la SAN FIORENZO la gagna facilement,
et il fallut se disposer à un nouvel engagement. A 3ʰ 30ᵐ,
les deux frégates s'envoyèrent leur bordée à contre-bord;
la SAN FIORENZO laissa ensuite arriver pour passer derrière

la *Piémontaise;* celle-ci ayant fait le même mouvement, les deux frégates se présentèrent le travers. Une demi-heure plus tard, la dernière ne pouvait plus manœuvrer et, à 5ʰ, criblée dans toutes ses parties et manquant de projectiles, elle cessa de combattre; son pavillon fut amené. Son équipage était, dans ce moment, réduit de 185 hommes car, outre les tués et les blessés, elle en avait détaché 50 sur des prises.

Un procès-verbal, signé par les officiers de la *Piémontaise,* constate que les platines des canons étant presque toutes démontées, il avait fallu faire usage des boute-feux pendant le dernier engagement, et que c'est à peine si l'on avait pu se servir des étoupilles et des mèches, tant elles étaient mauvaises. Cette circonstance avait naturellement contrarié le feu de la frégate française.

La *Piémontaise* portait 28 canons de 18,
4   —   de 8
et 14 caronades de 36.
La San Fiorenzo avait 26 canons de 18,
2   —   de 9
et 14 caronades de 32.

Le capitaine Épron fut acquitté honorablement par le conseil de guerre auquel il eut à rendre compte de sa conduite.

———

Après un séjour de quelques mois à l'île de France, le capitaine Motard avait repris la mer avec la frégate de 40ᶜ la *Sémillante,* et était allé s'établir en croisière à la hauteur de l'île Ceylan. Il venait d'expédier une prise de grande importance lorsque, le 15 mars à l'entrée de la nuit, il aperçut dans le Sud un bâtiment vers lequel il se dirigea; à 7ʰ, il en était à portée de voix. Ouvrant tous ses sabords en même temps, ce bâtiment dissipa les doutes qui pouvaient exister sur sa force : c'était la frégate anglaise de 40ᶜ Terpsichore, capitaine Augustus Montagu, qui se rendait à Madras. Le combat s'engagea de suite bâbord amures, la *Sémillante* par le travers du vent de la frégate anglaise. A 8ʰ 30ᵐ, le capitaine Motard tomba frappé à la tête et au cou. Transporté au poste des chirurgiens, il fut remplacé par le lieutenant de vaisseau Duburquois. Le combat cessa peu de temps après cet événement, car la *Sémillante* ayant masqué dans une variation de la brise, abattit sur bâbord, et son nouveau capitaine dut essayer de faire le tour pour reprendre les mêmes amures; mais, comme beaucoup de manœuvres étaient coupées, cette évolution ne put être exécutée, et la frégate courut forcément vent arrière. Le capitaine Montagu la laissa faire et ne la suivit pas. Les avaries de la *Sémillante* avaient porté principalement dans sa mâture; son mât d'artimon menaçait de s'abattre. L'impossibilité de le consolider à la mer, et surtout l'état inquiétant du capitaine Motard, déterminèrent son remplaçant à ne pas prolonger davantage une croisière qui n'offrait désormais que peu de chances de succès; il fit route pour l'île de France. Cependant la TERPSICHORE qui, tout d'abord, semblait avoir renoncé à recommencer le combat, se rapprocha et réussit à l'atteindre. Mais après avoir échangé quelques boulets avec la *Sémillante*, le capitaine Montagu la laissa tranquillement continuer sa route dans la journée du 20. La frégate française arriva à l'île de France dans les premiers jours du mois d'avril.

La *Sémillante* portait 26 canons de 12,
                         10   —   de 6
           et   4 caronades de 36.
La TERPSICHORE avait 26 canons de 18,
                       4   —   de 6
           et 10 caronades de 32.

M. William James (1) dit que l'état de vétusté de la fré-

---

(1) *The naval history of Great Britain.*

gate anglaise avait mis son capitaine dans la nécessité de laisser à terre tous les canons des gaillards moins deux ; la TERPSICHORE n'aurait par conséquent eu que 28 canons.

La *Sémillante* se ressentait aussi des longues et nombreuses croisières, à la suite desquelles il ne lui avait jamais été fait que des réparations superficielles. A son retour, jugée incapable de continuer le rude service qui incombait aux frégates dans ces mers, elle fut cédée au commerce.

La *Sémillante* se trouva immédiatement remplacée par la frégate de 44ᶜ la *Manche*, capitaine Dornaldeguy, qui était arrivée le 6 mars. Après un mois de repos, cette frégate entreprit sa première croisière dans le canal de Mozambique ; le capitaine Dornaldeguy ne rentra au Grand Port que huit mois après, avec la frégate de 44ᶜ la *Caroline*, capitaine Billard, qu'il avait rencontrée auprès de la Réunion. Celle-ci effectuait aussi son retour après une croisière entreprise dès son arrivée dans les mers de l'Inde, au mois d'avril précédent.

———

Les frégates l'*Italienne* de 44 canons et la *Sirène* de 42, capitaines Méquet (Hugues) et Duperré, effectuant leur retour de la Martinique où elles avaient porté des troupes, furent chassées, le 22 mars dans l'après-midi, à leur atterrage sur l'île de Groix, par les vaisseaux anglais de 82ᶜ IMPÉTUEUX, capitaine John Lawford et SATURN et les frégates AIGLE de 42, capitaine George Wolfe et NARCISSUS de 40 ; ces bâtiments, et 3 corvettes qui n'étaient pas en vue, surveillaient les ports de Lorient et de Concarneau. La proximité du dernier et la distance à laquelle se trouvaient encore les chasseurs, semblaient assurer la retraite des frégates françaises. Mais le vent qui soufflait assez frais du N.-N.-O. au large, tomba au voisinage de la terre, et elles se firent remorquer par leurs embarcations ; un des vaisseaux et une frégate approchaient beaucoup. Plus tard, le vent s'étant élevé au Sud, le capitaine Duperré estima ne pouvoir atteindre Lorient avant d'être joint, et il laissa arriver pour chercher un abri sous les batteries de Groix. A 8ʰ 30ᵐ, l'AIGLE qui avait passé entre cette île et la terre, commença à canonner la *Sirène* par bâbord; l'IMPÉTUEUX le fit bientôt de l'autre bord. Après cinq quarts d'heure, les bâtiments anglais se retirèrent. Craignant, malgré cela, de n'avoir pas le temps de s'embosser pour prendre une bonne position de défense dans le cas où il serait attaqué de nouveau, le capitaine Duperré échoua sa frégate sous la batterie Lacroix, à la pointe des Chats. Ses appréhensions n'étaient pas fondées : les Anglais ne firent pas d'autre tentative. Le grand mât et le beaupré de l'AIGLE étaient très-endommagés et le capitaine Wolfe avait reçu une blessure fort grave. La *Sirène* fut facilement remise à flot le 26, et elle entra à Lorient où se trouvait déjà l'*Italienne* (1).

Le brig de 16ᵉ le *Griffon*, capitaine Gauthier (Jacques), parti de France avec un faible détachement de troupes pour la Martinique, fut chassé, à son atterrage, par deux frégates anglaises qui l'accompagnèrent de leurs boulets jusqu'au petit port du Marin, où il mouilla le 16 mars. Le 27, le vaisseau anglais ULYSSE, la frégate CASTOR, la corvette HYPPOMENE et le brig le MORNE FORTUNÉ se présentèrent à l'entrée de la baie, et pendant qu'ils canonnaient les batteries, leurs embarcations mirent à terre un détachement

---

(1) M. Chassériau (*a*), dans la relation qu'il a donnée de cet engagement dont il exagère beaucoup l'importance, prête 52 canons à l'*Italienne*. Ce type de frégate n'existait pas alors. En retirant les 8 pierriers réglementaires, arme que depuis longtemps on ne comprend plus dans la nomenclature des pièces d'artillerie, il reste 44 bouches à feu à l'*Italienne*, nombre effectif des canons et des caronades que portaient les frégates dites de 40 canons. En ce qui concerne la *Sirène*, il fait aussi erreur. Les frégates de 42 canons, dites de 38, portaient 26 canons de 18, 12 de 8 et 4 caronades de 36.

(*a*) *Vie de l'amiral Duperré.*

de troupes et de marins pour les attaquer par la gorge. Incapables de résister à une semblable agression, les artilleurs se replièrent vers la partie de la rade qui faisait face au mouillage du *Griffon*. Les embarcations anglaises se dirigèrent alors sur le brig ; mais, accueillies par des décharges précipitées de mitraille, elles furent forcées de renoncer à leur entreprise, et de retourner à leur bord avec des pertes d'autant plus grandes, que plusieurs s'échouèrent dans les passes et restèrent longtemps exposées au feu du brig français.

Ce léger succès ne changea en rien la position critique de la Martinique ; les magasins de cette colonie étaient vides, et l'on y calculait avec anxiété le terme de la durée des derniers approvisionnements. Les quelques bâtiments qu'on y envoyait n'augmentaient pas ses forces, car si l'un d'eux éprouvait quelque avarie de mer, ou avait le plus petit engagement, il fallait le désarmer faute de pouvoir le réparer. L'attaque des colonies de l'Ouest était au reste commencée, et plusieurs avaient déjà été prises.

Les capitaines Jance et Cocherel, des brigs de 16° le *Palinure* et le *Pilade*, se rendant de la Martinique à la Guadeloupe avec des soldats qu'ils avaient pris en France, furent chassés, le 22 avril, par la corvette anglaise de 26° GOERÉE, capitaine Joseph Spear, qui les attaqua à 9ʰ du matin. Après une heure d'engagement, la corvette anglaise amena son pavillon (1) ; toutefois, elle ne fut pas amarinée, car plusieurs bâtiments ayant été aperçus auprès de Marie-Galante, les brigs français se dirigèrent sur le mouillage des Saintes qu'ils atteignirent, mais après avoir échangé plusieurs bordées avec le brig anglais de 14° SUPÉRIEURE.

---

(1) Le capitaine Cocherel ne dit pas que la corvette amena son pavillon. Cette circonstance est cependant positivement mentionnée dans le rapport de l'enseigne de vaisseau Huguet.

Les autres bâtiments aperçus qui, eux aussi, poursuivaient les brigs français, étaient la frégate de 40° Circe et le brig de 18 Wolwerine. Dès la troisième volée, le capitaine Jance avait reçu dans le ventre une balle qui l'avait mis hors d'état de rester sur le pont; l'enseigne de vaisseau Huguet (Simon) l'avait remplacé. Quelque graves que fussent les avaries des brigs français, celles de la corvette l'étaient encore davantage; elle avait sa grande vergue et ses deux vergues de hune coupées, et ses compatriotes arrivèrent fort à propos pour retirer le capitaine Spear du mauvais pas dans lequel il s'était si audacieusement engagé.

Dans la soirée du 26 avril, le lieutenant de vaisseau Fougeray (Thomas), qui commandait une division de flottille stationnée à Granville, sortit avec 3 canonnières pour attaquer 3 brigs anglais qu'on venait d'apercevoir aux îles Chausey. La nuit se passa sans qu'il eût pu les atteindre. Le lendemain matin, le vent soufflait du N.-E. et le temps était couvert. Abandonnant son premier projet, le capitaine Fougeray se porta à la rencontre d'un convoi qui était signalé dans le Nord. Les brigs ennemis le suivirent, et une canonnade qui dura deux heures commença entre les anglais et les convoyeurs. Les batteries de la côte prêtèrent leur concours à ces derniers toutes les fois que cela leur fut possible. A 11ʰ, les brigs prirent le large et le convoi entra à Granville.

Le brig de 16° le *Requin*, capitaine Bérar, se rendant de Toulon à Alger, fut chassé, le 10 mai, par le brig anglais de 16° Wizard, capitaine Abel Ferris, qui l'atteignit et l'attaqua le lendemain. Le combat durait depuis plus de trois heures lorsque, et comme d'un commun accord, tous deux cessèrent le feu pour réparer leurs avaries. Le capitaine Bérar, qui avait une mission à remplir, profita

de cette circonstance pour s'éloigner de son adversaire ;
celui-ci le suivit jusqu'à l'entrée de la baie de Tunis.

La flûte de 26ᵉ la *Baleine*, capitaine Gaudran, partie de
Toulon avec l'escadre qui avait été chargée d'approvisionner Corfou, fut séparée pendant le coup de vent qui
l'assaillit à sa sortie, et relâcha à Roses le 11 mai. Elle
y fut attaquée, le lendemain, par la frégate anglaise
de 40ᵉ AMPHION, capitaine William Hoste. Abandonné à
ses propres forces, car les batteries ne semblaient pas
disposées à lui prêter assistance, le capitaine Gaudran
échoua la *Baleine* sous la Trinidad, espérant que quelque
boulet anglais, se trompant de destination, déterminerait
l'officier qui commandait ce fort à riposter. A 11ʰ, la frégate mouilla à un tiers de portée de canon par le travers
de la flûte, et le combat commença. Étonné du silence que
gardait le fort de la Trinidad, et attribuant cette inaction
à l'absence des hommes qui devaient l'armer, le capitaine
Gaudran lui envoya quelques marins. Lorsque le capitaine
anglais aperçut ce mouvement, il crut que les Français
évacuaient leur bâtiment, et il expédia une embarcation
pour en prendre possession. Mais l'officier chargé de cette
mission revint bientôt de sa méprise et, accueilli par une
grêle de balles, il retourna à son bord. A 2ʰ 30ᵐ, la frégate anglaise se retira. Les forts de la baie avaient enfin
fait feu ; le capitaine Gaudran estima qu'ils avaient tiré un
coup de canon tous les quarts d'heure.

Bloqué par la division anglaise, le brig de 16ᵉ le *Griffon*,
que nous avons laissé en relâche au Marin, ne put se rendre
au Fort-Royal que le 18 avril (1) ; huit jours plus tard, il
appareillait pour aller chercher des vivres à Pensacala. Le
11 mai, le cap Saint-Antoine de l'île de Cuba restant à

---

(1) Page 503.

18 milles, le capitaine Gauthier aperçut la corvette anglaise de 20° BACCHANTE, capitaine Samuel Hood Inglefield ; le temps était brumeux et la brise fraîche du S.-O. A 1ʰ 30ᵐ, la corvette anglaise qui depuis quelque temps tirait en chasse, n'était plus qu'à demi-portée de canon. Renonçant alors à atteindre le mouillage des Colorados sur lequel il se dirigeait, le capitaine Gauthier serra le vent et, pendant une heure, il combattit vergues à vergues la BACCHANTE qui avait fait la même manœuvre ; totalement dégréé, le *Griffon* amena. Son armement consistait en

14 caronades de 24
et 2 canons de 6.
LA BACCHANTE avait 18 caronades de 32
et 2 canons de 9.

Le 15 mai au matin, 12 navires du commerce ayant laissé tomber l'ancre dans la rade de Fromentine, le cutter anglais de 12° LION les y suivit, avec l'intention manifeste de les enlever. Prévenu immédiatement, le lieutenant de vaisseau Guiné, employé à l'escorte des convois sur cette partie de la côte, sortit du port avec sept péniches. La vue de cette petite flottille modifia les projets du capitaine anglais ; le cutter mit le cap au large ; mais la faiblesse de la brise permit aux péniches de l'atteindre et de l'attaquer à 9ʰ du soir. Il répondit vigoureusement d'abord au feu des embarcations françaises, puis après dix minutes il cessa de se défendre. Deux des péniches l'ayant accosté à bâbord, l'équipage anglais s'embarqua de l'autre côté dans des canots disposés à cet effet ; poursuivis par les embarcations françaises, ils durent leur salut à l'obscurité de la nuit.

Le brig de 14° le *Milan*, capitaine Saint-Cricq, sorti de Saint-Malo, le 7 mars, et se rendant à Cayenne avec une grande brise d'Est, fut suivi par une corvette anglaise, le lendemain de son appareillage ; après une chasse de sept heures, pendant laquelle il démâta de son grand mât de hune, le brig français était à portée des boulets de l'ennemi. Le capitaine Saint-Cricq qui avait pris ses dispositions pour changer de route, loffa alors subitement. La corvette anglaise imita ce mouvement; mais n'ayant pas diminué de voiles, elle inclina d'une manière compromettante, et la position critique dans laquelle elle se trouva permit au *Milan* de s'éloigner.

Deux jours plus tard, un convoi escorté par un vaisseau et deux frégates fut signalé. Le vaisseau parvint à approcher assez le *Milan* pour lui envoyer quelques boulets, mais il ne put l'empêcher d'arriver à sa destination.

A quelques mois de là, le 3 juillet, le capitaine Saint-Cricq croisant sur la côte de la Guyane, aperçut une corvette anglaise qu'il prit d'abord pour un corsaire, et qu'il ne lui était plus possible d'éviter lorsqu'il reconnut son erreur. Le *Milan* ouvrit sur cette corvette un feu de mitraille si serré, qu'elle laissa promptement arriver vent arrière. Cette retraite eut lieu fort à propos, car toutes les bragues des caronades du brig français étaient rompues.

J'aurais voulu pouvoir donner le nom de ces divers adversaires du *Milan*, mais le capitaine de ce brig a omis de le faire, et les relations anglaises ne parlent d'aucun des trois engagements mentionnés dans le rapport du capitaine Saint-Cricq.

———

Le capitaine Lamanon, du brig le *Serpent*, expédié pour aller annoncer aux colonies espagnoles l'avénement du prince Joseph Bonaparte au trône d'Espagne mouilla, le 14 juillet, à la Guayra de l'état de Caracas. Le 16, la frégate anglaise Acasta entra aussi dans cette rade, malgré les représentations du capitaine Lamanon. L'arrivée de cette frégate coïncidait avec l'insurrection que venait d'occasionner la nouvelle apportée par le *Serpent*. Aussi, ne se considérant pas en sûreté à ce mouillage, le

capitaine du brig français prit-il le parti de mettre à la
voile le lendemain. La frégate anglaise appareilla en même
temps que lui et, bien qu'elle eût hissé un pavillon de parlementaire, elle suivit le brig en lui tirant des coups de
canon. Cette agression détermina le capitaine du *Serpent*
à revirer sur la terre et à mouiller près des forts ; ceux-
ci restèrent impassibles à la canonnade, alors soutenue,
de la frégate anglaise. A 9ʰ 40ᵐ, le capitaine Lamanon
amena son pavillon sans avoir brûlé une amorce, laissant
ainsi au capitaine anglais toute la responsabilité de l'acte
qu'il venait de commettre.

Le capitaine Lamanon fut déchargé d'accusation par le
conseil de guerre qui eut mission d'examiner sa conduite.

———

Le brig de 16ᵉ le *Requin*, capitaine Bérar, revenant en
France après avoir rempli la mission pour laquelle il avait
été envoyé à Alger, fut chassé, le 28 juillet, et canonné
pendant deux heures et demie, par la frégate anglaise
de 40ᵉ VOLAGE, capitaine Philip Rosenhagen. Le capitaine
Bérar riposta par trois volées et fit amener le pavillon.

———

Le 11 août au matin, par une brise fraîche de O.-N.-O.
et à 75 milles de l'île d'Yeu, la corvette de 20ᵉ la *Diligente*,
les brigs l'*Espiègle* de 18 et le *Sylphe* de 16, partis de Lorient pour la Guadeloupe avec un chargement de farines,
furent chassés par la corvette anglaise de 26ᵉ COMET,
capitaine Featherstone Daly ; tous trois tinrent le vent
bâbord amures et forcèrent de voiles. Incapable de suivre ses compagnons, le capitaine Clément (Louis), du
Sylphe, laissa arriver successivement jusqu'à l'E.-N.-E.,
jetant à la mer, embarcations, dromes et partie de son chargement, mais sans réussir à obtenir une augmentation de
sillage. A 5ʰ 30ᵐ de l'après-midi, le *Sylphe* fut attaqué sous
le vent, et il sentit bientôt la supériorité du feu de son ad-

versaire. Après une heure, le grément du brig était haché et sa voilure était en lambeaux; quatre pièces démontées ne permettaient plus de répondre que faiblement à la canonnade toujours bien nourrie de la corvette anglaise. Le capitaine Clément fit amener le pavillon. Le *Sylphe* prit le nom de SEAGULL dans la marine anglaise.

Le *Sylphe* portait 14 caronades de 24
            et   2 canons   de   6.
La COMET avait   24 caronades de 32
            et   2 canons   de   9.

Le capitaine Dauriac, du brig de 3ᵉ le *Consolateur*, venait de laisser tomber l'ancre devant Maldonado, pour prendre un pilote de la Plata, lorsque les canots de deux vaisseaux anglais qui parurent au large, se dirigèrent de son côté. Le capitaine Dauriac ne pensant pas pouvoir repousser l'attaque de ces embarcations, jeta le *Consolateur* à la côte et le fit évacuer.

Il advint au brig de 18ᵉ l'*Espiègle*, capitaine Maujouan, ce qui était arrivé au *Sylphe* (1) : il fut laissé de l'arrière par la *Diligente* dont la marche était supérieure à la sienne et, pour éviter Carybde, il tomba en Scylla. Chassé, le 16 août, par la frégate anglaise de 48ᵉ SIBYL, capitaine Clotworthy Upton, l'*Espiègle* fut atteint, et amena son pavillon aux premiers coups de canon de la frégate. L'*Espiègle* fut classé, sous le nom d'ELECTRA, parmi les brigs de la marine de l'Angleterre.

Le 3 septembre au point du jour, le capitaine Jance, du brig de 16ᵉ le *Palinure*, se trouvant à 150 milles dans

---

(1) Page 509.

le N.-E. des îles Vierges, et faisant route au Nord avec une faible brise d'E.-N.-E., aperçut sous le vent le brig anglais de 19ᵉ CARNATION, capitaine Mars Gregory, sur lequel il laissa arriver. A 12ʰ 50ᵐ, il l'attaqua par le travers sous le vent. Quoique fort vive de part et d'autre, la canonnade n'amenant aucun résultat positif, le capitaine Jance se décida à profiter de l'exaltation de l'équipage qui demandait l'abordage à grands cris. La barre fut mise sous le vent, et les grapins du *Palinure* le tenaient accroché à son adversaire, avant que celui-ci eût pu songer à l'éviter. En un instant, 25 hommes, à la tête desquels étaient presque tous les officiers, envahirent le pont du brig anglais. Après une demi-heure de résistance, tout céda à l'ardeur des assaillants, et le pavillon français remplaça celui de la Grande-Bretagne à la corne de la CARNATION.

Atteint de la fièvre jaune depuis cinq jours, le capitaine Jance s'était fait porter sur le pont, mais il n'avait pas été capable de diriger les mouvements du brig ; toutefois sa présence avait électrisé l'équipage. Le capitaine réel du *Palinure* était l'enseigne de vaisseau Huguet (Simon), qui sauta aussi à l'abordage.

Les avaries du brig anglais étaient sans importance, mais son personnel avait éprouvé des pertes considérables ; le capitaine Gregory avait été tué, et tous les officiers étaient blessés. Les pertes de l'équipage français, au contraire, étaient minimes, et les avaries du brig étaient grandes ; il avait été démâté de ses mâts de hune, et la tête de son mât de misaine était cassée au ras du capelage.

Le *Palinure* était armé de   2 canons   de   6
                              et 14 caronades de 24.
La CARNATION portait   16 caronades de 32,
                          2 canons   de   6
              et 1   —   de 18 à pivot.

En raison des avaries du *Palinure*, le capitaine Jance ordonna de faire passer l'équipage de ce brig sur la CAR-

NATION et de mettre une partie des prisonniers sur le *Palinure*. Ce malheureux officier ne put jouir longtemps de son triomphe ; il mourut en arrivant à bord de sa prise. La CARNATION prit le *Palinure* à la remorque et les deux brigs entrèrent dans la petite rade du Vauclin de la Martinique.

Après avoir perdu de vue la corvette anglaise dont l'apparition l'avait fait changer de route, ainsi que ses deux compagnons, et qui s'était mise à la poursuite du *Sylphe*, le plus faible des trois, le capitaine Lemaresquier, de la corvette de 20ᵉ la *Diligente*, avait gouverné à l'Ouest et, ainsi qu'on l'a vu (1), il n'avait pas tardé à laisser l'*Espiègle* de l'arrière. Le 6 septembre, il allait prendre connaissance de l'île de la Barbade, lorsqu'il aperçut une voile dans laquelle il ne tarda pas à reconnaître un bâtiment de guerre : c'était le brig anglais de 18ᵉ RECRUIT, capitaine Charles Napier. A 8ʰ 30ᵐ du matin, tous deux échangèrent leur bordée à contre-bord ; le capitaine anglais fut blessé. Après s'être dépassés, ils virèrent et se canonnèrent encore. La *Diligente* laissa alors arriver pour prendre le brig en enfilade ; mais celui-ci fit la même manœuvre et ils se trouvèrent par le travers l'un de l'autre, la corvette à bâbord. Le combat continua sous cette allure. A 11ʰ, le grand mât du RECRUIT s'abattit sur l'arrière. L'embarras qui en résulta dut faire considérer la défaite de ce brig comme certaine. Il se retira cependant de cette position désespérée, car l'eau entrait avec tant d'abondance par les trous des boulets que la *Diligente* avait reçus à la flottaison, que le capitaine Lemaresquier crut devoir faire cesser le feu pour s'occuper exclusivement des pompes. Lorsqu'après avoir paré au plus pressant danger il se dirigea sur le RECRUIT, la brise était devenue si faible qu'il

(1) Pages 509 et 510.

ne put le rejoindre avant la nuit; le lendemain ce brig n'était plus en vue.

La *Diligente* portait 18 caronades de 24
            et   2 canons   de 12.
Le RECRUIT avait   16 caronades de 32
            et   2 canons   de 9.

La version anglaise diffère essentiellement du récit du capitaine Lemaresquier. D'après M. William James (1), le RECRUIT aurait continué à combattre après avoir perdu son grand mât et, malgré l'avantage que devait donner à la *Diligente* la possibilité de manœuvrer pour prendre les positions les plus favorables, le brig anglais aurait forcé la corvette à cesser son feu; puis, vers 2ʰ du matin, en laissant arriver sur elle, il aurait décidé le capitaine français à couvrir sa corvette de voiles pour se soustraire à un second engagement. Je m'abstiendrai de toute réflexion et me bornerai à souhaiter à l'historien de la marine de la Grande-Bretagne d'avoir, dans l'intérêt de son pays, à faire souvent le panégyrique d'officiers qui manœuvrent et combattent ainsi avec un brig dont le grand mât a été abattu.

Nous avons laissé la frégate de 48ᵉ la *Canonnière* à Manille où elle avait mouillé à la fin de l'année 1806. Le besoin d'argent se faisait vivement sentir à cette époque dans les colonies espagnoles de l'Océanie. Depuis trois ans, les Philippines n'avaient reçu aucun subside du Mexique; elles y avaient pourtant en dépôt des sommes considérables dont l'arrivée était pour elles d'une extrême importance. Le capitaine Bourayne ayant acquiescé à la demande qui lui avait été faite par le gouverneur-général d'aller à Acapulco, sur la côte occidentale du Mexique, réclamer les fonds destinés à ces colonies, la *Canonnière* avait mis

_____

(1) *The naval history of Great Britain.*

III   3

sous voiles, au mois d'avril 1807 et, le 20 juillet, elle était à Acapulco, où elle était retournée une seconde fois, après avoir escorté jusqu'aux îles Luçon un galion et un vaisseau de la Compagnie espagnole. Cette fois, elle y avait embarqué trois millions de piastres qu'elle avait portés à Manille. La *Canonnière* avait ensuite fait voile pour l'île de France, et y était arrivée au mois de juillet 1808.

Depuis la cession de la *Sémillante* au commerce, la division de l'Inde ne comprenait plus que la *Manche* et la *Caroline*; ces frégates étaient alors en croisière avec le brig le *Iéna*. Arrivé dans l'Inde avec le capitaine Surcouf, sous le nom de *Revenant*, ce brig avait été mis en réquisition, et le commandement en avait été donné au lieutenant de vaisseau Morice. Dans ce moment, les rades de l'île de France étaient observées par la frégate anglaise de 30° LAUREL, capitaine John Woolcombe. La *Canonnière* sortit, le 11 septembre, pour la combattre ou l'obliger à s'éloigner.

Ce fut le lendemain seulement, et alors qu'après l'avoir infructueusement cherchée, le capitaine Bourayne faisait route pour le mouillage des Deux-Frères, que cette frégate fut aperçue sous le Coin de mire; le vent soufflait du S.-E. A 6ʰ du soir, les deux frégates échangèrent quelques boulets à contre-bord. Lorsqu'elles se furent dépassées, l'anglaise qui était au vent laissa arriver pour passer à poupe de la *Canonnière;* mais celle-ci arrivant également lui présenta le travers, et elles combattirent vent arrière à portée de fusil. Malgré la faiblesse et les variations de la brise qui faisaient changer les positions respectives, le combat prit un caractère d'acharnement facile à concevoir. Le délabrement du gréement et de la voilure de la LAUREL rendit bientôt sa manœuvre difficile. A 7ʰ, une folle brise la fit abattre sur tribord tandis que la *Canonnière* tournait de l'autre côté. Mais avant que son mouvement d'abattée fût bien prononcé, la dernière envoya à la LAUREL une bordée d'écharpe à laquelle il ne fut pas

riposté ; cette frégate avait en effet amené son pavillon ; il
était un peu moins de 8ʰ. La *Canonnière* entra au Port-
Nord-Ouest avec sa prise à la remorque. Cette capture avait
une grande importance car, sortie depuis un mois seulement du Cap de Bonne-Espérance, la frégate anglaise avait
à bord des vivres pour cinq mois et de nombreux rechanges qu'elle apportait à la division de l'Inde.

La *Canonnière*   avait 28   canons   de 18,
                           6   —   de 8
           et 14 caronades de 36.
   La Laurel   portait 22   canons   de 9,
                           2   —   de 6
           et 6 caronades de 18.

Le capitaine Raoul, de la corvette de 28ᶜ les *Landes*, se
rendant à la Guadeloupe avec un chargement de farines
aperçut, le 29 septembre, à l'atterrage, le brig anglais de
14ᶜ Maria, capitaine James Bennett, qui se méprenant
probablement sur sa force, manœuvra pour lui couper le
passage. Lorsque la Maria se trouva à portée de pistolet,
la corvette lui envoya une bordée qui occasionna des dégâts tels, que le capitaine Raoul ordonna de ne plus tirer et
lui cria d'amener. Le capitaine anglais n'en tînt aucun
compte ; il continua son feu et mit les *Landes* dans la nécessité d'y répondre. Trois fois le capitaine Raoul s'arrêta
pour engager celui du brig à ne pas prolonger une résistance inutile ; mais voyant que le pavillon anglais ne s'amenait pas, il fit tirer à bout portant ; la Maria cessa de se
défendre. Sur 70 hommes dont se composait son équipage,
45 étaient hors de combat ; son capitaine avait été tué. La
Maria coulait bas ; elle fut échouée sur une des pointes de
la Guadeloupe et, plus tard, conduite à la Martinique. Il
fallut changer le mât de misaine.

La corvette les *Landes* avait 16 caronades de 24
                              et 12   canons de 6.
La Maria   portait   12 caronades de 18
                              et 2   canons de 4.

Lorsqu'il eut rempli sa mission, le capitaine Raoul fit
route pour France. Le 9 novembre, il rencontra un brig
anglais qu'il combattit pendant deux heures, et il eût capturé ce bâtiment qu'il avait entièrement désemparé, si
deux frégates n'étaient arrivées à point pour soutenir leur
compatriote. Un mois après, il entra dans la Gironde.
M. James (1) déclare avoir fait des recherches infructueuses pour découvrir le nom du brig que le capitaine
de la corvette les *Landes* prétend avoir ainsi combattu et
désemparé.

———

Après une chasse prolongée dans le golfe du Bengale, le brig de 18ᶜ le *Iéna*, capitaine Morice, qui faisait
partie de la division de la mer des Indes, fut attaqué, le
8 octobre, par la frégate anglaise de 44ᶜ Modeste, capitaine
honorable George Elliot, qui le contraignit à amener son
pavillon. Le *Iéna* fut classé parmi les brigs de guerre de
la marine anglaise sous le nom de Victor, avec 16 caronades de 32 et 2 canons de 6.

———

Le brig de 16ᶜ le *Pilade*, capitaine Cocherel, parti de la
Martinique pour croiser au vent de l'île, fut pris, le 20 oc-
tobre, par le vaisseau anglais de 82ᶜ Pompée, capitaine
George Cockburn, qui arrivait d'Europe.

———

Après la mort du capitaine Jance, l'enseigne de vaisseau
Huguet (Simon) avait pris le commandement du brig de

—————————————————

(1) *The naval history of Great Britain.*

19ᵉ la *Carnation*, et l'enseigne de vaisseau Fournier (Jean-Pierre), celui du brig de 16ᵉ le *Palinure* (1). Bloqués bientôt au Vauclin où ils avaient jeté l'ancre, ces deux officiers attendirent une circonstance favorable pour se rendre au Fort-Royal. Le 30 octobre, les croiseurs anglais s'étant éloignés, ils mirent à la voile à l'entrée de la nuit; mais à peine dans les passes, ils aperçurent 2 frégates auxquelles ils espérèrent échapper en passant à terre des récifs. Vers 6ʰ, la *Carnation* qui avait appareillé la dernière, vira de bord; le *Palinure* était alors tout-à-fait en dehors des roches. Son capitaine, ne pouvant pas s'engager de nuit dans ces passes étroites, se vit obligé de continuer sa route, sans soupçonner le motif qui avait fait rétrograder son compagnon. Au jour, il était à l'entrée de la baie du Fort-Royal, avec une brise faible de N.-N.-E., mais la frégate anglaise de 40ᵉ CIRCE, capitaine Hugh Pigot, était en vue de l'autre côté avec une brise plus fraîche. Quoique, grâce à cette circonstance, elle approchât assez promptement du brig, elle mit ses canots à la mer, et bientôt ceux-ci se dirigèrent à force de rames sur le *Palinure*. Ce dernier les laissa venir à portée de fusil et les couvrit alors d'une pluie de mitraille. Cet accueil les fit hésiter un instant, sans toutefois les arrêter. Criblés bientôt, ils battirent en retraite jusques en dehors de la portée du canon. Ils n'étaient cependant pas entièrement découragés car, après un court intervalle, ils revinrent sur le brig; une décharge générale d'artillerie et de mousqueterie leur fit, cette fois, prendre définitivement le large; six canots rejoignirent la frégate : le septième avait été coulé. Les pertes des Anglais durent être bien grandes, car une des embarcations fut prise à la remorque, faute d'hommes pour la conduire.

Le *Palinure* continua sa route vers le Fort Royal, mais

---

(1) Page 511.

lentement, car depuis son combat avec la *Carnation*, il
avait des mâts de perroquet pour mâts de hune. Aussi,
quoiqu'il fût remorqué par une embarcation et qu'il fît
usage de ses avirons, ne put-il échapper à la CIRCE; il
amena son pavillon à 8ʰ, après avoir reçu plusieurs bordées de cette frégate.

La batterie du Talu, située à l'entrée de la rade de Lorient, en tirant deux coups de canon sur un bâtiment qui
élongeait la côte, au commencement de la nuit du 10 novembre, appela l'attention des croiseurs anglais stationnés dans ces parages. Aussi, la frégate de 40ᵉ la *Thétis*,
capitaine Pinsum, qui venait de sortir de cette rade, et qui
était l'objet de cette démonstration, fût-elle aperçue et
chassée, à moins de quatre milles de Groix, par la frégate
de 42ᵉ AMETHYST, capitaine Michael Seymour; le vent
soufflait du N.-E. A 8ʰ, les deux frégates courant au S.-O.,
échangeaient des coups de canon de chasse et de retraite;
une heure plus tard, elles se canonnaient bord à bord. Une
tentative d'abordage fut faite par le capitaine Pinsum qui
lança en grand sur tribord; mais au même moment, la frégate anglaise fit une oloffée du bord opposé, passa sur
l'arrière de la *Thétis*, et prit poste à bâbord. Le combat continua dans cette nouvelle position, à portée de pistolet.
Vers 10ʰ 30ᵐ, les deux frégates démâtèrent presque ensemble de leur mât d'artimon. Une heure plus tard, l'a-
bordage fut de nouveau ordonné. Au moment où cet ordre
était mis à exécution, le capitaine Pinsum tomba frappé à
mort. La *Thétis* aborda l'AMETHYST par l'avant et l'élongea
de long en long; mais les deux frégates, ainsi accrochées,
se choquaient, tantôt de l'avant, tantôt de l'arrière, sans
rester assez rapprochées pour qu'il fût possible de franchir
l'espace qui les séparait. Cependant la canonnade de la
frégate anglaise se soutenait avec activité, tandis que,
faute de refouloirs en corde, on ne pouvait charger les pièces

de la *Thétis*, à bord de laquelle on fut réduit au jeu de la mousqueterie. Le feu qui se déclara en plusieurs endroits vint encore compliquer la position de la frégate française. À minuit 45^m, le lieutenant de vaisseau Dedé, qui en avait pris le commandement, fit amener le pavillon. Les deux mâts de la *Thétis* s'abattirent presque aussitôt que les Anglais eurent pris possession de la frégate. Elle avait 13 canons démontés, et l'entre-deux de quelques-uns de ses sabords n'existait plus à bâbord. La moitié de son équipage était hors de combat. Le vaisseau de 82° TRIUMPH et la frégate de 48° SHANNON n'étaient plus qu'à un quart de portée de canon lorsque la *Thétis* amena, mais ils ne tirèrent pas. L'AMETHYST avait aussi des avaries considérables; elle avait perdu beaucoup moins de monde que la frégate française.

La *Thétis* prit le nom de BRUNE dans la marine anglaise.

Cette frégate portait 28 canons de 18,
6 — de 8,
et 6 caronades de 36.
L'AMETHYST avait 26 canons de 18,
4 — de 9
et 12 caronades de 32.

Vers le milieu du mois de novembre, les frégates de 44° la *Vénus*, l'*Amphitrite* et la *Junon*, les brigs de 16° le *Papillon* et le *Cygne* sortirent de la rade de Cherbourg et firent route, la première frégate pour la mer des Indes, les autres bâtiments pour les Antilles où ils portaient des vivres et des approvisionnements. Le lendemain, ils se séparèrent. A cette époque, tous les mouillages des colonies françaises de l'Ouest étaient soigneusement surveillés par des bâtiments anglais; aussi à son atterrage sur la Martinique, le *Cygne* fut-il chassé par la frégate de 40° CIRCE, capitaine Augustin Collier, la corvette de 18 STORK, capitaine George Le Geyt, les brigs MORNE FORTUNÉ, capitaine John Brown, AMARANTHE de 18, capitaine Pelham Brenton,

Epervier de 16, capitaine Thomas Tudor et la goëlette Express, capitaine William Dowers. Le 12 décembre, le *Cygne* parvint à doubler la pointe Nord de l'île ; mais reconnaissant l'impossibilité de gagner le mouillage de Saint-Pierre avant d'être atteint, le capitaine Menouvrier Defresne prit le parti de demander protection à la petite batterie de l'anse Ceron, établie sur la côte occidentale, près de la pointe du Prêcheur. Deux brigs anglais laissèrent tomber l'ancre auprès de cette pointe, afin de couper la route de Saint-Pierre ; les autres bâtiments et sept embarcations portant chacune une cinquantaine d'hommes se dirigèrent sur le *Cygne* (1). Celui-ci ouvrit son feu sur ces embarcations, dès qu'elles furent à distance convenable, et trois d'entre elles furent coulées avant d'avoir pu atteindre le brig. La Circe serrait la terre du côté du rocher de la Perle, et la présence de son équipage, groupé sur le gaillard d'avant, dénotait une intention évidente d'abordage. Le capitaine Defresne la laissa approcher et lui envoya, à petite portée de fusil, une bordée à mitraille qui balaya tout ce qui paraissait au-dessus des bastingages ; la Circe s'éloigna en se bornant à tirer quelques coups de canon. Pendant ce temps, les embarcations gouvernaient sur l'arrière du *Cygne* et, malgré le feu roulant de sa mousqueterie, elles parvinrent à l'aborder. Mais là s'arrêta le succès de leur entreprise ; elles furent fracassées et coulées aussitôt qu'accostées, et leurs équipages trouvèrent la mort lorsqu'ils parurent au-dessus des murailles : on ne vit pas un seul Anglais mettre le pied sur le pont ; 17 trouvés accrochés aux sauve-gardes du gouvernail furent faits prisonniers. Le capitaine Collier renonça à son entreprise et prit le large avec sa division, sans cependant se retirer hors de vue (2). La batterie du

(1) Je donne ce chiffre d'après le apitaine Defresne ; M. James, *The naval history*, etc., dit qu'il y avait en tout 68 hommes.
(2) L'auteur anglais que j'ai déjà cité dit que sur les 68 hommes des canots, 9 furent tués, 20 blessés et 26 faits prisonniers. L'inexactitude de ce dernier

Ceron seconda puissamment le *Cygne* dans cette circonstance.

Le lendemain il faisait calme plat. Le capitaine Defresne ne pouvait cependant rester à ce mouillage où il avait à redouter une nouvelle attaque ; il avait d'ailleurs une mission à remplir. Il fit couper son câble et, traîné à la cordelle par des soldats d'infanterie, en même temps qu'il s'aidait de ses avirons, le *Cygne* fit route pour Saint-Pierre, canonné par le brig AMARANTHE qui était resté en observation ; il lui répondit autant que la route qu'il suivait put le lui permettre. Mal dirigé par son pilote, le *Cygne* s'échoua sur les roches de la Germne, et les tentatives qui furent faites pour l'en retirer furent inutiles : il était défoncé et coulait bas d'eau. La canonnade de l'AMARANTHE avait attiré les autres croiseurs anglais. Résister à ces bâtiments qui joignirent bientôt leurs coups aux siens était chose impossible. Le capitaine Defresne ordonna d'évacuer le brig, jeta les armes à la mer, et mit le feu au *Cygne* qu'il abandonna démâté et plein d'eau.

Témoins de ce brillant fait d'armes, les habitants de la ville de Saint-Pierre donnèrent une épée d'honneur au capitaine Defresne. Deux Anglais, pleins d'admiration de la belle défense du *Cygne*, offrirent à son capitaine l'un, le capitaine Brenton, un ceinturon d'épée ; l'autre, le lieutenant Hay, un poignard, *en considération de la haute estime qu'ils professaient pour lui.*

Le jour où le *Cygne* était attaqué sous la Martinique, le brig le *Papillon*, encore à 90 milles dans l'Est de cette île, était chassé par un vaisseau et une frégate. Plusieurs fausses routes les lui firent perdre de vue pendant la nuit,

---

chiffre autorise à élever des doutes sur l'exactitude des autres. Le *Cygne* ne fit d'autres prisonniers que ceux mentionnés plus haut.

et il en fut quitte pour quelques boulets lancés par la frégate. Mais avant d'avoir pu atteindre le mouillage de la Trinité sur lequel le capitaine Lagenetière se dirigeait, le *Papillon* eut encore à échanger quelques coups de canon avec un brig anglais qui ne put l'empêcher d'entrer dans cette rade.

La frégate l'*Amphitrite*, capitaine Denis de Trobriand, mouilla au Fort Royal de la Martinique, le 18 décembre, après une canonnade assez nourrie avec la frégate anglaise de 48° ETHALION, capitaine Thomas Cochrane, et la corvette de 26 STAR, capitaine William Paterson.

La *Junon* arriva à la Guadeloupe sans malencontre.

Le brig de 6° le *Gobe-Mouches*, capitaine Suzor, retournant à la Réunion après une croisière de neuf mois sur la côte d'Afrique, dans la mer Rouge et dans le golfe Persique, fut chassé, le 18 décembre, par un vaisseau, une frégate et un brig anglais. Le capitaine Suzor amena son pavillon lorsqu'il ne lui resta plus aucune chance d'échapper à ces bâtiments.

Dans les derniers mois de l'année, le port de Barcelone était si étroitement bloqué par les Anglais et par les Espagnols, la côte tellement surveillée, que l'approvisionnement de la Catalogne devenait fort difficile, et ne pouvait plus être fait qu'au moyen de petits bateaux qui partaient de Port-Vendres.

Les caboteurs naviguaient sous la protection spéciale de bâtiments garde-côtes, créés par un décret du 25 mai. Ces garde-côtes étaient partagés en divisions de 9 péniches, ou autres petits bâtiments, commandées par un lieutenant de vaisseau, sous la direction immédiate des commandants des escadres stationnées dans le chef-lieu de leur arrondissement.

Le 2 et le 30 mars, les Anglais s'emparèrent des petites
îles Marie Galante et la Désirade. Moins heureux, à quelques mois de là, ils furent repoussés dans une attaque qu'ils
dirigèrent contre l'île Saint-Martin.

BATIMENTS PRIS, DÉTRUITS OU NAUFRAGÉS
pendant l'année 1808.

ANGLAIS.

Canons.		
60	JUPITER.	Naufragé sur la côte d'Espagne.
48	LEDA.	Naufragée aux États-Unis.
	CRESCENT.	— au Jutland.
44	FLORA.	— sur la côte de Hollande.
	MELEAGER.	— à la Jamaïque.
40	ASTRÆA.	— aux Antilles.
50	LAUREL.	Prise par une frégate.
22	BANTERER.	Naufragée au Canada.
20	MUROS.	— sur l'île de Cuba.
	BERMUDA.	— aux Bermudes.
18	CARNATION.	Pris par un brig.
	HARRIER.	Sombré.
	DELIGHT.	Naufragé sur la côte de la Calabre.
16	DELPHINEN.	— sur celle de Hollande.
	ELECTRA.	— en Sicile.
	VOLADOR.	— aux Antilles.
	HIRONDELLE.	— près de Tunis.
14	BUSHLER.	Pris par les Français.
	MARIA.	— par une corvette.
	NETLEY.	Naufragée aux Antilles.
	RAPID.	Détruit dans le Tage.
12	SPARKLER.	Naufragé sur la côte de Hollande.
	MILLBROOK.	— sur la côte d'Angleterre.
	LION.	Pris par des embarcations.
	RAPOSA.	Détruit à la côte.
10	BACCHUS.	Pris.
	PICKLE.	Naufragé à Cadix.
	FIRELY.	— aux Antilles.
	CAPELIN.	} Naufragés près de Brest.
4	CRANE.	
	WIGEON	Naufragé en Ecosse.
	ROOK.	Pris par un corsaire.
	TANG.	Sombré.

FRANÇAIS.

Canons.		
86	Neptune.	}
	Algésiras.	}
	Argonaute.	} Pris à Cadix.
82	Héros.	}
	Pluton.	}
	Atlas.	— à Vigo.

40	*Cornélie.*	Prise à Cadix.
	Piémontaise. . . . . } *Thétis.* . . . . }	Prises chacune par une frégate.
	Hermione.	Naufragée près de Brest.
18	*Sylphe.* . . . . } *Espiègle.* . . . . } *Iéna.* . . . . }	Pris chacun par une frégate.
	Griffon.	— par une corvette.
16	*Requin.* . . . . } *Palinure.* . . . . }	— par chacun une frégate.
	Pilade.	— par un vaisseau.
	Cygne.	Détruit à la côte.
6	*Gobe-Mouches.*	Pris par une frégate.
3	*Consolateur.*	Détruit à la côte.
Brig :	*Serpent.*	Pris par une frégate.

RÉCAPITULATION.

		Pris.	Détruits ou naufragés.	Incendiés.	TOTAL.
ANGLAIS. . .	Vaisseaux.	»	1	»	1
	Frégates.	1	5	»	6
	Bâtiments de rangs inférieurs.	6	20	»	26
FRANÇAIS. .	Vaisseaux.	6	»	»	6
	Frégates.	5	1	»	4
	Bâtiments de rangs inférieurs.	9	2	»	11

TABLE DES MATIÈRES.

ANNÉE 1796.

ANNÉE 1799.

ANNÉE 1801.

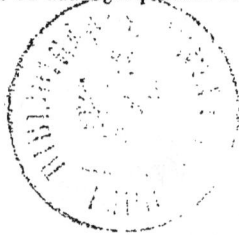

FIN DU TROISIÈME VOLUME.

ERRATA.

Page 145, ligne dernière, *au lieu de* corvette de 20°, *lisez :* corvette de 32°.

— 151, — 2, *au lieu de* pavillon, *lisez :* pavillons.

— 174, — dernière, *au lieu de* se rendrait, *lisez :* se rendait.

— 185, — 16, *au lieu de* compris lui, *lisez :* lui compris.

— 195, — 16, *au lieu de* Coutz, Seringapatam, } *lisez :* { Coutz, Bombay Castle, capitaine John Hamilton. Seringapatam.

— 282, — 15, } *au lieu de* Gaudin Duchêne, *lisez :* Gaudin Beauchêne.
— 315, — 2, }

— 312, — 10, *au lieu de* Robinet, *lisez :* Robinot.

— 350, — 1, *au lieu de* je ferais, *lisez :* je ferai.

— 363, note, *au lieu de* savoir la route, *lisez :* savoir d'une manière précise la route.

— 368, ligne 5, *au lieu de* il ne faut pas guère, *lisez :* il ne faut guère.

— 404, — 2, *au lieu de* la vérité que j'avance, *lisez :* la vérité de ce que j'avance.

— 427, — 19, *au lieu de* reste de l'arrière, *lisez :* resta de l'arrière.

— 489, — 9, } *au lieu de* Cosmao Dumanoir, *lisez :* Cosmao Kerjulien.
— 496, — 25, }

— 504, — 24, *au lieu de* Goerée, *lisez :* Goeree.

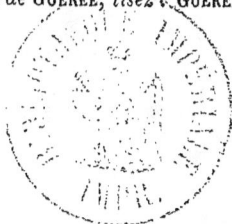

Paris. — Imprimé par E. Thunot et Cᵉ, rue Racine, 26.

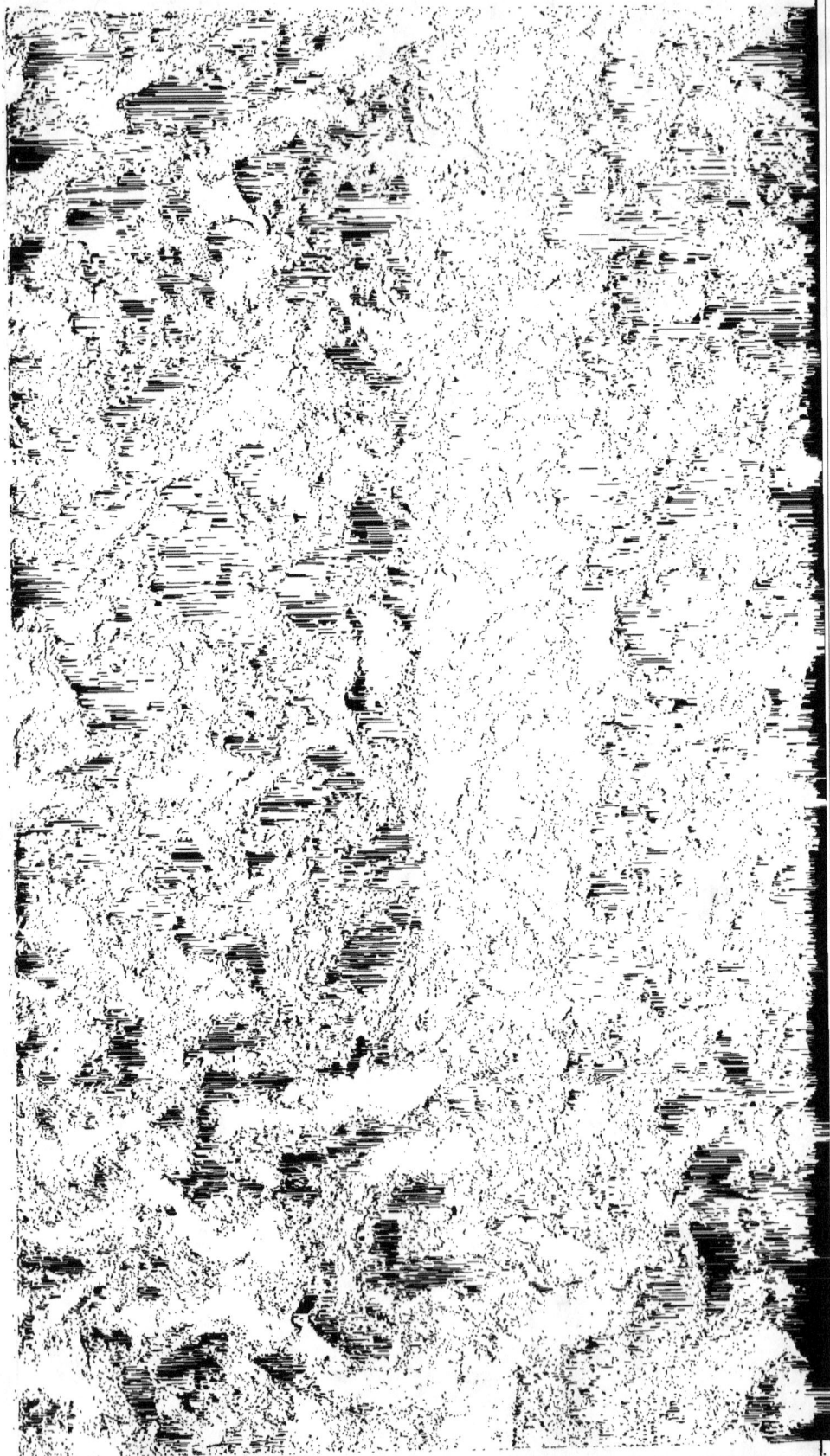

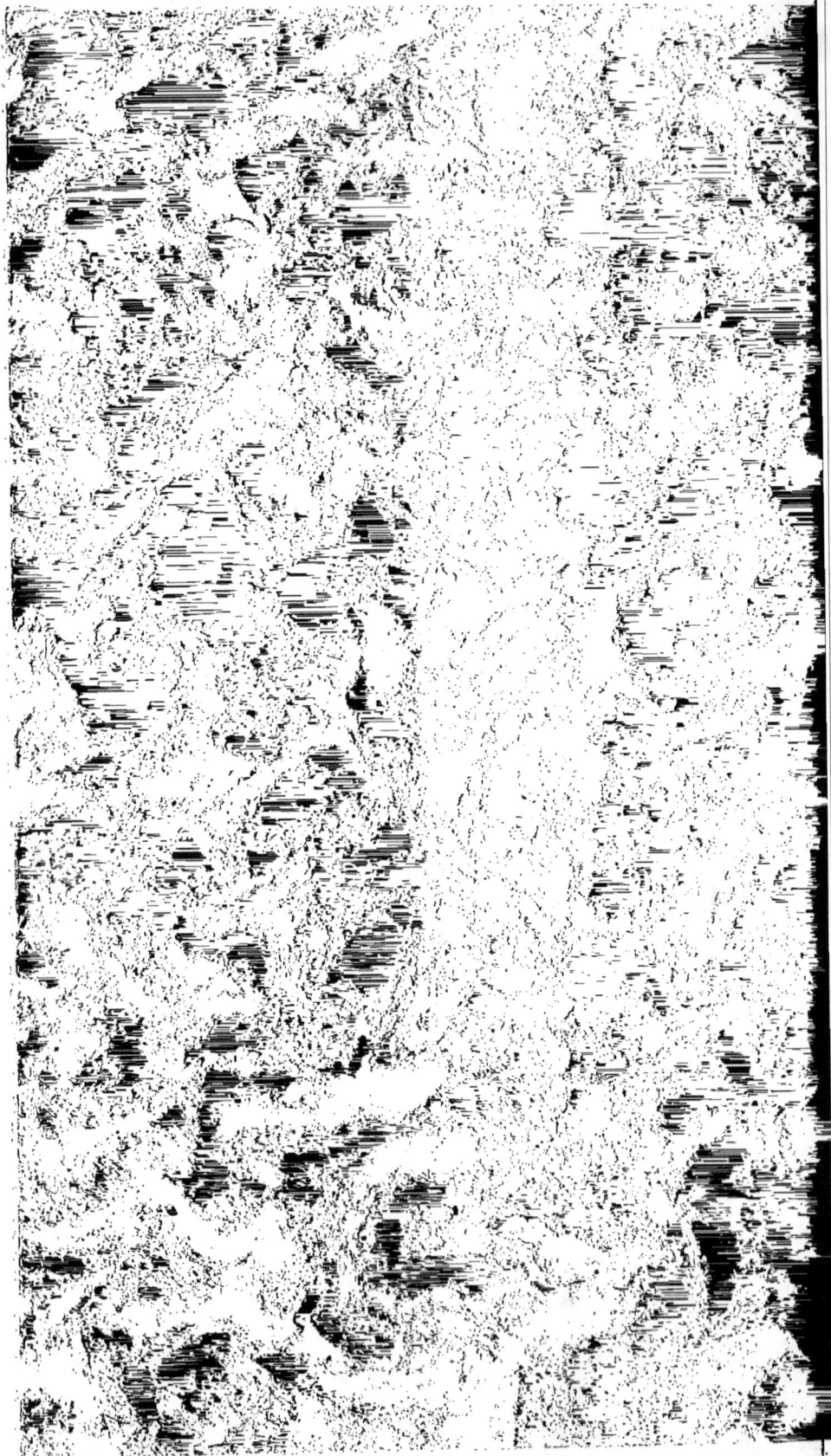

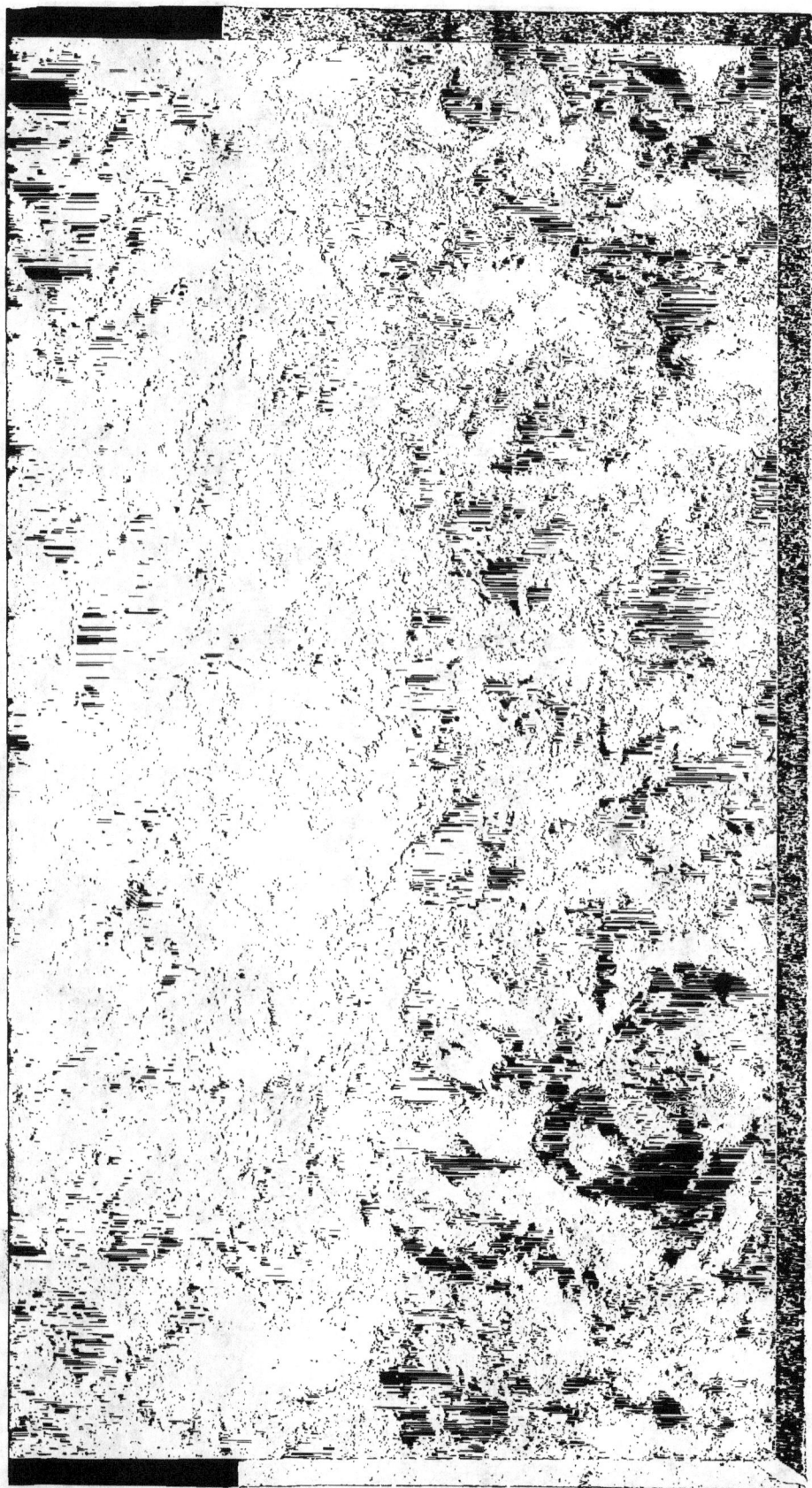